国家"十二五"重点图书

国际共产主义运动历史文献
第43卷

主　编　王学东
副主编　戴隆斌（常务）　童建挺

共产国际执行委员会第七次扩大全会文献（1）

本卷主编　邢艳琦

《国际共产主义运动历史文献》顾问委员会

贾高建 俞可平 顾锦屏 高　放 张中云 殷叙彝 胡文建
宋洪训 顾家庆 洪肇龙 沈志华 杨光远 林勋建

《国际共产主义运动历史文献》编辑委员会

主　　编：王学东
副 主 编：戴隆斌（常务）　童建挺
编　　委：（以姓氏笔画为序）
　　　　　王　瑾　邢艳琦　许宝友　张文成　张文红　陈新明
　　　　　林德山　胡振良　姚　颖　彭萍萍　薛晓源

参加本卷译校工作的有
张敏求　贾连义　戴世吉　吕文镜　王兆铮　王亚汶　李俊聪　张中云　邢艳琦

参加本卷编辑出版工作的有
李媛媛　盛菊艳　苗永姝　薛晓源

丛书编务统筹
苗永姝　郑　锦　李媛媛　董　妍

总 序

国际共产主义运动，是由以马克思主义为指导的无产阶级政党领导的国际性的无产阶级革命运动，其宗旨是推翻资产阶级统治和一切剥削制度，建立和发展社会主义制度，进而最终实现人的彻底解放，建立共产主义社会。

国际共产主义运动迄今已有一百六十多年的历史。19世纪40年代，马克思、恩格斯在创立科学社会主义理论的同时，努力把它与当时西欧无产阶级的革命实践相结合，于1847年6月创建了第一个国际性的无产阶级政党——共产主义者同盟，亲自拟定并于1848年2月公开发表了同盟纲领《共产党宣言》。这标志着国际共产主义运动的兴起。

自从共产主义者同盟建立以来，历经第一国际（国际工人协会）、第二国际、第三国际（共产国际），国际共产主义运动由小到大、由弱到强，从西方推进到东方、从欧洲扩展到全球，终于突破资本主义链条上一个又一个薄弱环节，取得了社会主义由一国到多国的胜利。二战后社会主义阵营的建立、民族解放运动的胜利进军、社会主义国家革命与建设的重大成就，为国际共产主义运动史书写了辉煌的篇章。20世纪末，由于东欧剧变、苏联解体，国际共产主义运动遭遇了严重挫折。但是，历史并没有因此而终结。由《共产党宣言》奠基的国际共产主义运动仍在曲折中前进。各资本主义国家中的共产党、工人党仍在不断探索无产阶级取得解放的道路；中国等社会主义国家仍继续高举社会主义伟大旗帜，为完善社会主义、最终实现共产主义而不懈奋斗。

国际共产主义运动一百六十多年跌宕起伏的发展历程，积累了卷帙浩繁的文献档案，留下了丰富的历史遗产。深入发掘和充分利用这些文献档案，对于我们准确地了解和把握国际共产主义运动的发展进程及各个时期的特点，科学地研究和总结国际共产主义运动丰富且宝贵的经验教训，具有极其重要的意义。特别是无产阶级国际组织，作为国际共产主义运动的重要载体，其文献档案对于国际共产主义运动史研究更是具有特殊的重要意义。

早在1984年春，中国国际共产主义运动史学会就发起编辑出版《国际共产主义运动史文献》。当时由中共中央编译局、中国社会科学院马列主义毛泽东思想研究所和近代史研究所、中共中央党校和中国人民大学等单位共同组建了编辑委员会。编委会商定：这套文献主要收编共产主义者同盟、第一国际、第二国际、第三国际、共产党和工人党情报局这五个国际组织已发表的全部文献档案，包括历次代表大会、代表会议和其他重要会议的记录、决议和有关文件；收编材料力求齐全；凡外国有选编完整的版本者，根据外国版本翻译；凡文件散见于外国不同出版物者，尽力搜集完整，组织力量统一编译；文件完全按照原件翻译，译文力求准确，不作修改删节，以便读者根据完整、准确的第一手材料了解这些国际组织的历史。在当时代管全国哲学社会科学基金的中国社会科学院科研局的资助下，经过编辑委员会、编译工作者和中国人民大学出版社的共同努力，这套文献于1986年开始陆续出版，截至1997年共出版了21卷。

到上世纪末，文献的编辑出版工作遇到了巨大困难。首先是编委会发生了重大变故，主编林基洲、副主编王颖和校纪英相继谢世；其次是出版经费难以为继。为继续出版这套文集，中国国际共产主义运动史学会多方努力，组成以会长顾锦屏为主编的新编委会，从全国哲学社会科学规划办公室争取到一笔资助，于1999—2001年又出版了两卷。此后，因缺乏经费，编辑出版工作完全陷于停顿。

2010年，在中共中央编译局和中国国际共产主义运动史学会的鼎力支持下，中央编译出版社以这套文献申报国家出版基金项目，获得立项资助。中共中央编译局对此项目高度重视，在国家出版基金资助的基础上，给予了相应的资金支持，组建了新编委会，成立了专门机构负责文献整理和编辑工作，并将这套文献纳入"中央编译局文库"出版规划。

经新编委会研究决定，这套文献定名为《国际共产主义运动历史文献》，在其前身《国际共产主义运动史文献》的基础上重新编辑出版。通过进一步广泛搜集资料和适当改变编辑方式，新《文献》的资料更详尽、收文更齐全。例如，在原《文献》的某些卷次中，对已出版的马克思主义经典著作中译本只列目录，不收正文，而新《文献》则全部依据最新的中译本收录，以方便读者查阅。此外，《国际共产主义运动历史文献》扩大了文献资料的搜集和选材范围，采用开放式结构，规模暂定60卷，约2500万字。

中共中央编译局和中国国际共产主义运动史学会对这套文献的编辑出版工作给予了强有力的支持，中央编译出版社为这套文献的立项和出版做了大量艰苦细致的工作，文献的前两任编委会和编译工作者在十分困难的条件下为这套文献奠定了良好的基础，中国人民大学出版社为这套文献的重新编辑出版提供了帮助，在此一并表示衷心感谢。

《国际共产主义运动历史文献》

编辑委员会

2011年12月20日

编辑说明

共产国际执行委员会第七次扩大全会于 1926 年 11 月 22 日召开。全会及其各工作委员会的工作继续进行到 1926 年 12 月 16 日。出席全会的各国共产党代表共 191 人，其中有表决权的代表 100 人，有发言权的代表 91 人。

全会讨论并解决了国际政治和国际工人运动中一些最重要的问题，对世界资本主义状况作了全面评价并进而提出各国共产党最近时期的任务与策略。在震撼英国的伟大罢工运动之后，在中国的革命斗争广泛开展之际召开的这次全会，对上述问题给予了极大的关注。1926 年，联共（布）党内反对派联盟的派别发动把所谓的"俄国问题"提上全会的议事日程，全会就这些问题以及许多其他问题作出对发展各国共产主义运动极为重要的决定。

共产国际执行委员会第七次扩大全会文献分两卷编排。本卷包括全会第 1—16 次会议的速记记录。本文献译自《世界革命的道路（共产国际执行委员会第七次扩大全会）（1926 年 11 月 22 日—12 月 16 日）速记记录》第 1 卷（国家出版社 1927 年版）（Пути Мировой Револьюпии——Седвмой Расширенный Пленум Псполнителвного Комитета Коммунического Интернапионала, 22 ноября - 16 декабря 1926. Стеноярафический отчет.）（Государственное Издательство, Москва – Ленинград, 1927），书中除译者加的译者注外，未注明的脚注为原书或者原作者加的注释，本卷主编加的注释标明为编者注。

本卷主编依据中央编译局编译马克思主义经典著作的标准重新进行了人名、地名、组织机构、报刊杂志等专用名的统一，并对书中个别译文进行了重新校订。

目 录

共产国际执行委员会第七次扩大全会会议记录

（1926年11月22日至12月6日）············ 1

第一次会议（1926年11月22日）············ 3

布哈林致开幕词················ 3

贺　词····················· 5

选举主席团·················· 12

全会议事日程················· 13

告英国矿工书················· 14

告战斗中的中国人民书············· 14

告全世界劳动者书··············· 15

致联共（布）及苏联劳动人民书········· 18

反对判处萨柯和万泽蒂死刑的宣言········ 20

季诺维也夫的信················ 22

关于季诺维也夫同志信件的决定········· 22

莫斯科卫戍部队党代表会议的贺词········ 23

致莫斯科卫戍部队党代表会议的答谢词······ 24

第二次会议（1926年11月23日）·············· 26
 政治流放者和移民协会莫斯科分会的贺词 ·············· 26
 布哈林作关于国际形势和共产国际当前任务的报告 ·············· 29
 资本主义的稳定和无产阶级革命 ·············· 44
第三次会议（1926年11月24日上午）·············· 151
 英国共产党的贺电 ·············· 151
 库西宁作关于各国共产党近期任务的补充报告 ·············· 152
 关于列·鲍·克拉辛逝世的通告 ·············· 181
第四次会议（1926年11月24日晚上）·············· 184
 讨论布哈林的报告和库西宁的补充报告 ·············· 184
第五次会议（1926年11月25日）·············· 241
 讨论布哈林的报告和库西宁的补充报告（续）·············· 241
第六次会议（1926年11月25日）·············· 293
 讨论布哈林的报告和库西宁的补充报告（续）·············· 293
第七次会议（1926年11月26日）·············· 322
 讨论布哈林的报告和库西宁的补充报告（续）·············· 322
第八次会议（1926年11月26日）·············· 373
 资格审查委员会的通报 ·············· 373
 讨论布哈林的报告和库西宁的补充报告（续）·············· 374
第九次会议（1926年11月27日）·············· 425
 讨论布哈林的报告和库西宁的补充报告（续）·············· 425
 工农红军指挥员进修班致贺词 ·············· 449
 "射击"军事学校致贺词 ·············· 450
 德国共产党向"射击"军事学校致答谢词 ·············· 451
 工人的革命体育战线 ·············· 478
 工人改良主义的体育战线 ·············· 483
 资产阶级的体育战线 ·············· 486

波兰共产党中央少数派代表连斯基同志的声明 …… 491
第十次会议（1926年11月27日）…… 492
　　　讨论布哈林的报告和库西宁的补充报告（续）…… 492
　　　反对波兰和巴尔干各国白色恐怖的决议案 …… 502
　　　库西宁的声明 …… 506
　　　布哈林作总结发言 …… 506
　　　Ⅰ　波兰共产党中央少数派的声明 …… 533
　　　Ⅱ　波兰共产党代表团的声明 …… 535
第十一次会议（1926年11月29日）…… 536
　　　谭平山作关于中国问题的报告 …… 536
　　　谭平山提交的关于中国问题的书面报告 …… 543
　　　曼努伊尔斯基作关于太平洋矛盾与中国的报告 …… 569
第十二次会议（1927年11月30日）…… 588
　　　军事工程学校的贺词 …… 588
　　　向军事工程学校致答谢词 …… 590
　　　讨论中国问题 …… 591
第十三次会议（1926年12月2日）…… 622
　　　谭平山作总结发言 …… 622
　　　墨菲作关于英国问题的报告 …… 627
　　　宣布德国问题委员会组成人员名单 …… 655
第十四次会议（1926年12月8日）…… 657
　　　讨论墨菲关于英国问题的报告 …… 657
第十五次会议（1926年12月4日）…… 687
　　　里泽宣读韦丁反对派的电报 …… 688
　　　德国代表团的声明 …… 690
　　　讨论墨菲关于英国问题的报告（续）…… 691

第十六次会议（1926年12月6日）……………………… 710
  洛佐夫斯基作题为《托拉斯化、合理化
    与我们在工会运动中的任务》的报告……………… 710
  讨论墨菲关于英国问题的报告（续）………………… 750
  墨菲作讨论英国问题的总结发言……………………… 765
  雷梅尔作关于韦丁反对派的通告……………………… 768

共产国际执行委员会第七次扩大全会会议记录

(1926年11月22日至12月6日)

第一次会议

（1926年11月22日）

全会由布哈林主持，晚上7时20分在大克里姆林宫安德烈耶夫大厅开幕。

布哈林致开幕词

同志们！我受共产国际执行委员会主席团的委托，祝贺共产国际执行委员会第七次扩大全会的召开。

我们的第一句话应当献给战斗在前线、向资本英勇冲击的英国矿工们。（热烈鼓掌）

英勇的矿工们被工会官僚出卖了，他们的领袖又往往听任他们受命运的摆布，但他们无论如何也要继续斗争。我们首先向他们致敬。

我们也向正在进行大规模革命解放斗争的伟大中国人民致敬。我们代表整个共产国际、代表全世界工人阶级承诺，我们要千方百计地、竭尽全力地、不惜任何代价地支持中国人民这场具有世界史意义的斗争。（热烈鼓掌）

我们在这个讲坛上向印度尼西亚的工人农民、这块荷兰殖民地的广大劳动群众致敬，他们同样在为反对资本而浴血奋战。我们也要全力以赴地支持他们的斗争。（热烈鼓掌）

我们的第二句话是献给在资本主义国家监狱中受尽苦难的英雄们，

献给意大利、南斯拉夫和保加利亚以及为共产国际事业而斗争的各个国家的革命者。（热烈鼓掌）

我们的第三句话是悼念已故的、我们今年失去的优秀同志。首先悼念我党的优秀战士、无产阶级革命的优秀士兵和领袖、我党的领袖之一，同时也是世界无产阶级的领袖之一的捷尔任斯基同志。（全体起立）

我也怀念把全部生命都献给世界无产阶级特别是意大利无产阶级的塞拉蒂同志。我也怀念在罗马尼亚暗探局的刑讯室里受尽折磨的罗马尼亚共产党的一位年轻同志特卡琴科。

我怀念我们伟大运动的无数无名英雄。尽管我们在前进途中失去了许多英雄，但伟大的运动滚滚向前。革命的无产阶级怀着感激不已的心情来纪念他们。

共产国际执行委员会第七次扩大全会正是在我们许多党都已经受住了历史考验的时刻召开的。

正在墨索里尼血腥统治下进行工作的意大利共产党，不顾恐怖的专制制度，不顾刽子手的血腥手段，聚集了力量，加强了团结，已深入到工农群众之中。意大利共产党克服了党内各种不良倾向，今天作为优秀共产党之一向前迈进。

英国共产党不久前在英国政治生活中还是一个无足轻重的因素，这个国家的所谓社会舆论几乎对它都表示蔑视，现在它已成为英国生活中一个头等重要的政治因素。矿工工会官僚们在他们最近一次代表会议上声明，共产党在矿工的英勇斗争中发挥了巨大作用。这一反对共产党的"论据"乃是对我党的高度赞扬。

我们联共（布）在这一年里取得很多成就。它沿着社会主义道路前进，轻而易举地克服了许多人大喊大叫的所谓危机。我们党团结一致地正朝着社会主义前进。

德国共产党已经团结起来。

法国共产党、捷克斯洛伐克共产党和其他国家的共产党都已走上团结和争取群众的道路。

在这样的形势下，我们扩大全会的最主要的任务是：各国党进一步布尔什维克化，进一步加强和巩固党内团结，继续以列宁主义教育党。在全会的议程上列有在新的条件和新的方式下争取群众的任务；中国革命的重大问题和任务；英国共产党面临的重大问题；苏联建设社会主义的伟大任务和中欧即将到来的斗争的问题。

尽管有种种预言，尽管所谓共产国际危机之说甚嚣尘上，共产国际照样沿着革命的道路前进。共产国际是一支能够引导无产阶级群众沿着这条道路前进的唯一力量。

我代表共产国际执行委员会主席团欢迎全体代表并希望会议取得成功。从共产国际执委会第七次全会起，我们将作为真正的列宁主义者、作为无产阶级革命的真正先锋而更加坚强。

我现在宣布共产国际执行委员会第七次扩大全会开幕。（热烈鼓掌，经久不息。代表们起立，高唱《国际歌》。）

贺　词

谭平山（中国）：

中国共产党代表中国无产阶级和劳动群众，向共产国际执委会第七次扩大全会致以热烈的革命敬礼。共产国际是世界无产阶级的核心营垒，是世界革命的总参谋部，它遵循列宁制定的路线，不仅能领导苏联的社会主义建设，能领导资本主义国家的无产阶级革命，而且也能领导世界革命巨大舞台的、即殖民地和半殖民地国家的民族革命解放斗争。

苏联这个唯一的无产阶级国家，不久前刚刚庆祝了取得胜利的九周年，而它从事建设才不过五年。但是苏联虽然内外交困，却已经在列宁党的领导下,在全体劳动者的帮助下,一砖一瓦一梁一柱地奠定了社会主义基础。苏联已经如此强大,如此不可动摇,如此不可战胜,以致世界资本主义把它看做是自己不共戴天的敌人。苏联的发展和巩固乃是把全世界分为无产阶级阵营和资产阶级阵营两大针锋相对的阵营的强大因素。

英法、英德、法意等国之间目前时期矛盾的尖锐化,欧洲资本家反美趋势的增长,在中国事件的发展上特别明显地表现出来的美日、日英、英美等国之间在东方关系上的尖锐化,资本主义国家、特别是英国的无产阶级运动的高涨,被压迫民族的民族革命运动(特别是在中国和印度尼西亚)的加强——所有这一切,完全证实了共产国际的分析是正确的,它断定资本主义的稳定是相对的、不牢固的。

为了还能在一段时间内保持住自己的特权,垂死的帝国主义就不得不既在宗主国内,又在殖民地和半殖民地国家加强对劳动群众的剥削和压迫,不得不到处建立更加残酷、更加野蛮的制度,这样一来,它也就加速了世界革命的进程,加速了自己的灭亡。

以无产阶级、农民和小资产阶级群众为主要动力的中国民族革命运动,正处于革命力量与反动势力武装决战、生死搏斗的时刻。很明显,列宁主义关于殖民地国家的民族运动的观点是正确的,也只有列宁主义的观点才是正确的。中国革命运动的胜利,不仅将推动和鼓舞被压迫人民的斗争,尤其是亚洲被压迫人民的斗争,而且也将影响帝国主义国家的无产阶级,推动无产阶级革命向前发展。资本主义必然崩溃。共产国际正领导着资本主义掘墓人的工作。

共产国际万岁!

列宁主义万岁!

全世界无产者和被压迫人民大团结万岁!

邵力子（中国）：

同志们！值此第七次扩大全会开幕之际，请允许我代表国民党谨向你们，向各国共产党的代表们致敬。（鼓掌）

劳动人民和被压迫国家争取解放的全部革命斗争的历史证明，能拯救人类不受压迫和剥削的，不是帝国主义列强瓜分殖民地国家的工具——国际联盟，也不是身为帝国主义国家帮凶的阿姆斯特丹国际，而只能是世界革命的司令部——共产国际。（鼓掌）

以列宁为奠基人和创始人的共产国际是团结全世界无产阶级和殖民地国家的被压迫人民的唯一核心，它领导着他们为摆脱资产阶级统治者的压迫和帝国主义的剥削而进行斗争。1923年在孙中山直接领导下改组的国民党，与中国共产党结成统一战线，为解放被压迫的中国而斗争。国民党必将取得成就，这是因为它把中国革命正确地看做是世界革命的组成部分，因而就可以指望得到共产国际和全世界无产阶级的全面支持。（鼓掌）

我们确信，只有共产国际才能联合世界无产阶级和东方一切被压迫民族，以达到彻底战胜帝国主义的目的。要以国际无产阶级和东方被压迫民族的统一战线，来对抗世界帝国主义的统一战线。（鼓掌）

共产国际万岁！

世界革命胜利万岁！（鼓掌）

塞马温（印度尼西亚）：

布哈林同志在俄国党代表会议上的讲话中已经指出，爪哇爆发了演变为真正内战的起义。在印度尼西亚这块荷兰殖民地上，有5000万居民。荷兰资本主义最近几年内在印尼的发展特别迅速，30%的人口已沦为无产者。几年前工人平均每天可赚0.55美元，现在一天的工资只有0.25美元，非熟练工人只能得0.1美元。仇视荷兰压迫的工农运动，遭到政府的暴力镇压。运动的领袖们被关进监狱,被判处多年监禁。罢工的参加者遭到逮捕。政府企图用极端的手段镇压已经兴起的人民运动。

印度尼西亚没有民族资产阶级,因为荷兰政府对本地资产阶级的发展制造各种障碍。领导民族运动的是共产党。共产党不得不经常在极为艰苦的条件下进行工作。去年它被迫转入地下,但仍领导着运动。共产党在非常困难的环境下,学会了正确估价和理解列宁主义关于工农联盟的学说……医药管理局农民深受苛捐杂税之苦。中等农户一年收入约75美元,其中25美元得交付税收。

政府不仅解散了共产党,而且解散了人民组织(伊斯兰联盟)和工会。对1924年铁路员工大罢工施行暴力镇压之后,国家从1925年起变成了连绵不断的政治谋杀和局部起义的舞台。

现今在印度尼西亚,大规模的起义此起彼伏。方兴未艾的中国革命在印尼人民中引起了强烈的反响,广州军的胜利大大地促进了他们在印尼组织武装起义。荷兰帝国主义可能还会对起义进行血腥镇压。但是正如布哈林同志指出的,帝国主义的每次胜利都会激起新的阶级矛盾,并且加强广大人民阶层反对帝国主义压迫的斗争。荷兰殖民部发出公告,今年殖民部可望从印尼榨取纯利20亿盾。荷兰帝国主义的这种有增无减的剥削和令人发指的压迫反倒会起革命的作用,它定会激起一系列新的起义。而这些起义终究会使被压迫的印尼人民获得解放。

共产主义运动万岁!

共产国际万岁!(掌声经久不息)

加拉赫(英国):

同志们!我代表英国共产党向你们致敬。我们党忠实于国际义务,在英国矿工如此坚决地进行英勇罢工的时期表现了自己的能量,它同联合了英国资本主义及其在第二国际中的走狗和工会中的官僚分子叛徒等一切有组织力量的敌人进行斗争。共产党的敌人也是矿工的敌人，矿工是明白这个道理的。最近发生的一些重大事件使他们确信，共产党才是英国工人群众的唯一领导者。

英国矿工的斗争对共产国际具有重大意义。我们在这里听到了中国代表的贺词，我们十分钦佩地注视着中国人民反对世界帝国主义联合力量的令人惊讶不已的斗争。毫无疑问，英国矿工进行的英勇顽强的斗争会加强中国革命的阵地。英国矿工已经使英帝国主义者的国际活动处于瘫痪状态。英帝国主义是很想进攻中国和苏联的，它也有第二国际的走狗和总委员会的叛徒的帮助。在总罢工遭到破坏之后，他们原以为胜利已属于他们，然而矿工却没有退出战场，相反正继续进行着斗争。

英国矿工不顾工会运动首领们的意愿，在极端困难的条件下进行战斗，同时，甚至连这些首领自己工会中的多数负责人也并不站在他们一边。在最近几次代表会议上，只有两个人——只有库克和共产党中央委员阿瑟·霍纳坚强不屈地为继续罢工直到彻底胜利而斗争。尽管有工会官僚分子叛徒的暗中破坏，尽管英国资本家企图对罢工者采取围困或恐怖手段，矿工仍然坚持斗争。你们从最近的消息知道，代表会议不顾矿工们自己表决的结果，决定开始按地区进行谈判，签订地区协定。但是据英国的最新消息说，南威尔士的矿工决定，不管其他地区的情况怎么样，他们都要继续斗争以求获得可以接受的协定条件。

我此刻回想起一件事情。1920年第二次代表大会时，英国代表团在从莫斯科经摩尔曼斯克的回国途中，访问了当地的红军战士。在谈话中我们问起他们的生活条件怎样。他们回答说："是的，我们在忍饥受饿，但为了保卫革命，我们还要同一切敌人斗争。"

我是直接从矿区来到这里的。我曾在矿工中进行过宣传工作并和他们在一起生活过，他们吃什么我就吃什么，我完全了解他们的生活条件。英国矿工在很多情况下遭受饥饿之苦。但是正如我向你们讲过的红军战士那样，他们说："是的，我们在忍饥受饿，但我们决定要斗争到彻底胜利。"为了挫败矿工，英国资本主义抛弃了一切民主伪装，施行公开的、粗暴的、赤裸裸的专政。政府利用慈善救济机关同矿工斗争，尽可能停止对矿工的各种方式的救济。政府授权矿区警察镇压矿工或任其自行处理。正如我已讲过的，英国政府采取了旨在以围困和恐怖手段制服矿工的政策。政府禁止游行示威和召开群众大会，但是游行和群众集会照常举行。警察驾驶卡车冲向会场，闯进游行队伍，不管人的死活。我们的同志被关进监狱。一个妇女只因同一个工贼讲话也被投进监狱，怀中还抱着出生刚几个月的婴儿。这种事情全国各地都有发生。我可以给你们列举出很多类似的情况来。然而，资本家无法摧毁矿工的战斗意志。尽管政府采取恐怖手段，尽管矿工忍饥受饿，我们党以崭新的面貌工作着。无论你走到哪个矿区，矿工们都会召集群众，准备听取共产党代表的讲话，采纳共产党的建议。

  我还想提出这样一个典型事实：忍饥挨饿的英国矿工从改良主义者控制着工会的那些国家，几乎得不到任何援助。他们只能得到苏联工人的支援。苏维埃国家给矿工以援助和鼓舞，而这种支援也是加强英国矿工和苏联劳动者之间的国际团结的一个极其重要的因素。矿工得到多少援助并不十分重要，因为一旦在所有需要援助的人之间进行分配，援助就显得太少了。然而，重要的是国际工人团结的精神，它是这一伟大事业的基础。俄国工人表现出的无产阶级团结的感情，对整个世界革命运动具有重大价值。在许多地区，我们党同矿工一起工作，在斗争中领导他们、鼓励他们，同时也创办公共食堂和修理工场。不久前，我在罗奇代尔将一双鞋交给公共修理工场修理，第二天早上我拿到已经修好的鞋，同时还有一面红旗，旗上写着"全世界无产者联合起来！"的字样。在这些修理工场里做工的就是矿工们。在我们的工人中，与苏联工人团结一致的精神占着主导地位,他们认为,只有共产党才能领导矿工和全体工人阶级进行斗争。矿工的斗争是整个共产国际的斗争,因为斗争旨在反对欧洲最大的反动势力,反对英帝国主义。但是英国矿工不只是同英帝国主义斗争,他们在英国共产党的领导下正在为实现整个共产国际的原则而奋斗。

同志们!我代表英国共产党向你们致敬,我建议大家起立三呼"乌拉",向英国矿工致敬。

(三呼"乌拉",鼓掌,欢呼)

布哈林(苏联):

同志们!我受联共(布)党中央委员会的委托并代表联共(布)中央向共产国际第七次扩大全会致敬。(鼓掌)

同志们!尽管可以肯定,今年我国还有各种各样的困难,但我们会继续沿着通向我们目标的道路前进。而且,我们绝对相信,我们必将在本国取得胜利,我们一定会在崭新的条件下,在与以前完全不同的环境里,在经济领域里粉碎资产阶级。

同志们!我们对胜利的信念不是某些轻率的乐观论者的信念,而是强者的信念,是已经在政治舞台上粉碎了资产阶级,巩固了无产阶级专政,击退了一切国外干涉的无产者的信念。这是强者的信念。同志们,这一信念在我国越牢固,在我们钢铁般坚强的党的队伍中越牢固,我们就越能够不是为了自己,而是为了国际无产阶级的事业去斗争,去生活,去牺牲,去争取胜利。

同志们,我代表联共(布)在这里声明,我们决心为世界革命的胜利做到要求我们应当做到的一切。我们党是共产国际的一个支部;我们的国家是全世界解放运动——从西方有经验的训练有素的无产阶级的运动到亚洲被压迫民族的运动——的强大根据地。我们今天见到了中国和印度尼西亚的代表，听到了广大人民群众在苏维埃红星照耀下，在共产主义旗帜下进军的脚步声。

同志们！我国无产阶级决心全力以赴地增强世界革命的力量，加速世界革命的进程。难道我们党没有证明，为了捍卫世界革命事业它必将竭尽一切可能吗？在我国国内战争时期，在1923年，那时我们党处于决定性的时刻，现在，在英国大罢工，在中国大革命的关头，我们党并没有辜负大家的希望。这一点，我们能够证实，我们也敢于证实。而且我们在这里声明，如果历史将提出更为艰巨的任务，我们将竭尽全力捍卫世界革命，为夺取最后胜利而斗争。

同志们！我们是世界革命运动之骄子。我们过去、现在和将来都要永远捍卫世界革命。我们过去是，现在和将来也都是共产国际最国际主义化的党。我以我们党的名义向我们共同战斗的司令部——共产国际执行委员会致敬。

共产国际万岁！

我们的真正目的——世界无产阶级革命万岁！（鼓掌）

听完贺词后，全会进行主席团选举。

选举主席团

全会一致选举下列同志为主席团成员：

布哈林、斯大林和曼努伊尔斯基［联共（布）］，谭平山（中国共产党），克拉拉·蔡特金（德国共产党），片山潜（日本共产党），罗易（印度共产党），库西宁（芬兰共产党），贝尔纳（法国共产党），马古（意大利共产党），伊莱克（捷克斯洛伐克共产党），博古茨基（波兰共产党），贝尔奇、比特尔曼（美国共产党），菲吕博滕（挪威共产党），洛米纳泽（青年共产国际），台尔曼、雷梅尔（德国共产党），加拉赫

（英国共产党）、柯拉罗夫（保加利亚共产党）、塞马温（印度尼西亚共产党）和博什科维奇（南斯拉夫共产党）。

选举下列成员组成秘书处：

安贝尔-德罗、墨菲、埃尔科利、格施克、克雷姆、什麦拉尔、皮亚特尼茨基、彼得罗夫、科恩布卢姆、佩珀和德米特罗夫。

然后一致选举出：政治委员会、工会问题委员会、英国委员会、中国委员会和土地问题委员会。

宣布全会议事日程。

全会议事日程

1. 国际形势和共产国际当前的任务（报告人：布哈林和库西宁同志）。

2. 联共（布）问题（报告人：斯大林同志）。

3. 英国大罢工的教训（报告人：墨菲同志）。

4. 中国问题（报告人：谭平山同志）。

5. 共产党人在工会运动中的工作（预定在委员会中进行问题讨论。委员会中的报告人：洛佐夫斯基同志和捷克代表团、法国代表团各一名代表）。

6. 共产党人在农民运动中的工作（预定在委员会中进行问题讨论。委员会中的报告人：农民委员会的代表和意大利代表团、德国代表团及中国代表团各一名代表）。

7. 各个支部的问题。

确定议事日程后通过下列号召书。

告英国矿工书

共产国际第七次扩大全会值此开幕之际谨向英勇的英国矿工及其家属致以热烈的兄弟般的敬礼。矿工的英勇斗争持续已快整整七个月了。矿工进行了长达七个月之久的斗争,不仅反对矿主,而且反对整个英国资产阶级,也反对工党和总委员会的上层分子的背叛行为和自己的许多领导人的动摇不定。现在矿工罢工面临紧要关头,胆小怕事的工会官僚们正在阻挠矿工群众实现各项决议。

共产国际向矿工保证,国际革命工人运动完全同情他们,共产国际及其所有的支部过去曾竭尽全力,今后仍将竭尽全力,继续援助矿工反对强大的英国资产阶级及其在工人中的代理人。

英勇的英国矿工万岁!
打倒工人组织中资本的尉官们!
打倒矿主政府!
真正的英国工人政府万岁!

告战斗中的中国人民书

中国帝制这个停滞落后和政治反动的象征被推翻的15周年纪念日刚过不久。

15年前,伟大的中国革命在已故的孙中山领导下,推翻了封建君主制,提出了建立新的自由中国的问题。从那时起,革命的中国经受了多次的浴血奋战和严酷的考验,但是,尽管世界帝国主义反对势力进行干涉,尽管反革命军阀施展一切阴谋诡计,中国革命在吸引广大工农群众投入民族解放斗争的事业中仍然取得了巨大成绩。正如去年上海的总罢工或最近几天才结束的16个月香港大罢工，生动地表明，中国无产阶级在民族革命斗争中已经开始起着领导作用，而这一斗争把农民群众、中小资产阶级和劳动知识分子与工人阶级在无产阶级的旗帜下团结在一起。

最近几个月来，世界帝国主义在中国的利益遭到沉重的打击，由于广州军的巨大胜利，国民党国民政府的权力几乎扩展到半个中国。在广州成立的革命政府已经出现在广阔的中国舞台之上，并且成为中国革命的强大因素。这就为整个东方和所有殖民地的民族解放运动开辟了一个新的发展阶段。中国革命的成就获得印度尼西亚、印度和其他正在帝国主义铁蹄下挣扎的被压迫的各殖民地人民的无限同情。

共产国际执行委员会第七次扩大全会向战斗中的中国人民、广州革命政府和为中国的解放和革命的统一而战的国民革命军和国民军致以热烈的敬礼。

摆脱了帝国主义羁绊的中国万岁！

国民革命统一战线万岁！

国民党万岁！

中国共产党万岁！

告全世界劳动者书

关于与意大利法西斯主义的斗争

法西斯主义刚刚使用新的血腥恐怖手段攻击了意大剂的无产阶级，反动派就利用谋刺墨索里尼这一可能只是法西斯主义本身的罪恶挑衅活动的新事例作为借口，向工人、农民和所有不愿奴颜婢膝地屈服于大工业资产阶级、银行家和大地主专政的人们大肆进攻，而法西斯政府就是他们进行专政的工具。

数十名工人被打死，成千上万的人被投进监狱、受伤致残、现在正遭到刑讯拷打，成为受迫害的牺牲品。激进工人的住房和法西斯主义认定的所有"反对派"分子的住房都被拆掉并化为灰烬。

法西斯主义并不满足于实际上已剥夺无产阶级工会组织能够存在和工作的一切条件，现在决定以立法的方式解散一切非法西斯组织，并且以最严厉的惩治手段威胁那些试图重建这类组织的人。凡具有法西斯党以外的任何党的党籍、工会会籍或参加以保卫劳动者利益不受经济剥削和政治压迫为自己任务的其他任何组织的人，都被断定为犯罪，并且可能被处以五至十年监禁。为了同无产阶级的先锋队——共产党斗争，法西斯主义制定了驱逐出境法和死刑法。为施行这一法律，建立起许多非常委员会，其成员只能是法西斯分子。只因为了本阶级的解放进行斗争而获罪的数百名工人，已被送交这些委员会。同时与法西斯对立的报刊也遭到查禁。

随着反动派的得势，工农群众生活条件越来越明显地恶化。八小时工作制依法废止，在意大利企业中现在一天的劳动时间长达10至12小时。工资达不到维持生活所必需的水平。工人、农民、全体劳动者遭受到越来越重的剥削。剥削加重的目的在于为了极少数大企业家、银行家和大地主的利益而把实现所谓稳定化的一切费用转嫁到劳动群众身上。

但是，无产阶级不顾日益加强的压力，着手重新组织自己的力量，以便重整旗鼓和阶级敌人进行斗争。在无产阶级的影响和领导下，广大居民群众萌发了反抗法西斯野蛮压迫的意愿。在这种局势下，法西斯主义，一方面看到行将摧毁自己的力量在增长，另一方面又因自身队伍中爆发出许多矛盾而感到内部虚弱，不惜采取挑拨离间、屠杀和恐怖伎俩，以求保住它的政权。

同时，法西斯主义对各国劳动者构成越来越大的危险。它推行帝国主义政策，用尽一切努力，试图从战争中寻求出路，以摆脱日益增长的经济危机，并且克服法西斯制度的种种矛盾和内部危机，这就威胁着各国劳动者。

劳动者们！意大利现在的情况说明，资产阶级对无产阶级和农民不断施加暴力以求稳定资本主义制度的一切努力，是注定要失败的。如果从一方面看，法西斯的恐怖办法似乎可以阻止经济危机，那么事实上这种办法只能加深危机。它可能把群众前进的步伐挡住一阵子，同时却又为更加尖锐的社会冲突创造条件和借口，而且这些冲突必将以更大的力量爆发出来。法西斯主义只能用血腥的帷幕遮掩资本主义社会的解体，然而这种解体是必定要发展、要日益深化的。对法西斯主义在意大利进行试验的结果如何，各国的工人、农民和广大人民群众应当是清楚的，因为这些国家中经常存在着资产阶级采取"意大利方法"的危险。

同志们！

意大利的无产阶级在法西斯主义采取压迫、挑拨离间和屠杀手段的形势面前并没有消沉。无产阶级在自己英雄的先锋队——共产党的领导下，聚集力量，重新进行组织，准备新的反抗、新的搏斗。因过去进行战斗和遭到迫害而坚强起来并且得到锻炼的共产党，对向它迎面扑来的新的恐怖浪潮决不折服。意大利广大工农阶层，在马泰奥蒂遭杀害后，被社会民主党和各资产阶级民主党可耻地出卖了，这些党派玩弄手腕，以逃避法西斯主义的攻击。越来越广泛的意大利工农阶层团结在先锋队的周围，由先锋队率领他们去为捍卫他们的经济利益、他们的工资和生活而斗争，引导他们为恢复被破坏的组织和被剥夺的自由而斗争，为彻底推翻法西斯制度并建立工农政权而斗争。

国际无产阶级应当以积极的声援行动来支持意大利的无产阶级。各国工人应当千方百计帮助意大利工人为了全世界劳动者的利益而进行反抗斗争和解放斗争。

向法西斯恐怖进行示威吧，决心拿起武器反对在你们国内建立法西斯制度的一切企图吧。

法西斯主义就是战争的化身，同战争的危险进行斗争！同酝酿新的世界冲突的帝国主义进行斗争！

打倒要建立压迫、挑拨离间、恐怖和屠杀制度的意大利法西斯主义！

全世界无产者反对资产阶级恐怖的斗争大团结万岁！

致联共（布）及苏联劳动人民书

在十月革命胜利九周年刚刚过去、苏联无产阶级专政迈入第十年之际召开的共产国际执行委员会扩大全会，向联共（布）的全体党员、各支部和委员会以及它的坚强的可信赖的列宁主义领袖——中央委员会致以热烈的敬礼。

无产阶级专政在苏联已存在九年这一简单的事实，是世界革命进一步发展的最重要因素。苏联工人表明，只要工人阶级根据历史发展的方向来思考和行动，在坚强的领导之下，队伍团结一致，把全体意志和全部力量都集中到伟大的目标上来，只要工人阶级能够为伟大的目标而奋斗并为之作出牺牲，它就能完成怎样的业绩。这已由苏联工人阶级在遭受残酷迫害的年代、在沙皇制政权之下、在夺取政权的斗争中、在国内战争和经济濒于崩溃年代的行动所证明。现在，苏联工人阶级恢复了千疮百孔的经济，走上了大规模扩大工业生产，进行新的社会主义有组织的工业建设的康庄大道，并着手建设社会主义。现在苏联工人阶级也在向世界无产阶级证明这一点。

在国内战争年代，俄国工人曾以自己的英雄气概和准备牺牲的精神使全世界无产阶级满怀革命热情和积极坚定的决心。现在他们的这种行动激发出日常劳动中的英雄主义，苏联工人正以这种英雄气概克服着发展中的一切经济困难，扩大无产阶级国家的工业，建设社会主义。从世界社会革命的观点看，这一点具有重大的意义。

工人阶级为摆脱资本主义桎梏的世界社会斗争的战线在向前推进。西方资本主义的工人和东方民族革命大军的群众正在进行坚决的战斗。从资本主义统治下获得解放的苏联广大地区，已成为这些战斗的根据地。苏联工人表明，苏维埃后方对继续胜利开展阶级战线上的战斗具有多么重大的意义。苏联在扩大工业生产和建设社会主义方面所采取的每一步骤都是对资本主义国家无产阶级斗争的直接支持。

最近，许多工人代表团亲眼看到工人阶级取得胜利后是怎样在无产阶级专政国家中进行社会主义建设的。苏联工人在劳动中表现的英雄主义绝不比在斗争中表现的英雄主义逊色。工人代表团已经看到，苏联在怎样迅速地使濒于崩溃的经济恢复元气。他们看到，社会主义建设现时期苏维埃经济成分比私人经济成分增长得更快，这足以证明，在苏联社会主义正在胜利地进行、社会主义的创造性工作正在顺利地开展。工人代表团能够亲眼观察到，苏联工人与形形色色的民族局限性都是格格不入的，而且，尽管自身有大量任务，但从来也没有忘记，他们只是世界革命大军的一个组成部分。工人代表们也看到，苏联对举行罢工的英国矿工的援助是出于群众的倡议而从下面自发地组织的。他们看到，中国革命事件发展的每一阶段在苏联劳动者中间都引起了极大的兴趣和高度的重视。这些代表团就苏联无产阶级群众在社会主义建设中如何进行创造性的劳动所作的报告受到资本主义国家全体工人，包括非共产党工人的热烈欢迎。所有这一切提高了现今战斗在社会革命前线的百万大军的斗争意志、革命毅力和决心。

苏联工人阶级所执行的世界社会革命的伟大战略任务，一点也不比它在街垒战和国内战争年代所完成的任务简单、容易。现在领导苏联无产阶级的是由列宁缔造和培育的、满怀列宁主义精神的党，它引导工人阶级渡过重重困难、经过无数艰难险阻、走过革命发展的各种复杂阶段，坚定地、自觉地和毫不动摇地勇往直前，接近社会主义的最终胜利，这对世界革命来说是最幸运的事。

执委会扩大全会指出，联共（布）迅速果断地克服了最近遇到的一切困难。最近几个月内，联共（布）在苏联工人中的威信大大提高了，在整个共产国际内的威信也同样提高了。

团结坚强的联共（布）已进入革命胜利的第十个年头，它击退了对列宁主义的各种攻击，胜利地克服了新的困难，加强了无产阶级和贫农中农之间的联合，从而巩固了无产阶级专政。正如联共（布）的全体党员经过最近这场激烈的争论之后团结在中央委员会的周围一样，共产国际的所有支部现在也以互相信赖、献身于革命事业和革命团结的精神钢铁般坚强地团结在联共（布）的周围。正当国际资产阶级借助各色各样的孟什维克爪牙企图建立反苏统一战线的时候，共产国际执委会扩大全会代表各国成千上万的革命工人向苏联无产阶级及其领袖——列宁主义共产党致敬。各国工人知道，苏联是世界革命的主要支柱，对苏联的每一次攻击都是对世界革命的攻击，而苏联工人阶级每前进一步，都使世界无产阶级向革命胜利靠近一步。

联共（布）及其中央委员会万岁！

苏联的社会主义建设万岁！

世界社会革命万岁！

反对判处萨柯和万泽蒂死刑的宣言

共产国际执行委员会第七次扩大全会热切地号召全世界工人坚决反对敌人可能借助法律杀害我们的阶级兄弟——尼古拉·萨柯和巴尔托洛

梅奥·万泽蒂的事件。

全世界的工人们！对似乎可以维护这两位受迫害同志的权利的所谓宪法保证，再也不能抱任何幻想。萨柯和万泽蒂的生命已受到直接的威胁。向美国最高法院递交的上诉书救不了他们。美国最高法院是资本专政的工具，它较之其他资产阶级国家的司法机关犹过之而无不及。由于他们除了具有形式上可向美国最高法院上诉的权利外，其他权利一无所有，所以我们有充分根据说，萨柯和万泽蒂已处于死亡的边缘。

由于工人阶级的抗议，马萨诸塞州的资本主义当局在六年时间内在对这两位工人采取沉着冷静的报复行动方面一直犹豫不决。在萨柯和万泽蒂关在监狱里的这段时期内，当局利用各种欺骗手段造成假象：案件已转交"公正的"法庭，它会根据事实来重新审理。但是最近几年来已经查清的全部事实，只能证明萨柯和万泽蒂完全无罪，是警察机关极其可耻地参与了对工人宣传员一案的捏造。

全世界都知道这两位工人和对他们提出的指控毫无关系，他们之所以被定罪，唯一原因即在于他们是资产阶级的不可调和的敌人，可是美国资本主义的"民主"却打算在全世界面前假借法律来杀害他们。

全世界工人阶级决不容许杀害萨柯和万泽蒂。各国工人阶级必须立即一致大声疾呼，营救萨柯和万泽蒂。

全世界工人阶级还有能力营救萨柯和万泽蒂。

整个美国工人阶级必须动员起来，万众一心，华尔街的金元民主政权，在它设有大使馆、领事馆的各个国家中，俨然表现为"文明的"、"有教养的"民族，要求这些使馆和领事馆承担起报导公众舆论对美国事务看法的义务。在这些国家中，千百万工人能够迫使萨柯和万泽蒂未来的刽子手们听到他们的意见。

全世界的工人们！谋杀英雄萨柯和万泽蒂将是对全世界工人阶级的打击，这是绝不能容许的。

共产国际号召各国工人团结起来，举行世界规模的示威，以便拯救我们工人阶级弟兄——萨柯和万泽蒂的生命。

会议执行主席台尔曼同志宣读季诺维也夫同志11月21日给扩大全会主席团的信。

季诺维也夫的信

"共产国际执行委员会扩大全会：

由于共产国际几个最大支部的领导机构已经通过决议，我请求解除我在共产国际执行委员会中的主席职务以及目前在共产国际中担任的全部工作。

致以共产主义敬礼！

格·季诺维也夫"

关于季诺维也夫同志信件的决定

全会对季诺维也夫的信一致通过如下决定：

"鉴于共产国际几个最大支部[联共（布）、德国、法国、美国、英国、捷克斯洛伐克、波兰、意大利等国的共产党]和共产国际执委会主席团通过的决议，并得知季诺维也夫同志1926年11月21日的请求，共产国际执行委员会第七次扩大全会决定解除季诺维也夫同志共产国际执委会主席的职务和他在共产国际中担任的工作。"

会议执行主席请别洛夫同志致贺词。

莫斯科卫戍部队党代表会议的贺词

别洛夫（代表莫斯科卫戍部队党代表会议）：

同志们！莫斯科卫戍部队党代表会议选出代表团，委托它向共产国际执委会扩大全会祝贺。请允许我代表莫斯科卫戍部队党代表会议通过你们向全世界共产党人转致兄弟般的热情敬礼。（鼓掌）党的军事组织机警地敏锐地观察着注视着世界共产主义运动的一切事件。

莫斯科卫戍部队党代表会议是军事组织的一部分，对联共（布）党所关注的一切问题我们都深有感受。卫戍部队党代会听取了党内情况报告和第十五次党代表会议的工作总结，并一致决定同意联共党代表会议的决议。我们队伍中一个动摇分子也没有。我们的组织渴望统一，它是坚强的团结一致的。

我们对军事训练和政治学习进行了一次总结。我们再次确信，在军事方面我们的战斗力正在一天一天地强大起来。我们的军队是共产党领导的，是它的全权代表——陆海军人民委员伏罗希洛夫同志领导的。我们的军队之所以坚强有力，在于它意识到自己的任务是保卫苏维埃国家，保卫十月革命的成果。工农红军之所以有力量，在于对它进行了国际主义的列宁主义的教育。（鼓掌）

我们卫戍部队党代表会议相信，共产国际执委会全会将继续加强世界共产主义运动的团结。共产主义运动的团结是共产国际力量之所在。我们祝愿全会顺利完成它面临的各项任务。我们相信，全世界劳动人民在共产国际的领导下从世界各个角落奋起同资本进行最后战斗的日子并不遥远了，到时工农红军定将走上自己的战斗岗位。（鼓掌）

未来的世界无产阶级革命万岁！

全世界无产者万岁！

共产国际万岁！（鼓掌）

会议执行主席：由柯拉罗夫同志致答谢词。

致莫斯科卫戍部队党代表会议的答谢词

柯拉罗夫：

同志们！请允许我代表全会对莫斯科卫戍部队的共产党员代表的贺词表示答谢。

红军战士同志们，莫斯科卫戍部队的代表们，我们以极其喜悦的心情听完了你们向全会所作的坚定声明。你们对我们说，你们接受了第十五次党代会确定的联共（布）党的路线。你们说，你们是列宁的学生。要在列宁党的领导下实现列宁的遗训。而没有你们的保证，这一点我们也知道，我们无需你们的保证对此也是确信无疑的。我们看到的是你们的很有说服力的事业、英勇的红军的事业、各苏维埃共和国的武装人民的事业。（鼓掌）

红军战士同志们！你们作为全世界被压迫被奴役人民的共同祖国——苏联的保卫者，这是你们的无上光荣。你们在抗拒人数众多的敌人时，不仅保卫着苏联工人和农民的事业，同时也保卫着全世界被压迫被奴役人民的共同事业。你们非常清楚你们的职责，你们知道应该做什么，无须我们现在再来教你们。但是请允许我向你们谈谈我们的职责。

各国共产党的代表，在非常重要的时刻，聚集在这里举行共产国际执委会全会，讨论世界革命运动的问题。他们清楚地认识到，我们的共同祖国苏联受到许多敌人的包围，全世界的资本家、帝国主义分子都准备进攻第一个工农国家，以便消灭世界革命的策源地。正是由于这种情况，国际无产阶级和各国共产党担负着十分重大的职责。当前世界无产阶级的义务就是要击退指向苏联的一切进攻。资本主义各国共产党的义务就是要痛斥与资产阶级相勾结、密谋反对苏联的孟什维克叛卖政策。这些国家的共产党有义务向全世界工人阶级阐明苏联和十月革命的意义，尽力培养工人阶级仿效你们的榜样。

红军战士同志们！各国共产党代表向你们庄严声明，工人、革命农民和被奴役的东方各国人民有决心而且能够给世界资本主义和帝国主义以致命打击并把现在还只占全球 1/6 土地的苏维埃联盟扩展到全世界。

世界革命的倡导者红军万岁！

共产国际的领袖、列宁的钢铁般的联共（布）党万岁！

世界革命万岁！（鼓掌）

（会议休会）

第二次会议

(1926年11月23日)

主席柯拉罗夫：

由科恩同志致贺词。

政治流放者和移民协会莫斯科分会的贺词

费利克斯·科恩：

尊敬的同志们！我代表政治流放者和移民协会莫斯科分会向你们致敬。（鼓掌）

同志们，我们的队伍聚集了几代革命者。我们当中有一名参加过巴黎公社街垒战的同志。（鼓掌）我们有许多同志曾被判死刑并在死亡的威胁下生活过，还有许多同志在施吕瑟尔堡要塞中度过了20年。在我们的队伍中还有一些同志，曾经到民间去，为了唤醒沉睡中的农民王国。有些人——老民意党人，曾同沙皇制度展开过英勇的斗争。有的是波兰第一个社会主义政党"无产阶级"的党员。有整整几代的革命者。最后，还有工人、农民、水兵和士兵，他们在沙皇制度覆灭前的最后几年内，被苟延残喘的专制制度判处苦役。同志们，他们之中现在参加协会的很多人，已经不能积极地为革命工作了。能够工作的，都在党的队伍里，在革命者的队伍里。现在年纪在70、75、80以上的，体力不行了，他们却仍然以极大的热情注视着工人阶级的每一次运动和正在进行的斗争。现在，当共产国际执委会第七次扩大全会召开的时候，他们一起来参加会议，向你们致敬并作出如下决议：

"全苏政治流放者和移民协会莫斯科分会会员大会决定，通过共产国际执行委员会第七次扩大全会向正在为全国和各殖民地的亿万无产者和劳动农民的自由而斗争的战斗先锋队致敬。"

莫斯科分会的队伍中大约有1000名当年反对沙皇制度的各个党派和属于几代人的男女革命者。在我们的队伍中有参加过巴黎公社街垒战斗争的同志，有19世纪70年代和80年代初进行革命宣传和采取恐怖手段进行斗争的老战士，他们在专制制度血腥的刑讯室里度过了整整几十年，也有在沙皇政府覆灭前不久才落到它的魔掌中的年轻的工人、士兵和水兵。

这1000名男女革命者，总共有8000多年的时间，在血腥的君主专制的刑讯室里备受折磨和刑讯拷打。这是因为，他们放弃了常人追求的安宁和平的生活，宁愿站到社会主义革命的红旗下，把个人的命运同为解放全体劳动人民不受任何剥削压迫而斗争的工农的命运联系在一起。

我们政治流放者和移民协会根据自身的经验知道，历史把压迫阶级及其专制政府推向为他们掘好的历史坟墓越近，他们就越加血腥残暴，而且为延续其可耻的生存越要作拼死的挣扎。

当前我们看到血腥的白色恐怖横行无忌，对人进行肉体消灭或精神折磨，简直比沙皇专制的所作所为还要野蛮，但是在整个资本主义世界——从日本、中国和印度尼西亚，以至印度、近东国家、意大利、欧洲的"民主国家"，到美洲亿万富翁的"民主国家"、阿根廷等国家内，亿万群众中无数的革命工农正在为争取自由而斗争。

我们，沙皇专制制度的囚徒，通过你们向这些世界资本的囚徒们致以兄弟般的热烈敬礼。（鼓掌）

在横行无忌的白色恐怖中，我们能得到世界共产主义革命接近胜利的某些证据，我们自豪地通过你们——共产国际执委会第七次扩大全会的成员，向世界无产阶级和农民这幸福一代的当之无愧的代表致敬。打碎镣铐、把全体劳动人民从资本主义和帝国主义的牢狱中解放出来，使工农获得自由并有可能与已经获得解放的工农先锋队——苏联各族人民——联合起来，共同建设世界苏维埃社会主义共和国。这一令人羡慕的作用和任务已经落到这幸福一代的身上。

像爱护眼珠那样，维护共产国际旗帜上已经标明的伟大革命原则和口号。

像爱护眼珠那样，维护你们党和整个共产国际队伍的团结。这是这面旗帜胜利的保证。（鼓掌）

为争取整个国际工会运动联合起来并转入革命的轨道而斗争。

加强你们队伍中的革命精神、胜利的信心和斗争的意志，无论怎样也要取得世界共产主义革命的胜利。

把你们国家的千百万工农群众吸引到国际革命战士救济会的旗帜下面来，不仅要保护白色恐怖的受害者，而且还要为革命的先锋队建立更为强大的后备军。

举起历史委托给你们的解放全人类的伟大神圣旗帜继续前进，你们，当代的革命巴黎公社社员们，将受到任何一代革命者所未受到过的嘉奖。你们一定要完成世界苏维埃十月革命的事业并为年轻一代的无产阶级和农民开辟通向全体劳动人民真正自由、光明和幸福的道路。

世界各国和殖民地的工人农民在共产国际的旗帜下大联合万岁！

劳动群众、共产党和共产国际的革命觉悟、意志和团结万岁！

国际革命战士救济会万岁！

世界共产主义革命万岁！（热烈鼓掌）

克拉拉·蔡特金（用俄语）：

向我们的老英雄们致以热情的敬礼，非常热情的敬礼。他们也是我们的革命先驱。

老流放者万岁！（热烈鼓掌）

（座位上发出喊声："克拉拉·蔡特金万岁！"）

同志们，世界革命万岁！（鼓掌，高喊"乌拉！"）

主席柯拉罗夫：

现在转入第一项议程。由**布哈林**同志发言。

布哈林作关于国际形势和共产国际当前任务的报告

同志们！这个内容广泛的报告，包括对当前形势的分析，附有各种数字和统计材料，全已印成文字，见我的书面报告。① 所以我认为重复这个报告中我已发挥的思想是完全多余的。我想，同志们已见到这份书面报告，我建议在我发言后展开讨论，不仅根据我的口头报告，而且主要根据我的书面报告。我现在的任务是只挑选几个重要的问题讲一讲。

在书面报告中我已阐明当前形势是两次革命浪潮之间的过渡性形势。我认为，就在这个讲台上同我们的反对派，特别是同社会民主党人展开一场小争论，也可说是一场大争论，是有益的。

---

① 《资本主义的稳定和无产阶级革命》报告，见本次会议记录的最后部分。——编者注

对当前时期的总评价

社会民主党怎样评价当前的形势呢？不管怎样，它总是"工人"的政党。哪怕是带有引号的。

根据社会民主党的看法，我们处在资本主义发展的正常时代。资本主义的状况，几乎是正常的，要不就是完全正常的。根据社会民主党的看法，资本主义发展中的新现象，就是无论在民族范围内还是在国际范围内**资本主义新的组织形式**，即在一系列国家中，竞争正让位给组织起来的资本；世界规模的极其强大的经济组织正在建立。这些过程的政治表现，按社会民主党的意见，即国际联盟、泛欧运动、国家之间的各种协定和条约之类的因素，所有这些因素都那么重要，那么有分量，在分析当前形势时具有那么不平常的巨大意义，好像能从根本上改变事物的状况。社会民主党竟然断言，普遍承认的马克思主义原理，例如：关于资本主义时代战争不可避免这一著名的、无所不包的、众所周知的原理已经过时，不符合实际情况。因此，社会民主党人说，我们正经历着资本主义发展的新阶段。现在我们的和平不是在天上，而是在地上。所谓的和平思想和类似和平的思想现在正在变为现实，国际联盟恰好就是这种有利于和平的崇高运动的工具。这一点已由希法亭和其他社会民主党理论家非常清楚地表明了。

从现实的观点出发能否认为这类论断是正确的呢？在我们看来，这类论断一与现实作对比就是滑稽可笑的，因为从现实的观点看，这一整套理论是彻头彻尾的杜撰。难道真正可以说现在的形势与战前相似吗？难道可以证实资本主义处于"正常的"时代并在"正常的"条件下发展么？我认为，可以证明的恰恰是其反面，苏联的存在这一事实就足以证明资本主义生活在不正常的条件下。我们无产阶级共和国存在的事实本身就表明现在资本主义的发展处于不寻常的状况、不寻常的环境中。

我们面前发生了许多类似东亚革命这么重要的事件，我们认为中国的伟大革命就是东亚革命的开始。难道这是"正常"发展的表现吗？难道这是鸡毛蒜皮的小事吗？难道这是无足轻重的事实吗？当然不是。这一事实是如此重要，它在历史上的分量是如此巨大，以致根据这一件事就不能认为当前形势是正常的。英国的没落、资本主义制度内部的矛盾，也不是小事，这是具有极其重大意义的事情，绝不能对此估计不足。

如果从资本主义矛盾和各国之间紧张的外交事务来评价这些重大事件，人们不禁要问，能不能证明矛盾已经减弱了？绝对没有。谁证明了这一点？又有谁即使是企图证明这一点呢？我们认定，战后矛盾发展了、增强了、扩大了，它在更高的水平上重新表现出来。最大的最重要的事实就是原俄国土地上的无产阶级专政和中国的革命，这两件事实充分证明资本主义制度原来的基础没有了。的确不错，我们现在看到，在没有直接革命形势而且资本主义发展的曲线有时甚至还在上升的国家中，存在着借助特别的非常厉害的剥削方式以拯救资本主义的企图。

因此过去构成资本主义基础的全部条件没有了，这表现为同工人阶级的尖锐斗争。因为资产阶级只有指望通过尖锐斗争来拯救资本主义制度。

赞成还是反对资本主义的稳定

在各国工人党面前现在摆着一个十分重要的问题：赞成资本主义的稳定还是反对资本主义的稳定？这个问题仿佛是工人阶级内部的一条分界线。社会民主党**赞成稳定**，我们则**反对稳定**。

许多其他的策略原理都决定于这条基本的原则路线。例如，社会民主党是反对苏联的。为什么？因为苏联的存在就是客观上必然反对资本主义稳定的因素。苏联就是世界资本主义经济和资本主义国家整个体系的破坏性因素。

不言而喻，资本主义在商品交换过程中可能靠苏联而发财，但这是次要的，因为一切商务条约、承认苏联等，全都是第二位的现象。**这不是最重要的，这也不**决定世界历史的路线，资产阶级非常懂得这一点。

整个说来，社会民主党**反对东亚的革命**。甚至可以说相当左倾的社会民主党，如奥地利的社会民主党，即奥托·鲍威尔的党对东亚革命也抱仇视或半仇视的中立态度。为什么？因为东亚革命是巨大的破坏性因素，是**妨碍**资本主义稳定的重要因素。

社会民主党反对所谓的西欧的一切"骚乱"，不管它是什么样的"骚乱"。社会民主党对**英国**的罢工在颇大程度上是仇视的。不言而喻，它反对英国的总罢工，尤其反对罢工的继续发展，因为这等于"破坏正常秩序"。

对一切破坏或阻碍资本主义稳定的因素，无论是东亚的革命还是苏联，也无论是欧洲的经济大罢工或政治大罢工，社会民主党都要采取这样或那样的斗争形式来反对它们。与此相反，几乎可以促进和有助于资本主义稳定的任何因素都得到社会主义党的支持。为什么？各国社会民主党支持国际联盟这样的强盗组织，因为在社会民主党的心目中，国际联盟是根除资本主义内部矛盾的最好方式，是推动资本主义稳定向前发展——哪怕只向前发展一段时间，至少在最近的将来这段时间——的最好手段。因此国际联盟是应当得到支持的和平的工具。社会民主党认为，国际联盟实质上是稳定的工具，所以也是和平的工具。根据这种看法，社会民主党赞成泛欧运动，赞成"正确地瓜分"殖民地，如此等等。

在这里我们应当得出的结论大致如下：

社会民主党在我们的时代，在当前、在最近几周和几个月内的叛卖行径，比它在1914年8月的变节行为严重得多。对此甚至我们自己的队伍也都没有完全认识清楚。可以断言，无产阶级从整体来说也还没有认清这一点。我们的首要任务就是向无产阶级阐明这个事实。

为什么社会民主党的叛卖行径在今天比在1914年8月还要厉害？很简单。在1914年8月，社会民主党坚持的观点是为本国资本主义辩护，只此而已。社会民主党人说，那时的情况很特殊，敌人要捣毁"我们的"根据地。我们虽然是国际主义者——他们这样表白自己——可是国际主义绝不与所谓的"民族因素"相矛盾，如此等等。

这段历史我们是非常清楚的。

现在社会民主党**不仅**像在战争时期那样在本国范围内保卫资本主义。在今天，社会民主党**主要保卫资本主义这一世界经济体系**。（鼓掌）这一点一眼是看不清楚的，因此这就更加危险，我们应当更加努力地去揭露这种可诅咒的思想。如果在这方面不大力进行工作，我们就根本不能取得胜利。

社会民主党的"和平"——发动战争的遮羞布

社会民主党把资本主义的稳定与和平问题拉扯到一起。和平问题正是当前极为严重的问题。让我们仔细地来看看一般无产者的情绪，看看无产阶级群众的心理状态。无产阶级群众处于一种什么心理状态呢？他们经受了大战的痛苦。现在，订立和约七年之后，情况已经有相当的改善，他们说："好吧，让我们安静些吧。我们反对战争，我们反对破坏和平，这就是我们所希望的。"广大人民群众的这种心理是很可以理解的。这仿佛是一种对战争年代好战情绪的反动，而社会民主党却成功地利用它来达到自己的目的。社会民主党是怎样利用的呢？大体上是这样：谁是和平的破坏者？请看看国际联盟，它才是和平的工具；而该死的"俄国佬"，却在这个和平体系中徘徊；或者，瞧瞧东方，那儿发生了革命，那是因为"俄国佬"即苏联"唆使"东亚各国人民去反对文明国家。我们社会民主党，尽全力使泛欧运动、和平主义人士、国际联盟服务于和平事业，我们为实现和平竭尽全力。可是苏联阻碍我们，东方亚洲的人民妨碍我们的工作。共产党人就想，用考茨基的话说，"到处燃起战火"。他们开头想要"掠夺"西方，没有成功，现在打算在东方"燃起战火"，"掠夺"东方。事实上和平的敌人就在于此。应当克服的障碍就在于此。

社会民主党就是这样讲的。它的毒害人的"思想"就是这样。

我们的党应当**揭露**这种思想，廓清那种把和平问题同所谓的超帝国主义的无稽之谈，同泛欧运动之类的东西联系起来的提法。要揭露社会民主党的"和平"！这种和平是为准备发动比历史上所有战争都**更可怕的、规模更大的**战争的遮盖布。这个道理是完全用不着证明的了。

但是，在我看来，我们**还不能**在应有的程度上彻底弄清对问题的这种提法，并且在无产阶级中就这方面采取行动。所以，再说一遍：社会民主党的"和平"是新的大战的遮盖布。

从另一方面，我们的**革命**运动，我们的起义，我们的罢工，我们苏联的建设工作——以及苏联本身，都是**真正和平的**最好**保证**。这一通俗的，几乎是平凡的道理我们应当有根有据地向全体无产阶级解释清楚。我们应当说，这是完全符合实际的，因为共产党就是造反党、起义党，而共产国际，就是引导起义的无产阶级的世界组织。（鼓掌）**但是，正因为**共产国际是世界的造反党，**正因为**共产国际是世界的武装起义党，所以它是**全世界真正和平的**、坚如磐石的保证。共产国际应当这样提出这个问题，特别是现在应当这样提出这个问题。

当代世界的四个主要部分。社会民主党对它们的态度

必须击溃超帝国主义和假和平主义思想的这种观点与对当前形势总的评价有着密切的联系。在打印出的提纲和我的书面报告中有一个极其重要的思想，就是：一般地提出资本主义稳定问题，无论在理论方面还是在实践方面都是不够的。仅仅对各国情况作一般的评价，对我们的实际工作尤其不够，因为我们的组织不得不在极其复杂多样的关系和条件下进行斗争。

在书面报告中，我试图把各国大致划分为几个不同的类型，我想，今天可以讲讲**四**大组成部分。历史乐于在名称中确定相同之处：美利坚各州**联盟**（美利坚的美国）和苏维埃社会主义共和国**联盟**——这就是两个"联盟力"，同时也是现存世界形势中对立的两极；然后才是东方和欧洲。

怎样理解社会民主党对**美国**的非常非常殷勤的态度？怎样从**整个**世界形势的角度来评价这种态度？美国是世界历史的一极，是最大的资本主义势力聚集的焦点。从广阔的历史前景的角度来看，它是社会主义的**主要敌人**。怎样来理解社会民主党对美国的慷慨赞扬呢？这种赞扬是**社会民主党的反革命作用**的鲜明表现，因为它是为即将支持工人阶级现有最大的敌人所做的许诺和保证。社会民主党对美国赞美的论调、朗诵的赞歌——这一切可以这样来理解，而且也应当这样来理解。

社会民主党对另一个"联盟"——苏维埃社会主义共和国联盟的态度是根本敌对的，只要回想一下它给我们设置的种种障碍，只要回想一下它对我们的造谣中伤，以及它对我们的社会主义建设事业的那种评价，就足以了解这一点，在这里仍然明显地表现出社会民主党的**反革命作用**。现在世界历史上存在着两个对立的极：美国和苏联——反革命的

一极和革命的一极。从重大问题的角度看社会民主党对美国和苏联的态度，那就十分清楚：它拥护美国**反对**苏联，拥护资本主义**反对**社会主义，**拥护资本主义反革命反对无产阶级革命**。

现时社会民主党**反对东亚革命**的宣传，是它的反革命作用的第三重大表现，在一系列的文章和提纲之类的东西中，社会民主党说：我们赞成各国人民的"解放"，当然包括中国人民的"解放"，但我们反对中国的"乱"，反对他们对外国人的"仇视"和其他类似的现象。

"正确分配"对殖民地的委任统治的论调也充斥在社会民主党的报刊中，特别是希法亭先生的机关报《社会》。这也是社会民主党的反革命作用的特征。此外，这种论调也反映出社会民主党对**稳定**的**积极**态度，即它在拯救资本主义体系的事业中的积极作用。在资本主义的弱点暴露出来的所有最重要的地方，社会民主党都起着直接的反革命作用，他们反对苏俄，反对中国革命，反对西欧的骚乱并赞成西欧"美国化"。这里最清楚不过地暴露出社会民主党的反革命作用。

国际各支部的任务，所谓的"俄国问题"

至于各国共产党的工作，从更广阔的角度看自然明白，各国党和共产国际的任务在不同的国家应当有所不同。在苏联，我们面临的任务是一个，在美国则是另一个。在西欧和中国，我们面前摆着的是完全不同的特殊任务。之所以有差别，并不是因为这些任务**原则**上有所不同，而是恰恰相反。为了实现我们的**共同任务**——无产阶级革命，我们应当每次都要根据局势的特点，以不同的方式提出问题。

我们首先谈谈苏联共产党人的工作。这里，在苏联，我们的主要任务是**创造性的**劳动，建设社会主义。社会民主党否认这一点。但是在我们的队伍中，在我们党和国外各党的各种反对派集团中，也可以遇到对社会主义建设的某种怀疑主义。我认为，必须说，这种怀疑主义究其根源是亲社会民主党。

至于问题的理论方面，我不必详细论述，因为在斯大林同志的报告中将作详尽无遗的论证，我只想就怀疑主义是从哪儿来的问题说几句话。为什么反对派同志要说似乎不可能建设社会主义，似乎困难不可克服和诸如此类的话？为什么他们对在苏俄建设社会主义的胜利前景缺乏信心？为什么这种缺乏信心的情绪能在西欧一些党内，甚至在无产阶级某些阶层中引起反响？假如从理论上提出这个问题，那就很容易懂得，这种怀疑主义情绪的根子**在哪里**。怀疑主义者说，俄国是落后国家，在俄国可能夺取政权，但建设社会主义却是另一回事。据说恩格斯就讲过，可以预见到这样的情况，工人党会过早地执掌政权。这种可能性不能排除。在社会民主党人和共产主义运动内部具有怀疑主义情绪的同志看来，**这一**情况恰恰已在苏联发生。建设真正社会主义的客观条件还没有成熟，布尔什维克过早地夺取了政权。社会民主党人说，这首先表现为布尔什维克不得不**一次又一次地退却**。不管怎样，如果立刻爆发世界革命，那么形势就会是另一个样。**那时**世界革命会拯救俄国革命。但是世界革命没有到来，而布尔什维克作了接二连三的让步。根据所有社会民主党人（唉，才不只是社会民主党人哩！）的意见，新经济政策本身就是俄国革命客观力量不够的标志。可以说，新经济政策罪孽深重。按照自然规律来设想，罪孽也会生儿育女，现在罪孽就有一个家族了。发生了苏维埃政权和党的"蜕化"，形成了"热月路线"，对农民作了不能容许的让步，斯大林扮演了"农民国王"的角色，组成了共产国际内的"取消派"，等等——社会民主党人及其走狗杜撰的、我们最近从各方面听到的那些形形色色的荒唐事。

当然，社会民主党因我们党内有过这种情绪而得到一点安慰。我说"有过"，是因为我希望这次全会以后这种情绪将被"消除"。在这个意

义上说我们是最热心的"取消派"。(热烈鼓掌)

同志们,所有这些理论原理都能从各个不同角度得到证实。

首先替这些理论原理说话的是关于苏联发展进程的**实际材料**。我不必引用数字,因为你们定会在我写的小册子和其他文章、书籍中找到。

我们的反对派在资产阶级和社会民主党阵营中引起的反响是重要的间接评价。这是必须考虑到的非常重要的标志。反对派和极左派得到什么样的反响呢?我认为是很糟糕的反响。资产阶级、准资产阶级、社会革命党人和孟什维克对他们赞赏不已。这是事实,是无可辩驳的事实。

其次是反对派的**盟友**问题。德国党内的鲁特·费舍和科尔施先生出现在同一份议员名单上难道是偶然的么?绝对不是,恰恰是鲁特·费舍、马斯洛夫、乌尔班斯在思想观点上朝着科尔施先生方向发展。

极左反对派的思想在所谓的"俄国问题"上的许多观点都与诸如考茨基的小册子之类的庸俗下流的反革命著作有关,这绝不是偶然的。

所谓的"反莫斯科派"与德国资产阶级采取亲西方的方针有关,难道是偶然的么?不,这不是偶然的,这是同一个问题的另一面。

从苏联的国内工作来看,我们的主要任务是满怀我们**能够**在经济方面制服国内资产阶级的坚定信念与信心,与我国经济中的资产阶级成分斗争到底。如果说有人在这方面持怀疑态度,那就是社会民主党的怀疑主义。我们在苏联建设社会主义的任务,只有在我们真正相信我们从事的事业的条件下才能实现。

我们应当为争取革命胜利和中国的非资本主义发展前途而斗争

中国的任务不一样,在历次代表大会和执委会会议上我们都讨论过中国问题和东方问题。但我想要强调的,正像我在发言提纲和书面报告中强调的那样,中国的**最近**前景和**当前**任务是打败帝国主义敌人。这是现时的**主要**任务,这是为未来建设创造条件的任务。但是我们绝不是那种笨拙的经验论者,只看到当前任务,尽管它确是现时的主要任务。我们希望看得更远些。我们应当强调,**共产国际认为中国的非资本主义发展前景是可能的**,正是这一前景本身才使我们共产党为之而奋斗。当然,这个意思完全不是社会民主党人的说法。他们试图讥笑我们,像他们曾经讥笑过十月革命和我们的社会主义建设那样。他们试图在中国问题上也嘲笑我们。但是我们倒要看一看,未来会作出什么回答。中国暂时还沿着这样的道路发展:我们前一半的任务——反对帝国主义的斗争,正在相当顺利地得到**解决**(尚未完全解决)。广州军进攻,而冯部国民军却按兵不动,注视着北平。同时中国正在革命势力掌握领导权的情况下实现全国统一。如果全国统一得到实现,那它必将影响到整个世界形势。但是进一步会怎样?我们下一步的任务是什么?我认为,在这个问题上共产国际可以说,**总的**前途,最**广阔的**前途,最**伟大的**前途——实现中国、苏联和西方无产阶级之间的联盟,从而使中国的非资本主义发展前途成为可能。这是相当艰巨的任务,不妨说,这是共产国际、各国共产党要勇敢地去完成的任务。但是我们意识到自身有力量并打算解决这项任务。我们给自己提出这一任务,就要为解决它而奋斗,而且相信我们是一定能够解决这项任务的。

西方共产党为争取群众而斗争

在美国,我们的党相当弱小。美国资本主义是整个资本主义体系的支柱,是世界最强大的资本主义。我们在这个国家的任务暂时还不很重,我们仅仅处于争取群众的阶段。为了给这个国家即将展开的斗争创建据点,我们现在只能给自己提出这一并不很重的任务。

西欧的情况则迥然不同。"接近群众"和"争取群众"的口号今后仍然是**我们注意的中心**。由于我们有争取群众的任务与组织和领导群众进行阶级战斗的任务,我们就成为给资本主义发展制造麻烦的因素。甚至从这个观点看,稳定的问题不是别的,而是**阶级斗争的对象**。当然,稳定是资本主义发展的客观过程;但就总体看,它的全部过程,除许多因素外,还包括**诸如工人阶级及其动员、保卫和进攻的能力**这类因素在内,而工人阶级的反抗将是给资本主义的稳定过程"制造麻烦的因素"。作为反抗和斗争因素的唯一政党,就是共产党,起这种作用的唯一的世界组织,就是共产国际。

这里对西欧问题再讲几句。

争取群众问题是当前的基本问题。要反对稳定而手里没有掌握群众组织,就是一句空话。我们对这个问题写过很多文章,作过许多决议,各国党的中央委员会和共产国际也已经认清这一问题的全部重要性。但是通过决议是一回事,而决议付诸实行又是另一回事。如果我们以如何争取工会组织的问题为例,应当说,我们全都承认这项任务是一项最重要的任务,然而它目前完成得**很不好**。工会多半是经济组织,尽管纯粹经济的"中立"组织确实并不存在。工会是无产阶级最重要的群众性组织。假如在西欧资本的进攻中形成一种特殊的形式,在颇大程度上形成经济压力的形式。那么这些群众组织的作用还会更大地增长。但是我们的党在工会中的工作怎样呢?工会的状况又如何呢?

从共产党的发展观点来看,回答并不是特别令人满意的。我们可以一个党一个党的列举出来,可以说几乎它们之中的每一个党在工会中的工作都是**不够的**。

如果考察一下无产阶级内部的情绪,我们即可提出如下情况:我们各党的**政治**影响在增长,在政治问题上,广大群众是**相信我们党**的。我们举德国共产党为例,它在反对赔偿王室财产的运动中起了领导作用,甚至达到这样的程度,以致在我们党的影响下,社会民主党也不得不对我们的行动作出某些让步。但是在日常的小规模罢工中工人的行动又怎样呢？我们在这里看到完全不同的情况，对共产党人的信任少得无可比拟。

至于发展**速度**问题，英国党取得的成绩最好。的确不错，英国党与其他党相比，直到现在它也还是一个比较小的党，但是它取得成功的**速度**无疑是很快的。出现这种情况，**正是**因为英国党比所有其他的党更多**地在工会中进行了工作**，这是英国党极其伟大的功绩之一。我这里不谈它的错误，关于错误我们在别的地方再谈。但是上述事实仍然有其意义，它表明英国党的巨大功绩。

我们是否在工会中和各种群众组织中已经作了应做的一切呢？我们是否完全消除了宗派主义情绪呢？我们是否把与左派社会民主党工人有关的问题夸大了呢？没有。有时我们没有充分接近群众，不能找到接近他们的真正正确的途径。这个问题和任务——在群众组织中进行工作，首先要在工会中进行工作——我认为，是摆在西方各党面前的主要问题。必须一次又一次地强调这一点。反复地讲，反复地听，可能会令人厌烦；**但是如果我们不把全部力量投入这一极其重要的战线，我们就一步也不能前进。**

我们各党内部自我批评的问题与此有关。我们已经指出，某些同志这样理解问题：好像我们在这里研究"威信"问题。许多同志首先极力从书面报告中寻找有关他们所代表的那个党的情况。这是首先感兴趣的，同时不是从这些评价是否正确的角度来加以考虑，而是一般从这些同志的党是否遭到批评的角度来估价。我想，委婉一点说，这不是完全正确的态度。我们缺少什么？就是缺少党内的**自我批评**，就是缺少正确总结工作的能力，即把日常斗争的实际结论与世界革命主要队伍走向胜利的运动结合起来的能力。我们可以讲些漂亮话，说我们拥护共产主义，拥护中国革命和世界革命，我们也可以想尽办法来突出这些口号，但我们，我是说在德国或法国，**假如不在工会中**，不在广大工人群众中**进行足够的工作**，我们就帮助不了中国革命。链条的各个环节就是这样联系着。这种联系是很**复杂**的，但它是不容置辩的事实。

中部欧洲斗争的前途

某些同志认为，我们对形势的估计可以归结为这样一句话，在中部欧洲共产党的工作中，现在没有出现美好前景。**这不正确**。我肯定地说，现在革命正在三个主要方面进行，即在中国、英国和苏维埃俄国。这才符合事实。但这绝不是说，中部欧洲的形势对我们很不利。尽管那里存在着资本主义的稳定，形势对我们中欧各党比前些时候有利得多。为什么？

因为我们经过三个相互交替的阶段，它们大致如下：

第一阶段是风暴和冲击时期。共产党人进行突击。这时存在着直接革命的形势。社会民主党直接起反动作用，手里拿着武器"抗议"共产党，反对斯巴达克派①成员。

从资本主义稳定的初期起，我们进入新的阶段，力量对比发生一些变动。它表现为，共产党人出现了退却，而社会民主党有一定的恢复、壮大和加强。这种变动与资本主义的稳定有关。

我认为，现在又是一个新的阶段，在这个阶段上。资本主义的稳定过程**越来越明显地暴露出它的内部矛盾**。各阶级之间的关系**日益尖锐**。这就为我们党创造了有利的形势。例如，处于欧洲中心的德国的情况，难道这对我们现在不利吗？形势**是有利的**，而且一天比一天更有利。资本主义在进攻。工人阶级将日益坚信，必须积极进行坚决斗争。

---

① 指1914—1918年间德国左翼社会民主党人组成的革命组织，德国共产党前身。——译者注

工人阶级向左转是这一过程的鲜明表现。德国汉堡的罢工是工人阶级向左转的第一个标志，也是工人积极抵制资产阶级压制的开端。当然，这仅仅是**第一步**。工人阶级将随着资本主义稳定的矛盾日益尖锐而积极起来，并将越来越积极。社会民主党则将变本加厉地变成数量和意义都日益缩小的工人官僚阶层的代表。不言而喻，阶级矛盾的尖锐化和工人阶级内部的重新组合是持续的过程。但这些过程现在就已给我们各党的发展提供了有利的土壤。

我在这里已经说过，稳定不仅是客观的过程，而且也是**阶级斗争的对象**。这个论断首先为英国的罢工所证实，我应当顺便强调一下，英国的罢工**没有**得到各国共产党应有的支持。为了从中吸取一些教训，我们应当承认这一点。英国的罢工曾经是，而且现在也是一次大规模的斗争。随着稳定过程的发展，中部欧洲也将面临类似的战斗，因为现在中欧资本主义面临的困难是巨大的，它和无产阶级的冲突将不可避免。所以我们各党的任务是动员无产阶级，并且使它做好准备，投入行将到来的斗争。用什么方法来执行这项任务呢？首先通过在工会内部进行坚持不懈的、顽强的工作。现在应当怎样切实地支持中国革命，或者哪怕是支持苏联呢？西方革命的无产阶级先锋队用什么来支持处于直接战斗中的世界革命部队呢？不言而喻，应当动员一切力量从物质上和道义上援助那些战士。但是，只有完成这项"并不起眼的"任务，即在群众和群众组织中很好地进行工作，才能持久地、"认真而又长期地"达到援助的目的。只是由于我们**在这里**有一定的影响，我们才能够指望动员广大劳动阶层。每个中国工人也会对**你们**这样说。如果你们没有足够的金钱支援英国或中国工人，那就好好地在工会和各种群众组织中做工作，这样你们可以实现中欧所面临的主要任务。到那时，我们会看到这样的景象：在中国进行直接的革命，在"俄国"进行直接的革命，因为我们的建设工作不是革命的附加部分，它本身就是革命。在英国已出现巨大震荡的初步征兆。在你们西欧是否会发生这种震荡,将取决于你们。这就要靠你们在群众中进行平凡的工作,因为伟大事件的完成并不像手枪发射那样,是**全部准备好的**。我们在党内曾讲过**组织革命**的问题。旧的社会民主党认为,革命是自然而又必然的过程,因而谁也"无权"准备革命的观念是不正确的。不,我们应当通过群众工作,首先通过工会内部的工作**组织革命**。我们各党的巩固,争取群众到革命的旗帜下来。这就叫做**组织**革命。

假如你们完成了这项任务,那么在中部欧洲就会很快出现"直接革命的形势"。但是如果你们完不成这项任务,西欧的无产阶级甚至在资本主义最困难的时候也不能夺取政权,在意大利、德国都曾出现过这种情况,在德国甚至是多次出现。

这项"平凡的"任务一经完成,在我们的斗争中,在直接革命的斗争中,就将实现世界上曾经有过的伟大联盟——东亚各国人民同苏联的无产阶级专政,同战斗中的西欧无产阶级的联盟。假如我们实现了这种联盟,那么我们就一定能达到我们的目的并且**解决我们的主要任务**——共产主义将庆祝它的决定性的世界胜利。(热烈鼓掌)

资本主义的稳定和无产阶级革命[①]

一、资本主义稳定问题

马克思主义的政策是工人阶级唯一科学的政策,所以它不能不依靠

[①] 布哈林同志向共产国际执委会第七次扩大全会提交的书面报告。——编者注

对工人阶级进行行动的整个历史时期和决定各工人政党采取相应步骤的每一具体的经济政治局势作仔细的科学分析。所以不难理解，关于对资本主义发展的这一特殊时期所作的、在当代具有代表性的估计，具有头等重要的意义。

毋庸置疑，在1919—1921年间达到最高点的整个资本主义制度的强烈危机，已在一定程度上缓和下来。如果当时在许多国家中**存在**列宁所说的"直接革命的形势"，如果说这种"直接革命的形势"在欧洲资本主义的主要据点出现过，那么，毫无疑问，随后几年资本主义都已大大地改善了它那摇摇欲坠的状况。这种情况表现为资本主义经济的主要中心不存在"直接革命的形势"。自不待言，仅此一个事实还不足以阐明情况。必须回答，资本主义**在多大程度上**已经并且能够从战后深刻危机的泥塘中爬出来；必须回答，今天资本主义发展的主要倾向怎样，从而资本主义总的命运如何。与此同时，指出下列情况是很重要的：在作出这种或那种预测时，我们根本不能只满足于某个以前的现成的无论怎样都证明是正确的定理。首先要仔细研究事实，研究具体现实。只有这种办法才能回答上面提出的问题。只有在此基础上我们的理论总结才能得到全面的检验。

十分清楚，资产阶级理论家不能不站在辩护士的立场上，因为他们实质上不能放弃资本主义社会这个范畴应当是永恒存在的这样的观念。甚至对无产阶级专政在一个横跨欧亚大陆的大国中存在了九年这个具有世界历史意义的事实，他们也不可能理解到它的真正意义。由此产生了资产阶级理论界的错觉，他们把苏联经济发展的主要趋势看做是回复到"正常的"打资本主义社会的倾向，只是因为受到"布尔什维匈奴"的经济上的干扰，这种社会的发展才偶然中断。从另一方面看，支持今天资本主义制度的主要势力之一即"国际"社会民主党，它完全赞同关于苏联无产阶级专政发展的这种资产阶级观点，实质上它所赞同的正是资产阶级关于资本主义制度永世长存的主要理论立场。社会民主党理论思想的最大代表认为当前的世界资本主义发展时期有以下几个主要情况：第一，资本主义制度及其经济和政治组织的绝对巩固具有**即将到来的资本主义繁荣的前途**；第二，资本主义转入一个崭新的发展阶段，即资本主义生产的无政府状态不仅在一个国家的经济范围内，而且在世界经济范围内得到克服；根据这些理论家的意见，这一点表现在已建立的国家之间的政治组织（国际联盟之类）使资本主义社会的战争狂热成为多余的事；第三，资本主义社会内部力量的重新组合，使不经过革命震荡，尤其不经过暴力的无产阶级专政而和平地或几乎是和平地"长入社会主义"成为可能。因此，我们看到一个完整的观点体系。不难理解，它是对资产阶级思想的彻底投降，完全抛弃（"摆脱"）了最后一点点马克思主义。

不过，仅仅对这种拙劣的反马克思主义理论的简单反驳，决不可能彻底解决问题，因为即使资本主义丝毫也没有消除自己内部的主要矛盾，它根本没有进入社会民主党的代言人大肆宣扬的那种发展阶段。那么，资本主义的未来命运、克服战后时期各种弊端的程度以及用这个观点来考察现时期的性质等问题仍然悬而未决。这就是资本主义的稳定问题，这是在现代文献中固定下来的这一术语的真正意义。

共产党人中对**这个**问题存在不同看法。例如我们一方面在托洛茨基同志那里找到关于美国资本主义万能的论断，美国资本主义使欧洲处于领取份粮的地位，而且"欧洲和世界其他地区的经济逐渐成为美国经济的组成部分"①，另一方面，我们又在托洛茨基同志那里见到资本主义稳定几乎完全不存在的论断：

---

① 《欧洲和美国》第 74 页。

"我的意思——托洛茨基同志说——是指危机时期重新到来,今年已见不到欧洲的均衡、秩序、安定。我们不久前还在谈论某种暂时均衡,亦即它的巩固已经出现,但是这种均衡、巩固显然要比我们可能想见的短暂得多。"①

我们同样看到,季诺维也夫同志在这个问题上的观点也是不明确的。他在**承认**部分稳定和**否定稳定**之间动摇不定。在《英国的总罢工及其世界意义》②的报告中,季诺维也夫同志声明:

"我认为,出现的不是稳定,而是资本主义的新混乱。风暴使资本主义航船颠簸不已,时而倾向右边,时而倒向左边。当它倒向右边时。当然那时它就镇压工人。但航船仍在晃荡。稳定是固定性的状态,而资本主义今天晃到右边,明天又晃到左边,这里有何稳定可言?不仅在德国、在波兰,资本主义的航船晃荡不已;而且在英国也同样如此。而英国不是德国、不是波兰、不是爱沙尼亚,英国是是欧洲大陆领头的资本主义国家。(显然,风暴如此厉害地'摇晃着'季诺维也夫同志的'航船',世界动乱原来如此巨大,以致不仅使稳定消失,而且英国也从三岛被冲到大陆来了!——布哈林)英国是仅次于美国的世界上最富有的国家。要是有人不仅看到事态的表面,而且通过阶级分析渗透到资本主义经济的'骨头'里去。那么他就会说,去年的事件驳斥了资本主义稳定的存在。"

显然季诺维也夫同志不顾他以前的多次声明,认为没有稳定,认为存在稳定的事实已被"驳倒"。毫无疑问,反对派领袖在估计世界形势这一重要问题上,没有坚定的、明确而有理论根据的观点。同时很清楚,如果国际革命组织和每个共产党对形势没有果断坚定的估价——符合实际的估价,它们就不能执行正确的政策,就不能掌握准确的策略标准。这就是为什么资本主义稳定和对稳定的**具体**分析问题过去、现在和

---

① 托洛茨基的报告,载于1926年1月31日《真理报》。
② 1926年6月5日《真理报》。

将来都起着巨大的作用，它是我们各次政治辩论的出发点。

（一）资本主义稳定的标志（世界的）

1. 世界的生产情况

战时和战后危机最鲜明深刻的表现是生产的下降，生产是人类社会存在本身根本的和最主要的基础。战争的全部破坏作用恰好在这里反映出来。这个社会的生活基础的缩小，是资本主义发展绝对地必然地把**所有的人**驱入绝境的主要标志。所以社会摆脱绝境的事实应当首先反映在随后生产的增长上。我们说"首先"，**绝不是**想以此表明各个事件**时间上的顺序**。这里讲的不是恢复过程的时间顺序，而仅仅是讲这些现象在经济上的重要性。不容怀疑，整个生产在增长，尤其是各种生产资料的产品总额在增长，这是事实。它表现为资本的有机构成的提高和世界资本主义制度生产力的高涨。这里我们就这个问题引用一些主要材料。

全世界煤、生铁、钢的生产量

（以 1913 年为百分之百，苏联未计入）①

	1919 年	1920 年	1921 年	1922 年	1923 年	1924 年	1925 年
煤	86.3	97.6	80.5	86.8	98.3	96.9	97.5
生铁	70.0	83.5	49.4	73.6	89.8	87.2	95.7
钢	81.1	99.2	60.6	90.5	105.5	105.0	115.4

---

① 根据市场行情研究所和最高国民经济委员会世界经济局在《1919—1925 年世界经济手册》（苏联最高国民经济委员会，莫斯科，1926 年版）上公布的材料。

世界的棉花消费量①

1913 年	1921 年	1923 年	1924 年	1925 年
22.1	16.9	21.3	20.0	22.6

单位：百万包，按每年 7 月 31 日统计，一包 = 478 英镑

根据这些数字可以得出总的结果是：第一，世界生产增长的趋势已无可怀疑；第二，对增长量的估计是，世界资本主义**在这方面**接近战前水平。因此，可以说，资本主义今年结束"恢复"过程。的确是这样，"恢复"这个术语——甚至运用于资本主义制度——不能充分表现事物的本质，因为这里所指的不是战前对比关系的简单恢复：现在出现了战前时期所没有的新技术、新的劳动组织形式、经济中心和个别生产部门的重新组合。可是质方面的变化（下面将要讲到）一点也不改变量方面的基本结论。总之，在产量方面，世界资本主义正接近它战前的水平。

2. 外贸

在战时和战后危机时期世界经济混乱的另一个重要事实是国际贸易大幅度地下降。战争的结果，世界经济分割为若干个别的小块，正是因为国际交换这个使世界经济统一为某种整体的最主要形式的联系被切断了。很清楚，世界贸易联系被切断的现象，意味着单个国家内部经济的大混乱，因为任何一个国家内各生产部门之间的相互比例关系与世界市场是联系着的，而且在一定程度上恰恰取决于这种联系。不过，在最近几年中我们看到这些被战争破坏的联系正在重新恢复。它表现为国际贸易额的增长。有关的重要统计材料如下：

---

① 棉花消费量的材料见康德拉季耶夫教授编《1919—1925 年世界经济手册》，市场行情研究所出版。

对外贸易额

34 个国家，按战前价格，单位：一百万金马克①。

1913 年	1924 年	1925 年
11566	10512	11259

4 个国家，月平均数，以 1913 年为 100%。

1924 年	1925 年
91	97

结论

在外贸方面资本主义虽然还未达到战前的数字，但已非常接近。在这里也可以说，从国际商品流转的角度看资本主义正在结束恢复过程。不过还得重复我们谈到生产时提出的那个保留条件：我们所指的只是量的方面；**质**的方面我们看到商业中心的重新配置、国际商品流转主要枢纽的混合交错、商品从一国流向另一国的主要方向的根本改变。

3. 外汇比例

说明对形势估价的第三个标志是外汇比例指标。一个国家的货币经济状况是整个经济机体健康与否的最敏感的指标之一。经济领域中——在生产、交换、信贷体系等方面的任何混乱、经济体系各个组成部分之间经济平衡的任何破坏，都表现为货币流通或大或小的失调。这就是为什么会出现这种与战后危机同时产生的，也不能不同时产生的被专门叫做"外汇混乱"的现象。商品—货币经济条件下的外汇状况是极其多样的经济联系交织在一起的中心枢纽，毫不奇怪，外汇问题过去是，现在仍然是摆在世界资产阶级面前最困难的问题之一。在这里，尽管特别强调了情况的多样性，但我们看到在资本主义衰落最厉害时期特别典型

---

① 《经济行情研究季刊》（柏林）1926 年第 2 期。

的那种混乱正在逐渐消失。我们列举这个问题的主要材料如下：

纽约外汇价
（以黄金平价为百分之百①）

年份		德国	英国	法国	比利时	波兰
1924	月平均	98.80	90.78	27.07	24.01	101.88
1925	月平均	99.96	99.25	24.69	24.66	92.16
1926	一月份	99.96	99.87	19.53	23.52	69.53
1926	七月份	99.96	99.87	12.72	12.59	52.64

上表指出英镑和德国马克已达到固定的黄金平价。另一方面，法国、比利时、波兰和一定程度上的意大利仍然是外汇下跌的国家。从其他国家的外汇比价中应当看出：罗马尼亚、希腊、南斯拉夫和保加利亚的外汇坚挺，而挪威、丹麦、西班牙和日本的外汇也有提高。

从这些材料我们看到，外汇比例方面的情况是极其复杂多样的，发展的不平衡比生产和商品流转领域更为突出。我们也看到，这里没有与其他经济指标直接平行的现象。而且完全可以说，在外汇比例方面接近战前数字的程度比起上面谈到的其他指标要小得多。但是这里也存在着主要倾向，因为我们讲的是某种假定的一般倾向。因此这项指标也说明一定的稳定倾向是无可辩驳的事实。

稳定的不确定性标志（世界的）

不过上述事实决不是问题的全部情况，因为它们是那么地一般化，"平均值"不足以**全面**评价形势。对我们来说，重要的不只是了解这种平均数，因为其中一切偏向、一切矛盾、各种趋势的一切斗争都已互相

---

① 《经济行情研究季刊》（柏林）1926年第2期。

抵销。为了正确地评价，需要对一切反倾向、对它们所占的比重、它们可能的发展方向、它们的动态进行分析；对于我们极为重要的是对所有这些相互交错的力量进行质的鉴定。只有对事物进行全面的（或者尽可能全面的）分析才能为相应的实际结论提供比较牢固的基础。

首先必须指出下述情况。尽管所谓的凡尔赛和约已经签订许多年，资本主义总算勉勉强强地达到了战前的产量。其次必须指出**情势曲线**的性质已经完全改变。周期性危机是资本主义生产的"正常"危机，这种危机经过多少有些规则的间隙时间重复出现并且按照完全确定的"模式"进行。所以我们看到一定的发展周期，而且周期内部的各个不同阶段相互更替，从而具有完全确定的情势曲线。诚然，对这一点不能作过于简单的理解，因为不同国家中"各个资本主义"结构有某种不同类型（它们的"民族"特点），各个国家之间的联系在程度上有所不同；资本主义一般发展是不平衡的，还有许多这里不能加以研究的其他特点。由于这一切，就产生了、也不可避免地产生了各种偏离情况，工业周期发展阶段的不平衡性和该周期发展中某些现象在时间上的不一致性。然而工业危机的规律性是相当确定的。在战后时期情势曲线却具有完全**不同的性质**。工业周期本身显露出另一种规律，因此与战前的"正常"危机相比是另一种性质的危机。发展以高度不平稳和剧烈跳动的状态进行，这里谈不到有真正意义上的周期性了，发展曲线具有某种忽高忽低和完全病态的性质，看不到各个不同阶段更替中的任何规则性，即对以前历次危机都十分典型的那种规则性。如以世界生产为例，1919年生产下降；1920年生产高涨；1921年又是尖锐危机；1922至1923年间，在法国军队占领鲁尔区引起德国剧烈危机的情况下，生产重新有所上升；1924年我们又看到生产有所下降；1925年再有所回升，但是却以德国的严重危机和英国的不景气而告终；1926年的特征是德国的危机继续持续，虽然第三季度情况有所改善，英国工业因煤矿大罢工而发生巨大危机，如此等等。因此，经济周期展开的形式又几乎消除了这种周期的概念本身。经济常常是那么紧密地与非经济因素（占领、社会阶级冲突、一般的"政治"）结合在一起，根本谈不上什么照例的、正常的发展进程了。这里需要指出的第一个事实是，因为任何一个公正的观察家都会说，这是经济机体的病态，也就是说，资本主义所经历的困境的性质是不寻常的，更准确地说，是完全不寻常的。为了说明上述战后经济情势曲线的性质，不妨举出战前和现在"情势周期"中生产和价格摇摆幅度的材料。

战前危机时期生铁生产大幅度下降，英国下降 19.4%（1889—1892 年），美国下降 39%（1908 年）。

战后，1921 年英国下降 60%，而美国 1920—1921 年下降 48%，1924 年下降 22.5%，虽然 1924 年的危机很小，但很多人完全否认这一点。

在英国战前价格曾经大大下降，在 1883—1887 这四年之内下降 24.8%，美国在 1867—1871 年下降 20%。战后 1920—1921 年英国的价格指数下降 48%，美国下降 40%。① 在从质的方面分析时应当指出的**第二个因素是，各国发展的极不平衡性**。假如我们以前就已看到发展的某种不平衡性（只要把欧洲资本主义的典型国家——英国的发展曲线与美国相应的发展曲线作比较就够了），那么说明当前世界经济状况的比较数字确实表明资本主义经济的一些中心国家的发展速度有着显著的差异。例如，美国的生产力上升相当快，而另一方面，欧洲经济还远远没有达到战前的水平。

我们上面谈到的平均值掩盖了这一根本差别，抹平了优点和缺点，

---

① 根据 C. 佩尔武申教授《经济情势》和英语杂志《经济学家》的材料算出的。

不能为质量评价过程提供材料。另一方面，在欧洲内部也有巨大的差别，比如在上升的法国和生产力几乎处于有规律的下降过程的英国之间，情况就是如此。整个欧洲的平均值掩盖了这些差别，因此不能说明当前发展时期如此典型的、而且无疑有其深刻原因的极大的不平衡状态。

如果以世界主要国家的主要情势指标为例，我们将看到情势发展极不平衡的如下景象：

1920—1921年：英国、美国——危机，法国、德国——高涨。

1923年：德国——危机，其他国家——高涨。

1924年：法国、意大利——高涨，美国、德国——情势摇摆不定，英国——萧条。

1925年：美国、法国——高涨，德国——先高涨，然后危机，英国——萧条。

1926年：英国、德国——萧条，法国、美国——高涨。

但不仅仅是不同国家内情势"周期"的各阶段往往朝着相反的或不同的方向进行。不同国家"恢复"过程的各种不同速度，最能说明世界经济战后发展的不平衡性。下表十分明显地说明这一点。

1925年的生产为战前的百分之百①

	煤	生铁	钢	小麦播种面积
世界生产量（不计苏联）	97.6	95.7	115.4	112.9
欧洲（不计苏联）	90.1	78.4	93.9	90.8

---

① 市场行情研究所和最高国民经济委员会世界经济局的材料。《1919—1925年世界经济手册》，中央报刊管理局出版，1926年。

美国	102.5	118.8	141.2	110.8
英国	84.2	60.8	96.5	83.8
德国	93.6	93.2	103.5	92.6
法国	107.9	95.0	99.6	82.0

情况完全特殊的第三个标志是生产设备开工不足的事实。在所谓的生产能力和实际生产之间的矛盾，还从来没有达到我们现今的时代所达到的那样的规模。下面我们还要详细说明，这与广大群众的极端贫困化、资本主义各国国内市场的大大缩小、世界大战留下的全部后果是联系着的。

请看美国和德国实际利用生产设备的资料：

美国企业利用技术设备能力的百分数

1924 年（全年平均）	1925 年（全年平均）	1926 年（6 月）
71	77	78

德国工业的开工情况占具有开工能力的百分数①

	较差	中等水平	较好
1926 年 7 月	62	26	12

最后，我们应当指出的**第四个**事实是，大批的、数量非常大的——这一点特别重要——**经常性失业**。不错，失业过去、现在和将来都是资本主义生产方式的经常属性；不错，所谓工业后备军在工业危机时期总是不断扩大的。但是我们现在所讲的完全不能同"正常的"资本主义危机下出现的相应现象相比较。这一现象是如此典型、如此刺眼，以致有的经济著作甚至打算从不同种类的人之间的相互联系的变化②中"推

---

① 苏联国家计划委员会世界经济局编。
② 参见罗伯特·弗里德兰德的著作《劳动危机年鉴》。

论出"现代资本主义危机的本质,把资本主义现有的经常性危机说成是所谓的"劳动危机"。根据官方材料,1925—1926年度全欧洲失业总数比1924—1925年度增加61%,达到370万人。失业的实际人数共计(不计半失业数)5870人。①

现今的失业情况与德英等国战前的失业情况相比,说明失业在空前增长。②

	德国 每一百个工会会员 的失业人数	英国 每一百个参保工人 的失业人数
1913年	2.9	3.7
1926年1月	22.6	11.1
1926年6月	18.1	14.7

德国的经常性失业的规模特别巨大,尽管正是这个国家的资本主义以最大的努力去修补战争时期遭到破坏的基础。过去资本主义关系繁荣的典型国家、世界资本主义大国——英国,又恰恰拥有**永不消散的**失业大军。被抛置在生产过程之外的大量工人群众好比是挂在资本主义社会脚上的沉重秤砣,即使情势有所变化,生产力的曲线在向上升展,它也继续挂在那里。十分清楚,这个"症状"也指出了当前资本主义自身具有某种深沉的气质性疾病,这种疾病是资本主义战前所**没有**的。

已经指出的所有"症状",概括起来,令人信服地向我们说明资本主义目前危机的特殊本性。另一方面,它们说明资本主义稳定的极**不稳固性**。不管资本主义剥削的卫道士怎样赞美,不管他们的社会民主党应

---

① 原文如此。应为587万人。——译者注
② 《经济情况研究季刊》1926年第2期。

声虫怎样支持他们，资本主义稳定具有局部的和不牢固的性质是毫无疑问的事实。他们国际代表大会的许多决议对这种稳定所作的评述，再一次为最近时期各种数字的分析所证实。我们没有任何理由对它重新进行研究。相反，我们能够更加自信地说，这一评述已经经受了上一年和最近几个月的历史性考验。资本主义稳定的相对性、局部性和不牢固性已经更加明显；而且，如果我们再看看直接冲击着资本主义的极为重要的因素——具有真正世界历史意义的因素，即苏联社会主义的成长、伟大的中国革命和英国煤矿工人的大罢工，那么，资本主义的不稳定性就要更坚决地强调出来。

资本主义解体的重要因素

1. 苏联

苏联社会主义生产关系的发展是阻止资本主义发展的最强大的因素。从一切重要的角度看——从单纯经济的、从政治的、从一般文化的角度看——苏联归根到底是其他国家资本主义制度解体的因素。在分析**国际**形势时把资本主义世界和苏联看做两个完全互不相干的量是完全不正确的。苏联现在是非常重要的因素，而所谓的"俄国问题"，事实上是国际革命最重要的问题，是国际资产阶级及其政治领导人面临的最感头痛的问题。因此必需从各种角度来考察这一问题。

（1）苏联领土从"正常的"商品流转中脱离出来，自然意味着它是世界经济"正规"发展中的一大缺口。战前俄国是外国资本的巨大市场，不仅是它的商品市场，也是它的资本市场。外资输入俄国，外资在俄国获利的场所对许多资产阶级国家都具有巨大意义。俄国的这种意义可以由下面的数字来说明。

在战前三年（1910—1912年）内，全世界发行有价证券共660亿法郎，即 248 亿卢布。在同一时期俄国共发行有价证券 34.715 亿卢布。因此俄国有价证券的发行额约占战前世界发行额的 14%。同时，大家知道，俄国证券的发行与外国资本输入俄国有着紧密的联系。俄国的证券将近 1/3 是发行到外国市场上的事实①，就足以说明这一点。至于苏联作为工业品的销售市场和农业原料的出产地的意义，在 1909—1913 年这五年内即已显露出来。俄国为世界粮食市场提供五种主要粮食出口总量的 27.8%。1913 年俄国在世界木材出口中所占的比重为 23%，亚麻出口②中占 40%，鸡蛋出口中占 44.7%，如此等等。③ 对此应当补充的是，就工业燃料、原料等等的大量天然贮藏量而言，苏联在世界上也是名列前茅。苏联拥有世界石油贮量的 31.5%（美国总共占 12%），泥炭贮藏量的 78%，森林的 28%（美国总共为 8%），等等。

1913 年俄国的进口情况是：德国输出额的 8.7%，英国输出额的 3.45% 以及世界总输出额的 4%—5% 都进入了俄国。同时，俄国市场的迅速扩大对西欧工业国的工业具有特别重要的意义。

（2）然而，从资产阶级世界的观点来看，资本主义国家和已经称为苏联的俄国之间重新组织起来的贸易联系，是对这个世界进一步发展的经常性威胁。这种贸易联系却促进无产阶级专政国家的工业和国民经济加速发展。诚然，这些联系（商品流转方面、信贷方面、可能的租让方面）为资本主义世界提供了某种出路；因为它现在迫切需要为它的商品和资本找到市场。从这一观点来看，苏联和包围着它的资本主义国家之间的经济联系，在一定程度上变成促进资本主义稳定的因素。不过只

---

① 博戈列波夫编《1914—1915 年俄国交易所流通证券》第 173、176 页。
② 更准确地说，是满足西欧和美国的需要。
③ 关于粮食和木材的资料引自《控制数字》第 156—157 页；关于亚麻和鸡蛋的资料引自《1923—1925 年世界经济》手册第 223 页。

有极左的变节者和社会民主党的招摇撞骗之类的十足庸人才会这样地提出问题：要是无产阶级专政的国家把经济联系与资本主义大国捆在一起，就放弃了自己的革命使命。不难理解，利用这些联系促进革命力量的壮大比促进资本主义世界力量的增长要大得多。如果说，同苏联的经济往来能**分别**地给**许多**国家一点点出路，那么这些经济联系，由于在另一边，即**在苏维埃国家这一边是集中的**，就能在大得多的程度上促进这个国家的经济高涨。另一方面，同样数量的财富，由于我们按一定计划使用，可能使用得更加合理，而且由于这种计划分配，它具有比其他任何国家更大的经济意义并能发挥更大的生产效益。这一点之所以有保证，正是因为我国经济"命脉"是按社会主义方式进行组织的。因此从资本主义世界和苏联之间的**相互关系**来看，在经济上利用苏联周围的资本主义国家的政策，是巩固和加强国际无产阶级运动的主要基地的政策。

（3）当然，苏联经济发展的**方向**，以及发展的**速度**与资本主义国家的发展速度相比较，它具有决定性意义。早在1919年列宁同志就写道：

"所以，不管各国资产者及其公开的和隐蔽的帮凶们（第二国际的'社会党人'）怎样造谣诬蔑，有一点是不容怀疑的：从无产阶级专政的基本经济问题来看，共产主义战胜资本主义在我国是有保证的。全世界资产阶级之所以疯狂地拼命地反对布尔什维主义，组织军事进攻，策划阴谋活动等等来反对布尔什维克，正是因为他们十分清楚，若不用武力把我们压倒，我们就必然会在改造社会经济方面获得胜利。但资产阶级要想这样把我们压倒是办不到的。"①

这些话直接为我国每年的发展情况所证实。如果我们提出我国发展的速度与资本主义稳定相比较的问题，那么不难想象，苏联的速度将要快得多。事实上，没有哪一个国家像苏联那样，由于帝国主义战争、国

---

① 《列宁全集》中文第2版第37卷第270页。——编者注

内战争、外国干涉等而遭致前所未闻的破坏。大家知道，我国许多大生产部门的产量百分比已下降到战前水平的90%。然而苏联却与各资本主义国家几乎同时达到战前水平。由此不难推论出关于苏联发展的高速度的结论。而这一设想也完全可以由准确的统计数字来检验。

苏联**农业**在战争和革命的影响下下降了，几乎不到战前水平的一半，而西欧各资本主义国家的农业在1914—1925年间哪一年也没有下降到那样困难的境地。可是到1925年时，苏联农业恢复的水平已**超过**法国，很接近英国和德国。这一点可从下表看出。[①]

播种面积（以1909—1913年为100%）

	1909—1913年	1922年	1923年	1924年	1925年
苏联	100	63.6	77.0	83.2	86.4
法国	100	80.0	81.8	81.2	81.7
德国	100	82.1	87.2	88.9	90.7
英国	100	105.3	97.6	82.8	89.4

显然，苏联播种面积**不断迅速**增长而资本主义国家播种面积只是**不稳定地缓慢**扩大。在恢复农业方面，苏联已大体赶上资本主义国家。

在工业方面的情况更引人注目。例如煤的开采量占战前的百分比为：[②]

	1913年	1921年	1925年	1926年上半年
苏联	100	29	61	85
欧洲	100	65	89	75[③]

① 参见《控制数字》第148页。
② 参见《控制数字》第150页。
③ 急剧下降与英国的罢工有关。假如把1926年的数字换为1925年的数字，基本结论仍然不会改变。如果没有英国的罢工，苏联在恢复煤炭工业方面超不过欧洲但仍然能够赶上；不过还应当估计到，英国的罢工对于德国和波兰是很有利的，使它们的生产增长了。

冶金方面的情况，例如**钢**产量就略差一些，但基本结论仍然不变：到 1921 年时，苏联炼钢量的水平很可怜，只达到战前的 1.3%，到 1926 年（上半年）则达到 69.4%，即五年内产量增加了 49 倍。同时欧洲的炼钢量 1921 年为战前水平的 48.7%，1926 年上半年则达到 90.8%。① 因此，苏联尽管遭到严重破坏、有资本主义国家的包围，但在恢复冶金工业方面与欧洲相比，是如此之快，以致在 1926 年达到的水平使差距大大地缩小了。生铁、棉纺生产等方面的资料也说明同样情况。

还有一个非常重要的情况是：当时的欧洲，甚至美国，产量的变动情况虽说大体上具有上升的趋势，但有些年份停止上升，出现停滞和下降情况。在苏联，产量变动情况曲线却是稳步上升，从 1921 年起整个时期没有出现一点下降，连停滞状况都没有出现。② 这一事实以及上面列举的各种事实十分清楚地表明：我国的有计划的社会主义经营方法较之资产阶级的资本主义方法具有明显的优越性。

---

① 《控制数字》第 152 页。
② 为证实这一情况可参见，例如下表（数据来自《1919—1925 世界经济》论文集）：

从 1919 年起钢和煤炭产量（100%）

	1919 年	1920 年	1921 年	1922 年	1923 年	1924 年	1925 年
钢							
欧洲（不包括苏联）	100	124.3	104.0	130.7	133.3	165.8	170.5
苏联	100	81.9	92.0	181.7	364.8	571.4	1066.0
煤炭							
欧洲（不包括苏联）	100	107.7	93.8	118.2	113.6	127.7	123.1
苏联	100	91.3	101.8	108.3	159.3	192.1	210.8

至于苏联经济发展的**方向**，无可怀疑的是，无论社会主义经济成分还是那些直接与日益壮大的社会主义主要支柱——国家社会主义化的大工业和其他国有的国民经济命脉——结合在一起的经济成分，都呈现出越来越强烈的绝对增长和相对增长的趋势。只有以前否认可能在苏联进行社会主义革命的人们，由于他们原来的立场，才必然反对承认苏联社会主义建设的成就。如果他们不能全部否定我国的经济成就，那么他们就企图把这些成就归功于苏联的**资本主义**发展，到处解释无产阶级共和国的经济结构的所谓"蜕变"。实际上，苏联无产阶级在经济建设方面的巨大成绩正是**在朝着社会主义迈进的基础上取得的**。这些成绩可以由下列统计资料来证实。苏联1923—1924到1925—1926年度国民经济总产值由战前122.72亿卢布增长到182.29亿卢布，即增长49％。计划1926—1927年度增到197.57亿卢布，即比上年度再增长8％。同时工业的增长超过农业，所以工业的比重有所提高。工农业产值与上年的百分比为：

年份	农业	大工业	小工业和手工工业
1924—1925	108	155	124
1925—1926	119	143	115
1926—1927	105	114	108

由于国民经济个别部门增长速度的这种对比关系，在国内战争和经济破坏年代因大工业极度衰落而下降的工业产值比重，占1923—1924年度国民经济全部产值的27.4％，到1925—1926年度新达到战前水平——接近38％。到1926—1927年度，国民经济产值中工业的比重超过战前水平，达到40％左右。这一事实说明苏联已走上工业化的道路，而且无疑地能够沿着工业化道路继续前进。

同时，我们的工业化过去是、将来也是**社会主义的**工业化。如果说 1923—1924 年度国家和合作社已掌握了全部大工业的 94.8% 的话，那么在 1925—1926 年度这个确实已是很大的比重还在增长，它已达到 95.9%。在这一时期内，国家和合作社的贸易额从 59.2% 增长到 76%。国民经济的全部产值（包括大工业、农业和小手工工业）中，国家和合作社的比重从 1923—1924 年度的 37.1% 增长到 1926—1927 年度的 42.4%。同一时期私有经济比重由 62.9% **下降**至 57.6%。① 最后，一个很有意义、也很能说明问题的事实是，苏联国民总收入中无产阶级的份额在增长。它在 1923—1924 年度为 23.2%，到 1925—1926 年度则将近 30%。②

还可以列举很多各式各样的数字来证明，苏联的社会主义发展趋势正在**战胜和超过**我国国民经济中资本主义成分的反作用，使国民经济沿着**社会主义**道路前进。不过我们认为，上述资料相当明白而有力地说明，苏联无产阶级真正沿着逐步地、但是坚定不移地建设完全社会主义社会的道路前进。任何一个新的社会制度产生时都不是现成的，可以说它各方面都已建设好了的。在封建社会内部长期成长起来的资本主义生产方式，在资产阶级革命之后已经发展好几十年了。设想社会主义能够在很短的时期内，特别是在像俄国这样的落后国家中成长为各方面都完美无缺的新的生产关系体系，这是荒谬绝伦的。社会主义是在与其他经济形式的斗争中成长和建设起来的，它排挤其中一种形式，改造其余的形式，并且把新的相互关系网逐步扩大到整个国家经济机体。如同在很

---

① 到 1925—1926 年度国家和合作社的比重增长到 40.8%，而私有经济降至 59.2%；上述资料为《控制数字》对 1926—1927 年度的计划指标。

② 全部资料摘自《控制数字》。

多其他的情况下那样，发展的**动态**情况是决定性的。这种动态首先就是**社会主义**关系的发展动态。因此苏联的社会主义不仅是稳定的，而且在**迅速成长**，这是毋庸置疑的事实。这个事实自然是国际无产阶级革命的最强大、最重要的基本因素和杠杆，因而也是国际资本势力解体的强大因素。苏联像一个圆心，所有反对资本主义制度的力量好似许多同心圆，环绕在它周围。苏联的强大影响和作用应当被看做是反对世界资本主义体系的最大趋势。

2. **英国**

曾几何时，大英帝国几乎是唯我独尊的"海上之王"，现在却极度衰落，这是西欧资本主义制度解体的重要因素。大英帝国这个昔日世界资本的堡垒、"世界作坊"，不断从以前的地位下降，并从资本主义强大的典型变为资本主义没落的典型。大英帝国的衰落有以下几方面原因：（1）英国生产技术的保守和陈旧；（2）新能源取代英国据以保持世界经济地位的煤炭；（3）在世界大战期间得到强大动力而现在仍在不断扩大的英国殖民地和自治领地的工业化；（4）在作为英国工业的商品市场和资本市场的世界许多地区，发生的殖民地和半殖民地起义和民族革命解放斗争；（5）美国和某些欧洲国家以及日本的强有力的竞争。基于所有这些原因，英国在世界市场上的经济地位已处于风雨飘摇之中。与英国在世界市场中地位的削弱相反，其他国家的作用，首先是美国的作用在增长。我们亲眼看到世界贸易中心在转移，请看《法兰克福报》对世界贸易中心的这些变化所作的评论：

"自1913年开始，世界贸易发展的特点是，世界贸易的中心从大西洋转向太平洋。一方面，美国从欧洲购买越来越少，向亚洲购买越来越多；而中国和日本向美国购买越来越多，向欧洲购买较少。日本向欧洲的出口1913年为其总出口量的23.3%，到1925年降至6%；相反，向美国的出口则从30%上升到74.5%。同样，欧洲从澳大利亚的进口由71%降到54%，而从阿根廷的进口由80%降到64%。"①

一个非常有趣的特点是：在世界贸易中英国的阵地受到排挤的同时，英国的自治领和殖民地与美国和其他国家建立的商务联系在增长，而这就损害了英国的利益。例如，请看下列耐人寻味的统计表，它说明了美国在英国领地上商业势力增长的情况。②

美国的出口（单位：百万美元）

	1910—1914年	1923年	1924年	1925年
澳洲	38.7	119.4	125.2	148.5
埃及	17	6.2	5.9	7.4
英属东印度	14.2	39.5	44.3	52.1
英属南非	12.9	28.4	36.0	46.2
西非	3.2	8.1	8.0	10.7
东非	0.7	1.5	2.6	3.8

英国资本主义获得的巨大超额利润，一方面是过去英国辉煌的经济繁荣的基础，另一方面又是保持国内安定和制服工人阶级的保证。随着英国在世界市场上失去其垄断地位，再想保持巨大的超额利润是不可能的了。今天世界资本主义的霸权地位已转移到美国。这可以从一系列的资料，首先从英国和美国的主要生产部门的发展指标来考察。如果以美

---

① 1926年11月3日《法兰克福报》第821期。
② 《商业年鉴》1925年。

国和英国在世界的生铁、钢、煤的生产中所占比重,以及棉花消费的情况为例,我们就会看到如下景象:

英国和美国占世界生产的百分比[①]

		1913 年	1925 年
煤的开采量	英国	24.4	21.4
	美国	43.2	45.7
生铁生产	英国	13.3	8.3
	美国	39.8	48.1
钢的生产	英国	10.3	8.5
	美国	41.7	51.1
棉花消费	英国	21.0	14.8
	美国	25.3	27.3

使不列颠帝国崩溃的经济因素,从政治上来说,一方面表现在不列颠帝国内部的离心倾向的政策上,另一方面则表现为阶级斗争的极端尖锐。随着每次所谓的全帝国会议的召开,事实越来越清楚:许多英国的自治领首先是加拿大,主要不是把宗主国英国,而是把美国视为有吸引力的中心。例如,前英国驻华盛顿大使奥克兰·格迪斯说:"势力遍及世界各地的不列颠帝国在很大程度上已把领导世界的作用让给了美国。各自治领视华盛顿政府为自己这代人的政府……自治领向往华盛顿,而华盛顿则抱着很大希望注视着自治领……"[②]

威胁大英帝国国家统一的危险,不仅来自不安宁的殖民地,而且也

[①] 摘自《世界年鉴》(1926)、《商业年鉴》(1925)、《世界经济 1913—1925》统计汇编。

[②] 参见《奥克兰·格迪斯演讲集》。

来自许多工业化的自治领。随着世界经济中心从欧洲转移到欧洲以外的国家，这些自治领表露出挣脱与英国的血肉联系的愿望。至于殖民地，不错，英国的资本主义还能够通过改变自己的经济政策和一般政策来——一定程度地、暂时地——巩固它在类似印度（印度工业化、施行保护税率、同大部分印度资产阶级联盟等）等国家中的影响，然而这个事实毕竟不能改变帝国日复一日地继续走向衰落的境遇。

另一方面，以前的垄断地位和英国工人阶级（用恩格斯的话说，曾经是"资产阶级化的无产阶级"）高水平生活的经济基础已经消失，这就导致、也不能不导致阶级斗争的尖锐化，这种尖锐化的情况又使英国无产阶级宪章运动的光荣传统复活。强大的阶级冲突必然是英国资本主义衰落的伴侣和体现者，英国资本主义已不能保证工人阶级以前的生活水平了。那种生活水平曾是资产阶级手中用以制服工人阶级的手段。而在现在的条件下，它变为反对资产阶级的手段，因为资产阶级对工人阶级进行直接公开的进攻。正是英国生产的心脏——煤炭工业成为英国历史上几十年来所没有过的阶级大搏斗的策源地，这完全不是偶然的。这些因为英国资本主义制度衰落而产生的阶级搏斗，同时也成了资本主义制度进一步解体的因素。经济和政治的相互作用在这里表现得极其明显。这种冲突的经济意义，姑且不讲它的巨大政治意义，远远超出了一个生产部门范围内，哪怕是具有决定意义的部门内的冲突的界限。事实上英国的整个经济生活在颇大程度上瘫痪了。由于英国罢工的结果，在1925—1926年度实际生产量缩减14.5%，煤开采量缩减37.5%，生铁产量缩减41.5%，钢——32.8%，造船业——25.4%，出口——11.8%。① 据威斯敏斯特银行最乐观的估计，罢工带来的损失总额达3亿英镑，这无疑还是被缩小了的数字。此外，英国罢工的巨大经济意义

---

① 苏联国家计划委员会世界经济局资料。

超出了英国的国界，罢工改变着经济力量的对比关系，以另一种方式分配各个方面之间的商品流通量，因而在更大程度上削弱了英帝国主义的地位。

在英国资本主义不断衰落的基础之上，英帝国的工人阶级经过尖锐的阶级斗争，不可避免地被历史引向解决政权问题。英国是这样一个欧洲国家，它的发展现在比其他国家更接近"直接的革命形势"，尽管这决不是说，这种形势只是由于英国的罢工才形成的。但同时，英国资本主义的衰落及其一切后果，却给现代资本主义的相对稳定打开了一个巨大的缺口。

3. 中国

资本主义解体的第三个极其重大的因素，是中国反对帝国主义的伟大民族革命。① 在现在的局势下，当世界资产阶级特别是最大的帝国主义列强，极其尖锐地重新面临对外市场问题的时候，中国摆脱外国资本的影响，乃是对资本主义制度的沉重打击。大家知道，中国相当一部分大工业生产，属于外国资本。关税和个别商品的专卖权（如盐的专卖权），完全掌握在外国人手里，整个关税制度也在相当程度上受到他们的控制。除日、美等国的资本外，英国资本与这方面的利害关系特别大。从进一步发展的观点看，中国及其四亿四千万极为众多的人口，对于投资和大量商品的推销都将是一个巨大的市场；同样，中国也能成为巨大的原料宝库。这样一来，中国就成为国际资本主义角逐的主要地点之一了。再者，不可低估中国革命对其他尚未独立的半殖民地和殖民地国家所产生的直接政治影响。中国革命越来越成为吸引东方殖民地日益觉醒的群众的伟大中心。印度尼西亚（荷属印度）已经处于革命的动

---

① 这里，我们只是极其简要地谈谈中国革命问题，因为下面将作专题论述。

荡状态，在有些地方这种动荡已经变为反对外国资本，首先是反对荷兰资本的公开的国内战争。不错，我们前面已经指出，英国人在"安抚"印度方面已取得了相当大的成就。然而，中国民族革命斗争的胜利发展，不可能不对印度也产生促进革命的影响，而印度的工业化不可避免地要把印度工业无产阶级的作用越来越提到首要地位。在这样的条件下，革命中国的"首府"广州，对亚洲殖民地奋起的群众来说，就成了一个独特的"红色莫斯科"。

不言而喻，错综复杂地交织在一起的整个国际关系，也是非常重要的。列宁早就指出，在苏维埃国家反对帝国主义掠夺行径的斗争中，觉醒的东方乃是无产阶级专政的最伟大的同盟者。在某种程度上可以这么讲，中国的重大问题和中国革命的整个命运将取决于：革命的中国是与旧俄的战无不胜的工人阶级联盟友好、沿着自己的特殊道路走下去，还是让外国资本掌握中国经济和政治发展领导权。外国资本想要掌握这种领导权，可以采取直接支持反革命军阀的形式，即让他们借助于外国人来战胜中国的革命力量；也可以采取另一种形式，即向中国民族资产阶级作一系列让步，使中国今后走上纯粹资本主义的发展道路，处于外国资本主义集团的善意保护之下。很清楚，国际帝国主义最害怕中国走第一条发展道路，因为尚未取得胜利、仍在战斗中的西欧无产阶级群众，同苏联无产阶级国家，同中国工农及手工业者广大群众联合起来，将会是一支巨大的力量，它会有力地保证国际革命的胜利。在估计国际形势的时候，不能把中国的民族革命解放斗争看做某种完全孤立的因素。它是伟大的历史变革过程的一个组成部分，从国际观点看，它是整整一个时代的国际革命过程的组成部分。正因为此，中国革命乃是世界资本主义稳定过程的一大缺口。

4. 小结

综上所述，我们看出，原先关于资本主义稳定问题的"笼统"提法是不能令人满意的，或者更准确地说，是有缺陷的，当代世界经济是一个在相对意义上的现实统一体。如果说战前时期世界经济各个不同部分的联系就比某个国家内部各个组成部分之间的联系要薄弱得多，那么战后，这种联系由于战争而更削弱了。这就是为什么关于整个世界经济的所谓"一般结论"，恰恰也具有相对性的特点，而且这个特点比起战前来更为突出。比如说，把德国资本主义关系的增长指标，与中国资本主义关系的下降指标简单地加在一起，得出的算术平均数就说明不了多少问题，并且战斗的工人政党在此基础上也不能得出什么实际的结论。在一定程度上倒可以对这个例子进行总结，结论如下：现在必须是**有区别地**而不是"笼统地"提出资本主义稳定的问题。只有问题的这种提法才能给我们指明必须作出某些实际的政治结论，必须对我们的实际斗争作出某些指示。在世界经济范围内，应当区分出大约六类不同的国家集团：（一）美国——资本主义经济上升最为急剧的国家；日本、英国自治领等在某种程度上也属于这一类；（二）苏联——社会主义正在发展的国家，资本主义世界经济内部的异体，是最剧烈、最坚决而彻底地表现出反资本主义发展倾向的因素；（三）英国——最鲜明地显示出老牌资本主义世界已经衰落的国家；（四）德国、法国和意大利——略微不同地表现出最为顺利地摆脱战后危机——哪怕还不牢靠——走上资本主义稳定道路的国家；（五）捷克斯洛伐克、奥地利、波兰和其他国家，则是在贫困水平上局部"稳定"的、半腐败的、往往是农业化的国家；（六）中国、印尼等国家，那里正酝酿着巨大的革命风暴或直接的国内战争，因此谈不上有任何资本主义的稳定。

不言而喻，在每一个集团内，各国的发展也绝不是完全一模一样的，而且这种按集团的划分，像任何概括结论那样，远不能充分表示具体发展的实际进程。然而，既然问题的这种提法好比是应当据以评价资本主义稳定问题的最起码的条件，它就使我们大为接近实际情况。

二、现代资本主义危机的典型特征和市场问题

在对资本主义的稳定问题进行分析后，我们就着手阐明世界资本主义经济这个统一体系目前所经历的这种特殊危机问题。在资产阶级学者以及社会主义党的思想家中间，有一种观点非常流行，说现在资本义正经历着资本主义生产过剩的"正常"危机。为这个理论奠定基础的是这样一个不可怀疑的事实：的确几乎到处都存在生产过剩，存在我们前面看到的种种现象：企业开工不足，现有生产设备的生产能力大大超过实际的生产规模，大量的劳动力处于生产过程之外，如此等等。对于资产阶级和社会民主党的理论家来说，这完全足以认为当前的危机是一次通常的资本主义危机，是连"学生"都能举出的"例子"。当然，关于现代资本主义危机的普遍性、一般性和典型性的这种观点是以对资本主义发展现阶段完全确定的评价作为前提条件的。这个前提条件大致可以表述为：资本主义已治愈战争带来的创伤，资本主义趋于稳定，资本主义走上正常发展的广阔道路，资本主义行将步入繁荣昌盛的阶段；或者像著名经济学家、基尔研究所教授伯恩哈德·哈姆斯所表述的那样："资本主义的世界经济制度的原则没有改变，只是我们行将走向真正高度发达的资本主义时代。"① 在这个会议上鲁道夫·希法亭拥护这一观点，并重申他以前发表的文章《论我们时代的问题》（《社会》）中的主

---

① 参见《关于〈维也纳社会政策协会〉会议的报告》，载1926年10月1日《法兰克福报》。

要论点。根据希法亭的意见，世界处于资本主义上升的新时代前夕，这个时代最终应当把资本主义变为有组织的、没有战争的资本主义，变为经济上只能是民主化的资本主义，以便获得社会民主党先生们的完全无条件的赞同。前面我们已经看到，这些乐观的（从资本主义的观点看）估价根本没有任何根据。现在需要从危机理论的观点来分析这个问题。

首先需要讲讲能够成为资产阶级乐观主义结论的基础的一系列观点。大家知道，在战争时期资产阶级的辩护士根据所谓军事工业繁荣这种由粗陋的经验中得出的事实，提出了可以叫做"战争的经济效益论"的完整理论。确实存在重工业在增长尤其是为战争而生产的冶金工业在增长的事实，这些生产部门有一定程度的高涨是事实。由于这些部门的高涨和与之有关的生产部门的相应高涨，失业减少了，甚至在战争的一定时期内工资也有所上升。由此怎能不得出人类历史仅有的、破坏性最大的行业具有极高经济效益的结论呢？① 这真是一种离奇的概念，根据这一逻辑往下推论，必然得出应当宣布战争为经济高涨的最好手段的结论。不难看出这一荒谬理论的社会阶级根源，及其在逻辑上的毫无根据。这一理论，究其社会阶级根源，确实是很有影响的资产阶级集团即直接为战争而生产的企业家集团的观点。从这个集团的角度，从不太长的一段时间的角度来看，战争的确是经济上最有利可图的事情：战争提高了军事工业的利润或红利，战争使各界资产阶级的收入大大增加。然而这种观点是荒谬绝伦的。第一，它把国民经济的整体利益同占统治地位的资产阶级的局部利益混淆起来。第二，它不能超出非常有限的一段

---

① 因此，经济生活各个方面的理论也纷纷出笼。例如，俄国资产阶级不无名气的理论家杜冈-巴拉诺夫斯基教授提出了货币流通的"新"理论。根据这一理论，从"繁荣的"战时经济的观点来看，纸币（战争的特殊影响）脱离其黄金基础是完全无所谓的。

时间。这种非常顽固地扎根于小投机商的贪婪心理的双倍的（如果可以这样来形容的话）目光短浅，其本身就是站不住脚的，这已由大俄罗斯资本主义及其外国债权人的可悲命运最好不过地证明了。因为，归根结底，"战时的繁荣"总算把它本身的顽固不化的吹鼓手清扫得一干二净。不难理解，这到底是怎么回事。从整个社会整体的角度看，非生产性消费，即不是生产过程下一步的组成部分的那种消费，是发展生产力的极大阻碍。自身大量增长的非生产性消费，无非是扩大再生产的倒逆过程而已；在这种情况下，我们的生产力不断受到破坏，因而从整体上使整个生产基础缩小。这与下面的事实一点也不矛盾：对于某一类经济单位（与社会整体不同）来说，在一定时间内，伴随该过程而来的是这些单位的经济实力的增长：由于国民收入和生产力的再分配，这种情况是可能的。在生产力总体上下降、国家总收入减少的情况下，经济战线的某些部门可能靠损害别的部门而增长和发展，但是，即便如此——我们要特别强调——也只是在一定的时间之内。

很遗憾，但并不奇怪，上述的荒谬理论可能是以罗莎·卢森堡同志的某些不正确的论断作根据的。大家都知道，她把军国主义视为保持资本主义制度经济平衡的一种资本主义积累的形式。大家还记得，我们不得不为反对鲍里斯同志根据罗莎·卢森堡的理论而写成的名噪一时的文章进行论战，他断定，战争时期是资本主义社会的生产力及其生产机构不寻常的增长的时期。实际上，在战争时期，战争直接波及的许多国家遭到它的破坏，许多国家的生产又急剧地转向非生产性消费，在这些国家中产生如下的过程：（一）普遍贫困化、整个国家的生产力遭到破坏；（二）某些主导部门的生产增长。美国这样的国家则是另一回事，美国受到战争的破坏影响非常之小，而且由于它为欧洲国家生产武器换得完全实际的财富（黄金或商品），这些财富的很大部分就能够用于生产的目的。已经膨胀起来的美国军事工业，用自己的产品去换得**生产性**

的等价物，而各交战国则在战火中把积累起来的财富化为乌有。即使把这样的情况也考虑在内：即美国在战争期间卖给欧洲交战国工业产品的相当部分，交战国不是用直接的生产性价值支付的，而是以黄金或债券形式支付；那么，美国的经济实力仍大大增长了，而欧洲国家积累起来的资本却在进行非生产性的消耗，因此，它们的经济地位直接受到削弱。同时这在颇大程度上说明了各国间的关系因战争而发生的那种巨大变动；同时这也说明为什么美国如此迅速地作为世界市场上的领导力量出现了。

对于交战国，战争不仅意味着生产率的下降，而且意味着广大人民群众处于贫困化的悲惨境地，中间阶层遭到剥夺等等。同时应当指出，由工业来满足的战争需要，又造成这样一种局面：即使依靠缩减群众的基本消费，也无论如何要维持军事工业的生产机构，而且有时还要使它发展。形象地说，靴子和上衣都变成了制造榴弹壳的车床了。

上述论断为当前危机问题的正确提法提供了根据。马克思阐明的关于资本主义生产过剩的"正常"危机理论中包括一个组成部分，而且是很重要的组成部分，就是他的关于这种危机的**周期性**和工业周期各个不同阶段有规则地更替的原理。在阐明这种危机的性质时要解开的一个最主要的"谜"就是危机的周期性，即在资本主义制度的矛盾爆发即所谓危机过程中的某种规则性。对危机周期性的解释，甚至危机之间大约相距十年的解释（大家知道，相距十年是马克思针对固定资本投资周期提出的），成了马克思危机学说最为典型的特征之一。假如没有这个周期性因素，那么我们面临的也是危机，不过是特种危机、具有特殊性的危机罢了。这种危机在某种程度上与马克思研究的危机具有许多共同的因素，但它仍然与马克思所说的那种危机有本质的区别。

例如，战争本身即可视为一种特殊危机。事实上，战争是资本主义国家生产力的增长与由国家组织的纽带所固定的有局限性的生产关系之间尖锐矛盾的表现。资本主义企图以火与剑来解决这一矛盾。像一切危机那样，它也伴随着对生产力的破坏。因此，这也是"危机"，但是要在资本主义生产的"正常"危机和战争之间划上等号是极其荒谬的，因为战争是这样一种"危机"，它的本质特点使它远远超过了正常的危机的界限。

必须区分（假如以更接近我们关心的主题的其他们问题来说）三种现象："正常的"资本主义生产过剩危机；战争最激烈时期所特有的生产不足和消费不足的饥饿危机；最后，当前形式完全特殊的生产过剩危机。这种形式使它与战前那种资本主义的生产过剩危机大不相同。如果我们仔细看看资本主义体系当前的危机状况，那么，正如我们已经讲过的，生产过剩的事实本身是无可怀疑的。同时在这里绝非多余地指出，在谈到生产过剩时，这个术语决不是指生产出来的产品与群众的真实需要相比而言的过剩，而是指与所谓的**有效**需求，即与基于群众实际**购买力**的需求相对而言的生产过剩。同样也需要指出，这里谈到的是所谓的普遍生产过剩，就是在经济战线所有的或几乎所有的部门的生产过剩。极其多样的工业部门中工业企业的开工不足已雄辩地说明了这一事实。所以我们面临的是生产和消费之间严重的比例失调，或者换句话说，我们看到的是最深刻的矛盾的极其鲜明的表现。大家知道，通常的资本主义危机的基础，也正是这个矛盾。不过，显露出来的生产和消费之间的比例失调可能是变动着的生产和消费**不同结合**的结果。生产可能增长，消费也可能增长，但是如果生产的增长比消费的增长快，那就会出现生产过剩；生产可能保持原来的水平，而消费却下降了，在这种情况下也会出现生产过剩；生产可能下降，而消费下降得更快，在这样的情况下，我们仍能看到生产过剩的事实。"正常的"资本主义生产过剩危机的特点是什么？这种危机的特点是，它们表现为资本主义矛盾在资本主义发展的上升曲线基础上的爆发。危机解决了这一矛盾以便使旧的发展周期在资本主义生产过程的新阶段上开始，即在比以前更高的阶段上开始。这里生产力的发展是动力的本源。生产和消费之间的比例失调是在生产超过日**益增长**的消费的基础上形成的。如果考察一下资本主义关系的全部历史，从市场的角度来看，可以说全部历史表现为市场的不断扩大。因此，生产和消费同时增长着，但是消费周期性地落后于生产，结果，它们之间产生了冲突，而这种冲突在危机中求得解决。

我们现在的情况怎样？我们现在的状况是：生产和消费之间比例失调的形成，与其说是因为生产机构的扩大（根据许多资料可以得出这样的结论：生产机构在许多部门确实是扩大了），不如说是因为**战争**（正是战争！），战争引起了难于置信的贫困化并且极度地缩小了国内市场。这里别出心裁的经济相对论的诡辩伎俩完全是徒劳无益的，这种理论认定，只需要确定一个比例，毋须提出平衡**从哪方面**遭到破坏这种"毫无意义的"问题。然而，从实际理解当前危机的根本原因和性质的观点出发，这个问题是无论如何也不能放过的。我们对问题的提法与现实是完全一致的，而且把现在的生产过剩危机与战争时代的生产不足和消费不足的饥饿危机联系在一起了。事实上，已经恢复到平时状态并得到发展的工业生产机构①，技术上有了各种改进，它在生产上发挥职能时遇上难以置信的群众的贫困问题，贫困也就是现有危机的主要"动因"。因此，现有危机是一般资本主义战后危机已经改变了的形式，而绝不是资本主义制度的辩护士和社会民主党的理论家所描绘的那样。

不言而喻，不仅在生产和消费之间的矛盾中包含着现有危机的一切具体原因。战争破坏了国家之间、生产各部门之间的经济平衡，战争使欧洲巴尔干化，施行不计其数的新关税限制，在许多国家（例如波兰）大大提高了军事预算，如此等等。但所有这些方面只是现存危机的"异

---

① 同时不应把这种增长与全国的生产机构的扩大混淆起来，因为生产机构规模的物质表现不应与生产机构规模的价值表现混为一谈。

常性"的新证明,顺便说说,这也是德国社会民主党的著名经济学家弗里茨·纳夫塔里在他的文章《危机问题》①中特别着重强调的。同时这位作者虽然比其他人更接近当前危机的实质问题,却仍然想把问题全部纳入马克思关于"正常的"资本主义危机的学说之中。因此他给予马克思——正如马克思就稍有不同的另一件事所说的——"极大的荣誉而同时又是极大的侮辱";更不用说纳夫塔利完全把消费因素放在次要地位,这是根本不符合对马克思学说的正确理解的,他自己也就不知不觉地抛弃我们已经强调的在现代情势变动中缺乏有规则的周期性这个因素了。纳夫塔利在这方面遵循的是一切社会民主党人所遵循的路线。② 根据他的观点,那种对于现代危机很典型的急剧变动的情势曲线没有任何意义,尽管作者自己在文章一开头就讲到今天的这种突出特征。不过,两者必居其一:或者这个因素具有意义,那就不能把当前的危机算为"正常的"资本主义生产的危机;或者我们面临的是"正常的"资本主义生产的危机,那就必须把今天发展的特殊曲线认做是某种完全次要的东西。一切理论,只要它希望成为正确的理论,首先就应当符合实际,而今天的实际极其有力地使我们确信,现今的生产过剩危机是整个资本主义战后危机的继续,它具有显然不同于通常的资本主义危机的特点。它的"异常性"无非就是所谓的资本主义稳定的全部**相对性、暂时性**和**不巩固性**的表现而已。

---

① 见[德]《社会》杂志第8期。
② 例如,读读洛伊希特的文章《具有生命力的马克思主义》中的一段话就足够了:"无论目前正经历着的危机具有多么突出的特点,无论人们怎样竭力避免在资本主义社会制度本身中去寻找危机的根源,而在引起灾难的和约的政治经济条款中去寻找,可是对危机原因的分析表明,它可以作为证实马克思危机理论的典型事例。马克思理论所阐述的危机的一切原因在这一危机中都产生作用。"

我们的分析也完全弄清楚了这样一个基本事实：现在资产阶级面临如此尖锐的市场问题，特别是**国外**市场问题。实际上，如果说，当前生产过剩危机的主要根据是群众的贫困化，即国内市场的极度缩小，那么，就应当竭尽全力地提出国外市场的问题。资本主义国家的资产阶级开展经营活动的着眼点是利润，而决不是为了满足群众的需要。资产阶级从其本性出发，不可能把一部分利润变为工人阶级的工资，以扩大国内市场。相反，它在寻找截然相反的途径，它企图靠降低无产阶级群众的工资，以取得国外市场而进行更有力的斗争。顺便说说，这里又表现出基于资本主义的发展和基于社会主义的发展之间深刻的原则区别。在苏联，生产迅速增长、生产机构扩大，但是，推动这种增长的是完全不同的动力，即归根结底是越来越大地提高广大劳动群众的生活水平的愿望。这就是为什么苏联与资本主义国家完全相反，以国内市场，而不是以国外市场为其目标。历史事实一再证明，在资本和劳动之间，在力图挽回战前巩固地位的帝国主义与社会主义关系茁壮成长的新世界之间，存在着深刻的原则性的对抗。

三、列强势力集团的重新组合和国际政治的基本路线

一个众所周知的事实是，经济生活的中心已经由古老的欧洲转移到欧洲以外的大陆，并首先转移到美国。无论就贸易还是就资本输出的意义来说，世界的中心都已经转移到生气勃勃的具有非常强大资本的美洲大国了。在战前就已十分明显的这种倾向，由于战争的进行而大大加强，并且在整个战后危机期间继续发展。美国经济无疑掌握着一切落后国家的经济领导权。不过在确定美国"把持经济"的过程时，应当知道其程度究竟如何。可以说明上述过程的主要数字如下：

1913年欧洲在世界对外贸易总额（更准确地说，32个主要国家的总

额）中的比重为64.4%。到1923—1924年度，它降低到57.4%，而美洲同期比重从21.1%上升到26.8%（其中包括美国的比重从1913年的11.9%上升到1924年的17.3%）。① 前面我们已经列举了世界上最重要的工业产品的生产中美国比重的增长和英国比重下降的资料。这里只补充关于整个欧洲比重的几个数字。欧洲采煤总量由1913年的50.1%降低到1925年的45.4%，同期生铁生产由58.7%降低到47.9%，炼钢由56.6%降低到45.8%，②棉花消费量由1913年的53.6%降低到1924年的38.7%。③

而欧洲失去的份额几乎全部转给了美洲。

同时资本主义国家之间的债务关系发生了根本性的转变。美国完全摆脱了外债（国债），处于欧洲债权人的地位。只须指出如下情况就足以说明：到1924年底，欧洲国家（苏联除外）欠美国的债多达132.46亿美元，为欧洲国家全部债务的53%。④ 由于黄金从欧洲流入美洲，到1924年时，欧洲已不像战前那样占世界黄金储备量（包括流通的黄金）的58.8%，只剩下31.4%了，而同期美洲的比重却由25.7%增至55.2%。⑤ 还有一个非常重要的情况是，出现资本输出的领导地位由英国和其他欧洲国家转向美国的倾向。1913年英国在国外投资的资本总额为37.14亿英镑，美国的资本总额为26.05亿美元（即大约为英国的1/7），而到1924年对比关系急剧改变。这一年英国的国外投资为34亿英镑，而美国为

---

① 苏联国家计划委员会世界经济局的资料。
② 《控制数字》第150—152页。
③ 《1913—1925年世界经济手册》第76页。
④ 根据苏联国家计划委员会世界经济局的资料。
⑤ 《计划经济》第8期第282页。

90.9亿美元,即总共大约只比英国少1/3。① 在国外发行的有价证券这一资本输出的重要标志也说明上述倾向。1922年②,美国国外发行有价证券平均每月为5260万美元,而英国为5410万美元(但1913年为8010万美元);又如1923年美国的相应数字等于2290万美元,英国为4960万美元;而1924年美国每月国外发行额已达8380万美元,英国却一共只有4990万美元;1925年美国月平均国外发行额为9100万美元,而英国为3980万美元。

如以最近的情况为例,由于某些欧洲国家的生产已开始有一定程度的高涨,我们就可以看出欧洲的某种上升倾向了。

在许多经济领域,欧洲的比重有一定的然而并不很大的增长。例如,1924—1925年度欧洲在世界对外贸易中的比重略有增长:1923—1924年度的比重等于57.4%,1924—1925年度则为58%,相应年度美国的比重从26.8%下降到26.4%。③ 诚然,在1925—1926年度由于英国的罢工,欧洲的比重又有所下降。欧洲在世界棉花消费方面的比重,从1924年的38.8%增长到1925年为41.3%。④ 欧洲占全世界的黄金储备的百分数,1925年为32.2%取代了1924年的31.4%。⑤ 如此等等。

在国际经济生活方面另一个极为重要的因素,也是决定国际政治方面主要倾向的因素:一方面是英国的衰落;另一方面是法国工业发展的新类型,即从食利者的国家、从世界的高利贷者变为工业大国;最后,

---

① 根据国家计划委员会世界经济局的资料。应当指出,资料来源不一,1913年英国的资料来自派施,1924年来自H.菲克,1913年美国的资料来自S.沙斯,1924年是根据官方资料。
② 缺少美洲战前的资料。
③ 根据苏联国家计划委员会世界经济局的资料。
④ 《1913—1925年世界经济手册》第76页。
⑤ 《计划经济》第8期第282页。

第三方面是**德国资本主义的高涨**,它重新成为欧洲大陆的经济中心。

这些主要的经济事实就是各个大国之间重新组合的坚实基础。既然这里指的是资本主义国家**之间**的相互关系,那就可以认为,重新组合的主要倾向是著名的凡尔赛和约的破产、大协约国的崩溃和国际联盟这个国际同盟者的主要工具的瓦解。而社会民主党的拥护者恰恰就在现在对国际联盟大唱赞歌,这真是历史的讽刺。

经济路线和经济规律归根结底通过重重障碍为自己开辟道路,而且以一定的政治形式表现出来。无怪乎政治被称为"经济的集中表现"。引起全部政治后果的凡尔赛和约只有在极度压抑德国国民经济的基础上,才能维持下来。既然在这方面发生了决定性的变化,既然与此同时同盟者的主力英国,尽管在世界大战中取得了胜利,经济上却沿着斜坡往下滑,所以凡尔赛和约的基础不可避免地会遭到破坏。这里我们努力来描绘一下作为经济生活变化结果的国际政治变化的几个主要阶段。

法军占领鲁尔区是凡尔赛和约胜利的顶点。世界最强的资本主义大国美国对欧洲政治袖手旁观,而欧洲政治正处于地地道道的混乱状态。美国不愿以贷款作为黄金雨露去浇灌欧洲的经济,害怕自己的资本陷进资本主义本身的生存都大成问题的这些国家之中。欧洲存在战胜国法帝国主义的政治领导权,它醉心于自己的成绩并且全副武装起来。德国在政治上被打入最底层。英国不能对法国的政策予以有力的反抗,所以它决不希望完全毁灭德国,因此德国可以作为对付法帝国主义影响过分增长的抗衡力量。

发展的下一阶段。这时法国显然已经不能津津乐道鲁尔区的成绩和它的占领功绩了。美国资本和部分英国资本却在这个基础上开始干预。美国资本的干预无疑在随后整个运动中起了非常巨大的作用。所谓的道威斯计划拟定出来并且正在实施,一方面这个计划意味着美国对欧洲资本主义的命运已经进行经济和政治干预;另一方面它又促使在美国贷款扶植下的德国国民经济开始高涨。德国的劲敌法国在这样的局势下必然被排挤到次要地位。与美国"合作共事"的英国在欧洲大国的共同行动中又重新占据优势，这就为洛迦诺公约体现出来的国际政治关系的新阶段奠定了基础。

洛迦诺公约实现了上述初露端倪的倾向。美国资本在英国资本的支持和"帮助"下，在欧洲特别起劲地推行道威斯计划。根据英国倡议（实际上它的后台是美国），国际联盟向德国频送秋波，答应接受德国加入国际联盟，但以德国公开放弃所谓的亲东方的方针为交换条件，而这本是德国遭受经济和政治最大压迫时期的政策的典型方针。因此"洛迦诺精神"是在西欧中心的政治形势已经发生变化的基础上各种力量进行的最大程度的重新组合。

下一个阶段——**日内瓦**。美国资本不让英国享受胜利成果。德国被一致接纳进入国际联盟，而且在国际联盟理事会中取得席位。法国一方面面临德国经济高涨的事实，另一方面它和英国之间又有许多日益增长的矛盾，因而对德政策开始向更加"温和"的方向转变。既然"洛迦诺精神"意味着德国从亲东方转而亲西方，现在它就表现得更为强烈了。

下一个阶段——**图瓦里**。英国资本非常鲜明地表现出自己的最大弱点。英国的社会冲突破坏了它的经济，却造成欧洲产煤国家经济的更大高涨，简直拯救了波兰免于经济崩溃，很快把德国推向前进，加快了德国煤的生产并保证了英国市场对煤的需要。法国急剧转向与德国**接近**。在国际联盟第七次会议上，法国利用英国的削弱，通过对德国的"和平"政策而博得许多小国的好感，无论在国际联盟的全会上，还是在理事会中，都获得多数。如果说，在洛迦诺公约出现的吸收德国加入国际联盟的转变，是由于英国的倡议而得到大国同意的结果，那么，现在我们所指的已是法德之间的真正接近了。经济上这种接近表现为建立强大的**大陆钢铁卡特尔**，其中以德国为首，主要核心是法德集团。客观上法德协定以及钢铁卡特尔不能不意味着要摆脱美国资本的控制的尝试，尽管美国资本本身也间接地"参与"了这个协定。从整个机构的角度来看，图瓦里协议是大有意义的，有关法国和德国的全部重大问题都提交这里讨论。协议的实质可归结为：法国承担义务，逐步缩减莱茵河左岸的占领军，把其余的部队隐蔽起来，赋予占领以"无形的性质"；第二，法国在1927年内撤出第二和第三莱茵地区；第三，在1927年初法国**无须**经过凡尔赛和约规定的全民投票表决就将萨尔区归还德国；第四，法国改变对德军事控制的办法等等，而德国方面则给法国2.5亿金马克现款作为对萨尔区煤矿的赎买，另一方面，提供德国铁路道路威斯债券的一部分，约15亿金马克，归法国支配。法国政府打算借助这些补偿款项整顿货币流通状况，彻底稳定通货，同时稳定全国经济。可是现在看来，这个协议因为**美国资本**的插手而遭到了破坏。美国银行家和美国政府认为必须预先调整好国际债务问题，他们很清楚，图瓦里拟定的金融计划，特别是因为它涉及铁路债券的动用问题，没有美国资本的"协助"是不能解决的。美国这一插手，图瓦里拟定的全部计划已不可能实现；然而法国和德国之间的接近（经济上和政治上）仍然是当前国际关系的重要因素。

　　在一定程度上与法德集团相抗衡，出现了英意接近的情况。意大利的资本主义大体上（我们讲大体上，是因为意大利看来已进入严重的经济危机和党内危机时期）已经取得很多巨大的经济成就（国家的电气化、一系列决定性生产部门的生产高涨），现在作为最富于侵略性的国家出现在欧洲大陆。意大利和法国之间在地中海和北非的矛盾非常尖锐，甚至达到人们所说的，可能发生军事冲突的地步。不过在发展的现阶段这是完全明显的夸大。必须指出与英国和意大利之间的接触有关的另一点，即意大利政府可能打算**加入反苏统一战线**。另一方面，由于最大的帝国主义列强普遍重新组合，波兰的方向也有改变。波兰最早是法帝国主义侵略扩张极盛时期的仆从国，处于英国的影响之下，积极协助皮尔苏茨基的政变，现在好像又重新出现倒向法国的迹象。因此在西欧的东端发生的变化，反映出那些掌握着欧洲资本主义政治命脉的势力的重新组合。

虽然各个帝国主义国家以及依赖它们的各个小国的势力都进行了重新组合，但发展的主要趋势还是矛头针对苏联的趋势。德国转而采取亲西方的方针，从洛迦诺公约开始，他们的立场越来越坚定了。同时，随着德国加入帝国主义体系，这一方针就其基础而言不能不是**反苏**的方针。不言而喻，德国在为自身寻求国外市场时，不能放弃苏联市场，因此，还应当、而且也可能更加巩固与这个市场的联系。但另一方面，一个毋庸置疑的事实是：随着德国成为国际联盟的成员、与法国结成联盟以及德国垄断资本主义的巩固，敌视苏联的因素在德国相当迅速地增长起来。《每日评论》最近的抨击或多或少地反映了对苏联—立陶宛条约的官方观点，这只是根本敌视苏联的气氛在一定程度上增长的征候。**意大利**在近期内竭尽全力地推行最富侵略性的帝国主义政策，俨然已开始向反苏阵线"看齐"。意大利政策在东方的积极推行，意大利与土耳其问题的关联，意大利的影响一直渗透到中国，意大利帝国主义甚至对这个远离意大利的地球之角的觊觎再加上意英的接近，构成当前形势的鲜明画面。波兰特别是在皮尔苏茨基政变之后，几乎公开耀武扬威地反对苏联。在一些地方集结自己的军事力量以反对与苏联有着友好关系的立陶宛。波兰签订的许多条约和军事协定（波罗条约、南波条约、捷波条约，等等），以及波兰对波罗的海沿岸国家的政策，都是"从海洋到海洋"包围苏联的尝试。此外还应当指出法罗协定和意罗协定同样是执行反苏路线的。倡导和挑唆执行这项政策的是**英**帝国主义，因为日益衰弱的英国强烈感到把苏联看做是自己道义上的支柱和堡垒的、觉醒后的殖民地人民对它的威胁。英国在波罗的海沿岸国家，在波兰、罗马尼亚、波斯、阿富汗、中国等国家的政策，也都是强烈反对苏联的。因此，尽管帝国主义列强内部有矛盾，尽管各国力量在重新组合，尽管有互相制约的协定，反苏趋势仍然相当清楚地表现出来。有关伟大东方革命策源地——中国的情况，可以说，大体上也是如此。英国政府多次企图以武力对话代替外交对话。如果说，到现在为止，武力对话未能充分实现，比如哪怕采取全面干涉中国的形式——在发展的现阶段也未必能够实现——那么，这首先是由于帝国主义列强本身的相对衰弱的缘故。这里，英国矿工的大罢工起了不小的作用。另一方面，这个任务在技术上是如此困难，在利益上的矛盾又如此巨大（仅举出美日矛盾就足够了），以致如下的企图是完全可能的，其征兆已经显露出来。这就是通过收买中国资产阶级、分裂民族革命统一战线，使中国"和平地"服从于外国帝国主义的控制从而掌握中国。自然，这绝不排除在适当条件下一次再次地对中国事务进行武装干涉的企图。因此，**包围苏联和中国革命的问题，是摆在帝国主义列强面前的一个根本问题。**

不言而喻，这个总的趋势，以及我们上面谈到的一系列国家之间的协定，丝毫也不能消除帝国主义国家之间的矛盾。美日之间、英法之间、法意之间，甚至法德之间（尽管很接近）的矛盾，英美之间、整个欧洲和美国之间的矛盾，等等——这种种矛盾全部依旧存在。这些矛盾可能暂时在一些地方缓和一下，而同时在另一些地方又尖锐起来。许多人寄希望于国际联盟，他们认为国联是欧洲牢固团结和整个经济政治体制向某种根本不同的发展阶段过渡的出发点。然而，就是这个国际联盟现在却处于瓦解状态。这一情况足以说明和体现整个发展的极端矛盾性。矛盾的增长是由于军国主义的壮大，对全部技术非常规的重新装备、军事发明的巨大成就，总而言之，是由于一切叫做准备战争的工具和战争的工具造成的。下面的事实和数据足以令人信服地说明所谓的

"文明人类"活动的发展情况。而统治集团就是在"文明人类"的幌子下行动的。

军事预算继续增长,远远超过了战前水平。比如1913年法、意、英、美四国的军事预算总共为9.93亿万美元,到1923年达到17.43亿万美元,到1926年则为17.68亿万美元。现在的陆军人数比战前或1923年要多得多:在1913年上述四个大国有陆军士兵161.3万名,1923年有16.81万名,1926年有182.1名。这几个大国的现役军用飞机的数量大大增加:从1913年的150架增长到1923年的2400架,而到1926年又增为3550架。

同时特别重要的是,随着军事技术数量的增长,**军备质量也有所改进**。从1918年到1926年底,空军轰炸机的平均载重量由160公斤提高到400公斤,空中机枪的最大发射率从每分钟1000发增至1600发,炸弹重量从1000公斤增至2000公斤,而命中率从14%—15%增至50%—60%,等等。总起来说,譬如在1918年480架德国飞机能够在巴黎上空投掷22000公斤炸弹,那么在1926年同样数量的飞机就能投掷144000公斤的炸弹。由于命中率的提高,所投炸弹的破坏力增长了19倍。

由于海军技术的发展,各种军舰的战斗力也大大提高了。巡洋舰的排水量从1913年到1926年底几乎增长一倍,即从5500吨增至10000吨,鱼雷飞机从980吨增至2400吨。潜艇由820吨增至2520吨,等等。最后,应当指出在准备**化学**战争方面的巨大"成就"。

所有这些说明,未来的战争将比1914—1918年的战争对整个经济和社会制度引起大得不可比拟的震动和破坏。看来,和平年代对于帝国主义者没有白白度过。因为它们没有白费时间,他们对和平主义的傻瓜或伪君子谈论各种裁军办法,而实际关心的是如何以相应的"大炮实力"来加强他们的盟主地位和计划。

从我们的分析中得出的主要结论是：经济关系的极不稳定性是与**政治集团**的**极不稳定性**相适应的。假如说战前时期在经济关系方面规则的情势曲线已让位给目前离奇的跳跃式的情势曲线，那么，战前时期国际协定的相对永久性就已让位给迅速更替的力量的重新组合，即盟国成为敌人，而敌人反倒成为盟国。这种人的更迭进行真是神速！经济产生相应的政治，政治又反过来相应地影响经济。两者都是资本主义稳定的不确定性和相对性的表现。两者都是世界资本主义机体总危机的表现。

经济和政治都向我们表明，我们不会走向"超帝国主义"，而是走向**无产阶级革命**。

四、阶级力量的重新组合和内部斗争的基本路线

如果说，国际资产阶级在对外政策方面依赖于寻找市场以求稳定，那么资产阶级在国内就企图利用压低工人阶级在国民收入中的份额并攫取一般劳动人民群众的部分收入的办法。榨取的形式是极其特殊的。借助整个国家机器从政治上压迫工人阶级、资产阶级在经济战线进行斗争、降低工资水平、不断采取措施延长劳动日的时间、征税以加重工人群众负担、实行从另一方面帮助资产阶级提高剥削程度的价格政策以及其他一整套统称为"生产合理化"的措施——所有这一切向劳动群众进攻的特殊形式都服务于同一个主要目的。政治在这里是与经济相结合的，而资本主义稳定问题本身（一方面是经济稳定，另一方面是整顿国家机关）也就是**阶级斗争**问题。资本向工人阶级的广泛进攻也包括一定的战略因素，不妨这样来表述，即涉及资产阶级对工人内部政策的那些因素。这是指资产阶级依靠少数工人的计划，而所说的依靠，就是把这一小部分工人分离出来，并且保证他们享有比较起来还不错的生活条件，以便更厉害地"榨取"工人阶级的基本群众并使广大的失业阶层

俯首贴耳，因为失业阶层现在已对资本主义稳定的整个过程构成巨大的威胁。从经济的观点看，资产阶级争取稳定的企图，如前所述，在国内遇到的主要困难是：难于找到国外市场，而同时国内市场又极其狭小。从阶级斗争的观点看，资产阶级争取稳定的企图是要找出工人阶级和有时跟随他们的小资产阶层抵抗资本主义进攻的程度的极限。

尽管实现这种稳定企图的形式多种多样，仍然可以找出全部斗争进程的某种规律性。在我们看来，市场问题是一个普遍的问题，它是从世界资本主义机体的总危机状况中产生的。所以各国"民族"资产阶级为争取稳定而进行的挣扎，恰恰也是许多国家的共同现象。正因为如此，资本对工人阶级展开了全面的进攻。在资产阶级遇上战后危机、资产阶级的国家机器极不巩固、而阶级力量的联合对资产阶级或多或少地构成威胁的地方，资产阶级的首要任务是扑灭工人运动。遭受帝国主义战争灾难最大的国家——德国，就是典型的例子。在德国，1923年秋天无产阶级的失败是资本主义稳定、全国经济和国家机器的巩固的起点。虽然在这次失败之前德国工人已有几次重大的失败，但德国工人阶级遭到主要打击还是在1923年的秋天，当时曾有过的"直接革命形势"被扼杀了，资产阶级得以较长时期地把工人阶级"紧紧捆住"。因此，德国资产阶级政治上的巩固和德意志国家一定程度的稳定，是德国发展新周期的最初形式。另一方面，由于德国在帝国主义战争中遭到失败，许多经济条件被剥夺（煤矿区被法国和波兰吞并，丧失了殖民地、失去了商业舰队、应支付赔款等等），国内市场极度缩小，在国际舞台上陷入最困难的境地。因此，它应当付出极大的努力，才能重新获得用旧日帝国的话说，"既崇高而又巩固的社会地位"。这也说明，为什么德国资产阶级特别坚决而始终一贯地要采取所谓的"合理化"和压榨工人阶级的措施。工人阶级遭受的重大失败削弱了工人阶级的反抗力量，于是资产阶级便有可能实行上述政策。国家内部政治生活的主要事实可概括为：资产阶级领导集团在资本家阶级与大地主结成联盟的基础上团结起来，同时极端保守的集团因总形势已有变化而发誓忠于共和制度（请比较西尔伯贝格的著名演说、科隆的民族主义者代表大会等）。资产阶级集团团结起来的经济基础是企业家组织异常迅速的增长（工业托拉斯化）。这样一来，在经济和政治都居于统治地位的阶级巩固了自己的地位。另一方面遭到一系列重大失败又被分割为在业工人和近三百万失业大军（连家属达一千万）的工人阶级无力采取反击**行动**，它暂且只能靠所谓的"向左转"以示回敬。而向左转可以成为真正动员反对资本进攻的力量的出发点。汉堡的罢工只是德国工人阶级将重新面临的未来战斗的先声。

在英国，对工资和劳动日进攻的企图引起无产阶级群众的强烈反抗。在德国这个过程一直延续了整整几年，而英国资产阶级却只希望对自己的工人阶级的反抗设法能坚持一个较短的时期。英国无产阶级在长长的几十年内没有受到过这样的进攻，自己的生活水平几乎是不断提高的，于是以总罢工和矿工罢工来回敬资本的进攻。从这个角度看，矿工的罢工具有极大的原则意义。英国在国际市场上的地位想必会越来越衰落；英国国民经济这样进一步下降——尽管是局部的失败，尽管失败是如此巨大——将必然引起这个国家的阶级斗争的尖锐化；来自工人和人数必将扩大的失业者的危险是如此巨大，以致英国资本家阶级内部也谈论起是否有可能把工人大批迁往印度和澳大利亚的问题了。由于冲突的高度尖锐性，阶级力量便向两极分化。自由党处于解体状态，相当一部分自由党人倒向保守派，而保守派中则是所谓的"死硬派"占绝对优势。在另一端，少数派运动和共产党的影响在增长。因此，英国就从最保守的国家，从资本主义制度的欧洲堡垒变为——至少从当前形势来看——比其他国家更快地走向形成"直接革命形势"的一个国家了。在这里无论什么样的资本主义稳定的可能性都是大成问题的。

在法国，稳定措施的这种规律性以另一些形式表现出来。在法国通货膨胀时期吃苦头最多的是小资产阶级，那时工人阶级中还没有失业现象。就是说，还没有压在其他国家经济机构上的那种突出的沉重负担。因此，法郎贬值、全国货币流通紊乱和国家财政的危急状况就是法国经济和法国政治主要的薄弱环节。资产阶级作为一个阶级整体打算在这里维持稳定，就应当采取措施使法郎币值稳定，整顿货币流通和国家财政。不久以前这个问题十分尖锐。政府采取的各种政治计谋反映出小资产阶级对它们的压力，不能解决财政问题及其有关的一连串的矛盾。或多或少起决定作用的政策的政治前提是粉碎"左翼联盟"和让彭加勒上台执政。这一行动的倡导者是金融家委员会，该会由里昂信用银行、贴现银行总公司、冶金工业公会和巴黎联合银行等单位派代表组成，由最后这家银行的总裁任委员会主席。

大资产阶级成功地迫使"左翼联盟"投降，于是"彭加勒—战争"政府成为了共和国命运的主宰。工人阶级远远没有充分懂得这一转变的原则意义，因而既不能动员本阶级的力量，也不能把小资产阶级吸引到自己方面来。投靠大资产阶级的彭加勒政府，非常坚决地采取"强硬"手法推行稳定政策。工业家方面开始谈论"牺牲"的必要性，说工资太高，劳动日太短。1926年成为同盟歇业和罢工次数较多的一年。冶金工业公会的机关报就已提出裁减"人员"的要求。失业的最初征兆开始出现。伴随着政府紧缩通货的政策而来的，必将是与其他国家一样的合理化尝试。工人阶级与资产阶级的冲突还在前面。

意大利以墨索里尼的法西斯政变开始了自己的稳定"事业"（广义上的"事业"）。被社会党出卖的工人阶级未能在危机尖锐的时刻把他们的革命进行到最后胜利。结果，意大利的经济和社会阶级状况被搞得混乱不堪。这种混乱状况成为资产阶级获得特殊形式的政治巩固的基础。法西斯主义利用部分农民、小资产阶级和工人的某些落后阶层的不满，使他们听命于实质上是资产阶级的政治的摆布。墨索里尼以法西斯专政这种特殊形式巩固了国家政权之后，日益与大资产阶级接近。结果废除了许许多多法令，其中包括八小时工作日法。使问题在最近时期变得特别尖锐的这种稳定政策自身导致法西斯党本身的危机，使内矛盾扩大、工人阶级和城乡小资产阶级的不满日益增长。为对付这一切，墨索里尼政府企图采取闻所未闻的恐怖手段。

资产阶级的稳定政策及其取得的某些成绩，表现为这样一个普遍情况，即资产阶级为了拯救和巩固它的制度曾不得不定期邀请其忠实仆从——社会民主党参加政权，但现在认为："他效劳已毕，就让他去吧"。在这方面把主要的事实作如下综述是很有意义的：1923 年 10 月——社会民主党退出德意志帝国政府；1924 年初——保加利亚社会民主党退出灿科夫政府；1924 年 11 月——麦克唐纳政府垮台；在 1923—1924 年间成立的并有社会民主党人参加的几个部门几乎全部撤销；1926 年 4 月——波兰社会党退出波兰民族联合政府；1926 年 3 月——捷克社会民主党退出政府；1926 年 7 月——瑞典社会民主党政府垮台；也是在 1926 年 7 月——法国的"左翼联盟"破产。因此，社会民主党被排挤出资产阶级政府，无疑是一个重大的政治事件，其基础是大资产阶级在一定程度上的加强，即大资产阶级的国家机器在一定程度上的稳定。

当然，由于阶级斗争的尖锐化和资本主义政府完全难免会遇到的困难，可能重新组成有社会民主党参加的联合内阁，这种内阁不仅不会反对对工人阶级进行压榨，而且会直接支持资本主义的稳定。所以只有在共产国际各个政府领导下的工人阶级进行实际反抗时，资本主义稳定才能看出它的阶级极限。

五、资本主义合理化的方法

资本主义合理化政策最初表现为对工人阶级的直接榨取、延长劳动日、降低工资、提高税收和采取相应的价格政策。

许多国家已经通过立法延长了劳动日。意大利实行的不是八小时工作制,而是九小时工作制;在英国对采煤工人实行八小时工作制,而不是七小时工作制;在德国和其他国家在劳动日上都展开进攻,而且是成功的。但是,即使对劳动日时数有法律限制,却根本不能从根本上阻止实际劳动日的真正延长。请看下面关于一系列国家实际劳动日长度的资料:[①]

西班牙	8—10 小时
意大利	9—12 小时
波兰	8—11 小时
匈牙利	9—12 小时
芬兰	9—10 小时
保加利亚	9—15 小时
南斯拉夫	9—11 小时
罗马尼亚	9—12 小时
拉脱维亚	10—15 小时
爱沙尼亚	9—12 小时

不久前,德国企业家反对八小时工作制和工会的宣言[②]表明:"典

[①] 德国《国外研究机构》1925 年资料。
[②] 1926 年 11 月 2 日《法兰克福报》。

型地"表现出现代资本主义的稳定企图的国家之一的资本家们,是如何对待工人阶级打算获得国家保护、不受资本冲击的意图的。这个宣言中讲到:"为此,我们声明,影响德国国民经济生产基础的这种干扰(**首先指的是工会要求国家保证执行八小时工作日制。——布哈林**),在经济方面等于减少产量,从而引起价格上涨,而后一种现象,无论在国内还是国外,都必然带来不幸后果。"

根据德国企业家的意见,今天的情况是十分严重的,以致"我们的生产受到如此巨大的震动,我们内部确信,这同工会坚持采取的立法手段造成的震动一样"。在资本家对八小时工作日制进攻的同时,工人的工资降低了。

在已经过去的 1925—1926 年度中,降低工资的情况首先出现在货币贬值的国家:法国、意大利、比利时。像往常一样,由于货币贬值,这次在这几个国家出现的工业情势,基本上也是靠降低实际工资才活跃起来的。在波兰也出现同样情况。例如,意大利和波兰工人家庭每月必需的最低生活费和实际工资[①]为:

	波兰	意大利
最低生活费	350—500 兹罗提	900—1000 里拉
工资	200—300 兹罗提	200—700 里拉

工资远远赶不上最低生活费的情景也出现在匈牙利和南斯拉夫,这两个国家连同意大利和波兰都可以归入"法西斯主义国"一类。

不妨以德国的工资情况为例。尽管在 1925 年有所提高,然而最近,由于合理化,首先出现工资下降的明显趋势。《经济曲线》[②]在综述

---

① 德国《国外研究资料》1925 年资料。
② 《经济曲线》第 2 期。

1926年第二季度工资动态时,不得不讲到"工资率出现下降趋势"。如果把在德国已形成经常性的大量失业计算进去,德国工人的实际收入到1925—1926年度只有战前的79%。①

在降低德国工人的实际工资和相对工资方面,提高主要商品的价格和大量增加德国工人的劳动强度也具有重大意义,前者是卡特尔政策的结果,后者则正成为德国经济合理化措施之一。比如说,德国每个煤矿工人的劳动生产率从1913年起增长了17%,而实际工资在同期内至少下降了10%。

"繁荣的"资本主义国家——美国,也绝对避免不了工人阶级在国民收入中份额日益减少的总趋势。美国工业中工人的劳动生产率有巨大增长,但工资没有相应地按比例地增长。同在战后时期,生产方法已经根本改变(例如用化学方法生产)的高度机械化生产部门中,工资的变动和劳动生产率之间的差距特别巨大。根据美国商业部的资料和联邦储备委员会②的同类资料,每个美国工人的平均生产率从1919年至1926年底提高了30%,而名义工资只增长了11%。

资本主义合理化随后的步骤是**重新组织劳动和所谓生产过程的福特化**。美国《工业管理》杂志进行的专门调查,关于美国汽车工业取得成绩的原因,列举出下列七条:(1)标准化和大批量生产。(2)厂内运输(首先是传送系统)的自动化和机械化。(3)机器的自动化。(4)建立监视机构。(5)提高劳动强度。(6)特殊的销售方法。(7)不保持生产秘密。某些专家认为,这七条原因最主要的是传送系统,它当然导致劳动强度和劳动生产率的提高。毫无疑问,生产的标准化和规格化起着巨大的作用。这方面最近已取得十分突出的

---

① 国家计划委员会世界经济局资料。
② 美国联邦储备委员会《联邦储备通报》1926年2月号。

成绩。

上述各项相互协调配合的方法给生产带来极大的节约,而且大大提高了企业的生产率。

合理化的另一个方法是**工业企业的集中化**,近几年来集中化的规模已经非常庞大。在战争时期产生的纯粹**商业**型的协议和联合机构,其中最鲜明的例子是著名的斯坦尼斯康采恩,因后来的演变在颇大程度上遭到破坏,便被庞大的生产型联合机构所取代,这些机构主要是具有最"彻底的"生产形式,即托拉斯形式;同时托拉斯化的过程按两条线进行:建立垂直的联合机构和平行的联合机构。

最后必须指出许多重大的**新技术的采用**,它们在很大程度上改变了生产过程的技术基础。以建设大型中心电站为目标的用电量迅速增长、从水利发电转到利用煤渣的热力发电、增大涡轮机的功率和提高电压、煤液化的方法、金属加工新方法、用化学方法制造人造丝和各种盐类、生产人造棉的试验、从煤提炼汽油、在航运业中广泛使用内燃发动机、广泛使用汽车运输,等等——所有这一切从本质上改变了生产过程的技术基础。

推行合理化的主要中心是**美国和德国**。在美国,如上所述,资产阶级已经在生产的标准化和规格化方面取得了巨大成绩。美国的传送系统也同样获得辉煌成就。在金属冶炼工业,在化学、玻璃、制糖、食品、烟草、煤炭、建造大型粮仓等工业,在商业等方面——传送带到处受到欢迎,使整个生产过程根本改组(如所谓的"流水作业线"或"循环作业线"),在很大程度上也使流通过程发生变化。最近几年在美国托拉斯也大大发展了,随着实力较小的联合机构(这些"实力较小的"联合组织拥有的资本大约为5千万到1亿美元)的不断产生,现代美国工业大亨和银行巨头的资本数量也在迅速增长。

美国政府有时为了选举的利益打算反对正在建立的垄断联合机构,

但这种斗争是臆想的,这丝毫也不能阻止托拉斯化过程的不断发展。例如,像《纽约时报》和《基督教科学箴言报》所报导的那样,准备在最近建立一个15亿资本的铁路辛迪加"镍金杯"(Nickel Plate),并计划把100条铁路线结合为10—12个拥有资本10亿美元以上的大企业。从美国现有的最大垄断组织中可以举出:① 国家城市银行,拥有资本10亿美元以上;蔡斯国家银行,也拥有同样多的资本;纽约美孚石油公司的资本为6.6亿美元;洛里铁路托拉斯——6.6亿美元;沃德烤面包托拉斯——4亿美元,等等。

德国工业最近的托拉斯化简直是惊人的。联合钢铁托拉斯便是德国托拉斯化的一例。《经济服务》杂志写道,它是"一个堪称德国合理化象征的宏伟结构",它占有的原始股票总额为8亿马克,这是欧洲最大的托拉斯,它合并了许多混合的生产部门。与它并驾齐驱的还有颜料托拉斯(颜料工业公司),其资本为11亿马克。

为了判定上述两个托拉斯为代表的那种既平行又垂直的联合机构类型,只需列举颜料托拉斯合并的生产种类就相当清楚了。它合并了染料、药剂、胶片制造、人造丝、电器材料、天然气、氮气提取和肥料生产、煤的液化等生产种类。而且颜料托拉斯拥有石膏开采场、煤炭企业,自己还能生产钢等等。

传送系统这项最重要的生产技术改造的运用,像"美国样版"的其他措施那样,在德国也起着极其巨大的作用。

为了阐明现代资本主义生产中上述各项改革的经济意义,我们举出如下数据:

---

① 资料来源:《纽约时报》、《工人日报》、《机车工程师杂志》等。

美国汽车工业的"生产指数"为：

1914 年	100
1920 年	132
1921 年	214
1922 年	264
1923 年	295
1925 年	310

美国钢铁工业 1925 年相应的指数为 150，制鞋工业——117，造纸工业——134，纺纱工业——109.7，织布工业——124。①

德国**钾**的生产，从 1924 年到 1925 年底，224 个矿场中关闭 118 个，在工人由 23000 人缩减到 9500 人的情况下，矿场同期的生产率由 842000 吨增至 1325000 吨。在**煤矿**工业方面，从 1913 年至 1926 年 5 月，每个工人提高的生产率超过 17%，同时在最近几年将近有 20 万工人被排除于生产过程之外。在**铁**的生产方面，从 1925 年 8 月到 1926 年 8 月，每个工人的日生产率增长 43.8%。

德国的工业组织是建立国际联合组织的倡导者和主要领导力量，这是现在德国经济高涨的一个特点。例如，不久前成立的欧洲钢铁卡特尔就以德国的工业组织为其"首脑"。

近来，结成国际卡特尔的趋势已经十分明显。大战结束后，经过长期的战后混乱，成立了新的经济集团，建立了新的国家间的联系和经济联系。大家都知道，大陆钢铁卡特尔的成立曾轰动一时。现有德法合资生产钾的辛迪加，不久前成立了国际钢轨卡特尔和金属丝卡特尔。国际铜业辛迪加（铜出口公司）也宣告成立，它把生产世界铜产量 92% 的

---

① 见 1926 年 7 月和 9 月的《每月劳动评论》。

企业都联合起来了。还准备建立强大的中欧电力托拉斯、国际金融托拉斯，等等。

组织国际卡特尔的这一浪潮也开始波及到英国，这是很有意义的。大家都知道，英国在技术和工业组织结构方面是大大落后于德国和其他国家的。比如，现在英国正准备成立最大的化学托拉斯，类似德国和美国的化学康采恩。这个托拉斯预计的资本额不会少于德国化学托拉斯的资本。在英国煤矿开采方面许多企业联合的事实也出现了。有趣的是，这些煤矿联合组织的一位主席梅杰·莱斯利直截了当地说："必须仿效德国的例子。"① 上面列举的所有事实证明，资本主义合理化在其前进的道路上已无可争辩地取得了重大成就。我们应当承认这些成就。如果我们不承认，那就大错特错了。但是，这些成绩丝毫也不能改变我们原来提出的、对现阶段资本主义的稳定和当前资本主义危机的实质所作的基本分析。正在进行的合理化过程是不能消除现代资本主义的任何矛盾、困难、不平衡和比例失调的。首先战后资本主义解决不了的中心问题即市场问题依然存在。

欧洲国家在推行资本主义合理化时所遇到的主要困难，就是大批量生产的必要性和国内市场萎缩之间的矛盾，因为大批量生产与技术进步和生产的福特制②相关，而国内市场却因工人阶级受到压榨日益缩小。生产的标准化和规格化直接要求以大批量生产为前提，而大批量生产的必要性又要求相应的市场容量。同时，我们从上面事实已经看到，这个问题恰恰是最难解决的。在这种条件下，合理化本身具有根深蒂固的矛盾性。为了直接适应具体的国内市场，必须缩减生产规模；为减少工人阶级在国民总收入中的份额，又不得不更加缩减国内市场。另一方面，

---

① 材料转引自1926年10月30日、11月2日《法兰克福报》。
② 美国汽车大王亨利·福特首创的一种生产组织形式。——编者注

许多措施（标准化、规格化、使用新机器等）只有在大量产品能够售出的情况下才合算，因而在经济上才是合理的。组织卡特尔和缩减生产还不是摆脱危机的出路，这一点连资产阶级经济学家都感觉到了。一位名为博恩的写道："成立卡特尔的企业采取按固定百分比限制生产的办法，相当于规定定额，但并不能使危机合理化。这样一来，企业只能发挥一半的生产能力，甚至装备很好的工厂的生产成本也有所提高。因此危机具有荒诞的性质……这样，卡特尔对亏损企业进行投资，使之变为自己的资产，把亏损的负担加在自己和国民经济身上。"① 资本主义合理化无法克服的一大困难，就是卡特尔联合组织不能不采取高价政策。而这项政策使得本来就有限的国内市场更加萎缩，而且它把危机的负担转嫁给与卡特尔对立的其他生产部门，也转嫁到消费者身上。我们引证过的这位博恩把这种合理化俏皮地叫做"倒过来的合理化"。但糟糕的是，在资本主义经济中不可能有其他类型的合理化。德国的情况尤为严重，那里群众的贫困化现象特别突出，因此，国内市场极度萎缩，而国外市场的问题又极难解决。此外，在最近的将来因为支付赔款还不得不把越来越多的财富无偿地收归国有。比如1925—1926年度需要支付12.2亿马克，而在1928—1929年度要支付25亿马克。直到现在支付赔款还不能靠国内生产的财富，只能完全依赖美国的贷款。不久前国家银行行长沙赫特不得不非常坦率地承认这一点，他曾在调查委员会的会议上反对国外贷款继续流入德国，他的发言在报刊上引起了极其强烈的反应。他说："外国私人银行和银行家贷给我们大笔的钱，但外国政府又通过吉尔贝特先生把我们的钱拿走了。我们所担心的其他事

---

① 博恩《把合理化作为财政方面的问题》，载《社会科学和社会政治卷宗》1926年第56卷第2期。

情——资本私有者还要收取规定的利息——只能听天由命了。"① 支付越来越多的赔款,加上国内市场的极度萎缩和德国在世界市场上极端困难的状况,可能、而且一定会导致德国生产设备的生产能力和国内市场的有效需求之间的基本矛盾极端尖锐化,从而导致阶级斗争的尖锐化。

国际卡特尔化的结果,根本不可能取消或缓和资本主义和国家资本主义联合组织之间的斗争。斗争的形式可能暂时从公开变为隐蔽,但是斗争、残酷的斗争却依然存在。例如,德国铁钢工业家协会理事会副主席布赫曼就清楚这一点。他说,欧洲钢铁卡特尔中产销限额的斗争是不可避免的。要知道,"在每一个生产和推行定额的卡特尔中,规定产量定额是妥协后达成协议的主要内容,妥协前都必须为争取总产量中的份额而进行斗争"②。例如,德国根据其自身的生产能力得到的产销限额就比法国和比利时的产销限额小。8月份,德国生产超过了规定的限额,因此就应当向卡特尔金库额外支付款项。我们可以委婉地说,英国对缔结钢铁卡特尔采取了多么不友好的态度啊!所有这一切都证明:各国资本家在卡特尔化基础上成立世界联合组织的幻想是完全没有根据的。

最后,资本主义合理化遇到的巨大困难(一定会在最近的将来出现)就是工人阶级必然起来反抗。今天,资本主义在组织上和技术上的合理化不同于过去的类似过程,伴随着今天的合理化而来的是经常的、永不消失的失业大军和对工人阶级战前在资本主义范围内所获得的主要物质财富的大肆掠夺。同时,生产的托拉斯化过程使资产阶级的力量日益联合起来,从而也使工人的反抗情绪日益增长。德国《银行》杂志的著名领导人兰茨贝格看到了这方面的严重危险,他说:"……我们今天无能为力,虽然我们明白合理化的负面影响会使社会进入野蛮残忍状

---

① [德] 1926年10月22日《法兰克福报》。
② [德] 1926年10月22日《经济服务》。

态，而且会造成文化走向衰落的巨大危险……"①

　　这里应当讲一讲资本主义国家的合理化和苏联的合理化之间的区别问题。每个共产党人都应该清楚，苏联的合理化是为全部工人阶级谋福利，达到建成社会主义的目的，不是为了资产阶级，不是为了加强资本主义。这就是两种"合理化"的重要区别。然而从阶级本质及其他一些观点来看，资本主义国家的生产合理化和苏联的生产合理化之间也存在巨大差异。苏联合理化的主要动力是满足群众需要，同时市场大于生产能力。**我们**的市场规模大于生产规模，**他们**的市场却小于生产规模。所以**我们**通过扩大生产来适应市场，而他们在发展的现阶段不可避免地要部分地缩减生产以适应市场，因此对待工人阶级和从业工人的数量采取的方针是不同的。尽管我们这里也进行着合理化的过程，但我们在最近时期必然要吸收、增加大量工人，而工人的合理化必然要变成这样一种合理化，其结果将是欧洲主要国家失业人数增加，经常性的失业将达到空前规模，成为一种长期现象。仅以英国、德国这样的国家为例就足以说明问题。再说，**我们**虽然也有失业现象，但它首先是"农业人口过剩"的结果。绝大多数失业者是来自农村的农民，而他们的失业者却是被排除于生产之外的无产者，而且其中一部分由在业的无产者变为贫民。以上这些方面都有巨大的差别，差别归根到底是**由不同的社会阶级结构和完全不同的发展方向所决定的**。

五、当前的几个重要问题

（一）资本主义的"新阶段"和"超帝国主义"的问题

　　当前的一个重要问题是：和以前有关资本主义的提法不同，资本主

---

① ［德］《银行》杂志 1926 年 5—6 月号。

义是否正在向自身发展中的某个崭新阶段过渡？在组织国际经济卡特尔、达成其他协定以及达到各种国家间的协定方面，当时许多事情都是由所谓的国际联盟来完成的。那些事实对建立"超帝国主义"特殊理论提供了一定的现实依据，或者更正确些说，提供了一种口实。在社会民主党人、小资产阶级甚至资产阶级和平主义人士中，这种思想开始重新活跃起来且显得光怪陆离。在社会民主党人中，卡尔·考茨基早在大战之初就企图对这种思想进行"马克思主义"的论证，他曾"令人信服地"向资本家们证明，用和平的、自由贸易的办法，而不是采取帝国主义暴力政策来实现自己的扩张和经济掠夺对他们有利得多。考茨基提出了美好的前景：使相互斗争的资本主义大国之间的利益协调起来，各国家之间订立永远消除战争、能成为与资本主义制度完全不同的包罗一切的协议。现在鲁道夫·希法亭也同样对考茨基的理论进行"马克思主义"的论证（同他的《金融资本》一书的结论完全矛盾）。希法亭先生在他的《社会》杂志第1期上写道："资本主义是否真正意味着战争，因而只有在它（资本主义。——布哈林）被完全战胜的情况下和平才能保证？有没有可能……建立新的世界政治组织形式，这种形式可以为着超国家组织的利益而限制个别国家的独立性？这里是否有公认的、对进步发展更为广阔的天地呢？到那时提出国际主义问题，就不单纯是世界观问题，也不是反对民族主义的问题，而是一项实际政治任务了。"①

  社会民主党的报刊却用算术的方法来对待这个代数命题。例如，德国国会主席社会民主党人保尔·莱维在开姆尼茨的《人民之声报》上写到关于"动员"力求避免战争的一切力量的问题。他把国际联盟、"泛欧运动"、"欧洲协议同盟"和"新宗教和非宗教的和平会议"都归结为这种"力量"。极"左"的奥地利社会民主党人坚持**改造**国际联盟

---

① 见希法亭《社会》第1期第15页。

的观点，请看看吧！国际联盟不是仅仅充斥其他内容的一种形式吗？①

首先应当对超帝国主义问题进行一些理论上的分析。资本主义国家之间有没有达成共同协定的可能？如果从现实的力量对比出发，如果仍然像以前一样，认为资本主义世界和个别资本主义组织的成立不是出自人道的考虑，而是根据利润的收益和利润的流转，那么不可避免地会得出这样的结论：这种包罗万象的协定绝对是不可思议。资本主义世界的发展是以不平稳的步伐前进的。任何一个资本主义大国或他们的某个综合组织在参与瓜分剩余价值或剩余劳动时，如果希望以其他方法获得更多的份额，就不会去订立任何协定，也不会加入任何统一的组织。只要看看世界的经济和政治情况就很明白，和平主义的幻想离现实生活有多远。如果美国有相当的把握击败自己的对手而不受任何共同协定的约束，那它何必要把自己束缚起来呢？如果日本寄希望于自己的东方阵地，那它何必要加入普遍实行的国家卡特尔呢？如果意大利现在有希望——半独立、半灵活地利用其他大国之间的矛盾——获得比订立永久性协定更多的好处，那它又何必要把自己和其他国家拴在一架马车上呢？如此等等。总之，通过组织卡特尔、辛迪加、托拉斯等组织的实践中可以清楚看到，订立比较牢固的协定有两种主要情况：一种是竞争对手势均力敌，而且其中一方面根本没有希望战胜另一方，在这种情况下，斗争的消耗非常之大，整个情况使人想起老鼠打架的笑话：一群老鼠，你吃我，我吃你，就剩下一条条尾巴；另一种情况是出现一个庞然大物，它对其他对手拥有绝对的优势。不管这些对手是单独斗争，还是联合起来，对他们来说，斗争是毫无希望的，因而也是不起作用的，在这种情况下订立永久性协定和停止斗争是可能的。看看今天的世界局势，我们可以相信，当前形势绝不会使斗争停止。现在美国是世界经济

---

① 例如，见维也纳1926年1月9日《工人报》。

的霸主,这是事实。但它的力量完全没有强大到足以征服其他国家的程度,其他国家起来斗争绝不是毫无希望的。仅以欧洲为例,发展的不平衡和最近出现的重新组合,绝不意味着有可能建立全欧洲国家的卡特尔。很典型的是,"泛欧"运动的热心拥护者甚至把英国和苏联从"泛欧同盟"中除了名。苏联被除名的借口是它的重心不在欧洲而在亚洲,实际上苏联之所以被除名,自然是因为它是资本主义世界中的另类。英国被除名的借口是它依靠大量的殖民地,实际上是因为英国和法国之间存在着尖锐的分歧。为此,著名的资产阶级经济学家霍布森声泪俱下地在希法亭的《马克思主义者》杂志上发表文章。麦克唐纳先生在《社会主义评论》(10月号第7页)上写道:

"我们最热烈地、毫无保留地欢迎法德之间新的合作,让新的合作带来美好成果。但我们不应当降低自己的作用,也不应当容许别人在背后以轻蔑态度或者无论什么样的蔑视态度鄙视我们。我们在中国连连遭到失败(反对英帝国主义的中国革命的战绩使麦克唐纳先生感到极度悲伤。——尼·布哈林),在日内瓦也很快完蛋——这就是我们的命运,这就是从现政府上台之始我们的命运。这有损我们的尊严,对我们是危险的,对全世界来说也是不好的。"

"结构社会主义者"麦克唐纳一方面在这里泄露了关于欧洲联合的各种议论的真实含义,另一方面在他的诉苦声中也反映了事物的真实状况。

这一真实状况即欧洲的"和平"联合表现出远非和平的、而是反对苏联(这是理所当然的)和反对**英国**的倾向。但是,我们不妨作这样一个难以置信的假定:包括英国在内的**整个**西欧的联合已经出现,那时将出现以下主要竞争对手:美洲、欧洲、日本和社会主义的苏联。不难理解,即使这样也不意味着斗争的停止和战争危险的消失,它意味着某种完全相反的情况,斗争将在更高的程度上再现,战争具有更可怕的性质和更大的破坏力。因此，关于"超帝国主义"发展阶段的废话简直令人难以容忍，令人厌恶。在希法亭看来，战争危险在"超帝国主义"发展阶段似乎已经消失，而且与马克思相反，他认为所谓进化式的发展具有广阔的天地。只有十足的盲人或招摇撞骗者才会认为150个银行家和企业家轰动一时的发言富有和平主义的意义（不加引号的）；这里指的是美英勾结，指的是最强大的几个资本主义集团以重重关税壁垒把自己隔离起来所得到的直接好处，指的是它们在消除其他国家的关税障碍时所得到的好处。这个发言就是这个意思。

我们看到，"超帝国主义"的废话之所以现在显得特别荒谬是因为，目前出现了国家间各种组合极不稳定和变化无常的状态，"联合"趋势最主要的表现形式即国际联盟正处于分崩离析的阶段。超帝国主义的宣传客观上变成了**反对**不愿加入国际联盟的**苏联的宣传**，变成了**反对东方殖民地和半殖民地的人民**的宣传，因为他们妨碍剥削者集团"和平地"榨取他们的脂膏。社会民主党，即使是最左的奥地利的代表们，也反对苏联、中国等国家，把它们看做是正在形成的"普遍和平"的破坏者。**当前超帝国主义理论的目的就在于此——主要就在于此。实质上这种理论是完全错误的，从它起到的职能作用来看，无非就是反革命手中用以反对殖民地国家的无产阶级革命的工具而已。**

（二）德帝国主义的问题

德国的经济增长以及与此相关的欧洲大国的重新组合必然要反映在德国国际作用已经发生变化这一评价上。列宁同志早在1915年分析世界大战可能出现的后果时指出，如果战争以一个欧洲帝国主义大国的溃败而告终，而且和约将在"拿破仑式"条件下缔结，在这种情况下，欧洲就有可能形成民族保卫战的局面。换句话说，如果一个帝国主义大国完全被击溃并从帝国主义剥削的主体变成客体，那么这个受凌辱、受奴役的大国进行的战争与以前这个作为帝国主义竞争者的大国进行的战争相比，就会具有完全不同的性质。这样的形势实际上已经形成，《凡尔赛和约》就是这种形势的表现。所以在法国军队占据德国部分地区（包括鲁尔等地区）的情况下，德国共产党认为在一定条件下可以以防御的方式来反对法帝国主义。如果那时德国同法国进行战争，那么第二次战争就不再具有以前的帝国主义战争的性质了。现在形势已经发生了急剧的变化。最近几年，德国资本主义已**达到一定程度**的稳定。它已组织起极其牢固的垄断联合，它在组织国际卡特尔时充当了领导力量。它将亲东方的方针改变为亲西方的方针。它以成员国的身份进入国际联盟的领导机关，现在却来谈论在新的基础（在所谓的委任统治的基础上）获得它以前的部分殖民领地的问题，谈论恢复武装力量的可能性。换句话说，它在内部组合为帝国主义的因素促使外部的政治属性**开始**增长。这一趋势在社会民主党人中也有反应。希法亭的杂志上刊载了许多文章，提出欧洲人在殖民地人民成为有教养的欧洲人方面应共同负责任的问题（多么崇高啊！），殖民地委任统治制度受到百般的歌颂。在老修正主义杂志《社会主义月刊》（1926年10月）上，马克斯·科恩在一篇标题为《为了德国殖民地的未来》的文章中写道："对于需要输入大量重要原料的德国，建立自己的原料贮备（哪怕起初数量并不很大）具有巨大的意义。"（对原料贮备应理解为提供原料的殖民领地。——布哈林）而且我们看到，这个主题在企业界、金融界以及在社会民主党人中间展开了全面争论。总之，从这些事实得出的结论是，德国的发展从根本上改变了它的国际地位，因而在鲁尔被占领时期曾经是正确的评价，无论如何也无法适用于今天的情况。由此，最主要的实际政治结论是：在保卫德国帝国主义"祖国"的问题上，不容许工人阶级保卫这个"祖国"的原理又变成是正确的了。

（三）苏联的作用和意义

德国政策的改变和列强势力的重新组合，以及与此相关的反苏倾向的尖锐化，在共产主义运动的小资产阶级动摇分子中也有反映，许多小资产阶级的"领袖们"脱离共产主义，脱离共产主义组织的主要基地——苏联。联共（布）内部的反对派掩饰和支持他们这种举动，这大大加剧了德国共产党队伍的混乱状态。这种做法在思想意识上表现为在对苏联的态度上转向社会民主党的立场，而且是社会民主党右翼的立场。在德国资产阶级领导集团中"反莫斯科"倾向增强的同时"反莫斯科"情绪也增强了。在这里我们不妨根据他们与日俱增的背叛行径的顺序，举出一些有关言论。

例如，请看现在已被开除出德国共产党的乌尔班斯是怎样描述联共（布）和苏联政府的政策的：

"联共（布）大多数人所走的道路是向富农让步，扩大他们的政治选举权利，减轻对富农的税收，放弃对农民协会这种反革命阶级政党的萌芽进行斗争（'极左派'的备忘录）。

'极左派的左翼'盟友科尔施先生，在对联共（布）的政策的原则评价上与'极左派'——乌尔班斯、鲁特·费舍等人很少有区别。"

他们接着写道：

"如果说像1917年无产阶级的领袖们所一贯宣布的那样，在从前的资本主义经济和当代资本主义经济中，尽管无产阶级人数很少，农民占绝对多数，但仍然存在着实现无产阶级革命并着手建设社会主义的可能性。不必预先经过长久而痛苦的资本主义发展和全面推行的时期，那么今天，国际无产阶级的革命运动暂时被抛到后面，俄国革命彻头彻尾的资产阶级性质就越来越清晰地表现出来，它在世界资本主义经济的包围中处于孤立无援的境地。

'无情打破地主和封建经济为阻碍农村资本主义发展而设置的一切框框,实行土地和大工业国有化——由于世界革命的推迟,社会主义建设已不可能进行——以及恢复资本主义生产方式和商品交换,这都不是为了建设社会主义,而是为了迅速地、扎扎实实地在苏联发展资本主义提供广泛的条件。苏联的资本主义正加速发展着'。① 既然苏联沿着资本主义道路前进,那么准备'第二次'革命(即反革命)的前途和必要性就很清楚了。

苏联共产党过去和现在的任务决不是由于在俄国直接组织和进行'第二次'革命的问题还未提上议事日程而自愿放弃暂时夺得的政权,或使之'寿终正寝'。作为无产阶级政党的苏联共产党面临这一时期的具体革命任务是要把工人阶级的意识集中到解决无产阶级的历史任务上来,即准备和实现'第二次革命。'"②

与科尔施决裂的**施瓦茨**(不是因为他们之间产生了原则的分歧),直接提出为反对苏联政府进行斗争的问题:

"'坚定的左派'坚决否定……新经济政策,因为它是苏联资产阶级与苏联官僚的联盟。'坚定的左派'号召俄国城乡无产者联合起来,以便与国际无产阶级一道为反对俄国正在形成的资产阶级专政进行无情的革命斗争。"

最后是卡茨,他居然以共产党员的资格去换得社会民主党人许诺给他的汉诺威市政局官吏的小职位,他写道:

"俄国已成为像其他国家一样的资本主义国家。斯大林成为像彭加勒、兴登堡或皮尔苏茨基那样的资本主义国家资产阶级政权的代表。正如欧洲应爆发反对德国、法国和波兰的资本主义政权的无产阶级革命一样,在俄国也即将发生无产阶级革命,反对那个代表农民资产阶级的阶级政权和摧毁1917年英勇的无

---

① 《俄国问题宣言》,载《共产主义政治》第13—14期。
② 《俄国问题宣言》,载《共产主义政治》第13—14期。

产阶级革命成果的资产阶级政权。

闪电已划破俄国的长空。"①

把这些话与**考茨基**下面的主要论断对比一下是很有意思的。

大家知道,这位污蔑苏维埃俄国的专家在他的小册子《国际与苏维埃俄国》中"证明,布尔什维克的'专制制度'与罗曼诺夫王朝的专制制度或哈布斯堡王朝和霍亨索伦王朝的君主制没有什么不同"。卡茨之流的"极左派"下流作家与考茨基之间的全部区别,只在于卡茨把苏联政府比作彭加勒、兴登堡和皮尔苏茨基政府。而考茨基这样写道,似乎苏联政府"是现在全世界无产阶级奋起的最大障碍,甚至比匈牙利的霍尔蒂或意大利的墨索里尼的卑鄙制度还要坏"。在同一本小册子的另一个地方,考茨基最先发出关于蜕变的极左叫嚣。他写道:"布尔什维克的专制与迄今为止我们见到过的其他专制的不同之处在于,新的专制君主曾经是我们昔日的同志……但要知道,美国有成千上万的人,他们在青年时代也属于最贫穷的无产者。他们的无产阶级出身丝毫也没有妨碍他们后来变成厚颜无耻的、最冷酷无情的剥削者。我们在布尔什维克中也看到了这种人。"

无论是"极左派"还是考茨基都毫不怀疑:我们不是在建设社会主义,而是在发展资本主义。"当然,它(布尔什维主义。——布哈林)到现在为止并不承认这一绝对的真理:它的制度不是走向社会主义,而是背离社会主义。"但事实上,"布尔什维克应当努力做到,要使被他们打破了的生产和运输重新运转起来。他们同私人资本家即外国人分享着对俄国人民进行剥削的专利(他们的共产主义变成了什么东西),这些外国人为此付出了相应的代价,而且比布尔什维克的经济工

---

① 《公报》第 23 期。

作者更善于合理地安排事情。"

　　最后，如果极左派号召进行"第二次"革命，号召进行反苏维埃政权的起义，那么他们的最后结论显然也是效仿考茨基的。考茨基问道："俄国社会主义者应当做什么？"他自己回答说："现在俄国本土的危险已经消失，反布尔什维主义的**社会主义的起义**（完全是科尔施的'第二次革命'！——布哈林）会有助于反动派。这一点原因很简单，反动派所能做到的一切，布尔什维克干起来能超过任何人……因此我们用不着害怕反动派会由于俄国的武装起义而得到帮助。相反，越来越可能出现这种情况：武装起义如获得成功，会使俄国有更多的自由，不但不会损害任何保存下来的哪怕是不大的革命成果，反而会使许多革命成果获得新生，从而在更大程度上有益于人民群众和无产阶级"。看来，在对苏联政府的评价问题上，在诽谤我国经济似乎具有资本主义发展方向的谰言中，在对蜕化变质的谴责乃至在"第二次革命"的号召中——在极左派所有这些平淡无奇的"思想"重点上，他们都是毫不客气地用自己的话来转述考茨基的观点，反复地唱着特别刺耳的孟什维克调子。

　　这类反革命的庸俗谰言未必值得认真反驳。这里我们想首先讲讲这些论断所根据的理论，即苏联经济的"热月"蜕变论，以及由此而来的我们党和国家的"热月"蜕变论。

　　大家知道，运用历史的类比一般来说应当特别慎重。尤其是在涉及到类比后直接得出政治结论时，就应当更加慎重。关于苏维埃俄国和我们党的"热月"蜕变，俄国孟什维主义的领袖马尔托夫早在1921年就向列宁提出过这样的口号："从经济的热月政变向政治的雾月十八日前进！"其实，再也没有什么理论比臭名远扬的"热月"蜕变论更无知、更反对马克思主义的了。**第一**，在法国革命时，热月政变根本不像如此热心谈论它的人们所想象的那样，是和平进行的。热月政变是武装反革命的公开行动，大批的人遭到处决，它标志着**吉伦特派资产阶级反对罗伯斯比尔专政的公开发动，他们还得到愚蠢的左派雅各宾党人的支持。**罗伯斯比尔及其集团已经实现的小资产阶级的政治专政本身绝不代表运动的极端派。这个专政置身于锤钻之间，置身于大资产阶级与无产阶级和城市贫民运动的萌芽状态，它的失败是不可避免的。这一阶段的法国革命是以和平方式进行的，这意味着，在解释法国革命事件时已降低到通常的庸俗进化论的水平。第二，只要看看**热月政变**的深刻**社会经济基础**就知道，热月政变这种类比是更为荒谬的。从经济观点看，小资产阶级专政是什么东西？它在经济上最彻底的表现就是以小规模经济和小业主反对大生产的观点。因此，从经济角度来看，小资产阶级专政绝不是更高的生产方式的体现者；相反，它要保护的是在技术和经济上都更为先进的资本主义大企业大肆进军下已经消亡的那种生产方式。另一方面，大生产的体现者即更高的经济原则的体现者却是政治上已成为反革命的吉伦特派资产阶级。无产阶级还处于萌芽状态，尚未意识到自己是个特殊的阶级，根本没有任何物质基础去独立地进行阶级发动以取得阶级的胜利，因此不能起到决定性的独立作用。**小资产阶级和雅各宾专政的伟大政治解放作用及其经济上的反动性之间的客观矛盾必然导致罗伯斯比尔专政的覆灭**。正因为如此，热月派的胜利在法国革命的进程中绝对有着必然的基础。这决不能说，雅各宾专政在历史上是"多余的东西"；相反，客观的任务在于最彻底地从法国社会的身上剥去其封建关系的外壳。这方面的任务吉伦特派资产阶级是不能完成的，这方面的任务已经由小资产阶级的恐怖专政用马克思所说的摧毁封建制度的"平民的办法"**出色地**完成了。所以这个专政在欧洲社会的历史中起了极其伟大的进步作用，但它不能完成其他的**建设性的任务**。资本主义的大生产对于封建的生产方式和小生产是更高级的生产，在资本主义大生产的轨道上前进的任务只能由大资产阶级来实现。

如果现在提出苏联的现状问题,那么我们不难看到,在这里没有、也**决不可能有**任何与法国热月政变相似和类比的地方。**第一**,我们是在最坚决的革命阶级——无产阶级的直接领导下夺取政权并在农民的支持下建立了自己的专政。没有也不可能有任何一个比无产阶级更左的阶级。在各阶级之间,无产阶级不是居于中间地位,它是所谓的社会整体的最左翼。**第二**,无产阶级的政治作用和**经济组织者**作用之间没有任何矛盾。现代社会没有任何一个阶级、任何一个社会集团能够像无产阶级那样代表更高的经济原则。它不仅是大生产的体现者,还是大生产最高形式的体现者即有组织、**有计划的**生产的体现者。此外,它在自己的经济活动中遵循群众需要的原则,而不是经常剥夺他们。它对农村的态度不是使农村破产,而是使农村兴旺发达,归根到底这都为国家工业经济迅速的高涨奠定了基础。这就是工人阶级专政具有坚实的经济基础的原因。这就是为什么无产阶级专政曾是、而且在更大程度上将是**无往而不胜的**专政。对苏联的一切小资产阶级的轻率批评和对联共(布)的一切可笑的反革命攻击会显得更加可悲,如果我们注意到下面的情况,我们的专政据说正在变为或已经变为"富农专政",变为"小私有者的专政"即小资本主义专政,在这种情况下我们为什么还要越来越坚决地执行**有计划的社会化的国家经济原则**呢?如果坚持什么小私有者的方针,**这个**专政怎么能最坚决地执行打击私有制的原则,这种小私有制又怎么能执行逐步消灭自己的政策呢?从小资产阶级批评的角度是无法解释所有这些矛盾的。如果让我们看看这种批判的前提条件,那就等于承认私人生产和私有资本比无产阶级的国营经济更有利可图。所以,孟什维克一伙多年来与自由派侨民和小资产阶级沆瀣一气,早就预言私人资本必然在苏维埃俄国获胜,要取消工业国有化,国家企业会归还私人业主,而且政治上层建筑在这个基础上将发生蜕变,或者被暴力所摧毁。但是这类情况根本没有发生。在现实情况下,当我们的国有工业取得越来越大的成绩时,为证明私人资本主义生产胜过无产阶级国有经济,那就非得颠倒歪曲所有的马克思主义概念不可。这就需要证明,小生产对大生产具有优越性,中小商业对大商业具有优越性,储蓄银行的小额储户胜过大的信用机构,如此等等。换句话说,需要完全放弃马克思主义,需要在另外的基础上恢复**伯恩施坦之流**的荒谬学说,需要推翻马克思主义所有的经济学概念,才能预言私有者胜过无产阶级国家的集中经济。

在前面几章内我们已经论述了苏联在经济领域与各种力量斗争的实际情况。我们看到,我国经济的社会主义成分在增长,同时这种增长也是规模最大、技术完善、经济合理的经营形式的增长,这是绝对毋庸置疑的。与这一事实相比,我们的一切困难毕竟是第二位的,否认存在困难固然也是愚蠢的。苏联在对外关系方面遇到许多主要困难,其中一个巨大的、但绝不是不能克服的困难就是世界资本主义的经济压力,资本主义列强及其集团近期的经常性威胁和反苏的可能性,则是对工人专政的持续威胁。苏联建设工作的革命化意义及其政治影响是国际革命过程中**最重要的**因素。对苏联的进攻和科尔施主义(请允许我这么说)对它的批评,就是正在形成的针对工人阶级专政的总的反革命趋势的表现。共产国际的一切支持者应当将所有这些谰言坚决地彻底清除。

(四) 中国革命的根本前途

我们已经指出,中国人民反对外国帝国主义的革命斗争具有极为重大的历史意义。当时,列宁曾要共产国际注意,东方觉醒的人民在摆脱帝国主义压迫的事业中将会起到巨大作用。他在这方面的预见完全实现了。共产国际必须十分重视中国革命问题,这不仅是因为中国革命具有重大的意义,而且还因为中国共产党——中国无产阶级的政党,是我们国际协会的一个支部。总之,要记住,共产国际面临的任务是:广泛宣传中国的运动,把它介绍给西欧的工人群众,仔细研究东方各国独特的经济条件和政治条件。不进行这样的研究,就不能制定出能应对复杂局势的政策。在那里,既存在着国内经济和政治上特殊的关系,又存在着形形色色玩弄军事和外交手腕的帝国主义集团,它们的势力相互交错,局部又相互矛盾。我们必须先谈谈几个主要的数字,来帮助我们弄清中国的经济结构。

我们所掌握的资料可以说明这个国家的资本主义关系显著发展的情况。先从煤炭工业谈起。1926年的《中国年鉴》引用了下表:

中国煤炭开采量

1913 年	14000000 吨
1914 年	15000000 吨
1915 年	15440000 吨
1916 年	15584000 吨
1917 年	17205000 吨
1918 年	18033000 吨
1919 年	19387000 吨
1920 年	20381000 吨
1921 年	19872000 吨
1922 年	19954000 吨
1923 年	22681000 吨
1924 年	23711000 吨

这份数据表明,煤炭工业总的来说有显著增长。为了说明这一部门的特点,了解以下事实并非毫无意义:矿权属于英华公司而实际上控制在英国资本手中的开滦煤矿,其采煤量竟占总开采量的22%;属于日本公司的抚顺煤矿,采煤量占总开采量的15%,从1924年4月至1925

年 3 月开采 5530000 吨，占总开采量的 23.5%，超过开滦煤矿的开采量。① 投入这一生产部门的资本，按国别分配如下：中国占 5000 万美元，英国占 2200 万美元，日本占 2750 万美元，德国占 25 万美元。可见，中国人和外国人投资的份额几乎相等，但较好的矿井都掌握在帝国主义者手里。

虽然中国铁矿石的输出量不断增长，但铁矿开采发展很缓慢。这一情况从下列数字可以看出：

中国铁矿石的输出②

1917 年	309107 吨
1918 年	378500 吨
1919 年	640159 吨
1920 年	682660 吨
1921 年	514888 吨
1922 年	671220 吨
1923 年	727603 吨
1924 年	846833 吨

这里必须指出的是，中国的铁矿企业几乎都属于或在财政上完全依赖日本资本。投入这一工业部门的工资多达 12000 万日元。

纺织工业发展较快。可惜的是，我们掌握的资料出入太大，不能全部引用。不过，这些资料能表明总的增长趋势：

年份	工厂数目	纱锭数	织机台数
1891	2	65000	2100

---

① 《中国年鉴》（1926—1927 年）第 112 页。
② 《中国年鉴》（1926—1927 年）第 116 页。

1902	7	565000	3500
1916	42	1154000	7000
1920	65	1422000	—
1923	190	3182579	18000

各国控制这一大工业部门的情况如下：1924年，中国纺织厂占61%，日本占34%，英国占5%。这里需要说明的是，由于中国纺织工业在1923年和1924年遭受危机，相当一部分企业转入日本资本家手中。而且大都保留了中国招牌（公司），因而我们现在就不能准确查明中国民族资本家在这一工业中的份额。

在结束我们对中国工业化进程的概述时，我们来看看中国外贸方面的一些可据以判断的数字。①

年份	进口	出口	周转金额
1915	454475719	418861164	873336883
1916	516406995	481797366	988204361
1917	549518774	462931630	1012450404
1918	554893082	485883031	1040776113
1919	646997681	630809411	1277807092
1920	762250230	541631300	1303881530
1921	906122439	601225531	1507377976
1922	945049650	654891933	1999941583

① 《中国年鉴》（1926—1927年）第879页。表内数字以海关两为单位，其平均牌价等于一个半金卢布（1913年值美元7角3分，1923年值美元8角，1924年值美元8角1分）。《中国经济月刊》1926年10月第10期发表的1925年的数字显然不完整，进口为947864944海关两，出口为776352937海关两。

1923	923402887	752917416	1676320303
1924	1018210677	771784468	1789995145

对这张表需要加上一些颇能说明问题的数字，以表明各国在不断增长的中国对外贸易中的作用的变化情况。

中国进口额中各国所占的百分比

年份	英国	美国	日本
1870	37.0	0.57	1.95
1880	26.9	1.47	4.3
1890	19.0	2.87	5.75
1900	20.5	7.5	12.6
1910	14.8	5.2	16.1
1913	16.5	—	25.5
1923	13.0	16.7	22.9

针对这些有关工业的资料，还应当补充一些有关土地所有权的分配情况资料。最混乱的莫过于中国复杂的土地关系了。然而，这种土地关系却是构成整个中国经济"结构"的主要基础。农民在全国人口中占绝对多数，他们在中国革命发展中的比重，毫无疑问将与日俱增。看来，农民问题是整个中国革命的中心问题。这方面的主要资料如下表。

我们根据农商部的官方资料，并根据农民生活开支和土地平均收入的材料，将土地分配情况分成四个主要类型，就能得出下表：

经济类型	土地占有量	户数		土地总数	
		绝对数	百分比	绝对数	百分比
小农经济	1—20亩	24429362	49.5	244293620	15.9
小型经济	20—40亩	11685344	23.7	350560320	22.8

中等经济	40—75 亩	7735226	15.6	386763200	25.4
大型经济	75 亩以上	5509621	11.2	550962100	35.9
	总计	49359553	100	1532579240	100

有 1—20 亩土地的小农经济（亩是一种度量单位，约等于 1/16 俄亩），占全部户数即全部农户的 49.5%，但只占有全部土地的 15.9%。这意味着一半农家是无足轻重的很小的农户，可见整整一半的农业人口只占有 15%—16% 的耕地。一半人口只占有 16% 的耕地！在中国，被认为是小型经济即拥有 20—40 亩土地的农户占全部农户的 23%，占有全部土地的 22.8%；占地从 40—75 亩的农户，占 15%，占有 25.4% 的土地。属于大型经济的即拥有 75 亩以上土地的农户仅占全部农户的 11%，占有 36% 的土地。从这里就可以看出农民分化的程度。

需要补充一些情况。虽然总的来说，平均看来，中国是个小土地所有制的国家，但也有一定数量的土地由较大的私有者掌握着。这可以称之为名副其实的地主土地所有制。以前的封建地主官僚残余有大量田产，现代军阀同样占有相当多的土地。估计有三万名地主，每人有一千多亩地产。其中有不少是占有一万多亩田产的大地主。虽然我们用的是亩这样小的土地计量单位，但要注意到，中国农业是精耕细作的，因此土地数量虽小，经济价值却大。从法国大革命时期起，经济学家们就一直认为中国农业是最为精耕细作的。在某些省份有特别巨大的地主庄园，其中需要着重指出的是广东省，那里大量土地的占有现象比中国其他省份更为严重。在北江、西江、东江和韩江流域，85% 的土地属于大地主。在河南省彰德县，全县 1/3 的土地属于袁世凯一家。我们不去谈论各种各样的大地主家庭，只想指出一点，有一种地主家庭，仅服侍该家庭的仆人，竟然多达千人或千人以上。

可见，这里的农民问题不可避免地和土地问题交织在一起。所以，说什么中国完全不存在土地问题，说什么这个问题已经从日程上完全取消，说什么中国只不过是小土地所有制的国家，这样提出问题无论如何也是不行的。

中国佃农和半佃农人数的资料可以证明这一点。农商部的官方统计资料如下：

1917—1918年

分类	农户数	百分比	农户数	百分比
土地私有者	24587585	50	23381200	53.2
佃农	13825546	28	11307432	25.7
半佃农	10494722	22	9246843	21.1
总计	48907853	100	43935475	100

众所周知，所有这些佃农和半佃农受到苛重地租的压榨，平均50%的收成、甚至80%的收成都被掠夺了。

同中国人民广大阶层有关的第二个问题首先是落到广大劳动群众即农民和手工业者头上的捐税问题。中国在苛捐杂税方面真正是彻底打破所有纪录的国家。落在农民头上的各种苛捐杂税往往超过十多种。连绵不断的军阀混战使情况变得更加严重。我们知道这样的情况，某些省份竟然巧立名目，预征若干年的捐税。有些美国作家认为，由于最近政治、经济和其他各方面的危机，农业遭受破坏的程度很大，约为40%。要想查清这一点，是完全不可能的，但有一点是清楚的和毋庸置疑的，这就是：农民由于缺少土地，由于闻所未闻的苛捐杂税，由于外国人把持着港口、关税和最主要的税收而遭受的特殊的压迫，由于这种种的原因，农民正经历着非常严重的、骇人听闻的贫困化过程。它是如此骇人听闻,竟然有几百万无业游民在全国各地流浪,他们组织所谓的"帮会",仅北京一地就有大量的这种无业游民。他们虽然要求极低,但随时有贫困交加而致死的危险。因此,他们可以受雇于任何一个军阀,去那里当兵,从一个政府转到另一个政府,没有任何的社会约束。这个过程意味着国家的整个经济已在解体,表明中国农民的贫困程度日益加深。

最后,需要谈谈中国居民的阶级划分问题,波波夫-立羽同志根据日本的资料判断,中国有485万产业工人,[①] 根据《中国工人》杂志[②]的资料,中国产业工人的总数为190.9万人。中国有50万以上纺织工人,冶金工业的工人也接近这个数字(468264人)。此外,不应忽略的是,中国有大量的手工业工人,在180万个(取整数)手工业作坊中有800多万工人。无须过多叙述这一大批无产者的状况,很难想象有比中国工人的劳动条件更加悲惨的了,这就是中国无产阶级的革命化进程非常之快的原因。

我们概括地分析了中国的经济情况和社会情况,现在我们来看一看中国革命的主要前途。

现在,必须提上日程的最主要的问题是中国革命发展道路的几种可能性。在共产国际第二次代表大会上,列宁同志对殖民地和半殖民地国家的发展前景提出以下论点:

"问题是这样提出的:对于目前正在争取解放、而战后已经有了进步运动的落后民族的国民经济的资本主义发展阶段是不可避免的说法究竟对不对。我们对这个问题的回答是否定的。如果胜利了的革命无产阶级对落后民族进行系统的宣传,而各苏维埃政府以其所拥有的一切手法去帮助它们,那么,说落后民

---

① 波波夫-立羽《中国》第356页。
② 见《中国工人》杂志1924年第2期。

族无法避免资本主义发展阶段就不对了。在一切殖民地和落后国家,我们不仅应该组成能够独立进行斗争的基干队伍,即党的组织,不仅应该立即宣传组织农民苏维埃并使这种苏维埃适应资本主义前的条件,而且共产国际还应该指出,还应该从理论上说明,在先进国家无产阶级的帮助下,落后国家可以不经过资本主义发展阶段而过渡到苏维埃制度,然后经过一定的发展阶段过渡到共产主义。"①

这样提出问题,恐怕要被社会民主党说成是非马克思主义的,但是,这恰恰是**革命的马克思主义**的提法。马克思在任务地方和任何时候都没有提出过这样的论点,即每个"国家"一定要经过其他国家走过的一切发展阶段,不管具体的历史环境,也不管制约这种发展的国际情况。大家都知道,马克思曾经认为,在一定条件下,俄国的非资本主义发展是可能的。结果却是另一个样子。这是因为,当俄国从封建制度向资本主义生产关系转变时,欧洲国家还没有胜利实现无产阶级专政。马克思所说的那种历史上的可能性没有被证实,但这决不意味着,如果国际局势表现出某些异常的或者更确切些说是反常局势的话,刚刚开始资本主义发展过程的国家不可能有另外的、违背资本主义发展趋势的形式。现在已出现这种完全反常的局势:由于世界大战和一系列革命,资本主义已遭到破坏,已经变得衰弱了,出现了苏联这样一个巨大的革命组织核心。苏联与中国接壤,中国又远离帝国主义列强的经济和军事实力的主要中心。如果列宁提出的问题指的是殖民地和半殖民地即**农民**占绝大多数的国家可以"绕过"资本主义的发展道路的话(当然指的是发展的主要道路和主要前景,绝不是没有矛盾的统一而普遍的发展趋势),那么,这样提出问题,首先就应该涉及中国。如果不涉及中国,那到底涉及哪个国家呢?没有比用一成不变的公式来对待处于历史转折

---

① 《列宁选集》中文第 3 版第 4 卷第 279 页。——编者注

点上的重大问题更为有害的了。我们根据亲身的经验已经知道，假如对问题的这种公式化提法（孟什维克的）占了上风，那么旧俄的无产阶级不知要付多大的代价！用一切办法提醒我们要警惕这个公式的主要是前面已经提到的两种情况：一方面是资本主义的危机，另一方面是苏联无产阶级专政的存在。从中国阶级力量内部结合的观点看，情况是这样的，资产阶级软弱，农民人数众多，有大批手工业者和小商贩，工人阶级数量虽不太大，但已经是相当坚强的力量，并起着极为重要的政治作用；反对外国资本的情绪十分强烈，以致相当一部分资产阶级暂时还同广大群众保持着联盟，国民党的领导作用就是这种情况的独特的政治表现。

从内部关系的全部复杂情况出发，可以、而且应该提出**中国革命具有两种可能的前途**这个基本问题。中国封建制度必然被摧毁，对于这一点现在已经不应有任何怀疑了。封建制度的地位已经动摇到这种地步，反对它的内部力量占有如此大的优势，以致它的崩溃是不可避免的了。但是往后可能有两种根本不同的发展前景：要么中国走上和外国资产阶级妥协和结盟的道路，一旦外国资产阶级的任何可能的干涉都遭到失败，它就要努力发挥其经济影响，并与中国工商业资产阶级结盟，用这样的办法将中国的发展置于自己的监督之下；要么中国走上同无产阶级专政和西欧无产阶级结盟的道路，西欧无产阶级将会阻止本国资产阶级任何对中国革命施加压力的企图。在第一种情况下，在摧毁封建关系、整肃内战的混乱之后，在外国信贷与借款的作用之下，一个统一的中国就能够在通常的资本主义发展的轨道上高速"赶上"欧洲，而且伴随这个过程而来的必将是中国人民基本群众——手工业者和农民的进一步破产，他们将逐渐被大资本的胜利进军所吞没。在这种情况下，外国资本主义所取得的巨大经济优势，将保证它获得巨大的利益，尽管不会采取目前这样穷凶极恶和原始野蛮的形式。第二条发展道路是中国在全世界劳动者支援下的独立发展的道路。不应否定出现这种独特情况的可能性,即处于工人阶级决定性影响之下的、与无产阶级专政国家密切联系的这个小资产阶级国家,拥有某些重要的国营工厂、铁路和银行机构,能够把农民从苛捐杂税之下解放出来,逐步实现国家的富强;虽然苏联的工业化和战无不胜的西欧革命暂时还未取得丰硕的经济成果,但已能有力地推动经济沿着社会主义道路前进。当然,这个过程不可能是一帆风顺的,不可能没有任何矛盾。当然,资本主义趋向常常都会复活。但是,在外国资本主义影响极小、国内资本主义极度削弱(剥夺其经济命脉)的条件下,出现第二种前景的可能性是存在的。

不言而喻,共产党的路线必定是为这条发展道路而斗争的路线。但恰恰在这方面必然会遇到巨大的困难。主要的、第一位的任务是战胜外国帝国主义,建立民族统一战线是取得这一胜利的保证。这个民族革命统一战线决不是对国民党中央的独特思想体系的证明。国民党中央的思想家戴季陶创造了一种无阶级的革命和无阶级的革命"专政"的独特理论,他以各种不同程度的"自觉性"代替各种阶级力量。按照这种学说,有"自觉的"领导人、不太"自觉的"助手和更不"自觉的"群众,但是没有阶级。戴季陶把在一个阶级范围内的正确的东西扩展到整个社会,而在社会中阶级也就完全消失了。这种独特的理论,具有中国古代哲学的传统,有些像欧洲"有机学派"(所谓实证论者)的学说。实际上,它只不过是认定,最自觉的领导人决不是无产阶级及其思想家。在这里,我们不能详细分析这种理论。但很明显,共产党不能抱任何幻想,希望阶级斗争会在一个较长的时期,在整整一个较大的历史时期内消失。对于共产党来说,民族革命统一战线的策略是建立在对**阶级**力量加以实际考虑的基础上的。正是从这种**考虑**出发,现在共产党就应该支持民族革命统一战线。但是,战胜外国帝国主义究竟能达到什么程度,就要看中国社会的主要实体即农民卷入斗争的程度。因此,在革命军占领的地区实行土地改革，在其他地区也把农民组织起来，提出和支持农民的要求，应该是中国正确的革命政策的主要组成部分。最大的困难在于，中小地主和富农这个阶层通过信贷机构与商业资本勾结在一起，而土地制度的大动荡很快就会影响到加入民族革命统一战线的那部分资产阶级，使他们产生动摇。另一方面，有些地方预交了**多年**苛捐杂税的农民，被军阀混战弄得彻底破产了的农民，以及沦为贫民、乞丐、流浪汉的千百万大军，如果革命丝毫不能减轻他们的经济负担，就不可能适当地把他们吸引到革命斗争的轨道上来。

因此，在目前的发展阶段，以上面我们所谈的前景为目标，共产党的任务是：支持革命民族统一战线，同时着手解决土地问题和农民问题，吸引中国人民的基本群众参加反对帝国主义暴力者的坚决斗争。

（五）资本主义的合理化和工人阶级

我们还必须回答对待资本主义合理化的基本态度这一问题。社会民主党的出发点是工人阶级参与资本主义制度下的建设工作。既然社会民主党认为他们参加帝国主义国家政权是可能的、乐意的、甚至是必要的，它在现在的条件下便是所谓"结构社会主义"（事实上是"结构资本主义"）的热情拥护者，它把建设资产阶级国家的工作看做是自己当前发展阶段的历史使命，那么，根据简单的逻辑，它便有责任积极地帮助资本主义经济尽快摆脱困境。社会民主党现在以反对派政党的身份出现，并且为了竭尽全力欺骗工人阶级，当然不能不反对合理化进程中某些打击工人阶级特别厉害的方面（至少在口头上）。**不过总体来说，社会民主党表示是坚决拥护合理化并把合理化作为整体来"接受"**。社会民主党对问题的总的提法是：需要医治经济病体，要治病就**不能没有牺牲**；工人阶级从自己的利益出发应当暂时忍受这种必然的牺牲。通过企业的加速兼并、关闭不盈利的企业（所谓的清洗）、采用新技术、对劳动进行组织、利用传送带、测定工时、组成工业联合公司等等，可以摆脱今天的不利处境。这就是"康复危机"、"清洗危机"，接踵而来的必然是生产的高涨。生产高涨将对工人阶级**应当**作出的暂时牺牲给予额外的补偿，因此生产高涨将使国民收入的份额增长，从而可以增加工资并提高工人阶级的整体生活水平。

问题的这种提法只有在存在无产阶级专政、基本生产资料属于工人阶级的条件下才是完全正确的。只有为了建设社会主义才可以号召工人阶级去作某些牺牲。号召工人阶级为了**资本主义**经济的高涨去牺牲，事实上就充当了工人阶级内部资产阶级的代理人。革命的马克思主义对问题的提法应当是：工人阶级不能赞成那种要帮助资本家改善经济的观点，在**当前时期**更是如此。从前，在大战前，需要不需要采用某种机器，以某种形式组织劳动之类的事情都不是工人阶级决定的，那时工人阶级根本没有义务去组织"生产会议"以帮助资本主义剥削者。

最自觉的工人的任务是动员群众，利用资产阶级的每一个弱点，鼓动工人阶级的一切不满情绪，使得以推翻整个资本主义制度为最终目标的阶级斗争尖锐化。帮助资本主义的观点在当前时期更是荒谬绝伦和反革命的，因为当今资本主义制度已是日暮途穷，经受着严重的病痛冲击，而且他们利用劳动群众的日益贫困化、失业和对无产阶级的无情剥削来推行其经济的"合理化"，向工人阶级展开全面进攻。自觉的工人不能反对采用机器，反对改进技术等等，但关心资本主义社会范围内的这些改进不是他们的事情。对于他们来说问题的**唯一**可能的提法是，动员无产阶级的力量去同合理化过程的那些打击工人阶级的一切后果进行斗争。革命的工人不能提出这样的问题：赞成或是反对机器、传送带之类。这种提法与他们完全是格格不入的。他们只能提出同一切恶化工人阶级状况、降低工人阶级生活水平、分裂工人阶级、削弱工人阶级地位的行径进行无情斗争的问题。工人阶级的任务不是资本主义制度下的"改良结构的"任务，而是使阶级斗争尖锐化并**摧毁**资本主义社会的任务。这一出发点也决定了革命的无产阶级对待资本主义合理化的下列立场：**使群众集中注意于最尖锐的阶级斗争问题——失业、缩减工资、提高剥削程度、延长劳动日等，为抗拒以生产合理化为形式的资本的进攻而对阶级力量进行战斗动员，才是无产阶级的阶级回答。**

七、资本的进攻和工人阶级的进展

由于资本向工人阶级的进攻和资产阶级的稳定政策，另一方面又由于苏联社会主义关系的成长，西欧大部分国家的工人阶级、广大群众中出现了各种力量的重新组合和**向左转变**的趋势，同时由于各国情况不同，这种变动具有**各自的特殊形式**。

在英国，工人阶级的转变与英国无产阶级的斗争进程和工人阶级对资产阶级的大规模反抗有直接联系，在群众的压力下采取的总罢工这种独特的斗争武器和震撼英国经济基础的矿工的顽强罢工证明，不久前还是欧洲工人运动内部最保守的英国无产阶级已有很大的转变。曾经是头戴手工缝制的大礼帽、吃着牛里脊、崇拜国王和神圣的教会、相信议会和英国宪法的"资产阶级化的无产阶级"（恩格斯），现在已成为欧洲工人阶级的先锋队。阶级斗争的尖锐化把工人阶级从资产阶级思想的长期奴役下解放出来。"议会制的"英国揭下无阶级性的假面具，政府公开站在矿主一边，整个国家的专制机构和武力机构都把矛头指向战斗的无产阶级。对"中立"的信念和对国家政权的善意关怀消失了，同时在工人阶级的头脑中国内和平和劳资利益一致的思想也随之消失。

阶级斗争的进程决定工人及其组织内部的分化。总委员会领导人的叛卖行径、总委员会所谓"左翼"成员可悲又可耻的作用、动摇不定和背叛行为，所有这些在工人阶级内部引发了深刻危机，加速了工人阶级的分化，分化的主要趋势是领袖们向右转，群众向左转。难以想象，这一过程会在很短的时期内结束。工人运动组织几十年形成了闭关自守的状态，首先是工会这个强大的机构具有极大的历史惰性，这个强大的官僚机构的压力还将在很长时期内发生作用。资产阶级及其政府将不止一次地企图分裂工人运动并借助反动工会官僚即恩格斯所说的"资本家阶级的工人尉官"收买人数不多的工人上层分子，以便在他们的帮助下严厉控制无产阶级群众并使他们俯首贴耳，然而发展进程的总方向仍将不可避免地使工人阶级变得激进，使工人阶级从改良主义幻想的桎梏下解脱出来。

这一发展进程表现在组织方面的两个事实是：**第一**，工会中所谓"少数派运动"影响的加强；**第二**，英国共产党党员人数的增多及其影响的大大增强，它在较短时期内从一个不大的、对国家政治生活没有任何影响的团体变成英国社会生活中头等重要的政治因素。工会内左翼反对派的成立和壮大，首先是"少数派运动"、工党群众中各种左倾反对情绪的出现和增长，工党许多组织拒绝开除共产党员、受资产阶级攻击最为厉害的矿工群众的强烈"左倾"以及矿工英勇斗争行为本身——所有这些共同构成了英国工人运动激进化的画面。

在其他国家，首先在**德国**，工人阶级向左转的过程有所不同。在前面论述中我们已经分析了这一过程形成的特殊原因。**可以说，无产阶级大众归根到底要走向共产主义，但道路是曲折而漫长的**。他们目前还没有能力对资本主义的全面进攻给予坚决有力的反击，但他们明显地在向左转并通过一系列迂回的运动向即将到来的大搏斗接近。

工会反对派的壮大，社会民主党工人中的左翼反对派（绝不应把它与社会民主党领袖们的老练地玩弄左倾手腕等同起来）的壮大，萨克森社会民主党的分裂和右翼社会民主党人被开除，汉堡、法兰克福、布雷斯劳和德国中部等地的左翼社会民主党反对派的存在；如"红色战士联盟"（该组织在德国劳动居民中享有崇高的声誉）之类的群众自愿组织声誉日益增长，如"共同行动委员会"（意大利）之类的组织；全国性的天主教党的垮台（德国"中心党"由于在许多问题上与共产党人一致行动的天主教工人的退出而瓦解；意大利天主教工人的革命行动，即不顾"神圣的罗马教皇"和"圣彼得的虔诚后继人"的直接禁止，派遣代表团去苏联）；德国共产党动员 1500 万人投票反对共和国政府给君主制王室恶棍们拨款；在意大利常常举行按工厂选举的全国工人代表会议；在德国成立失业工人组织，举行劳动者代表大会；各种统一委员会配合国际斗争反对资本的进攻并争取结成工会统一战线；按企业选出的无数工人代表团和有社会民主党人广泛参加的青年工人代表团，不顾社会民主党各级组织（它们与"神圣的罗马教皇"在这个问题上颇令人感动地一致的）的直接禁止而派往苏联——所有这些都是向左转的表现，它是工人阶级生活中最为重大的因素，也是工人阶级对资本进攻的有力回答。

在一些落后的农业国里（保加利亚、南斯拉夫、波兰），工人阶级向左转的过程使共产主义运动最有觉悟的分子遭到骇人听闻的残酷镇压和屠杀。我们在觉醒的殖民地和半殖民地的国家里看到工人阶级革命化的特殊形式。这里指的不是从改良主义和资产阶级思想影响下获得解放，而是指在迅速展开的革命事件的基础上使广大工人群众自觉参加政治生活。中国工人阶级觉悟的提高，印度尼西亚无产者积极性的增长都是这种迅速发展的典型表现，它使世界工人阶级中受压制最深的那部分人变成真正起着世界历史作用的伟大解放运动的先锋。

反动趋势有三种：第一，所谓的工人运动的"美国化"；第二，与社会民主党转变为"反对派"相联系的它的影响日益加强的某种趋势；第三，法西斯主义。

所谓的工人运动美国化表现为资产阶级企图收买工人阶级的上层分子。这种企图在**英国**同样存在,当然在那里现在要实现这种企图并没有特别有利的基础。这种美国化趋势的表现是:(1)**成立公司工会**(例如迪金森公司工会和自由派报纸《曼彻斯特卫报》编辑部组织的工会;这两个工会的会员被绝对禁止参加罢工和任何破坏生产过程的活动);(2)**建立阶级合作同盟**。这类组织有"工业平衡研究所",为首的是英国贸易商行联合会主席和最大的企业家韦尔,另外还有"工人领袖"皮尤、克伦普、斯诺登。第二个这类组织是"英帝国的工业世界同盟",其创办人是哈夫洛克·威尔逊。这个组织的任务是要"在正义和相互同情、在鼓励企业主和职员之间友好协作精神的基础上取得永久的工业和平"。为了说明这种精神,摘引几句托马斯先生9月29日在铁路公司为工人举行的晚会上的演说是不无意义的。在这次感人至深的晚会上,工人"领袖"托马斯宣称:"我不仅仅属于憎恨一切高谈阔论阶级斗争的那些领袖之列,而且我深信,如果我不能为铁路员工争取到优厚的条件,如果我不能使他们**牢牢**记住,他们要求对方给予最好的条件,那他们自己也应该打算付出力所能及的一切。"

美国方法在德国柏林的新福特工厂中大力推行,而这些方法又在更大的范围内与重工业向工会的进攻相联系,尽管大家都知道,工会是完全驯服的工具,并能促进企业家推行资本主义的合理化。《莱茵和鲁尔区经济消息》专刊对"工厂委员会及工会"的问题进行了全面讨论。

同样,所谓**工人银行**的思想开始流行,工人银行在**波兰**这样的国家里逐渐兴起。使向左转的总潮流停滞不前的**第二个趋势**是当前社会民主党的反动立场,他们依靠"随机应变"、让反对派的调子流行起来以及暂时收敛幻想情绪来掩盖社会民主党的实际作用。最后,**第三个趋势**是法西斯运动的反动趋势,它在一些地方得到社会民主党的支持(德国"老牌"萨克森社会民主党、波兰社会党、保加利亚社会民主党等)。

法西斯主义阻碍工人运动的激进化或者因为它是执政党（意大利、波兰、保加利亚），或者因为它站在反对现有资产阶级政府的立场上。在前一种情况下，法西斯主义把对有觉悟的共产党先锋队采取极端的恐怖手段与社会煽动的方法结合起来。在后一种情况下，社会煽动恰恰成了重点，这种煽动具有强烈的民族性质和反犹太主义的性质。部分失掉阶级性的工人、还有偏离工人运动总潮流的失望分子，仿佛是工人运动的渣滓，落入圈套后在一定程度上自觉地转向了法西斯主义。

可是所有这些反动趋势都不能阻止发展的总方向。尽管资产阶级企图依靠工人阶级的特权分子，尽管工人运动内部的反革命势力玩弄种种复杂的花招，**正在形成的总均势完全有利于、不可能不有利于工人运动的激进化，因为这是资本主义总危机的必然结果**。总危机在社会方面的问题由于资本家阶级"稳定"的进攻而更加尖锐起来。

八、共产国际当前的主要任务

共产国际当前的一项主要任务是，**支持国际革命运动最重要的基地即英国工人、中国革命**和苏联。应当指出的是，在对待英国矿工和中国革命方面，除少数外，几乎所有的共产党都没有发挥应有的能量去支持国际革命斗争的这两条战线。英国矿工的罢工过去曾经是、现在仍然是最近欧洲工人运动的最大事件，是十月革命以来工人阶级斗争的最大事件之一。这次英勇的斗争过去和现在都是欧洲工人运动的中心，它产生的强大影响远远超出了英国的国界。共产国际及其各国支部的任务是**加强对英国矿工的团结支持**。

同样必须切实注意**宣传对斗争中的中国人民的支援**。反对帝国主义阴谋干涉计划的斗争、坚决英勇地反对英国人令人发指的暴行、组织反对英国人轰击中国城市的抗议运动、反对对中国的不平等条约的斗争、为争取合法承认广州政府的斗争、为从中国撤除一切外国军队的斗争等，都应当成为共产党政策的重要组成部分。

同样**必须对对苏联进行军事和外交包围的任何企图予以反击**；必须坚决抗议秘密的和公开的反苏条约和协定；必须争取从法律上承认苏联；必须对攻击苏维埃专政国家的意图进行揭露性宣传。对战斗中的英国无产者的支持应当提到首位。**在支持运动中，工人党**的真正国际主义受到检验，他们的活动能力和将群众动员、团结到自己周围的能力受到检验。这些做法能对党在提出极其困难和复杂任务即提出反对战争任务的情况下的能力进行一定程度的检验。

反对**战争危险**的斗争同样应当**特别强调**。必须无情揭露资产阶级和社会民主党在广大劳动群众中散布的"超帝国主义"、"泛欧主义"等和平主义幻想。资产阶级这样做的目的在于使劳动群众丧失警惕，以和平主义的空谈来掩盖对战争的实际准备。特别必须阐明作为帝国主义资产阶级机关的国际联盟的真正作用，其目的首先在于反对无产阶级革命，反对殖民地和半殖民地的革命。必须广泛阐明社会民主党关于改造国际联盟、使国际联盟民主化的思想的虚伪性和荒谬性。必须宣传关于军国主义的增长，对战争的技术准备，运用化学、细菌学和空军以及进行战争时采用杀伤性办法的科学研究的真实情况。揭露军事条约和秘密协定，阐明旨在反对国际革命主要基地的资产阶级政策，明确工人阶级在战争爆发的情况下即将面临的前景——这一切都是各国共产党的重要任务之一。

同**资本的进攻**和资本主义合理化的后果进行斗争，是资本主义国家的共产党进行主要工作的基础。"目前大众所注意的问题"和工人阶级的直接利益恰恰与资本的进攻有最直接的关系，因为资本的进攻直接打击工人阶级；劳动日、工资、失业是这场斗争中心的三个主要问题。

共产党人务必要站在战士队伍的最前列，提出和表达工人在这方面的要求并领导这一注定会在不远的将来更为尖锐的斗争。从广大工人群众的直接利益的观点来看，正是这些问题具有极大的迫切性。共产党人也应当由此出发，使广大工人群众提出能表述政权性质问题的根本的普遍的政治要求。由于资本主义的合理化极大地提高了劳动强度，非常迅速地加强了剥削。共产党应当捍卫八小时工作制，一旦失去，就要坚决为恢复它而斗争。

在向工人阶级进攻的过程中，资本家匆忙地组织起自己的队伍。随着资本的巨大经济联合即卡特尔和托拉斯的增长，随着惊人的生产集中化，资本家阶级的社会实力日益增强。同**托拉斯化资本**的斗争现在已提上日程。所以现在比以往任何时候都更需要建立工人阶级的统一战线。工人阶级应当注意到，资产阶级具有十分明确的战略方针，他们企图利用工人贵族和基本劳动群众之间、无产阶级从业工人与失业劳动大军之间利益和意见上相对的不一致，资产阶级希望把工人阶级中技术上最熟练的工人作为自己的支柱，这部分工人数量不大，但对整个生产过程非常重要；资产阶级企图使无产阶级从业工人处于经常被解雇和被赶出工厂的威胁之中。因此，资产阶级利用工人阶级上层分子、工人群众和工业后备大军所处的不同地位来分裂工人阶级，企图推行其资本主义稳定的总计划，把无产阶级的从业工人部分控制起来并取得最大的成就。

因而，针对联合起来的托拉斯资本而组织全体工人的**统一战线**，应当是反对资本进攻的斗争的前提条件，不管这场斗争能取得多大的成效。在宣传斗争中统一和为了斗争而统一，切实执行统一战线策略，这是共产党人最重要的任务。这项任务不仅不排斥，相反，还**要求无情地批判和揭露一切改良主义的背叛、投降、动摇和投敌行为**。只有对改良主义进行无情的批判，各国共产党才能在运动的当前历史阶段完成自己的使命。把无产阶级最为广大的群众联合起来的方法，与经常地坚决地揭露一切动摇不定和改良主义的方法相结合，才能奠定正确执行统一战线策略的基础,才能争取工人群众进行革命斗争。

工人阶级向左转的各种形式,总起来说是广大工人群众内部重新组合的基本过程,应当是共产党卓有成效的工作的基础和支柱。无论对哪一种形式共产党都不应有所忽视。加强工会工作、召开全体会议和有左翼社会民主党工人参加的无情批判他们的领袖的会议、总"行动委员会"、总罢工委员会等,全都应当利用起来,以实现**争取群众**这一多年以来已成为共产国际的基本口号的目的。

我们上面的分析表明,在一系列国家中,由于推行资本主义合理化的过程遇到困难,**阶级斗争尖锐化**是最可能出现的前景。在法国、德国、英国、意大利、捷克斯洛伐克,随着资本家阶级的进一步进攻和压制的加强,各地劳动和资本之间的社会冲突必然增长。**最强有力地动员群众、领导群众斗争,在每一次罢工中,哪怕是在规模最小的罢工中进行工作,加强共产党人对罢工斗争的影响,实行联系群众的积极政策**——应当是各国共产党的当前任务。

必须指出的是,在某些国家特别是在德国,那里共产党的政治意义大为提高,广大非党群众和左倾的社会民主党工人群众在广泛的政治运动方面都**信**任共产党人,但是一涉及对工会工作和日常的经济斗争的领导,则对他们**还**不信任;工人群众认为,共产党员在直接的政治冲突中是优秀的领导者,但不善于作日常的细小的工作,不懂得经济斗争的战略策略。由于这一情况,也由于经济冲突必将是日益尖锐的阶级斗争的出发点,而经济冲突又在转变为整个阶级的,即具有政治性质的冲突,在工会这一无产阶级有最广泛的组织中进行工作,就显得特别重要,甚至可以说,非常重要的了。我们可以确认,各国共产党还远没有做到在工会工作方面应当做到的一切。

现在同样特别尖锐的问题是,根据群众最迫切的要求和需要进行细致而耐心的、顽强而坚持不懈的工作,把群众团结起来。**局部性的要**

求、具体口号、具体行动纲领的问题，具有头等重要的意义。然而，正是在这方面各国共产党往往是最薄弱的。社会民主党完全懂得"小事情"的艺术，他们就**专门**着眼于这些"小事情"，提出具体的口号，这样做常常只是为了使工人群众不注意提出重大的根本问题，而且在斗争尖锐时刻出卖工人阶级；而各国共产党却还没有在足够的程度上掌握那种把开始对广大群众往往起决定性作用的日常细小的要求与无产阶级斗争的基本口号、与无产阶级专政的口号结合起来的策略。在这一历史发展时期，几乎每个工人都面临这样的问题：他明天是否还能留在企业里，或者将推出企业之外；劳动日是否会缩短，或者仍保持原来的水平；他是否将得到现在那点工资，或者这点可怜的工资还将被扣掉一部分。当失业大众月复一月地数着已经挨饿很久的日子的时候，最起码的生活问题对于工人群众就成了开展斗争并使斗争尖锐化的出发点。学会把"目前大众所注意的问题"和局部性的要求与无产阶级革命运动的最终目的联系起来的艺术——这也就是解决了当前特别尖锐的基本策略问题。

同样必须学会**从组织上巩固**已经取得的成绩。有关共产党的情况的一个典型特征是，有时在政治影响迅速提高的情况下，党员的数量仍然稳定不变或者略有增长。在顺利开展大规模的政治运动之后，取得的成绩并没有在组织上加以实现。例如反战运动使法国共产党的政治分量在工人阶级中，甚至在相当广泛的农民阶层中大大提高，但在运动之后未能相应地从组织上巩固已经取得的成就。或者再看另一个例子，德国共产党就赔偿王公的财产问题开展了非常成功的反君主制运动。共产党是人民投票的倡导者，是整个运动的领导力量，它率领着最为广大的劳动阶层，在运动中使较大数量的工人脱离社会民主党而受到自己的影响。德国共产党迫使社会民主党跟着自己走。但在运动结束之后，几乎立即出现了某种暂时的空白点，组织得很好、进行得也很好的政治运动的良好结果，根本没有从组织上加以适当的利用。党的工作中缺乏组织工作积极性的缺点是党的组织机构薄弱的表现，无论如何应当克服这一缺点。提高党的组织力量和为实现党的群众性而加强斗争，同样是共产国际当前的重要任务之一。

揭露社会民主党，同法西斯主义和白色恐怖进行斗争，已经提上议事日程。各国共产党应当高度重视失业工人的运动，应当努力把破产的受剥削的小资产阶级和小农阶层吸引到自己方面来，使法西斯主义打算从这一阶层人中征集自己支持者的一切企图不能得逞。随稳定而来的税收的提高、卡特尔的高价政策、"剪刀差"（美国）、中产阶级因资本的集中化和大垄断组织的成立迅速遭到的剥削等等，所有这一切都给共产党在小资产阶级各阶层中顺利开展工作奠定了基础。另一方面，共产党应当在极大程度上击退当权的法西斯集团的一切恐怖进攻，动员群众起来反抗并开展极为广泛的运动，包括开展国际性的声援和支持遭受法西斯反动派残酷打击的共产主义运动的队伍的运动。**揭露社会民主党**并同它们**斗争**，同样应当在共产国际的重要任务中占据一个首要地位。尽管社会民主党被排斥于政府联盟之外，尽管社会民主党玩弄"左"的花招，但它们较之以前在更大程度上成了资产阶级制度的直接支柱。它们在当前根本的主要的问题上（国际联盟、超帝国主义、殖民地、军事危险、对苏联的态度、同资产阶级联合、资本主义合理化等等问题）的立场都彻头彻尾地背叛了工人阶级。从无产阶级日常斗争（例如社会民主党对合理化问题的态度，对英国矿工的罢工问题，对白色恐怖的态度）的观点，尤其从运动的前景、首先从战争的前景的观点来看，社会民主党是黄色组织，为了工人阶级能取得胜利，应当把它摧垮。**揭露社会民主党的观点和手段，揭露社会民主党上层的全部变节活动**，仍然是各国共产党的艰巨任务。同时共产党应当密切注意社会民主党工人的困难和要求，他们在资本家阶级稳定化措施的压力下必然会向左转。

在与社会民主党的宣传展开斗争时，共产党应当针对国际联盟的口号，提出社会主义共和国联盟的口号；针对泛欧主义口号，提出欧洲社会主义联邦的口号；针对没有战争的严峻真理，针对与资产阶级联合的纲领，提出无产阶级革命、工农政府、无产阶级专政的纲领。

九、共产党和工会工作

现在，存在着强大的企业家的联合组织，它们与资产阶级国家步调一致，而一切大罢工又具有席卷整个工业部门的趋势，在这样的条件下，经济罢工和整个经济斗争可能转变为政治斗争，或多或少具有明显的政治性质。托拉斯与其他工业、商业和银行的巨大联合组织的迅速增长，迫使工人阶级建立相应的战斗组织。所以共产党人应当坚决提出根据生产原则改组工会的口号，应当反对形形色色的行会习气的残余，反对把一个产业部门的工人无止境地分散在各种小工会中，因为这只能分散无产阶级的力量；共产党人同样应当提出建立战斗的工会卡特尔并在有效地普遍开展工会工作的同时使领导集中化的口号。同样必须注意相应地组织工厂委员会，根据生产部门把这些委员会团结起来，并且建立这种类型的工厂委员会组织：它适合各大工会之间的战斗协作，以便进行团结一致的最为坚决的斗争。工人群众，处于必须对全面组织起来的资本的进攻进行反击的情况下，容易懂得上述这种类型的组织的必要性，而且应当在这个基础上对改良主义的工会官僚进行斗争，他们由于害怕失去地位有时坚持过时的工会形式。共产党人应当以每次局部性的罢工为例，来宣传大生产联合组织的思想；应当以全面展开的斗争为例，来证明对工会运动实行正确的政治领导的必要性。在英国这一任务特别迫切，因为那里有保守的工会官僚把持着，我们也有较多的旧行会习气的残余。

工会中的共产党员不仅应当坚决争取全体在业工人加入工会，而且还应当开展有效的运动以接纳失业无产者加入工会组织，应当使组织起来的整个无产阶级全力支持失业工人的运动和失业工人的要求。这一点之所以尤其必要，是因为我们前面不止一次地指出过，资产阶级总希望分裂工人阶级。在全力以赴地帮助无产阶级在最广泛阶级联合的范围内团结起来的时候，共产党应当揭露改良主义的工会官僚和工会运动中的社会民主党的领导人企图把工会变成经济联盟和帝国主义国家的附属机构的勾当。如果企业家组织在那些根据"结构社会主义"（如前所述，仔细考察一下，它本来是结构资本主义）思想而叫做社会主义政党的支持下，千方百计地使运动美国化，局部地通过资产阶级领导下的一般联合来代替无产阶级的阶级联合；或者试图使现有的工会组织处于他们的影响之下，并利用工会领袖来达到这个目的，那么共产党就应当揭露这种种阶级背叛的企图，动员组织起来的群众加入工会，以保卫雇佣无产者的利益，反对资本主义进攻的各种表现形式。不言而喻，在当前工会中共产党员的工作的主要内容是团结工人阶级的力量，反对所谓的资本主义合理化对工人阶级的有害后果。在这一斗争中，在工会中工作的共产党员应当过问每一件小事，指出企业主这种那种措施的每项有害后果，提出自己的要求，而在经济冲突发生时，哪怕是很小的冲突，也要站在最前哨，最坚决、彻底、英勇地捍卫无产阶级的利益。共产党员在揭露工会运动改良主义领袖时，应勇敢地利用工会中组织起来的工人群众向左转的情况，千方百计地以适当的形式帮助工会运动中的"左翼"定型。在这方面也应当考虑英国"少数派运动"的经验。少数派运动做出了显著成绩，它与共产党并肩前进，这完全证实了共产党人在工会运动中的工作是卓有成效的。

由于当前发展时期的特点是现阶段工会组织的巨大意义。国际工会统一战线问题已成为国际工人运动的一个特别紧要和非常迫切的问题了。在这方面特别重要的是要考虑到所谓英俄委员会的经验。通过英俄委员会利用英国和苏联工人阶级之间的国际联系,在尖锐无情地批判英国工会上层的投降主义和背叛行为的同时显示国际统一战线策略的威力;利用一切条件,那怕要通过上层组织,来执行联系群众的政策;坚持不懈地执行争取群众的政策,哪怕开始先争取他们的个别队伍(争取矿工和建立英俄矿工委员会等),为支援矿工及其斗争而执行无产阶级团结、从物质上和道义上给予援助、动员一切力量的政策——这一切可以说是正确地革命地执行国际范围内的统一战线策略的范例。由于这一策略,争取工会运动国际统一战线的斗争现在达到了比过去水平稍高的阶段。

国际工会运动和国际工会组织的基础是在欧洲革命形势发展到最高点的时期奠定下来的。记得工会国际的创造人之一就是当时来到莫斯科的著名意大利改良主义者达拉贡纳。这是很有意思的。当时,欧洲资本主义看来在最近的将来必然崩溃,而且改良主义的小官吏已经开始逃离正往下沉的资本主义航船;当时,共产主义在短时期内取得了伟大成就,而且具有非常强大的吸引力,以致一整批和平主义分子、半和平主义分子、半改良主义分子、甚至十足的改良主义分子都力图加入共产国际;当时,共产国际应当以《二十一条》把自己与这些分子隔开,不接受他们的多余的"同情";当时就是这样一个时候。而那时组织起来的红色工会国际与共产国际完全一致,共同前进。还有一件事也值得一提:这时已经有一个把共产国际和工会国际的领导联合起来的总机构了。

在出现国际革命的低潮、资本主义制度的巩固及其局部稳定的同时,也出现了另一种低潮。即被革命浪潮多少有点偶然地推向共产国际的那些分子的"同情"的低潮,他们离开了共产国际。欧洲大陆开始显出相对的"平静",而斗争的重心从中部欧洲逐步转移到英国。而在英国，工人阶级刚刚才开始真正脱离自己原来的保守立场、习惯和思想。与资本主义制度巩固的同时，重新出现了阿姆斯特丹国际的局部稳定。工会国际被迫从进攻的政策转向防御。工会中左派运动的新浪潮开始抬头，在英国工人和苏联工人之间出现接近趋势之后尤为明显。对于第一次开始表现为欧洲工人运动的先进队伍之一的英国无产阶级说来，红色工会国际在颇大程度上是一个非常接近共产国际、因而在这个发展阶段上还没有在工人群众中享有必要声誉的组织。相反，与苏维埃国家联系在一起的苏联工会，却声名远扬，在英国已经组织起来的无产者中享有极大的威望。随着苏联工会为声援行动而展开的斗争，英国工人的阶级觉悟提高到新的高度；合理化和英国工人运动的革命化坚定不移地向前推进，尽管整个过程过去和现在都是在矛盾的和极端病态的形式中进行的。共产党人、国际工会运动的工作者面临着逐步争取使工会国际统一战线的斗争国际主义化的任务。工会国际的作用必然应当具有更大的意义，同时苏维埃共和国工会的共产党人应当在工会国际中更加努力地工作，促使其工作更加活跃。这绝不是说，需要改变工会工作的策略，哪怕在极小程度上，而转到分裂或退出工会的立场上去。与此相反，再没有比这种策略更有害的做法了。这种策略必定要使革命的工会运动的拥护者脱离群众，去建立无足轻重的不起作用的宗派主义的工会组织（如舒马赫）。在反动工会中进行工作和争取反动工会的工作是共产党组织要花力气的中心工作之一。但与此同时，应当全力维护红色工会国际的威信，红色工会国际是必然要在争取国际工会运动的统一和反对资本进攻的斗争中起巨大作用的。加强各国工会组织内部的工作是无产阶级革命运动胜利的必然条件，但这并不为革命工会加入阿姆斯特丹国际提供任何依据，而且也谈不上什么取消红色工会国际的问题。相反，工人阶级的革命化尽管是缓慢的，然而革命化的整个国际环境，与在英国矿工的总罢工和罢工问题上特别明显地表现出来的阿姆斯特丹国际的真正叛徒作用一样,把必须巩固革命工会运动的国际中心问题提到了头等重要的地位。

十、各国共产党工作的主要成绩、错误和任务

联共(布)、共产国际的主要支部——联共(布)在过去的一年里取得了很大的成绩。这些成绩是在经济建设、巩固无产阶级专政和加强党本身的团结方面所取得的。在经济方面,尽管有各种各样的预言:困难必然增长,而且要起破坏作用,富农的发展将打破国家计划等等,但党成功地在经济战线的许多主要部门取得了决定性胜利:国家工业化取得进一步的成绩,今年在电气化的基本建设和工作上将投资十亿卢布以上,对地方预算的拨款还不计算在内;无论在工业方面,还是在批发商业和零售商业方面,私人资本都受到排挤(私人资本比重下降)。提高对私人资本的税收、调整对农民的征税,从而对农村上层阶级加大税收压力,以及其他一些针对私有资本的措施(例如私商货物运输方面的铁路运价政策和限制),都表现了社会主义成分和无产阶级对私有资本的进攻。党通过一系列的坚决措施(停止货币发行、紧缩工业信贷、节约附加开支等等)使国家渡过了经济上比较困难的时期。从夏季开始,情况有了好转,而且逐步地越来越好,这就使党有可能到秋季时提高报酬最低的那些工种的工人的工资,同时降低商品价格的总的指数并巩固纸币卢布的地位。对农民的正确政策成功地巩固了工农联盟,从而巩固了无产阶级专政。正确的政治路线取得良好的经济的和一般政治的效果。在这一路线的基础上党能够比较容易地取得对党内反对派的全面胜利,并使党的队伍空前团结起来。在第六次扩大全会前,在颇大程度上由于反对派的过失,党的领导犯了重大错误,即所谓1925年秋季经济上的失误,造成了严重的经济后果。尽管反对派把这一错误的责任推到富农

的进攻上，似乎富农是有能力进行抗粮斗争的。但是，党正确估价了这一错误的全部意义，从中吸取了应有的教训，并且用政策克服了错误，这一点十分明显地为今年粮食收购期的收购工作的顺利进行所证明。

英国矿工的罢工曾经是，现在也仍然是国际工人运动中极其重大的事件。我们前面已经指出，几乎所有的共产党［联共（布）、英国共产党、意大利共产党和其他几个共产党除外］都未能对社会民主党和反动工会领导人的叛卖性策略进行应有的反击，未能开展必要的运动援助英国矿工，当然，这在颇大程度上是因为存在着许多客观困难，首先是失业、开工不足等等。但是，党的机构薄弱，我们的党没有足够动员能力，这应当负相当一部分责任。如果不谈运动的直接参加者英国共产党，那么，发挥了最大积极性的是掌握着国家政权的联共（布）和非法的、受迫害的、处于墨索里尼恐怖的刀斧之下的意大利共产党。被某些不配名为"批评家"的人认为似乎是富农党的联共（布），在动员群众援助英国矿工方面的积极性是人所共知的。意大利共产党，尽管处于非法存在状态，成功地开展了广泛的运动，募集了大量钱财，把支持英国矿工的强大运动与动员群众反对墨索里尼的血腥制度结合起来，使这一运动不仅深入到城市无产阶级群众之中，而且深入到意大利农村的每个角落。

无论如何都应当估计到这一教训：大多数共产党对英国矿工的援助是远远不够的。

英国共产党在总罢工和随后的事态进程中出色地经受住了考验。在颇大程度上由于在工会中的工作，英国共产党由一个在国家社会生活中几乎不起作用的不大的政治组织，变成国家社会生活中的重大因素之一。在罢工委员会中、在"行动委员会"中、在工会运动的左翼和工人政治运动的左翼中，它都取得了许多显著的成绩。它帮助在工会中成立反对派，帮助"少数派运动"组织起来并在这一运动中起到领导作用。由于在总的方面提出了正确的策略路线,英国共产党党员人数增加了,在以矿工为产业工人主要群众的那些地区最近进行战斗的时期更是如此。英国共产党在更大程度上扩大了自己的政治影响,党在大搏斗中的坚定立场,使工人把党看做是工人运动中的最英勇忠诚的领导者。工会领袖和工党的主要领导人的变节行为、所谓"左派"(珀塞尔之流)的投降主义政策、独立工党的可悲的动摇只是更清楚地说明了党员不多但极其积极的英国共产党的英勇立场。不过,在这一时期英国共产党仍然犯了许多错误,一部分已经改正,但还应当指出这些错误,以便能比较容易地消除错误的后果。这些错误的根本原因在于对工会运动的所谓"左派领袖"的立场不够坚决,对面临企业家和政府的极其残酷的进攻以及改良主义领袖们的可耻破产的英国工人阶级内部进行着的伟大政治过程有些估计不足,虽然这一过程并不像我们所希望的那样迅速地进行。英国共产党的具体错误简单地说来就是:对"左"派的批判不够坚决,特别是在总罢工之后;对俄国工会的立场不理解(英国同志认为它们的立场过于激进);在少数派执行委员会上错误地提出了开展揭露总委员会领袖们的运动的问题;在工会代表大会上的立场不很有力,等等。这些错误应当尽快地纠正,而它们也将得到彻底克服,因为从整体来看,党已走上成为英国工人阶级群众性革命政党的宽广大道。英国共产党面临的主要任务是加强对矿工罢工的支持,向群众阐明政府的作用,引导群众在揭露改良主义领导人的同时提出政治生活的根本问题。党的组织工作首先是使工会少数派运动进一步在组织上定型,巩固和扩大运动已经取得的成绩,卓有成效地征收党员。少数派运动在组织上没有完全定型,相当明显地表现在事件的进程之中。如果与共产党一致行动的少数派运动在组织上已经定型并拥有坚强的组织骨架,即能够促使工会运动的这一先锋队具有更大战斗力的"机构",那么运动的分量就会提高好几倍,英国工人阶级的激进化也就会进行得更快。

中国共产党的意义由于大规模的中国民族革命运动的高涨,现在已提到极为重要的地位,年轻的中国共产党无疑已取得巨大成绩。由于同进行民族革命的国民党左翼充分合作,中国共产党占据了无产阶级、贫农和手工业者公认的领袖地位。虽然中国共产党的路线总的说来是正确的,但它的主要错误在于,对农民问题不够重视,过分害怕农民运动的开展,在国民党占领区进行土地改革不够坚决——这就是错误的主要方面。尽管要保持革命的民族统一战线,党的任务是采取坚定的方针去广泛组织各阶层的劳动群众,除了组织无产阶级外,还要采取坚定的方针去建立、支持、扩大和巩固革命农民的组织。①

法国共产党同样取得许多成绩,它及时地开展了反对摩洛哥战争的出色运动,动员广大工农阶层团结在运动的周围。它领导了最近罢工浪潮时期的一系列罢工。法国共产党本来打算举行声援性的示威罢工以援助英国矿工。不过它恰恰在法国政治生活的最危急的时候——我们这里指的是在政权转入彭加勒之手的时刻,犯了一个大错误。首先党没有认识清楚已经发生的阶级力量变动的性质。从通货膨胀转向通货紧缩的政策;从"左翼联盟"政府通过若干中间阶段转向大资产阶级的公开统治,即转向重工业和银行的政府;还有,政权的转移是大资本向工人阶级开始"稳定的"进攻的政治前提——对所有这一切法国共产党都没有在足够的程度上做出正确的估计。所以党虽然遇到了议会中的种种局面,却没有足够重视动员工人阶级和小资产阶级。同时伴随这一危急时期而来的是工人和小资产阶级中发生的巨大动荡——共产党没有对它加以充分利用,表现相当消极。还应当指出,党在工会中的工作是不够的,党领导的工会在没有组织起来的工人阶级群众中的工作也是不够

---

① 共产国际执行委员会第七次扩大全会将把它作为一项专门议程进行详细讨论,在此我们不再赘述。

的。在最近时期党有所发展。党的主要任务是准备必将面临的战斗。为了首先反对工人阶级,资产阶级力量正以现在计划中的规模动员起来。开始出现失业、物价腾贵、资产阶级报刊对工人的调子升级——这只是阶级斗争即将尖锐化的先声。巩固党和革命工会在群众中的阵地,巩固工会的机构,提高它们的动员能力,加强其内部的团结,应当是我们兄弟的法国共产党特别注意的事情。

应当指出**在德国**有许多成就。工会中共产党的影响已有增长(例如在柏林的五金工人中),尽管还远远没有达到应有的程度。在左倾的社会民主党工人中,党的影响也增长了。汉堡的罢工、派代表团去苏联、左翼反对派、共同的代表会议和全体会议、红色战士联盟影响的扩大等等,都是党的影响在不断增长的表现。党在失业工人运动中的威信也提高了,因为党成功地改正了自己在这个问题上的某些错误并在组织无产阶级失业群众方面开展了相当有效的活动。党所领导的反对赔偿封建王公财产的运动,毫无疑问,促进了党在广大工人阶级甚至城市小资产阶级中声誉的扩大。最近萨克森州的选举和许多地方的村社选举(其结果都使共产党的选票增加),清楚地表明,执行正确政治路线的党的政治影响在不断扩大。还应当指出,党的队伍是团结一致的,而且是与小资产阶级的倾向进行了坚决斗争的。无论在党内,还是在党外,现在党都面临着极为重要的任务。党对外的主要任务是准备领导工人阶级迎接因尖锐的阶级斗争引起的战斗。必须大力加强工会工作,而且既在工会方面,也在正确对待社会民主党和非党的无产者中的左倾群众方面,继续有效地执行统一战线策略。必须加强已经建立起来的党的机构,巩固与省区的联系,从工人中提拔新干部并团结党的队伍。即将举行的党的例行代表大会在党的历史上将具有重大意义。

意大利党完全经受住了斗争条件最困难的考验。它保存了自己的组织。而且善于联系广大工农群众,提高了自己的威信,克服了自己队伍中反对列宁主义的宗派倾向，学会了成效卓著地执行统一战线策略。在不依赖法西斯分子的工会运动被摧垮的条件下在工会中和在法西斯的工会组织中也非常出色地开展了工作。共产国际应当号召各个支部帮助和支援意大利共产党，因为党的领导成员事实上已被法西斯专政的恐怖制度置于法律保护之外。

在波兰，共产党所犯的错误已经受到充分的公开批评，党本身对错误也进行了谴责。这些错误归结起来就在于在皮尔苏茨基政变时采取了根本错误的和机会主义的统一战线策略。那时我们的党卷入了小资产阶级的战争，失去了本来面貌，沦为群众的尾巴并在关键时刻没有及时掉转枪口，反对皮尔苏茨基分子，致使他们终于在英国的帮助下实现了全国的法西斯专政。党的任务是动员群众与皮尔苏茨基法西斯制度进行斗争，在工会中大力开展工作。利用资本的进攻使工人群众向左转，坚决勇敢地捍卫广大农民群众和被压迫的各民族的利益。

捷克斯洛伐克党，总的说来，完全成功地执行了统一战线策略并成为一个有很大群众性的革命政党，但应有的积极性，特别是在国内经济危机越来越尖锐的今天所必需的积极性，则稍嫌不足。

应当对所有的共产党说，他们的工作经验表明：第一，他们善于适应现时期的条件，尽管还未达到必要的程度；第二，经验表明，共产党实际影响的增长有时比人们通常设想的更快；第三，各国党是在虽有巨大困难但一般对共产主义运动仍然有利的条件下去迎接即将来临的战斗的。

十一、为列宁主义路线而斗争和领导问题

在总结较长时期内对共产国际的某种批评时，可以得出如下结论。这种批评是原则性的，首先和主要是针对联共（布）的农民政策的批

评,而且它有时披上了"真正的"、"正统的"、"西欧的"(与"亚洲布尔什维主义的"相对)"马克思主义"外衣。保尔·莱维及其集团就是这样批评共产国际的,而此后不久,这个集团就连同它的首领一起投入了社会民主党阵营。批评的锋芒在于谴责过分的集中主义,即对"制度"的批评和"从左边"来的对统一战线的批评。法国共产党前书记弗罗萨尔对各国共产党也进行了这样的批评。但很典型的问题是,进行这类批评的"领袖们"要不很快跑进了社会民主党阵营,要不就很接近他们。莱维成了社会民主党人,弗罗萨尔也成了社会民主党人和卡约所办报纸的编辑,霍格伦成了社会民主党人并刊登他以前的对手布兰亭的文章,特兰美尔[①]和他的党即将与社会民主党联合等等。于是这些"批评家们"经常"从左边"发出它们的批评之矢,完成其发展周期之后又返回到他们出发的地方。

现在共产国际不得不对内部一个不大的比较右倾的集团和所谓的"极左"派展开斗争,在德国"极左"派表现得最为强烈。毫无疑问,共产国际内部派别集团的活动,因为俄国反对派领袖对联共(布)领导的突然袭击而十分活跃。由于反对派的发难,不同程度地接近敌视共产国际甚至苏维埃俄国立场的各式各样的力量开始组织起来了。

我们在前面的论述中提到,所谓的"极左"反对派**在德国**表现最为强烈,在那里反对派脱离共产主义是德国资产阶级从亲东方转向亲西方的方针的反映。

这些人的"思想观点"的本质已如上所述。这里我们只须指出在总的反对派联盟内部各种派别、各种集团和各种小集团之间的客观联系。韦伯集团支持乌尔班斯,乌尔班斯又与鲁特·费舍和马斯洛夫共同行动。鲁特·费舍和马斯洛夫又与科尔施和施瓦茨组成联盟,虽然遇到

---

① 挪威工党领导人。——编者注

机会时他们并不反对与后者既在思想上也在组织上断绝联系。

据我们所知，所谓的俄国问题是争论的主要之点。"极左"反对派通过许多中间阶段和"思想上的细微色彩"实质上已经完全回到了社会民主党的怀抱，并通过他们的最彻底的"领袖"（科尔施、施瓦茨）得出了考茨基在他的著名小册子《共产国际和苏维埃俄国》中老早就做出的那些实际政治结论。因此"极左派"、"坚定左派"和其他反对派开始起到极右的社会民主党的反革命作用，他们以贫乏的极左词句来掩盖自己实际思想内容的贫乏。

如果说在共产国际的一极已分离出"极左"集团，那么在另一极则出现了右倾倾向。这只须提出法国共产党内的某些小集团、挪威的谢夫洛集团、捷克斯洛伐克共产党中央机关报《红色权利报》在无产阶级专政问题上为奥托·鲍威尔的立场作辩护的文章（党中央立即宣布不同意这篇文章的观点）就够了；只需回忆一下波兰共产党的右倾错误等也就够了。

由于俄国反对派的发难，毫无疑问，有人企图组织一个旨在反对共产国际及其主要支部联共（布）的路线的国际派别。可是这个国际派别未能组织起来，首先因为俄国的反对派遭到联共（布）广大党员群众的毁灭性打击而被迫投降了。这个事件不能不使其他党内的反对派队伍土崩瓦解，首先在反对派过去一直具有相当分量的德国共产党内，就是如此。

完全与布尔什维主义的组织原则背道而驰的派别斗争方法，在乌尔班斯回答德国共产党中央委员会的最后通谍提出的声明中，得到了论证，而且是完全公开的论证。在这一回答中顺便还说到，党的纪律准则不适用于像德国共产党这样的党，因为它似乎不是布尔什维克党。因此非常清楚，这些人正是要在党开始进行广泛的群众性工作的条件下分裂党。

随着俄国反对派的失败和德国共产党反对派最凶恶的领袖被开除出

党，捍卫列宁主义组织路线和反对派别活动的斗争进入了新的发展阶段。已被开除出党的反对派领袖的基本"方针"过去和现在都在瓦解党，事实上废除党的决定并不再破坏党的纪律，使中央无法领导全党。季诺维也夫同志及时提出的党的布尔什维克化的口号，应当在我们共产党内十分严格地加以执行。

反对派在由联共（布）最大的反对派领袖们签署的著名声明中，虽然在其他问题上保留他们的原则路线，但承认自由组织派别和小集团的理论与列宁主义、因而也是与布尔什维主义相矛盾的。因此在各国党发展的现阶段，提出党进一步布尔什维克化的口号，就应当取消共产国际内部的反列宁主义的组织派别的自由，共产国际和各国支部虽然保证每个不受党的领导机关特殊纪律约束的党员可以发表和保留自己的特殊意见，但是，现在它们不能随意容许派别的存在，与开除出党的人还有联系的那种派别的存在，因为派别事实上就是第二党的萌芽。这一点特别适用于同意科尔施、施瓦茨等人的反革命观点——与共产国际的属性绝对不相容的观点。在工人的革命同志之中不可能有社会民主党人和反革命分子的地位。

共产国际的经常任务是克服可能脱离列宁主义正确路线的一切偏向。这条原理自然现在仍然是正确的。共产国际过去进行了，将来还将进行既反对"左派"也反对所谓的"极左派"的斗争，两者在基本的思想政治理论方面经常是一致的。在西欧各党内的"极左"倾向是对当前特殊客观环境不理解的产物，客观环境要求各国共产党更好地适应工人阶级的日常需要，根据这些需要引导工人群众提出革命目标，进行革命斗争。同样，联共（布）的左倾反对派表现出、反映出对无产阶级专政建设时期的特殊需要不理解，重复着从已成过去的革命发展时期搬来的口号。

可是，对新环境的需要不理解与这些倾向本身又是该环境的产物这条原理并不矛盾。如果说，联共（布）的反对派对党的压力反映了对整个无产阶级专政制度不满的阶层对党的压力，那么，德国的整个反对派就是一般反映了工人阶级中小资产阶层的动摇，而它的最"坚决的"代表，竟然堕落到宣传要在无产阶级专政国家内进行资本主义起义的地步，他们已经成为"反莫斯科的"资产阶级倾向的最凶恶的直接传导者了。当然，在科尔施先生和联共（布）的反对派之间有很大的距离，把他们混为一谈是不正确的，也是不公正的。但是俄国反对派的突然袭击立刻使一大堆反共产主义的"坚决"分子聚集在它的周围。斗争的动向却就是如此。

现在可以认为，反对派进攻的狂热正在迅速减退。反对派的主要力量已被击破，它的胁从力量已经瓦解。对反对派同志的错误和被开除者的背叛行径进行思想斗争和揭露，定会产生作用，使共产党的队伍团结在共产国际周围。

争取群众的斗争和捍卫党内正确的列宁主义政策的斗争，有助于挑选经过考验和锻炼的共产党领导人和真正的布尔什维克领袖。在不容许派别集团存在的条件下实行党内民主，不断提高党员群众的政治水平，提高党的干部的理论水平——这些工作应当能保证更多更新的党员干部正常成长并提高他们的党性。对日益壮大的共产国际加强领导的需要越来越复杂，反过来这又要求共产国际挑选好领导人，而且这种挑选要保证集体的国际领导。顺便提提，国际领导的最重要任务之一，是经常检查决议的执行情况。这些决议在许多方面给各国共产党以详尽无遗的指示，但往往停留在纸上。在共产国际的领导和各国支部之间建立起生动的联系、共产国际的领导要绝对坚定、绝对统一，最大限度地发挥共产国际各支部的主动性而不对它们作琐碎的监督——这就是各国共产党和共产国际兴旺发达应当遵循的道路。

我们在对上述一切进行总结时，可以说，尽管我们的主要敌人——

资产阶级继续对工人阶级进攻，但共产国际已经前进了好几步。阿姆斯特丹国际和第二国际是全面支持资产阶级的。这两个组织对英国煤矿工人的罢工采取工贼的破坏行为，却"热情地"为国际联盟和资本主义关系的"新世纪"服务，而且大唱其赞歌。它们支持资产阶级政府、支持资本主义合理化、支持对苏联的诽谤、支持对东方民族革命的诽谤，而且为托管殖民地之事而奔走。与此同时，共产国际的部队或在为反对帝国主义对中国的干涉而进行战斗，或牺牲在法西斯主义的屠刀之下，或在巴尔干进行英勇的斗争，或为反对墨索里尼的血腥制度而拼杀，或被关在皮尔苏茨基元帅的监牢和刑讯室里，或在俄国建设着社会主义，或在鼓励、支持和引导英国矿工进行战斗，把最后一点钱捐献给他们的妻子儿女，或在反对资本的各条战线上站在战斗的最前列，以自己的胸膛挡住敌人的枪弹。不久的将来可能许多共产党将面临大规模的战斗。

现在必须进行最有效的准备，动员群众，深入到工人的居住区，坚持不懈地把劳动大军团结起来。

被工会领袖们出卖和抛弃的英国矿工，继续进行着英勇的战斗，震撼了大不列颠帝国的整个经济结构。在远东奋起的千百万群众第一次登上广阔的历史舞台，构成无产阶级革命的强大的活跃的后方。

国际共产主义的主要堡垒和组织力量——苏联，一年年地发展壮大，巩固了胜利的工人专政。如果说，资本主义能够在阶级斗争的许多战区巩固自己的阵地、局部地摆脱战时的混乱和崩溃状态，证明它还能够重建自己的队伍和团结它的力量，那么，在不远的未来资本主义会面临许许多多的巨大困难。这为各国共产党顺利地工作奠定了基础。争取西欧无产阶级广大群众，在欧洲工人、苏维埃国家的胜利的无产阶级专政和胜利的中国革命之间建立伟大的世界联盟，将成为共产主义最后胜利的支柱和保证。

（会议休会）

第三次会议

（1926年11月24日上午）

主席：伊莱克

由佩珀同志宣读贺电。

英国共产党的贺电

佩珀（英）：

共产国际执行委员会秘书处收到英国共产党的贺电如下：

1926年11月22日伦敦。英国共产党向共产国际执委会扩大全会致敬。我们代表英国工人向共产国际各国党为他们大力支持英国矿工的英勇斗争表示感谢。今后我们也还需要支援。在当前的困难情况下，同在总罢工时期一样，我们党多亏了有共产国际的领导和兄弟般的支援。改良主义领袖与约翰逊·希克斯联合的结果，他们采取新的立场，更加猛烈地攻击我们党。我们党英勇地给他们以迎头痛击。我们把全部力量献给了在斗争中征收的，因受迫害而得到锻炼的6000名新党员的教育事业。我们祝贺联共（布）已迫使反对派投降。

世界无产阶级，满怀无限信任的感情，认定共产国际是世界革命的领袖。

共产国际万岁！（鼓掌）

主席伊莱克：

由**库西宁**同志发言，做议事日程第一项的第二个报告——各国共产党的近期任务。

库西宁作关于各国共产党近期任务的补充报告

同志们！布哈林同志在他的报告中指出，**革命力量和反革命力量**在世界范围内一年胜似一年地不断分化。当然，这种分化不是在所有国家都均衡地进行的。但是在整个资本主义世界未必能找出哪怕一个国家，现在没有发生这一过程。当前在许多国家中白色恐怖猖獗一时并非偶然。可以说，从西方到苏联周围的整个"炽热地带"都是白色恐怖肆虐的一些国家，但即使如此，在这些国家内部也已感到俄国革命的热浪。这些国家的白色恐怖不是证明稳定的稳固性，而是证明，我们各国党虽然都是不大的党，却引起了严重的不安；同时也证明，与战前时代相比，资本主义制度的反革命性质越来越突出了。暴力总是新社会制度诞生时的助产婆，但是衰朽的社会制度丝毫也不会少用暴力，因为它力图通过扼杀革命力量以求苟延残喘。**公开的暴力在颇大程度上已成为资本主义的管理艺术体系**。公开的暴力不仅在典型的白色恐怖国家采用，的确资产阶级本身却宁愿以隐蔽的暴力，即建立某种"合法的"专政来代替白色恐怖这种不加掩饰的野蛮暴力。但要做到这一点，对资产阶级来说是有困难的，而且也只能维持一段时间。有人对我们说，要知道，在俄国也是一片恐怖气氛。是的，在国内战争年代俄国无产阶级不得不采取红色恐怖；但俄国无产阶级早就巩固了自己的统治，确立了以合法专政为形式的统治。白色恐怖国家的资产阶级也渴望获得这样的稳定，但它未能成功。

不过不仅在这些国家，而且在德国、捷克斯洛伐克、英国和法国这样的国家内，都在实行公开的暴力，强化不加隐蔽的资产阶级司法制度，大批逮捕工人，警察暗探横行，不断挑起事端，如此等等，不一而足。甚至在瑞典这样的国家，在那里阶级矛盾还没有达到有如德国那样尖锐的程度，我是说，甚至就在瑞典斯德哥尔摩的警察局长也早就准备好了以机关枪来对付"共产主义的骚乱"。在瑞典，任何一位部长见到共产党人代表时总称他为"敬爱的先生"，因此就连在那里的首都警察局长也已准备了现代新式武器来对付这些"敬爱的先生们"。这个事实是很有征兆性的。资本主义的反革命就干这样的勾当。

但是资产阶级在和无产阶级斗争中并不满足于动用国家暴力机器。甚至在白色恐怖的国家里，资产阶级也不局限于开动国家暴力机器。它还要在农民、城市小资产阶级和无产阶级的**广大群众中**寻找同盟者，资产阶级反革命的群众性运动的真正表现是法西斯主义。法西斯的反革命性质是不难认识清楚的，然而，要认清现在社会民主党起着反革命作用，认清它所起的作用要比法西斯主义更危险，那就困难得多了。

我们常常断定，社会民主党和改良主义已经破产。是的，它们作为进步的工人运动已经破产了，然而作为**国际反革命的帮凶**，却绝没有破产。无论在意大利以外的哪一个白色恐怖的国家中——这一点我下面还要讲到——资产阶级都没有拿定主意是否拒绝社会民主党的帮助。诚然，帮助并不经常表现为参加政府这种简单的形式。如果社会民主党没有其他办法，它就不能在长时间内使工人群众顺应资产阶级。社会民主党时而在这个国家，时而在那个国家参加政府，都只是暂时的。它对资本家政府和白色恐怖制度的"忠心耿耿的反对派立场"是对反革命最好的效劳。只有用这种方式，采取"忠心耿耿的反对派立场"，它才能够蒙蔽无产阶级。不久以前波兰共产党声明，它对皮尔苏茨基政府采取根本对立的立场。当时党的中央机关报强调指出，这个反对派追求的完全不是资产阶级反对派所要达到的目的。它不打算使部长们生活得不痛快，它将进行忠心耿耿的彬彬有礼的反对。这个反对派的表现之一就是波兰共产党中央机关报拒绝在全国胜利日刊登皮尔苏茨基的画像。这就是社会民主党进行的"阶级斗争"的一种形式。我不知道这种示威能在多大程度上危及皮尔苏茨基的生命，但我完全明白，波兰共产党的这种反对立场是完全适应波兰法西斯主义的利益的。

意大利的墨索里尼试图拒绝改良主义者的帮助，而且那里的改良主义者甚至遭到某种程度的迫害。从资产阶级的阶级利益角度来看墨索里尼这样干是否明智，下面我们就要谈到。我认为这是一种冒险。诚然，墨索里尼的做法决定了意大利改良主义的完全破产；不幸的屠拉梯、著名的改良主义者领袖（倒不是西法西斯党的总书记），把视线转向我们意大利的同志们，并且抱怨地哀叹说："你们是共产党人嘛，你们就应当为了革命而帮助我们摆脱这种状况！"这是意大利改良主义的完全破产。但是很有可能，在改良主义这种破产之后，法西斯主义也会很快破产。执行拒绝改良主义者帮助的反革命政策的墨索里尼，归根到底只能是地地道道的冒险家。

因此，同志们，**反革命**的真正政治杠杆不单单是国家暴力组织，而是国家暴力组织加社会民主党；不单单是恐怖，而是恐怖加改良主义，仅仅使用资产阶级国家暴力是不能扑灭革命运动的。只是由于有改良主义工人领袖的帮助，今天资本家阶级才能够掌握政权（在许多国家中资产阶级政权甚至还比较稳固）。所以，国家暴力加社会民主党——这就是反革命资产阶级反对我们时祭起的法宝。

不妨说，各个国家中的社会民主运动就是那里的资本主义相对稳定的反映。例如，在德国。我们都希望资本主义制度不稳定，但那里有比较强大的社会民主党，那里的工会中还有比较强大的改良主义专政，这证明德国是相对稳定的，我们共产党必须在那里进行大量工作，然后才能抑止这种相对稳定。

许多人认为奥地利资本主义已完全腐朽，甚至根本不能成为相对稳定的基础。但是，同志们，在奥地利存在着比较强大的社会民主党，而且它把共产主义先锋队排挤到次要地位，这是资本主义相对稳定的政治前提。在法国，最近出现大批新党员纷纷涌进社会民主党的情况，这是不祥之兆，这是资本主义政治稳定的征兆。在英国，虽说改良主义的工人运动经受着内部危机，不过谁也不能否认，即便在那里，改良主义上层分子仍有强大的影响。英国工人运动中的改良主义还没有得到克服。

在我看来，非常重要的是要让我们党的全体党员明确地认清社会民主党和改良主义在现时期所起的反革命作用。但是只在非党群众和社会民主党群众面前证实这一真理还不够，因为仅仅做到这点还不能推动我们前进，整个问题在于：**怎样**向非党工人和社会民主党工人以及改良主义的工人阐明这个道理。还有较多的工人群众追随执行反革命政策的社会民主党领袖，这该怎样解释？怎样揭穿社会民主党的欺骗行径？怎样正确对待非党的社会民主党群众？我认为，反复地检查我们的政治路线，对解决最后这个问题会大有裨益。

如果粗略地说，左倾实际上就等于拒绝在广大工人群众中进行革命工作。这种倾向把全部工作重心转到对我们斗争的最终目的进行革命宣传上。右的（机会主义的）倾向则大体上反映了如下观点：当前时期不存在直接革命的形势，不可能进行任何革命工作；只可以从事议会工作和各种改良主义的工作，应当而且可能提出一些比社会民主党更左的口号，但从那种口号的角度来从事真正的革命工作暂时还是完全不妥当的。

我们在群众中进行工作的**目的**是什么？社会民主党的工作目的又是什么？我想说，社会民主党力图在无产阶级革命化的道路上设置障碍，而我们的目的正相反，它可简单地归结为加速无产阶级革命化的过程。这一过程是怎样产生的呢？我认为它是通过无产阶级积累革命的新**经**

验,克服碍事的、保守的、传统的旧经验而发展起来的。大家记得,列宁曾强调指出,传统力量、习惯势力是群众革命化道路上最可怕的阻力。在无产阶级中,甚至往往在个别工人的意识中,革命经验与传统阻力之间进行着斗争,例如,在国家的作用问题上就是如此。除传统以外,工人还有自身的保守性的经验。他并不经常都能弄清楚国家的阶级性质。比如说,在日常生活过程中,遇到对通常的刑事犯(非政治犯)的法院判决时,他开始往往错误地把国家认作是某种超阶级的东西,它不管被告的社会属性怎样,都能作出"公正的"叛决。形式上的民主主义常常使工人滋长某种超阶级民主的错误观念,强迫工人接受另外一些小资产阶级偏见和民族主义遗毒之类的思想。另一方面,企业中的工人每天都遭受剥削,因而在阶级斗争和工人运动中获得革命性质的经验。但是革命经验往往受到其他因素的排斥,例如受到对工资的压缩、失业的威胁、阶级斗争失败的前景、因工人运动力量分散而产生的孤立无援的感觉等因素的排斥。

我们的任务是将革命经验灌输到工人的意识中去,竭尽全力提高他们的革命积极性,提高他们的革命发展的水平。社会民主党的任务则完全相反。

最近几年资本主义国家的工人以**俄国革命**为直观教材,获得了具有伟大革命意义的国际新经验。要知道,每个工人面前摆着的主要问题是,无产阶级可不可能获得胜利?它能否掌握政权并建成社会主义?苏联在这方面给来到这里的工人代表团和全世界的无产阶级上了直观课,从而使全世界无产阶级看到,他们的胜利是可能的,他们能够掌握住政权并建成社会主义。

社会民主党无论如何也想把无产阶级的这一国际经验化为乌有。在这个意义上德国《前进报》的反苏运动是非常典型的。《前进报》已经不能否认,在苏联是工人掌握政权,但它断言:苏联的国营企业不是社会主义企业，而是资本主义企业，在苏联没有言论自由，在那里官僚主义比比皆是，因此，不值得为了这样的"成就"去进行革命。

是否需要在工人面前反驳这种诬蔑并向他们讲明事实真相呢？是的，这是我们最迫切的任务之一。

同志们，留心一下**社会民主党的报刊**，留心一下社会民主党的随机应变的反革命宣传，对于我们决不是没有益处的。只要读一读《前进报》的附刊就够了，因为它是地道的反革命艺术。请看他们怎样描述"社会主义家庭"的，这种家庭仿佛与德国"革命前的时代"（即战前）的家庭没有根本不同的地方。工人只有参加社会民主党，他们才能具有"他们常常没有的真正社会主义的东西"。请看《前进报》怎样能说善辩地向自己的读者讲述柏林的赌博场，怎样给家庭主妇提供管理家务方面的建议，怎样高谈阔论"那些没有丈夫的女人"。读一读这个附刊任何一期的司法新闻栏，那里充斥着迎合小资产者口味的轰动一时的消息，对事实都按资产阶级的调子进行解释。法庭被描述为无人对其公正性表示怀疑的超阶级的机关，如果有时出现"一点错误"，那也是偶然的，只是个别法官的过错。《前进报》居然敢于为警察大唱其名副其实的赞歌了：

"我们大家对警察提供的情况都会相信，事实上我们应当对我们的警察感到十分满意。"

但是因为《前进报》的读者可能偶然想起，被捕者在警察局里怎样遭到毒打，所以《前进报》对这个问题也注意到了：

"不言而喻，被捕者遭到毒打是常有的情况，**因为，很遗憾，个别人总是认为，他们是由上帝安排来当权的，他们总要把愤怒发泄在思想上令人不喜欢的人的身上。但是政权机关正在不断努力解雇**那些不合适的人，因为每个警察都明白,如果他引起广大群众的不信任,那他就很难开展警察工作了。**但是公众仍旧倾向于盲目地支持被捕者。因为人们对过去令人憎恨的时代记忆犹新。**"

现在还有因此而受骗的工人。当然,社会民主党的领袖们不只是利用报刊宣传来毒害工人群众。例如,奥托·鲍威尔在谈起奥地利时,叙述了在革命的巨大浪潮扑向国家的苦难深重的时期,祖国是怎样得到拯救的,社会民主党的公共事业局在不几个月里在维也纳郊区为无产阶级盖起了6万间小屋、开放了信贷、安排了6万个无产者家庭的搬迁工作,不言而喻,从那时候,革命运动暂时就失去了这些无产者。

社会民主党的全部力量在于乞灵于小资产阶级的经验和工人的本能。改良主义的根蒂在资产阶级的环境中发出越来越多的新芽。我们应当懂得这一点,否则我们绝不能摸索到接近群众的道路。我们应当倾听群众的呼声,以便革命的经验在他们之中不断得到恢复。在我看来,在资本主义国家中我们的中心任务仍然在于把群众从第二国际和阿姆斯特丹国际僵死的桎梏中解脱出来。这不是机会主义政策或极左政策所能办到的,也不是局部要求与根本要求的机械结合所能办到的;我们应当学习有机结合的艺术。

我们党的弱点仍然在于比较脱离广大群众,而社会民主党的短处则是它的群众在向左转。即使向左转变的群众,正像在许许多多的国家中所看到的那样,暂时还不想加入我们的党;那么,在这样的情况下,我们也应当促进他们继续向左转。在相对稳定、根基最为牢固的地方,这常常是到处可见的现象。在这些国家中我们有两类拥护者:他们之中的一些人是我们的自觉的拥护者,他们不怕投票拥护共产党,而且对共产党表示同情;另一些人则是半革命的工人,他们害怕直接支持共产党。

这就是当前时刻的典型特征之一。我们应当懂得,也有"**不自觉的共产主义的拥护者**"。例如,忠实地同情苏联的工人。他们准备在保卫苏联的战线上战斗，但他们还没有加入共产党，尽管他们有时甚至比我们党的有些党员更左，在革命态度上更成熟。我们公开讲过，在我们的工会工作人员中有那么一些人，他们的革命性远远不如其他的非党左翼工人。我们应当学习从组织上保障左翼工人跟我们走，并有计划地影响他们，推动他们继续向左转，而不致出现如下情况，即他们今天表现为对苏联同情，而明天又支持社会民主党的政策。

不管你们怎样想——难道社会民主党和资产阶级报刊多年来对共产党恶毒的诽谤没有在德国这样的国家起作用吗？这种诽谤从心里上威慑着相当一部分群众，使他们对共产党人不但软弱且实际上不能执行工人的政策的说法信以为真，很难把这部分群众吸引到我们党内来，这也就不足为奇了。在白色恐怖的国家中，对我们的攻击使群众感到的威胁就更厉害了。公开信奉共产主义是很不容易的事，为此常常需要巨大的政治魄力。因此在我们的运动和社会民主党的群众与非党工人群众之间容易产生隔阂，出现了一种特殊的火力线。改良主义的非党工人不敢越过它。我们的任务是对这些工人执行一种使他们能够与我们接近的政策。

有时候，群众毫无畏惧地声明他们是革命政党的拥护者，有时候，群众向往共产主义的愿望十分强烈，这是在革命形势严峻的时期。在某些国家有一种风俗：在举行婚礼的当天晚上，一群人聚集在新娘的屋子外面并把新娘叫出阳台。但婚礼不是每天都举行的。现在是相对稳定时期，非党群众和社会民主党群众对革命没有产生强烈的要求。我们应当帮助他们迂回曲折地慢慢接近我们。

我们的队伍与非党的社会民主党工人之间的壁垒无论如何也应当消除，但不是在所有国家都是壁垒森严。例如在德国，壁垒是相当牢固的，那里的社会民主党工人在听共产党人演说时常常说："可能你也是对的，但因为这些思想出自你们之口，我不能跟你走。"法国的情况则略有不同，那里的改良主义工人也愿意听共产党人的演说。那里人们不问演讲的是谁,只问演讲内容是什么,应当怎么办。我们的党就应当向他们解释清楚应当怎么办。在其他国家里,这种壁垒就更薄弱。例如在瑞典,工人一般不怕听取共产党人的意见,但是那里早就有一堵不可逾越的墙把我们隔离起来,因此我们最关心的是要给它打开一个缺口。社会民主党的工人和我们的工人之间的友好同情是必要的,对他们的领袖的友好同情是不允许的,然而火线两边队伍的友好同情则是必要的。我们应当学会具体地进行辩论,我们应当进行具体的论证以争取社会民主党工人,不要一下子就从高深的内容和最终的目的谈起。比如可以讨论苏联的状况和大众关心的各种实际问题。可以说,我们是共产党人,我们希望和你们讨论这样或那样的问题,并就一些实际问题得出一致结论。

为了把群众争取到我们这边来,需要进行大量**平凡的日常工作**。这项工作与我们要进行的大规模的政治斗争决不矛盾。由于阶级矛盾的尖锐化,这样的政治斗争即使在西欧也不会很快就重新被提到首位。在各种群众性的无产阶级大型组织中进行工作拥有越来越重要的意义。在许多这类组织中左翼的战略是不可多得的,经验不止一次地证明:这种战略是在我们这个时期能够成功运用的。当然它只能在这样的条件下才能成功,即我们的党在运用这一战略时不再掩饰自己的共产主义面貌,我们党的坚定性随着它影响的群众越来越多而只会增强。对广大群众不能进行机械的领导,应当把他们说服过来并在他们之中提高自己的思想威信。

我们的党并不经常懂得运用曲折迂回的方法领导群众运动;我们一些缺乏经验的同志常常有些害怕过分独立的左派运动和表面上的非党工作等等。他们有点害怕某种竞争并把这项工作看做是一种必须与之进行猛烈斗争的危险的机会主义。自然,有左派组织,也有"左"派组织,例如,在萨克森有所谓的左派社会民主党,我们应不应该同这个党友好？这个问题的思想本身就是荒谬的，因为这个党在向反革命社会民主党的方向蜕变。但是，同志们，有另外一些左派组织，例如德国的红色战士联盟、革命的工厂委员会等等，我们在其中进行工作是可能的，也是应当的。

我们非常清楚，这项工作孕育着严重的危险性，这一点是不应该忘记的。在进行这项工作时，我们应当学会**把高度的坚定的原则性与机动灵活的才能结合起来**。我们应当懂得，在进行这项工作时，经常有沿着斜坡滑向尾巴主义政策的危险。但是只要明确认识了这一危险，我们就可能不怕这项工作了。

同志们，我通过这些一般议论向你们说明我的看法之后，现在转而谈谈我们的**工会工作**问题。

首先谈谈一个专门问题。在我们队伍中，在某些地方，对工会工作有一种根深蒂固的错误观念，特别是在有革命工会的那些国家，其他国家也部分地出现这种情况。我指的是许多地方普遍存在着把**党**和**工会**混为一谈的情况。另外一些同志尽量地吸收工会参加政治活动，当然，以适当方式这样做是值得表扬的。把工会的政治觉悟提到更高的水平，提高工会的革命积极性，都是必要的。但应当承认，力求把工会变成政党是错误的。有时以工会的名义提出一些政治口号，实质上纯粹是政党的口号，与工会工作毫无关系，因而加入工会的工人们看得出这些口号是脱离工会工作的。工会是党的预备学校，但绝不是政党。变革命工会为政党的任何尝试都只能使我们脱离群众，甚至在这种尝试获得成功的情况下，我们也只能得到蹩脚的代用品，而不是政党。尤其是在白色恐怖的国家里，一开始只要求工会在经济斗争和一切工会问题上具有极大的积极性已经足够了，在其他国家也是如此。最初不必要求工会具有纯粹的政治积极性，只要它们能正确地从革命观点出发，坚决地进行经济斗争就足够了。工人通常这样想：既然我参加了工会组织，我就在工会里讨论工资问题、劳动时间和一般劳动条件等工会性质的问题。既然共产党人毫无根据地要求工会掌握纯属政党的政治口号，他这样只能使自己与工人疏远。

我不打算在这里较为详尽地讲述**拥护工会统一的运动**。关于今后开展这项运动的方法问题，将在工会委员会上进行讨论。我认为需要全力开展这一运动，我们的组织不要局限于进行赞成统一的一般宣传。应当使我们的工会工作任务**具体化**，这是非常重要的，也是非常必要的。可以说，我们需要专门**制定工会工作的战略**。这一点不是所有的人都能理解的。某些同志往往满足于制定党的一般策略，但对工会工作的战略没有专门分析的提纲。同志们常常忘记第三次代表大会的决定，决定是这样说的：

"经常是只宣传共产主义的一般原则，而在碰上具体问题之后才采取庸俗的工团主义的否定立场，这样做很容易，但是毫无用处，这只能使黄色阿姆斯特丹国际的上层分子轻易得逞。

共产党人不应当这样做，应当根据我们面临的每个问题的具体内容来衡量自己的革命立场。例如，不要满足于根据理论原则去反对工资合同，首先要争取使阿姆斯特丹的领袖们提出的工资合同拥有具体的内容。应当谴责并坚决反对一切束缚无产阶级战斗决心的企图。大家知道，资本家及其阿姆斯特丹的仆从们抱定的目的是，借助工资合同捆住战斗工人的手脚，因此共产党人的义务是当着工人的面揭穿他们的目的，但如果同时提出不束缚工人手脚的工资合同的话，共产党人一般会轻易地揭穿它。对工会所属的互助储金会和其他辅助机构应当采取同样的立场。"

如此等等。

不言而喻，对于工会来说，这是基本常识，在这里没有必要加以重复。然而我有这样一种印象，似乎在我们的工会工作中，这种常识并没有深入到我们积极分子的思想中,我觉得我们过于喜爱共同点了。在第三次代表大会上所讲的,其中某些部分当然已经陈旧,不是特别适用于现时期。所有这些都需要具体化。

进入具体实施过程,我们就接触到**合理化问题**和我们在这个问题上的实际纲领。这方面我还要说几句。在分析这个问题时,我得出的结论是,我们不能对资本主义国家中具有生产合理化性质的一切措施不分青红皂白地一概反对。不过在资本主义国家中,一切生产合理化的措施都是"资本主义合理化"的措施,因为这些措施是为了提高资本的利润率而采取的,同时也是在资本主义企业中推行的。我们要向资本的一切进攻、向恶化劳动条件和无产阶级状况的一切企图宣战,不论它们打着什么幌子。在资本主义发展初期是不能这样说的,因为那时资本主义的发展呈现出一片繁荣的景象。现在的情形不一样了。因此,要反对资本的一切进攻,反对通过资本主义合理化使劳动条件和无产阶级状况恶化的**任何做法**,我再说一遍,不是要反对任何生产合理化,而是要反对那种使工人状况恶化的生产合理化。至于不使工人状况恶化的技术上的完善,这在资本主义国家中与我们无关,我们对它们既不赞成,也不反对。

社会民主党的领袖们有意在推行资本主义合理化的条件下帮助资本主义,他们有意帮助渴望粉碎工人的反抗并尽可能悄悄给工人套上新的枷锁的资本家。由于合理化在大多数情况下等于直接或间接地向无产阶级进攻并引起工人的反抗,客观上它就起着革命化因素的作用。资本家希望抵制工人的反抗,他们一方面采用把无产阶级分裂成从业工人与失业工人的做法,另一方面采用安抚从业工人和失业工人中的不满分子的做法。社会民主党领袖首先是工会的官僚,全力帮助资本家毫无障碍地大批解雇工人,尽力安抚失业工人,使他们脱离在业工人,同时又劝导从业工人对资本主义合理化采取宽容的态度。这是如何做到的呢?社会民主党为此采取了什么办法呢？首先它缩小或者完全否认资本主义合理化对工人有害的方面。我们则相反，应当使每个工人在这个问题上认识事物的真正本质。其次，社会民主党人企图以臆造的经济必然性来证明资本主义合理化是正确的，同时又力图以虚幻的斗争来转移无产阶级的注意力，在合理化受害者中间制造分裂。《前进报》说："生产合理化的结果使无产阶级遭受打击：工人遭到解雇，多余的行政管理人员却没有被解雇，有时这样的行政管理人员还会增加。这就是为什么社会民主党要求在解雇工人的情况下缩减行政编制的原因。"十分清楚，这只是诱使工人离开正确道路的一种诡计。工人从社会民主党人的这种要求中得不到任何好处，这只能把他们弄糊涂。不言而喻，如果我们的同志提出这种"激进的"要求，坚持在每次解雇工人时也要解雇相应数量的行政人员，这将是荒谬的。我们反对解雇工人的**任何做法**，我们反对使工人状况恶化的任何做法。当社会民主党人指出，在生产中不降低生产成本就不可能保证利润率时，我们回答他们说：你们和你们的主子们爱怎么节约就怎么节约吧！你们可以通过解雇经理或者其他途径去节约，但不能靠损害工人来节约，我们要为反对这一点而斗争。

社会民主党的另一个论据是：工人应当承受牺牲，因为这有可能改善他们今后的状况。不错，现在部分工人被解雇，他们还会被雇用的。我们应当揭露这种论据的虚伪性。我们应当明白地告诉工人，他们今后仍受到被大批解雇的威胁；资本主义前景似乎仍是一片繁荣的论断是彻头彻尾的谎言；社会民主党人关于资本主义似乎仍然能够改善工人状况的论断，也不过是一种欺骗而已。所有这些都要用事实向工人证明。此外，我们还应要求扩大工厂委员会的权利。例如在德国，我们可以坚决要求给予工厂委员会以调查合理化措施对工人有什么害处的权利。我们应当争取工厂委员会享有这种权利。

不应当认为，我们在合理化问题上的斗争将不费吹灰之力。社会民主党已经学会随机应变了，它并不局限于在自己的报纸上要求工人为了资本主义合理化的利益作出牺牲。现在社会民主党为了装饰门面也开始开展缩短工时的运动了。我们在工人面前揭露社会民主党开展这场运动的真正意义还不够。当然，我们首先必须参加工会方面的一切真正的群众运动，这是最重要的。在某些国家里，这仍然是我们工作的薄弱之处。

最近我们同不久前来自中欧的一位同志交谈，他在那里会见了许多非党工人，他们不知道他是共产党员。他们问起工人们对共产党员的看法，回答几乎都是一样的。工人们说，是的，共产党是唯一为了工人利益进行斗争的党，从总体上看他是正确的，但他们根本不考虑实际的政策。同志们，这有点儿夸大，不过不可否认的是，我们在很多方面没有经验，这种状况在实际工作中是要根除的。

现在讲讲我们的群众工作的其他方面——关于工厂委员会、合作社、体育组织以及在女工中和其他方面的工作。你们都知道，我们对群众工作谈论得很多，我们曾通过了一份很长的正确的决议，但决议贯彻得不好。难道我们需要把这些旧的决议重新拿去表决？为从根本上推动这方面的工作，应当怎么办？我希望你们就这个问题发表意见。你们都是从那些必须推动这项工作的地方来到这里的，你们应当知道，是什么阻碍着这项工作，为什么我们的决议如此难以贯彻，决议本身是否需要修改；我们各国的党或其中央委员会可能对这方面的工作的意义估计不足。我认为，至少**在无产阶级妇女群众中**的工作情况恰好是那样。我敢断定，我们党对自己工作的意义估计不足。这当然不是有意的，也不是原则性的——谁也没有表示反对这项工作——但实际上这却是我们工作的弱点所在。我想问问你们，同志们，为了吸引女工投入一般的群众性运动，为了使她们能受到我们的影响并使她们积极在工会和企业中活动，即便是我们在资本主义国家优秀的党，又做了些什么呢？好吧，请向我们具体指出，在这方面做了些什么？假设我们听说某个共产党从上一次扩大全会以来，吸引了哪怕只有二三十个非党女工投入革命工作，她们现在正在妇女群众中进行切实的工作，这已经算不了什么成绩了，因为数量的确太少，但这倒是很具体的。然而，我们能不能有信心地说，各国都已经做到这一点了呢？我想，不能。

青年运动是我们的希望。扩大全会以后我们需要认真讨论青年问题。在当代青年运动方面，我不是悲观主义者，但也不是乐观主义者。我们在青年中的工作陷入过分狭窄的范围之内，在许多国家里这种运动具有纯粹的共产主义性质。但有一点无可怀疑：现在我们的青年运动对非党青年的吸引力太微不足道，对他们的号召力太小。

我想把德国的红色战士联盟称为非党组织和同情我们的组织的典范。颇具典型意义的是，即使在捷克斯洛伐克，党在其他方面也证明自己是善于开展群众工作的，而类似的组织是缩手缩脚（指非常刻板的民兵队伍）；捷克斯洛伐克的组织不能与德国的红色战士联盟相比，许多同志迄今为止对51%的领导权不在我们党员手中的非党群众组织仍然不信任。这无非是不大相信群众在革命地区向左转。另一方面，如何解释对国际工人救济会这样的组织的不信任呢？同志们，这种组织是必须的，还是多余的，我甚至不相信，在座的同志们对这个问题能给予明确的回答。在我看来，这个非党组织已经以自己卓有成效的工作证明了自己存在的权利。我们不妨向国际工人救济会学学吸引非党工人的方法。不言而喻，从我们的角度不难找出国际工人救济会工作中的错误。工作得多，难免要犯错误。何况这个组织并不是共产主义性质的组织，很自然，它也有些机会主义倾向，但总的看来，国际工人救济会的工作是有益的，必要的。

反革命报纸中的佼佼者《前进报》不久前提出了一项倡议，不妨联系上面所说的情况谈谈这项倡议。在"检查衣柜"的标题下，这家报纸向德国工人贵族、首先建议"生活在一定程度上有保障"的人，让他们检查一下自己的衣柜，把多余的衣物捐给失业工人。《前进报》同时还指出，应当抛弃喜欢保存和收藏东西的小资产阶级习惯，要知道，由于"时尚的更替"，储存的东西很快就会成为无用之物。由此它进行起政治说教来：

"要趁热打铁。我们的状况（我们是挣工资的工人）有时使我们社会民主党人感到有义务帮助那些挣不到工资的工人，贫困现象是惊人的。假如共产党人对我们互相帮助的号召进行阴险的挖苦并提出给失业者家庭以新衣服而不是旧衣服这种激进的要求，我们不应当因此而糊涂，因为归根到底旧大衣终究比只存在于决议里的期望中的新大衣好些。"（笑声）

是的，同志们，这是很可笑的，但不应当对这种鼓动的意义估计不足，这种伪装起来的反革命鼓动的主要意思总是这样：共产党人只是在贫困问题上唱高调，而我们是帮助贫困者的，我们为他们做了点事情，我们应当使工人识破这种谎言。无须说，写出那种文章的社会民主党人根本不打算帮助穷人。他们只想**表明**，他们做了点儿事情。上面提到的《前进报》的号召，目的在于引起工人对社会民主党"慈善委员会"活动的注意。一年前，德国社会民主党组织了这个委员会，与国际工人救济会进行竞争。当然，国际工人救济会拥有深厚得多的基础，它的基础也更为坚实，倒是德国社会民主党的上层分子对国际工人救济会的工作有应有的理解，看来也作出了应有的估价。这就是为什么它要采取反措施的原因。很遗憾，作为对手的社会民主党人，比起有些共产党人来，更了解国际工人救济会的工作。

各种统一战线机构，像意大利的"鼓动委员会"那样，其中有共产党人、非党工人和改良主义工人共同工作，它们早已存在（绝大部分是工人发动之后成立的），在一些国家内，这种统一战线机构网已在发展，尽管发展得还不充分。我们应当大力促进这一发展，当然，我们不仅应当保持我们党的独立性和共产主义面貌，而且要经常有意识地和始终如一地**执行**我党的革命路线。德国的极左派谴责共产国际执委会在执行新的路线，有成立左派集团和左派联盟的倾向，他们认为这就是要消灭共产党。我们应当以实际行动驳倒这一谎言。在非党组织和各种统战机构中，我们的工作越努力，我们的共产主义阵地就会越坚实。共产主义的阵地是绝对必需的。对于取消主义的行径，哪怕它还处于萌芽状态，我们也应当进行无情的斗争。我们所批判的德国极左派的领袖们，可**不是萌芽**，而是相当成熟的取消主义行径极为鲜明的体现。

在同白色恐怖和法西斯主义的斗争中，我们的地下党常常采取老一套的方法。资产阶级倒是已经学会了新方法，面对这一情况我们往往显得束手无策。无论是极左派还是右派，在同白色恐怖的实际斗争问题上都是完全消极的、无能为力的，这很有典型性。在我们的队伍中单个人的英雄主义是很多的。这本身即已证明，我们捍卫着富有生命力的伟大思想，但在同白色恐怖作斗争中，单个人的英雄主义是不够的，需要吸收**广大群众**，动员他们去反对阶级敌人，特别是像在意大利这样存在着法西斯控制的群众运动的地方。到现在为止，意大利的法西斯主义克服了自身的一个又一个的危机，但今后它未必能够这样顺利地应付这一任务。如果由于某些情况的巧合，法西斯主义也许能够拯救资产阶级。如果它有时也能为资产阶级效劳，那么仍然不能认为，法西斯主义是资产阶级统治的正常制度。

如同掠夺不是生产方式一样，法西斯主义不是国家政权的长远形式，法西斯主义是不安定的、不断制造内战的罪魁祸首。但是资本主义生产需要安定，相当一部分意大利大资本家需要安定的愿望与法西斯主义的政治需要之间的矛盾，可能很快会演变为法西斯制度的严重危机，考虑到我们运动的加强，尤其会如此。墨索里尼已经走到不得不自戕的地步了。

在白色恐怖的其他国家中,我们的任务也是组织群众运动反对恐怖制度,因为只有通过这条道路我们才能前进。在这些国家中,在社会民主党直接或间接支持白色恐怖的国家中,我们的任务就可能比在意大利更困难。全体工人甚至对反对白色恐怖、反对挑拨者和暗探的立场也不是很清楚的。这通常是完全可以向无产者解释清楚的,我们却没有在作充分的解释。我们以波兰为例,每个在车床旁劳作的工人是否都清楚,跟踪共产党人是刽子手的可耻勾当。至少不久前还有人对我们讲,在那里,不是全体工人都明白这个问题,而且在企业中还有这样的波兰共产党的拥护者,他们甚至认为帮助警察局的暗探监视我们的同志是一种光荣的事业。

只有调动群众的积极性,才能使他们摆脱恐怖的影响。为此必需提出能够在当前形势下动员群众与白色恐怖进行斗争的局部要求,而且群众运动的开展应当采取政府不能轻而易举地阻止它的那种形式。我想从意大利的生活中举一个例子,最近在意大利举行了反对法西斯主义的巨大示威,为英国矿工募集捐款;从表面看来,这次运动与反对法西斯主义的斗争毫无联系,然而群众通过独立的发动,在一定程度上感受到了抗议法西斯制度的最实际的需要,共产党又在最有利的时机提出了支援英国矿工的口号。这次支援运动发展为真正的群众运动:短时期内在意大利募集了20多万里拉,这个数额比其他资本主义国家里募集到的多得多。这一事实给人以法西斯主义受到某种政治震动的印象,它推动群众进一步斗争。为矿工募捐之后,我们党又组织了为《团结报》募捐的活动,甚至许多农民也自愿支援这次运动。而且,当我们的同志向捐助者保证不公布他们的姓名时,他们往往回答说:"不,请在我们的报纸上公布我们的姓名吧,我们不是胆小鬼,我们决心表明我们支持共产党"。这是反映群众情绪的一种征兆。

每次在这种形势下，应采取怎样的主动性，需要提出什么样的口号，以便动员群众去同白色恐怖进行斗争，把群众团结到有一定广泛性的组织或战斗运动中来，通常都难于解决；而且这个问题也不能只从理论上解决，甚至我们队伍中受害者的葬礼也可以为这种群众性动员或者提出拥护民主自由的要求提供理由，政治诉讼案也可能作为组织群众运动的适当理由。

迄今为止，我们仍不善于相当广泛而有力地展开反对挑拨者和暗探的斗争。无论在白色恐怖国家，还是在其他国家中，迫害我们的挑拨者和暗探既有帝国主义分子，也有王国和共和国的人。我们采取什么措施来反对迫害呢？我们多少还会利用必要的秘密工作在白色恐怖的国家里进行自卫，这是事实，但是我们并没有组织反对反革命的挑拨者和暗探的群众性斗争，然而这恰恰是应当组织的。比如我们能够在企业中、在一切群众性的无产者组织中根据自愿开展反对暗探和挑拨者的真正的群众运动，这是极其必要的。如果他们只是迫害我们，如果暗探无论在什么地方也不会受到道义上的追究，他们就容易得逞；而我们就很困难。必须唤起群众使他们反对革命刽子手的情绪达到这种程度，使这些人无论在什么地方出现，都害怕遭到揭露，害怕招致群众的愤怒。

我认为共产党人应当在国际革命战士救济会队伍中沿着这样的方向活动，使这个组织的有价值的工作在宽广得多的范围内开展，并采取更为灵活更富于弹性的形式。

现在我想在一定程度上讲讲涉及**我们最重要的几个支部**在无产阶级广大群众中进行工作方面的经验、成绩及错误、缺点和弱点的问题。

我首先讲**德国共产党**。德国共产党在赔偿前王公财产的问题上争取全民投票时是否犯了一些小错误，对这件事我了解得不够确切，但运动的最重要的方面我是知道的，应当说，我不想在这方面批评德国共产党。党组织的这次运动取得了辉煌的成绩。怎样才能在资本主义相对稳定、群众情绪十分消极这个最不利的时期开展群众运动，这是一个有目共睹的范例。在运动过程中，德国共产党上升到广大群众运动的领袖地位，同时也提高了群众的革命意识。因此我们共产党的影响和威信大大提升。我有这样的看法，不论德国党在这次运动中犯了哪些错误，我们资本主义各国的党都能够从这次运动中学到很多东西。这次运动从政治上检验了党的力量。至于运动的后续进展，对运动成果的利用并不是很好。不妨举个例子，《红旗报》提到首位的口号是号召社会民主党工人"退出社会民主党，参加共产党"。这当然是好事，但并不那么简单，在一定程度上群众还没有成熟。全部问题就在于如何加速群众的成熟过程，使他们能够认清这个口号的意义，但是当时提出这个口号与形势还是不相适应的。

筹备劳动者代表大会也是很好的思想。9月9日民族主义者机关报《伯尔津报》在一篇文章中对我们的攻击再好不过地证明：德国共产党中央的这一倡议是正确的。

不用说，作者讲了许多胡话，然而这个恶棍又表明，他是很清楚问题的实质的。而《前进报》一直企图对劳动者代表大会保持沉默，这一事实表明，社会民主党的领袖也明白这是怎么回事。但是我们的党中央却仅仅指定共产党员为代表大会的报告人。诚然，这一错误后来就得到了纠正。尽管我们竭尽全力表示拥护，但这个错误未必是偶然的，它是我们党在这方面还很薄弱的一种表现。

但是党的弱点更多表现在工会工作中，而不是在这些小错误中。在我看来，工会工作是德国党最薄弱之处。这个问题在德国问题委员会中还要讲到。很清楚，在这一点上必须使现状发生根本变化，否则德国共产党根本不能前进。党在工厂委员会中的工作是卓有成效的，它在红色战士联盟中工作得很好，在工厂支部的基础上进行的改组也比其他党进行得好些。这反映出一个事实：在许多城市中，党的支部确实存在并在工作和斗争着。这是巨大的成绩,德国共产党在群众中的威信的增长,也表现在萨克森州最近的选举上,特别表现在基层选举上。德国共产党在自己的工作中表现出巨大的能量和主动性(这是它强有力的方面),它已具有相当的战斗经验,这个党的布尔什维克化水平总体上是较高的。但对这样的党也要提出更多的要求,对它的要求应比对其他许多党的要求多得多。它一刻也不应当忘记,与德国社会民主党相比,它还太弱。为了克服这个缺点,需要解决的主要任务就是使共产党的工会工作深化。关于党的报刊及其缺点,我将另作详谈。

对**捷克斯洛伐克共产党**的群众工作我再讲几句。捷克斯洛伐克党是真正群众性的党。首先,它在选举中获得了较大的胜利。事情还不仅如此,例如,它同法西斯主义进行了有力的斗争。它没有以抽象的宣传来进行这种斗争,而是善于利用具体的口号使斗争开展得普遍而有成效。在斗争中它暂时地——当然并不是彻底地——从政治上打击了法西斯运动。此外,它还善于在民族矛盾问题上采取正确的方针,在捷克斯洛伐克这样的国家里,这也并非轻而易举的事情。

但是捷克斯洛伐克党也有缺点:在工会工作方面,它与没有参加红色工会组织的群众远没有取得应有的接触。无论是捷克斯洛伐克的工会组织,还是党组织,都显示出某种沉重和停滞状态,此外还苦于政治上的发展有些不足和缺乏积极的干部。支部生活开展得也不够,各种群众组织中的党团工作则远不能满足愿望。

法国共产党最近在争取群众转到自己方面来的事业中也取得了成就,这是无可争议的。它在群众中的影响增长了,但是我们的印象似乎是,与其说这是党的功劳,不如说这是特别有利的环境使党取得了成就。法国的阶级矛盾非常尖锐,然而无产阶级还缺乏战斗经验。不错,我们党在巴黎无产阶级中起着领导作用这一点不应低估,这种情况其他资本主义国家还没有过。但是,通过在群众中的日常革命工作从政治和组织上巩固这种状况——我们党还不大能够做到。很可能它过分片面地热衷于选举斗争和议会工作，此外，中央委员会与周围组织之间的联系，看来还十分薄弱。一些同志断言，最近在改组时党失去了部分党员，而另一些同志对此提出异议。确切情况则谁也弄不清楚。可见，党员的数量有些不稳定，这也是党发展程度不高的表现。在确定党员准确数量方面，出入是相当大的。

在法国，我们有比较强大的同情工会的组织，但这种组织的活动在罢工运动时很薄弱。群众中存在有利于统一的积极情绪。许多改良主义工人参加过全国统一总工会的会议。因此，对红色工会组织不抱成见，因而也不敬而远之。不过应当在实际中更好地利用这种有利于统一的情绪。这里进行广泛的宣传没有用处，这里需要学会实际上扩大有利于统一的行动。这个问题还应当在工会委员会里进行比较详细的讨论。

意大利共产党最近实际上经受了革命工作的高等学校的锻炼。除法西斯党以外，共产党是现在意大利最强大的党。它在很多情况下顺利地在群众中运用正确的统一战线策略。对此可以举出许多例子，但我们不能在这里公开叙述。意大利共产党在最困难的环境中取得的成就表明，意大利的同志最切实地掌握了革命工作的艺术。

英国共产党在迅速发展。这个党在发展过程中的第一项显著成就，就是组织了党报的出版和广泛发行。党以其卓有成效的工作证明，共产党的报纸就够在短时间内真正得到广泛传播。英国共产党的另一项重要成就是，由于共产党员在工会中的工作，它在工会中组织了反对派，几年之内，英国共产党人与少数派运动一起在工会运动中建立了牢固的阵地，成功地进行了革命工作。英国党的第三项成就是，它在今年开展了矿工的罢工斗争。如果说，除了罢工时期共产党的工厂报纸所广泛传播的事实以外，我们一无所知，那么仅这个情况就足以出色地证明这个年轻的党的战斗力了。敌人对英国共产党的看法怎样，你们可以根据改良主义者在近几天内公布的电文中对共产党的论述来判断："假如共产党人不'妨碍'我们，那我们早就为扑灭罢工而在矿工中取得多数了。"敌人的这种看法倒真能使任何一个共产党为自己的工作而感到自豪。

但是我们的英国党还不是群众性的党，它还应当作较大的努力，而且英国党要作自我批评是有根据的。我们有这样的意见，党最近犯了许多错误。这些错误应当在全会的英国委员会中进行比较详细的讨论。不错，只有什么事也不干的人才不犯错误，但我们每一个人有义务在犯了错误之后进行自我批评。几周以前在执委会致英国党最近一次代表大会的贺电中，我们必须讲几句话提醒它注意自我批评，但英共中央在中央机关报上公布电文时却忘了发表这几句话。我想对英国同志说：你们看，我们热爱你们，你们的成就和你们党除错误之外的一切，对我们都是宝贵的。我想提醒英国同志：当心，别无视自己的错误。自我批评是每个共产党的义务。

对斯堪的纳维亚各国共产党再讲几句。瑞典党虽然在最近的基层选举中取得了成绩，但也有过多次失败。在许多工会中我们党对群众有不小的影响，但这种影响扩展得十分缓慢。我们的敌人还很强大，他们竭尽全力要使我们的成就化为乌有。最近他们开始开展工会集体加入社会民主党的运动，因此瑞典社会民主党想让有利于在瑞典统一起来的工会左派运动根本不能进一步发展，它想禁止所有加入社会民主党的工会参加统一运动。我们看到，困难是巨大的，而且我有这样的印象，似乎我们党在这方面并没有做到我们能做的一切。

在挪威，我们党积极参加了各种大规模的经济搏斗，但到现在为止在扩大党的方面，首先在从组织上巩固党对广大群众的影响方面，取得的成就还是微不足道的。

特兰美尔派善于玩弄手腕，想使我们党的工作成果化为乌有。我们党内部缺乏统一，在一定程度上妨碍了党的工作，使党不能集中全部精力进行争取群众的工作。

同志们，因为时间已晚，我不得不尽量压缩我的报告的其余部分，有些问题我们可以在委员会中更为详细地进行讨论。

在处于地下状态的共产党的工作中，我们仍旧可以说有点固步自封，这是我们应当克服的。在许多情况下产生这种现象的部分原因在于，没有经验的同志不明白应当怎样正确地开展秘密工作。需要的不是糟糕的秘密工作而是更为智慧的秘密工作。由于秘密工作开展得不好，一些党遭到巨大牺牲。秘密活动的进行不应当是这样：人们一般看不见我们的工作，我们工作的影响几乎在哪里也显不出来。为了更好地利用合法条件，我认为，需要改革某些处于地下状态的党的工作。至于怎样完成这项工作，让有关党的中央委员会去讨论吧。

我们**共产党的报刊**几乎都有革命普及性不大够的通病。诚然，我们有**革命的报纸**，但这样的报纸不够普及，另一方面，我们也有普及的报纸，而革命性又不够。例如《人道报》最近比起以前来已经普及得多了，但它试图在某种程度上以耸人听闻的消息取代革命的普及性。德国的《红旗报》有自己的长处，例如，它表现为报纸有革命的活力。但与此有关的弱点是：单调的警钟声使人厌烦。不久前在《红色权利报》上发表的论奥托·鲍威尔的演说的著名文章所犯的那种极其重大的错误，在我们的报刊中一般是很少见的。但这却是个征兆，它表明党中央和报纸编辑部之间没有足够的紧密联系这一毛病相当普遍。这个缺点几乎到处都可见到。事实证明，中央委员会对现时期报刊的意义是估计不足的。假如报刊受到较高的重视，而且最著名的党的领袖经常为报纸撰稿，情况就一定会不一样。现在撰稿任务几乎全部落在编辑身上，而大部分编辑与企业工人的联系很少，因为他们埋头于自己单方面的专业工作，各方面都应当改进党中央和报纸之间的联系。

美国党的中央机关报在某个时期内几乎只刊载共产主义提纲，在中央的最近一次会议上编辑部作了 32 条自我批评。(佩珀从座位上站起来说:"编辑部是对的!")

编辑部甚至有点夸大自己的过错。现在报纸真正有了某些改进,但还是不够。党中央建议报社从芝加哥迁往纽约。对此我还没有确定的意见,但我担心,如果《工人日报》不把编辑工作做得更好些,它在纽约也不会广泛普及。

我们也应当更加注意我们的非党报刊,甚至对讽刺杂志之类似乎不很重要的报刊都要加以重视。我们党还不会正确地利用这些报刊。成功的讽刺杂志有着重大的意义,但这类杂志很少有几期是出色的。德国非党的《工人画报》的成绩最好不过地证明了工人画刊的意义。如果捷克斯洛伐克党中央要求在捷克斯洛伐克不要广泛发行这份每周出版的画刊,以避免它与党的出版物竞争的可能性,那么我要说,我们的党应当把自己的出版物编辑得更好,使它们能够经得住竞争,对这类事物是不能建立保护关税制度的。出版物的销售似乎是很简单的事情,然而我们党对这件事却组织得不够好。遗憾的是,我们的出版物经常不能投到读者手中。大家知道,在工人运动初期,许多伟大革命领袖常常亲自销售自己的报纸,站在街口或挨家挨户分发报纸。在座的片山潜同志也曾在美国街头卖过自办的报纸,为此我们向他致敬。当然,现在时代不同了,但我仍然要号召我们的青年更好地组织共产主义出版物和报刊的销售工作。应当承认,这项工作是革命的,同时又不是革命的最终任务。如果我们用老办法不能改进出版物的销售工作,那就采用新办法,建立代销网、设书摊等,总之必须实现这项任务。可以断定,德国在这方面是会取得一些成就的。

提高各国党的理论机关报刊的水平也是我党的重要任务。我们党的大多数理论杂志没有系统地遵循一个统一的方向,而成为多少有些偶然性的论文汇编。我们国际性的机关报也有这一大缺点。不久以前我们着手改进我们的杂志,这一工作将继续进行。我们的党也应当从事这项工作。有鉴于此,我们党有责任更加注意从理论上,无论是从基础理论上还是从更深一步的理论上来培养干部。我在这里首先表示赞成办短期训练班。

我们各国党在工厂支部的基础上进行了**改组**,这项工作是正确的。由于这项措施,各党几乎都取得了较好的结果。但是在某些国家,首先如法国、斯堪的纳维亚和美国,我们还面临巨大困难,有待克服。不言而喻,需要对这些困难作详细研究,但是如果有人说,我们不可能建立生龙活虎的支部,那么我们就应当回答,即使在比现在困难得多的条件下,这也是可能的。

我可以向你们指出:在白色恐怖的国家的某些地方,甚至在监狱里,建立了发挥很好作用的支部,它们定期出版报纸、定期印刷工人通讯等等。如果有人反驳我说。这些"生产支部"的参加者,至少不会受到"被解雇"的威胁。那么,我可以告诉你们,情况并非如此:要是他们在做支部工作时被发现,通常就要失去自己在监狱工场的位置。建立生产支部并开展经常性的支部工作是可能的。对此不需要很多的经验,我们的同志往往就是不懂得怎样进行工作,所以还应当更加重视培养指导员的工作。

同志们老是抱怨缺少党的工作者。可是在许多情况下人手不够是由于我们不善于正确合理地组织和分配工作造成的。例如,**工会党团**进行着工作,但党团的核心组的工作可能过于繁重。因为直到制定决议草案之类的所有的事,几乎都得亲自动手,以致它除了审批决议并通过自己的代表宣布决议以外,就干不了什么其他工作了。这是不对的,领导机关应当指导工作,党团则应当完成工作。如果在党的各办事机构内的党团执行任务时与工人没有活生生的联系,那么党团就会消亡,办事机构也就会官僚化。

在广大群众中较好地开展我们的革命活动，几乎是我一直强调的任务，不言而喻，它与加强**党内团结**的任务并不矛盾，相反，它以后面一项任务为前提，要求最为坚决地加强党内团结。

在党内讨论党的正确领导问题的过程中，我们往往见到两种情况：反对派倾向于从形式民主的角度批评现在的中央，而中央则又表现出甚至对自己的真正官僚主义错误或者已有的官僚主义萌芽都要加以袒护的倾向。但是一旦反对派占据了中央，党的前领导成了反对派，那么角色就换人了。我只提出一个最为明显的例子，当鲁特·费舍占据德共领导时，她通过自己的集团推行不折不扣的官僚主义制度，对每个提到"党内民主"一词的人都扣上机会主义者的帽子。但只要是她一旦变成反对派，就立即要求建立尽可能广泛的党内民主。这自然是相当少见的极端情况。这类事实的出现，老实说，一百年才一次。（笑声）但是，没有这么厉害的类似情况现在也是常有的。

还在1921年我们就说过，我们从过去的工人运动继承下来的原始过失就是一些二重性的残余。在我们一些党内，有积极工作人员，也有不少消极的党员，后者只出席会议、交纳党费，不从事任何党的工作。列宁说，这种二重性倾向以及与此有关的对待党的任务的形式主义态度，在一定程度上是由于资产阶级的包围而产生的。我们的任务是尽可能根除这种二重性和形式主义的一切残余，因为无论是官僚主义倾向，还是形式民主倾向，都可能在这个基础上发展起来。怎样才能克服这些倾向呢？综合的解决办法只能是团结党中央及各个机构内的有不同看法的同志，以便紧密地、积极地、切实地进行合作。如果我们在实际执行党的任务中不仅进行讨论而且每天都相互合作，那么我们就能比较容易地消除分歧，摆脱异己趋势，结束一切不必要的派别斗争。

有没有不必要的派别斗争？是的，有过这样的斗争。我不是说，一切派别斗争只有否定的方面。这显然是夸大其词。党的路线往往在派别斗争过程中才明朗化。在某些情况下党甚至不可能以别的方式前进。如果党中央犯了很大的错误，例如，像1923年秋德国所犯的错误那样，就可能出现这种情况。在这种情况下，客观上党不可能沿着普通的直接的发展道路前进。但是绝对没有必要使党的发展永远沿着矛盾的产生和斗争的"辩证"道路前进，可惜很多党经常地甚至十分经常地干脆按黑格尔的三段式发展，即给中央委员会提出反题、正题和反题斗争，最后——来到了莫斯科，而且在这里实现了合题。如果经过一段时间，人们对着光仔细看看这个新的正题、这个卵，那么就可以断定，其中已有不大的新的反题的萌芽。这时，还没有任何人料到新萌芽的存在，还没有任何人知道它能否发展，它是否受过精。在大多数情况下，辩证法却就在这时重新开始。

同志们，在资本主义社会的历史中，辩证法是极好的东西，我们应当加以利用。然而使我们党的内部发展总走这一条路是不适当的。我们应当竭尽全力帮助我们党沿着直路发展。我们应当帮助各国党的中央找到发展的捷径。假如我们不是处在敌意的环境之中，假如我们没有受到利用我们内部斗争的敌人的包围，我们可能不会赋予这一因素以如此重大的意义，我们可能不需要如此强烈地反对派别阴谋。我们的工作总是因派别斗争而受到损失，我们经常付出代价，而代价是巨大的。必须千方百计地避免这种代价。

一般地说，我们应当采取各种办法提高我们党及其领导机关的威信。为了赢得对非党群众的影响，这是必要的。

联共（布）党最近通过消除党内斗争，完成社会主义建设各项任务，再次在共产党应当怎样起作用方面，为我们提供了范例。当然，谁也不会这么想，现在就要求我们各资本主义国家的党都具有联共（布）党那样的布尔什维克式的活动能力，但我们应当以联共（布）党为榜样，沿着这个方向努力发展我们的党。

我们国际工作的一个弱点仍然是在国际和各个国家之间的**联系不够**。我们在历次人民代表大会上都讲过这个问题。应当承认，如果在很多个别情况下这种联系已有所改进，那么它们仍然是很不够的。我不是说，这完全是各国支部的过错，错误经常在于我们这个机构。我们还不善于安排工作，使我们与各党能建立更好的联系。如果以前我说过各国支部有自我批评的义务，那么自我批评对我们这个机构，对莫斯科也是必要的。

还有一个意见，我们国际的决议以及各国党历次代表大会的决议和中央委员会的决定**没有得到应有的贯彻**，这是任何一个同志也不能否认的事实。我们代表大会和共产国际扩大全会通过了这么多出色的提纲和决议，但其中很多未能充分贯彻。老实说，应当研究这个问题并准确地阐明，怎样才能切实实现通过的决定。这个警告的目的，在于提醒各国支部要坚持不懈地贯彻国际的决定。如有可能，我们的决定应当写得更短些，形式更集中些。为了更好地贯彻决定，还必须在各地对决定的执行情况进行应有的**监督**。列宁经常说，通过决议还不够，还需要监督执行的情况，从而需要这样来安排工作，以便对决议的执行情况尽可能自然而然地进行检查。这对于我们的工作是必要的。如果做不到这一点，我们的决定就不能始终如一地得到贯彻执行。

最近我们取得了较大的成就，但也遭到过失败。尽管我们的工作有许多弱点，但总的前景是美好的，我们应当学习在革命活动的各个领域中更好地工作。列宁在这个大厅的最后一次演说中说，我们应当首先学习怎样将俄国无产阶级的经验适用于各个国家的具体环境。假如列宁还在世，我认为，他会十分严厉地、尖锐地批评我们的。他会说，我们应当更好地研究革命工作的艺术和革命斗争的艺术。但是，毫无疑问，他也会对我们革命工作取得的成就作出应有的评价。

我回想起列宁用小纸条委托数千名俄国党的同志办事的情况。委托的事情有大有小，常常是十分迫切的，在纸条上他常常写着：在两三天内完成这个那个，或者，今天就要完成这个那个，不管怎样，最后都要写道："**请告诉我完成的情况。**"同志们，这是常有的事。在实际工作中这是很重要的。重要的不仅在于执行，而且在于报告完成的情况。定期汇报完成情况不是监督工作的全部，但至少是它的重要部分。汇报制度不应机械地、公式化地执行，然而对每个接受委托的人都应要求报告完成情况。

同志们，请你们不要为我在这里提出的批评意见而抱怨我。我认为，批评我们的实际工作是我的责任。我可能在细节上有错误，但我的根本想法无疑是正确的。我想应当相信，列宁关于革命群众工作的主要指示，即关于提高广大工人群众革命意识水平的工作和为克服社会民主党和改良主义的反革命影响起见将这一任务具体化的指示，可以说，不仅已深入到在座全体同志的意识之中，而且也已深入到每个党员、每个党的工作者的意识之中。对于这一列宁主义的指示，我们应当在这里接受和证实，不仅要证实，而且要执行；不仅要执行，而且要检查它的执行情况。并在下一次会议上报告执行情况。（热烈鼓掌）

主席伊莱克：

我应当向同志们通报**克拉辛同志逝世的不幸消息。请斯克雷普尼克同志**宣读通告。

关于列·鲍·克拉辛逝世的通告

斯克雷普尼克（乌克兰）：

同志们，我受托向共产国际执委会全会发出哀告，哀告联共（布）党和整个共产国际遭受的一个沉重损失。今天夜间 4 时 40 分，联共

（布）党中央委员会、我党我国资深的马克思主义者之一、列宁早年的战友、苏联前外贸人民委员、苏联前驻英国全权代表，**列昂尼德·鲍里索维奇·克拉辛**在长期患病后与世长辞。

在1889—1891年间，在俄国马克思工人运动初期，列·鲍·克拉辛开始了他的革命工作。他先是在一些马克思主义青年小组内工作，并且是提高列宁格勒无产者阶级意识的第一批工作者中的一员。经过多年的地下工作，直到我党第二次代表大会以后，他被选进中央委员会，从那时起，多年来他一直参与党的领导。在与孟什维克分裂后的头几个月内，克拉辛同志作为中央委员进入多数派委员会常务局，为召开第三次俄国社会民主工党代表大会，即第一次布尔什维克代表大会进行了有效的工作，他被第三次代表大会选为布尔什维克中央委员会委员。克拉辛同志在运送党的文献、建立地下印刷厂、传播秘密的革命书籍等方面作了大量工作。此外，他还领导了1905年武装起义的准备工作。他精力充沛，用之不竭。地下印刷所一个又一个地成立，地下的非法的无产阶级布尔什维克的呼声——成千上万的传单、宣言、号召书、小册子和杂志——传播到全国各地，号召起义，唤起无产者的阶级意识。在1905年前的几年内，克拉辛同志准备第一次起义，那是当时俄国的第一次无产阶级革命斗争，工农联盟的初步基础就是在此时奠定的。在这几年里，克拉辛同志做了大量工作。在第四次和第五次代表大会上，克拉辛同志当选为中央委员并继续进行卓有成效的工作，在黑暗的反动时期，由于沙皇专制制度的迫害，他不得不侨居国外。在国外，克拉辛同志在德国发电站和发电厂工作。他作为我国一位杰出的优秀电气工程师，被沙皇专制制度召回到俄国电厂工作。他在列宁格勒继续自己的革命工作。

无产阶级起义胜利之后资产阶级政权被彻底推翻，工农掌握了政权，克拉辛同志在党内更加努力地工作，并作为红军供应非常委员会的成员，把自己的全部精力投入到对无产阶级赖以捍卫革命的我国武装力量的供应工作中。

然后他被委任为交通人民委员，又改任一个全苏最关键的岗位——外贸人民委员。当任务需要派一位苏联全权代表去英国时，这一职务又落到克拉辛同志的肩上。

在第十三次代表大会上，克拉辛同志又被选为联共党中央委员。在最近的第十四次代表大会上，党明确了对克拉辛同志的这种信任。

克拉辛同志是最老的列宁主义者之一，最老的马克思主义者之一，四十年如一日地在无产者中间进行工作。他多年与列宁共事，以极大的主动精神，以极其充沛的精力贯彻列宁的指示，对我国工人阶级的解放事业作出了卓越贡献。克拉辛同志现在仿佛站在我面前，就像我记得的最近二十年来和我一起进行革命工作时一样，忠贞不渝、精力充沛、主动积极是他的一贯特点。他的去世使联共党和整个共产国际失去了一位最忠诚的党员。我提议全体起立为他默哀。

（会议休会）

第四次会议

(1926年11月24日晚上)

主席：塞马克

讨论布哈林的报告和库西宁的补充报告

特兰（法国）：

我认为，自己有责任在扩大全会上针对有关国际形势和国际前途问题为我在法国里尔党代表大会上提出的那些论断进行辩护。事件的最新进程证明，我的观点是正确的，不应当把我的论断与因政治激情的驱使而对我那些论断所作的歪曲混为一谈，这里没有政治激情的地位。

时间极为有限，我决不妄想较为充分地估计世界形势。根据共产国际所作的分析和布哈林同志的报告，我尽量对这个分析在我认为必要的地方作点补充、作点更明确的说明和更正。

我希望这一次，不要像在里尔大会上那样，谴责我企图在一小时内阐明一切国际问题。

在许多论点上我的看法与布哈林同志的书面报告是有分歧的。但应当承认，从第三次代表大会以来布哈林同志的报告是对国际形势作了深刻分析的唯一文件。正因为这种严肃性，报告才具有了对它进行深入讨论的基础。

资本主义的稳定，需要准确地确定这一概念的含义。

稳定包括：

1. 在资本主义国家体系和建设社会主义的苏联之间已建立某种均势。

2. 资本主义世界已暂时克服了战争造成的部分困难。

许多国家的货币稳定；战时经济向和平时期的经济过渡已经完成；许多国家被战争破坏的国民经济靠损害劳动群众利益的办法已得到恢复；混乱的行情波动已让位给比较正常的行情波动等等。

3. 稳定也表现在从1923年10月起德国革命遭到失败后未经战斗就退却，此后任何一个资本主义国家里都未出现过的直接的革命形势。英、法、德、意这些欧洲大国的国内形势都是相同的。

这种意义上的资本主义的稳定已受到下列事件的冲击：总罢工、英国矿工的罢工、中国民族革命的发展、法国危机的加深、波兰发生的种种事件，等等。

稳定已受到冲击，但没有遭到彻底破坏。

对稳定的更加详细的分析促使我们对战后资本主义的现状进行评价。

世界形势的两极

目前对世界形势分析中的一个明显倾向是考察欧洲内部问题本身，以及这些问题与苏联的相互关系。

布哈林同志的书面报告几乎没有提到美国，因此报告的各个部分是不相称的。在布哈林同志所作的对世界局势的分析中没有给世界上最强大有力的美帝国主义以应有的地位，这一错误只是在提纲草案和布哈林同志的口头报告中作了小小的更正。

观点上的偏差和不正确的估价定会导致错误，为了避免出现这种情况,在制定总的政治路线时必须根据整个世界形势透彻分析**一切因素**。

同时,不应忽视极为重要的两个因素——力求联合全球一切革命力量朝着社会主义方向发展的俄国革命和美国的发展。

华盛顿是吸引资本主义力量的一极,同时也是帝国主义欧洲的强大对手,而莫斯科是工人、农民和殖民地群众走向革命的引力中心。如果要弄清事件的复杂进程,我们就不仅不应当忽视这两极,而且还应当非常仔细对这两极进行考察。

当你向积极工作的共产国际工作人员讲话时,强调莫斯科的意义和作用是多余的。

我之所以要坚定地指出美国的意义,是因为这个因素常常鲜为人知,其重要性和意义往往得不到恰如其分的评价,而美国在欧洲形势和全世界形势的发展中起着一定的作用。

欧洲和美国之间竞争的客观基础

我们亲眼看到有国际意义的两个过程在平行地发展着:

1. 在若干欧洲大国中,资本主义的稳定由于国内阶级斗争的壮大和殖民地、半殖民地人民的起义受到越来越强烈的冲击;

2. 北美利坚美国与英欧帝国主义之间的竞争总体上在增长并逐步上升到首要地位。

欧洲帝国主义列强对抗美国的联盟客观上已奠定了牢固的基础。

1. 北美利坚美国调整债务的结果,迫使欧洲资本主义国家在62年内成为纳贡者,这就使债务人针对资本主义利益时结成共同体,以便一致对付债权人。

2. 至今还局限于以资本充斥欧洲的美国,现在竭力巩固它在旧大陆上的阵地并建立自己的政治经济控制。与此同时,资本主义的欧洲也在力图加强反控制。

3. 但是，除了没有尖锐的革命形势之外，使欧洲和美国之间的竞争急剧发展变得完全不可避免的最强大的因素，就是美国工业与经过改组和提高产量的欧洲工业之间的竞争，这一竞争在世界历史上已发展到罕见的规模。

难怪在去年3月初美国商业和外贸主管部门的首脑克莱恩博士为此敲起了警钟。

美国及其国内发展过程

美国是强大的生产因素，它的实力在不断增长。美国农业每年生产80亿美元的粮食、棉花和土豆。全世界共计2500万辆汽车中，将近2000万辆是美国工厂生产的。1925年全世界生产了480万辆汽车，其中410多万辆为美国所产。1923年美国生产了3100万吨生铁和6亿吨燃料。美国煤的储藏量占世界的一半。美国铁钢产量占世界的3/5，铜占2/3，棉花占60%。

大量的产品主要为国内市场所吸收。美国本身消费自己的铁、铜、石油、大部分棉花和粮食。此外，美国还消耗3/4的橡胶，1/3的石油，5/7的天然丝，大量人造丝和500万吨糖。在1925年美国制造的364万辆小汽车中，仅出口了32.1万辆，320余万辆留在国内使用。几十年来，美国国内市场的容量每10年就要增长1倍，美国一亿居民的消费相当于欧洲五亿人口的消费。

为了增加美国国内市场容量，使之与国家工业发展的速度相适应，美国采取了一切措施。那里实行了受到关税保护的高工资制度，大力发展着长期消费信贷，有计划地降低税收。1920年税收为50亿美元，在其后的时期降低了大约2/3，即降低到15.9亿美元。国内债务数字不断下降，从 1919 年的 260 亿降到 1926 年的 195 亿。为了减轻公民的家庭负担，3500 美元以上的收入才征收所得税。最近法律责成股份公司将大量准备金交给股东，这也提高了他们的消费能力。农业信贷扩大了。美国每年花费 1 亿美元来支持"戒酒制度"，即强迫居民不得消费从欧洲进口的火酒、葡萄酒和啤酒，只能消费美国的工业产品，尽管有走私活动。

美国借助这些措施增加国内市场容量，并使国内市场首先吸收美国产品。这一整套做法是建立在严格的关税保护、欧洲偿还战争债务、带来大量红利的巨额资本输出的基础之上的，简而言之，是建立在对世界其他地区的大肆剥削之上的，而且剥削的全部后果最终都要由全世界劳动者来承担。

美国的大资本主义把这一经济政策上升为一种特殊理论，从而导致了福特制的产生。

与布哈林在提纲草案中所说的相反，福特制并不只是趋于完善的生产合理化。

生产合理化只是福特制的特点之一，除此之外，福特制还包含某些其他的东西。

福特制——就是生产合理化、流水线、降低生产成本、增加国内市场容量以适应生产发展的政策，归根结底，它是彻头彻尾的高工资和阶级合作的社会政策。

福特制是建立在美国剥削世界其他地区的基础之上的，但欧洲国家不可能大规模实行福特制。

国内市场的饱和与欧洲的竞争

但是欧洲和美国之间的相互关系有望发生根本的变化。

迄今为止，美国国内市场吸收了大部分本国产品，而出口，尽管就数量的绝对值而论不小，但在美国国民经济中它所起的作用是次要的，这好似推动本国产品的一种飞轮。

现在，既然采取了一切措施来增加居民的消费能力，很明显，国内市场正在接近临界点。

这个临界点一经达到，出口在迅速拉动本国产品的事业中将不再起**次要作用**，那时二者必居其一，或者由于没有销售市场，整个美国体制将会崩溃，或者美国的强大工业将不得不向国外市场倾销它的大量产品——品种合乎规格而且价格低廉。

我们现在以能够最显明地展示事物本质的观点来看一看这个问题。在美国，平均每五人有一辆汽车，正在建设的工厂预先就考虑到有必要为自己的工人建车库。汽车工业很快就不得不每年向国外市场投放二三百万辆汽车，否则它就要萎缩。而汽车工业的破产定会招致美国整个国民经济的破产。对于其他工业部门可以说，情况也是如此。仅仅由于各大铁路公司打算满足它们好几年内的需要的订货，冶铁工业可能会保持在一定的水平。

美国和各大工业国之间的竞争势必变本加厉

这两个集团到处互相斗争，不论在中国还是在南美它们都在发生摩擦。欧洲在不断扩大它的生产，它的出口虽然有些摇摆不定，但仍在不断增长。今年的世界贸易已达到1912年的水平。但美国出口比1912年多，欧洲出口比1912年少。英国的出口达到战前的3/4，德国达到战前的1/2，法国因通货膨胀超过了战前水平。

由于苏联这个拥有全球1/6的土地、给资本主义的商品自由交换造成障碍的国家的存在，欧洲和美国之间的激烈竞争更加剧烈；由于中国革命驱逐外国商人、资本家以及欧洲和日本的银行家，也使竞争加剧；由于殖民地起义此起彼伏，一个地方起义的火种刚刚熄灭，另一个地方（摩洛哥、叙利亚、印度、印度尼西亚、埃及）立即又更旺地燃起战火，使竞争加剧；大批殖民地日益增长的工业化和大垄断企业中的无产阶级越来越加强协调一致的反抗活动，拒绝为降低欧洲产品价格付出代价，也使竞争加剧。

尽管市场萎缩、劳动群众的消费能力下降，每个帝国主义，每个帝国主义列强集团仍在努力使它们的生产机器全速运转，为此，资本家先生们需要销售市场和廉价劳动力。

这是相互竞争的帝国主义体系之间的殊死斗争，斗争越来越尖锐地表现在我们眼前发生的改组过程中。但是无产阶级也会进行反抗，它不希望承担竞争或未来帝国主义战争的全部重担。如果无产阶级依靠苏联并在共产国际的领导下善于吸引农民群众和殖民地群众跟自己一起斗争，只有在这种情况下，反抗才能取得成功。当前的危机在资本主义制度内是无法解决的，但它迟早将由新的无产阶级革命来解决。

有一点是无可怀疑的：在苏联、中国民族革命、殖民地起义、英国罢工和英国无产阶级的反抗面前，资本主义的欧洲一定会意识到，不仅在对付反对它的革命力量方面，而且在对付大西洋彼岸的强大的帝国主义对手方面，欧洲各国有着共同的利益。

德国的重工业计划

受到彻底震动的德国资本主义首先考虑到世界现状并且非常清楚，它的唯一出路在于团结欧洲所有的帝国主义力量。

德国大工业明确地意识到，只有在德国资本主义开始鼓吹欧洲资本利益的共同性的情况下，德国的恢复才有可能。

这一计划早已在德国资本的幕后策划下酝酿成熟，只是到了1925年底才在《福斯报》上的一篇文章中透露出来，并引起了普遍的轰动。

埃德蒙·斯汀尼斯在这篇文章中论述了欧洲关税合并计划：一项法德协定应为这个合并奠定开端，而法德协定则应建立在这两国主要工业部门之间的私人合同的基础之上。

埃德蒙·斯汀尼斯坚持这种政策的最重要论据是什么？

他直截了当地说："关税合并是欧洲与美国进行经济斗争的唯一方法。"

这个计划并不是新的，但是它在1925年才第一次公开提出来。从1919年起德国资本的另一个巨头——雷贝格就是按照这个方向进行的谈判的核心人物。

雷贝格本人在不久前公布的1926年9月14日的信中泄露了这个秘密。

他在这封信中说：

"在1919年我向柏林大使马尔科姆将军建议，要英国和法国与德国订立工业和政治联盟。谈判的进行得到了当时德国部长中最有影响的埃茨贝格尔的同意。关于谈判的情况国防军部长诺斯克是了解的。德国方面参加谈判的有柏林军事长官冯·欧文将军，法国方面有阿格南。

虽然马尔科姆将军在温斯顿·邱吉尔大臣的赞助下大力支持我的来自伦敦的建议，但是英国内阁坚决拒绝了这项建议。"

接着，雷贝格在信中说，在这个问题上，在政府中领导反对派的是当时执掌政权的劳合·乔治。

但是今天保守党和鲍德温政府的核心人物是温斯顿·邱吉尔，而他在1919年就支持过雷贝格的方案。

雷贝格补充说：

"因此我绝不是促进法德订立反英工业和政治协定的拥护者,因为我本人一开始就建议英国人参加这一协定。"

邱吉尔和保守党人接受的德国人的计划在当时是徒劳无益的,因为彭加勒政府占领了鲁尔区。

但是,德国大资本家没有放弃自己的意图。相反,他们利用了自己与鲁尔占领区的法国大工业的联系并开始大力鼓吹自己的方案。

毫无疑问,这种宣传促进了法国大工业资本家的政策的根本改变,终于放弃占领鲁尔区。

德国资本的庞大的经济和政治计划使法国的大工业和大银行感到极大兴趣,以致最有影响的法国资本家们通过自己的金融机关在德国的工业界和金融界进行调查。

1926年初,《金融信息报》公布了它的特派员在德国进行调查的结果。

原来,绝大多数德国大资本家都支持以有关工业部门之间的工业协定为靠山的欧洲关税合并。

有利于吸收英国参加这些工业协定和这一关税合并的强大思潮是存在的。

最后,包括戴奇在内的五位大企业家走得更远,他们由此得出全部政治结论并主张建立欧洲联邦。

其中一位说:

"那时我们就能仿照悄悄征服中国的美国的榜样找到新的主顾。"

当今年9月10日德国在日内瓦被隆重地吸收加入国际联盟时,斯特来斯曼这个实际上终身任职的德国外交部长再次在日内瓦的讲台上大声疾呼,要人相信全欧政治联合的必要性,这种联合的辩护人始终是德国。

法国资本家参与德国计划

随着内外困难的增长,法国资本主义逐步倾向于德国早在1919年就设计出来的那条政治道路。

1925年10月22日吕舍尔为他提出的召开有法国资本家的两大组织——工业总同盟和经济扩张全国联合会参加的国际联盟经济会议的方案作辩护。

吕舍尔是这样论证的:

"生产的日益集中,产生了在欧洲各国的工业之间订立协定的必要性,以便对抗实力强大的对手。"

国际联盟的官方代表吕舍尔不能直接点美国的名,但他的暗示是相当明显的。吕舍尔的报告赢得了暴风雨般的掌声。

阿尔贝·德波,广大工业界和银行界意见的体现者,在1925年和1926年内,不断地、日复一日地在《信息报》上鼓吹建立欧洲联合以对抗美国。美国商业部长胡佛曾发表一个演说,证明调整欧洲对美国的债务不会引起资本的转移,因为美国的旅游者每年要在国外花费9亿美元,等于每年收回的私债和国债的总合。阿尔贝·德波在评论这位部长的演说时写道:

"美国与其靠获得欧洲硬通货来支付旅游者的开支,倒不如用它在欧洲投资的股息和各同盟之间的债务的逐年抵销来偿付。换句话说,已成为美国人的大旅馆的欧洲,需要自己出钱来负担所有那些打算躲避'戒酒制度'的大西洋彼岸的旅游者的衣食住行、吃喝玩乐的费用。"

至于卡约，大家知道，他是法国银行界大亨利益的代表者，他于1926年6月在意大利《世纪报》上就他心爱的题目写道：

"如果我没有记错，居扎蒂曾说过，旧大陆已处于二者必居其一的窘境；要么团结起来，要么分崩离析。我要说：要么团结起来，要么顺着斜坡滑下去，陷入从属地位。难道我们不能摈弃我们的成见、我们的仇恨、我们的纷争，团结起来，以共同的力量来对抗外来的威胁？"

几天之后，卡约当上了部长会议副主席，以便从这个位置上更快地飞黄腾达。对战争和占领鲁尔区负有一定责任的白里安在图瓦里会见了斯特来斯曼。这个看似简单的事实相当明显地证明，法国重工业和法国大资本已赞成德国把欧洲组织起来共同对抗美国的计划。

英国努力联合欧洲反对美国

说到英国，它不是德国的简单的继承者，在各个方面它都是美国的强大竞争对手。它非常清楚，它没有力量单独地与大西洋彼岸的帝国主义这个巨大的竞争者较量，它的自治领地在局部地和它脱离关系，它想在自己的领导下竭力把欧洲联合起来与美国对抗。

今年英国的政策是一清二楚的。从1919年就开始支持雷贝格的方案的保守党财政大臣温斯顿·邱吉尔，于1926年3月25日在下议院就债务问题发表了轰动一时的演说。

在结束演说时邱吉尔断定，美国整理债务之后，将直接或间接地从债务人方面获得总额相当于德国全部赔款的60%。然后他补充说：

"赔款事实上将由被战争弄得民穷财尽、满目疮痍的欧洲各国来支持，而这些黄金将通过大西洋洋流源源不断地流向富有而幸福的大美利坚美国。"

美国的政策还从来没有在这个能引起强烈反响的崇高讲台上遭到过如此有力而令人信服的揭露。

有时美国和英国似乎也有共同利益,但它们的意见一致实际上只是证明,这个两个竞争对手各有自己的小算盘。

美国和英国在热衷于恢复金本位制方面不谋而合,但这仅仅表明英镑和美元在为向美国和英国—欧洲体系之间的经济斗争,而最后,也可能是为一场经济战争提供财政支持而斗争。

美国和英国一致竭力阻挠提出裁减海军的问题,实际上欧洲和美国不得不进行较量,而较量的场所必定在海上。这将是一场战争,在这场战争中,海军将在大洋中用战斗舰、鱼雷艇、潜水艇和飞机进行战斗。如果说在上次战争中,海军力量的增长已超过大炮数量的增长,这是不足为奇的。

不过英国和欧洲的政策具有相当重大的意义。英国曾竭力煽动旧大陆上两个帝国主义集团的仇恨。在和平时期扮演着仲裁人的角色,以便一旦发生战争便把自己的武器投入到其中一个集团的天平上。战前英国的政策是建立在将欧洲分化为两个敌对阵营的基础之上,如今,大不列颠却力图拉拢整个欧洲,使欧洲在它的领导下走上与美国抗衡的道路,并竭力阻止在旧大陆上形成两个相互敌对的集团。英国施展策略,时而利用德国反对法国,时而利用意大利反对德国,要不然就反对法国,或者与法国一道反对德国和意大利。但最近,它总是促进可能组成欧洲联盟的妥协,当然要看这个联盟在多大程度上能够接受它的领导。

洛迦诺公约

这些资本主义的发展趋势导致了洛迦诺公约和洛迦诺政策。

这个协定在某种程度上受到美国的鼓励,美国希望或多或少安抚一下欧洲，以确保自己的投资安全。

但是洛迦诺公约不只是掩盖欧洲内部对抗、掩盖反苏政策和奴役殖民地政策的和平主义幌子。

洛迦诺公约是企图掩盖把德国拉进欧洲资本主义体系，以加紧反对美国的初步行动的步骤。

在公约签署后的第二天，参议员博拉在著名的答记者问中强调指出："洛迦诺公约也是建立对抗美国均势的尝试。"

德国加入国际联盟

如果欧洲在美国霸权之下得到安抚，美国就是洛迦诺政策的拥护者。

美国是不能容忍对欧洲帝国主义列强的独立联合政策的。

去年4月参议员博拉在谈到国际联盟时说，这个机构的存在和发展趋势是不符合美国利益的。

根据类似的理由，美国将在三月会议上阻挠德国加入国际联盟。

不是别人，正是美帝国主义，一方面唆使巴西要求在国际联盟理事会中担任常任理事，另一方面又给想为自己争得这一位置的德国设置障碍。

然后，美帝国主义为了更明确地突出国际联盟作为欧洲反对美国的工具这一性质，又唆使巴西退出国际联盟，这一举动对于美国在使拉丁美洲摆脱欧洲影响的事业中是一个有利的发端。

美国在阻挠德国加入国际联盟之后，竭力破坏欧洲各国撇开它而相互接近的政策，美国清楚地知道这种接近旨在反对它。

柯立芝政府公布了高尔顿的报告，尽管是在帝国主义者之间的现有关系条件下，这也是和平时期闻所未闻的外交文件。

美国驻伦敦大使高尔顿在这个文件中指责法国和英国欺骗德国并破坏了它们对德国承担的义务,还指责它们暗中教唆波兰和巴西,美国指责法国和英国不光彩地摧毁了德国加入国际联盟的计划。美国这一行动目的在于阻止张伯伦、白里安和斯特来斯曼迫切希望的帝国主义的相互接近。美国力图把德国拉进它已付出十亿美元为代价的政治网中来。

邱吉尔在下院发表了一篇关于债务问题的著名演说来作答。不过,英国政府在这方面并没有局限于演说。

7月中旬卡约在伦敦签署了调整债务的协定。英国为法国降低了华盛顿的条件,尤其是把轰动一时的关于偿还债务的条款写进了协定。英国似乎想用这种方式对法国和其他所有债务国说:"我们英国过去和现在都是赞成废除战争赔款的,但是美国反对。所以我必须从你们那里得到偿付我欠美国赔款的钱。如果我从你们那儿得到的钱超过了我应付给美国的债款,我一定将多余部分还给你们。"

英国显然力图通过这个办法使欧洲的债务国对美国产生反感。

以邱吉尔为一方,柯立芝、梅隆和博拉为另一方,他们之间进行了长期的公开争论,全世界的报刊广为报道,他们的争论始终是气氛激烈,充满敌意。

法国大资本至少是倾向于对批准目前这种形式上的华盛顿协定持敌视态度,它的这一倾向暗中受到英国的鼓励。彭加勒在塔迪厄①—马伦—博卡诺夫斯基集团和重工业某些部门的压力下,不得不推迟审查关于批准1927年前的债务问题的协定这件事。

在英国对高尔顿的报告作出有力回答——这个回答得到了克列孟梭致柯立芝的信的支持——之后,美国声明,它与国际联盟毫无共同之

---

① 塔迪厄——法国政治活动家和著作家。多次出任部长,1929—1930年和1932年任总理。——编者注

处，并提出了自己参加海牙国际法庭的条件，这个条件就是，该法庭不得干涉涉及美国利益的冲突。

可是这项针对欧洲的政策并没有阻止德国于9月10日加入国际联盟。

意大利挑起西班牙退出国际联盟，西班牙的退出得到了慷慨的报偿：德国被接纳了。

从3月到9月在我们中间议论纷纷的危机、国际联盟的崩溃，实际上是受德国加入强化反美的英欧帝国主义体系的行为制约的危机。

托拉斯化与合理化

斯汀尼斯拟定的德国资本的计划，尽管遇到一系列巨大困难，但仍在逐步实现。

法德制钾协议已签订，不久前在卢加诺批准。1926年3月成立了铁轨生产国际，而美帝国主义者拒绝参加。同年法德之间签订了贸易条约。9月30日，法、德、比、卢之间订立了生产生铁的条约。所有欧洲各国都有可能参加这个条约。

与波兰、罗马尼亚、奥地利、捷克斯洛伐克、瑞典和英国订立条约的谈判已在进行。

10月9日吕舍尔在布鲁塞尔以制铁条约为榜样为成立电力卡特尔奠定了基础。

为了在比利时、德国、荷兰和法国的金属丝工厂产品的出口问题上达成协议，正在进行谈判。这些国家的代表已在布鲁塞尔会晤并将在巴黎继续谈判。

10月12日在拉姆西英工业界代表举行会晤，讨论联合的问题。他们控制着总数达100亿英镑的资本，成立了常委会，新的会晤将在柏林举行。

1926年底或1927年初打算成立欧洲车辆制造托拉斯。

10月26日和27日在都灵举行了法、英、比、德、意毛纺工业国际会议。

打算成立所有加工工业部门都参加的法德联合卡特尔。

欧洲各大国过磷酸钙工业工厂主的全权代表在伦敦已决定成立国际联合组织。

欧洲人造丝工厂主正在相互接近。

今年10月27日就德国赔偿原煤的问题达成了法德煤炭协定,协定的范围准备扩大。

《法兰克福报》11月2日号描绘了法德铸铁工人协定的大致轮廓。

已就铝和灯炮生产方面的问题达成了协议。林木工业家和化工技师的协定正在草拟之中。最后,签订图瓦里协定的目的是使法国同德国在经济和政治上接近,以便使包括英国在内的整个欧洲今后在这个联合体的周围团结起来。

卡约和许多银行家鼓吹成立欧洲银行。斯特来斯曼对此表示赞许并在《每日新闻》上宣传建立欧洲统一货币。

不过,不是欧洲所有国家都参加了上述协定。

有些欧洲国家,它们国内的某一工业部门在全国范围内还没有非常牢固地组织起来,因此它们对参加协定持保留态度,打算今后当它们把该部门的力量联合起来时再进行谈判。

意大利的一系列工业部门、英国的钢铁生产部门、法国的化工生产部门的情况就是这样。另一方面,那些打算大力发展某些生产部门的国家,正盼望一旦达到较高的发展水平之后就立即参加协定。

最后,英国方面迟迟拖延,它不急于参加这一系列协定,不仅由于上述动机,还有许多特殊的原因。

资本主义的英国因矿工的英勇罢工遭到打击的时候不想就加入某些协定进行谈判。此外，它想预先知道，它将在什么基础上进行谈判，它要为自己要求多少份额，要求什么样的市场，而这取决于帝国代表会议的结果，取决于英国及其自治领地之间关系的转变。

为了对抗它的某种自治领地如加拿大，对抗美国的影响，英国应当在经济、政治和海军方面有相当强大的力量才行，为此它需要欧洲的帮助。

因此靠部分协定筹备的生产托拉斯化和合理化的全部过程最终仍然会以吸收英国加入而宣告结束。

银行家的宣言

银行家们的国际宣言可能会使只看表面现象的观察家们看不到真相，并且造成英国金融资本同美国金融资本合作的假象，银行家的这个宣言被形容为给国际政策提供了新方向。

其实，根本不是这么一回事。

银行家的宣言是剑拔弩张的对手在一定情况下，根据各自完全不同的打算可能签署的那些文件中的一个。

这个宣言是在伦敦由银行界、自由贸易的拥护者炮制的。

在4月、5月和6月，有个叫佩什的英国人，把它推荐给了法国和德国资本家。

法国资本家拒绝签署宣言并对宣言全文作了修改。

意大利和工业界也照此办理。

宣言在德国受到了欢迎，因为宣言中的批评指向了许多欧洲的关税壁垒和政治壁垒，把修订凡尔赛和约的武器交到了德国资本主义的手中。

在英国，代表大工业和大地主的保守党人反对宣言，但却竭力利用它来达到自己的目的。

鼓吹帝国关税联合的英国政府能够向自治领地施加压力，并声称：

"如果与你们达不成协议，我们可以同欧洲接近。"

此外，英国保守党人揭露了美国用森严的关税壁垒把自己隔离起来，同时却向别人宣传贸易自由的那套花招。

美国的洛克菲勒持保留态度，但摩根在宣言上签了名。可是，美国有影响的集团——政府、大托拉斯、共和党、民主党的广大人士声明，宣言适用于欧洲，不适用于美国。

的确，摩根签署了宣言，他是代表那些认为欧洲联合是对美国的威胁，认为积极干预旧大陆的事务比袖手旁观更符合美国利益的人，共和党人和博拉周围的一群不可救药的分子就是在不妥协地宣传这种主张，尽管他们还有一点犹豫。

在银行家的宣言中没有任何东西能够掩盖细心的观察家看得到的欧洲和美国之间的尖锐对抗。

美国和欧洲

必须清楚地看到，能够左右舆论的美国资本主义集团非常了解整个欧洲利益在多大程度上和美国利益是对立的。

在方法的选择上而不是在对目的的理解上存在着分歧，这个目的是，欧洲要服从于美国的霸权。

在美国，大家都非常清楚，欧洲是不可能在62年内全部偿清债务的。只是在下述问题上存在着分歧：应当怎样修订和什么时候修订债务调整事项以及要用什么方式代替部分债务缓期支付。

大家非常清楚使欧洲竞争有所减缓的通货膨胀的危险性，在世界市场上只是在稳定欧洲各国货币的方法问题上存在着分歧。按美国人的观点，这种稳定方法将把各国货币变为某种纸币美元并把信贷的阀门完全交给美国人掌管。

这样一来，所有国家——这些国家的竞争使美国感到棘手——如果按照美国的意图行事，将被剥夺贷款，各国的工业也必然毁于一旦。

可是，正在结成反美联盟的资本主义欧洲也开始让美国人感到不安。他们有些焦躁地指出，"联盟是因为恐惧"被他们逼出来的，也是为反对他们的霸权而建立的。

美国人也企图分化欧洲，并且在调整战争赔款和提供贷款方面也对不同国家采取不同做法。

但所有这些政策、手腕都不能掩盖这样一个无可怀疑的事实：资本主义体系内部的主要分野是循着欧洲和美国之间的对抗的这条路，这些策略手腕并不能使欧洲帝国主义列强忽视这些事实。

欧洲内部政策

当然，不应对欧洲朝着帝国主义同盟方面的发展作田园诗般的描绘。

每个帝国主义国家都清楚地认识到，必须建立英国—欧洲间的资本主义纪律，一方面为了对抗革命力量，另一方面为了对抗美国。

但每个帝国主义国家都力图从遵守纪律中获得尽可能多的东西，并尽可能廉价地获取别国的妥协。

由此而产生了一系列妥协，有经过精心炮制的、已签订的、现在正在缔结的或者打算在将来缔结的。

在进行这些谈判时有关各国都准备对对方施加最大压力。例如德国，在希望通过自己遵守纪律的行为索取尽可能高的代价时，时而威胁说要同苏联长期结盟，时而威胁说要与美国长期结盟。

但是不应当把这种策略性压力看做是本质的、基本的政策路线。

在欧洲，妥协日臻成熟，虽然有各式各样的政治讹诈，归根到底欧洲仍将努力组成英国—欧洲联盟。

如果波兰能够靠吞并立陶宛得到补偿，德国就会修改它的东部边界。

为了把奥地利并入德国，德国应帮助意大利取得殖民地并扩大它的工业。

如果德国想为自己取得殖民地，它就应帮助英国干涉中国。

如果给英国提供充分的销售市场并使其有可能使自己的技术现代化和生产合理化，只有在这种情况下，英国才会给旧大陆工业联合组织提供资金。

法国在寻找欧洲财政支援，以便使它能够摆脱威胁自己的道威斯计划。

法国和德国的接近，能在货币稳定的条件下保持已达到的水平。

这类例子很多，但都证明，甚至欧洲内部竞争的加剧也是在妥协的基础上进行的，这种妥协的目的在于反对革命力量的壮大和反对美国。

美国和欧洲之间的斗争在不断加剧和尖锐化。

在法国和德国尚未批准华盛顿协定以前，美国反对在它的市场上投放德国铁路债券，以此来报复法德在图瓦里的会晤。

然而法国拖延讨论批准问题，这个问题的议会报告人，达里亚克先生坚持必须联合债务人反对债权人的主张。

英国在澳大利亚和新西兰的财政支持下加紧在新加坡建设海军基地。

英国不顾美国的反对插手中国事务，并联合法国参与干涉，可能明天还要联合德国参与干涉。

这时北美利坚美国企图通过有大批美元作后盾的"基督教青年会"的传教士，利用中国民族运动中的右翼来排除在中国的英日竞争对手并摆脱"布尔什维克"敌人。

第一阶段的美国政策就是这样。美国资本在中国放手大干之后，就将开始在那里作威作福。

因此，资本主义欧洲的内部矛盾出现相对缓和的倾向并退居次要地位，与此同时美国和英国—欧洲帝国主义之间的矛盾会越来越尖锐，日益上升到首要地位并成为资本主义体系内部的主要矛盾。

但是，另一方面，资本主义稳定的动摇过程，至少在英国，越来越加剧。

这两种现象不能继续以同样的速度同时发展。

可能有两种前途。季诺维也夫同志没有按部就班地给予充分阐明，他只看到动摇的速度和革命节奏的差异，然而应当具体描绘出这两种前途的基本轮廓。

在斯大林同志的比较准确的分析中，我们看到了有关世界经济中矛盾虽是静态，但是正确的、全面的景象，这幅景象缺少动态。无论是斯大林同志还是布哈林同志都没有回答这个问题：世界矛盾彼此如何错综复杂？其中哪些矛盾居于首要地位并使其他矛盾服从自己？哪些矛盾退居次要地位并服从其余的矛盾？

如果我们想描绘出事件进一步发展的前景，并根据这些事件确定我们的工作方针，回答这些问题是必要的。

布哈林同志在联共（布）第十五次代表会议上关于国际问题的报告中，甚至没有提出在最近的将来必将发生的帝国主义重新组合的问题，在给扩大全会的书面报告中，他也只是简单地提到这个问题，并且只限于指出欧洲内部某些临时组合的不稳定性。

我们可以概括地说，这里可能有两种前途，这两种前途可以简述如下：

要么资本主义稳定的动摇过程相当快地使我们在一个或几个欧洲大国进入直接革命的形势，那时俄国将面临革命不断扩大的威胁，整个资本主义世界将团结起来；要么资本主义稳定将持续一个很长的时期，尽管有某些动摇和美国与英国—欧洲资本主义的竞争，资本主义的稳定无论在经济方面还是政治方面都将越来越巩固。

我们知道，这种发展会导致新的世界大战，而要避免这场大战，世界无产阶级和劳动群众只能通过新的革命才能做到。

捍卫欧洲联邦的小资产阶级思潮

布哈林在联共（布）第十五次代表会议上分析赞成泛欧同盟即欧洲联邦的思潮时，把小资产阶级的和社会主义的思潮同要求联合起来反对革命力量、反对美国的欧洲大资产阶级中占主导地位的思潮区别开来，这是不正确的。

赞成欧洲联邦的小资产阶级思潮和社会主义思潮只有在得到大资本的鼓励并服务于大资本的利益的情况下才能发展，这些思潮受到大资本的控制。

当布赖特沙伊德于1925年就这个问题在《社会主义新评论》上写文章时，他不过是重复了埃德蒙·斯汀尼斯说过的话。关于洛迦诺公约他说：

"经济发展的理智、逻辑胜利了。大家现在终于明白了，四分五裂的、面临战争威胁而永无安宁。美国的竞争以及依靠战争富强起来的国家对美国的依赖只会加剧对我们大陆能否复兴的疑虑……欧洲经济复兴的首要前提是在政治基础上的联合。只有这样才能扫清道路,最终达到成立欧洲关税同盟和欧洲联邦的目标。"

布赖特沙伊德补充说,当然,这是地道的资本主义观点,然而德国社会民主党却支持并赞成这些观点。

显然,德国社会民主党在这方面听命于资产阶级。

同样,当茹奥祝贺"在图瓦里已奠定基础的制铁联盟",并和法国改良主义者一起欢呼,甚至冶金工业的领袖们终于开始信奉社会主义的时候,他也是听命于法国资本主义的。

托洛茨基认为,社会民主党似乎是美帝国主义的影子,这些现象给托洛茨基的这一臭名昭著的理论以准确的打击,每个社会民主党都首先是本国资产阶级的影子。

小资产阶级的情况也是如此,他们越来越无力执行独立的政策,他们只能要么附和无产阶级的政策,要么附和大资产阶级的政策。在布鲁塞尔人权同盟代表大会上,在维也纳泛欧同盟代表大会上,在贝维尔国际和平大会上,我们到处看到的是同一个东西:替大资本兜售金融和政治计划的仆从们。一切有关的理论无非是用和平主义的外壳来掩盖斯汀尼斯、斯特来斯曼、吕舍尔的计划。

至于和平主义情绪,那么判断这种情绪是小资产阶级思想的表现还是大资产阶级思想的表现,却是很有意思的一件事。

有一些同志,很聪明的同志,他们大约落后了 15 年,他们用战前的旧标准来判断这些事物,却没有注意到,情况从那时起已经发生了变化。

1914 年以前,资本主义的主要矛盾存在于英国和德国之间,联合的思想、欧洲联盟的思想,只能是和平主义者——小资产者或饶勒斯之流的社会主义机会主义分子的理想。

但是现在，存在着欧洲资本主义利益一致的客观前提，强调欧洲利益一致的思潮在发展，这时机会主义社会主义分子和和平主义者——小资产者不切实际的幻想已成为欧洲大资产阶级全部斗争的必然组成部分。

那些把赞成欧洲联邦的小资产阶级的和社会主义的思潮描写成不依赖于大资本的某些东西的人，是大错特错了。

但是有些人却要人相信，说我在说明这些思潮是小资产阶级和大资产阶级观点的反映，并提醒人们注意它们对苏联、对无产阶级和殖民地人民的危险性时，说我，正是我，是这些趋势的辩护人，是他们的观点在我们队伍中的代表；说我想用大资产阶级和小资产阶级的绳索把共产国际捆起来拽到日内瓦去，我们不知道应当把这种人归入哪一类。就像共产国际断定资本主义剥削加强时，有人指责它似乎是在助长资本主义剥削一样。

欧洲内部的矛盾

有时大家责备我，说我忘记了欧洲内部的矛盾。我什么也没有忘记。全世界都知道，欧洲存在内部矛盾，但问题不在这里。

我提出了基本问题，我认为，我提得是相当准确的。

我们讨论的问题是，英国—欧洲体系内部矛盾趋向于相对缓和并退居次要地位，美国和欧洲之间的矛盾则日趋加剧并上升到首要地位，日趋变成帝国主义列强斗争中的基本矛盾。

对这个问题我已作了回答：是的，这种趋势存在并发展着，在革命发展速度缓慢的情况下，这种趋势将把我们引向新的帝国主义冲突，比1914年战争要可怕得多的冲突。

没完没了地重谈众所周知的欧洲内部矛盾，并不等于回答问题，这样做对于我用具体的事例来说明我所发挥的思想毫无补益。

我要肯定地说，未必有哪一个人能够提出准确的论据来反对我的基本论断。

当然，在我谈到英国—欧洲体系时不必吹毛求疵。北美利坚美国会保证自己有一两个中小欧洲国家作为据点，这是可能的。

在这种情况下，如果美国在某个历史的转折关头与英国联合，与大多数欧洲国家发生冲突，那么很显然，我的论点就会完全得到证实，并不得不拒绝诡辩术的吹毛求疵。

可以绝对地说，欧洲的联合与欧洲内部某些矛盾的发展完全是并行不悖的。

这就是为什么我只说这些矛盾趋向于**相对的**缓和，逐渐退居次要地位的原因。

例如，在1914年战争时期，资本主义的基本矛盾是三个同盟国和三个协约国之间的对抗。不过，在战争进行得最为激烈的时期，同盟国之间的次要矛盾加剧。于是英俄之间因为君士坦丁堡发生了争吵；英法之间因为市场问题发生了争吵；法俄之间也发生了一系列争吵，引起争吵的原因是君士坦丁堡作为莱茵地区转归法国的补偿割让给了俄国。

每个人都知道，资本主义的联盟不可能形成田园诗般的和谐景象。

只有机会主义者才会赞成日内瓦

有人反驳我说：如果建立反对美国的欧洲联盟，那么，按照你的观点，我们就应该支持这个反对美国霸权的欧洲联盟了。按照你的观点，俄国就应当加入国际联盟这个欧洲联盟的工具了。因此，需要准备好到日内瓦去的入场券。

这是一个很糟糕的论据。如果像我设想的那样，事件将按我指的方向发展。那么我对那些从事件的进程中得出机会主义结论的人的错误无须负任何责任。

如果欧洲得以建立联盟，那么这不仅将是反对美国，而且也是反对本国工人阶级，反对苏俄，反对殖民地人民的联合机构。我看不出，我们在日内瓦、在资本主义的国际联盟中能做些什么。

当两个帝国主义集团在政治和经济方面相互竞争并把我们引向新的帝国主义战争的时候，我们当然能够而且应当借机反对这两个集团。但是首先，我们应当在世界无产阶级领导下来反对这两个集团。

在1914年，布尔什维克没有站在三国同盟一边——他们站在既反对三个帝国主义协约国强盗、又反对三个帝国主义同盟国强盗的世界无产阶级这一边。

1917年布尔什维克在俄国取得了革命的胜利，同时借机反对一切阻止他们前进的帝国主义强盗。

但是年轻的无产阶级国家和第三国际的幼芽——齐美尔瓦尔德左派，在力图利用这些纠纷时，却不断号召全世界无产阶级和工人群众进行反对本国资本主义的革命。

当我的论敌奔赴日内瓦的那一天，他们可以相信，我将不在他们之中。

超帝国主义。托洛茨基的观点。左倾。俄国的争论

必须弄清楚我所捍卫的论点对于社会民主党的超帝国主义理论和托洛茨基同志的观点的意义。

考茨基之流的社会民主党人把英国—欧洲帝国主义集团的发展描写成所有帝国主义列强结成联盟的一个步骤，它使帝国主义各国有可能采取和平政策。

这种观点应当遭到我们无情的抨击。

英欧大国联盟不仅不是走向和平的步骤，而且还是两大帝国主义集团——美国和欧洲之间爆发可怕战争的温床。

一方面，否认在一切情况下英欧联盟的可能性，就是在这个问题上采取托洛茨基的那种立场。托洛茨基实际上是怎样分析形势的呢？一方面，是强大的、已经成为威慑力量的美国；另一方面，是已被削弱和四分五裂的帝国主义欧洲。

从这个模式中只能得出两点结论：或者美国对欧洲群众的压力将强大到在一些国家中很快造成直接革命的形势；或者美国已经变得如此强大，从而能够长期成为四分五裂的欧洲的主人，使欧洲仰其鼻息，随心所欲地在欧洲分配原料和给欧洲提供市场。这是在美国霸权下的超帝国主义的发展。

为了避免得出这一机会主义结论，同时又能保持住自己原来的设想，托洛茨基只好假定欧洲只存在一个前途：即将爆发革命的前景。

即将爆发革命的前景，当然不能排除，但是，说这是唯一可能的假说，却是错误的。

托洛茨基以及整个反对派都犯了这个错误。如果接受托洛茨基原来的模式，就必然出现左倾。

俄国反对派把欧洲即将爆发革命视作唯一可能的前景，要求从英俄委员会中召回俄国工会并且拒不提出关于一国建成社会主义的可能性问题。

显然俄国的争论和关于国际政策问题的争论已融为同一个问题即前途问题。

如果经过一年、两年或三年，欧洲将**不可避免地**爆发一场新的革命，那么一国建成社会主义的可能性问题，从理论的角度来看，可能是有趣的，但从实践的角度来看将是完全无聊的，关于这个问题的争论，在俄国党和整个苏联的生活中当然不会起到那样大的作用。

说实在的，如果欧洲即将爆发革命的前景，在共产党积极进行活动的条件下有可能实现，那么也还有另一种可能的假设：那就是，尽管我们进行活动，也可能出现这样的情况，即无产阶级给资产阶级造成很多困难时，在或长或短的时期内仍然不能完成新的革命。

恰恰因为不能排除这种形势，所以在俄国必须把全部注意力都集中到在唯一的苏维埃国家中社会主义的建设事业上。

在整个欧洲，在不断提出我们的革命目标时，必须同时对争取实现局部要求和直接要求的斗争给予高度关注。

在这一点上，我完全同意联共（布）第十五次代表会议的看法。

俄国的反对派宣布即将来临的革命是不可避免的和必要的，目的是扼杀苏联的社会主义建设，一旦欧洲革命发展速度缓慢，就不得不迫使工人运动超载历史的可能性并要求党和工人运动去做它们在现有条件下做不到的事情。

到那时，我们就会被迫重犯季诺维也夫同志担任共产国际主席时期所犯的左倾错误，他当时对俄国党的正确指令作了有利于左倾分子的解释。

但是拒绝这一政策而不拒绝托洛茨基的模式，即把资本主义的欧洲必然分裂与资本主义发展速度缓慢的可能性结合起来，就意味着迫使自己在这一前景实现的情况下，赞同从历史的角度来看是相当短暂的、但从策略的角度来看则是相当漫长的时期内向资本主义世界发号施令的美国霸权下的超帝国主义理论。

美国实力的边界

我的某些论敌认为自己是非常正统的而且是消息灵通的，他们说：

不管大资本家和广大小资产阶级群众的愿望如何，在革命发展速度缓慢的情况下，欧洲不可能团结起来反对美国，因为美国已经是局势的主宰者并在政治和经济上控制着旧大陆的某些国家。

1921年美国战后贸易第一次出现逆差，战争时期进口超过出口的余额每年达40亿美元。战争时期①这种余额平均减少到5—6亿美元。今年情况发生了变化，1926年前五个月美国的贸易出现一亿美元逆差。最近几个月只是由于英国矿工的罢工造成美国煤炭出口，贸易才重新变为顺差。

不过美国的贸易平衡现在和将来仍然是极不稳定的。美国没有垄断一切商品，在生丝、羊毛、糖、橡胶、毛皮、金钢石、锡、白铁等方面美国要依靠外国。

这些产品价格的微小变动都会大大影响美国的贸易平衡，1925年底由英国人生产并供给美国人消费的橡胶提高了价格，使美国的贸易平衡受到极大威胁，使进口价值增加了几十亿美元。

在年轻美帝国主义和老牌欧洲帝国主义势力之间刚刚开始的大规模斗争中，由于欧洲各国控制下生产的产品的买家主要是美国，它们就能够在一定的时刻对美国贸易平衡施加强大压力。

当前的贸易逆差和贸易平衡经常出现的不稳定现象，已迫使并将继续迫使美国减少向欧洲的资本输出。美国将使欧洲为美国减少输出的资本付出更高代价，美国企图强迫欧洲以越来越重要的经济和政治让步作为支付它所输出的资本的代价。去年美国金融资产阶级答应贷款1.5亿美元以稳定比利时法郎，结果只拿出1亿美元就要求比利时政府让出铁路、削减军费开支和提供部分殖民地债券。

欧洲资本家对这类过分要求会越来越反感，他们只是在迫不得已时

---

① 原文如此。应为"战后时期"。——编者注

才会屈服，但只要一有可能，他们就宁愿用自己的力量来剥削本国无产阶级和殖民地并在尽可能小的程度上与美国共同分享。

人们已开始感受到美国资本向欧洲减少输出的另一个后果。前一时期，美国资本充斥旧大陆，它并不渴望控制和领导工业企业。在美国派不上用场的全部大量资本涌向欧洲，他们只是为了获得8%、10%、15%的红利，在本国只能获得1%—2%的红利。美国资本根本没有时间向大股份公司插手。不错，曾经有过这样的机会，例如，美国哈里曼集团已把波兰的锌攫为己有。

不过这只是极少数例外的情况。美国资本的投资是通过向国家、市政府、欧洲城市提供贷款来实现的，是通过购买旧大陆的银行和托拉斯发行的债券和股票来实现的。

在全体会议上拥有25%—50%和100%的表决权的特权股票，仍保留在欧洲本国的资本家手中，正是这些资本家保证了对各企业的领导和控制。

如果输入的资本与美国金融集团进而与美国经济没有固定的联系，纯粹是为欧洲利益服务，有时甚至促进同美国的竞争，那么这种资本的输入要在所输入的国家内经历某种本土化过程。

这种现象对德国和意大利是很典型的，美国向那里输出了最大量的资本。美国在德国的投资约10亿美元，投入德国钢铁托拉斯的资本有3/4来自美国，尽管这里没有美国的控制和领导。

当美国资本家7月底开始对德国钢铁托拉斯执行的打算实现全欧联盟或至少与法、比和卢森堡建立同盟的政策感到不安时，他们显得张皇失措，形势相当逼人。美国的大托拉斯急忙订立协定并决定将一笔非常可观的款项汇往欧洲，目的是不论以怎样的价格尽可能多地收购大冶金企业的股票。美国帝国主义者企图以出其不意的、大胆的行动取得对德国大托拉斯的一定控制，以便从内部影响它们的政策。但这一行动的成效微乎其微。

美国不得不放弃按以前的规模输出资本的做法。美国现在和将来都力求在更大程度上通过更好地输出的资本达到全面控制现代生产命脉或今后势必成为生产命脉的那些工业部门。

美国金融集团为掌握意大利电力工业的领导权而运用的手腕,从这个观点来看,是非常典型的。

但是欧洲资本家也很警惕,他们对美国人想控制他们的企业和企图会越来越强烈地进行反抗。

在德国已经制订了规定拥有多数表决权的股票应当保留在本国资本家手中的法律,而在法国则正在制定这样的法律。

正像无产阶级国家为了苏联劳动群众的利益同意外国资本的合作,但拒绝给予它控制和领导的权利那样,欧洲资本家为了本阶级的利益过去和现在也都接受美国资本的合作,但他们将为反对美国资本企图领导欧洲大陆企业的野心而进行残酷的斗争。

你们可以看出,断言美国已经控制了资本主义欧洲,欧洲不可能团结起来在经济、外交和军事方面对美国进行反击,这种说法未免为时过早。

在这方面,有一些党为了宣传的目的,有一些夸大其辞,但这些不应使我们陷入迷途。

欧洲内部的各联盟

那些看不到欧洲内部政治联盟的倾向和热衷于在英国—欧洲范围内使生产托拉斯化和合理化的努力的人们,那些不敢正视现实的人们,无论如何都要为自己的观点找到论据。

在最近一次日内瓦会议前夕,有人认为,意大利—西班牙联盟定会搞垮国际联盟。

实际上，意大利脱离了西班牙，由于接纳了德国而更多地具有了欧洲性质的国际联盟，却搞垮了意大利—西班牙联盟。

继而出现法德亲善和图瓦里会晤。

不久张伯伦与墨索里尼在里窝那会见。

此后一些同志开始把英意联盟与法德联盟对立起来并把情况说成，似乎这两个联盟都是长久的、牢固的。

顺便说一句，这些同志错误地把意大利看做是美国的封建主，他们应当解释清楚，意大利如何才能与英国这个美国不可调和的对手结成牢固的联盟。

我们的预言家们刚刚描绘出上述图景，就出现了拉姆西的会晤。这一次他们没有叫喊英德联盟。他们只是指出，拉姆西的会晤使法国和比利时的某些金融界人士感到不安。

但是从里窝那回来的张伯伦会见了白里安并把自己与墨索里尼谈判的情况告诉了他；墨索里尼打算会见斯特来斯曼和白里安。那么，未来会有多少个新的联盟？

银行家的宣言有可能在一天内使大家认为，被彻底推翻的拉狄克极左派鼓吹的旧英美联盟会死灰复燃。

当欧洲内部许多被描绘为可以决定欧洲政策动向的牢固联盟的新的对抗集团像雨后春笋般地出现的时候，这一奇怪的政策必须结束了。

必须结束它，因为正如我要指出的，这种离奇的政策会把反对我们的武器交到社会民主党人手中。

不能不遗憾地指出，这种夸大次要事件的目光短浅的政策，这种把两国外长的每次会晤变成新的幽会的做法不仅反映在各个政党的报刊上，甚至也反映在《真理报》上。

欧洲内部玩弄的所有这些外交手腕的目的在于达成有利的协定，但决不意味着建立永久性集团,它们的相互矛盾会把欧洲和美国之间的竞争推到次要地位上去。

我还想强调指出某些同志的不彻底性。他们说:是的,欧洲可能团结起来反对苏联,但不是反对美国。难道可以设想,帝国主义的欧洲竟无视自己的内部矛盾,能感觉到布尔什维克的俄国的团结一致,却感觉不到对四分五裂的欧洲帝国主义列强构成可怕威胁的强大对手的团结一致。

弗·伊·列宁的观点

今年9月布哈林投票赞成下述论点:

"通常被描绘为国际联盟活动的积极成果的东西,例如,订立几个商业协定、接纳德国加入欧洲资本主义体系,实际上只是欧洲资本主义势力为了反对美国的竞争,主要是为了反对无产阶级、反对劳动群众的利益、反对苏联、反对殖民地和半殖民地而走向团结和巩固的步骤而已。"

布哈林投票赞成这个论点不是偶然的。在主席团内我已强调了它的全部重要性。

使我感到非常吃惊的是,布哈林同志在党的第十五次代表会议上竟说出了这样的话:

"在资本主义基础上的欧洲联邦,是不可能实现的幻想。"

尽管某些说法不够确切,但假如你们根据上下文来理解这句话就很清楚了,布哈林不仅仅是替认为资本主义的欧洲能够和谐组织起来并能消除一切内部矛盾的毫无意义的、改良主义的和小资产阶级的理论辩护,这是完全正确的。布哈林还否认泛欧同盟这种政治经济联盟的可能性，这种联盟内部存在着矛盾，可是这矛盾服从于联盟的共同目的——反对共同的对手和敌人。

如果是我偶然地、无意地误解了布哈林的意思，他可以纠正我。

列宁在1915年的一篇论欧洲联邦的文章中讲了些什么呢？列宁说：

"欧洲联邦在资本主义制度下不是无法实现的，便是反动的。"①

列宁说，"不是无法实现的，便是反动的"，布哈林反驳说："在任何情况下都是无法实现的。"

布哈林根据什么排除了列宁提出的两种可能性中的一种可能性呢？我不属于歪曲列宁主义并把它变成一种枯燥无味的烦琐哲学的人。

我认为，运用马克思列宁主义的方法可以使我们得出与马克思和列宁的不同的结论。

但是要在两个条件下：一个是假如情况将要发生变化，另一个是假如情况的变化说明结论有所不同。

这里存在这两个条件吗？绝对不存在。

列宁讲得很清楚，在什么情况下欧洲帝国主义列强的联盟是无法实现的。他说："1871年以后，德国实力的加强要比英、法快三四倍；日本要比俄国快十多倍。"

列宁补充说："在资本主义制度下，单个经济部门和单个国家的经济发展是不可能均衡的。在资本主义制度下，除了工业中的危机和政治中的战争以外，没有其他办法可以恢复经常遭到破坏的均衡。"

列宁的意思是绝对正确的。他指的是1905年的俄日战争和1914年的帝国主义大战。

德国发展非常快，英国和法国发展较慢，他们没有其他办法与德国

---

① 《列宁全集》中文第2版第26卷第365页。——编者注

这个他们共同的对手抗衡，除非联合起来。

资本主义矛盾的主线贯穿在欧洲内部，由此战争就是不可避免的，建立欧洲联邦是不可能的。

我认为，当我这样说的时候，我丝毫也没有歪曲列宁的意思。

1914年以前的形势就是这样，世界大战后的形势怎样呢？美国继续快速地发展，帝国主义列强或者发展速度缓慢，或者趋于衰落，它们没有其他办法反抗它们的共同对手美国，除非联合起来。资本主义矛盾的主要方面存在于英美体系之外，存在于全欧和美国之间。如果欧洲不发生革命，欧洲和美国之间的战争就不可避免，而欧洲联邦则完全可能实现。

当前运用列宁主义的方法必然使我们得出这样的结论。

列宁本人对这些结论是这样表述的：

"……当然，资本家之间和大国之间缔结暂时的协定是可能的。在这个意义上说，建立欧洲联邦，作为欧洲资本家相互之间的协定，也是可能的…… 协定的内容是什么呢？仅仅是共同镇压欧洲社会主义运动，共同保卫已经抢得的殖民地，不让他们被美国和日本夺走，因为这两个国家对于当前这种瓜分殖民地的状况感到极端委屈。而近半个世纪以来它们实力增加之快，无非落后的、君主制的、已经开始老朽的欧洲所能比拟。与美国相比，欧洲整个说来意味着经济上的停滞。在现代经济基础上，即在资本主义制度下，建立欧洲联邦就等于把反动势力组织起来去阻碍美国的更为迅速的发展。民主事业和社会主义事业仅仅同欧洲相联系的时代已经一去不复返了。"①

这就是列宁在1915年8月28日写的。他在逝世前即1924年以前从未改变过这一观点。

---

① 《列宁全集》中文第2版第26卷第366—367页。——编者注

我要提出一个问题：

列宁在1915年提出的有可能建立被视为帝国主义大国联盟的欧洲联邦的论据，难道在1926年就不像在1915年那样有价值了吗？

毫无疑问，现在这些论据比在1915年更切合实际了。美国和欧洲在发展上的差距是拉大了，还是缩小了呢？

现在苏联在建设社会主义，共产国际领导着世界革命斗争，欧洲的资本家难道不应该承认，反对社会主义的斗争是他们最重要、最迫切的任务吗？

现在，当大西洋彼岸的敌人输出资本、要求偿还债务、在世界市场上占据首位，最后，公开染指印度、印度支那、中国和南美，即染指殖民地和半殖民地国家的时候，难道它的威胁不是变得更大了吗？

应当承认，证明英欧帝国主义大国之间可能建立联盟的证据，从1915年以来变得更加有力了。

也许，列宁在1915年就这个问题所作的结论需要作适当修改。

列宁预见到了欧洲联邦的成立，认为这是旨在反对社会主义运动、反对美国和日本的帝国主义的联盟。

北美共和国的壮大成长，给日本造成如此严重的威胁，以致在欧洲和美国之间的决斗中，日本大概会站在欧洲一边。但是这种由于形势起了变化而作出的修改，丝毫也改变不了问题的本质。

列宁在1915年指出，欧洲联邦在什么条件下才可能建立，为什么欧洲联邦必然具有反动的性质。

在1926年，当这些条件已完全实现，当我们看到大量证实列宁天才预见的事实的时候，布哈林却说，泛欧同盟在资本主义基础上是不可能实现的空想。

对列宁观点的任何修正。只要没有被形势变化所证实。都是对列宁主义本身的修正。

如果泛欧同盟对于布哈林说来就是英欧联盟，那么在这一点上布哈林就是在修正列宁主义。

我们的任务

这一错误不仅仅会导致纯粹理论上的后果。

那些认定我错了的同志，不应当用威胁的言词反驳我，而应当用事实、数字、论据，如有可能，用准确的说法来反驳我。

无论如何，关于前途问题的最后结论应由历史来证明。

我将不在这里一一列举我们的任务，扩大全会的决议中会准确地拟定出来。

我想在这里指出的是，布哈林的错误观点最突出地反映在哪些地方。

我们组织群众，其中包括工会群众进行斗争，反对大规模的生产托拉斯化和合理化对工人阶级的有害后果，这是好的。但是要知道，在这方面威胁无产阶级的危险，是欧洲内部的危险，而我们，尽管也提高了警惕，但对这一危险却估计不足。

当资本主义的欧洲在政治上和经济上组织起来反对无产阶级时，我们说：

说到底，所有这一切都不那么重要，欧洲资本家不能在大陆内部联合起来。

我们想捍卫正在建设社会主义的苏联，这很好。但假如我们以为，英国—欧洲资本主义联盟不会给苏联造成威胁，那么，我们也许就不会把这种现实的危险与在苏联和其他国家所作的巨大努力对立起来了。

我们将反对一切战争危险，但是就在我们促使无产阶级注意到欧洲内部的战争主要策源地的时候，这个欧洲正通过上千个协定和妥协来达到政治上的联合并在经济上组织起来。

社会民主党人会说：

"请看，共产党人预言要发生战争，我们这里却歌舞升平。毫无疑问，工人的生活水平很低，但我们将通过自己的努力使欧洲保住和平并使经济繁荣起来。请看——他们会说——共产党人预言要发生战争，但在我们的影响下，国际联盟阻止了希腊和保加利亚之间一触即发的战争。请看——他们会说——共产党人为了证明只有在他们的想象中才存在的战争危险，随心所欲地把欧洲划分成若干对抗集团——而且每天都用新的办法来划分。"

如果我们不指出主要危险，群众就会轻信社会民主党人。我们应当对这些群众说：

战争是与资本主义制度分不开的。必须作好准备以反对帝国主义战争，无论它在哪里爆发。社会党人说，洛迦诺公约、国际联盟、法德协定、各大卡特尔——都说要消灭战争，不要相信他们。但是如果欧洲资本家联合起来了，那么不要把这当做是和平行动。资本家联合起来只是为了反对自己的阶级敌人和帝国主义对手。

资本主义欧洲的和平假如真的实现了，那只是反对苏联的战争、反对殖民地人民的残酷战争、美国和旧大陆之间的可怕战争的准备阶段。

社会民主党人在最近的国际事件中非常成功地利用了和平主义幻想的新浪潮，如果我不想使他们占便宜，那么我们就应用这样的语言来说话，就应当发挥这样的论点，并用例子和精确的论据来阐明它。

对欧洲和美国之间矛盾的发展估计不足、把注意力集中在欧洲内部的矛盾上，这意味着丧失全局观念并说我们反对美帝国主义的工作是微不足道的。

如果共产国际拒绝承认已充分暴露出来的资本主义加紧进攻的危险以及帝国主义战争、殖民地战争和反革命战争的危险，也就是英国—欧洲帝国主义大国的联合趋势所孕育的危险，那么，共产国际将会受到极大的威胁。

面临这些危险，共产国际的任务是集中精力在这样一些国家中进行工作，我们在这里的工作最有可能向革命方向迅速发展，也就是说，要在德国、法国和英国集中精力进行工作。

英国的斗争特别重要，所以在英国势力范围内我们应当支持英国的罢工，也要支持中国的民族革命和印度尼西亚的革命运动。

同时，苏联的社会主义建设正在向全体工人表明，在国内战争中通过激烈的斗争取得的政权具有多么重要的意义。

只有不断取得新胜利的革命才能阻止欧洲帝国主义大国的反动联盟和新的帝国主义战争的威胁，在新的帝国主义战争中几个大陆都将发生冲突。

这就是我们提出社会主义的欧洲联邦口号与资本主义的欧洲联邦相对抗的原因。

佩珀（英国）：

同志们！在我前面发言的特兰同志以作出伟大发现的人物的姿态讲了关于帝国主义矛盾的问题。这是一个重大的问题，因为帝国主义矛盾不仅本身隐藏着未来战争的危险，而且也在一定程度上制约着无产阶级的经济斗争向政治斗争、最终向革命斗争的转变。不管特兰同志摆出一副多么"英明的"姿态，他都没有权利把全部的问题拔高。布哈林同志在他的演说中已非常全面而广泛地阐明了帝国主义矛盾问题。区别仅仅在于，特兰的论点是不正确的，布哈林的论点是正确的。特兰同志的演说，老实说，只是他那无休止的长期进攻的结束阶段，这样的进攻他已在主席团和执行委员会的各次会议上、在我们的杂志上刊载的他的无数文章中进行了好几个月——有时我觉得，甚至进行了好几年了。特兰每次都要引证我的小册子《社会主义的欧洲联邦》。

（布哈林在座位上说："特兰以此证明，他不仅读了资产阶级的书，也读了共产主义的书。"）

完全正确，但遗憾的是，他在这里也证明了，他不仅不懂得资产阶级的书，而且也不懂得共产主义的书。特兰在他于9月15日发表在《布尔什维主义手册》一篇文章的开头，甚至还从我的小册子中弄来几句话作为题目。他引用了我对欧洲组成反美同盟的最初征兆的看法：

"洛迦诺公约——这不仅是反苏联盟，它不仅是有利于英国和反对法国在大陆上的霸权的，它不仅符合债权人美国的利益（保证对欧洲进行投资），而且还起到一种作用：它是建立英国领导下的反对北美利坚美国的欧洲同盟的最初尝试。洛迦诺公约是欧洲债务国建立同盟反对债权国——美国的最初尝试。"

但是特兰忘了引用我的下半句话，在此我断定：

"美国和欧洲之间的矛盾在增长（当然，不排除各个欧洲国家之间矛盾的增长；与空谈家布赖特沙伊德的论断相反，这些矛盾也在增长）。"

特兰同志硬说，似乎"佩珀客观上肯定了"他也肯定过的"同样的东西"。我不得不在这里反对这种武断的说法，愿上帝保佑我免受这类信徒的牵连吧！但是，作为一个谨慎的人，特兰同志像保险公司那样工作着。他以未经官方许可的方式给自己保险，因为他同时写道："无论如何不能同任何论断进行争论，只因为它是别出心裁的。"这样，一方面，特兰同志写道，他只是重复佩珀所说的东西，另一方面，他又反对同他（特兰）的论断进行争论，因为它是别出心裁的。应当说，第一，我与特兰同志提出的论断毫无共同之处；第二，我同他进行争论不是因为他的构想是别出心裁的，只是由于那个"微不足道的原因"，即它是不正确的。

特兰同志提出的论断可分为三个部分：

1. 欧洲的矛盾在逐渐缓和，（特兰从座位上说："我没有讲过这句话。"）某种一体化过程正在发生。

2. 一方面是英国以及欧洲，另一方面是美国，它们之间的矛盾也同时在加剧。

3. 建立资本主义的欧洲联邦无论对于同美国还是同苏联，或者同它们两者进行斗争，都是绝对不可避免的。

特兰同志对我的论断提出异议。我可以用逐字逐句的引文来论证这一点。

美国和欧洲的相互关系问题，无疑是当前最重要的问题之一。这个问题相当复杂，围绕这个问题在共产国际的外部和内部都出现了许多错误的理论，这已不足为奇。

在分析这些不同的理论时我们发现，所有这些理论都有一个主要的缺点，即它们只考虑到一部分不同的现象，只看到一部分矛盾，没有找出辩证的联系，没有概括全部过程。

在这个问题上我们队伍中产生的最重要的错误理论是什么？

第一种错误理论是托洛茨基同志提出的。他断言，欧洲和美国之间的相互关系还具有这样一种形式：欧洲经济将日益成为美国经济的一个部分，欧洲将仰承美国的鼻息。这种理论是不正确的。它的错误何在呢？托洛茨基大概把加拿大的例子作为他立论的根据了。加拿大在政治上不从属于美国，经济上却逐渐变成美国一体化的组成部分。但是这个类比不适用于欧洲。**欧洲是不会轻易被美国经济所侵蚀**。在经济方面以及部分地在政治方面，世界霸权已从欧洲转向美国，美国的霸权地位将不断增长。但是据托洛茨基的推测，欧洲似乎不会反抗，这是错误的、片面的，是夸张，是对现实的歪曲，没有估计到欧洲大国的帝国主义本性。

为了证明欧洲国家越来越不想支付欠美国的战争赔款，欧洲以不同形式表现出来的反抗美国的实例我能举出许多，但我认为现在没这个必要，因为我已在上面提到的小册子《社会主义的欧洲联邦》中讲了这个问题。

关于欧洲相互关系问题的第二种错误理论是拉狄克提出的。拉狄克同志是"英美合作"理论的创造者。他认为，英美资本主义是新出生的暹罗双生子，他们拥有共同的血液循环系统。如果把他们分开，他们必死无疑。拉狄克同志在认为英美之间的合作可能不是暂时的，而是**不间断的**、长期的合作时，创立了所有资本主义大国普遍联合的理论。顺便说一句，他把这种联合看做是世界大国组成集团的**唯一可能**的路线，是近期资本主义发展的**唯一**可能的趋向。这当然是极度的夸张和对现实的可笑的歪曲，因为拉狄克同志忽视了今天资本主义的最重要的矛盾，美国和英国之间的矛盾，他根本没有估计到，帝国主义强盗的利益是矛盾的。

这个问题上的第三种错误理论是特兰同志臆造的。如果说拉狄克同志发展了"英美资本主义"的理论，那么特兰则提出了英国—欧洲合作的理论。在特兰那里，"英国和欧洲"起着彼此不能分开的暹罗双生子的作用。

（布哈林在座位上说："法国的'双子女制'。"）

特兰同志根本没有看到欧洲的内部矛盾，在他看来，那些矛盾已经消失。他在今天的演说中调子较为谨慎，但他的文章却说得相当清楚。他在9月15日出版的《布尔什维主义手册》上写道：

"**在各欧洲大国**——英国、法国、德国和意大利中，**局势方面的差别缩小了**。欧洲内部的对抗矛盾已让位给美国和欧洲之间的对抗矛盾，其证据就是国际联盟用以调解希腊和保加利亚之间冲突的毅力和灵活性。"

这是根本错误的观点。特兰同志断定，矛盾在削弱，欧洲正在发生一体化过程……

（布哈林在座位上说："特别是在意大利和法国之间。"）

其次，特兰甚至断言，欧洲的这些分歧正让位给美国和欧洲之间的矛盾。特兰的王牌是什么？他的**主要论据**在哪里？在于国际联盟"以毅力和灵活性"调解**希—保冲突**这一事实。这就是特兰同志"以毅力和灵活性"扔到讲台上的王牌。调解希—保冲突真的是欧洲的一个极其重要的事件吗？不言而喻，提出这个问题本身就是可笑的，特兰同志谈这个问题是在**日内瓦会议之后**，当时法意冲突已尖锐化，英法之间的矛盾越来越突出，帝国主义列强争夺地中海的竞争已十分激烈。但是特兰这种断言的政治意图是什么呢？国际联盟能够"以毅力和灵活性"消灭欧洲冲突、消除矛盾，换句话说，欧洲长期和平的可能性、在欧洲建立和平的超帝国主义的可能性已经出现。不言而喻，特兰同志会反对这个结论，他说他反对国际联盟，然而根据他提出的论断来推论，必然会得出这样的结论。

特兰同志早在10月份即**图瓦里协议之后**写的、遗憾的是没有发表的一篇文章中，甚至否认欧洲建立相互矛盾的帝国主义列强同盟的可能性，因为据说欧洲已开始组成一个整体。他在这篇文章中写道：

"这一理论（指建立欧洲内部同盟的理论。——佩珀注）的拥护者们应当解释清楚，如果由于世界斗争的需要德法矛盾可以退居次要地位，如果英意矛盾也是如此，那么，**在这种情况下**，为了建立反对革命力量、反对欧洲的帝国主义竞争对手——美国的**联盟**，欧洲内部的一切矛盾为什么不能全都退居次要地位呢。"

这是特兰同志在图瓦里协议之后，面对出现了法德集团（此为一方）和英意集团（此为另一方）的现实时所写的。

特兰同志把他自己的"为什么"与现实对立起来。在国际联盟瓦解、所谓"欧洲统一"崩溃、建立欧洲敌对集团的企图死灰复燃等事实面前，在布哈林同志已在报告中作了详细分析的这全部过程面前，特兰同志声明说，这些现实"一文不值"。

这些理论在逻辑上必然会导致对列宁帝国主义论的修正。而特兰同志在共产国际主席团会议上发表的一次演说中，甚至作了这样的修正。他在这次演说中提出了可能建立欧洲帝国主义总同盟的论断，而且这种同盟不仅是政治同盟，如世界大战前的同盟一样，同时还是经济同盟。他甚至断言，今天的国际形势根本不同于列宁当时对帝国主义分析时的状况。最终他竟然建议，有必要重新研究列宁关于帝国主义列强有可能不断建立同盟的论断在多大程度上是正确的。

对上述托洛茨基、拉狄克和特兰等同志的理论的分析表明，这些理论是错误的，因为这些理论偏离了列宁主义的解释，把帝国主义大国为实现稳定即争取资产阶级**具有历史意义的共同利益与斗争的具体形式**割裂开来。他们说，争取稳定的斗争**只有**在帝国主义列强相互斗争的形式上才能实现。这种斗争是一种主流的、不间断的东西，当然，也不排除临时合作阶段和帝国主义列强彼此结成联盟的情况。

在托洛茨基、拉狄克和特兰的理论中关于资本主义欧洲的一体化过程的论断，是与列宁关于资本主义发展不平衡规律的观点相矛盾的，也与布哈林报告中对这一基本规律的**具体说明**相矛盾，布哈林**在经济方面**证实了危机的短暂性质和繁荣时期，但他在政治方面证明了战后时期帝国主义集团的短暂性，也就是说，具体证明了不平衡的加剧。

要知道，不能否定实现资本主义欧洲联邦这个"暂时的"、"反动的"联盟的可能性。关于这个问题列宁是这样说的：

"当然，资本家之间和大国之间缔结**暂时的**协定是可能的。**在这个意义上**

说，建立欧洲联邦，作为欧洲资本家相互之间的协定也是可能的……"①

可见，说的是"暂时的协定"！而认为资本主义的欧洲联邦可能是**不间断的**这种论断是完全错误的。根据列宁主义的见解，这种资本主义大国的联盟只能是"战争之间的喘息"，它不仅是**欧洲同美国之间战争**的准备，也是欧洲国家之间战争的准备。

我想在这里只列举几个最重要的因素，它们在资本主义发展不平衡规律的基础上排除了产生这类长期的、**不间断**联合的可能性：

1. 在资本主义经济因素的对比关系中不断出现的改进；
2. 技术上的不断进步；
3. 在某些国家内各个阶级的相互关系中不断发生的变动；
4. 帝国主义间相互关系不断出现的改进；
5. 各帝国主义国家在摩擦面和接触点方面不断发生的变动。

根据这些设想，我们应当断定，**无论如何**不能无条件地否认建立资本主义欧洲联邦的可能性。这个联邦不可能是不间断的联合，只能存在于"战争之间的喘息"这个唯一的形式上。只有判明事物本来的正确的相互关系，才能得出正确的结论。贬低一些趋势来夸大**另一些**趋势，与其他事实相比较时夸大另**一些**事实，这样得出的结果不是对现实的正确描绘，而是对现实的歪曲。

特兰同志的理论与托洛茨基和季诺维也夫同志在联共（布）第十五次代表会议上的论断有紧密联系。他们认为，在金融资本统治时期，资本主义发展的不平衡性在变小。季诺维也夫说：

"帝国主义时代开始以前资本主义发展的不平衡性要小一些，这是不正确的。相反，我们现在看到的资本主义是**垄断资本主义**，是金融资本集中的寡头

---

① 《列宁全集》中文第 2 版第 26 卷第 366 页。——编者注

政治，这一事实在这方面只能使大致同时开展的国际行动易于进行。"

因此季诺维也夫同志认定，资本主义发展的不平衡性变小了，因为我们面临的是垄断资本主义。

托洛茨基同志在代表会议上表明了同样的意思：

"**19世纪这种不平衡性比20世纪大一些**。正因为**金融资本**是资本最易变动的、最灵活的形式，所以帝国主义比'金融资本主义以前的阶段'具有更加'平衡的'发展趋势。"

意思相同，不过说法不同：金融资本的统治表现出"平衡的"趋势。

我想只引用列宁的一段话来与季诺维也夫和托洛茨基同志的这些极为重要的论断作个对比。不管这有多么奇怪，但是列宁在《帝国主义是资本主义发展的最高阶段》一书中那段坚决强调资本主义发展的不平衡性**在增长**的话，在党的第十五次代表会议上却没有提到。列宁的经典论述如下：

"考茨基关于超帝国主义的毫无内容的议论还鼓舞了那种十分错误的、为帝国主义辩护士助力声势的思想，似乎**金融资本的统治是在削弱世界经济内部的不平衡和矛盾，其实金融资本的统治是在加剧这种不平衡和矛盾……**

金融资本和托拉斯不是削弱而是加强了世界经济各个部分在发展速度上的差异。"①

斯大林和布哈林在俄国党内最近进行的论战中把资本主义发展不平衡规律的理论重新提到首要地位，这在理论上是绝对必要的。他们给列

---

① 《列宁全集》中文第2版第27卷407—408页。——编者注

宁的理论帮了忙,正像列宁当时给马克思关于国家的革命理论帮了忙一样,马克思关于国家的革命理论,由于人们对它作了机会主义的解释,曾长期受到轻视。

我们应当仔细研究这些在共产国际内部开始抬头的错误理论,因为它们可能唤起各种**和平主义幻想**。关于资本主义发展不平衡性在变小的理论、关于欧洲一体化过程的理论可能很容易——当然,不是在这些理论的作者们的头脑中,而是在工人群众的头脑里——引起关于帝国主义大国和平大联合的危险、关于可能产生超帝国主义、关于可能通过各种"平衡的"协定根除战争的种种幻想。在这一点上,所有这些理论都与**社会民主党的和平主义幻想**息息相关。

只有驳倒这些理论,我们才能顺利地与拥护社会民主党的工人群众的和平主义幻想进行斗争。洛迦诺和图瓦里、各种裁军委员会、国际联盟采取的步骤、大陆钢铁托拉斯的建立、泛欧同盟运动、著名的银行家宣言——所有这些都大大滋长了和平主义幻想。社会民主党有意识地助长和加深所有这些幻想。在这方面也可以证实社会民主党所经历的**迅速瓦解过程**。1924年,当社会民主党在欧洲许多国家中掌权的时候(英国的麦克唐纳政府、法国的左派联盟、欧洲的许多其他的社会民主党政府),曾声称要通过第二国际各种各样的内阁来实现"和平主义理想"。时过境迁,社会民主党人被赶出了欧洲的各个政府,而1926年社会民主党已衰落到这种地步,以致它已把实现自己的"和平主义理想"的**希望寄予资产阶级本身,而不是寄托在由社会民主党人组成的政府身上**。德国《前进报》祝贺了国际银行家宣言并肯定说,现在资产阶级已亲自动手实现社会民主党的和平主义。在意大利《前进报》上把银行家宣言、摩根宣言和马克思的《共产党宣言》相提并论。这是对社会民主党最近一次、也是最丢人的一次侮辱。**这是以摩根主义取代马克思主义**。社会民主党的例子向我们表明,我们无权容忍我们队伍中存在的各种和平主义取向的或错误的认识。应彻底铲除我们队伍中"超帝国主义观点"的萌芽,只有这样,我们才能切实地消除深受社会民主党影响的群众的超帝国主义幻想,才能顺利地同真正存在着的帝国主义强盗进行斗争。

哈肯(捷克斯洛伐克):

捷克斯洛伐克这样一个小国对世界经济的意义微不足道,它不能在当前帝国主义势力的斗争中起领导作用。外交部长别涅什博士想竭力保住捷克斯洛伐克在小协约国中的巨大作用,这种努力的结果是最终导致捷克斯洛伐克和南斯拉夫建立联盟。捷克斯洛伐克在其他方面,在政治和经济上,盲目执行包括法国资产阶级在内的西欧大国方针政策,在为西欧大国效劳时它能完成相对重大的任务,它只是实现西欧各大国反革命的帝国主义欲望,例如反对苏联的欲望的工具。部分地由于这个缘故,部分地由于捷克斯洛伐克共产党相当强大,这个国家对我们有一定的意义。

此外,在这个不大的超工业化的国家里,我们能够观察到资本主义危机各个阶段和资本主义趋于恢复的缩影以及工人阶级热火朝天进行斗争的各个阶段。

很早以来就渴望团结一致的捷克斯洛伐克,战后立即在中欧占据了一个最显著的地位。资产阶级物色到的财政部长拉津是一位天才的实干金融家和政治家。他实施的改善财政的计划为英国资本主义达到稳定的一切企图奠定了基础。

向独立的国家生活的过渡,也使劳动阶层充满了各种幻想,两个改良主义政党——社会民主党和国家社会主义党竭力助长这些幻想。改良主义者全心全意为资本主义稳定的利益效劳并在稳定化过程中起着很大的作用。

团结思想的体现者是所谓的全国同盟——由捷克资产阶级政党和捷克的改良主义者组成的政府。

如果说这个同盟在革命浪潮的压力下一开始甚至把社会主义化的条款写进自己的纲领，那么随着稳定化取得进展和资产阶级的巩固，执政的同盟便拒绝了那些激进的要求：它不再需要这种装饰品，它越来越坚决地走向反动。

为资产阶级服务的两个改良主义政党一贯执行反动的与人民利益相敌对的政策。这两个党坚信，资本主义的稳定是可能的。

没有必要否认，稳定已使捷克斯洛伐克的资本主义经济获得了某些局部的暂时的成就。但是为了取得这些成就付出了多大的代价呢？

拉津计划的执行造成小食利者的破产并大大加强了金融资本。

工人的工资和低级职员的薪金下降了。

税收制度和课税办法的实施改善了有产阶级的状况，但全部负担却落到工人、小农和小资产阶级的肩上。

由于资产阶级的阵地得到巩固，反动派在社会、经济和文化生活方面更加猖獗了。

生活必需品价格的下降赶不上工资的下降。

全部的稳定局面是靠损害劳动阶层的利益实现的，劳动阶层的最低生活费用被压到令人无法忍受的程度。

工人在革命高潮时期取得的社会成就，要么被打了折扣，要么不能付诸实现。

社会保险是社会民主党的主要口号，这是一个机会主义的反革命口号，至少改良主义者是在这一意义上利用这个口号的。

在民族关系方面，全国同盟竭力保证捷克资产阶级占有主导地位，这意味着加强民族压迫，特别是在斯洛伐克和喀尔巴阡罗斯实行殖民制度。同样缩减斯洛伐克的工业、加深对斯洛伐克和喀尔巴阡罗斯的工人阶级的剥削，也是在团结的幌子下实现的。

　　毫无疑问，资产阶级政权是在社会改良主义者的支持下巩固起来的，组织特别严密的国家机器卓有成效地保证了资产阶级的地位。资产阶级的可靠支柱与其说是军队，不如说是遍布全国的宪兵和警察机构。

　　捷克斯洛伐克的稳定在今年已露出不稳的迹象，该国不再与巨大的财政困难进行斗争。捷克斯洛伐克只有1400万人口，然而在刚刚提交议会的预算中却出现了350亿捷克克朗的国债，今年捷克斯洛伐克的债务增加11.73亿捷克克朗。大协约国的资本家还要求偿付赔款350亿捷克克朗。国家欠债总额达到700—800亿捷克克朗。偿付赔款、军队、宪兵和警察的经费本身已经是国家难以承受的负担。

　　捷克斯洛伐克出现了巨大的销售危机，这种危机对于超工业化国家来说几乎是灭顶之灾。

　　持续性的煤炭危机给各主要工业部门造成了一系列的困难。危机波及到纺织、玻璃、机器制造、金属加工和制革等工业以及缝纫业。

　　企业主解雇成千的工人，其余的工人也开工不足。

　　根据社会民主党人的建议，在捷克斯洛伐克实行了根特失业保险制度。由于失业达到了灾难性的规模，这种制度定会破产。大约半年前实施的社会保险已经破产，因为企业主拒绝支付他们负担的份额，失业工人和只有部分工作的工人又无力支付保险金。

　　由于实行了农产品税，物价天天上涨。

　　随着保护房客法的废除，房租将要提高，残疾人和残废军人的抚恤金也要减少，尽管捷克斯洛伐克在保证残废军人生活方面是欧洲最差的。士兵得到的薪饷也大大减少。

　　国家职员人数减少、学校数量压缩、班级数量削减使得知识分子队伍也出现失业现象。在捷克斯洛伐克仅失业的教师就有4000人。

　　税收范围扩大。政府准备进行税务改革，改革将减轻大企业家的负担而使劳动阶层的负担更重。市政府的物质状况极端困难，税务改革使这种状况更加恶化。

很明显，资产阶级为了克服这个危机，为了易于实现继续保持稳定的企图，正加紧对工人群众进行剥削。

捷克斯洛伐克境内各民族的资产阶级和小资产阶级以此目的结成联盟并组成资产阶级政府多数派。

自捷克斯洛伐克建立时就在政府中供职的改良主义者已经停止担任公职，现在是资产阶级的后备力量，随时准备为政府的多数派效劳。

由于稳定出现了危机，社会改良主义者从前的政策破产。拥护社会民主党的工人还相信，站在反对派立场上的社会民主党现在似乎应该与资产阶级进行严肃的斗争了，因为他们的领袖只承认生产合理化这一个口号。我们曾竭力向工人阶级解释社会民主党人从资产阶级那里借用这一新口号的意义。在合理化问题上我们坚持布哈林同志特别是在下面这段话中阐明的观点。

"在目前这个时期，帮助资本的观点就显得越荒谬越带有反革命的性质……对于有阶级觉悟的工人来说，唯一可能的提法是动员无产阶级力量与在合理化过程中给工人阶级造成的一切后果进行斗争……为了反击而采取的生产合理化形式的资本进攻就是这个阶级力量的战斗动员，就是无产阶级的阶级回答。"

在这一意义上讲，党已经开始了自己的宣传鼓动工作。

在合理化口号下资产阶级准备对工人群众进行新一轮压榨。降低生产成本是资产阶级的首要任务，它必定要通过进一步降低工人阶级本已相当低下的生活水平和进一步提高劳动生产率来实现。这种"合理化"的萌芽已经出现。凡是生产协调的地方，企业主都采取裁减人员并强化工人劳动的做法。

尽管对于捷克斯洛伐克这样一个不大的国家来说，它的工业规模已经不小了，但它的工业在技术和经济方面是落后的，实行合理化意味着要从根本上对工业进行改造，意味着要进行长期改造。可是要同美国、德国和法国的技术上更先进、物质上更强大的工业争夺销售市场，捷克斯洛伐克的工业就必须具有竞争力。资产阶级希望用下述办法来达到自己的目的：

1. 对工人阶级加强剥削（降低工资、增加赋税、提高日用品和住宅价格、缩减社会福利开支、裁减人员、强化劳动、延长劳动时间）。

2. 降低对大工业的课税（财政部长恩格利什的新税制改革）并把赋税转嫁到居民中的贫穷阶层肩上。居民的进一步贫困化造成国内市场更加萎缩，因此使争夺国外市场的斗争变得更加尖锐。

捷克斯洛伐克的稳定发生的危机，动摇了拥护改良主义的工人对实现资产阶级普遍稳定的信念。因此稳定的危机成了改良主义的危机，尤其是成了把自己的政策和策略建立在群众相信稳定的基础之上的社会民主党的危机。这种危机已经显露出来。参加改良主义政党的无产阶级分子，不愿继续与他们的领袖们所采取的资本主义方针和平共处。群众正在向左转。统一战线和统一工会运动的口号在参加改良主义政党的无产阶级分子中引起了反响。

在这种形势下，共产党很有必要突出这两个口号并把它们运用到具体问题上去，以便给参加了改良主义政党和工会的无产者以相应的影响。

在捷克斯洛伐克采取的一系列行动中，我们确实达到了这个目的。例如，去年在反对物价上涨运动以及今年反对农业税运动期间，我们已使参加改良主义政党的部分工人深信采取此类共同行动是必要的，尽管他们的领袖们表示反对，并禁止他们这样做。

在经济和政治斗争中互相支援的行动，以及无产阶级团结委员会，开始对参加改良主义政党的工人产生吸引力。

从稳定的全过程应当得出如下结论：首先，稳定是靠损害工人阶级的利益来实现的，具体地说就是通过降低工人阶级的生活水平、加强对他们的剥削来实现的；其次，资产阶级在稳定的事业中已经取得的成果要是没有工人群众的积极参加是不可能的。

工人阶级的大多数还在为资本主义恢复元气效力。目前资本主义国家共产党的伟大任务在于，使工人群众摆脱正在争取稳定和使资本主义恢复元气的资产阶级的影响，并使他们加入革命阵线。

稳定和合理化的趋势不仅使工人群众，而且也使农民和小资产阶级的生活水平日趋下降，在剥削日益加深的情况下，失业和开工不足成为经常的现象，这个事实必定会为我们把劳动阶层争取到战斗的无产阶级阵线方面来的努力奠定基础。

为此必须在每个国家内建成一个有活力、守纪律、思想上和组织上已布尔什维克化的共产党，不仅在结构上而且在工人运动中所起的领导作用上都具有群众性的政党。只有团结一致的、坚强有力的政党才能取得群众的信任。经常出现的党内危机和分裂成几个派别的现象，不可能对群众产生吸引力，也不可能增加群众对党的信任。

在中欧和西欧的资本主义国家中，绝大多数工人还置身于社会改良主义者的行列，在这样的国家中，在为实现无产阶级的要求、为实现统一战线和在阶级纲领的基础上采取互相支援的行动而进行的斗争中，更要影响改良主义的政党和工会，吸引它们参加无产阶级的经济斗争，以便通过成立激进的左翼组织为建立战斗的无产阶级统一战线创造条件。

把统一战线口号正确地运用于具体情况使捷克斯洛伐克党取得了较大的成就，但是除此之外还必须有计划地进行工作，使农民和小资产阶级脱离资产阶级阵线。这一点在捷克斯洛伐克特别重要，那里的农业资产阶级之所以能够组成一个极其强大、极有影响的政党，只因为它能影响绝大多数的农民。不利于小农的土地改革，对贫苦阶层征收的高额赋税，以及对地主的减税和让步，不仅使贫农和拥有小块土地的农民失望，而且还引起了地产分配中较大的变动。农业税的实施只是促进了大地主实力的进一步加强。

虽然不能说捷克斯洛伐克存在农业危机，但必须肯定，这里居民中贫苦阶层的危机的苗头已暴露出来，由于产业工人向往农村（因为克服工业危机的问题根本没有考虑的余地），这种苗头变得更加明显。这个事实向我们提出了在农村贫民和农民中有计划工作的任务。农民问题我们应当十分重视，尤其在斯洛伐克和喀尔巴阡罗斯，那里工业的萎缩现象还在继续。应当把农村劳动阶层从农业资产阶级的影响下解脱出来。如果我们做到这一点，我们就会大大削弱捷克斯洛伐克资产阶级的阵线。

去年的党内危机没有使党的统一发生动摇，也没有破坏党的群众性。危机之后，党立即在议会选举中获得了巨大胜利。联共（布）党内的反对派在我们党内也没有引起反响。如果不算诺伊拉特同志企图进行的唯一一次派别活动的话，全党一致赞成联共（布）中央多数派的纲领。

捷克斯洛伐克共产党现在是有集体领导、有统一纪律的党。

布哈林同志指责捷克共产党不够积极。应当说，党在去年经受了严重的党内危机，在危机中党面临的主要任务是实现统一，执行国际第五次代表大会决议和与取消派倾向进行斗争。我们完成了这一任务，这一点已经被危机消除后选举中所取得的辉煌胜利所证实。党获得了全部选票的14%。只有在当前时期党才能够有计划地转向使自己的队伍在思想上和组织上布尔什维克化的工作。在这一方面党也在短时期内取得了巨大成就，没有失去自己的群众基础。作为证明，可以列举党领导地的许多重要运动：反对物价暴涨，反对增加赋税，反对农业税、法西斯主义和所谓的"协商"。这些运动不仅在议会范围内展开，而且形成了大规模的群众示威,国家机器企图采取各种暴力加以镇压(导致流血冲突的警察袭击、大批逮捕和判处监禁)。

如果党支部和党员在企业和工会中没有表现出一定的积极性,就不可能取得这些成就。

下列事实可以证明我们党在企业中有多大的影响:党不仅动员了漠不关心的工人,而且动员了拥护改良主义的工人参加活动,因此,在我们支部的强大压力和领导下许多工厂暂时停工,工人不分政治信仰都参加了示威游行。

如果布哈林同志不估计到这些成就,那么他的指责就是没有根据的。

但我们把他的指责理解为对我们党的一种鼓励,我们党会更紧张、更积极地开展工作。我们意识到,我们取得的成就还只是开始。不过需要强调指出,像捷克共产党这样一个群众性的党,不可能在几个月内实现布尔什维克化,我们充分认识到我党的各种缺点并努力彻底改正。

片山潜(日本):

同志们,资本主义和帝国主义各集团之间存在着较大的矛盾和冲突,但那些矛盾和冲突不如资本家与工人和农民之间的矛盾和冲突那么大。后一种矛盾冲突有着重要意义,正是这类矛盾冲突促成了俄国革命的胜利。资本和工人阶级之间的冲突还在继续发展。整个欧洲似乎一度陷入资本主义和工人阶级之间的这种巨大冲突之中,而这一冲突必将导致世界革命。现在我们应当承认,在欧洲各国,资本主义靠损害工人和农民的利益在一定程度上实现稳定。但是,同志们,这种冲突,或者更确切地说,俄国的工农革命运动已经转移到了资本家阶级的反抗力量已经减弱的东方。

俄国革命的影响唤醒了东方被压迫的工农阶级并帮助他们与外国帝国

主义和资本主义进行斗争，中国革命是不容置辩的事实，但中国革命是民族革命，因此中国共产党应当与国民党合作，必须建立以俄国工农革命的思想为指导的并得到全世界无产阶级支援的各种革命力量的统一战线。

试图建立不与国民党合作的独立的中国共产党，这是一种幼稚的想法。我们应当支持中国的民族革命，因为它的成功将为社会主义革命开辟道路。

同志们！正像你们所知道的那样，也正像列宁同志1918年在分析形势时所指出的那样，中国有五个阶级。香港、上海和广州是工业中心，西南、甘肃、新疆和其他地区离工业革命甚远。在许多省份工业革命停滞不前，因为中国革命的正常发展遭到外国资本家的阻挠或破坏，因为他们想把中国变成倾销自己商品的大市场。我们在中国的工作应当从各个方面进行。我们要估计到贫农的情绪，正像要估计到小商贩等阶层人士的情绪那样。所有这些都是反对外国资本家的革命力量，帮助他们组织起来是我们的义务。

同志们！中国革命与其他国家的革命大不相同，因为中国处在苏维埃俄国革命的直接影响下。此外，中国的革命运动已成为被压迫的殖民地和半殖民地国家的革命运动的榜样，所以我们的责任特别重大。我们不应当忘记，中国革命的成功将给远东被压迫民族以巨大影响，这些民族现在正在爪哇和菲律宾群岛进行着争取独立的斗争。

我们应当承认，中国革命将成为国际革命和工人运动的中心。

现在讲几句关于日本的情况。日本资本主义获得了稳定，尽管这种稳定是暂时的，正像日本的货币那样。有段时间100日元换38美元，现在是49美元。日本的工业获得稳定，托拉斯化和合理化导致对工人阶级的剥削和压迫迅速增长。但是，同志们，这一切只不过是暂时的现象。日本资本家害怕中国革命。是的，日本军国主义者害怕中国革命，只是由于这个缘故，他们才不能和英帝国主义者一道共同参与干涉，因为他们看到，英帝国主义者被中国革命的巨大力量战胜了。所以现在日本急于保持中立，想获得中国人民的友谊。但是，同志们，只要二十一条还生效，中国人民是决不会与日本帝国主义妥协的。

在结束发言时，我想对日本的工人运动讲几句话。现在日本的工人政治运动已经定型为工农党，它目前在左翼的控制之下。这个无产阶级的有组织的政治力量，由于不久以前与200万日本最有战斗力的无产者队伍水平社成员合并而大大加强。我们希望，在最近的将来，这个党将在日本的工人运动中起巨大的作用。不久前在日本举行了一次大规模的示威，参加示威的有将近40万有组织的农民。这样，你们看到，日本的工人和农民为反对自己的压迫者组织起来了。我相信，在不久的将来，他们会联合起来同中国的革命力量共同奋斗，以使中国革命取得最后胜利。

中国革命万岁！国民党万岁！

国民党万岁！

共产国际万岁！

（会议休会）

第五次会议

(1926 年 11 月 25 日)

主席：罗曼

讨论布哈林的报告和库西宁的补充报告（续）

美舍利亚科夫（苏联）：

布哈林同志在他的报告中阐明了我们现在所经历的时期是资本主义的某种暂时的、不稳固的、相对稳定的时期。我完全同意这一估计。但我认为，布哈林同志的分析主要涉及工业和无产阶级的阶级斗争方面，需要以农业和农民运动方面的一些论断来加以补充。

首先让我们看看农业方面的情况，看看我们是怎样克服标志着世界帝国主义战争时代特征的生产不足的危机和大战结束后头几年出现的生产过剩的危机的。

根据罗马农业研究所的材料，世界农业方面的生产正接近战前水平。如果以世界谷物生产情况为例，全**世界**的播种面积和收获量的指标1925—1926 年度分别为 1913 年的 100.7% 和 100.5%。畜牧业方面也可以看到同样的现象，技术作物的生产已超过战前水平。因此可以认为，**世界**范围内的农业恢复过程，如果不是已经结束，也是正在结束。但是这一恢复过程，对各个国家来说，过去和现在进展得都不平衡。在战争期间，大洋彼岸国家（加拿大、美国、阿根廷、印度等）的农业由于欧洲参战国的农业受到破坏而得到迅猛发展。现在我们还能看到这些大洋彼岸国家的农业优势。在美国和加拿大，农业生产达到战前水平的130%—140%，欧洲只保持在80%—90%的水平上。恢复过程的这种不平衡状况在一些欧洲国家里也一样。在某些国家（捷克斯洛伐克、南斯拉夫）农业已达到或者甚至超过了战前水平。与此同时在另一些国家（德国、法国）生产则保持在战前水平的80%—90%左右。

这一情况是现代资本主义的稳定在农业方面发生动摇的原因。在农业还没有完全恢复的国家，正全力以赴地恢复这一重要的经济部门。欧洲受战争破坏的国家，随着播种面积的恢复和耕作技术的改进，土地产量提高，农产品的总产量也必然提高。但这部分粮食将投入由于工人工资降低而消费大大缩减了的市场，工人工资的降低是当前资本主义稳定时期的特征。正在努力促进农业高涨的苏联，增加了农产品的出口量，这也起着巨大作用。因此，预料农业在最近的将来将会出现生产过剩和农产品价格过低的危机。在农业方面，现代资本主义发展的不平衡性使这种危机必然到来。因此，资本主义在农业方面的稳定也是相对的、暂时的、不稳固的。

在我们经历的这个时期，农业生产的稳定是**资本主义的**农业生产的稳定。正像在工业方面资本的稳定是靠损害无产阶级和农民的利益来实现的一样，农业资本主义的稳定也是靠损害劳动农民和工人的利益来实现的，恢复过程的全部负担都落到他们的身上。这些负担表现在赋税毫无节制地迅速增长上。例如，在美国，农业（农场主）负担的总税额从1919—1920年度的3.88亿美元增长到1925—1926年度的6.35亿美元。烟、酒等的消费税也大大提高。国债的利息总额各国都有所增加，军费开支加大，所有这些必将引起国家预算异常迅速地增长。当权的资本家和大土地所有者千方百计地企图摆脱捐税的沉重负担并把负担转嫁到工人和劳动农民的身上。所有这些助长了农民阶级中的不满情绪，并推动他们走向政治斗争。农业资本主义的稳定和增长的过程越持久,农民阶级不满情绪的增长就将表现得越明显。

在工业方面我们看到,稳定过程的特点是工业的合理化。这种合理化过程在农业方面(拖拉机和其他农业机器的使用)也能看到。合理化大量排挤农业工人和半雇农,由此产生大量失业。例如,美国在1925年农场主的数量从648.8万人减少至637.2万人,同时私有者的数量从392.5万人减少到386.6万人。全国农业人口1926年1月1日为3055.5万人,而1925年初是3113.4万人。因此农业人口在一年内减少了1.5%。1924年农业人口减少了18.2万人。这股农村多余人口的洪流,由于移民的限制,要费很大力气才能流到其他国家去。离开农村的大多数人进入城市,扩大了失业者的队伍,给降低工资造成极大的压力。

现在农业的稳定是在**金融资本**引导下的**资本主义**农业的稳定。现代农业越来越受到垄断金融资本的控制。在这方面各类辛迪加和托拉斯起着巨大作用,它们利用自己的垄断地位为农产品规定了低廉的价格,但为自己销售的工业品规定了垄断的高价。辛迪加和托拉斯的这种政策是把恢复过程的开支转嫁到农民身上的最有效的办法之一。

另一方面,金融资本借助银行通过信贷奴役农民。例如,1926年美国农场主的纯收入为投资的4.6%,然而他付给银行抵押贷款的债务是6.4%。负债的农场主成了银行的猎获物;银行资本允许他在自己的农场待多久,他才能在那里待多久。我们在上面已经看到,美国农场的数量在年复一年地减少。经营合理化需要货币资金,从而迫使农场主借贷,这就是农场主受银行奴役的主要原因之一。

在银行奴役农民的过程中,农业合作社的作用是很有意义的。以辛迪加和托拉斯为代表的金融资本不能与分散的农场主进行交易,为了控制全体农场主,金融资本必须把他们组织起来。这一任务就由农业合作社来承担。合作社负责把农场主的产品汇集到统一地点，使他们的产品标准化，让农场主减少生产开支，这样做的结果，以托拉斯、辛迪加和银行为代表的金融资本得以加强自己的剥削，把农场主在合作社帮助下的结余全部装进自己的腰包。合作社排挤小收购商和经纪人，但是这样做的目的仍然是通过垄断的高价和垄断的低价，使金融资本能够把以前被小经纪人赚去的全部利润攫为己有。金融资本不仅利用农业合作社，把它变为自己的工具，而且竭力在没有这种合作社的地方建立这样的合作社。农业合作社由反对资本剥削的工具变成了金融资本的工具。加拿大的许多合作社，达到一定的发展程度后，直接变成了资本主义的股份企业。正像在苏联农业合作社把分散的农户纳入**社会主义**经济体系，并成为**社会主义**建设的工具一样，在资本主义国家里，同样的农业合作社把分散的农户纳入**资本主义**经济体系，并成为金融资本剥削农业，使之从属于自己并残酷剥削农场主的重要工具。

我们目前经历的历史时期的特点是，资本主义加紧对殖民地进行渗透，这种渗透目前采取的方式主要是从殖民地榨取工业所需要的原料（橡胶、石油、咖啡、可可、烟草等）。建立巨大的种植场，从种植场获得这些原料产品。这些原料是靠破坏农民需要的大米和其他消费品的生产获得的。从前自给自足或半自给自足的农民经济，变成了使用雇佣劳动的资本主义种植场，因此旧的经济和旧的生产关系被破坏。工人在种植场遭到残酷剥削，例如，在采集橡胶时，工人会成千成千地死亡。所有这些使殖民地农民遭到破产，使旧的生活习惯和方式遭到破坏，从而导致农民革命情绪的高涨。殖民地（印度尼西亚）、东方国家（摩洛哥、埃及等国）的农民革命运动蓬勃兴起、拉丁美洲国家农民运动不断扩大的最主要原因之一就在这里。

因此我们所看到的一般资本主义的稳定，特别是农业资本主义的稳定，意味着金融资本对农民进攻的加强和农民破产的加剧。金融资本现在是农民的主要敌人。大土地所有者成了金融资本的代理人。资本主义的稳定过程和资本主义向农业国和殖民地的渗透过程越向前发展，金融资本就越成为农民的敌人，无产阶级和农民在反对共同敌人的斗争中就具有越多的共同利益，农民的不满情绪就越高涨，这种不满情绪在农业危机时期将在一系列革命运动中表现出来，而农业危机由于现代资本主义稳定的暂时性和动摇性将不可避免地到来。

所有这些清楚地表明，共产党人在农民运动中进行工作的极端重要性。

杜布罗夫斯基（苏联）：

我想和美舍利亚科夫一样，也谈谈农业和农民问题。要理解当前"资本主义的稳定"，也必须阐明这种稳定是怎样影响农业和农民的，以及在农业方面是怎样表现出来的。

直到最近，人们都是从资本主义的直接崩溃在农村引起的世界危机和矛盾方面来考察农业和农民的状况的。

现在必须在"资本主义"相对"稳定"的条件下来考察农业和农民的状况。为此我们需要阐明两个主要问题。第一个问题是，"资本主义的稳定"在农业方面有多大的牢固性；第二个问题是，"资本主义的稳定"如何影响农村阶级斗争——它使农村阶级斗争减弱，还是使之尖锐化。

对第一个问题，美舍利亚科夫已作了回答。他指出，在农业方面也像在工业方面那样，全世界的播种面积、粮食收获量和畜牧业总产量已达到战前水平。还应特别强调指出的是，农业恢复的程度和工业恢复的程度已大致相同。如果我们以农业方面和工业方面的主要指标为例，我们就会看到，**在世界范围内**（我要强调在世界范围内）我们正接近战前水平，工农业方面的情况几乎都是一样的。到1923年农业比工业恢复得多一些，因此在农业中出现突出的生产过剩和工业的生产不足。结果出现了 1923—1924 年度的所谓"剪刀差"。在 1924—1925 年度工业的恢复加快了步伐。1926 年全世界的工业和农业已差不多同样地达到了战前水平。这就是农业方面一定程度的"资本主义的稳定"的基础。

不过，正如美舍利亚科夫同志所指出的那样，战后恢复过程在各国的进展是不平衡的。例如，大洋彼岸各国谷物播种面积远远超过了战前水平，达到 1913 年的 130%—140%。在欧洲大多数国家里，播种面积尚未达到战前水平，保持在 30%—90% 以内，最多的达到 95%，很少有达到 100% 的。

各国在农业方面资本主义发展的不平衡构成了当前资本主义不稳定的基础。我们看到，现代农业状况相对稳定，这首先是由于，生产尤其是参战国的生产尚未完全恢复。世界范围内的生产已恢复到不存在生产不足的危机和高价现象的程度。不过，农业生产，尤其与工业相比，还未扩大到可能出现生产过剩危机的程度。大洋彼岸各出口谷物国家的粮食生产过剩，为欧洲国家的生产不足所抵销。

这是暂时的、相对的和极端不稳定的平衡所造成的结果，就是**世界范围内"剪刀差"的缩小**。不过剪刀差的缩小也是不平衡的，正如在农业方面资本主义生产的发展不平衡一样。我们面前摆着美国、英国和德国的"剪刀差"的图表。大洋彼岸出口谷物的国家，如美国，由于存在着生产过剩的因素，还保持着"剪刀差"。如果说 1923 年年均农产品的价格指数与工业品的价格指数之比为 79%，那么 1924 年则为 83%，1925 年为 89%，1926 年 7 月为 85%，1926 年 8 月为 82%。因此与 1923 年相比，我们就看到"剪刀差"缩小的明显趋势，这个趋势是既靠提高农产品价格也靠降低工业品价格来造成的。不过我们看到，1926 年 7—8 月"剪刀差"的差口还存在。

如果说在大洋彼岸的国家中，相对的生产过剩造成较大幅度地压低农产品价格，并形成"剪刀差"，尽管这个剪刀差的缺口比1923—1924年的缺口小，那么，在欧洲国家中——那里甚至对由于战争和群众的贫困化而缩小的市场容量来说，还存在生产不足的现象，尽管情况并不严重——"剪刀差"已经消除。此外，农业价格指数已超过了工业价格指数。例如，伦敦农产品价格与工业品价格指数之比1923年为90％，1924年109.4％，1925年为110.9％，1926年上半年为102.1％。因此，我们这里看到的已经是逆"剪刀差"。在德国，农产品价格也超过了工业品价格。今年7—8月，那里的农产品价格超过工业品价格指数达2％—4％。当然，粮食税在这里并不是最后一个起作用的因素。正如我们所看到的，**生产发展的不平衡性造成价格运动的不平衡性**，就是说，在大洋彼岸国家造成了"剪刀差"的存在，欧洲则消灭了"剪刀差"，并使农产品价格朝着超过工业品价格方向发展。

不过，既然受战争破坏的欧洲国家的播种面积将得到恢复，既然大洋彼岸国家的生产将要扩大，那么新的农业危机完全可能出现。在战时退出世界农业市场的苏联重新加入这个市场、战争年代削减出口的多瑙河流域国家出口的增大、在没有对抗原因（工业迅速发展、农业高度集约化）的情况下，可能造成世界农业市场的动荡。现代资本主义在农业方面发展的不平衡性可能造成新的农业危机，1923—1924年度的危机只不过是它的序幕。

我不准备谈论在世界经济中现代"资本主义的稳定"在多大程度上不仅是靠损害广大工人群众的利益，而且也是靠损害农民的利益来维持的这个问题。美舍利亚科夫同志关于这一点已讲得很充分了。

现在我讲第二个问题，让我们来考察一下，稳定是使阶级斗争尖锐化了，还是相反，使阶级斗争削弱了。为了得出正确的答案，首先需要一般地阐明农业资本主义的发展进程和资本主义高涨对农村阶级斗争的影响。农民运动的历史表明，农民运动经常发生在农村经济发展的转变时期，即发生在一种经济形态被另一种经济形态取代的时候。例如，最大的农民起义、农民革命即发生在封建制向农奴制转变以及农奴制向资本主义转变的时期。不过农民起义也发生在经济不太动荡的时期。具体地说，发生在一种经济制度内部甚至取得局部进展的情况下，直到这种经济制度被另一种制度所取代，这取决于资本主义的发展（取决于商业资本主义时代、工业资本主义时代，最后，金融资本主义时代），因为资本主义发展越迅速，旧的社会关系的崩溃就会来得越快。由此可见，经济高涨会对各资本主义国家的农民产生革命作用。

在资本主义统治下的任何经济高涨都首先是资本主义的经济高涨，资本主义的经济高涨则会引起矛盾的尖锐化，以致在高涨之后，只要发生一场小小的危机（而这个危机也是由资本主义发展的矛盾中产生的），农民群众就会行动起来。在保留着半农奴制和半封建残余的国家里，尤其容易出现这种情况。对于这些国家来说，资本主义的发展意味着现存的半封建的、半农奴制的经济制度的解体，以及作为资本主义以前的主要阶段——农民阶段的解体。在这些国家中，资本主义的发展会导致，例如，地主从出租土地转向自己耕种土地，转向经营种植场。比如说，假定有一片土地，地主从前是租给一千个佃农耕种。现在，这片土地按资本主义方式耕作，那么，比如说，只需要100个佃农就够了。这意味着9/10的农民无地可租，濒于破产。所以资本主义的发展趋势是，部分地把被奴役的半农奴制的佃农从土地上赶走，以资本主义的佃农或资本主义的农户来取代他们。不过把农民从土地上赶走，通常进行得相当缓慢，赶走之前首先要增加，比如，实物贡赋。假定有一块土地，出租时规定的地租为收成的1/4，那么地主拿走收成的1/3、1/2，甚至更多，直到完全剥夺小佃农的土地并开始以资本主义方式耕作到土地对地主更有利的时候。这是在保留着农奴制和封建主义残余的国家中资本主义兴起和发展的一种结果。

另一个结果是，地主从实物关系转向货币关系。地主出租土地，过去采取平分制、工役制等等，现在则要求支付货币。这就意味从农奴制租赁方式转向资本主义租赁方式，也就是从农奴制租赁方式将土地租给贫农和中农，转向以资本主义方式租给富裕农民，这意味着剥夺小农的土地。此外，资本主义的发展意味着机器和雇农劳动的日益增多。机器的使用通常导致劳动力价格下降，雇佣人数缩减。后一种情况几乎到处可见。这就是为什么农民要反对机器，直至捣毁机器，正像工人运动初期即19世纪初在英国发生的情形那样。

不言而喻，半农奴制经济中资本主义发展导致的一切矛盾绝不限于上述几点，同样，因各国具体条件不同而出现的这种发展的多样性，也不限于上述几点。资本主义发展的主要方向在各个国家基本相似，不过随着各地条件的不同，它可能有不同的表现。对于我们来说，重要的只是着重指出资本主义破坏以前的各种经济形态这一事实，其结果是引发农村阶级斗争的尖锐化。

这正是经济高涨之后会发生大规模农民革命起义的原因，只须指出以下几个例子就够了。本世纪初中国第一次大规模农民起义，就是在外国资本对中国从而也是对中国农村的第一次大规模压迫之后发生的。1905—1907年第一次俄国农民革命是在资本主义迅猛发展之后，即19世纪末俄国工业革命之后出现的。同样关于第二次俄国革命——十月革命也是这样。

1917年农民起义发生在俄国资本主义发展的第二阶段即金融资本迅猛发展阶段之后，金融资本由于所谓的斯托雷平改革大力向农业渗透之后。资本主义高涨造成革命的影响这一点可以用现代革命运动的事例来说明。例如，日本最近一次农民运动始于战后，这不是偶然的，日本那时资本主义有了非常迅猛的发展。在印度，农民运动也是从资本主义渗透得最厉害的那些地区开始的。同样，印度尼西亚农民运动的情况也是如此。

因此，在资本主义条件下，农业生产的恢复和发展**过程**本身，对存在着农民阶级的国家来说，意味着现存经济结构的破坏，相应地，也意味着阶级矛盾的发展和农民革命性的增长。需要消除这样一种片面的观点：认为农业中资本主义关系发展的影响是扼杀农民的革命性。在这里，资本主义的发展**过程**与它的最终**结果**通常是交织在一起的。

的确，如果资本主义在农村已发展到逻辑的终点，如果农民已经分化成两个阶级——资产阶级和无产阶级，那么真正的农民革命已经结束，无产阶级革命已经开始。不过，正如列宁特别强调指出的，**在这条资本主义发展道路上有一系列农民起义和农民革命。**

社会民主党对农民估计不足、不理解农民的革命作用，就是由于它不理解资本主义发展本身具有促进革命的意义。

从农民革命运动发展条件的观点来看，可以把各个国家划分为以下几个基本类别：第一类——保留农奴制和封建主义残余的殖民地和半殖民地国家；第二类——保留农奴制残余的农业国；第三类——已经消灭了或者基本没有农奴制的发达的资本主义工业国。

第一类国家——日本、朝鲜、中国、印尼、印度、非洲各国、一部分南美洲国家，等等。我们在上面阐述的关于资本主义破坏半封建关系和农奴制关系的原理完全适合于这类国家，这种破坏的结果，根据每个国家地方条件的不同，造成地租上涨、赋役制经营方式逐步向资本主义经营方式转变等等。

例如，我们看到，在日本和中国，租佃关系发生了非常大的变化，结果日本的"租佃问题"成了农村的主要问题。同样，在中国，农民的一项基本要求是，反对过份苛刻的租佃条件，这并不是偶然的。

在上述国家中，越来越资本主义化的种植经济获得了迅猛发展，农民的土地被掠夺，掠夺的方式多种多样。资本主义强烈地破坏现有土地制度，例如在有村社的地方，就破坏村社。资本主义关系的发展，使反对一切巧立名目的实物贡赋的斗争变得特别尖锐，在这方面，例如，印尼的革命斗争就特别典型。

我不准备继续阐述殖民地和半殖民地国家的情况，但结论对我们是无可置疑的，那里的资本主义发展越迅速（以其矛盾的形式发展，即作为已达到资本主义最后发展阶段的资本主义），农村中的斗争就越尖锐。这些国家的"稳定"不是推迟农民革命，而是恰恰相反，使农民革命早日到来。毋庸置疑，我们正进入东方最大规模的农民革命蓬勃兴起的时期，农民革命的先锋就是现在的中国农民。

现在我讲几句关于还有农奴制残余的农业国的情况。这类国家的典型就是波罗的海沿岸国家、波兰、捷克斯洛伐克、南斯拉夫、奥地利、匈牙利、罗马尼亚等国。

巴尔干国家。在十月革命和一系列其他国家的革命的影响下，在这些国家中的大多数国家里，统治阶级开始实行所谓的土地改革。欧洲中部各国——从斯堪的纳维亚到巴尔干半岛，从芬兰到希腊都在不同程度地进行了土地改革。在波罗的海沿岸国家、中欧、波兰、捷克斯洛伐克、奥地利、匈牙利、罗马尼亚和巴尔干半岛的14个国家里也进行了改革。

为了搞清楚，这些国家里是否有可能爆发新的农民革命，需要回答一个中心问题：**土地改革是否已经解决了农村的基本矛盾。是否消灭了半农奴制，是否已把民主革命的任务取消了**。

正如布哈林同志在报告中指出的，土地改革根本没有解决基本矛盾。

资本主义国家中的现代土地改革是从半农奴制经济向资本主义经济过渡的路线进行的，正如列宁所指出的，这通常都伴随着半农奴制大土地所有制的瓦解。不过，资产阶级不能彻底消灭农奴制土地所有制。在对农民最不利的条件下转让出去的土地只是地主的部分土地，还有一部分土地仍保留在地主手里。资产阶级不能解决缺少土地的问题。没有从改革中得到满足的无地和少地的农民的存在，提供了在半农奴制土地所有制的情况下奴役农民的前提。大多数国家中的新兴农业资产阶级都不得不在土地和设备上花费巨资，这甚至拖累了资本主义经济的发展。**改革过程本身使阶级斗争尖锐化**。尽管分给了雇农和贫农部分土地，但农民的阶级分化等等仍在加剧。资本家阶级不能把纯粹资产阶级的农民改革进行到底，不但如此，它还力图使改革倒退，阻挠和破坏改革的进行——这一切必然会促进农民群众的革命化。土地改革只是对资本主义基础进行的一次清洗，但仅仅是清洗而已，不能从根本上消灭农奴制。**改革不能解决农村的主要矛盾，用革命的办法消灭农奴制的任务决没有消失，而是还像以前那样迫在眉睫，只有在无产阶级领导下无往而不胜的工农革命才能彻底完成这一任务**。

关于资本主义国家，我讲几点意见。美舍利亚科夫同志已经指出，在资本主义国家中资本主义发展本身就是对农民的进攻。它意味着金融资本通过信贷系统和合作社系统对农业的控制。垄断资本既控制了农业的销售，也控制了农业的供应，这对农民显然是不利的。其次，农业中资本主义的发展意味着农民继续分化，小农户与大农户竞争条件的恶化。我们不应忘记，小农户在和大农户的斗争中正在丧失自己的阵地，不应在大小农户问题上和资本主义条件下的农民分化问题上滑到修正主义观点上去。

现在，在发达的资本主义国家里，也像在其他国家一样，"稳定"不仅是靠损害无产阶级的利益，而且也靠损害广大农民群众的利益来维持。最近一个时期，直接税和间接税都大大提高了。当前日益扩张的军国主义的沉重负担落到了农民身上。

例如，德国农民向左转、美国农场主反对情绪的高涨等等，就是农民的不满在金融资本发展的土壤上日益增长的例证。

美舍利亚科夫同志援引了美国农场减少的数字和部分美国农场主破产的数字。在此我们看到农民和金融资本之间矛盾的典型例证。

可见，所有这一切对我们起初提出的问题作了否定的回答。**"资本主义的稳定"不仅不能削弱农村的阶级斗争，反而会使其尖锐化；不仅不能推迟农民革命，反而使其早日到来。**

必须强调指出"资本主义的稳定"对建立工农联盟的作用。

此外，现代"资本主义的稳定"引起农民革命性的高涨并给各国的农民革命以推动——它们当然有不同的形式，当然也有不同的客观任务，这取决于每个国家的条件——创造了前提，这种"资本主义的稳定"也为工农在革命斗争中结成联盟创造了前提。资本主义及其一切基本矛盾的发展，是工人革命的前提，这是根据马克思主义的历史发展观得出的结论。正如我们所看见的那样，既然资本主义的发展导致农村现存社会关系的破裂，它就会把农民推向革命。既然无产阶级和农民处于同一个经济体系而资本主义的发展又同时影响着他们，尽管影响的形式不同，这就为两种形式的革命几乎同时发动创造了前提。从法国大革命、1905年和1917年的俄国革命，到现代的东方运动——这些民主革命的历史都表明，城市和农村往往是同时发动的，诚然，农村的发动通常比较迟缓和落后一些。

资本主义在其发展的各个阶段上所起的革命作用，在有农奴制残余的国家中为牢固的工农联盟创造了前提，无论在革命的第一阶段即民主阶段，还是在革命的第二阶段即社会主义阶段都是如此。第二阶段必然会继第一阶段之后来到，在世界革命的条件下会为农业国家的发展创造完全不同的可能性，关于这一点列宁同志曾经讲过，布哈林同志在报告中也特别强调指出过。

俄国社会主义革命前，人们只讲农村发展的两条道路——按列宁的定义——即普鲁士道路和美国道路。在资本主义条件下这是完全正确的。当农民起义、工人革命与城市社会主义革命同时发生时,这些农民革命就会成为新的、非资本主义发展道路的前提。苏联就是这样的例子。因此,对普鲁士道路和美国道路还要补充第三条道路——俄国道路。

最后,我想强调一点,对农民的革命化不能以宿命论的方式来理解,好像一切都会自然而然地发生。我想强调的是对农民和农民运动的正确领导应起的巨大作用。

领导农民运动的问题是整个革命运动和各革命共产党的策略的中心问题。

列宁在他关于无产阶级革命领导权的学说中解决了领导问题。

无产阶级的领导权,在现代条件下,首先意味着对农民的领导。无须说拥有人数众多的无产阶级和保存着农民阶级的先进国家,在那里,无产阶级的领导权是可以理解的,就是在几乎没有无产阶级或者无产阶级极其弱小的国家里,被压迫群众首先是农民群众的一切革命运动,必然要纳入总的国际斗争之中。在这场国际斗争中,在帝国主义和开始进行社会主义革命的条件下,领导权无可争议地属于无产阶级。

不过,无产阶级的领导权要求共产党采取积极的政策,在农村进行积极的工作,为争取农民展开积极的斗争。在我之后发言的同志,将要专门谈争取农民的斗争问题。现在资产阶级和地主在富农的帮助下,利用国家政权机器、报刊、各种组织等等,进行着紧张的斗争,企图把农民吸引到反动派方面去,把农民拉进资产阶级地主集团。由此可以得出结论:吸引农民到革命方面的问题是进行最积极的斗争、最积极的工作的问题。只有在进行这项工作的条件下,在正确对待农民的条件下,在农民中进行恰当的工作的条件下,我们才能把农民革命运动真正纳入以无产阶级为首的总的革命斗争。

只有在这种情况下，才能真正建立起牢固的工农联盟，这个联盟不仅能保证革命在个别国家内成功地取得胜利，而且归根结底将保证世界革命的胜利。

加拉赫（英国）：

同志们！首先我想对库西宁同志的意见谈谈自己的看法。在他讲话之后，有几位同志向我提出一个问题：为什么我们拒绝全文公布给我们党的代表会议发来的贺电。贺电是在我们党的代表会议开会期间收到的，我们没有任何不可告人的目的，毫不犹豫地立即在代表会议上进行了宣读，然后将电文转交给《工人周报》编辑部，以便在最近一期上发表。同志们，你们当中那些在各国担负着领导党务的繁重工作的人，你们当中那些不是等在中央机关、用显微镜来观察各种细小错误的人都懂得，在我们所经历的那个时期，在代表会议正紧张进行的时候，在代表会议期间，我们出版部门的工作是极其繁忙的。我们代表会议的采访员对会议的进程和收到的贺信贺电写了简短的报导。贺电内容以简短的报导形式最先在代表会议闭会后出版的那一期《工人周报》上扼要发表了。第二周，贺电按共产国际发来的原件全文发表了。我们当中没有任何人提出过、打算或企图对这份电文加以删节。我们想指出，库西宁同志不应当在这里指责我们企图歪曲共产国际执委会的贺电，或者指责我们不打算公布它。

现在谈谈另外一些问题。关于合理化问题讲几句话。合理化是非常重要的现象。我们每个人在自己的国家里都要碰到合理化问题。在英国，合理化进行得很不正常。合理化问题摆在我们面前已经有好几年了。必须完全弄清楚我们每个人在自己的国家里都要碰到的这个合理化问题。在这个问题上不能借口合理化不是我们的事而搪塞过去。多年以来在英国的煤矿工业中一直存在着严重的混乱现象。矿主们装出非常诚恳和诚实的样子——你们知道,英国的资本家,一般地说,在多大程度上是诚实的——对矿工们说,矿井上完全不可能支付较高的工资。矿主们雇佣了专家,那些专家应当证实,矿主们在矿井上不可能付出说得过去的工资,因为他们不能从自己的企业获得利润。我们应当给矿工们指出,改善矿井的状况是可能的,但为此必须使煤矿工业合理化。我们展开了争取矿井合理化的运动;我们在矿工面前经常坚持这一点。现在我们看到,政府委员会制定了支持合理化的报告。但政府委员会提出的合理化将给资本家阶级提供一切经济和政治的特权,一切负担却要落到工人阶级身上。

我们不能容许这种状况。我们承认合理化的必要性,但不是那种损害工人利益的合理化。因此我们反对政府委员会提出的合理化,而赞成取消唯利是图的矿区占有者和矿主并对矿山建立监督的那种煤矿工业的合理化。

我们在这里应当对在我们的工作中直接出现在我们面前的这个重要问题表明自己的看法。我们对合理化问题有两个相互矛盾的建议。非常重要的是,我们全都应当明白这个问题的情况。几年以前,还在战争开始的头几天,我们在克莱德区工作时,就碰到了政府为贯彻合理化措施而作的努力。这些措施的目的是要把妇女以及不熟练和半熟练的工人投入生产。这种做法一点儿也不新鲜,这种现象以前在煤矿工业中也有过,战争只不过强调了强化这一过程的必要性。现在我们没有说我们根本反对使用非熟练劳动,因为,如上所说,我们已预见到并且承认,使用非熟练劳动在资本主义发展条件下是本质的和必然的现象。要知道,我们不是孟什维克,我们不能站出来说,进化应当停止,不能容许进化继续发展,或者说,进化应当倒退,我们应当回到从前的岁月。我们不能赞成必须阻止进化的观点,但我们拒绝在现在条件下同使用非熟练劳动的现象妥协,并在这方面竭尽全力与政府进行斗争。为什么?不是因为我们根本反对这一措施，而是因为在现在，在我们正经历的这个时期，合理化方法给企业家阶级提供了经济上和政治上的一切好处，而把一切不利的东西加在工人阶级身上。我们应当声明，我们准备容许实现合理化过程，只是有一个条件，就是经济上和政治上的好处不应给予企业家阶级，应给予工人阶级。现在，像在1915年那样，我们不准备阻止合理化方法的实施，如果能够把工业从企业家手中夺过来，那工人将有可能对生产进行监督。因此我们断言，现在摆在我们面前的极为重要的合理化问题，同时也是监督问题，或者换句话说，也是关于监督实施合理化的条件的问题。无论对企业家还是对工人来说，这个问题都具有重大意义，在这方面我们应当认识清楚。现在，在各个工业部门和各个国家内都在强制推行合理化，这种合理化是反对我们的。为什么？因为我们还不够强大有力，还不能抵制企业家，也不能对实施合理化的方法进行监督。为什么我们还不够强大有力呢？这是因为，尽管我们在工会中积极进行工作，但我们还没有在工人中建立起强大的组织，使我们能够同企业主进行胜利的斗争。这样，我们回头再来看一看共产国际面临的根本问题——我们用什么样的手段才能控制工联，我们应当怎样做才能达到这个目的？

在讨论工会问题时，我们也应当涉及这个对我们具有重大意义的问题。我们应当控制工联，促进其发展。我们应当结束各工联组织之间的摩擦和工联在数量上的过分膨胀。我们应当领导工联工业化的运动。我们应当发动组织得很完善的群众运动，只有这种运动才能够使我们去同资本主义的合理化进行斗争。但是当我们做这项工作的时候，合理化仍在继续进行。资本家在许多工业部门相当强大，他们能够强制推行合理化。所以我们也应当同那些对工人状况已产生不利影响的合理化的直接后果进行斗争。

合理化的这种后果之一就是成千的工人被解雇。在德国，我们看到了成千工人被解雇的情况,我们的德国同志不得不对此予以特别的关注。我们应当为所有遭受合理化后果之害的人要求工作或给予充分的支援。根据"工作或者充分的支援"这个口号,我们的德国同志应当组织失业者的真正群众运动,不是孤立的运动,而是与工人阶级有组织的力量密切联系在一起的运动。在英国,我们有着组织失业者和实现"工作或者充分的支援"这一口号的广泛经验。也许,我们的德国同志希望在这方面创造自己的工作方法,但是如果他们愿意得到英国共产党或共产国际的某种支持的话,他们就会得到支持。我们必须解决的基本问题是:同资本主义的合理化方法进行斗争。为了实现对合理化的监督而加强工联的团结;最后,同合理化的后果进行斗争。

我记得,我们首先遇到的是机械制造企业中的合理化。这些企业中的工人在20—30年内都是按老办法干活。我们突然面临新的情况,企业主开始把完全新型的工人投入生产。他的任务是迫使工人"加油干!"这样一来,生产速度加快了。我们越来越经常地听到这样的召唤:"赶快干活!"一旦出现一位工程师,工人就开始对他进行威胁。然后行政当局便得到关于某些工人的报告,这些工人很快就被解雇。在许多工业部门不得不宣布罢工,要求取消这种催逼的做法。由于我们承认工业合理化这个过程不可能被阻止,因为它是资本主义发展所固有的特点,所以与其举行罢工来取消这种催逼做法,不如决定开展工厂组织的工作,以便工人从推行合理化的一切不良后果中解脱出来。

我们应当建立工厂支部,并在支部的基础上建立工厂组织,这将使我们能够坚决反对让工人阶级承受合理化严重后果的做法。这项工作对我们来说极其必要,我们革命的共产党应当进行这项工作。当前资本主义的内部矛盾在急剧发展,而合理化又加速了这一过程。所以合理化给我们的工作提供了最大的可能性。我不得不详细地阐述这个问题。因为布哈林同志在他的报告中指出,资本主义在实现合理化的同时,又限制着那个用合理化方法生产出产品的市场。

合理化吸引资本主义走上进一步集中的道路,同时又导致资本主义的破产。资本主义在破产的道路上走得越远,阶级斗争就越加紧张。在同合理化进行斗争、坚持对合理化进行监督、反对合理化的后果时,我们应当解决我们的基本任务——动员工人群众去彻底推翻资本家阶级。合理化加强并扩大阶级斗争,给各国革命政党顺利开展工作提供最大的可能性。我希望我们各国的党能充分利用这些可能性。

东巴尔(波兰):

前面几位同志在谈农业问题时已阐明了引起农民向左转和革命化的经济原因。他们强调了当代"资本主义的稳定"在促使农民革命化方面所起的作用,尤其是阐明了农民革命性增长的前提条件。

我要考察的是这一过程在政治方面的表现。

鉴于只有对农民进行正确的估计才能领导农民和农民革命运动,让我们首先来研究一下在现代农民运动方面、农民组织方面以及争取农民的斗争方面出现的新现象。

毋庸置疑,**现代革命运动中最基本的、最显著的现象,是殖民地和半殖民地国家内的农民运动**。正如布哈林同志在他的报告中特别强调指出的,我们现在正处于这些国家的真正农民革命的开始阶段、真正国内战争的开始阶段。

毫无疑问,东方的现代农民运动,是**国际社会主义革命的第一阶段**。在当代即金融资本和帝国主义的时代,任何革命运动尤其是殖民地半殖民地国家内的革命运动,必然要纳入世界革命的总体系中去,而世界革命的领袖和基本动力则是无产阶级。

如像布哈林同志着重指出的那样,列宁同志正是把这一点看做是现代民主革命的基本特点。

东方的现代革命运动必须划分为两个基本阶段。第一阶段是反对现代帝国主义的民族解放斗争，第二阶段是反对本国的封建主义和农奴制的农民解放斗争。

例如，中国的革命斗争进程就是第二阶段的证明。

我们看到，与广州革命政府领导的全民族反帝斗争一起，真正的农民革命运动也开始了，这场革命旨在反对以高额地租压迫农民的土地所有者，反对高利贷者，反对本国和外国的商业资本，尤其是反对外国的垄断资本。农民斗争既表现为有组织的运动，也表现为无组织的运动，这类运动经常具有独立的农民起义性质，例如红缨枪运动就是这样。这种自发的农民运动具有越来越重大的意义。

布哈林同志在报告中所强调的，现在已经十分清楚了，革命政府的土地改革，农民问题的解决将是反对国际帝国主义及其代理人——地方军阀的斗争取得胜利的基本条件。

从今年上半年国民军失败的历史表现来看，他们失败的原因之一是不善于把农民引到军队方面来，国民军不善于让农民感到他们的政权就是农民的政权，这个政权能够减轻农民无比沉重的负担。

我们在很多国家都看到农民反对本国封建主义和农奴制的这种斗争。例如，**在日本**，一个非常强大的佃农运动正在开展；**在朝鲜**，一场反对大土地所有制、反对高额地租和日本政府殖民政策的斗争正在进行。

我们看到，在印度农民运动也开展起来，在印度的各个地区正不时爆发农民起义。

最后，最大规模的农民运动是印度尼西亚的现代农民运动。这里的农民运动旨在反对外国帝国主义，特别是反对外国的橡胶、甘蔗、咖啡等种植园，也反对地方封建主的横行霸道和剥削，反对所谓的"赫连金制"，反对徭役和其他实物贡赋。

尽管这里的**农民运动**也像在其他国家例如朝鲜那样，是**打着宗教的幌子**进行的，不过这丝毫无损于农民运动在客观上所拥有的革命意义。

除上述国家外，在**阿尔及利亚、突尼斯、摩洛哥、埃及、小亚细亚**，其中包括波斯这些国家的运动也正方兴未艾。这一情况说明，**我们的确进入了殖民地和半殖民地国家农民群众的革命时期。**

所谓**拉丁美洲农民起义的爆发**是现代革命运动的重大因素。**墨西哥**革命运动的巨大规模是人所共知的。前几天同志们刚刚从报上看到了关于**巴西农民起义**的消息。

所有这些都表明，在一部分殖民地和半殖民地国家中已经出现真正的革命形势。国内战争已经开始，在另一些殖民地半殖民地国家中，革命运动正异常迅速地成熟起来，并将在有利条件下可能转变为群众革命。

现在我们来考察一下**带有农奴制残余的农业国家**里的农民运动。在这类国家中，波兰、捷克斯洛伐克、罗马尼亚、保加利亚、南斯拉夫、希腊等国现在具有最大的意义。

应当指出，几乎上述所有国家，而且还应加上波罗的海沿岸国家，在战后年代都发生了群众性的农民革命运动，这是战后整个欧洲的运动，包括**俄国十月革命**在内的直接结果。资产阶级和地主扼杀了农民运动，此外，资产阶级和地主企图借助自上而下的改革部分消灭半农奴制的大土地所有制，从农村资产阶级以及分到大量土地的官吏和军官中培养一批反动的富裕农民骨干。

上述国家的资产阶级企图用最残酷的恐怖手段，用绞架和监狱来瓦解和扼杀农民运动。

可是，农民运动经过革命后的暂时衰落和分崩离析之后，现在在一定程度上又重新聚集起来。农民的革命性在增长。前面发言的同志已经指出，无论哪一个国家的资产阶级都不敢、也不能把土地改革进行到底。半农奴制远没有废除。**地主同金融资本结成联盟后转入进攻并收回土地改革**。与此同时,一方面由于受到土地改革的影响,一方面由于资本主义的一般条件,农民的阶级分化加剧了,基本农民群众即贫农和中农的境遇相应恶化。

后一种情况为农民群众向左转和农民革命发动的日益频繁创造了前提条件。

除以上种种原因外,还要加上民族压迫,几乎在所有的农业国家,统治阶级都对少数民族实行民族压迫。**波兰边境地区、喀尔巴阡罗斯、斯洛伐克,特别是巴尔干国家的民族省区**的严重状况就是这种民族压迫的例证。

在农业国里,农民革命运动**采取直接行动的情形比在殖民地和半殖民地国家里要少见得多**,尽管直接行动还具有充分的作用。例如,在**西部白俄罗斯、西部乌克兰、喀尔巴阡罗斯、比萨拉比亚、巴尔干半岛、马其顿**和其他地区,都有大规模的游击运动。

在现代条件下,这些国家里的**农民组织**和农民**政党具有重大得多的意义**。我们正处在农民政治运动分化过程的开始阶段。劳动农民开始逐渐摆脱地主资产阶级和富农的领导,开始分化,在农民组织中**分离出左、中、右集团**。

所有这些国家的一个共同点是农民革命积极性的增强。更多地参加一切可能的选举并选出了更多的左派代表。特别需要指出的是,**农民反法西斯主义的斗争**在日益扩大。在这方面意大利农民运动的经验具有非常典型的意义。例如,意大利建立了诸如保卫农民委员会之类的群众组织。

所有这一切表明,在**农业国**中由于资产阶级无力进行土地改革,由于赋税负担加重,由于资本的进攻引起的一般矛盾,农民运动的造反因素和革命因素正在集聚。从革命后的衰退和相对停滞时期到最近几年,农民运动重新进入经济斗争都**活跃起来的阶段**。

各工业国的农民运动也取得许多进展，而且是相当大的进展。在这方面德国是很典型的。在德国由于资本的全面进攻，**中农逐渐遭到排挤，小农的状况大大恶化**，尤其是在德国南部经营园艺和酿酒的地区，情况更是如此。这里左派农民运动开始在反对赋税、反对高额消费税的斗争基础上团结起来。在反对高额消费税方面酿酒区最近发生的运动特别典型。巴伐利亚农民反对派运动（汉多费尔运动）的扩大也很典型。其他地区基于赋税和工业品、肥料、农业机器和农具涨价而进行的斗争也出现了农民不断向左转的趋势。

其他欧洲国家中，必须讲讲法国的情况。彭加勒上台后开始实行的通货紧缩政策和资本的全面进攻，无疑会加速农民的分化。

现在，在大洋彼岸的国家特别是在**加拿大和美国的**农场主中间，正在发生巨大的政治上的变动。

这些国家几乎是目前仍然存在生产相对过剩危机和与此相关的有损于农业的所谓"剪刀差"的一些国家。

"剪刀差"使农场主的状况极端不稳定，农场越来越受金融资本的控制，债务日益增多。局部失地现象越来越严重，佃农的数量在增加，私有者的数量在减少。

连续数年的农业危机和农场的不稳定性为**农场主政治积极性的提高创造了前提**。我们看到，许多州正在成立农场主劳动党，迄今为止尚未参加政治生活的农场主组织开始卷入政治斗争（例如，参见柯立芝的失败）。

这样，我们考察了从殖民地半殖民地国家到高度发达的工业国的农民革命运动。作为普遍现象需要指出的是，几乎在所有的资本主义国家中都出现了程度不同的清洗中农阶层的**过程**。资本主义的暂时稳定使中农破产，把他们推向越来越贫穷的境地。这是很重要的现象。我们不仅要考虑到使这一阶层中立化,而且还要竭尽全力吸引这整个阶层或某一部分参加积极的斗争。

我们看到,农民的革命性普遍高涨,在一些国家中表现为群众性农民革命的开展(例如中国、印度尼西亚),另一些国家中仅仅表现为劳动农民向左转的反对运动的高涨和左派农民组织的建立。

农民运动的扩大极其尖锐地提出了关于**领导农民运动的问题**,关于引导农民运动走无产阶级领导的共同革命道路的问题。

资本主义暂时稳定所引起的农民向左转和劳动农民群众离开地主、资产阶级营垒的现象,迫使资产阶级想方设法保持他们对农民群众的影响。为此,资产阶级或者直接、或者通过自己的同盟者——地主、富农和社会民主党人,采取各种思想渗透的方式和方法。在战后时期,资产阶级企图用损害地主利益的办法,就是以许诺乃至局部实行土地改革的办法来阻止农民革命运动,现在转而采取别的办法,利用地方特别是富农来加强他们对农民的影响。

地主富农的深绿色国际今年在罗马农业研究院的成立,富农的绿色国际——中欧国际农业局加入该组织、第二国际及其各支部的农业方针、劳合·乔治的农业改良主义等等——所有这些都证明,争取农民的斗争,甚至在国际范围内也采取了有组织的形式。

必须强调指出,深绿色国际通过罗马农业研究院与国际联盟取得了密切联系,并且是国际联盟的工具,因而也是金融资本奴役劳动农民的帮凶。因此劳动农民必须把自己的斗争与世界无产阶级的斗争联系起来,发展并加强农民中劳动阶层的国际团结。

农民国际主义是帝国主义的产物,是金融资本向劳动者、向中间的小资产阶级包括各农民阶层进攻的产物,它是**革命的因素**。农民国际主义只能是与无产阶级结成联盟的进步农民运动的一个要素,但无论如何也不会被国际反动派所利用,这正是企图在国际范围内以劳动农民与资产阶级联盟为方针组织农民的幻想失败的原因。

近来一个十分有趣的现象是**社会民主党人在土地问题上采取的方针**。马赛代表大会、第二国际召开的东方国家和殖民地国家的代表会议、奥地利社会民主党的土地纲领、英国工党的土地纲领、瑞典社会民主党人和其他国家的孟什维克就土地问题和农民问题的演说等，造成了这样的印象，似乎社会民主党人不再对农民采取敌视的态度，而这种态度却是他们所特有的。事实上，采取这种手腕是因为必须加强农村阵地以巩固其在城市中摇摇欲坠的阵地，以便履行其资产阶级代理人的作用。但认为社会民主党会改变它对农民的敌视态度，那就大错特错了。在这方面可以在德国社会民主党农村工作领导人之一乔治·施米特的演说中找到证明。在一次演说中，除了其他的话，他还说：

"我不同意这样的理论：我们除了把德国的土地分给农户以外没有别的出路。假如事情已经到了非社会主义化不可的地步，那么在这个问题上我们与大土地所有者达成协议会比与贫苦农民达成协议快得多。"（引自《帝国联盟》1926年11月13日第46期）

在捷克斯洛伐克的德国社会民主党在马赛代表大会上提出的建议也证明，孟什维主义在农民问题上不能采取正确的立场，建议中写道：

"但是，目前至少在中欧范围内，对大地产实行社会主义化和划分为小块土地，同样被当做是解决土地问题的社会主义办法。这一**有害的现象**在捷克斯洛伐克的土地改革进程中也暴露出来。我们在剥夺大地产的过程中，力图推动大农庄的社会主义化（参看我党代表大会决定）或者至少为社会主义化创造前提时，捷克社会民主党却积极参加主要由捷克农业党强制推行的胡乱划分小块土地的运动。这一运动在追求自己的民族主义的扩张目的时，使成千上万的农庄工人和领地职员贫困化，给农业无产阶级的工会运动和政治运动带来巨大无比的危害。"

所有这些不仅证明，必须与资产阶级、与它的同盟者和代理人进行争取农民这个无产阶级革命的同盟者的斗争；而且证明，只要共产党善于正确地在农民群众中进行工作，它就能获得成功的客观可能性。

各国共产党首先必须正确理解农民在现代革命运动中的作用。

有必要公开宣告，向不了解农民的作用、对农民的革命性估计不足的**社会民主党倾向**展开坚决的、无情的斗争。

共产党的布尔什维克化和掌握列宁主义意味着首先掌握列宁主义关于工农联盟的学说和无产阶级的领导权以及领导农民运动的学说。

领导农民运动，首先要求在每个国家内为现有发展水平上的农民运动制定出最基本的、纲领性的要求和口号。只有给农民运动提出符合它的发展程度的正确而准确的口号，才能把农民引导到自己方面来。

必须注意加强在农民中的宣传鼓动工作。这就需要有善于对待农民的特殊本领和经过细致周密思考的影响农民的方法。

在共产党的工作中，把农村中党的工作和非党工作结合起来具有重大意义。

共产党面临着在非党农民组织中进行工作的极其复杂的任务。库西宁同志就共产党人如何在群众组织中进行工作所说的一切，应当运用到在农民群众中的工作上去，当然要估计到农民的情况。

许多共产党不善于在农民特别是在农民组织中进行工作，它们在这方面完全没有经验。这一点我不打算多谈，因为这个问题将要在全会的农民委员会中详细讨论。最后我要强调一点，**国际革命的农民运动正在成长壮大**。只有在工人阶级及其先锋队共产党对农民运动实行正确领导的情况下，我们才不仅能保证农民革命斗争取得胜利，而且也能保证世界无产阶级革命取得胜利，如果没有牢固、紧密的工农联盟，世界无产阶级革命的胜利是不能想象的。

博什科维奇（南斯拉夫）：

同志们！如果说我们的基本口号是**争取群众**，那么就需要更具体地强调指出，我们如果不在农民中进行工作，这一口号的实现是不可思议的。同样，反对战争危险、反对法西斯主义和白色恐怖的斗争也是与农村工作密切联系在一起的。多数共产党在第五次代表大会后开始研究农民问题。现在共产党在农民工作中已取得一定的经验，所以我们可以谈一谈这项工作的成绩和不足。

我完全同意布哈林和库西宁在报告中对这个问题的完全正确的提法，也同意美舍利亚科夫、杜布罗夫斯基和东巴尔同志关于农业和农民问题的提法，我只想就共产党农村工作中某些具体的事例谈一谈自己的看法。

波兰共产党在农民中进行工作的经验表明，农民团结起来的口号受到广泛的欢迎，这个口号与为农民不付赎金争得土地并反对资产阶级等革命口号，不仅推动农民迅速向左转，而且还使农民革命分子团结起来为实现这些口号而斗争。应当指出各民族农民团结起来的事实和各左派农民组织建立联盟的事实：乌克兰乡民联盟、白俄罗斯的工农团体和独立农民党。总而言之，波兰共产党对待农民运动的路线是正确的，尽管对中农的革命作用和农村冲突扩大的速度及其表现形式的尖锐性的评价偏高；冲突在不断扩大，但扩大的速度比波兰共产党所希望的慢。

应当使波兰共产党注意到有必要加强波兰本国的工作，并动员农民群众反对皮尔苏茨基政权，因为它显然是代表地主利益的。如果注意到，皮尔苏茨基依靠的军队约80%都是由农民组成的，那么就应当认为，在农民中展开反对皮尔苏茨基政权的运动是一个突出的任务。

在意大利，共产党促进了建立非党农民组织的工作。共产党的第三次代表大会（1926年1月）对农民问题给予了极大的注意。总之应当承认，意大利共产党农村工作部的工作是出色的。

在芬兰，我们的同志们对农民问题也采取了正确的态度。

至于**巴尔干各国共产党的工作**，我就不再讲了。东巴尔同志在他关于农民革命运动的高涨的报告中已谈到这个题目。我同意他的结论，对他的结论我只想补充一点，巴尔干各国共产党应当注意把农民工作与民族革命运动更加紧密地联系起来，因为按照斯大林同志的理论观点，农业国将近2/3的民族革命运动实质上都是真正的农民运动。

在捷克斯洛伐克在农民运动方面正在发生重大事件：今年就要结束土地改革，新的赋税政策侵犯小农利益。尽管捷克共产党总的说来在农民中进行了大规模的运动，但仍然必须指出运动的某些缺点：（1）与几乎一切农民党派中都存在着的反对派集团没有联系；（2）党的报刊对农民问题没有给予足够的重视；（3）缺乏农村工作部门的组织机构。

在瑞典，11月底召开了**全国农民代表大会**以建立全国农民联盟。在代表大会上制定了章程和纲领，但在我们党的一切活动中，感觉仍缺乏农民工作方面的经验。例如，我们的同志在"非党农民组织"的纲领中向农民提出了农业的集体形式。

"工人党"（共产党）在农场主中的工作。美国共产党在农场主中进行了大量工作，它的做法一般说来是正确的，它通过深入到非党农场主组织中来影响农场主群众和他们的左派领袖。1926年春，在美国共产党的参与下成立了**统一农场主宣传联盟**。共产党员在该组织中做工作，但它具有非党农场主组织的性质并对群众产生越来越大的影响。其他左派组织，如几乎存在于所有农业州的**劳动农场主政党**主要是**西部的进步农场主**，与共产党协同工作。

最近一次选举（1926年11月）之前，共产党在竞选纲领中提出了一系列捍卫农场主群众迫切利益的要求：立法，降低赋税，把土地分给劳动者，反对"剪刀差"等等。在捍卫左派农场主组织时，共产党公开声明，在劳动农场主的各个党派已提出候选人名单的那些州，不提出该党自己的候选人名单。

共产主义刊物（党的机关报）相当注意农场主的问题并在农场主中拥有读者。

加拿大共产党的工作。1925年，加拿大共产党在与农场主组织建立联系方面比1926年工作积极，但是在1925年共产党所做的工作不能认为是成功的，其原因是没有支持广大农场主群众，也不善于依靠他们。共产党试图与左派组织"进步农场主宣传联盟"建立联系未获成功，共产党曾通过这个组织散发传单并希望确保对《费罗报》的影响。

1925年夏天。加拿大共产党在某些"同情"共产党的农场主活动家的参加下，组织起**萨斯喀彻温农场主政党**，不过这个政党在农场主中未能取得成功。

另一个失败是对**农场主联盟**的工作，在这个联盟里产生了左的思潮。共产党过份公开地执行党的路线，结果使农场主难于接受，并迫使他们纷纷离去。

1926年共产党较少注意农场主的工作，在竞选纲领（1926年9月）中没一条是关于"农场主"的。党在加强现有组织中的左的思潮和实现与工人群众联盟的纲领方面，总的说来做的工作很少。

中国现有的农民组织是小农和雇农的职业联盟。中国共产党最近尽力把农民运动与全国的革命斗争联系起来。以前农民是脱离革命运动的。中国共产党也努力利用自发的农民运动来加强革命斗争。现在中国共产党提出必须支持农民反对反动的大土地占有者，夺取土地、夺取政权并消灭中国的封建残余的斗争，并把这当做自己当前任务之一。**可见，我们的中国同志也承认，农民问题是整个中国革命的中心问题。**

朝鲜共产党，在无比艰难的地下条件下进行工作，暂时只能与为数不多的农民组织取得联系。它在最近一个时期内的任务应当开始揭露和瓦解各种机会主义"居心叵测的"土地联盟，并加强它在农民群众和民族革命组织中的影响。

关于**日本**的情况，应当指出日本共产党在努力与农民群众尤其是与佃农运动取得联系。虽然建立工人—农场主党派的经验证明，共产党对工人运动和农民运动之间的主要区别估计不足，但建立合法的革命政党的道路是正确的。总的说来需要指出共产党人保卫农民群众的多次发动是成功的。那些发动——在种植水稻的农民罢市期间通过示威游行支持农民群众的要求——最好不过地巩固了工农联盟和对共产党的信任。不过日本共产党农村工作的缺点是，它把自己的活动范围只是局限于佃农，试图赋予**日本农民组合**以工会的性质。

日本共产党的当前任务是：消除农村工作中的不足，把农村工作扩大到直至包括破产的中农在内的农民土地所有者当中去。

在近东和北非（叙利亚、摩洛哥、埃及、阿尔及利亚、突尼斯）各国，我们的同志们未能与广大农民组织取得联系。

总的来说，库西宁同志讲到的那些工会运动中的右的和左的倾向，仍在很大程度上存在于农民运动中。的确，我们的同志们再也不否认农民问题的意义，但我们各国的党仍然处于实际上不能在农民运动中贯彻列宁主义学说的发展阶段，但是在那些试图按照列宁主义学说的精神进行工作的国家里，人们又表现出不能胜任这项新的工作。在我看来，主要的错误根源是，共产党没有把自己在农村中的直接任务（其目的是在农村的中间阶层中建立革命基地）同共产党不能直接控制的阶层中的工作区别开来。这第二部分工作（其任务是动员广大农民群众团结在无产阶级、全体被压迫者的革命斗争的领导者周围）暴露出巨大的缺点。共产党人必须估计到农民的偏见、农民群众的一般的落后性、中农阶层的动摇性，当然，也要估计到农民运动发展的程度，才能既不陷入极左的倾向，也不陷入极右的倾向。所以不能过分批评刚刚开始接触这方面工作的各国党。我们必须利用崭新而重要的工作中积累起来的经验。由此可见，可以说，我们在农民工作中有**三个阶段**。第一阶段，我们的党完全忽视农民问题，这阶段几乎已经结束。现在大多数共产党处于第二阶段，它们认为农民问题有巨大的意义，但实际上在农民中做的工作很少。只有某些党现在处于第三阶段，它们在农村中的工作是按照列宁主义精神进行的。

许多党的主要错误是，它们采取了大量建立革命小农组织的方针，没有利用现有农民联合组织去推动农民群众日益向左转。

库西宁同志完全正确地概括的共产党人在群众性非党组织中进行工作的任务，在一定程度上可以成功地运用于对农民群众的工作中。

我们必须找出一条根据工农建立世界联盟以反对金融资本的纲领从而最广泛地争取农民群众的道路。我们的观点不应当是抽象的，必需估计到，农民考虑问题是非常现实的这一事实，不捍卫他们的日常要求就不能引导农民走上国际革命斗争的道路。我们必须使多民族国家，如南斯拉夫、捷克斯洛伐克、罗马尼亚、波兰等国以及通过农民斗争建立联系的各国分散的农民运动结合起来。我并不主张建立只能联合一定的农民阶层、特别的集中的农民党，我也不认为有必要以此助长小资产阶级政客所宣传的农民独立作用的幻想。我认为，波兰的道路（根据联邦原则联合左派农民组织）最适合解决这一任务。

但这需要，首先要在全会的农民委员会上作详细的讨论，其次要始终根据条件作具体解决。这是很重要的问题，我只想提请全会注意这个问题，而没有打算具体解决它。

为了动员农民群众团结在共产党周围，必须利用**农民的刊物**。我们有些同志企图用自己的力量为农民创办刊物，但除几个国家（其中较突出的有波兰、美国等）外，总的来看，出版物是共产主义宣传品和农民群众不能理解的抽象作品。关于创办农民刊物并开要有坚持革命工农立场的**农民积极分子**参加的问题，**是突击性的任务**。如果这个任务解决了，我们在农村中的影响就会大大加强。

我不能在15分钟内更详细地谈论在农民群众中进行实际工作的非常重要的问题，但我想在农民委员会中我能把那些问题提出来。我只想提请全会注意最主要的问题。最后，我要概括地指出一些共产党在实际运用工农联盟口号时所犯的错误。我认为，多数共产党把这一口号纯粹当做一种形式来看待了。许多同志认为，这个口号只是为纯粹共产主义宣传作幌子。本来应该去团结共产党影响之外的广大工农群众，相反，在多数情况下，工农联盟却是由城乡共产主义分子组成的。这是一种通病。

我们今后必须更加仔细地研究在广大农民群众中进行工作的方法。在这次全会上我们有许多同志把农民问题充分地提出来，并希望全会在农民工作方面作出具体的指示。对这种态度我们应当表示欢迎。我想，这是一个好的征兆，我们定能完成我们面临的艰巨任务。最主要的是在这次全会之后，我们要在各国切实把工农联盟的口号不仅变为工人运动的口号，而且也变为农民运动的口号。我深信，在最近的将来，我们将会把列宁关于全世界工农运动的学说付诸实践。

斯密斯（英国）：

同志们！库西宁同志在昨天的报告中谈到了共产国际许多共产党现在面临的一个极其重要的问题。他谈到了各国党在一定程度上的孤立状态，尽管其中许多党已有几万名党员。他以法国、德国、瑞典和其他国家作为例子指出，消除这种孤立状态的过程是极为困难的。

库西宁同志指出，现在有这样一种情况，许多工人经常参加我们的大会，聆听我们的演讲，同意发表演说并完成党交给他们的工作，传播出版物，购买党刊，可就是不入党。在我看来，现在的情况就是这样。参加过上次全会的同志们还记得，我们英国共产党的代表曾经指出，我们非常尖锐地体验过这种状况，这种现象在我们那儿至少已存在一年半了。所以英国代表团认为，把我们同这一现象进行斗争的某些方式方法介绍给兄弟党的同志们是有益的。

出现这种现象的主要原因是什么呢？我们认为这是我们许多国家的共产党大规模地执行统一战线策略的第一阶段所产生的结果。这项策略的第一个结果是使工人群众对党所进行的斗争和提出的口号表示同情，但党对工人来说还没有变得那么亲近和必不可少，以致他们能够在自己的活动中把他们同意的党的口号变为现实。

我们认为，这一现象的根本原因在于我们现在正经历的这个历史发展阶段的特殊性质。不言而喻，我们不能仅仅满足于这一种解释。例如，在英国，在许多其他国家里，我们在执行统一战线策略以接近群众时不得不考虑到的最强大因素之一，无疑是改良主义领袖们的影响，因为他们控制着工联和工人运动的组织机构。这些领袖们利用全部机构的力量和我党斗争，攻击我们是分裂分子或企图分裂工人运动的人，改良主义者就这样利用他们对工人阶级的影响使工人阶级离开我们。至少，在英国——我认为，库西宁同志指出的那种情况也存在于其他国家——当工人开始同情我们的目的时，改良主义者便企图使工人脱离我们党。

不过指出这种现象是由于改良主义领袖在工人运动中的影响造成的，于事无补。既然事关我们党，我们就有责任制定必要的措施与这一现象进行斗争。共产国际应当竭尽全力使各国党更加深入到工人群众中去，向工人们阐明我们工作的意义。

不言而喻，这一过程将使我们的政治斗争方法发生某些改变。它也要求对我们的方法做某些组织上的改变。也许，你们还记得上次全会的议事日程上有一项特殊的议程，讨论英国共产党的群众工作问题，在这次全会上我们党所采取的组织方法得到了详细的讨论。所以我不再重新严肃地、全面地提出这个问题，我只简短地作个小结。首先，我们在党的机构中建立了全国、各区和地方上的工会工作部。我们要求共产党员懂得,在有共产党员工作的一切工联组织中建立党团的重要性,同时也要求党团定期汇报工作。我们指出在党报上讨论有关工联问题的重要性,不只是在为此专门开辟的第六页或最后一页上进行讨论。党刊读者应当懂得,工会中的斗争十分必要并具有重大意义。

我们应当开展,比如说,在"每个党员都是工会会员"(这条要求远非我们许多大党都已办到)的口号下进行的运动。在推进这一运动的过程中可以进行大量工作,使我们的党为广大群众所了解所接受。

我已指出,这些方法在上次全会上已经制定出来,我只想补充一些我党最近采取的措施,它们在一定程度上对兄弟党可能是有益的。

例如,我们在党的一个非常重要的地区——纺织工业、机器制造和煤矿工业中心——设有区委会,由非常正直、精力充沛的党的积极工作者组成,他们把自己的全部时间都用在工作上,出色地完成着党的教育和宣传工作并十分热心地建立工厂支部,但就是在这个地区,党员仍然孤立于工联运动之外。经过详细调查,原来区委会的十个委员中没有一个是工联的积极工作人员。在某些情况下,我们采取了最坚决的措施:在一两个月前举行的这个地区的区党代表大会上,我们坚持增选六名委员加入区委会(每个主要工业部门选两名)。至于矿工党员,我们在该区已吸收了近三百名,对待他们我们采取了这样的原则,即每个党员应当享有一定的地位,以便有权进入区中心这样的权力机构。我们吸收了两名原来担任矿工工会小组领导人的党员加入区委会。

许多非常忠诚的同志们出于原则的考虑坚决反对我作的决定。这些同志说,提出的候选人不是布尔什维克,完全不懂得共产主义,而且刚刚入党。这些同志完全不懂得,对领导机关成员的要求是,他们应在工联里担任职务。

不过从目前我党以及其他党所处的情况看,我们必须在这个问题上表现出一定的灵活性。

更为典型的例子是，在不久前举行的党代表会议后我们中央委员会通过的一项决定，即把五名中央委员，其中有三名政治局领导人，立即派回企业去。四名冶金工人和一名煤矿工人回到自己的企业以便在工联运动中进行党的工作。这样做不仅是为了给我们党，而且也是为他们自己作为党的领导人赢得威信。他们到企业中去，以便现身说法地向工人们阐明，党不仅在理念上，而且在日常生活中决心，只要有阶级斗争，就会同他们共同战斗。当然，这项措施必定会对我们在工联组织中的工作产生极大的效果，至少，我们对此是抱有希望的。根本谈不上我们打算把这些同志作为某个反对派的成员而予以流放，或者说他们是被"光荣地流放"的，他们之所以被派到企业去，只因为他们是我党中央一些优秀的和最杰出的委员。

在我党上一次代表大会上，增加了中央委员的人数。上述六位同志中有四位是著名的工联领导人，一位是联合会主席，一位是执委会成员，还有一位是工联代表大会的代表团成员。他们到企业中去是为了向工人阐明，全党从上到下都在他们生长的那个环境中斗争并把这种斗争认为是自己的主要事业。

这一措施要求克服相当大的困难，即在党的领导机关中分配工作的困难。然而它向全党表明，工会工作是使我们明显地与工人群众接近的主要的第一步。我们认为，这项政策可能在其他国家顺利执行。我们同样认为，在座的全体中央委员应当把研究我们的经验并考察它是否能够运用到自己的国家的责任直接担当起来。

我还想极其简短地再谈这个问题的另一方面。我要谈的是要对我们的政治口号和政治鼓动工作作一些改变。库西宁同志说过，在这个问题上我们处在非此即彼的决择面前。一方面我们有必要提高参加工联的工人的政治觉悟和扩大他们的视野，或者像他所说的那样，我们应当使工联运动"卷入政治"。另一方面,我们党的同志和其他一切党的全体同志,在试图在工联中进行工作时,都会碰到这样的事实,即在工联大会上可以讨论工资、劳动日的长短、计件工资制等问题,但很难迫使自己聆听纯粹理论性的问题。这意味着什么?这里实际上有没有矛盾?我们在这里是否陷入了死胡同?我们认为,这里没有任何死胡同。这只是表明,我们不能以一成不变的形式把我们的政治口号强加给工人。我们应当找出途径和方法向每一位工人证明,这个政治问题与他个人息息相关。我想为此举出三个简明的例子。

第一个例子是关于帝国主义问题。自不待言,在英国,帝国主义问题是基本问题之一。弄清这个问题对于工人阶级的成功和胜利是必要的。只有在工联中进行工作时我们才能对帝国主义及由此产生的问题进行准确的列宁主义的分析,并为此而利用好每一次有利时机,我们就能够接近胜利。我们是能够像改良主义者和独立工党所作的那样来描绘帝国主义造成的灾难的,但我们根据自身的痛苦经验确信,通过这条途径我们不能把事业推向前进,也不能迫使工人懂得支持殖民地斗争的必要性。我们应从压迫殖民地人民会给每一个工人造成什么实际结果的角度来讨论这个问题。例如,讲到中国问题时,我们就向纺织工人发表演说。我们向他们表明,中国的事件对英国的纺织工人有什么实际影响。我们以同样的办法宣传印度和埃及的事件。我们向矿工发表演说,就像向纺织工人发表演说那样,向他们表明,这些事件是怎样导致竞争并缩减工资的。我们向工人说明,道威斯计划是企图把德国变为殖民地国家。为了实现这个计划,英国的生产费用必须降低才能与德国竞争,因为在德国,劳动日在延长,工资却在减少。当然,以后还需要通过理论讨论来补充这些看法。

关于军国主义也必须用同样的方式来加以说明,我在这里只是简单地提一下。我们不应在工联大会上对军国主义的意义和作用向工人作纯粹理论的分析，或者向改良主义者所作的那样，只是对军国主义带来的灾难作一番描绘，我们要直截了当地指出在工业上发生冲突时动用军队的具体情况，我们要直接向那些远没有跟着我们的变帝国主义战争为国内战争等口号走的工人群众呼吁，我们要向他们提出如下口号：告诉士兵们工业的冲突的真实情况，他们正被人驱使对此进行干预。我们认为，这类简单的口号以后可以用更带理论性的口号来补充，但我们首先应当达到接近群众的目的。

最后，关于合理化问题我再讲几句，加拉赫同志已讲了这个问题。不仅不能说，"在建立社会主义国家之前不可能达到真正的合理化"，而且也不能说，"没有给工人提供保证，以保持他们的生活水平，就不能容许推行合理化的基本措施"。正如加拉赫同志所指出的，要使我们的工作取得某些成绩，我们就应当提出这样一些口号，如"同工同酬"、"按照工会规定保证失业者得到充分援助"等。我们应当向工人证明，只能由资本家出钱而决不能靠损害工人利益来实现合理化。

英国代表团略微列举一些例子来说明接近群众的方法的改变。我们认为我们的经验在加强党的事业中已产生具体效果，我以为，从我们的斗争中可以吸取许多对其他党有价值的教训。

瓦尔加（匈牙利）：

同志们，几天以前奥托·鲍威尔在奥地利社会民主党的代表大会上声称，在新的纲领中不能分析资本主义今天的阶段。这个声明很有意思，因为它实质上意味着承认奥地利马克思主义这种理论的破产。这是一种什么样的科学的或马克思主义的学派，它竟声称它不能分析现代资本主义。同志们，在此我要提醒你们，列宁曾经把奥托·鲍威尔叫做最聪明的、因而也是最危险的孟什维克。

不过，也许奥托·鲍威尔和奥地利社会民主党是故作姿态，他们比实际上的表现更为愚蠢；也许，他们拒绝对资本主义现阶段作真正的分析，因为这种分析会使工人阶级开始明白，他们现在的那一套机会主义政策是完全站不住脚的。

分析当代资本主义在任何情况下都是一项极其困难的事情。列宁所说的"垂死的资本主义"这种病态，是极其复杂的。如果回顾一下不久以前的情况，想一想战后时期的一切病症——粮食短缺、煤炭危机、赔款危机、鲁尔区的占领等——就很清楚了，正确地描绘现代资本主义的情景，是一项比20年前要困难得多的任务。

尽管如此，我想，还是可以确定某些重要的、构成资本主义当前时代和战前时代之间的明显分界点的结构变化。

最重要的结构变化如下：

1. 世界资本主义不复存在。苏联的建立给整个世界资本主义体系以沉重打击。在我看来，这个事实在经济上还不如它对工人运动的影响那么重要。把苏联与资本主义世界联结起来的经济联系没有完全割断，只是变得很少了。同资本主义国家进行着商品交换，同样也从资本主义国家输入资本，尽管规模不大。这个因素的实际意义在于它对工人运动的影响。在战争以前，工人阶级推翻资产阶级这个问题比较渺茫，是一个模糊的抽象概念，广大工人阶层处在资产阶级思想的影响之下，他们怀疑，如果没有资产阶级，能否保持住经济成就和文明生活，但现在这种怀疑论已被苏联的存在所推翻。现在每个工人都知道，资本家阶级是多余的，在一定条件下它能够被推翻，在资产阶级衰亡之后到来的不是混乱，不是长期的饥饿，而是相反，继困难的过渡时期之后高涨时期必将到来。

苏联存在的事实对工人运动的决定性影响就是这样。如果资本主义能在今天的"稳定"状态下——局部稳定、不稳固的稳定等——长期保持下去，那么，工人运动的心理状态就远远不会像战前那个样子。

2. 结构上发生的巨大变化是由于殖民地人民胜利的解放斗争所造成的。对工人运动说来，这个解放斗争意味着，资产阶级与工人贵族之间建立在殖民地超额利润部分转给工人贵族基础上的联盟难以为继。这个联盟的经济基础一天天地被剥夺，这又引起帝国主义国家的工人运动发生基本变化，这一点最鲜明地表现在英国。

3. 结构上发生的巨大变化使欧洲丧失了世界经济领导权。在经济上，这意味着西欧资本主义从优越地位中取得的收入已经丧失（在这里我不再详细地谈论基本经济事实：想必同志们都知道，有机构成高的资本所生产的产品与有机构成低的资本所生产的产品相交换时，前者获利大）。欧洲丧失领导权对于工人运动来说就像欧洲丧失了殖民地的超额利润一样。

大家在这里对发展的不平衡规律谈论得很多。可能有人会说，西欧能够重新取得以前的地位。但我不认为，这是可能的。西欧个别国家的某些技术上的革新会引起新的经济高涨，这是可能的，但是，在西欧要想到处都能找到可以作为实现新技术发明基础的新原料来源和能源则是完全不可能的。要知道，只有新技术与相应的新的原料来源相互作用才能使经济高涨。我不相信会出现这种高涨。我认为，西欧资本主义不会存在到能在新技术基础上达到新的共同高涨那一天，虽然这种高涨也许在理论上并不能排除。

如果我们考虑到这三个结构上发生的大变化，那么我们就应当说，对于西欧资本主义说来，战前发展的简单继续已不可能了。

现在我来讲讲欧洲资本主义和世界帝国主义当前的危机具有什么样的性质。这个危机现在表现的形式是：经常性的生产过剩、经常性的大批失业、生产资金经常派不上用场。必须揭露产生这些现象的原因。

大家都知道，在资本主义制度下存在着生产率和利用生产率的可能性之间比例失调的倾向，比例失调的倾向产生于与资本主义密切相关的两个基本事实。其中之一是资本家阶级力图更多地剥削无产阶级,就是说,它力图使工人阶级在年产品中所占的份额越来越少。而这意味着,工人阶级从全部产品中能够买到的部分越来越少。

另一方面,国内和各国之间的竞争迫使资本家提高企业生产率,以便降低生产费用。事情并不像通常想象的那样,资本家自己可以随便消费他们残酷剥削工人阶级所获得的那部分产品。当然,这在理论上可以想象。但实际上,竞争的愿望和对积累的追求,在资本主义体制的无政府状态,恰恰妨碍了资本家去消费从工人阶级那里剥削来的那一部分。这个矛盾始终是由定期重复出现的危机来解决的,不过这些危机到现在为止总是以资本主义世界市场的扩大而结束。这意味着:每次危机之后,资本主义经济的影响范围、国内和国外的资本主义商品的世界市场扩大了。

同志们,这个事实常常被看做是罗莎·卢森堡的发现。这是绝对不正确的,因为在马克思的所有著作中——只要提一提《共产党宣言》就够了——都提出或预言到了这个事实。这里我要讲另一个问题:现代资本主义危机和资本主义定期反复出现的正常危机之间的区别是什么?我认为,这是一个在这里应当着重进行分析的基本问题。布哈林同志在他的书面报告中指出,这一情况的尖锐化是战争造成的结果,并试图以此把这个(如他所说的)饥饿危机或(如我以前打算称为的)战时生产不足的危机与现代资本主义的状况正确地联系起来。但我认为,他的论据是不够充分的,因为他只确定了事实,但没有指出由于阶级因素造成的国内市场的缩小。在我看来,指出这一点是必要的,因为我们应当与社会民主党的消费不足的理论划清界限。

布哈林同志讲过下面这段话:

"实际上,已经恢复平时状态、已得到发展并实现了各种技术改进的工业生产机构,在执行其生产职能的时候碰到了群众的不可思议的贫困,这种贫困也就是现存危机的'动因'。因此,这种危机就是资本主义战后总危机改变了的一种形式,绝不是资本主义制度辩护人和社会民主党的理论家所描绘的那样东西。"

我想设法弄清楚,各个阶级以什么方式可能紧缩购买力即开支。我们首先以无产阶级为例。毫无疑问,在通货膨胀的国家中无产阶级的现实生活水平比战前低了很多。不久前我试图以数字证明德国无产阶级的这一情况。当然,在波兰、奥地利等国的情况也是如此。法国的情况看来有所不同,法国的熟练工人到现在为止还保持着战前的水平,只是300万外籍工人的生活水平却远比战前法国工人的生活水平低。

现在产生一个问题:为什么会发生这种情况?对于这个问题,我认为可以这样来回答:劳动力的价值,由于绵延不断的战争、由于工人阶级的实际退化而降低了。同志们知道,马克思说,历史—道德因素在工资报酬方面起着巨大的作用,的确,战争带来的苦难和接着工人阶级的失败历史地造成了劳动力较低的报酬。当然,造成这种状况的原因还有(这一点我还要详细说明)资本家有意压低工资,使之低于劳动力价值。在战争时期,农民首先在物质方面遭到大量损失,其次在通货膨胀时期,"剪刀差"又损害了农民的购买力,因为农民用自己的产品换得的以工业品的形式表现出来的价值比战前要少得多。

正如你们所知道的那样,小资产阶级在通货膨胀的国家中是受剥夺的。战时和通货膨胀时期造成的财富集中远远超出正常的范围:不是财富的积累,而是现有财富集中在战争期间大发横财的大资本家手中。因此,集中不是通过积累,而是通过现有资金的集中化的集中。

这意味着,现在工业资本的利润在比战前小得多的人口范围内进行分配,小资产阶层的购买力因此被大大削弱了。

此外，还必须指出另一个具有重大意义的情况。在通货膨胀时期，食利者阶层几乎完全绝迹。请允许我提醒你们，德国战前有食利资本700亿马克，按年息4%计算每年有30亿金马克的利益。这相当于国民收入的7%—8%。这部分国民收入被通货膨胀一笔勾销了。

因此我们可以说：广大人民阶层——工人、农民、小资产者、食利者的收入，由于战争和通货膨胀大大减少，工业产品找不到买主。因此国内市场的缩小造成经常性失业和经常性生产过剩危机。

英国的情况则不同，英国不是通货膨胀的国家。在那里，国内市场的购买力由于通货紧缩的政策而保持稳定。总的说来，英国人在1926年以前的生活水平平均比战前好。他们消费了更多的产品，穿着更讲究。在这一意义上说，通货膨胀国家的危机也不同于通货紧缩的国家的危机。现在英国资本主义的问题不在于国内市场容受量较小，像德国发生的情况那样，也像一段时间后法国和意大利将会发生的情况那样，而在于英国工业资本无力承受食利资本的全部重担（据我的计算，在英国这种负担将近4.5亿英镑，因此，每年有90亿马克），而且还要给英国工人阶级保持工人贵族的地位。英国资产阶级的问题在于：或者用通货膨胀的办法剥夺食利者阶级，从而每年节约90亿至100亿马克；或者降低英国工人阶级的生活水平，使它向欧洲无产阶级的平均水平看齐。

如果说，欧洲资本主义的主要问题归结为销售问题和实现销售能力的问题是正确的，那么社会民主党人对此作出的回答是：是的，资本家应当为了资本主义的利益提高工资。如果工资提高了，那么购买力就会增长，这样资本主义就能渡过危机。他们在这样说时首先援引美国的例子，在美国，由于实行高工资，资本主义正在向上发展。

只要稍微懂得一点道理的人就能相信，社会民主党从资本主义观点出发提出的这一建议简直是荒谬绝伦的。根本不能要求资本家从属于自己的那一份年产值中拿出一部分来以货币的形式付给工人，以便然后能卖给工人更多的商品。这是可以想见的最大愚蠢。但是如果把提高工资与工人的提高了的劳动生产率联系起来,那么就怎么也不能摆脱这个恶性循环。在这种情况下,资本家获得的全部剩余价值量会再增长,而销售困难一点也不会下降。

如果从无产阶级斗争的观点来考察,这种理论意味着什么呢?它意味着,不是要工人们去为了提高工资而斗争,而是要工人们劝说资本家:请你们行行好吧,为了你们自身的利益,提高我们的工资吧,那时你们的生意会好得多。这是资本家和工人合作的典型理论。可是资本家并不同意这样的建议。

我们看到资本家做的是什么事情:他们降低工资,搞生产合理化——这意味着他们企图从年产值中获得更大的份额,从而缩小国内市场上的销售能力。

在最近一期《红旗报》公布了德国企业主协会主席博尔西希的一封非常有趣的秘信。这封信是寄给各纺织工业主们的,他建议他们降低工资。

他说:

"……所以必须使各协会给上层人物施加有效压力,目的是使他们及时着手共同降低工资,这会影响商品的价格并将促进商品的价格普遍下降。"

他继续说:

"重要得多的是要有节制地降低工资,不过应当尽可能均衡地向全德国推广……

务必不要忽视我们曾经指出的数字——全体工人每小时节省1分尼,一年就能积攒约4—5亿马克的资本。"

我们清楚地看到,社会民主党的建议完全被忽视,我们得到的只是一种提醒：如果我们一小时抽出1分尼，那么这时对于我们来说就意味着4—5亿马克的多余利润，与此同时这也意味着国内市场容量缩小4—5亿马克。

资本家打算怎样摆脱这种境况？他们说：我们将在世界市场上把我们的商品销售给外国工人而不是本国工人，由此必然产生争夺销售市场的尖锐无比的斗争。

当然，同志们，有人会说，与此相反，我们看到的是国际协定国际卡特尔，但国际卡特尔完全不排除资本家的相互斗争。斗争在卡特尔内继续进行并反对那些没有参加卡特尔的国家。至于卡特尔的建立，也意味着商品的人为的涨价，因而也意味着国内市场容量的缩小。一切都在这个圈子里来回转动。

我还想讲讲布哈林同志在他的书面报告和提纲中指出的一个问题，即"农业化"这个用语。

我认为，这个用语会导致极大的误解，因此应当避免使用它。这是指什么而言呢？这是指欧洲工业生产机构对于销售潜力而言是过于巨大了。这个生产机构应当在某些地方加以压缩，而这种压缩在经济上和政治上最薄弱的地方——德国的部分地区、边远国家的部分地区、波兰的部分地区以及最近在相当大的规模上在英国都在自发地、无政府状态地进行。这不是农业化，而是压缩已成为多余的一部分生产机构，这是在资本主义体系的最薄弱的环节上无政府状态地发生的过程。

现在我试图根据战前的形势来简单扼要地描绘一下全部景况，而且，不言而喻，应当反复强调（我认为，在与社会民主党的斗争中无论何时也不应忘记）战争不是一种偶然性，而是这种变动发展的一个因素、危机的一个因素。因此，出发点是生产潜力和销售潜力之间比例失调。由此产生了获取可以垄断的市场的愿望，由此产生了争夺这些市场的斗争。这样一来，世界战争就是争夺销售市场的斗争。战争本身引起了国内市场的极度缩小，由此也就出现了我们在这里讲到的所有那些现象，同时也出现了我已讲过的那些结构性变化。稳定暂时制止了结构性变化的进一步发展，但是生产能力和对生产能力的利用之间的矛盾由于稳定并在稳定本身的范围内重新出现。因此，如果无产阶级革命不能制止这一发展进程，那么就会自动发生战争——反对苏俄的战争或各个帝国主义集团之间的战争。这样一来，演变过程将重新停止，但是冲突将伴随一些新的集团从帝国主义体系中分裂出来。同时我断定，反对苏俄的战争不会取得胜利，因为我认为，如果所有的共产党在这种情况下都担负起自己的责任，如果它们在无产阶级今天的思想状态下努力做到能做的一切，那么，在我看来，对苏俄的进攻就不可能以苏联的失败而告终。

所以，同志们，我认为，如果我们承认稳定的意义无非是在目前不存在尖锐的革命形势而已，那么我们没有理由感到悲观失望。资本主义的整个机制是这样的，它已经穷途末路，不管以超帝国主义的形式也好，还是以任何其他的形式也好，都不可能像社会民主党人所想象的那样使矛盾得到缓和。这当中可能有个时期问题——是否要经过较长或者较短的时期——但发展的道路在接近尽头。资本主义社会制度正以历史的必然性迅速走向灭亡。

库雷拉（共产国际执委会）：

我想讲两个问题：泛欧同盟和我们对这个问题的态度，然后讲党的干部培养问题。

关于第一点我要对特兰同志提出异议。佩珀同志已经指出特兰同志观点中的根本原则错误，我想阐述我对特兰同志的立场的一点看法，指出它的小资产阶级性质。我在自己的一篇文章中曾指责特兰是我们运动中小资产阶级思潮的代表，这是有根据的，这个根据就是他关于英国—

欧洲（按照特兰自己的术语）和美国之间对抗矛盾的尖锐化的论断，以及他对目前的这一冲突的评价。

特兰同志断定，我落后历史15年。对于特兰同志描绘的前景来说，这好像是正确的，要知道特兰同志已抢先了大约15年。他在提出自己的论断时妄想要别人承认他的评价15年后是正确的。

我认为，现在要讲的不是过15年之后将会弄清楚的那些问题，而是我们**现在**已经面临的问题。

特兰同志昨天发言的主要意思是什么呢？让我引证这个发言中最重要的两个地方来看一看。特兰同志大致是这样说的：

"因此，**欧洲内部的资本主义矛盾显示出相对削弱、退居次要地位**的倾向，而美国和英国—欧洲帝国主义体系之间的矛盾却越来越尖锐，它表现出将要上升到首要地位的倾向并有可能成为资本主义体系内部的主要矛盾。

作为对这一论断的补充，描绘了这样一幅前景：或者稳定的日益动摇将导致……直接的革命形势，从而迫使整个资本主义世界团结起来，或者资本主义的稳定将持续相当长的时期，那时美国和英美①体系之间的竞争无论在经济方面还是在政治方面都将加剧。"

这个论断的意思是说，我们无论如何都会面临欧洲国家反对美国的长期经济和政治联盟，或者面临资本主义势力反对革命危险性的世界总联盟。

如果纯粹从理论上来看问题，就不能不承认，各种帝国主义同盟的产生是可能的。谁也不会对此提出异议，但这些同盟只能是暂时的，一部分具有政治性质、大部分具有军事性质，战前的情况是这样，现在许多国家的情况也是这样。在这种情况下，我们要争论的只是在欧洲和全

---

① 原文如此，应为英国—欧洲体系。——译者注

世界成立长期性同盟的可能性问题，成立长期经济联盟的可能性问题。如果按照雷贝格和埃德蒙·斯汀尼斯所设想的那种形式，如果按照特兰和布赖特沙伊德一起设想的那种形式，这些联盟，只能被认为是长期性的联合组织。

特兰同志认为全欧经济和政治联盟的成立是近在眼前的事，他就这个问题写过文章，他月复一月地宣传这种思想。

在欧洲矛盾尖锐化的时刻，在美国企图唆使一些欧洲集团反对另一些集团的时刻，在企图建立完全具有明确特征的、牢固的欧洲集团——国际联盟已风雨飘摇并在一定程度上分崩离析的时刻，特兰同志突然提出必然要建立新的泛欧经济和政治联盟的思想。按照他的意见，泛欧联盟并不是空想。

"但是在我们今天，当客观上存在着欧洲资本主义势力团结一致以反对美国的基础的时刻，在当巩固这种团结的自觉趋势正在加强的时候，以前似乎是机会主义的社会主义者和小资产阶级和平主义者的虚幻理想的东西，现在已成为欧洲大资产阶级的必不可少的东西了。"

1. 特兰同志预言一般要成立欧洲联盟。
2. 他预言要成立反对美国的欧洲联盟。

欧洲小资产阶级思想家总是想尽各种办法来解释这两条论断。这些思想的经典论述正是由这个阵营提出来的。

让我们来看看，在特兰的思想和这些小资产阶级理论家的宣传鼓动之间是否有某种联系。特兰要人相信，他们之间毫无共同之处，而恰恰是他的思想似乎给了我们与小资产阶级理论家进行斗争的最可靠的武器。让我们看看，是否果真如此。

第一个论断说：

现在，当欧洲内部矛盾激增、新的战争威胁业已显现、欧洲加紧军备之际——在这样的时刻，特兰认为有必要提出这样的口号：欧洲正处在建立长期经济政治联盟的前夕。当全世界首先是由小资产者定调并在小资产者呼吁的报刊中坚持欧洲正走向团结、走向和平论调的时候，特兰同志把欧洲经济和政治联合的可能性说成是近在眼前的事。客观上，他随声附和了我们的小资产阶级的敌人。他在反驳批评者时说："是的，现在这些小资产阶级的口号已不是我们在战前听到的那种东西了。这是**资产阶级现实意图的反映**。根据特兰同志在提纲中论述的观点，他认为欧洲似乎正在走向团结，走向内部和平的小资产者见解，是完全符合实际的。"在这种情况下，难道特兰不是在附和认为欧洲联合是可能的那些小资产者吗？

但是特兰同志走得更远，他在论证自己的口号时声称：

"……既然我们把情况描绘成，似乎战争的主要危险威胁着欧洲内部，那么社会民主党人就会说：'请看，共产党人宣战，但和平依然。请看，共产党人在分裂欧洲，以便炮制只存在于他们的幻想中的战争危险'……

如果我们明确指出主要危险，那么群众就会受到社会民主党人的极大诱惑，会相信他们的话。"

总之，要使工人群众不跟着社会民主党人走，就要把他们吸引到我们这边来，我们就应当向他们重申社会民主党人所说的那一套，我们就应当对他们说，欧洲存在联合起来并组成联盟的可能性，矛盾的发展主要不在欧洲内部。

特兰同志要求我们放弃自己的路线，并且要像社会民主党人那样行动，因为不然的话，群众就会跑到社会民主党人那边去。

我不认为，我们现在对小资产阶级和小资产阶级思想意识的作用的评价应当与战前有所不同。特兰同志是不对的。小资产阶级思想意识绝不是资本家意图的真正表现，大资产阶级在利用小资产阶级来掩盖自己的真实意图,小资产阶级正受到力图蒙蔽群众的大资产阶级的煽动。欧洲大资产阶级正在策划新的外交和军事阴谋,以便在即将到来的战争中解决欧洲内部的冲突。各国正在武装起来互相对抗。这个时候,欧洲的大资产阶级却在外交上附和高唱泛欧同盟和欧洲和平调子的小资产者。

沉溺于这种论调,断言这些"空想"能够实现,断言我们应当提出社会党人鼓吹的那些论断,只是稍加区别——这意味着助长小资产阶级倾向并为掩盖真正好战计划的大资产阶级效劳。

现在我讲问题的第二个方面。特兰同志在里尔的演说中和一系列文章中断言,正在酝酿的欧洲联盟将**反对美国**。他给自己的文章所加的标题是:《欧洲和美国》,不是《欧洲和苏联》。他认为,需要吸引工人阶级去关注建立反美联盟的前景。换句话说:要向左看,欧洲要武装起来反对美国。他说这个话的时候,正是英国企图成立欧洲联盟——欧洲反苏临时军事联盟的时候,正是我们应当号召大家向右看、向东方看、反苏战争迫近的时候。特兰不是在帮助我们,不是在揭露大小资产阶级的这些策略手段,而是大声疾呼:注意西方!欧洲在缔结反美联盟!客观上,特兰同志成了那些竭力掩盖欧洲国家反苏行动和预谋的人的同盟者。这已相当明显地证明,特兰的思想和口号是同小资产阶级的欺诈手腕目标一致的,是朝着为资产阶级利益服务的方向发展的。

还可以讲出很多特兰同志以美国的最近发展为题,以他对美国禁止使用酒类的有趣解释为题的离奇说法。但是,我在这里只想再讲一点。

特兰作了一个出色的新发现。他告诉我们,美国向欧洲输出的金融资本,没有时间去控制它投资的那些企业。

请允许我引证他的这些莫明其妙的"珠玑":

"现在,人们已经能够感受到美国向欧洲削减资本输出的另一个后果。在美国资本向旧大陆经济大量渗透以前的时期,美国资本很少企图控制大企业的管理，也未取得多大成效……没有时间（你们好好听听吧！）采取行动去争夺、彻底控制各大股份公司的管理机构……输入的资本与美国金融界没有紧密联系，美国金融界的重心又在本国经济，于是输入的资本便浸透了欧洲商业资本的利益，以至于开始同美国竞争并经历了丧失民族特征、加入资本输入国国籍的过程。投入德国钢铁托拉斯的资本的 3/4 来自美国，可是这些资本在托拉斯中不起控制和主导作用。"

请你们说说，难道这不令人感动吗？美国银行把 3/4 的资本给了钢铁托拉斯（特兰同志的材料的准确性可以作保），但却放弃对企业施加影响。

把几十亿元投入欧洲又完全不考虑这几十亿怎样利用——是否对美国不利，这种金融资本的确是滑稽可笑的。倒真是应当向特兰同志颁发这一发现的专利特许证。

金融资本会放弃自己不可剥夺的功能，即放弃控制它所投资的企业的功能，这真是天才的发现。把这种发明归并到佩珀所列举的"对列宁主义的补充"那一类货色中去是完全够格的。

我要比特兰同志渺小得多。在我看来用不着修正列宁，也用不着抢先 15 年。我认为，在分析欧洲当前形势时可以判明：欧洲内部矛盾正在加剧，建立反苏军事联盟的企图正在加紧活动，战争的准备被千方百计地掩盖起来。应当同掩盖这些阴谋活动的一切倾向进行坚决斗争并坚决地加以揭露。

我意识到，在与特兰同志的笔战中我有时过于偏激，用了不必要的语调。但是，在评价特兰的发言时，我经常注意到当前的形势，当前我们各国党都面临着对新成长起来的党员干部进行有计划的理论教育的任务，他们主要是从工人阶级中提拔起来的，政治上还不成熟。在当前形势下，不容许这些或那些同志穿上冰鞋没完没了地表演溜冰技巧。我们没有时间去看这种杂技表演。对我们党的青年干部进行思想教育是一项责任十分重大的任务，不容许在这个问题上出现这类偏差。

在结束发言时我还想讲两句关于党的年青干部的教育问题。光荣的年青一代工人党员走上政治舞台，这是工人运动中的新现象。主要是从工人阶级中涌现的、成长于战争年代并在战后的政治斗争中继续发展和积聚起来的新生的、积极的青年力量的形成和定型化，从党在建立生产支部的基础上改组时起就在加强这一过程，这对我们多数大党来说是一个典型的事实。这应当使我们对我们党的未来充满美好希望。我们这些年轻力量的定型化，是我们能够坚持正确路线的保证。我想起一年以前孔佩尔-莫雷尔对我们一位同志说："当我看到，从工人阶级内部成长起来的全部优秀年青力量都靠拢共产党人，而不是靠拢我们的时候，我感到有些不安。"孔佩尔-莫雷尔有充分的理由感到不安。年轻一代的优秀力量与我们在一起，这就是我们共产党作为无产阶级的领袖将继续发展的最好保证。

但是我们应当更多地注意培养这些年青的力量、培养这些党的干部。在贯彻每项措施时，我们各国党的中央委员会应当注意到培养年青干部的任务。由于时间不够，我不能详细地讲这个问题，我只能再提出以下几点意见：

支部的政治生活应当保证最有能力的人学习、发展和提升的机会。

对于**报刊**的发展也应当从这种观点来考虑。

不应忘记，我们的报刊不仅面向党的同情者占多数的那些读者群众，而且我们的中央机关报现在也是有计划地教育党员干部的最重要的手段。我们的报纸往往不考虑这一点。我们再往下看，年青的同志被提拔担任支部工作，并经过支部工作的锻炼后成为**负责干部**。这时立刻就有各种各样的职务加到他的身上，以致他们几乎没有足够的时间去完成那些任务。到现在为止为他们所作的唯一的事情，就是给他们提供了专业化的机会。但就在这些干部担负起这些或那些职务的时候，他们的理论教育就停止了。干部们在理论上落后的情况到处都表现出来。在这方面党面临着艰巨的任务，必须关心负责干部的进一步的理论教育。在开展**各种运动**并对他们进行培养时，我们应当注意党的干部的理论和政治教育。

对党的高级干部，包括共产国际的负责干部也应当提出这样的要求。

我讲的不是关于自己的事情，而是代表整个一代人说话，需要适当地给他们创造机会，让他们轮流通过机关工作、群众工作和学习得到发展。应当结束滥用党的青年积极力量的现象，这种现象直到现在还在发生，我们为此付出的代价已经很大了。

最后，我还想讲几句话。曾经有一个时期，对布尔什维克化几乎只是从组织问题的观点来理解，而且首先把布尔什维克化同党在生产支部基础上的改组混为一谈，我们已把这个时期抛到后面去了，我们进入了党应当更多地注意布尔什维克化的思想意识方面的时期。只要了解一下党校、星期日短训班和夜校的统计资料和我们的理论刊物的增长情况，就会看到，我们的党是怎样开始更多地注意布尔什维克化的思想意识方面的。在共产国际成立之初，我们是一个宣传联盟组织，为共产主义的共同思想进行宣传鼓动；后来我们成了行动的党，它把无产阶级的发动提到首要地位，并从事组织和领导这种发动的工作；现在我们可以再前进一步，既保持行动党的性质，同时又加强马克思主义和列宁主义的宣传，进一步发展我们的理论并巩固我们自身的队伍。

（会议休会）

第六次会议

(1926 年 11 月 25 日)

主席：贝尔纳、博什科维奇

讨论布哈林的报告和库西宁的补充报告（续）

塞马尔（法国）：

同志们！法国共产党不想占用全体会议过多时间，因此它提出书面报告来阐明关于欧洲形势，关于帝国主义列强——英国、德国和法国，关于钢铁卡特尔和共产党的任务。

我在发言中想特别着重分析法国的形势，我们的书面报告中将对现代法国给予更为详尽的评述。

首先我们希望在这里简要地反驳一下特兰同志对形势的估价。特兰同志在全体会议上提出的理论，是他过去在里尔党的代表大会上早就阐述过的，在会上已经遭到驳斥。从那时以后的政治事件包括欧洲出现的事件表明，这种理论是完全错误的。多种矛盾现象证实了这一点，这些矛盾表现在新的协定体系中（建立大型钢铁卡特尔和碱生产卡特尔），表现在地中海问题尖锐化中，表现在意大利法西斯主义的帝国主义阴谋诡计中，它们在最近时期已使法国感到严重威胁。我们认为，这些矛盾驳斥了特兰同志的理论。我们以为，现在革命的轴线正通过英国和中国，而世界战争预示，革命将较快地在远东和太平洋地区发生，另一方面,在欧洲孕育着意大利和法国之间发生战争的危险。在这样的情况下,预言英欧同盟和美国之间的战争就纯属幻想。因此我们坚决摒弃特兰同志的理论。

我们同样希望向全体会议指出,必须纠正布哈林同志提纲中阐述的不准确的地方,他责难我们党在法国政治生活最严峻的时刻——彭加勒政府上台的时刻犯了巨大的错误。同志们,必须弄清楚,那个时候党是怎样估计形势以及在什么方面可以受到责备。我应该首先强调指出,在彭加勒执政以前,我们党曾力图揭穿所谓资本主义的**"稳定的进攻"**,并指出存在这样的危险,即由专家们制订的、大体上又为彭加勒政府所接受的卡约—白里安政府的方案给劳动群众造成的危险。在里尔代表大会上法国共产党指明,这一计划将成为更加变本加厉地向劳动人民进行盘剥的武器。这种计划不仅卡约已经实行——它将为所有的旨在执行有利于大资产阶级政策的政府所实行,因为它预计用于建立公共秩序,以达到确立金融秩序,正像卡约自己说过的那样。因此,在这样的时刻,我们里尔代表大会十分肯定地指出左翼联盟发生的分化,它已不可能再按原样恢复。难道这个预言不正是被证实了吗?在某种程度上已得到证实——是的,因为卡约政府建立之后几个星期就被推翻,并在48个小时以内不可能恢复联盟,而可能成立以赫里欧为首的左翼联盟政府或者左翼多数派的政府。在这48小时的时间内,在两个危机之间即卡约内阁倒台之后和彭加勒执政之前,我们党曾处于某种犹豫不决的状态。我没有说,党陷入了惊惶失措的状态,党的确是不善于充分、迅速地估计形势,也没有及时提出应有的口号。

然而我要提请注意,我们党所一直坚持的策略是反动势力有可能掌握政权的各种危机时刻所执行的策略,这条策略路线在党的宣言里已有阐述。顺便讲讲,某个地方写道:"左翼联盟政府也罢,赫里欧政府也罢,共产党会竭尽全力和反动势力斗争,并在某种条件下支持这个新的左翼政府。不言而喻，只要政府迎合无产阶级的要求，就会得到党的支持。"但是我们党的领导机关遵循的这条策略路线，显然并没有充分而迅速地为地方机关所掌握，因为内阁仅仅存在48个小时，我们不得不很快变换我们的策略。

赫里欧政府被推翻是大资产阶级政治计划的继续，我们党当时就揭穿了这一点。这一计划旨在破坏法朗并使之贬值。我提醒您们，在赫里欧政府滞留掌权之际，1英镑上涨到249法朗。引起的恐慌便导致了赫里欧政府的倒台和彭加勒的执政。

布哈林同志在提纲中责难我们，说我们不善于动员工人群众。这个责难真是别出心裁的。提纲说："工人阶级不善于动员自己的力量，也不善于动员小资产阶级的力量，而且根本不善于进行应有的抵抗。"同志们，这样断言工人阶级不善于动员自己的力量是什么意思呢？我认为，共产党和全国统一总工会应该在这个紧急的时刻动员工人阶级的力量。如果共产党和全国统一总工会没有动员工人阶级，那就必须弄清这种现象的原因并力求排除这里所犯的错误。尤其要说明的是，布哈林同志在报告中也讲到："党没有足够估计资产阶级的进攻并把自己注意力主要放在各种议会斗争手段上，没有充分注意到动员工人阶级和小资产阶级广大群众的问题。"同志们，我觉得，这段话就是责难法国共产党在紧急时刻仅仅局限于议会斗争，没有为动员工人阶级力量去进行广泛的工作。这样一来，人们都指责我们消极——很清楚，这里的指责是："我们不善于动员工人阶级和小资产阶级广大群众"，我们"过分注意议会斗争手段"。

凡是在法国生活过的同志都知道，议会在我们民主国家中起着什么样的作用，特别是在紧急时刻，这里工人阶级的目光都注视着议会。这些同志一定会懂得，不能只根据《人道报》的表面形式来判断我们的情况，因为报纸不仅要为共产党人服务，而且还要为群众作报导，出于这种考虑，我们给议会相关问题辟出相当大的版面。同时，我们的印象是，共产国际已习惯于仅仅根据我们的机关报《人道报》来进行判断。

是的，同志们，我们是在采取议会斗争手段，但与此同时我们也努力动员工人阶级的力量来反对彭加勒政府，执行着我将在这里阐述的这条政治路线。

毫无疑问，由于我们党在法国某些大区的干部结构的某种缺陷，由于我们领导机关的某种缺陷，我们拖延了对工人阶级的动员工作。我们屡次确认，中央的指示送达地方组织缓慢，而我们党的这个缺陷，只有通过改善我们的干部状况，并把它纳入我党总的发展任务才能得到纠正。

布哈林同志在这里指出："在这个时刻工人阶级和小资产阶级中间的强烈愤激情绪居优势地位。"首先来研究一下这个论断。在工人阶级中绝对地笼罩着的不是强烈的愤激心情，而是广泛的不满情绪。在这紧急关头，我们没有觉察到无产阶级进行应有抵抗的决心。无产阶级和居民中的小资产阶层被不安的焦虑情绪所包围。必须指出，在这个危机来临的时候，法国无产阶级的状况并不是特别紧张。许多工人得到的工资，可以保证他们比较富裕的最低生活，在无产阶级和小资产阶级的广大阶层中强烈地渴望实行稳定财政的政策以促使物价稳定。对违背了自己应该承担的义务的那些左翼联盟代表人物的轻蔑情绪占据了优势地位。在这个时刻十分受欢迎的是解散议会的口号和确定新的选举。这就终于有可能实际地去执行左翼联盟允诺的政治措施。

实际上无产阶级对此反应甚微。我们承认，我们党没有积极地响应，而且迅速动员无产阶级的力量也很不够。

布哈林同志还指责我们说："可是，法西斯分子善于动员自己的力量。"毫无疑问，他们的确动员了自己的力量到议会门前和爱丽舍宫前面去示威。

这个动员是大资产阶级纲领的组成部分，并已纳入他们的一致行动计划。我们同样也能够动员我们的巴黎组织，不过当时应及早预料到政府必然垮台。这一点还不能说很有把握。此外，法西斯主义到底动员了怎么样的力量呢？它仅仅动员自己的干部、大约2000名特种军团兵士聚集在爱丽舍宫和议会前面按大资产阶级命令示威。这个示威实际上并没有多么重要的作用。现在再研究一下小资产阶级的力量和潜力怎样。

难道共产党能够动员小资产阶级？难道党在正确策略条件下能够把小资产阶级力量吸引到自己方面来？我可以断言，这是不可能的。在危机时刻，小资产阶级处于张皇失措的状态，他们的领袖人物所持的立场剥夺了他们对已发生的事件作出迅速反应的能力。小资产阶级准备作一切让步，它被张惶惊恐情绪所笼罩。它不准备去斗争，而是同意在所有问题上作出让步，只要能挽救法国和法郎。这就是小资产阶级的状况。

赫里欧留在彭加勒政府中使小资产阶级和中等资产阶级完全处于中立状态，必须注意到这种局势。当然共产党能够动员无产阶级的力量，而不是小资产阶级的力量。必须进一步介绍一下我们党为了动员工人阶级做了些什么。

实际上工人阶级的状况怎样呢？我应当再一次强调指出，我们党在这个时刻完全正确地估计了由于彭加勒执政而造成的形势。

我们在几天之内敲起了警钟，提醒我们党的队伍和工人阶级加以关注。我希望提醒你们注意我们在报刊方面的活动，我们的群众大会，我们向同情者阐明形势的会议。我应当指出，这些工作进行得并不像有些同志写得那样肤浅表面，而是相当深刻的。

其实，对我们的责难才是过于表面的。应当说，我们这些工作进行得很广泛，从而才促成了我们全党同全国统一总工会的联盟。

我还应该反驳某些其他的论断。比如说，有人在我们转入建立和组织我们的市区基层组织的时候，都责备我们工厂支部在此时刻无所作为。

我应该说，我们是同时在市区和工厂支部的基础上进行工作的，没有轻视这一方面或那一方面。

这就是我们党在这个危机时刻的立场。

现在法国的形势怎么样呢？

现在，资产阶级自己的人掌握着政权。毫无疑问，彭加勒领导着全国统一的政府，参加这个政府的有左翼联盟的代表，但他们奉行大资产阶级的政策，顺利地实施着为达到稳定的措施。在与大工业联盟的基础上它推行了合理化工作，合理化只不过是延长劳动日和降低工资，加强对无产阶级的剥削，不是改进生产工具和机器。

彭加勒奉行的通货紧缩的政策遇到越来越严重的困难。

此外，必须强调，通货紧缩政策带来了潜在的通货膨胀。

发行保卫祖国的新债券，法兰西银行已获得的黄金被信用券所取代。

所以，为了便于说清这个通货紧缩政策是怎样实施的，必须指明潜在的通货膨胀。

现政府在对外政策方面毕竟取得了一定的成就。它采取了瞩望于德国的政策，图瓦里协议暴露了彭加勒政府的真实意图，组成巨大的（钢、碱）卡特尔再一次向我们表明政府的政治方针。彭加勒在国内外都谋求财政支持和任何其他支持，以图在最好的条件下实现财政稳定。他达到了预算平衡并且谋求订立协议和组织国际卡特尔以减弱经济危机。我应当说，在内阁中他的状况已经改善。现在激进派正在帮助它，激进派最近在波尔多的代表会议表明他们愿意奉公守法地参加政府。另一方面社会主义者领袖（勃鲁姆）决定不阻挠实行这个试验。最后，全国统一总工会支持彭加勒，在实现生产合理化和财政稳定方面给它以帮助。这一政策得到国际劳动局的赞同，它已经决定在不久的将来召开代表会议研究国际范围内的合理化问题。

但是,在法国资本主义的地平线上出现了诡秘的黑点。这就是经济危机。我提请注意在最近的会议上关于法国形势的提纲中讲道,这个危机将伴随大规模的失业现象。

我认为,不应当过分夸大法国失业现象的规模。因为资产阶级拥有使它局限于一定范围的手段。

在法国还有超过 200 万的外籍工人,资本家利用他们对付法籍工人,以达到降低工资和延长劳动日的目的,之后必定会被资本家所抛弃。

毫无疑问,如果危机十分尖锐,资本家和政府总是可以从相当数量的外籍工人中得到拯救,这些外籍工人在什么也干不了的时候,就会被遣返回国。

前面已经说过,在经济危机时期价格将自然而然地上涨。但是,在这方面暴露出一些现象,我们应当特别指出,一方面零售价格指数一个月内增加 10%—20%,最近某些产品价格明显降低。从最近的来信中我们得知,巴黎的商品零售价格已经出现令人欣慰的较大程度的下降。

我不愿意断言,这种状况会减轻当前危机,但无论如何它应与纺织和冶金工业出现的局部失业现象这一事实同时予以注意,以便正确地决定我们近期的任务。

最后,对彭加勒政府最大的危险是无产阶级的阶级斗争。

我认为,这里对正在开展的法国无产阶级斗争的意义有一些估计不足。

比如说,这里有人指出,罢工有重大意义,我们在考察德国形势时应当估计到汉堡的罢工。

但是,在法国,我们能举出连续四至八个月的多次罢工,敦刻尔克罢工、雷诺堡罢工、拉罗克多尔姆罢工。最后两次以工人胜利宣告结束。所有这些罢工始终是在我们党的支持下由全国统一总工会领导的。在很长的几个月里，敦刻尔克、拉罗克多尔姆和雷诺堡的无产阶级就和纺织工业、冶金工业的大企业主进行过斗争。

我还应当指出职员中开展的运动。在共产国际执委会最近的全体会议期间，这部分无产者通常没有采取坚决措施与资本家和政府真正开展直接的斗争。

我还应当指出如下的群众运动：铁路工人的全国代表大会，巴黎区冶金企业代表会议以及党的每月宣传运动和全国统一总工会日。

所有这些活动都是我们党和全国统一总工会领导的。可以指责我们的仅仅是我们没有充分使这些活动经常化并把这些活动充分利用起来。我们没有围绕罢工大造声势，在斗争期间没有以应有的方式巩固我们的影响。

事实上，当时我们在运动中拥有4000到5000个工人，而我们正是依靠他们才取得了显著的组织成就。

我们没有充分地从我们活动中取得优势地位，所以这里出现了对它估计不足的倾向，我们没有在共产国际内部充分地组织"宣传"。

（洛佐夫斯基插话："必须组织宣传，同样也要组织工人。"）

如果根据对我们活动提出批评的理由来判断，我们认为，就是在共产国际中我们没有很好地组织宣传，因为"宣传"在评价党的活动时具有一定的意义。

现在，我对法国党的状况作一个评价。这个问题有着更为重要的意义，如同你们已知道的，在最近的执委会全体会议上，法国代表团听到了许多议论，所以现在讲讲法国党的状况是很有益的。

同志们，我想指出，在六月里尔代表大会以前，我们党因改组而丧失了大量的党员。假如说，党丧失了1/3的党员，那么党员人数大约减少了15000人。另一方面，如果我们成功地开展了反对摩洛哥战争的运动，这在最近共产国际执委会全体会议上认为是我们的长处，我应当指出，在运动期间我们没有吸收大量的新党员，因此我们遭受到许多沉重的打击。

摆在里尔代表大会面前的法国共产党的形势是怎样的呢？在里尔大会时，党有着统一的领导，这个领导拥护与共产国际协商制定的提纲的决议。

以苏瓦林和洛里欧为首的右翼在一段时间里使我们感到严重不安，使我们的党受到瓦解的威胁，这个右翼集团在临近召开里尔代表大会时已被完全瓦解。

另一方面，在我们的队伍中存在中派倾向，这种倾向在自己的"政治纲领"中写进要求实现党内民主，用他们的话说，他们和我们在斗争前景问题上是没有任何分歧的。这个中派已经自我瓦解，它的主要拥护者已经参加领导机关的工作。

最后，某些左翼分子，即在1925年12月1—2日代表大会期间已被我们瓦解的那些人，在里尔大会表决时赞成谴责极左倾向和阐明党的路线的决议。

不仅领导机关，而且全党都是同样的状况。

现在，我们党内不再存在右翼的迹象。中派分子继续和我们合作共事，最后，极左翼的拥护者在国内政策问题上没有表现出和我们有任何意见分歧，只是在讨论俄国问题时才有不多的同志表示了反对立场，其中包括两个中央委员：雅各布和苏桑·吉罗。应当说，反对派组织得并不很好。他们没有联合工人，而我们能够经过正确的思想工作清除反对派。

最后我们可以说，党自上而下地得到了巩固，它和工会的关系正常，最近的宣传活动扩大了党在群众中的影响和威望，党员数量有所增加。

库西宁同志说过，事件有利于我们，是因为存在有利的因素，不是因为自己的工作。它很快取得了一些成就。各个党在危机时刻，在罢工开始的时候都能取得成就，只要他们真正是无产阶级的先锋队。我不认为库西宁同志有根据断言，仅仅由于政治事件才唤起工人加入我们的党。我认为，促使他们入党的也是由于我们的斗争和基层组织所做的工作。

我这里有党的最主要组织之一巴黎区组织的报告。从这个区我们得知，党的各分区大会拥有15万多名工人，这是按委托书的数字判断的，其中新党员至今已达到2000人。这表明，党已达到预定的6000名新党员的数字，1927年将要发出不少于6万份党证，而且在一年内这个数字将增加到7万。

库雷拉同志在这里就加强党的问题对我们进行批评。他指出，我们的干部缺乏充分的教育。我们同时说，他们没有充分的教育，他们的能力和数量根本不足以开展党的正常工作。他这里指的是，必须教育干部，无论是从社会民主党来的人，还是新的干部，都要避免思想领域中出现的任何混乱。我们完全赞同这一点，在我们党内不应存在思想混乱，特兰同志的理论也不能搅乱我们。但是不应像库雷拉同志在联共（布）机关刊物《布尔什维克》上阐述错误观点的文章那样，错误地分析党的形势和党的领导机关的状况。当任何一个同志发表不正确的文章并藉此来认识法国共产党时，这个情况显然不能提高党的思想水平，也无助于党的巩固。我们恳求库雷拉同志今后更加谨慎并埋葬掉自己写这类文章的热情。

库雷拉：（共产国际执委会）
首先应该证实，文章是不正确的。

塞马尔：（法国）

我们可能在政治委员会上讨论《人道报》的问题。毫无疑问，《人道报》并不总是遵循着正确的政治路线。同志们，我们前进道路上的困难是人所共知的，我们对《人道报》的责难应当更加谨慎。大家知道，在党的领导机关和《人道报》领导人之间存在无休止的意见分歧。这是大家都清楚的事实，我们要加以讨论，而且我们要尽量消除分歧。但是，同志们，必须确认，在七个月时间里，《人道报》的出版份数由17.5万份扩大到20万份，危机时期出版份数达到25万份。

我也想把我们在殖民地卓有成效的工作和反军国主义的宣传看做是党的优点。在我看来，这些任务对于各大党来说是重要的。我们经常深入到兵营、舰队，大家都在读我们的共产主义读物。在兵营，我们推销了16000份《兵营》杂志和4000份《角落》杂志，这些杂志每月出版两次。在多数罢工运动中，士兵们拒绝充当工贼的角色。这些事例表明，我们党的影响在增长。前不久，我们统计在监狱中关押了的19个士兵和水兵，他们总共被判处84年监禁。这是必须强调指出的。

前不久，政府为了破坏全国统一总工会举行了11月7日全民庆祝活动，决定军队只能在11月15日休假，不能在11月6日休假。军人们放弃了"立即休假"的口号，发起强大的运动，政府被迫决定让士兵在10月29日休假。

为了清除那种认为法国共产党仅仅在开展表面活动的观点，我们要向全体会议指出的事实就是这样。

最后，在结束发言时我想表明，我们的某些任务同样摆在其他共产党的面前：

1. 通过揭穿资本主义稳定的后果和以通俗手段宣传党的纲领和工农政府的口号，加强动员广大群众反对资本主义稳定的政策。

2. 揭穿社会民主党领袖的变节行为和左翼党派对自己诺言的违背。

3. 自上而下地加强全党机构。最大限度地扩大支部活动以确保各支部有利于开展政治活动，在加强党的影响和扩大党员数量的基础上布置各支部在工厂和大城市中的工作。

4. 最大程度地加强工会工作，在党提出迫切要求的纲领（其中应当包括外籍工人的要求）基础上发展统一战线策略，从而建立全体劳动人民的统一联盟；主要集中精力做好大企业的工作，建立群众性的工会。

5. 估计到经济危机加剧阶级斗争的后果，党和工会要准备好与资产阶级即将展开的搏斗，使共产党始终成为带领无产阶级走向胜利的先锋队和忠实领导者。

贝尔奇（美国）：

同志们，这次我想简单地就确定美帝国主义现时作用的主要方面谈一些看法。我不打算突出讨论共产主义某些战略策略、与群众建立联系、争取工人阶级群众组织转到共产主义方面等等基本问题。自从最近的全体会议以来我们党在这方面做了大量工作，作出了许多努力去争取美国工人阶级群众组织，特别是基本的群众组织——美国工会。我在讨论工会问题时将详尽地论述这个问题。

我愿指出布哈林同志报告中谈到的某些言词。我认为，这个报告在分析国际形势和制定全世界共产党人的任务方面有着极其宝贵的贡献，在这方面是极其明确的。我拥护制定和补充一章有关评价美国的作用和当前美国共产党人任务的决定。

为了透彻分析美国帝国主义在现时所起的作用，我以为哪怕是粗略地判断一下美国工业的特征也是必要的。首先，在讨论美帝国主义现在的状况时，我们应当认清三个基本因素：

1. 美国资本主义尚未达到发展的顶巅，现在仍处于向其极限即更高程度运动的进程之中。

2. 低估美帝国主义对其全部殖民地资源尚未用尽的事实，就不能正确判断美国为控制世界市场和资源而斗争的发展趋势。

3. 美帝国主义尚未在陆地和海洋展开自己的全部军事实力。

请允许我举例说明刚才提到的第一点。

为了判断美帝国主义的发展和可能趋向，我们要充分地介绍一下最近九个月美国资本输出的官方报告。在这里我们可以观察到应当估计到的三个重要因素，以便对帝国主义集团之间的相互关系作出恰当的评价。

美国资本输出在最近时期的三个主要特点是：1. 破天荒地有了大份额的新资本；2. 以千百万美元计的巨额高利，也就是资本输出总计达到 1000 万美元以上。这表明美国资本适应性的巨大程度，表明它有能力迅速适应形势和世界所有角落的一切需要以及对新资本的一切需求；3. 存在这样的事实，美国今年头九个月输出的 2/3 强的资本用的都是工业存款，不是像一二年前那样，是政府的贷款。

我们谈谈欧洲的合理化。你们在欧洲已看到的合理化较之美国已实行的合理化是小巫见大巫。在美国有着不少于 600 个的工业研究机构，它们日夜工作以发展大批量生产的方法、发展新的技术、研究科学管理方法，以解决有关消除生产耗损和巩固稳定局面等其他重要问题，强化美国帝国主义。美国资产阶级在某些方面还很"土气"，但它还远远没有按自己愿望做到对世界工业的统治。美国资本操纵的或给予影响的——在不同程度上——有 25 个国家的加工工业，有 16 个国家的公用企业，有 30 个国家的铁路和 25 个国家的矿业。

如果我们谈论合理化，同志们，应该指出它不仅仅是人和机器的关系，不仅仅是改进技术。据我们美国的经验来判断，合理化对于欧洲国家有着其他的新的意义：它是指人对人的关系，企业主对工人、阶级对阶级的关系。当欧洲资产阶级力图掌握美国工业管理方法时，当它仿效美国的方法时，它不仅摹仿工业技术，它还力求按美国方式建立相互的阶级关系。它试图推行百分之百美国意义上的阶级合作。

用生动的阶级关系的语言来说，这种合理化给我们提出了无产阶级布尔什维克化的任务，使欧洲工人阶级反对资产阶级的美国化。资产阶级清楚这一点。就在几天以前，鲍德温还劝说全世界工人不要到莫斯科去，要到纽约去，在那里可以受到鼓舞，可以学会"改善"自己的处境。鲍德温知道，应当对工人劝告什么：他推动他们去自杀。

不用说，弄清美国在国际局势中的现实作用的关键决定于美国和欧洲的相互关系。这里我要讲到托洛茨基同志发表在3月4日《真理报》上的文章。托洛茨基同志在这篇小说家风格的文章中，以他讽刺作家般的妙笔，批驳我在欧美关系上的立场。托洛茨基同志的立场是布哈林同志提纲中批评过的那种立场。

我不愿劳累你们来听取托洛茨基同志所作的全部抨击，你们已经受够了这种折磨。我只是读一下那篇文章的个别段落。我批评过托洛茨基理论中的这样一个问题，即他认为美国把欧洲送上了领取份粮的地位，认为美国执行着指望欧洲政策完全服从于美国政策的方针。托洛茨基同志说：

"在围绕这个问题出现的国际范围不同意见的斗争中，涉及两年前我在这个讲台上宣读的那个报告。我手边有一份美国《工人》杂志（凑巧这是美国工人党的官方刊物）。近日我恰巧打开一页，谈到美国和英国的相互关系问题。偶然见到被称为美国'份粮'的语句。自然这使我很感兴趣，我读了这篇文章。同志们，我从这篇文章中极其惊讶地得知：

'托洛茨基支持这个思想，即我们已进入**英美和平关系时期**：英美关系的影响将（按托洛茨基的意思）更多地促进联合，而不是促进世界资本主义的崩溃。'——蛮不错，对吗？——（饶有兴味的是，在读了布哈林的提纲之后，托洛茨基同志会说些什么）——这对麦克唐纳本人倒是挺合适的。其次：'托洛茨基关于欧洲领取份粮的旧理论'……请问：为什么它是旧的？——它才两年多一点！——'托洛茨基关于欧洲领取份粮和关于欧洲变为美国自治领的旧理论，是与英美关系的评价联系在一起的'……等等，等等。"

托洛茨基同志继续说：

"读完这几行，我以极其诧异的心情擦前额达三分钟。"

我想，托洛茨基同志在看完这次全会通过的提纲时将会更用力地擦他的前额。随后托洛茨基同志又说道：

"我在何时何地说过，英国和美国以和平的关系紧密地结合起来，从而它们将复兴欧洲资本主义，而不是使它瓦解？"

接着是小说般的描述，尽管它十分有趣，但并不特别清楚。例如，托洛茨基同志说：

"如果我现在利用两年前发表的演说，那不是为了向洛夫斯顿和类似他的人说明，如果你想写什么——无论用英语还是用法语，在欧洲或是在美国全都一样——应当清楚知道，你写的是什么，你要把读者引向何处。"

我的立场是这样的：美国要使欧洲处于领取份粮的地位，只能具有下述两个条件之一：或者通过战胜欧洲的战争——在战争中美国使欧洲沦为奴隶；或者通过建立完全的和永久的英美联盟，因为当英国充分拥有能源、资源和实力的时候，它不会允许美国在欧洲的统治并把欧洲送上领取份粮的地位。

托洛茨基同志的理论事实上意味着什么呢？实际上这个理论就是说，纽约现在是无产阶级革命道路上的基本障碍，唯一的障碍。这个理论就是说，美国没有发生革命以前，欧洲就不可能有革命。同志们，如果是这样，那么我们能看到什么呢？我们听到托洛茨基同志断言，似乎苏联的社会主义革命和建设正在崩溃。不仅如此，按照托洛茨基同志的理论，情况还更为糟糕。在美国革命以前欧洲不可能有成功的革命——这就是从托洛茨基同志关于份粮的理论引出来的。我要告诉您们，我们离美国革命还很遥远。托洛茨基同志关于美国使欧洲领取份粮的理论，只能在这样的情况下被证实为正确的，即欧洲无产阶级革命的胜利决定于美国无产阶级革命，或者苏联无产阶级革命的胜利——它的持久的胜利——最终决定于美国无产阶级革命的胜利。

请允许我解释我的意思：托洛茨基关于欧洲领取份粮的理论实际上乃是他的"不断革命论"的继续，因为实际上这个理论意味着以下的内容：

1. 没有欧洲无产阶级革命，苏联社会主义是不可能的。

2. 如果美国要把欧洲送上领取份粮的地位，那么欧洲无产阶级革命没有先前的美国无产阶级革命也是不可能的。如果接受托洛茨基的这一理论，那么，苏联顺利建设社会主义的可能性就被推迟到遥远的未来了。也许这正说明托洛茨在苏联社会主义发展问题上的悲观主义。不言而喻，托洛茨基同志关于美国把欧洲送上领取份粮地位的理论是错误的。客观的逻辑说明，从这个理论得出的结论也是错误的。欧洲还生机勃勃，而且越来越强烈地表示出积极抗拒美国资本家的阴谋。苏联坚定不移地、始终一贯地建设着社会主义。

同志们，你们清楚地知道最近的基本事实，美国不仅**没有能**把欧洲送上领取份粮的地位，而且欧洲越来越多地显露出积极抗拒美国资本主义企图夺取优势地位的征兆。我们从意大利反动派那里看到了这一点，法国资本主义暴露出对美国帝国主义的憎恨也证实了这一点。在英国，帝国主义分子议论说，盎格鲁—萨克逊世界是永恒的现象。他们已不再强调美国在世界战争中的光荣作用，不再强调美国资本促进着世界和平与稳定。英国帝国主义分子现在大谈"夏洛克大叔"，修改法国条约的最后条件也不受欢迎，认为这是来自美国资本主义的敌意行动。

美帝国主义对此采取了果断的步调，银行家宣言遭到梅隆的否决。综观债务问题，卡约写道："欧洲应当联合或者灭亡"，同样在道威斯计划问题上——在所有这些问题上英国资本家和欧洲其他国家的资本家决定不作任何改变。改变只能导致与美国的冲突。

美国资产阶级没有忽视欧洲事务的进程，没有忽视欧洲资产阶级抗拒美国人阴谋霸占世界工业和资源的意图。美国建立了一整套关于新的外交政策的文献。一年或两年以前，资本家赞美美国在世界战争中起到的作用，现在却开始说，美国参加战争是错误的。一年或两年以前，资产阶级政治评论家总是肯定在英美合作基础上政治和经济方面的合乎逻辑的、甚至"自然的"关系。现在他们中的一些人开始公开地谈论关于美国要准备同英国开战的必要性。他们强调，毁灭英国煤炭工业的时间已经到来，他们对利用水能工业的投资已超过1亿美元，以便用来破坏英国煤炭销售市场。我们知道，美国资本家对图瓦里会晤采取的是什么态度，他们的目的在于安排履行关于法兰西债务问题的协议。美国金融集团开始谈论在最近几年里各条战线上不仅准备贸易，而且还要准备战争的必要性。

美国资本家的这种立场不仅表现在欧洲，而且表现在远东。报道上海大屠杀的美国报纸主张，应使外国警察和锡克教徒承担起全部责任，这绝非偶然。下面的事实也绝非偶然，当广州军队向吴佩孚及其追随者发起进攻时，美国资产阶级要求吴佩孚和北京政府立即交出数百万美元偿付从美国各个团体得到的粮食和装备。这一要求使吴佩孚的处境艰难，他的军队已经有几个月没有得到薪饷了，吴佩孚失去了他指望的贷款。

最后，请允许我指出，特兰同志完全错了。他断言，似乎有建立与美利坚美国相抗衡的资本主义欧洲联邦的可能。资本家要建成与美国相抗衡的欧洲联邦，各欧洲国家中的矛盾太多，利害冲突也多种多样。也许可能建立资本主义欧洲国家的临时军事同盟，但它仅仅是形式上的暂时联合，其目的在于反对英帝国主义控制世界霸权的企图。

谈到党内状况，我应当再次声明，关于在我们最主要、最基本的无产阶级基层组织和工会中进行工作，关于党在这方面对现今客观形势采取的态度，我将在讨论党在群众组织包括在工会中进行工作的成就问题时再作详细论述。

主席：

根据主席团的委托，提请全体会议批准下列主席团建议：

考虑到斯大林同志关于联共（布）问题的报告材料现不能分发给代表们，主席团决定修改日程，将第二项议程（斯大林同志报告——《论联共（布）问题》）改为第六项议程。

然后，根据英国同志的意愿，英国问题将由相应的委员会讨论之后再提交全体会议。

这样一来，第二项议程是中国问题。

有反对意见吗？没有。建议通过。

由柯拉罗夫同志发言。

柯拉罗夫（保加利亚）：

同志们，我在这里阐述三个问题：

1. 巴尔干国家中资本主义稳定的特征。

2. 关这些国家的白色恐怖和**战争的危险**。

巴尔干国家是否存在资本主义的稳定？

是的，是存在的。稳定的存在是不应当否定的。毫无疑问，尽管这种稳定较之其他资本主义国家是比较相对、比较局部和比较不稳定的。

这些国家的国民经济基础是农业。巴尔干国家的农业已得到一定程度的恢复。由于战后发生的重大变化，这些国家的国民经济处于越来越仰赖外国资本的状态。

巴尔干国家的工业发展非常微弱。同时应当指出，巴尔干发展民族工业没有什么前途：第一，由于存在外国的竞争；第二，由于缺乏本地的资本。

这样，巴尔干国家现在处于完全农业化和变为外国资本殖民地的前景之下。

外国资本采取殖民地化的办法进行渗透，它染指作为这些国家国民经济根本基石的自然资源，获取无偿的租让权，开办专事投机和收购生产资料的银行。结果是，这些国家逐渐演变为外国资本的殖民地。

在这些条件下还能不能说巴尔干国家的资本主义稳定呢？是的，由于来自国际资本主义方面的财政和政治的援助，巴尔干国家的资产阶级在某种程度上巩固了自己的统治。没有帝国主义强国的干涉，巴尔干资产阶级不可能战胜战后兴起的革命运动。

但是，同志们，如果说资产阶级为了使人民群众屈服，不得不接受外国列强的帮助的话，那么不言而喻，这种援助将使它付出巨大的代价：变为外国列强的附庸国，资产阶级严重依赖外国资本主义。这样，巴尔干国家稳定的典型特征就是它的殖民地化和对帝国主义列强的附庸依赖地位。

是什么推动帝国主义列强援助巴尔干的资产阶级呢？毫无疑义，它们有本身的自私利益。

在世界帝国主义同布尔什维主义、同俄国革命的斗争中，巴尔干起着重大的作用。在这个方面巴尔干的作用很显著，在镇压了革命运动和

"绥靖"了欧洲这个触角之后，外国列强企图保住帝国主义在这里的既得利益。这样一来，帝国主义列强的巴尔干政策就具有了明显的反苏维埃和反革命的性质。

同志们，我来谈第二个问题，在巴尔干是否存在战争的危险？

是的，这个危险是存在的，我还认为，如果整体上不能否定它，那么在国际范围内就不会对它给予充分的注意。

我不打算论述巴尔干在世界战争中的作用。众所周知，1913年巴尔干战争充当了世界大战的序幕和走向世界战争之路的首要推动力。

当然，从那个时候起，包括巴尔干在内的情况有了很大的变化。但是我想指出，从战争危险的观点来看，巴尔干仍然是非常复杂的和危险的焦点。在今天，巴尔干国家之间的各种矛盾较战争年代更为突出和尖锐。请你们记住以下一系列省区的名称：阿尔巴尼亚、马其顿、萨洛尼卡、东色雷斯和西色雷斯、比萨拉比亚、多布罗加等。我们还要联系未来的世界战争问题再来讲讲这些省份。

我希望再讲一点，巴尔干在帝国主义列强战略计划中的作用问题，法国帝国主义在欧洲这个角落追求什么目的呢？它渴求建立由萨洛尼卡到但泽、由爱琴海到波罗的海的屏障。这种企图的锋芒所向，一方面反对苏联，一方面反对德国，另一方面反对意大利。法帝国主义坚决追求的目的触动了英国和意大利帝国主义的切身利益。拥有东部地中海霸权的英国帝国主义认定，那个利用南斯拉夫、竭力为自己打开通向爱琴海入口的法帝国主义向这里渗透，是它的一大障碍。我们非常清楚，新兴的意大利帝国主义贪婪地盯着土耳其的亚达里亚省。夺取这个省份的途径得经过巴尔干。意大利帝国主义只有通过巴尔干才能干预这个省份。

同志们，意大利对待安卡拉共和国的军事计划决不是神话、臆断。意大利力图从经济和政治上控制巴尔干，也决不是想象中的游戏。意大利资本渗透到巴尔干各国，已占土耳其进口的第一位，占保加利亚进口的第二位，在其他巴尔干国家，它也向这方面迅速地发展。

我还要补充说一下，英国正在加紧支持意大利帝国主义的政策。

同志们，这就真实地暴露出严重的战争危险。

你们大概记得当墨索里尼半年以前到北非示威式的旅行时，土耳其动员了自己的部分军队并将他们集中到亚达里亚省。

几天以前，报刊透露了意大利、希腊、保加利亚和英国四国联盟对土耳其的战争计划的传闻。如果这个传闻到现在还没有证实，那么应当承认它自有深厚的背景。对土耳其的战争计划随时都可能完全确定。最后，我提出这样一个问题：在法意帝国主义在地中海发生巨大冲突的情况下，巴尔干将起着极其重大的作用，因为恰恰是它堵塞了通向意大利后方的通道，这难道还不是一清二楚的吗？

如果愿意的话，请听听和平主义和帝国主义的代表人物对巴尔干战争危险问题的解释。

麦克唐纳前不久登在《欧罗巴新闻》（8月23日）的文章中写道："意大利的政策在欧洲产生了猜疑和不满，也许意大利并没有过错，像一个新生的婴儿引起了邻居们的惊惶。它处在靠近巴尔干轻易着火的材料旁边，对这些易燃材料绝没有表现出漠不关心的态度。"

士麦那省长茹弗内尔，这位东方问题专家说：

"如果匈牙利、罗马尼亚、南斯拉夫、希腊、保加利亚今天缔结了某种东方的洛迦诺条约，对此在最近的日内瓦会议上有过许多议论，那么问题就会是另外一个样子。在欧洲的这部分地区，给我们保证了我们还没有取得的和平，战争从这里向我们逼进，可能从这里再一次到来。那里和以往一样，由于俄国动乱，对未来丧失信心的气氛依旧笼罩着一切。"

这就是和平主义者和帝国主义者想象的结果。据我看来，它们没有夸大可能发生的巴尔干战争的严重危险。这个欧洲触角依旧像火药库一样,任何时候都可能爆发而引起烽火,其规模则难以预料。

诚然,巴尔干国家对帝国主义列强的依赖性使各帝国主义有可能保存这个火药库:须知,在希保冲突期间,英帝国主义在国际联盟的帮助下完成了"和平主义的"使命。但必须承认,国际联盟在和平问题上行使某些权威也仅仅局限于希腊和保加利亚这些完全依附主子的巴尔干小国。在前不久保加利亚和南斯拉夫之间的冲突中,我们亲眼看到,在英国和意大利的外交压力下,南斯拉夫政府不得已解除了警报,而只限于通常的外交照会活动。

看起来,帝国主义列强一定要守住这个火药库,并及时扑灭足以引起燃烧的火花。而他们是否总是愿意和能够付诸实施呢?这是个问题。

同志们,巴尔干地区的战争危险无论对巴尔干共产党还是对共产国际都提出了特别的任务。共产党应当相互之间更为紧密地联系起来,以寻求在武装冲突情况下协调自己活动的途径和手段,从而增强巴尔干共产主义联盟的团结。谈到共产国际,那么,它今后应该比现在更为注意可能在巴尔干爆发的战争危险。

3. 现在我讲第三个问题——关于**白色恐怖**。同志们,战后许多人都在谈论巴尔干已回到**野蛮**状态,这是真的。据我看,首要的情况是巴尔干国家已成为推行资本主义"文明"的先锋。怎样理解这种情况呢?首先由于所有的巴尔干国家的经济、政治和社会危机非常尖锐、持续不断、猖獗一时。由于这些危机,人民群众陷入了可怕的贫困,统治阶级和被统治阶级之间的鸿沟不可思议地加深。这样,如果不用刺刀,资产阶级能在人民群众的愤怒和不满面前保护自己吗?除了白色恐怖以外,它不知道有其他的办法。

而且这里还有其他的原因,它直接涉及其他国家的共产党。我指的是外国列强对巴尔干资产阶级的政治和财政援助。帝国主义列强的资产阶级心甘情愿地帮助巴尔干资产阶级扑灭革命运动,因为它严重威胁着他们在巴尔干的利益。

同志们，由于巴尔干共产党不仅要对付本国的资产阶级，还要对付其他帝国主义国家的资产阶级，他们的任务毫无疑义是非常巨大的。这里我们来说说其他国家的共产党，特别是帝国主义大国的共产党的重大任务。我着重强调一下这个任务。

如果帝国主义资产阶级全力支持巴尔干的灿科夫、帕斯契、阿维列斯库之流，甚至在这些帝国主义仆从的手上沾满人民鲜血的时候也是全力支持，那么国际无产阶级和共产党最起码的任务就应当是——起来帮助巴尔干国家的人民，帮助巴尔干国家共产党，竭力阻止本国资产阶级在巴尔干的反苏维埃和反革命的行动。

我以巴尔干国家"资本主义稳定"这一概念的简明表述来结束发言。这里的稳定等于殖民地化和附庸国的依赖性加上不断的战争危险，再加上白色恐怖。

贝尔（英国）：

同志们！布哈林同志在全会开幕式上发表的演说中谈到了本次全会面临的各项任务。他指出，我们的最主要任务是我们党的布尔什维克化，在新的条件和新的斗争方式情况下吸引广大群众到共产主义方面来。我们英国代表团完全赞同布哈林同志对这项任务重要性的评价，认为它对共产国际所有组织都具有重要意义。因此我不准备详尽地阐述这个问题，仅就合理化问题提出一些看法。

合理化是当今资本主义暂时稳定情况下的特殊过程。当今所有强大的资本主义国家为保住自己在世界资本主义经济中的地位，都被迫重新组织自己的生产过程。

在这方面出现两个主要因素：第一，激烈的国际竞争；第二，资本主义经济在所有市场上的内部矛盾。至于国际竞争，我们观察到这方面各种力量在重新组合。美国从战争危机中走出来变成世界上最富最强的国家。英国丧失了以前世界市场的垄断者的地位。我可以列举统计材料说明，英国原有位置不仅在国际市场而且在英帝国内部都让给了美国。我举出以下三个事实来确证这一情况。以澳大利亚、新西兰和南非为例，比较联合王国与美国对这些殖民地的进出口情况。如果我们举联合王国对澳大利亚的输出来说，可以看到，1913年它占澳大利亚全部进口的57.8%，1924年为45.2%，1925年为43.9%；而新西兰的相应数字则是：1913年为59.7%，1924年为57.1%，1925年为52%；而南非，1923年为56.8%，1924年为57.5%，1925年为50%。从澳大利亚对英国的输出，1913年占澳大利亚全部输出的44.3%，1924年为38.1%，1925年为42.7%；而从新西兰向英国的输出占新西兰的全部输出则是：1913年为78.9%，1924年为79.9%，1925年为79.8%。南非则是：1913年为38.4%，1924年为61.4%，1925年为56.2%。

澳大利亚、新西兰和南非自美国进口的情况在这几年则是：澳大利亚1913年为13.7%，1924年为24.6%，1925年为24.6%；新西兰1913年为9.5%，1924年为15.6%，1925年为16.4%；南非1913年为8.9%，1924年为13.9%，1925年为14.7%。向美国出口：自澳大利亚1913年为3.4%，1924年为6%，1925年为5.4%；自新西兰1913年为4%，1924年为6.2%，1925年为7.9%；南非1913年为0.8%，1924年为1.6%，1925年为2.6%。

这些数字表明，英国不仅在国际市场方面，而且在英帝国内部都已丧失了自己的垄断地位。

另一个特殊情况是，英国资本在国外投资的利息和股息的总额按百分数至少较美国为多。

德国经历了国家的和工业的衰落阶段，现在处在转变为强有力的帝国主义大国的道路上。德国以怎样的方式才能挽回自己失去的阵地呢？

我们认为，在纽约和伦敦金融资本的帮助下它是可能的。但是纽约和伦敦的金融家们除了拯救德国和欧洲这个任务以外，其他的事情也不少。他们把德国看做是可供投资和开拓的广阔地盘，但贷款额和必须迅速全部偿付则要求工业最大限度地节约和提高生产率，最大限度地增加产量，一句话，要求广泛地进行工业合理化。

现在，世界范围内的竞争使所有展开竞争的国家开展合理化。因此这个问题不只是德国的特殊问题，正像布哈林同志提到的"福特主义"和"工业福特化"一样，不只是美国的问题一样，它也是正在建立新的、最高经济形式的资本主义面临的问题。

共产党对待合理化应持怎样的立场呢？在这次代表会议上，我们的兄弟党应对这个实际问题作出回答。我以为，在这个问题上必须区分资本主义专政条件下的合理化和在无产阶级专政条件下的合理化。

1921年列宁同志在《苏维埃的务实工作》的演说中预见到了这个问题，如同他预见到许多其他问题一样，这些问题不久前也为共产国际和我们许多兄弟党所碰到。在《苏维埃的务实工作》的演说中，列宁同志简明地阐述了我们对待无产阶级专政条件下的合理化的一般立场。在新经济政策条件下我们不仅允许自由贸易，而且还要使劳动报酬、计件工、按成果支付报酬、一长领导制合法化。一句话，我们承认和实行泰勒制和科学的劳动组织原则——这曾引起我们队伍中革命的和改良主义的一切幻想家们以及第二国际内部的惊惶不安。

但是，当我们讲到资本主义体系下的合理化时，情况就马上改变了。既然生产工具掌握在资本家手中，工业技术问题就服从于阶级关系和阶级斗争。实际上，资本主义合理化使阶级斗争日益加剧，也许在工人阶级的斗争进程中采用某种形式的合理化将会起到制动作用，使某些东西停止，以至消除。但这并不重要。我们最关心是最大限度地动员工人阶级掌握生产工具。只要它还在资本家手中，每一项新的生产方法都意味着剥削的进一步加剧。

对于工人来说,真正重要的只是在实行合理化的进程中,保证工人阶级的生活条件和水平不致下降。

这就要求我们去考察一个我们多数兄弟党都遇上的重要问题。必须加强工会活动,排除旧的组织方法,扩大工人联盟和组织基础,在各类工厂中建立基层组织。

在这种情况下同时产生了另一个问题:资产阶级把工会和工人组织看做是实现工业合理化道路上最不可调和的敌人和最强大的障碍。它知道,不可能轻易地消灭工会和一般工人组织以及政治集团。

资产阶级力图克服这个障碍,例如通过建立资本家操纵的公司工会,企业主和工人联席会议以及所有其他的阶级合作形式,旨在加快合理化从旧的方法向新的方法的过渡进程,诱使工人脱离工人组织和阶级斗争。主要的危险之一就在于此,我们的兄弟应当克服这一危险。为了避免这种危险,我们应当在工人阶级中开展强有力的活动,这不仅仅在政治和一般的宣传方面、不仅仅在工会,而且在企业、工厂、车间、矿山、铁路和所有有工人活动的场所开展有很大影响的活动。我们应当通过我们的基层组织和工厂委员会赢得群众对工人组织的信任。我们应当为保证工人在最终夺取政权以前达到更高的生活水平而斗争。

由于推行合理化,出现了严重的失业问题,这已成为那些受合理化严重影响的那些国家中的根本问题。必须组织失业工人并使工人同企业主的进行斗争,这些企业主利用合理化后果造成的各类工人之间的竞争来反对工人;必须根本上维护工人阶级的生活水准。最后,我们应当在群众中进行我们的普遍的政治教育工作,以便把他们从社会民主党人的影响下争取过来。加强我们的工联组织,并领导他们投入夺取政权的一致政治斗争——这就是根据我们的意见各兄弟党应当联系工业合理化的重要问题进行讨论的根本任务。

比特尔曼（美国）：

同志们，布哈林同志在他的口头报告中仅仅提到美国。在我看来，美国最近一段时期的发展，不仅仅对美国党，而且对整个共产国际，都有着重大的意义，需要在极大程度上予以详尽考察。

当然，同志们，布哈林同志在他的报告中讲到了美国以及我们党的任务，都是完全正确的。他指出，美国共产党特别弱小，尤其是在美国资本主义成为世界上最强大的资本主义的时候。在这种情况下，我们在美国只限于承担一些不太繁重的任务，就是吸引群众参加阶级斗争和共产主义运动。但是，同志们，如果共产国际和美国党没有相当清楚地看到今天美国发生的情况，那么，吸引群众参加共产主义运动这一并不十分繁重的任务，也不能像它应当得到解决那样顺利而迅速地解决。与此同时，美国出现了一些对我们极为重要的现象。

当我们谈到资本主义稳定的时候，已经知道，它在美国呈现了某些与欧洲不同的形式，正如提纲中正确而明确地提出的那样，美国生产的发展速度很快。的确，它也还没有达到最大负荷，但毕竟已大大超过1913年的水平。

当然，合理化是美国资本主义在最近十年所下的主要赌注。美国资本主义稳定的本质特征之一是它对工人贵族的影响。这个阶层被腐化、被收买，完全成了美国资本主义手中顺从的和乐于为之效劳的工具。非常明显的是，欧洲改良主义者借助和平主义的幻想蒙骗工人阶级。美国改良主义者则不采用和平主义，他们是公开的和狂暴的帝国主义者。美国劳联主席格林来到布鲁克莱恩港口并在那里演说，颂扬美国海军是全球和平的保卫者。美国的任何其他集团，除了金融资本家以外，都没有像美国劳联领袖那样如此公开地帝国主义化。当然，美国广大工人群众、数百万不熟练的和无组织的劳动者没有被收买，也没有被腐化。

在这些群众中出现了很大的不满情绪。但迄今为止，美国工人运动中起显著的和优势作用的还是工人贵族和工人官僚。这就是稳定在美国工人运动中的后果之一。但是，同志们，美国资本结构中，美国的工业和农业之间的相互关系，以及在很大程度上的美国工人阶级结构方面，还有如我们已指出的美国许多工会的实际活动中，都发生了根本变化。我认为，同志们，共产国际的优秀工作者应当对这个问题进行研究。我应当公开承认，我们自己的党常常没有能力来研究这许多问题，因此不得不抱歉地指出，对当今美国的状况，对这个国家的最近事件没有给予充分的注意。

当然，库西宁同志为全体会议准备了报告，这很好。特别有益的是，力图评价现时各国共产党为接近群众而采用的各种方法。

至于谈到我们党，那么我们可以说，共产国际关于与群众建立联系并把他们吸引到我们的运动中来的政治指示，已成为我们全党思想体系的组成部分。不过，由于我们还没有完全看清美国的发展前景，我们党未能经常成功地采取接近群众、与群众建立联系的相应手段和好的办法。我们知道，今天的美国并没有处在直接革命形势下。我们知道，美国资本主义在继续高涨，美国是全世界最强大的帝国主义大国。迄今为止，无论是共产国际还是我们党，都没有描绘出摆在我们面前的前景。这种情况对我们的工作发展有一定的影响，在这方面如同其他方面一样，共产国际应当给我们以支持。

不过还必须指出，我们党在努力建立与群众的联系方面已取得了成就。同时要特别着重指出，我们的组织力量整体上仍落后于政治影响的增长。例如在纽约，我们党最近几个月内掌握了工人经济斗争的重要领导权。但在最近的国会选举中，我们候选人所获得的选票数量表明，它远远低于我们希望达到的数字。的确，我们在美国不能以选举时所获得的选票来估量我们党的影响，因为很多工人常常是生活没有保障和受剥削的外籍人，他们没有公民权，但我们的组织很薄弱仍然是事实。此外，在美国工业的各个领域，我们党领导了群众性的斗争，无论是反对资本家，还是反对反动官僚。如果我们希望知道，我们党在这些工业部门征集了多少新党员，很显然，或者是非常少，或者是根本没有。这不是美国的独特问题。它对于许多共产党都是重要的，共产国际应当解决这个问题。

最后，同志们，我提出希望，共产国际和这次全体会议要对美国发展条件给予比以往更大的注意，这不仅仅是为了我们党，而且是为了整个共产国际。我们应当清楚地知道今天美国发生的情况。在美国同志之间的个别谈话中，甚至在这里参加全体会议的同志中，表露出的如果说不是分歧，那么无论如何在许多重大政治问题上的表现也是不明确的。为了整个运动，共产国际应该在解决我们面前的重大问题上给我们以支援。

（会议休会）

第七次会议

（1926年11月26日）

主席：加拉赫

讨论布哈林的报告和库西宁的补充报告（续）

雅克莫特（比利时）：

同志们，比利时代表团认为，全会对布哈林同志报告中所谈及的一个问题没有给予应有的重视。这就是合理化的问题。

我们以为，合理化的问题目前对西欧劳动人民来说具有头等重要的意义，但在解决这个问题的意义上，报告的说法是不能令人满意的。

同志们，报告中总的提法其实是："我们是资本主义制度的反对者，因此我们无论是对完善资本主义生产的某种制度，还是对加强这种生产的某种制度，都不可能感到高兴。"这是对的。

但是，另一方面，在报告中说：

"'我们不会是技术进步和机器的反对者'，然而最后却说：'我们对合理化问题本身并不感兴趣，这不是我们所要关心的。'

我们只是应当注意同合理化的不良后果作斗争。"

同志们，我们认为，这样提出问题是不够确切的，所以想向你们介绍一下比利时代表团对这个问题的看法。首先，我们不能把整个合理化问题看做是同资本家们的努力和他们使资本主义稳定的企图毫无联系。

我们认为，资本主义的稳定是经过各方面的努力达到的。例如，在出现过货币贬值的国家里恢复了金本位制和"财政整顿"。这是资本主义总稳定企图的一个方面。

在我们看来，合理化就是使工业复兴，或者是使资本主义生产机构适应于战争创造的新的经济条件。

同志们，难道能够说，财政稳定、整顿币制不是我们感兴趣的问题吗？当然不能。

难道在一个资本主义国家里，当整顿币制问题已经提到议事日程的时候，共产党人声明：我们与资本家们的经营方法无关，我们只是应当同这种整顿能给工人们造成的有害后果作斗争吗？

我们说不能。我们要提出依靠资产阶级稳定的口号，并以此来反对资产阶级通过整顿币制和财政的手段，把货币稳定后果的负担全部转嫁给工人阶级的种种企图。这是我们口号的总的性质，工人们对它完全理解，原因是我们把这些口号补充到近来提出的的包含迫切要求的口号中去了。

但是，同志们，我们认为，这还不意味着完全说明了问题。还应当更加仔细地探讨这一问题。我们认为，应当用下列方式提出问题：

"能否把合理化看做是一种资本主义未来发展基础的新形式？"

社会民主党人回答这个问题是令人信服的，而且用下面的理论论据作为自己支持合理化的理由：

"合理化使生产得以恢复。在战时的残酷杀戮之后，资本主义沉浸于即将焕发的青春和所谓的'合理化'源泉之中，并且具有新的生机、活力和力量。"

改良主义者们补充说，

"当然，合理化使得工人阶级的相当一部分人蒙受暂时的牺牲；造成生产力的再分配，但这仅仅是现实进步的相反的一面，并且在这个纯粹的过渡时期之后，合理化将为全体民众开创进步的新前景。"

同志们，不言而喻，假如合理化仅仅是资本主义生产过程的一种新形式即机器排斥手工劳动时，当作坊式生产让位于大小工厂的生产，而且这种改造不可避免地要使相当一部分工人阶级受到冲击和遭受损失，但是由于生产力的发展，这反而会给所有人带来好处；假如合理化真正是资本主义生产进一步发展的基础，那么，这一理论就是正确的。那些反对我们并说"你们是技术进步的反对者"的人是正确的吗？

我提醒你们注意，洛佐夫斯基就此提出过异议，他在共产国际执委会会议上曾经问道：

"难道你们是机器的反对者吗？"

同志们，这样提问题是不对的。难道就总体和整体来说，合理化就是资本主义进步发展的企图，而不是资产阶级迫切希望阻止资本主义生产体系日趋瓦解的企图吗？对这个问题必须回答。

共产国际始终认为，我们现在经历的是资本主义的衰落时期，不是资本主义上升时期；在资本主义上升时期，机器排斥手工劳动是进步现象，那时大小工厂的生产朝着进步方向对大小作坊的整个生产条件进行改造。

合理化是进步力量还是倒退力量？难道，现在欧洲建立的卡特尔的实质是进步因素吗？难道这些组织形式是以发展生产为目的吗？

同志们，不是的。许多发言人在同特兰同志的理论，其中包括涉及到美国和英国—欧洲财团作用的理论进行辩论的同时，都在竭力证明，在卡特尔产生的问题上特兰同志的观点也有错误。特兰同志认为，卡特尔是德、法、意和比利时等帝国主义之间的友好交易。他认为，在资本主义欧洲内部，新的友好交易一天天增加和活跃起来！实际上，恰恰相反，这些卡特尔的产生是，帝国主义者们试图在每一个这样的工业部门都达成协议，以便使不可避免的竞争不要过分迅速地导致激烈的冲突，以致不得不重新付诸武力。

如果说在经济卡特尔方面特兰同志的理论过去是正确的话，那么这种理论也可能适用于国际联盟。可以把国际联盟看做是一种机构，各国帝国主义者们依靠这个机构利用种种政治方法来加强自己的地位。

与此相反，我们应当强调指出，合理化不是进步的反映，而是倒退的反映。

同志们，布哈林同志在他的关于资本主义稳定和无产阶级革命的报告里十分清楚地证明了这一点。

我认为，布哈林同志恰恰是要我们尽可能注意到兰茨贝格在《银行》杂志上所写的：

"从现在起，虽然我们也清楚'合理化'的消极面会造成社会的野蛮残忍，也清楚会使稳定的衰败时期早日到来的极大危险性，但我们对此无能为力。"

不言而喻，这里所说的是资本主义的稳定。

同志们，我们不必赘述资本主义的合理化给工人阶级带来的社会性后果。布哈林在他的报告里详细阐明了这一点，而且，假如我们也同意合理化不是资本主义发展的弊病，而是证明资本主义衰落的危机，那么同样我们也应当承认，合理化是资产阶级用工业来制造帝国主义战争萧条的一种企图。

在这里，我也想回答那种说"我们不可能是技术进步的反对者"的论点。我们是否任何时候都拥护技术进步，任何时候都赞成发展生产呢？同志们，当然不是任何时候都赞成。

例如，我记得，布哈林同志本人就曾经同社会民主党进行过这方面的辩论。当然，革命使资本主义生产受到破坏，并且毫无疑问，我们应当在资本主义衰退时期组织社会主义生产，我说，我们应当尽可能地促使资本主义生产更彻底地崩溃。

（有人在座位上喊道：这根本就没什么关系。）

但是，现在是否可以说合理化使得资本主义高涨呢？我知道，布哈林同志的理论适用于直接革命前的时期。这毫无疑问是这样的。但是，难道面临直接革命的时期能像资本主义发展的上升曲线急剧下降一样突然来临吗？或者我们继续认为，从战争时期开始资本主义就进入了衰落阶段、进入了瓦解时期吗？

不言而喻，在这个衰落时期的范围内，可能会出现局部的高涨，但是总的发展曲线是继续下降的。在资本主义经济的这一部门或那一部门可能会出现暂时的复苏，然而，就总体和整体来说，我们是否处在资本主义衰落期呢？毫无疑问，是的。

合理化是否能阻止这个历史上不可避免的衰落期呢？不能，我再说一遍，不能！因此，我们才说，合理化不是年轻的、有力量的、强大的、具有光辉未来的资本主义的一种努力，而是一种正处于竭力把历史进程拉向倒退的、为了活命紧紧抓住不放作垂死挣扎的生产体系。我们不处在资本主义面临一系列发展的资本主义历史阶段，但是我们处在资本主义拼命地企图延长自己必然灭亡的命运的前夕。

我们再回到这个问题上。但是在这种情况下，假如说合理化不是别的，而是一种延缓资本主义衰落进程的企图，难道我们可以说："因为我们赞成使用机器，赞成技术发展，但我们对合理化本身不感兴趣，它与我们无关，我们不应当同合理化作斗争？"

同志们，我认为，这样提出问题是不对的。我们应当用最明确的、最准确和最有效的方式来揭露资本主义的合理化。我们应当指出，事实上，在表面上技术进步的条件下，真正的生产进步是没有的。跟资本主义时代刚到来时的情况完全不同，现在要完全从另一个角度来看这个问题。

同志们，我马上结束我的发言。

布哈林同志说，要同对无产阶级极其有害的合理化后果作斗争。

我们应当揭露资本主义的合理化，并且要使工人的合理化与之抗衡。

这是什么意思呢？

洛佐夫斯基（苏联）：

这意味着革命！

雅克莫特（比利时）：

别急！洛佐夫斯基同志，我不能一下子把话说完。工农政府是什么呢？它是不是同无产阶级专政起同样的作用呢？

难道我们不是采用了"工农政府"的说法来向工人们说明必须为无产阶级专政而斗争吗？

恰恰是这样，当我们说"工人的合理化"的时候，我们知道，这种合理化是革命的任务，然而为了反对资本主义的合理化，我们提出工业国有化和为工人群众谋利益的合理化的口号。

我们用为了全体人民和整个工业的利益的工业合理化来对抗资本主义的合理化。

我知道，对于这一点可以提出不同的意见："要知道，这是革命的问题！"

可是，难道我们能取消这个问题吗？不，我再重复一遍，不能。因此，与资本主义合理化相抗衡的工业合理化的口号，利用工业合理化为广大人民群众谋利益的口号，就是共产国际应当提出的口号。

不过，这种一般化的口号是不够的，因此，我们应当提出自己的含有最新要求的口号。

工人对生产的监督、同失业作斗争、支持失业者（这里要对加拉赫同志昨天的建议给予重视）、反对计件工资制、根据提高生产率来增加工资以及最后同合理化的一切后果作斗争，因为这些后果完全是实际存在的，并且在许多情况下沉重地打击着工人的某一集团和某一领域的工人们。

必须在类似最新要求的基础上，要在共产国际为了真正的生产合理化同资本主义合理化作斗争的总的基础上，把某些职业的和某些工业部门的工人们的所有这些利益联合并结合起来。

同志们，当然，我们完全同意布哈林同志的论点，这些论点明确指出了资本主义国家的"合理化"和苏维埃国家的"合理化"之间的本质差别，因为在我们第一个无产阶级的国家里，实行合理化是为了整个工人阶级建设社会主义的利益，不是为了资产阶级的利益，也不是为了加强资本主义。

对于每个共产党员来说，这是一条公理；对于在资本主义剥削羁绊下过着艰难生活的每个工人来说，也是一条真理。

苏维埃俄国工业的合理化是为整个工人阶级的利益实行的。资本主义各国实行合理化，给工人阶级带来损失，给资产阶级带来好处。

最后，我们希望，全体会议能重视我们的意见。

比特（德国）：

同志们！布哈林同志的报告向前迈进了一大步，因为布哈林同志在报告中消除了"不可靠的稳定"的糊涂概念，并且十分明确地指出，恰恰是在最近一年来，在哪些地方出现过稳定，哪里没有这种稳定，资本主义稳定有哪些肯定的方面和哪些否定方面。我们只有在准确地研究事实的情况下，我们的政治路线才能建筑在可靠的基础之上。只有用这种方法，我们才能获得我们的政治工作所不可缺少的武器。

遗憾的是，我们在这个领域中的研究工作还不能令人满意，这些研究工作才刚刚开始。我想，将来我们势必要对经济问题的重要领域给予更大注意。布哈林同志在报告中号召我们要对我们所占有的材料作批判性的评价。布哈林同志亲口说，他所引用的数字都是一些非常"一般的"数字，并且要求全面说明。个别数字需要作进一步分析，以使这些数字更准确地反映各种不同的发展趋势，暴露公开的和隐蔽的矛盾。

我想利用这个在我看来特别重要的有关数字方面的分析，正是利用这个对世界贸易在数字方面的分析，我试图说明它们的内在结构和发展趋势。在布哈林同志的报告里，列举了三行数字作为稳定的指标：生产、对外贸易和外汇状况。我们发现，在生产方面，数字已经达到接近世界水平或超过世界水平的高度。1924年，世界贸易达到91％，今年达到97％。这样，我们可以认为，在世界贸易这个极其重要的领域里，进出口已经接近世界水平。布哈林同志由此在第34页上得出结论："从国际贸易周转的角度来看，资本主义已经完成了恢复过程。"接着，他提出了一系列修改意见并指出，无论如何，不仅要研究这些现象的数量方面，而且要研究它们的质量方面，以及如何产生了"从一个国家流通到另一个国家的主要发展方向的根本变化"。

我认为，无论如何也不应当把世界贸易数字看做稳定的实质性特征。假如你对这些数字加以分析的话，那么你就会得出结论：的确，在世界范围内已经差不多达到了和平时期的水平，或超过了和平时期的水平，但是，对于中欧来说，1924年的数字只不过达到和平时期水平的71％，1925年才达到82％。由于大大落后于和平时期，所以我们还有许多事情要做。

前不久，国际联盟日内瓦世界经济会议筹备委员会提供的最新数字，就是这样。如果说整个世界贸易的数字是105（相差23％），欧洲生产数字是102（相差20％），那么情况还要差一点。如果考虑到，由于增加了许多新的海关限界,过去的国内流转现在算作对外贸易这样的事实,那这个数字还会有更大的意义。

结果,就在这个已经获得复苏的领域里,远非一切都很顺利。国际经济仍然十分混乱。国际贸易中心的转移造成了生产与销售能力之间的严重比例失调,容量狭小的国内市场被美国和新兴的工业化国家的国外市场侵占。

这样,世界贸易数字绝不证明国际经济的加强、平稳和恢复,恰恰相反,这些数字只是混乱和不可能重新恢复旧有状况的指标。它们所说明的不是平衡,而是动荡。这里还埋下了将来冲突的种子。

总之,我提议,从这里所列举的作为稳定的特征的三项指标——生产、世界贸易和外汇中,去掉两项指标,并转入下一章作为不稳定的特征。

现在我谈谈另一个问题。

布哈林同志在他的报告中对第二国际作了十分清楚的评价。他曾经说,现在第二国际的背叛比1914年8月社会民主党的背叛更为严重。我们当中的每一个人都可以证实,对于各国来说,这都是百分之百的正确的。我们的最主要的任务是:向群众说明这种情况,用具体事例使群众认识到这一点。那么,为此就必须更充分地揭露社会民主党在其日常工作中的所作所为并使群众彻底认清社会民主党人的背叛。我们应当指明,虽然社会民主党就其组成成份来说还是无产阶级的党,然而它在政治上却充当着资本主义的真正保护人。假如我们仔细看一看最近社会民主党领导人的言论,那么我们就会看到,我们并不感到羞耻,而他们公开承认这一点。前几天,《前进报》发表了布赖特沙伊德写的社论,在这篇社论中谈到关于"社会主义的和平工作"的必要性,而且当然指出的是与资本的和平合作。布赖特沙伊德写道:

"我们到卢森堡参加德国、英国、法国和比利时社会民主党的社会主义代表会议,不是为了高喊几句图瓦里破产的共产主义行话……我们重视局势,并准备提出**同样**也适用于**资本主义外交**的这样一些措施。"①

这些话可以当做评价社会民主党政策的题词。今年9月在维也纳召开了资产阶级的"社会政策协会"会议。在这次会议上,希法亭发表了倡议资产阶级同无产阶级在国际范围内进行经济合作的纲领。希法亭曾说,**资本主义经济**进入了新的高涨时期,资本主义经济达到了国际托拉斯化和卡特尔化的高级程度,而目前它应当转到"民主的轨道"。在这之后,哈尔姆斯教授就有权断言,"企业家同工人们携起手来进行这项工作,这种相互谅解正是(世界经济)最新发展的最有希望之处。"

《法兰克福报》写道,当前,社会主义同样也要着手以国际的阶级合作和建立经济和平的精神来"改变自己的结构"。我觉得,如果我们最终走上很久以前我们就打算走的道路:**走上在广大群众组织中更加紧张工作的道路**,那么我们在自己对社会民主党的揭露中会取得更加巨大的成就。

同时,**关于合作社的工作**,我想讲几句。近几年来,合作社运动展开了非常积极的工作,特别是在妇女中间。合作社官僚们同第二国际和阿姆斯特丹国际并肩携手工作,这些官僚们是经济和平和经济管理民主口号的最强大的、最反动的保护者。这些官僚们同阿姆斯特丹分子一起最积极地参加了日内瓦的世界经济代表会议的筹备工作。而且这次筹备国际联盟代表会议的运动恰恰是背叛工人利益的最明显的例证;它表明,改良主义者们在他们把无产阶级出卖给资产阶级的具体建议中,能够达到何等厚颜无耻的地步。改良主义者们公开声明,如果资产阶级接

---

① 见1926年11月17日《前进报》。

受他们提出的条件的话,那么,他们将竭尽全力阻挠由他们领导的群众组织所进行的反对资产阶级的斗争。而这些条件是毫无害处的,它们是建立国际经济局,政府方面对卡特尔和托拉斯实行监督,等等。所有这些和与其相类似的"条件"归根到底是为了掩盖阶级矛盾、制造新的幻想,归根到底是为了转向既在经济领域又在政治领域推行阶级和平的政策。

必须补充一句,日内瓦协定应该使改良主义者的政策获得成功,然而却以彻底失败而告终。11月21日给《前进报》的电报写道,"甚至连最微小的希望都落空了",工人们不应当对世界经济会议期待什么。可是不久前改良主义者们还在为日内瓦会议唱赞歌。《前进报》的说法更值得注意:说这句话是醉后头痛时写的。不过,社会民主党又重新开始断言,如果不做反对资产阶级的工作,而是同它携起手来,那么是有可能取得巨大成就的。

同志们,我想,在从这一论点出发的同时,我们要对苏联合作社的代表们在国际合作社联盟最近一次会议上提出的建议给予关注。我们指的是,要使工人组织的无产阶级的世界经济会议与资本家们的经济会议相抗衡的倡议。在日内瓦失败以后,这种要求变得特别迫切。毫无疑问,就是在社会民主党的工会会员和合作社社员中间,如同在整个工人运动的队伍中一样,对于社会民主党同资产阶级的和平合作,都存在很大的不满情绪。例如,有一个国际工会联盟的特别委员会,几个月以前给阿姆斯特丹国际的组织寄去一份关于反对资本主义企业国际托拉斯化和卡特尔化的报告。顺便说一说,在这份报告中,提出了建立生产联合会、取消资本主义企业账目不公开的财会制度、监督生产和贸易的要求。还有更"广泛的"规划,提出通过报表、银行、原料来源和贸易使工业社会主义化的要求。我们的任务在于,老老实实地说明所有这些事实,并向群众讲明它们的意义。

总之，必须指出，我们在**群众组织中的这方面的工作还不够积极**。直到现在，改良主义者在这些组织中还保留着组织地位、思想地位和物质地位，而且他们还在加强和扩大这些地位。的确，在这方面要迅速取得进展是很困难的。毫无疑问，日常的、细小的工作是一项非常艰巨的任务，群众在解决这些小问题时，要找到正确的策略往往比通过冗长的决议要困难得多。因此，在这方面需要长期的坚持不懈的工作、准确的指示、培养干部，培养能够依靠这项日常工作取得实际成绩的公职人员。

这次扩大的全体会议要再次强调：在**群众组织内部争取群众**这一口号的重要性，要在这些群众组织的共产党人策略正确地工作的基础上争取群众。

柯都维亚（阿根廷）：

同志们！我想提请全会注意拉丁美洲各国资本主义稳定的间接后果。说间接后果，是因为在我们这些国家里不同于欧洲，谈不上资本主义的稳定，因为这些国家的经济不仅没有因战争受到损失，而恰恰相反，它还多少有些发展。然而，如果我们说稳定的间接后果的话，那么是因为，在这些国家里，由于世界经济形势的关系，正在发生着各个不同的帝国主义集团的斗争。

我完全同意布哈林同志报告的论点，这些论点反映了他本人对资本主义稳定的理解，尤其是对合理化问题的理解。

我不同意雅克莫特同志所作的分析，他断言，现在我们就要成为合理化的反对者，然而却没有提出任何能够有力地阻碍这种合理化以及欧洲资本主义国家相对稳定的具体措施。雅克莫特同志建议，要使企业国有化并建立工人的监督。然而，雅克莫特同志这时却忘记了，在报告中已经确定存在资本主义的相对稳定性，这本身已经在某种程度上证实了工人阶级的弱点。如果说工人阶级有能力要求企业国有化的话，那么它就有力量进行革命。这是十分明显的。这就是提出同合理化作斗争问题本身，就是把直接怠工问题提到日程上来的原因，在提出无产阶级夺取政权问题的当前形势下提出直接怠工问题是不恰当的。

因为布哈林同志在自己的报告中当谈到欧洲资本主义稳定问题的时候，把证明相对稳定的国内市场的形势，特别是国外市场形势作为这种相对稳定的基本的和主要的特征之一，所以我详细谈谈拉丁美洲各国的情况。

他也指出相反方面的因素，即依靠资本主义合理化加强对工人阶级加紧剥削而造成工人阶级日益加剧的反抗，以及殖民地和半殖民地人民的革命反抗。

瓦尔加同志也强调在资本主义相对稳定的过程中原料问题的作用。此外，在报告中明确指出，我们是英帝国主义进一步衰落和北美帝国主义繁荣的见证人。英帝国主义的这种衰落也影响了拉丁美洲各国，而且正像我们大家都知道的，正在这些国家发展着的两个帝国主义集团之间的斗争引起了国际性的后果。

我重复一遍，报告明确指出，市场问题是资本主义稳定过程的重要因素之一。我们在谈到国外市场时，不仅仅指的是工业品的销售市场，而且指的是金融资本和工业资本的投资市场。尤其是拉丁美洲各国，对于帝国主义来说，特别是对于北美的帝国主义来说，也是这种工业资本和金融资本的投资市场。

我提请你们对北美的帝国主义日益增长的实力和它对拉丁美洲各国的霸权的发展趋势给予重视。不言而喻，我不同意特兰同志的观点，他认为由于布哈林同志对于北美的帝国主义发展估计不足，所以共产国际才对拉丁美洲国家没有给予应有的重视。我知道，现在导致欧洲革命的斗争具有根本性的作用，并且在当前时期，美国还不能起主要作用。十分明显，为了证明北美放弃了欧洲，以便把自己的力量集中在地球上的其他国家，特兰过高地估计了拉丁美洲各国的作用。

为了说服拉美各国作为北美工业资本和金融资本的投资市场，我不说具有决定性意义，但还是具有重要意义，我列举几个数字。

1925年，在北美投放到地球各地的1043.7万美元中，有424.5万美元，即40%以上投放到拉丁美洲。更值得注意的是，在这424.5万美元中有320.3万美元投放到工业，只有101.5万美元作为财政借债提供给各国政府。

在战前的对外贸易中，美利坚美国同拉丁美洲各国的商品流转额，1913年到1914年为7.35亿美元；1922年，这个数字达到了13.18亿美元；1923年为16.85亿美元；1924年为19.35亿美元；1925年为20.95亿美元。这样，北美同拉美各国的商品流转额差不多增长了两倍。这说明，美帝国主义完全像分销自己的商品一样，把自己的工业资本和金融资本成功地投放到拉美各国。

同时，在当前时期帝国主义在这些国家的扎根方式在稳定问题上起着很大的作用。试问是什么原因北美在南美各国的实力不断加强和这种实力一天比一天越来越排挤英帝国主义呢？

战前，英帝国主义专门从事，也可以说，差不多完全经营原料进口，在殖民地附属国加工这些原料，然后再把成品卖给原料输出国。英帝国主义的这种政策阻碍了这些国家的工业发展和整个经济发展，而且这么一来，这种政策完全起了反动作用。

北美的帝国主义原来是更善于随机应变的、更狡猾的和有本领的帝国主义。

在战争时期，还有一个因素帮助了美国。这个时期的英国不得不在很大的程度上放弃自己的南美的市场，并且把自己的力量集中在军事工业上。这使得几乎在拉丁美洲的所有国家里产生和发展了不大的民族工业。在这个时期，北美也几乎完全从事推销自己的工业品，并且在很大程度上起着在这以前英国所起过的那种作用。然而，拉丁美洲各国为了保护自己的工业不受这种外国竞争的影响，制定了一系列限制国外商品涌进的保护关税法令。于是，北美帝国主义就表现出随机应变的能力。由于依靠把自己的工业品投放到这些国家的方法不可能征服这些国家，北美帝国主义开始采用把自己的工业资本和金融资本向这些国家的民族工业投资的办法打进民族工业。

从原料问题看拉美国家拥有怎样的意义？这些国家拥有发展工业所不可缺少的各种原料。我们那里蕴藏着丰富的石油。根据国际委员会的材料，整个地球的全部石油的55％左右集中在我们拉美各国；这是三四年前调查的，现在的情况、比例关系对我们更有利。我们这些国家拥有棉花、橡胶、硝石、铜、锡等，几乎都是发展大工业所不可缺少的全部原料。

由于在国际范围内争夺原料的斗争，现在必须研究在这些国家展开的斗争。帝国主义不仅是因为直接剥削而需要这些原料，而且由于原料争夺日益激烈，当它感到这些原料不足的情况下更需要这些原料：第一，以备阻止帝国主义竞争者占有这些原料；第二，以备在需要这些原料时可以利用储备。

以石油为例。众所周知，墨西哥的石油蕴藏量占世界第二位。但最近，在南美的其他国家里也发现了尚未探明的石油矿藏。例如，委内瑞拉从1922年开始开采石油时的产量只有50万吨，今年产量增加到3500万吨。谈到马拉开波地区，可能在最近四五年，这个地区已变成世界石油主要开采区之一。几乎在南美的所有国家里都是这种情况。另一方面，这些地区距太平洋近，因此可以通过海运来运输石油，并且以比北美石油便宜的价格出售给欧洲地区。

这就是帝国主义各国贪婪地把他们的魔爪伸向南美各国的原因。

在开采铜的方面也是如此。例如，1914年智利的石油开采量为4600万吨；1925年就增加到20700万吨。硝石的开采量从1914年的48800万吨增加到1925年的90900万吨。北美投入智利的金融资本总额从1914年的2500万美元增加到1925年的35000万美元。于是，各种工业部门都发展起来，原料开采量增加，以及北美的帝国主义加紧渗透。

为了节省时间，我不再引用其他工业部门的材料。

从工人和农民群众革命化的角度来看，帝国主义对这些国家渗透的后果怎样呢？同志们，几乎每天报上都报道要么是关于尼加拉瓜革命，要么是洪都拉斯、塔希提岛和巴西等地革命的消息。这些报道是真实的。昔日发生在这些国家的革命是将军和大土地所有者角逐的结果，他们当中的每一个人都竭力想把政权掌握在自己手中。不过，现在这些国家的革命带有社会性质，工人和农民开始支持它们，并且在这些事件中他们起着越来越重要的作用。他们为了自身利益有时利用小资产阶级和将军们，而工人和农民群众的不满是这些革命的基本原因。

在中美洲，我们已经有了小资产阶级、工人和农民的民族革命运动，在给农民分配土地和改变这些国家经济制度的基础上，他们力求建立墨西哥那样的政府。几乎在所有的国家，在委内瑞拉和哥伦比亚，已经发生了大量罢工，这些罢工的主要发起人是农民，但是罢工本身被资产阶级分子所利用。罢工的主要目的在于：要么反对国内的大土地所有者，要么反对租让给帝国主义分子开办的外国企业。工人们已经有革命传统。勿庸置疑，他们充满革命精神，但他们总是受小资产阶级的欺骗。然而，能够引起这些国家的经济和政治变革的社会运动已经到来。我们的同志都知道墨西哥的状况。毫无疑问，这个国家在社会方面一定会得到改造。当然，现在的小资产阶级政府竭尽全力阻止革命运动的发展，但毫无疑问，在工人和农民的压力下，政府会被迫实行某些改革。

在一些情况下，政府应当采取给农民分土地的办法，这就为在这个国家发展革命情绪和在南美的其他国家进行革命宣传打下了基础。

最后，我们认为共产国际对拉丁美洲各国所发生的斗争给予较多关注是必要的。就总体和整体来说，现在我们面临下列任务：

1. 迫使墨西哥的小资产阶级实现纲领中制定的革命改革，根据这个纲领，它要把政权争取到自己手中。

2. 促进中美洲和南美洲北部各国正在开展的民族革命运动的发展。

3. 支援巴西小资产阶级的革命运动。

总之，我们应当考虑到作为帝国主义国家的，特别是作为北美的潜在市场的拉丁美洲的状况。

这就是我认为在我们同帝国主义在国际范围内的斗争中，我们应当考虑到加强我们在拉丁美洲各国战线的可能性的原因。此外，我们应当依靠在各殖民地国家（中国、印度尼西亚等）的革命运动中所取得的经验，把中美和南美变成同欧洲资本主义稳定和北美帝国主义发展作斗争的一个据点，把它变成世界革命的据点。（鼓掌）

施特恩（捷克斯洛伐克）：

我认为，尤其是因为，我们代表团认为，布哈林和库西宁同志在报告中所阐明的基本路线是正确的，所以我可以说是代表我们整个代表团。但是，我没有十二分把握说，我们代表团的全体同志对我在这里说的任何一种说法都赞成，我所要谈的问题都能合乎他们的心意，因此我要请求你们，假如你们认为我所说的是错误的或是不正确的，那么这应由我来负责，而不是代表团负责。

同志们，不言而喻，我们不是从哲学角度而是从策略后果的角度出发，对稳定问题感兴趣的，并且由此得出结论，我们应当尽可能比较具体地解决这个问题。我们很清楚，这是我们整个工作的主要问题，而且我认为，在七月会议上斗争激烈进行时，反对派领袖中没有任何人提出稳定的问题，这曾是俄国反对派最难解释清楚的错误之一。在我看来，当时他们没有勇气提出这个稳定的问题，这就等于他们事先承认自己垮台，并且证明了这种垮台是合乎规律的。假如由于稳定问题的策略后果，我们把这个问题看做对我们来说是一个至关重要问题的话，那么，布哈林同志在报告中提出的这个问题的意义逐渐变得清晰，把对问题的总的提法和对稳定的总的评价看做是局部的和不稳定的，是不能令人满意的，这一点也变得越来越清楚，然而必须试图以资本主义世界经济每一个部分为转移，对问题进行分类，对每一部分的情况作出分析。譬如，在1923年的德国（那时还谈不上稳定，当时革命形势已经来临），如果我们对于整个资本主义世界笼统地提出问题，似乎能得出稳定的总的概貌，然而实际上，恰恰是在这个时候，我们还无权谈论总的稳定性。另一方面，中国出现了革命形势，尽管如此，我们也不能说是总的、直接的革命形势。因此，如果我们考虑到问题的策略方面，就必须区别对待，虽然我们要划分各个方面，并且要考虑到其中哪些对我们具有决定性意义。在这种情况下，社会民主党和共产党的态度有本质上的差别。这样，资本主义很像美国大叔，而且一些人对它濒临死亡颇为关注，恰恰相反，它健健康康地活了下来，这对另外一些人有直接好处。当社会民主党把它的注意力集中到资本主义强大的那些地方的时候，我们要把我们的分析集中到某些资本主义薄弱却具有决定性意义的方面上去。首先，社会民主党人为了吓唬无产阶级，把资本主义的情况说得光明美好，指出了美国的情况。他们首先引用了在资本主义看来是经济发展的好的方面。对于我们来说，把注意力集中在资本主义发展曲线下落这些方面是很重要的。当然，如果美国的情况不稳定，德国的革命形势好不到哪里。在对我们具有决定性意义的方面，对于全局来说，革命形势有所不同。虽然在中国有革命形势，然而在估计资本主义世界总的情况的时候，也不能总是说处于革命形势来临之际，因为中国还谈不上是无产阶级革命，而是民族革命。但是布哈林同志关于中国民族革命进一步发展存在着两种可能性谈得很正确。在这里我们也应当对问题区别对待，因为重复已经被近来的事件证实的相对稳定的老观点是不够的。当然，近来的事件已经证明这个观点的正确性，但从策略的观点来看，我们首先应关心的问题是，近来这些事件的影响如何，因为我们想首先确定那些我们应当从中得出策略性的结论。在共产国际全体会议最近两次会议中间，重要事件时有发生。我们应当提出一个问题，这些事件有没有正面或负面影响，并且我们的策略也将取决于这一点。我想，在布哈林同志的论点和报告中，对这个问题已经作了非常明确的回答：这些事件被看做是资本主义稳定体系中的严重缺陷。

但是，我觉得，我们还应当从另一个方面来对总的情况进行分析。稳定概念有两个方面，我认为这两个方面区分得不够清楚。我们说资本主义的稳定，意思是说它有一定的坚固性。确定现在资本主义是否还具有一定的稳定性，在策略上是很重要的。但是，我们所说的稳定性，也指资本主义是否按着上升的或下降的曲线发展的问题。假如下面这样提出问题，资本主义是否还有一定的稳定性，那么，我们应当对这个对我们的策略具有决定性意义的问题作出回答，它还有相对的和局部的稳定性。资本主义还那样强大，以致我们还不能转向直接进攻，而是应当采取集中力量的策略。但是，假如我们这样提出问题：资本主义具有什么样的发展趋势，是健全的趋势，还是衰落的趋势，那么，当然这个问题大体上已经解决了。如果分析整个时代的话，那么资本主义衰落的趋势已明显表现出来，而且不是从今天才开始的。但是，在资本主义总衰落的时代里，仍然是相对发展时期和衰落时期相互交替进行的，因此需要确定，现在能看到的是什么样的趋势，从策略的角度来看，这也是非常重要的问题。总之，第一，正像布哈林同志所做的那样，要进行分析。

但除此之外，还要像布哈林同志在他的报告里所说的那样，从这些被分类的部分中重新再制造出总的图像，可以说是打下了平衡的基础。这种平衡将具有完全另外一种形式，假如我们一般地提出问题，那依旧是另一个样子，如果我们采用一定的分类化和具体化的办法，我想这种平衡在资本主义衰落或高涨方面，将为我们作出更加具体的结论创造条件。不言而喻，在评价这一重要问题的时候，我们应当慎重，但在十分谨慎的情况下我们应当说，毫无疑问对我们有利的方面超过不利的方面。我们在报告中列举了一系列有利方面，并且在报告序言中对其中最重要的方面作了概括，例如，英国的衰落、英国的罢工、中国革命和苏维埃俄国革命的高涨。我认为，为了更好地阐明总的发展趋势，在上述报告中指出工人阶级普遍向左转的问题，并且在一开始，在序言里和这些主要观点一起强调指出是适宜的。工人阶级向左转变并不是在所有的地方都像在英国一样表现得那么明显，但几乎在所有的资本主义国家里，向左转某种程度上都有所表现，因为它具有非常重要的意义，所以必须强调指出。

  从我们的观点来看，近来我们看到哪些与这些重大的有利事件相对立的不利现象呢？资产阶级竭力追求合理化，由于合理化，资产阶级有了一定的加强。但是在我们看来，这两个不利的方面，从资本主义观点来看，也是建立在非常薄弱的基础上的。就是在美国，情况也不像通常所想象的那样十分美妙。不久前，我在《社会民主党人报》上看过一篇曾去过美国的社会民主党人写的报道，他描写了那里的事件。使我吃惊的是，这位社会民主党人描绘了一幅资本主义看来是相当悲观的景象。顺便说一句，他谈到，如果以65岁以上的居民（全体居民，而不是工人阶级）为例，目前降为赤贫的比例已超过63%。他谈到严重失业、剥削和工人破产，这些都与通常描写美国的情况不相符。在情况好的时期，严重失业这个事实本身表明，连美国也谈不上是百分之百健康的资本主义。然而,谈到合理化,布哈林同志在报告中详细地谈到了这一点,并且在讨论中强调指出,合理化是如何成为资本主义稳定的对立因素,以及合理化过程从本质上说如何带有明显的衰落特征,以及合理化如何使资本主义矛盾激化。总之,假如我们考虑到资本主义有利方面的这种矛盾性质,并把近来发生的动摇稳定基础的重大事件同这些有利方面加以对比,那么我觉得,我们可以说,我们所说的平衡会形成这样的结果:与社会民主党观点不同,假如以欧洲的状况为出发点,有利方面会超过不利方面。因此,我想指出,如果布哈林同志把事情说成,似乎社会民主党人都用美好的腔调来描写资本主义发展,那是不完全正确的。众所周知,奥地利社会民主党及其最聪明的社会民主党人领袖之一奥托·鲍威尔,明智地拒绝了在纲领中对世界形势作评价。但是,在奥地利社会民主党的最近一次代表大会上,奥托·鲍威尔试图描绘一幅当代世界形势的图景,但这幅图画没有给人形成资本主义特别美好的概念。他没有点名,在辩论中反对希法亭的意见,也不同意党内那些认为我们要去迎接资本主义新繁荣的同志们的意见。他指出,资本主义发展的重大的不利因素是资本主义将经受严重危机。当然,奥托·鲍威尔没有从中得出革命的结论。在奥地利无产阶级借助选举夺取政权的时候,作为前景他指明了这种形势的可能性。诚然,他声明,他不相信布尔什维克革命会胜利。但重要的是,他不认为局势对于资本主义有利。他说,在最近期间将面临阶级力量的变动,并说资本主义根本谈不上和平发展。他也想用这些在一切场合来保障自己不受不良影响,并暗示说,工人阶级能够前进,但法西斯主义也可能取得政权,并在资本家们困难的情况下帮助资本家。

我想在这里引用几个摘自社会民主党《前进报》上关于世界贸易的数字。在近一年里,28个国家中有15个国家无论是进口还是出口都大大下降,例如,英国下降了11%—13%。只有新西兰和挪威这两个国家的进口和出口均有所增长。不言而喻,这也是不十分有利的情景。这种情况的原因是:关税保护、通货不稳、贬值、跌价、大洋以外国家的工业化和群众的购买力降低。银行家也说出相当悲观的话。这个宣言指出,不打破关税壁垒,就别想康复。因此,资本家们也不像有些同志所想象的表现得那样乐观。

至于说从这些事实中得出的实际结论,那么我只想指出:

在当前出现的形势下,某个国家的巨大冲突即将比过去更加具有重要的国际意义,近来的经验证明了这一点。中国革命也证明了这一点,首先是英国矿工大罢工证明了这一点。我认为,我们的整个领导策略必须这样安排,即要加速使共产国际发展为世界性的党,这样的党要加强它领导国际运动的能力,因为只有以共产国际为出发点,才能直接领导国际运动。

因此,我想说,如果这里谈到自我批评的重要性,那么正是由于英国矿工罢工,共产国际方面也要作自我批评。我觉得,在我们对国际矿工罢工问题不够重视这个意义上说,从我们这方面来看是犯了错误的。国际煤矿工人罢工这个问题是如此迫切,是由整个局势决定的,甚至连改良主义者们(当然,只是为了随机应变)也表达了这种想法。不仅如此,例如,在发展的最后阶段,法国和比利时的改良主义矿工组织提出,假如作出相应决定的话,他们就参加国际矿工罢工。当提出这个问题的时候,季诺维也夫同志拒绝在国际范围内使用这个口号,理由是,我们不应当过多地要求和抱有幻想。这些理由是经不起批评的。指出幻想的危险性在停止往英国运煤的口号方面是有意义的。然而,我们提出了这个口号。如果季诺维也夫同志发现这个要求过高的话,那么他对形势估计得就不正确。倘若我们要求鲁尔地区的工人,叫他们不要加班加点、不要提离生产率、不准失业工人上班,我们以此来要求工人(也完全有权这样要求),就牺牲了英国矿工的利益,因此也就间接地牺牲了自身的利益。此外,如果我们说希望能真正帮助英国矿工,同时我们为直接改善自己的状况而斗争的话，那么我们就为改良主义者们反对我们的观点制造了困难。有许多因灾难和贫困而感到厌倦的工人也只看到了一点：对我们来说，这就是多少改善我们状况的机会。但是，所有工人都清楚地知道，他们为切身利益而斗争，最好还是支援英国矿工。

在许多国家，在德国和捷克斯洛伐克都提出了国际矿工罢工的要求。但是，国际领导不善于及时地把这个口号变成自己的口号，并以此来提高它的影响，这是一个错误。近来我们看到，在利用英国罢工局势的基础上，许多国家掀起了矿工的罢工运动。这是我们应当加以预见和协助的过程，要千方百计地把宣传国际罢工作为重点。

由于无产阶级各支队伍斗争的国际意义的加强，谈几句俄国革命的国际意义也许是恰当的。

如果俄国反对派声明说，社会主义在俄国可能胜利的论点是削弱俄国革命国际性质的话，那么它是不对的。利用巧妙摘录的引文不能掩盖下面的事实：列宁认为俄国具备建设社会主义的一切先决条件。假如列宁连这一点都没有说的话，那么事实表明，在这里，在俄国，正在建设着社会主义。由此也可以断定，这并不意味着否定俄国革命的国际性质。第一，不言而喻，在这里为建造社会主义大厦添加的每一块砖瓦，都是世界范围的革命斗争向前迈进的一步，在俄国工人和农民进行艰苦的斗争中，其他国家无产阶级的每项成就和胜利都是一种支持和鼓舞，这同样也是不言而喻的。

关于合理化，我还想说几句。我觉得，我们不应当只限于声明，我们反对合理化的后果。在布哈林同志的报告中，这种合理化被阐述得很清楚，它是向工人的进攻，是加强剥削。很明显，社会民主党根据什么样的反革命理由来为合理化辩护，我们不应当对社会民主党的这项反革命任务掉以轻心，反而在合理化问题上采取中立态度，并且造成一种印象，资本主义合理化的主要方面是技术完善和机器。当然，我们不应当反对新机器和技术改进，便是，我们应当向工人阶级指明，合理化最本质的方面是：提高劳动强度，加紧压迫工人阶级。我们要动员群众来反对合理化的这些方面——合理化最本质的方面。

最后，我想说，正确分析当前形势能使我们得出以下策略：我们不应当只局限于一般性的论断，说我们处于革命的两次浪潮之间，我们要把重点放在形势的有利方面。当然，我们目前，正是目前不要陷入极左的神经过敏之中，我们也要避免像英俄委员会的覆灭、退出国民党这样的倾向，因为这些倾向是与对形势的错误估计有关。我们目前不应采取退却的策略，而应清楚地意识到像中国革命、英国矿工罢工和苏联社会主义高潮这样重大的事件必然产生自己的成果，并采取集聚力量的策略。如果我们运用马克思主义的观点来分析这些事件的话，那么目前我们已经能够认清，这些事件首先很快会影响到经济领域，接下来自然会影响到政治斗争方面。因此也就不应忽略另一种事实：如果托洛茨基同志只是在政治上提出稳定性的问题，同时我们在实际上又面临许多政治危机，即资本主义各国积累的和在估计总形势时应考虑到的经济过程的政治危机，那就不对了。应当把准备将来的斗争作为我们策略的基础。

普罗赫尼亚克（波兰）：

同志们！波兰代表团同意布哈林同志和库西宁同志报告的基本观点。波兰代表团感到很满意，因为他们对世界政治和经济现实作了详实的具体分析，有区别地提出资本主义稳定性问题，并且能及时地提出把工人阶级和劳动群众的大多数争取到革命方面来的任务，以及通过什么样的途径和方法来完成这项任务也作出了指示。

布哈林同志在他的报告中指出，波兰属于极不稳定的和半腐朽的农业化国家，这是完全正确的。在波兰存在资本主义形式的条件下，不能想象波兰作为一个工业国发展。有着相当高的工业发展水平的波兰，在现代形势下不仅应当使自己的发展停下来，而且甚至还应当使这种水平降低。在西欧存在资本主义制度的情况下，波兰作为一个资本主义国家，只能作为一个向资本主义高度发展的国家提供农业原料的附属国而存在。波兰资产阶级要使波兰经济独立稳定的一切企图都一一失败。皮尔苏茨基的法西斯政变成了要把波兰作为外国资本的半殖民地农业原料国的最后企图。如果没有与德国签订只是强化波兰作为半殖民地作用的和约，如果没有外国的巨额借款，如果没有贪婪的大资本主义侵略者的支持，那么资产阶级的波兰能与苏联比肩是不可想象的。波兰的资产阶级已经意识到这一点，因此它才把波兰变成殖民地，起着外国资本的附属国的作用。当然，由于波兰国内的重重矛盾，稳定波兰资本主义的新纲领也未获成功。波兰经济体甘当资本主义西方的附属国，造成城市和农村大量失业，出现各种资产阶级集团争夺利益的斗争。由于国家的农业化，使得一切旨在把土地分给农民、实现任何重大土地改革的想法成为泡影，来自帝国主义大国的财政援助也是以波兰完全放弃迄今仍拥有的国家主权为条件。在这种条件下，把反苏战争作为基本点之一的波兰资产阶级的新纲领必然会破产，如同稳定和加强资产阶级政权的各种企图注定要失败一样。

　　皮尔苏茨基的法西斯政府执掌政权，恰逢对它暂时有利的形势。皮尔苏茨基政府和波兰法西斯主义，可以说是得到了经济上喘息的机会。首先，由于波兰煤炭运往国外，运往英国和其他国家而引起英国煤矿工人罢工；其次，由于波兰粮食和波兰木材行情好，皮尔苏茨基政府直到现在也没有遇到多大困难。

　　由于这种形势，波兰的对外贸易是顺差，兹罗提停止下跌，与今年3月相比，失业几乎减少一半。所有这些现象都使群众对法西斯政府的幻想逐渐消除的过程延缓了。皮尔苏茨基在国内巧于应付并加强了自己的政权。首先是他自己手中有军队，这方面的原因很多，它们与波兰争取独立斗争的历史和皮尔苏茨基在这场斗争中起的作用有关系；但除此之外，皮尔苏茨基利用给军官和很大一部分士官提高军饷的办法，直接收买军队的全体指挥人员。因此，皮尔苏茨基直到现在都根本不需要用其他方法为自己再建立一支特殊的军队。不过，皮尔苏茨基在加强自己的"射手"组织方面也开展了大量工作，这个组织今年2月有6万人，现在已经发展到30多万人，并且在波兰各地都有自己的支队。皮尔苏茨基到处安插自己的亲信，使行政机关完全控制在自己手中。皮尔苏茨基作为自己的新纲领——波兰资本主义稳定的体现者，着手打破作为传统的旧的党政上层建筑，传统党的纲领已成为历史，而且资产阶级实际上已放弃了传统党的纲领。皮尔苏茨基摧毁了议会政权，造成波兰各党队伍的分裂，而且他还摸索到同各个阶级、地主和资本家直接打交道的途径，除了他们的党的正统代表以外，建立了更属于政府的工业家和农业家的常设代表机构。他与涅斯维日的波兰贵族上层人物和韦尔日比茨基为代表的工业家联盟会议的成就是众所周知的。他试图绕过波兰社会党（波兰社会党直到现在被认为拥有代表工人阶级的正式垄断权）同工人们取得联系，召开工会上层分子的会议，并且加紧实现使这些工会法西斯化的企图。

老党的破产、议会的覆灭和利用新组织同各阶级取得联系——像波兰法西斯主义的典型的墨索里尼方法的表现，是非常突出的。

以波兰社会党为代表的社会妥协分子们在最大程度上帮助了皮尔苏茨基，尽管皮尔苏茨基与他们有明显的摩擦。你们从《真理报》上的电文可以了解到，在波兰社会党队伍里，在党的上层关系基础上存在着对皮尔苏茨基的不满的表现。毫无疑问，这个过程反映出工人阶级对波兰社会党人政策的不满，但无论是党的上层的右翼，还是它的"左翼"都是在竭力欺骗工人阶级，并把工人同皮尔苏茨基拴在一起。整个波兰社会党的上层和公开的皮尔苏茨基分子，以及不满于欺骗群众而表示反抗的"反皮尔苏茨基分子",都是法西斯主义在工人阶级中的奸细,都是皮尔苏茨基政权机关的不可分割的部分。

这对我们和对全体波兰工人来说是任何怀疑都没有的。

皮尔苏茨基对于工人阶级的政策不外是压制政策,即消灭工人阶级的全部政治成就和社会成就的政策。使用直接的恐怖手段,使用对劳动与资本之间的经济冲突进行仲裁的办法,还使用使工人们蜕化的小恩小惠来对工人阶级的压制。例如,在华沙附近的日拉尔多夫市,尽管政府完全站在日拉尔多夫各工厂股票持有者一边,它还从失业工人基金中支付给罢工工人们津贴。

在农民方面,皮尔苏茨基的政策是取消从前议会通过的土地改革的政策,作为皮尔苏茨基最可靠支柱的地主的巨大作用就是这一点的明证。

皮尔苏茨基在少数民族方面的政策是进一步摧残他们的语言和文化等政策,并千方百计地同少数民族的上层分子和小资产阶级集团相勾结,投靠西乌克兰的彼得留拉分子,投靠西白俄罗斯的巴拉霍维奇分子——所有这些丝毫都没有引起少数民族群众对皮尔苏茨基的注意。在与苏联相毗邻的国土上,尤其是在战争时期,必然充满死一般的寂静,在对待白俄罗斯人和乌克兰人的方针上,这块土地上的地主的作用绝对不会发生任何重大变化。

在对待革命运动和我们党方面采用了大规模的恐怖手段。报纸报道,为了对付关押在罗兹监狱的同志们,当局甚至还提供了枪支。在这里,我要说一说国际革命战士救济会在支援政治犯方面的极其巨大的作用,它在波兰工人和农民群众运动中所起的极大的鼓动作用。我还要注意到国际革命战士救济会工作的巨大组织作用,并号召同志们对这项工作比以往任何时候都要付出更大的力量。

现在应当看到,皮尔苏茨基政府所拥有的那种暂时的有利局势已经结束。因为给我发言的时间快到了，我不可能详细论述这些问题。我只是说，由于通货稳定的条件下国内物价上涨，外贸出超不断下降，与德国的谈判进展得很不顺利，德国要资产阶级的波兰投降。因此，借债比皮尔苏茨基所想象的要困难得多。

由于煤矿工人罢工，英国财政削弱以及与苏联关系上的积极性被迫减弱，使得皮尔苏茨基的处境恶化。顺便说一句，这表现在皮尔苏茨基组织波罗的海沿岸各国反对苏联的联盟问题的失败上。

法国的经济危机使大批侨民工人返回波兰，使失业更加严重。法西斯政府的政策和经济形势恶化引起了群众的不满。波兰工人阶级向左转表现为下面的事实：工会中出现了反对派，产生了波兰社会党"左翼分子"，工人阶级发表各种不同意见，工会会员人数有所增加。西乌克兰和西白俄罗斯农民的不满情绪特别明显。最近三四个月来，庞大的农民组织"白俄罗斯格罗马达"迅速发展，这类"格罗马达"遭到政府的打击，毫无疑问，政府要竭尽全力制止此类组织的进一步发展，总之是破坏整个农民运动。在西乌克兰也出现了这样的农民组织，在西乌克兰，最近两个独立的农民组织组建了农工联合组织"农工联"——一支在乌克兰农民群众中有巨大吸引力的力量。在波兰本土，由于独立农民党在农村的名声和威信，在法西斯政变以后的某段时间里，虽然不可能反对皮尔苏茨基，但现在却成功而勇敢地揭露了他的反革命作用。少数民族的不满也表现出来，在许多群众集会和会议上能明显看出，国家机关职员和知识分子的不满情绪正在增强。

我们正面临着新一轮战斗和罢工的浪潮，我们党的任务是领导和组织。我们党是否武装得很充分了呢？它是否对此有了充分准备呢？绝对不能这样说。我们五月的错误在党内引起了巨大危机。目前，党正处在争论时期，这场争论应当揭露我们错误的一切根源和我们的全部弱点，以便今后克服这些错误和缺点。毫无疑问，我们这场讨论势必要增加体现在党的工作中的一定的开支。但是，由于在工人和农民群众中的活跃情况，由于党虽然犯了错误，但它在群众中的影响并没丧失，我们相信，我们一定能克服我们工作中的困难，而党在当前的战斗中将起着倡导者和领导者的作用。

虽然我们党明显处于非法状态，并且犯了错误，然而它在群众中保住了自己的影响。这在我们的组织发展上也看得很清楚，在布列斯特市议会选举、在华沙第一次通过左派工人名单的伤病互助会上表现得很明显；在我们的议会代表和其他同志在华沙、波兹南和上西里西亚等地发表讲话的工人集会上，在农民党在我们的影响下而展开的那次大规模的争取大赦运动中以及在波兰共青团所作的大量工作中表现得都很明显。

党的任务是：在我们所期待的战斗中起领导作用。党的任务是：在我国的条件下，在法西斯主义的条件下，通过合法的途径、通过工会、通过其他合法形式和工人运动的合法组织获得广大工农群众的同情。我们的任务是：领导工人阶级的经济斗争，这场斗争在当前、在波兰资产阶级企图稳定的时期，作为阻止这种企图和破坏稳定性的因素，具有极其重大的意义。

我们的任务是：加紧开展反对同立陶宛和苏联发生战争危险的运动；领导农民争取土地的斗争；领导少数民族争取解放、争取完全的民族自决权；争取工人阶级和农民革命组织的自由的斗争。我们的任务是：领导反对波兰社会党、反对法西斯主义和拥护工农政府的斗争。我们全党深信，尽管犯过错误，尽管有许许多多的困难，我们对这些任务有准备，我们一定能完成这项任务。（鼓掌）

台尔曼（德国）：

同志们！我们把上一次扩大全会时的情况同现在的形势作个比较，就会立刻发现有很大差别。上一次我们在这里的时候，局势比较平静。

这次全会是在国际政治中发生一系列最重大事件的征兆下召开的。我们可以分析一下最近一次扩大全会以来发生的最重要的三件大事：波兰的政变；英国矿工总罢工；中国革命的胜利。最近几个月，中国革命军征服了几乎相当于全部西欧国家领土那样大的地盘。

当我们在德国度过相对稳定时期的时候，在中国，不仅直接革命形势已经来临，甚至可以说，这个国家处在直接革命的状态。另一方面，英雄的英国罢工表明，西欧无产阶级具有多么巨大的力量和战斗力。德国资产阶级借助美国资本，成功地对本国工业基础进行了改造。德国加入了国际联盟，以便重新推行帝国主义政策。但同时，内部矛盾和外部矛盾使它分裂。为了在国际市场竞争，它必须降低自己产品的价格，同时它想用当前的残酷进攻、减少工资、恶化劳动条件和残酷压迫工人阶级来达到这一目的。如果说德国工人阶级还没有积极地同这种进攻斗争，那么这种斗争已经初露端倪。在这条路线发展的过程中，德国的社会冲突将是不可避免的。无论是在全世界，还是在德国，稳定本身唤醒了革命力量，这种力量迟早要打破稳定，并且彻底粉碎它。

在德国，无产阶级有八年革命经验，党在德国革命的战斗和失败中得到锻炼，并且善于组织抵抗和砸碎资本主义压迫锁链的斗争。这个时刻还没到来，共产党人只有进行耐心的、坚持不懈的和艰苦卓绝的工作才能达到这一目的。从这一观点来看，正像现在还处在白色恐怖的危险和镇压之下的意大利共产党人一刻也不能忘记意大利无产阶级未来发展是正确的一样，我们谈论德国和中欧的革命未来，也是正确的。

在执委会扩大全会的讲台上，我想说，意大利的党由于自己同各企业的联系、由于自己在各工厂支部的工作，虽然在严峻的地下状态和最近时期的追捕下，还能创造合法条件，这种条件将促进法西斯主义崩溃，意大利共产党人和革命工人的大无畏精神保证了这一点。

同志们，现在苏联是最重要的革命因素，它对革命运动和无产阶级的阶级斗争有最强有力的影响。苏联的经济高涨和社会主义建设是反对资本主义稳定和反对国际社会民主党反革命帝国主义政策的最有效的论据。

在争取社会民主党的工人和无党派工人逐渐向左转的斗争中，尤其是在德国，我们每天在实际工作过程中都看到，这一论据是怎样有助于我们的工作的，例如，工人代表团的总结报告。在各工厂群众的大型集会上，这种活动对工人起了巨大的教育作用，所以甚至连社会民主党也不得不要求开除，并且开除了社会民主党的代表，不仅开除了第一个代表团的成员，而且开除了第二个代表团的参加者。

同志们，这样一来，我们近来同党内极左分子斗争的客观意义现在就显现出来了。在这场党内斗争中，我们碰到的不外是我们党同苏联的关系和对无产阶级专政的评价问题。如果极左分子在这场斗争中取得胜利，那么西欧最大的共产党现在就已经变成了苏维埃国家敌人手中的武器。我指的不是在公开信公布以后在我们党的队伍中进行了整整几个月、直到现在还没有完全结束的小的派别斗争，我指的是这场斗争的伟大的政治意义。这个决定特别重要，是因为现在德国完全实行了反苏的对外政策。从帝国主义战略角度来看，德国是帝国主义者反对苏联战线的最重要的环节之一。在武装干涉的事件中，德国工人阶级的立场具有决定性的意义。在德国工人阶级的队伍中，共产党是唯一的有组织的力量，这个党在自己的旗帜上写着同俄国无产者的牢不可破的联盟和对帝国主义的极端仇恨。极左的小资产者竭力瓦解和消灭德国的这支革命力量。但是党完全克服了这种小资产阶级思想，并且甚至在某种程度上把它彻底根除掉了，把它的最拙劣的保护人从自己的队伍中驱逐出去。在最近的一次扩大全会上，鲁特·费舍和乌尔班斯曾预言德国党内同德国国内危机一样严重，他们曾郑重宣布俄国党和整个共产国际存在严重危机。他们的"分析"现在听起来好像外婆的故事。无论是共产国际，还是俄国党和德国共产党，不仅没有危机，而且正处于通向革命高潮的道路上。至于谈到鲁特·费舍和乌尔班斯，那么他们在议会上同他们曾经反对过的、并且还在最近一次扩大全会上非常强烈反对过的卡茨和科尔施提出了一个共同的名单。这样，他们就彻底背叛了工人运动。

战胜反布尔什维主义极左派是近年来我们工作的最重大的成就。这一胜利之所以是最重要的成就，是德国党的存在决定着这一斗争的结果。不言而喻，我们在党的队伍中进行的这一不屈不挠的艰苦斗争造成了巨大的政治消耗，并且在某种程度上对党的发展起了阻碍作用。我只举一个例子：在德国首都柏林，自从出现公开信之日起，我们在思想斗争中只能一步一步地向前迈进，并且把周围的人或党员争取到自己的队伍中来。起初，在州委会里拥护公开信路线和共产国际政策的人很少。只有依靠对党员进行孜孜不倦的思想教育，依靠顽强而坚持不懈的党内工作，依靠不断地把我们所有的优秀同志输送到党的最重要的机关；只有缘于政治成就，我们才能建立对绝大多数人的利益、对党和共产国际政治路线负责的中央领导。这场党内斗争的结果表明了党员们对共产国际和苏联的信任，也表明了全党的阶级自觉性比左派的任何阴谋诡计和阴险企图都更有力量。

我认为，这不多的几句暗示，十分清楚地说明德国党的党内斗争的国际联系，现在我把话题转向我们党的一些实际成就，以及我们党的队伍中暴露出来的弱点和失误上来。在分析研究布哈林同志的书面报告中简要描述的德国资产阶级发展时，可以断定，从1923年以来，德国资本主义加强了。德国资产阶级取得了不少成绩：使《凡尔赛和约》成了一纸空文，参加了国际联盟，成为帝国主义列强之一，它已经不像从前那样受英法支配。现在，它面临着其他可能性，它已经可以独立发表意见。由于法国和德国采矿工业之间签订钢铁托拉斯的经济协定，也产生了对外政策性质的各种其他后果。例如，德国资产阶级是一定要赎回萨尔地区的。毫无疑问，我们既注意到了政治方面的内部成就，也指出了它的外部成就。接着，德国发展成为新型的帝国主义，同其他资本主义国家的帝国主义相比发展得缓慢，并且具有自己的特点。现在，德国资产阶级已经不像其他主要资本主义国家那样，付出巨大的陆海军军费开支。在这一规模巨大的金融资本垄断的过程中，借助于所谓的合理化方法，甚至在阻止这一过程的伟大的社会阶级战斗方面，它比世界所有国家资产阶级的物质消耗都少，它挤进了国际政治与经济的行列。

因此，不能否定共产党的作用及其在一切政治问题上的立场的意义，特别是在工会工作这个最重要问题上的立场的意义……最近一段时期社会发展的整个过程促使我们把全部注意力集中到反对资本主义的团结斗争上去。这场斗争从哪里开始呢？首先，从各个企业开始。由于各个企业的斗争，某些工业部门的全部基础正在扩大。资产阶级的总的金融资本的集聚要求德国大型生产联合公司的无产阶级的力量团结起来（尤其是现在以车间为基础的工会）。与此同时，由于德国资产阶级的巨大积极性，我们最重要的任务是使群众对引人注意的重大问题感兴趣，并吸引他们参加到日常的斗争中去，必须把日常的斗争提高到重大的经济和革命斗争的水平。正因为如此，我们也就把最大的注意力集中到工会工作上。因为社会民主党和工会的官僚们在各个方面，特别是在帝国主义政治和资本主义向无产阶级进攻方面，是资产阶级最重要的帮凶，因为工会官僚们和社会民主党支持旨在反对革命路线和反对共产党人的一切措施，所以工会的政治工作是我们的最重要的工作。在德国资产阶级亲西方而同苏维埃俄国进行的斗争中，社会民主党和工会官僚们是德国资产阶级的最忠实的盟友。可是，因为数百万工人被组织到德国工会里来，那么共产党的主要工作和主要任务就归结为克服下列缺点上：这些缺点最让党的领导机关头痛，而且也是全党的通病。党应当在自己的工会工作中克服这些弱点。

我想揭露工会工作中的某些缺点和错误，不仅德国党，而且所有共产党都应当从这些缺点和错误中汲取教训。

一方面，1923年10月的失败打乱了我们的工会工作；另一方面，紧接着这次失败后，如果可以把它称做工会运动危机的话，那么它是在党内发现了卡普分子的某种影响，而党还没有学会对一般工会工作的政治意义作出评价的时期以后立刻开始的。从党的总体任务的角度出发，我们的党、我们党的工作人员直到现在还不能充分相信工会工作的巨大意义。

第二，我们感到尚缺乏有经验的、善于积极反对德国工会官僚们狡猾伎俩的工作人员。布哈林同志在他的报告中曾设法根据引文论证德国的社会民主党和工会官僚善于欺骗和愚弄群众，我们没有善于同德国工会官僚们打交道的、善于随机应变、富有经验的工作干部，我们也缺乏革命觉悟高的、善于采取正确斗争策略方法的工作干部。我们至今还没有掌握这种艺术。因此，我们应当自上而下千方百计地加强和扩大我们的政治基础。

第三，必须承认，我们的工会工作与政治工作配合程度很不够。工会工作不仅是工会里的工作，还是工会组织的政治工作。一切被提上议事日程的、德国和国际范围的政治问题均属于工会工作任务的范围。切勿忘记，经济与政治有密切联系。要学会把工会工作同德国暴露出来的一切问题结合起来，并且应当把工会工作同资本主义合理化的问题、政府支持托拉斯和社会民主党在国际联盟所推行的政策问题联系起来，以及同所有其他与国际政治局势有联系的和我不准备单独一一列举的问题联系起来。

第四，我们最重要的缺点和最大弱点之一，是我们的党团工作不能令人满意。的确，我们在各个大型的工会联合会中有党团机构，并且与1922—1923年相比我们也取得了一些成就，那时就总体和整体来说，我们工会中的党团工作得不错。同 1925 年的工作相比，我们也取得了一些成就，那时我们几乎没有过党团，而党只是在公开信之后才意识到这项工作的意义。可以断定，在 600 个五金工人工会组织中，有 300 个认真工作的党团。我们从汉堡港口工人罢工的例子中已经看出，由于一些同志通过工会党团坚持不懈地工作能够逐渐把 1.5 万—1.8 万名工人争取到罢工方面来。因为罢工只持续了五天，有些人认为这次罢工意义不大，但事实上，它的政治意义是巨大的，因为这次罢工在德国是反对工会官僚、社会民主党和企业主的第一次出击。这三方面的联盟所做的一切都是为了阻碍社会民主党的工人和无党派工人参加斗争和在斗争中从后方进攻他们。工人们同德国工会官僚的第一场战斗至少也起了一些作用，因为它是对工会官僚强迫工人放弃罢工权利的首次尝试的回应。后来，他们打算把这种办法用在其他德国工人身上。如果不能使汉堡港口工人罢工持续下去的话，就说明一部分工人本身还认为，有 2/3 的人同意继续罢工要求的工会章程所具有的作用相当大。我们，肩负斗争责任的共产党人，看到一部分热忱的、被改良主义领袖们出卖的工人们已经动摇之后，要全力以赴地转向解决企业继续罢工的问题上来。我们没有说过要停止罢工，斗争只是被延缓下来，但并没有停止。然而现在，我们可以断定，工人拒绝延长工资合同，而且如果在 1927 年 1 月 1 日以前谈判不能取得良好结果的话，那么汉堡将重新爆发港口工人罢工。

第五点，我们可以断定，对争取增加工资的斗争利用得不够。在因工资而发生斗争的时候，我们邻近工会组织的同志们并不总是能够立即对它采取对策。虽然共产党人没有让这场运动听天由命，但没有给予足够重视，没有给予它应有的支持。他们不善于在各个组织中把工会工作同提高工资的斗争结合起来。当一个无产者集团斗争的时候，整个无产阶级特别是共产党人，应当给予它支持。我们却没有这样做，而这一错误应当在最近时期彻底根除。在柏林，我们有这样一个例子：正在筹备组织搬运工人罢工时，罢工却开始了，这说明我们的同志不善于组织搬运工人参加罢工。

第六点，在实现工会的国际统一方面工作薄弱，尤其是在德国。的确，我们已经在某个场合提出过这个问题，但是因为必须进行工会运动的国际统一，我们没有进行一般的集中工作。恰恰是由于英国矿工罢工，我们应当声明，我们没能对罢工的矿工开展卓有成效的支援运动，虽然也曾设法要进行这项工作。如果从共产国际的角度来分析一下所做的一切，那么就不能不说，我们也远远没有能够对罢工的矿工们提供帮助给予必要的支持。

同志们，接下来是第七点：在各种会议、代表会议和代表大会上对于工会官僚机构缺乏应有的反抗。我们看到，我们的同志们有这样一种现象：他们在各工会中工作，出席历次代表大会，却没有表现出足够的、用无法反驳的政治论据去战胜改良主义工会官僚机构所必不可少的革命反抗精神。

例如，我们以不来梅五金工人代表大会为例。我们参加这次代表大会的代表差不多占了1/6，然而我们的行动还不能令人满意，反对工会官僚完全应当具有另外一种性质。在这个问题上我们要强调我们的政策和策略。

在矿工代表大会上我们获得了40%的选票，我们的代表起了很好的作用。他们把五位社会民主党的代表争取到我们方面来，而且他们的发言一般说来都符合党和中央的路线。

作为第八点，我还要指出的是，反对某些组织开除党员的运动开展得不够有力。这个问题还要继续讨论，但我们认为，在政治辩论中指出，必须针对开除政策开展更有效的反对社会民主党官僚机构的运动是必要的。

我认为，不应当用客观事实来掩盖弱点和缺点，但是这样一些事实确实发生过。

我们共产党的大部分党员是失业者,失业一般来说是不会表现出工会的主动性,不会加强工会工作的,我想,全体代表对这一点都十分清楚。另一个事实是:在德国,在一系列的失败之后,从1923年开始到今天,要使完全站在中央立场上的同志们相信,工会工作是政治工作最重要的领域之一是非常困难的。第三个事实,工会官僚善于在各种情况下十分灵活地提出一定的口号和要求,与此相反,我们的同志却常常不善于提出自己的口号和要求。例如,社会民主党要求一周工作42小时,并且已经写入国会的有关法律草案。但实际上,它甚至支持9小时劳动日。例如,在汉堡它都不愿支持争取每天8小时工作的斗争,它企图用伪善的口号来欺骗工人,我们的同志们常常不善于揭露这种伪善的面目。

第四个事实,当我们在工会工作方面让出了许多工会阵地、失去对工人的影响力的时候,当党没有受到无产阶级信任的时候,当领导威信遭到破坏而这只能一点点地付出巨大努力才能得到补救的时候,党还没有从鲁特·费舍的政治领导所带来的损失中解脱出来。

尽管有这些缺点和不足,可以断定,我们党还是取得了一系列的成就。对于我们来说,五金工人工会选举是重大的政治事件和非常重要的成就。在1923年,在直接革命形势的情况下,有44%的人投票赞成共产党的候选人。这次我们得到了全部选票的33%的选票,而且应当考虑到下面的情况,有1/4的地方组织没有参加表决。因为采取的选举制度是十分巧妙的,根据这种选举制度,最低限度要有占全部投票人的10%的人投票赞成一定的名单,并且在共产党人没有取得这个数量的选票的地方,就不能提出候选人名单。这样一来,我们本来能够争取到的选票的百分数,被我们给丢掉了。在1925年选举五金工人工会代表大会代表的时候,我们已经得到了23%的选票。这表明我们正处在走向挽回损失的道路上,这表明我们正在不断地进步,我们可以相信,在一二月份进行的代表选举和地方自治中,我们的情况还将会有所改善。

工会卡特尔和工会组织参加劳动人民代表会议证明,我们的政治影响在扩大。虽然社会民主党和工会领袖公开用从社会民主党里开除出去的办法来威胁劳动人民代表会议的与会者,我们从矿工工会的例子中看出,社会民主党的代表还是参加了会议(他们通知我们,各卡特尔、工会和企业选举了几百名代表),并且可以看出,社会民主党和工会官僚们的威胁没能奏效。

就这个问题我还想作一点政治方面的补充并提出,近来就总体和整体而言,我们在同资本主义合理化和它的必然后果的斗争中坚持了正确路线,并且能够动员最广大的群众同这些后果作斗争。由我们组织的化工、钢铁和电工技术托拉斯企业的工厂委员会和代表参加的代表会议,可以被看做是我们工作的第一批胚芽。此外,在同资本主义合理化的斗争中我们在各地都提出了局部的具体要求。

如果说,一开始我们在失业者运动中没有表现出足够积极性的话,那么我们可以举出近来在这方面的许多成绩和成就。在失业者中间的工作是共产党的一项重要任务,因为失业人数没有减少。如果说不久前失业人员有所减少的话,那么冬天失业人数又回升了,甚至近来已经开始增加。因此重要的是,共产党要把对失业工人运动的领导权掌握在自己手里。最近几个月,几乎在德国的各个州都开始组织失业工人委员会,一方面通过工会,另一方面,在工会组织企图干扰建立这些委员会的地方就不通过工会。在建立失业工人委员会的同时,我们在德国最重要的工业地区还有失业者代表会议,这些代表会议也选举出席劳动人民代表大会的代表。

例如,在美因河畔法兰克福、布雷斯劳和其他城市,我们曾是建立铁路员工组织的目击者。在最重要的工业区,失业者有自己独立创办的报纸，这份报纸由他们筹集资金、在政治方面负责编辑和出版，而且这份报纸拥有广大读者。因此，筹备全德失业工人代表大会是非常重要的。在最重要的州联合代表会议上，不仅有共产党人和非党工人，而且还有接受我们政治纲领的社会民主党代表。由劳动人民代表大会召开的全德失业工人代表大会有以下几项任务：

1. 最有效地动员失业工人。

2. 把全德范围的失业者联合起来。

3. 把在失业者中间开展的工作同从国会开始到各市政机关的议会的工作紧密结合起来。

4. 建立全德失业工人委员会，该委员会通过各种组织，通过一系列环节同全德国的失业者与中央建立全面联系。

这就是我粗略勾画出的我们所面临的几项任务，我认为要同失业工人运动联系起来一道完成，特别是为了掌握这方面的领导权，我们一开始对这些任务不够重视。

在这里，我不再重复布哈林同志和库西宁同志讲过的关于开展没收过去王公贵族们的财产运动的意义。我想，同志们对于它的情况是相当熟悉的。我只想谈一谈，我们在局部问题上能够第一次正确运用统一战线的策略。如果在1924年鲁特·费舍执政时期，党给社会民主党当尾巴，那么没收贵族财产运动是运用统一战线策略的例子，也是群众的压力迫使社会民主党当共产党尾巴的例子。

在没收王公贵族财产的运动期间，我们成功地在资产阶级政党中间征得了比1924年共产党人和社会民主党人在国会选举中选票总和还多400万张的选票。此外，在开展这一运动的时候，我们第一次在拥护中央的工人中间产生强大影响。在这次运动的过程中，我们成功地打破了1924和1925年在社会民主党的工人和共产党的工人之间筑起的障碍。全民投票运动还具有特殊意义，因为它促进德国工人向左转。

与劳动人民代表大会有关的党的活动方面的几点粗浅的意见：

1. 在劳动人民代表大会上讨论各种政治问题，不仅有共产党的代表，而且还有不属于我们党的代表，因此它是重要的。

2. 我们在代表大会上要争取使德国各州现有的统一委员会联合起来，而且也要把在最近的将来要建立这种委员会的人联合起来。

3. 我们要努力加强左翼。

4. 代表大会定会加强德国工人的战斗力，因此它带有示威的性质。

在代表大会召开前所做的工作已经是一项在政治方面使劳动群众活跃起来的工作。当然，决不能期望代表大会将产生某种神奇的结果，但它具有一定的政治意义：第一，它将普遍而系统地动员群众把同反动派的斗争事业推向前进；第二，它向社会民主党的工人和非党工人表明，在现在这个时候，只有共产党才会竭尽全力把普遍的政治要求同劳动人民群众的经济斗争和日常的要求结合起来。

此外，由于全德失业工人代表大会，劳动人民代表大会也成功地使失业工人和各企业的在业工人之间的联系得到加强。

无产阶级同农民和中等阶层的联盟将得到加强，原因是这些居民各阶级的代表都出席代表大会。

关于群众组织还有几点意见。尽管党内存在困难，但我们能顺利地对党外群众组织给予支持，例如，支援红色战士联盟和红色妇女和女青年联盟，以及援助早已存在的国际工人救济会和快速发展起来的国际革命战士救济会。我们的主要任务之一，是在这些组织中开展这样的工作，这项工作将有助于提高党在全体工人中的威信和加强组织影响，总之，促进加深和扩大工作的政治内容。我们近来全力以赴地贯彻这项方针，同志们试图向社会民主党的工人和非党的工人们说服工会工作的意义、社会民主党的作用和国际革命运动的任务，所以在共产党人的领导下这些组织在今后的斗争中具有巨大作用。

我还要说说党的其他一些缺点和不足。例如，在支持共青团方面。青年人不仅抱怨共青团发展得不够好，而且还埋怨共青团在青年工人中没有发挥应有的作用，党在这方面多少也有责任：一方面是因为领导机关的负担过重，另一方面是由于各州没给予共青团以应有的重视。我们应当使党表现出最大的积极性，因为我们要认清，像李卜克内西曾说过的那样，青年是下一代的基础。

同样，对妇女工作也抱有许多希望。

再有，我们的一般理论工作很薄弱。在党的代表大会以后，我们打算实行一定的措施，例如组建中央党校。现在，我们已经向各州派去了党的工作者，以便联系革命工人运动，向同志们解释无产阶级专政各个不同阶段的问题。我们的党的工作者也要比这以前更积极地到各支部去，到红色战士联盟中去，以便向同志们说明当前的迫切的理论问题。

同志们，除了所有这些具体成就之外，除了我们党内发现的一般的弱点和缺点之外，我们应当确认，在贯彻统一战线策略中有许多机会主义的倾向：使我们的同志们完全理解我们所实行的方针、使他们懂得自己所面临的始终不渝和坚持不懈的日常工作方面的理论修养水平还不是很高。在工会工作中、在企业和议会的工作中都面临这些倾向。在萨克森的选举期间我们看到，由于政府问题，党内有些同志坚信，似乎我们容忍了23位被开除的老社会民主党人参加政府的意见。在梅克伦堡甚至实行了与党和中央的政治路线对立的路线。在吕贝克，我们看到了同样的情况，这里的选举结果对我们来说很不好，在对待社会民主党方面，无论是在各个企业还是在议会都实行了不符合党的总政策的政策。

在采取了这样一些政策的情况下，党内还是出现了一些困难。然而，这些困难一出现，就立刻被克服了。在德国的一些地区表现出不带明显痕迹的右倾取消主义倾向，立即被党消除了。例如，这种情况在符腾堡、埃斯林根、纽斯和其他一些地方都有过。

我们的任务不仅是在一条战线上同极左分子作斗争，而且要有充分准备去迎战其他一切机会主义倾向。党不要忘记可能产生右派集团，我们应当坚持正确的布尔什维主义路线，坚持正确的方针反对一切左的和右的倾向。

同志们，党的代表大会已经迫近。我们想，它要准备完成两项总的任务：

第一，党的内部的团结；第二，为争取领导德国工人阶级而斗争。

在我们和德国社会民主党之间为争取工人阶级大多数的斗争进入了新的、更尖锐的阶段。恰恰是在最近我们看到，我们争取到了第一批基层组织，我们与社会民主党相比有一些优点，社会民主党面临一定的困难，并且它的队伍出现了分化的迹象，它现在还不能实现自己的加入广泛联盟的计划，因为来自普通社会民主党人方面的压力还很强大。这表明，我们是推动社会民主党队伍里和工会中的反对派前进的因素。如果说库西宁同志在他的报告里曾讲过，德国社会民主党比第二国际所有的党在掌握欺骗群众的反革命艺术方面都高明的话，那么，我们应当使我们争取群众的革命艺术与它相抗衡，把我们的注意力集中到一切细小的、目前大家所注意的问题上，集中到一切经济的和文化的问题上来。不仅在重大的政治领域，而且首先在经济斗争中，我们应当取得群众的信任。只有这样，我们才能实现自己的最终目标。

最后，我还想说下面几句话：我们可以再重复一遍，布哈林同志所讲的关于共产主义的世界党对我们德国党是适用的：我们的党过去是、现在仍然是无产阶级革命的党，武装起义的党和实行专政的党。在这个意义上，也只是在这个意义上，我们的党是无产阶级统一战线、群众工作和同资产阶级不断斗争的党。（热烈鼓掌。代表们起立。）

费尔迪（土耳其）：

布哈林同志的报告和大家的讨论，对东方革命事件的意义提出了完全正确的指示。

然而，遗憾的是，却完全忽视了近东，近东恰恰是亚洲的那一部分，在那里革命运动刚刚开始，而且它到现在还没有完成。

我认为，对于这些同东方所发生的一切过程和密切联系的事件没有给予足够的注意，是错误的。

因此，我认为，对于这些问题作个简要的归纳是有益的。我把自己的注意力主要集中在以下三种情况上：

第一，我要谈谈这些国家的资本主义稳定的后果；然后，我要阐明民族解放运动的意义和目前的趋势；最后，我想从土耳其革命经验的角度就中国革命的前景说几句。

稳定问题

不言而喻，近东各国谈不上稳定。我们在东方看到的现象恰恰是与稳定相反的现象。尽管这样，在一些国家，例如埃及、波斯和阿富汗，从各大国资本家有可能把资本投到上述国家这个意义上说，我们看到了欧洲资本主义稳定的某些反应。这样的资本布局造成了下面的结果：由于在较短的时间里小生产的消失，在近东出现了中等阶级的某种分化。土耳其、波斯和叙利亚等国的革命事件的谜底正在于此。

的确，中等阶级的一些阶层、农民和小资产阶级面临着完全被外国资本所吸引的危险，他们被迫进行反抗并起来反对帝国主义的压迫，而且我们看到了他们用多么坚决的手段同帝国主义的压迫作斗争。

在近东，帝国主义者们相互之间根本就不一致。

关于巴尔干半岛各国的事件，柯拉罗夫阐明了这些帝国主义集团当中的每个集团的情况和它们之间的对抗。因此,我不再重复这个问题。

但是,我想纠正柯拉罗夫同志在谈到意大利资本主义在土耳其和巴尔干各国的活动时由于疏忽而产生的一个不大错误。柯拉罗夫同志说,在所有的强国中,意大利投到土耳其的资本数额最大。我认为这是个误解,如果说,在投入土耳其的资本总数中意大利所占的份额的话,那么柯拉罗夫同志的论点完全是错误的。事实上,在近来把资本投到土耳其的大国名单中,意大利是最后一位。

不过,如果柯拉罗夫同志想说,意大利把自己的经济力量主要集中在近东,那么这个论点是可以接受的。的确,意大利在这方面作了很大努力,尽管它仍然落后于法国、德国和英国。

(柯拉罗夫:我谈的是土耳其从意大利进口的商品输入额。)

那就完全是另一回事了。

当前解放运动的发展趋势

如果帝国主义列强在近东各国瓜分市场和势力范围问题上相互之间意见不一致的话,那么我认为,在剥削和压迫东方各国人民,以及在千方百计地使这些国家人民争取从帝国主义强加的羁绊下解放出来的斗争恶化方面,它们是完全一致的。

在这个问题上它们之间是完全一致的。我们看到,在里夫人民起义期间就是这种一致的例子。在这个时期,英美完全反对法国和西班牙所推行的政策。因此,当阿卜杜勒-卡里姆还是胜利者的时候,他们只是在幕后怂恿他把斗争继续下去,表面上却支持法国的立场。

阿卜杜勒-卡里姆一旦被战败,那么事情就涉及到实行奴役这个国家的计划了,而现在我们已经成了这种事情的目击者,不仅是英国,而且是意大利和西班牙反对法国,以及这些相互角逐的列强之间开始斗争的见证人。

尽管帝国主义列强之间有分歧，这种意见一致还是存在的，当事情涉及压迫其他国家的时候，这种一致是存在的，东方各民族和国家都很清楚地知道和感到这一点。

这些民族开始在民族范围内同帝国主义压迫作斗争。

土耳其和波斯发生了反对屈服于强国势力的运动。但是，近来我们看到，这种斗争要求是怎样具有了国际性，也就是说，这些民族要求相互间联合起来，以便用更大的力量来反对帝国主义的经济入侵和军事侵略。

近来，这种一致的行动，东方各民族的这种联合，一方面在土耳其，另一方面在西贾兹，表现得特别明显。

近来，安哥拉成了中心，各个被压迫民族的代表们都集聚在这里。我们亲眼看到，为了同安哥拉的外交家会谈，波斯的特别代表和中国公使来到这里。在土耳其外交事务人民委员陶菲克·鲁什迪到敖德萨期间，所有这些谈判都带有示威的性质。

特别值得注意的是，正当近来我们认为恰恰是土耳其企图靠近帝国主义列强的时候，在这个被压迫民族联盟的领导人中间，我们看到不仅有俄国，同样还有土耳其。

我们简略地分析一下土耳其对它的帝国主义奴役者的关系方面的事态进程和变化。

今年春天以前，土耳其一直到它被迫把摩苏尔让给伊拉克政府也就是英国政府为止，坚持了自己的反对帝国主义的立场，土耳其是被迫放弃了它长期毫不妥协地捍卫其主权的这个省份的。

由于土耳其的国内局势，特别是它的财政状况，这种投降是必然的。土耳其的财政状况是非常困难的，产生了严重的经济危机，与国际资本有联系的商业资产阶级（统一进步党）已处在危险境地。土耳其认为自己无能为力，因此凯末尔党人决定牺牲摩苏尔。

他们认为，由于作出巨大牺牲，他们有可能获得来自帝国主义列强方面的实际援助，并且为了恢复自己的财政，为了进一步开发本国的自然资源，他们对这种援助寄于很大的希望。

另一方面，帝国主义列强坚持相反的意见。他们认为，使土耳其陷于绝望的境地，把它推向投降的道路，是他们取得的成绩。因此他们认为，他们在对待安哥拉共和国方面就像他们在某个时候对待土耳其帝国那样，能够驾驭它。

事态表明，双方在估计形势的时候都用自己的幻想使自己误入歧途，并且他们绝不会很快就承认自己骗了自己。

在这个意义上，由于查封分设在土耳其的外国商会和逮捕"莲花"号法舰舰长发生的事件是非常典型的。

美国的、法国的和意大利的报刊对凯末尔政府的猛烈抨击和有关帝国主义强国起重要作用的外交干涉，是对这些集团悲观失望的象征，十分清楚，凯末尔党人在失去保卫土耳其政治独立、捍卫其经济独立的最后可能性之前，他们没有完全放弃原有的打算

土耳其和帝国主义列强之间的这种争执持续了没有多久，因为一方面，帝国主义列强需要向土耳其渗透和参加自然资源的开发；另一方面，土耳其越来越看得清楚，没有外国资本的援助，它不能顺利地彻底完成自己复兴本国经济的工作。

因此，在这次非常尖锐的两国之间的大搏斗以后，我们已经看到，以前非常坚决进攻土耳其的法国，却在国际联盟的会议期间怂恿凯末尔党人，提出允许他们加入国际联盟的想法，其实法国自己也愿意接受这个建议。

然而，土耳其参加所谓的欧洲列强共同行动的这一企图遭到悲惨的失败。土耳其要求给它固定的席位，但这一点也遭到拒绝。

只是在遭到这些失败,以及凯末尔党人反对外国资本向土耳其自由渗透已经变得明显之后,土耳其才把自己的注意力移向东方。

在许多次经验之后,凯末尔党人已经懂得,他们不可能从想要消灭他们的帝国主义列强那里得到脱险的方法,而只能从被压迫民族方面,以及从共产国际和苏联为其代表的国际无产阶级方面获得生存的办法。

土耳其共产党认为,所说的是土耳其的对外政策,那么,凯末尔党人还将在相当长的时期里不得不实行动摇于东方之间的政策。然而,情势将一天比一天越来越使他们相信,他们的政策的基础应当是坚定不移地同被压迫民族和苏联接近。与此同时,他们当然要巧妙地应付西方,以便取得他们所急需的任何形式的财政上的支持。

阿拉伯运动

我还想就民族解放运动集中的另一个中心谈几句。我谈谈麦加,这里存在着带有宗教性质的君主专制。不过,就是在这些大大落后于小亚细亚的国家里,我们看到,人们也开始感到,必须联合起来同帝国主义的进攻作斗争。

因此,长期以来,由于对土耳其共和国的反教权主义政策长期不满,穆斯林世界不得不同安哥拉妥协。今年夏天,在麦加召开会议期间,本·沙特亲自邀请凯末尔党人参加这次会议。他非常热情地欢迎土耳其的代表光临。因此,我们看到,即使在阿拉伯世界,国家和教会分离的思想也开始具有越来越大的影响。

十分突出的是,本·沙特这个宗教领袖声明,他认为建立哈里发制度完全是多余的;他从来都不同意做哈里发王位的候选人,他甚至否定建立将穆斯林世界的最高权力都集中起来的哈里发委员会的必要性。

从这些例子中你们看到,阿拉伯人越来越认识到建立政治和经济相互作用以及用社会团结代替宗教联系的必要性。这是一个巨大的成就。

中国革命的前途

现在我转到中国革命前途的问题上来。

中国革命很可能要朝着布哈林同志所说的方向，即朝着与土耳其的革命道路不大一样的方向发展。

但是，这种结局的可能性是非常小的。当然，这并不妨碍中国共产党和共产国际拿出全部力量，以确保中国无产阶级在中国革命运动中的领导权。

然而，中国发生了与土耳其不同的情况。例如，在土耳其革命时期，无产阶级不能参加任何民族解放运动的活动，因为所有那些工人阶级集中的省份都处在外国军事占领的控制之下，并且土耳其的无产阶级还没有足够强大的政党。

共产党刚刚诞生，劳动群众还不了解它，它只能在争取土耳其独立的口号下组织示威游行。

此外，领导富裕农民的凯末尔党人从斗争一开始就战胜了贫苦农民。中国则相反，已经有共产党，有几万党员，而且还有强大的农民组织，这是促进无产阶级掌握革命领导权的重要因素。

但是，同国家的幅员和运动的规模相比，中国共产党和无产阶级还是太弱小了，而领导运动的中产阶级的代表毫无疑问是比较强大的。新兴的资产阶级不仅是最强大的，而且还有自己的意识形态并在政治方面颇有见识。

因此，我们认为，中国革命在胜利之前将朝着土耳其革命发展的方向发展，所不同的是，有组织的无产阶级将具有强大的影响。然而，这个在经济上强大的资产阶级将把运动的领导权操持在自己手中。

必须承认,从国际革命的角度来看,中等资产阶级在革命运动中的这种统治是一个缺点。但是,我们想强调指出,就是在这种情况下,同帝国主义的斗争也不能大大减弱。甚至在武装斗争停止以后,对于解放了的各大小民族来说,开始了这样一个时期,在这一时期里,斗争仍将是激烈而紧张的,就同在武装冲突时期一样。

对于这些民族来说,继续进行经济领域的斗争是必然的和必要的。事实上,这个问题如下面所谈的那样:

问题是民族资产阶级,它想在利用本国的自然资源方面取得优势地位。土耳其和墨西哥的经验告诉我们,这时会产生什么样的奇怪情况。

在土耳其,1908年革命以后,民族资产阶级已经开始开发自然资源,尽管凯末尔党人预计的活动已持续近五年,但这里看不出有任何显著结果。根据官方资料统计,我们看到,就是现在,民族资本同外国资本相比,在工业投资中的份额简直是个滑稽可笑的数字,只占6.5%。

这就是说,现在90%以上的工业和交通运输业还在帝国主义资本手中,而且这种资本不是投在私人企业,而是投在享有特惠的租赁企业。由于民族资产阶级在胜利以后不能像苏维埃俄国那样解决这一问题,没收这些企业,因此它必须在很长的时间里,逐步把过去提供给帝国主义资本的阵地夺回来。

至于谈到中国,那么他们给我们列举了几个与上面列举的有些不同、甚至大不相同的数字。据报道,似乎投在工业中特别是纺织工业中的资本将近50%在中国人手里。我们认为,这里面有误解和错误,必须查实。土耳其也是这样,假如进行粗略的计算,那我们就会发现,民族资本所占的份额比我们刚刚列举的数额要多得多。但是,有一些工业企业和煤矿企业挂着民族招牌,其实资本完全掌握在外国人手里。在这些企业中,除了本国的招牌和行政理事会里有数量不多的几个本国人外,没有任何本国的东西。所有这一切都是为了保证这些企业享有法律规定的保护民族工业的那些好处。我们知道，恰恰在中国有这种现象，特别是在涉及日本资本时。因此，如果除去这类企业，那么可以有把握地说，中国民族资本在工业企业和交通运输业中所占的份额不超过15%—20%。

  由于本身的这一经济弱点，甚至在胜利以后，中国资产阶级也必须同帝国主义进行不屈不挠的斗争。总之，要把这场斗争进行到底，民族资产阶级显得太软弱了。它需要盟友，而这些盟友在国外是国际无产阶级，首先是国际革命无产阶级的代表——苏联；在国内则是那些由共产党逐步组织起来的无产阶级的各阶层。中产阶层和因剥削和国家工业化速度加快而丧失阶级性的农民阶层对年轻的资产阶级政权构成了现实危险。因此，即使胜利得到保障，国内反动势力的危险并不会减弱，也不会消除。一切同国际金融资本一同过去的大土地所有者以及商业资产阶级和高利贷资产阶级相勾结的旧的封建反动政权的保卫者们，还会利用民族主义政权的一切弱点来推翻它。正像土耳其的经验向我们所表明的那样，这种势力将会得到帝国主义的大力支持。中国也会发生同样的情况：投靠帝国主义的反动势力为了把这些不满阶层发动起来，它将做所能作到的一切。

  土耳其库尔德人的武装起义和波斯的贫苦农民的起义证实了我们观点的正确性，而我们在中国将看到类似的、更厉害的和更危险的举动，因为在中国失去了阶级属性的阶层必然完全陷入极端贫困的生活深渊，他们忍饥挨饿，并且常常会被那些充当帝国主义资本傀儡的反动军阀招募去当兵。

  在土耳其，我们现在还能看到这些现象。保皇党们认为，有很适于引导不满阶层去同现政权作斗争的土壤。因此，民族资产阶级必然要在很长的时期里同帝国主义作斗争，在这段时间里，共产党将有条件在这些游民中非常迅速地加强自己的影响，把他们组织起来使他们走上革命道路，从而在他们的压力下，资产阶级能实行反对帝国主义的政策，并在消灭封建主义以后实行土地改革，完成平分土地任务，把资产阶级革命进行到底。

我们认为，事态将这样发展：在资产阶级手中暂时掌握政权的时候，它就不得不同国际无产阶级甚至同本国无产阶级结成联盟，同时，为了在某种程度上取得帝国主义列强的支持，又必须玩弄手段。然而，这种支持是非常微不足道的，因为帝国主义列强任何时候都不会同意把自己的资本投到那些他们不能施加政治影响和监督的国家。在帝国主义的目的和民族主义者确保本国独立的愿望之间存在着深刻的矛盾，这些矛盾是不断发生冲突的根源。这场斗争的锻炼将使无产阶级成熟起来，因而在资产阶级成功地为阶级统治建立牢固基础并结束自身的发展周期之前，共产党领导组织完善的、积极参加斗争的无产阶级和在无产阶级影响下的贫农，能够夺取政权夺，建立无产阶级专政。

最后，我想向落后国的共产党提出建议，要不断吸收劳动群众和执政的资产阶级同帝国主义作斗争，同时无产阶级要同农民结成联盟准备夺取政权。

关于共产国际在近东各国的任务，我再说几句。为了在一些国家，例如土耳其，加强被资产阶级恐怖手段所削弱的各个共产党，共产国际应当尽其所能，应当迫使各帝国主义国家，像法国、英国、西班牙和意大利的共产党，要比现在更加重视受有关帝国主义强国控制的各个国家的革命运动。此外，共产国际要在那些还没有民族革命政党的国家，例如在波斯和阿尔及利亚尽量准备打基础并为建立这样的党创造必要的条件，并且在那些已经有这样的政党的国家，例如在突尼斯、叙利亚和巴勒斯坦等国，加强这些党。此外，共产国际应密切注视西贾兹所发生的事件，因为这个地区是在最近的将来穆斯林各族人民的民族解放运动应当集中的中心。

（会议休会）

第八次会议

(1926 年 11 月 26 日)

会议执行主席：雷梅尔

主席：

现在由雷梅尔同志报告资格审查委员会的工作。

资格审查委员会的通报

资格审查委员会召开了 4 次会议，完成了自己的工作。参加这次全体会议的有 191 人，其中 100 人有表决权。在这 100 位同志中间，有 38 人是执行委员会的委员，其余的是代表。这次全会有 91 位有发言权的代表列席。对某些同志我们应当拒绝给予发言权的资格。我们根据的原则是：哪位代表符合条件，哪位代表就有发言权。对于这些决定没有提出异议。

现在，我提请全体会议，批准资格审查委员会的报告。

主席：

对资格审查委员会的报告，有没有不同意的？没有不同意的？一致通过。

讨论布哈林的报告和库西宁的补充报告（续）

谭平山（中国）：

同志们！我想在这里就中国农民运动问题，以及"资本主义的稳定"问题，谈几点意见。

我们知道，关于"资本主义稳定"问题存在着各种不同意见。其中的观点之一，简单地说是，由于英美联盟的形成，英国和美国之间的矛盾似乎消除了。同志们，这是完全不正确的意见，因为实际上我们看到美英之间为扩大势力范围而进行竞争，看到这种竞争在远东，特别是在中国日益尖锐。同时必须考虑到美日之间的矛盾也在加剧增长，这些矛盾将来势必引起它们之间的武装冲突。

第二种观点是，欧洲是美国的殖民地，资本主义已经完全治愈了创伤，开始走上从前那种发展道路，这也是完全不正确的观点。我不准备在这里详细谈这个问题，因为中国代表团在这个问题上完全同意布哈林同志的意见。布哈林同志就资本主义稳定问题给我们做了正确的分析，他把这个问题与对当前革命形势的估计联系起来，向我们论证了现代资本主义稳定的相对性、局部性和脆弱性。

布哈林同志在联共（布）第十五次代表会议上说：

"国际革命正分三路纵队挺进：一路在东方，几亿中国人民在胜利进军；一路远在西方，英国采煤工人正在稳步前进；一路在苏联，对我国经济中的资本主义因素发动日益强大的攻势。"

布哈林同志在这里完全正确地指出："现时，共产国际的主要任务之一是，支持国际革命运动最重要的因素——英国工人、中国革命和苏联。"布哈林同志把列宁主义关于被压迫民族的民族解放运动和无产阶级革命问题的一个基本原理应用到目前的具体实际，把目前革命形势的三要素归结为反对共同敌人、反对帝国主义、反对现代资本主义体系的共同的统一战线，这样也就强调了作为目前世界革命运动主要因素之一的中国革命的作用和意义。

现在谈谈农民问题。在布哈林同志的报告中，我们听到了对中国共产党人所犯错误的批评。布哈林同志说：

"虽然中国共产党的路线总的来说是正确的，但它所犯的最主要的错误就在于，党对农民问题注意得不够，过分畏惧农民运动的开展，在国民党占领区进行土地改革不够坚决——这就是错误的主要方面。"

当然，我们承认布哈林同志所指出的农民工作中的那些错误，但这还不够。必须找出犯错误的原因，以便改正错误，不再重蹈前辙。我认为，这些错误产生的原因如下：

1. 大家都知道，中国共产党在数量上还很微弱，在组织上也不够强大。从去年上海事件起，中国共产党在革命斗争的进程中显著地成长起来。虽然党在数量上增加了四倍，但是由于我们广袤国土上农民积极性的迅速增长而导致许多地方发生的农民运动，却是自发的，例如红枪会起义和一系列其他农民举事，就是这样。

由于缺乏领导者，中国农民运动完全没有组织起来，它没有一个明确的土地纲领和全国农民为之奋斗的统一的口号。

2. 中国同志在农民问题上特别缺乏经验，理论修养也不够。中国农民的情况很复杂。封建制的残余和流毒，还占有相当的统治地位，中国农民运动两年的历史给我们的经验并不多，在这有限经验的基础上，我们当然难以担当得起中国革命农民面临的那些复杂任务。我们希望，在这里，共产国际及其各支部在实践和理论上能给我们大力帮助。这样一来，不管有多大困难，我们一定能解决复杂的中国问题。

我们在农民问题上所以犯错误,还有一些客观原因。第一个原因是,最近几年,中国革命经历了一段所谓革命浪潮高涨和低落时期,而且这些浪潮的起落激烈地交替着。我们必须根据当时的要求提出各种口号,例如,今年7月,革命处于低潮,当时,国民军撤出北京,国民革命军(广州军队)还未从广东省出师,这时我们必然要在某种程度上考虑当时的反动气焰。

但是,应当指出,直到现在,我们还未制定出明确的土地纲领。这是我们的主要缺点。

第二个也是最后一个原因是,中国革命需要有一个包括一切革命阶层的反帝反封建残余的民族革命统一战线。一方面,我们必须保证农民的利益;另一方面,我们要保持和巩固民族革命运动的统一战线。在这种相互矛盾的情况下,很不容易执行正确的策略路线,我们的错误就在于,我们未能利用这种矛盾来发展农民运动,同时又来巩固民族统一战线。

我们认为,这就是我们犯错误的一些主要原因,应当尽量消除它们的影响,以便我们能顺利进行工作。

中国的情况是这样的:土地逐渐集中到一小撮地主手中,农民所受的压迫日甚一日,贫困化在加剧,由此乃产生农业衰败,农村阶级斗争尖锐化,在这种情况下,我们就应当在土地关系和吸收广大农民群众参加政治斗争的问题方面,作出相应的决定。否则,我们不仅不能将中国革命进行到底,而且也必定不能保持和巩固最近我们已经取得的那些成就。我们在对待农民方面,应该采取什么路线呢?在这个问题上,我们和布哈林同志的观点完全一致,这就是说,我们必须发展中国农民运动,同时还要保持各阶层人民为摆脱帝国主义枷锁而开展的民族革命运动的统一战线。我认为,布哈林同志的观点,应该成为解决中国对农民策略的问题的出发点,也只有这个观点,才能排除这个问题上的左右倾危险。

这里，我不准备详谈农民的情况，因为我还要作中国问题的总报告，那时我再比较详细地介绍中国农民的情况。

里泽①（德国）：

同志们，为了确定作为群众领袖的德国共产党的任务，我们给自己提出了一个问题：德国资本主义究竟有多么强大和它往何处去？为了尽可能地谈清楚这一点，我从评价德国国民经济刚一开始崩溃的时候讲起。实际上，世界大战是一场瓜分世界市场的战争，它使德国失去了全部原料来源，因此，德国丧失了出口任何东西的可能，以便多少使自己的状况得到显著改善。德国资产阶级在鲁尔区组织抵抗，给自己提出的目的是，使凡尔赛和约的约束力受到一些削弱。由于协约国、战胜国无论是在军事上还是在经济上都占优势地位，使德国资产阶级被迫投降并赞成道威斯计划。德国资产阶级的这个新政策使德国完全依赖于战胜国。在道威斯计划化以后，可以把德国看做只不过是协约国的一个殖民地。我知道，现在有监督委员会。战胜国对德国经济实行绝对监督。由于这些条约，由于德国对于战胜国的这种卑躬屈膝，战胜国能够随时随地使德国资产阶级同它们竞争的一切企图都化为泡影。

如果个别同志根据煤炭和钢铁出口大量增加就认为，我们在德国有相对稳定和好形势的话，那么我想，这种增加出口是局部现象，而且爆发英国罢工大大减少了这种出口。我这里有份《柏林日报》，在这张报纸上说，德国最大的重工业代表之一格洛克纳描写了德国经济形势。他直截了当地讲了下面的话：

---

① 韦丁反对派代表。

"当英国煤矿工人罢工爆发的时候，德国的煤炭经济处在绝望的境地。"

现在，在鲁尔区和其他产煤区大量采用加班加点的事实，在英国罢工前超产煤堆积如山的地方如今被抢购一空的事实，所有这一切都使我有理由认为，出口煤炭和钢铁看涨的高行情不是一种能持续几年的现象，这种现象并不意味着资本主义开始按照上升路线发展，它是因为英国煤矿工人的罢工。

在靠向美国借债来支付道威斯计划的第一批债务以后，资产阶级在绝对要维护自己的利润的情况下也开始改组国民经济，它想利用德国资本主义以最残酷的方式推行合理化，重新医治好这种摇摇欲坠的经济。照我看来，这是德国经济阵地软弱的必然结果。好，现在我再回到布哈林同志好像是在党的第十五次代表会议上所说过的那句话上来，他说，德国似乎是朝着生气勃勃的帝国主义方向发展。我认为，就连洛迦诺公约和图瓦里协议都没能削弱战胜国加给德国资产阶级的约束力，并且我觉得，这种关于德国经济朝着生气勃勃的帝国主义的方向发展的论点是错误的。整个形势表明，这么说吧，德国经济螺旋式地收缩下降。因此，我们看不到德国国民经济的任何加强的迹象，而且，假如同志们以为，现在在德国可以看到的闲置货币的存在是德国经济加强的征兆的话，那么，在我看来，它只不过是表示不景气：钱摆在那里，只是因为国民经济不能回笼这些货币。

我们简单地看一看德国的政治形势后就会发现，民族主义者们已经放弃了自己的沙文主义观点，放弃了自己的本来打算报复法国的计划，并且由于德国重工业的坚决要求，他们开始采取亲西方的方针。由此可见，在对外政策问题上，在从民族主义者到社会民主党人的德国各党之间没有不同意见和看法上的分歧。从右翼分子到社会民主党人存在这样一个联盟，它主张对共产党实行专制措施，我们把它作为同其他反对共产党人的地方自治代表的发言一样看待，并把它看做同西尔韦尔贝格在德累斯顿企业主代表大会的著名演说一样来看待。全德工会联合会①的代表莱帕特的回答表明，实际上在亲西方的问题上从民族主义者到社会民主党人有一条潜在的统一战线。

当谈到探讨台尔曼同志所涉及的个别问题的时候，我得出了与他不同的结论。同台尔曼同志相比较，我也是从某些不同的角度来观察德国的形势和共产党的政策的。

我从失业问题讲起。去年12月，当德国资本家们开始实行合理化纲要、关闭企业的大门，失业工人为表示抗议自发地在没有共产党参加的情况下开始举行游行示威的时候，所谓的德国的极左派曾出来讲话并发表声明，共产党应当把失业问题提上日程，并且把它同工厂委员会问题紧密结合在一起。去年12月，当我们韦丁反对派在柏林代表会议上提出了这个问题之后，曾有人声明说，这类建议是反列宁主义的、反共产主义的，并且是极左情绪的反映；必须责成全德工会联合会研究失业问题。在《红旗报》用数周和整整几个月的时间再三强调，全德工会联合会无论如何要领导失业运动，而全德工会联合会对此无动于衷以后，仍然是我们的同志声明说，如果全德工会联合会对失业问题不感兴趣，改良主义工会也不采取任何行动的话，那么，假如我们不采取特别措施，我们最终就变成脱离运动的人。事实上，结果真是这样：失业工人的自发的游行示威有些绕过了我们，因此在失业工人队伍中开始受到卡普暴动分子和工团主义情绪的深刻影响。

现在已经过去了9个月，我们看到，德国党中央已经认识到必须领导失业工人运动。这样一来，虽然去年我们在德国打了败仗，现在中央正在做亡羊补牢的工作。

---

① 改良主义工会联合会。

我们不仅仅要求解决失业问题，而且我们十分清楚地认识到，只有在同工厂委员会最紧密地结合起来并动员它们的情况下，这个问题才能得到解决。例如，在分析德国最近事态时，我们发现，德国共产党中央在最近发生的汉堡港口工人罢工中实行了崭新的路线。在《红旗报》的讨论中，我们认为，这次罢工是没有全德工会联合会也能进行斗争的明证。这再次证明，我们左派共产党人在德国迄今一直维护这种观点。文章接着又说：“汉堡港口工人斗争了5天，这5天是被世界离弃的5天。”我们既在韦丁，又在其他州讨论过这篇文章，我们在韦丁同台尔曼同志一道谈论过这篇文章。台尔曼同志解释说，这个地方是编辑部的错误。但是，这样的句子证明，这场风波整个是从地方的狭隘爱国主义的观点来看问题。我知道，汉堡港的罢工是积极同德国资本家们的合理化纲要抗衡的第一个征兆。但是，想把汉堡港口工人5天的斗争（是被世界离弃的5天，而且许多人以为是被共产党人离弃的5天）说成是一个大问题，我认为是不正确的。我说：一方面，如果我们用这种形式刊登文章，另一方面，在英国煤矿工人坚持半年的斗争以后，我们在德国没能使一个鲁尔矿工起来罢工，也没能使煤炭运输停运一次，那么，在德国资本家实行合理化以及在德国工人向左转（我们可以指出确有这种向左转，而且我还要讲到它）的情况下，我们义不容辞的义务是，利用德国共产党的全副精力来建立对立的一极，即在上西里西亚的鲁尔区彻底消灭破坏罢工的现象。应当指出，根据口号，似乎在企业工作的同志比失业工人更宝贵，因为企业应当成为未来斗争的决定性因素（我们在德国也进行过关于第Ⅰ和第Ⅱ部类成员的讨论），企业的同志们陷入空想，似乎他们不必为党在工厂里那么努力地工作，因为他们要进行未来的斗争。

然而归根到底，提出这种积极支持英国罢工措施的同志们也开始被指责为有极左情绪。

与柏林运输工人的误会表现出以下的独特的情况：运输工人想要罢工，有 2/3 的工人赞成罢工。他们要求增加 7—8 个分尼的工资。当运输工人拒绝接受调解委员会增加 2 分尼工资的建议时，该委员会又添了 1 个分尼。受领导机关的委托，我们的同志们、工厂委员会的委员们，都做了些什么呢？他们向工会工作人员提出不再进行表决的建议，而且在同意提高 3 个分尼以后取消了谈判，并声称，春天的时候将会看出下一步采取什么行动。由于我们，共产党员们，没有问过愿意罢工的群众就放弃了立场，第二天早晨，我们在工厂受到了严厉的指责。虽然这些事实与布尔什维克党的策略和政策毫无共同之处，但是这些事实是不容台尔曼同志争辩的。

此外，近来散发了反对合理化的传单，传单中说："你们要为提高计件工资而斗争。"

（有人喊道："他们已经不这么提了！"）

近来，在各州这种已经实行的、但又收回成命的事太多了。

同志们，我提个问题，什么样的共产党员才为提高包工钱进行斗争？难道一般来说，我们在工厂不反对计件工资吗？

所有这些都是非常重要的迹象。而且不管我们是哪里的人，韦丁人、柏林人，总之是德国工人，我们要用一定的方式来评价这些迹象。

假如布哈林同志说 1914 年社会民主党不是现在的、1926 年的社会民主党，是因为现在的社会民主党公开转到反革命营垒，那么我认为，这是绝对正确的。但是，在指出这种状况和考察德国党中央在政府问题上的政策时，我却得出另一个结论。目前社会民主党起着反革命作用，然而，这个反革命政党在共产党人的支持下能够在梅克伦堡执掌政权。只有依靠共产党人，梅克伦堡社会民主党的民主政府才能存在。只要共产党人愿意，这个反革命内阁就必定要被推翻。但是，虽然这个社会民主党的政府实行完全敌视无产阶级的政策，共产党人仍然支持它。

同志们,近来的萨克森的几次选举的结果表明,德国工人正在向左转。这种向左转的情况也同样表现在近几个月来进行的其他选举当中。在这方面萨克森的竞选活动倒是很有趣的。在《红旗报》上刊登了一篇题为《我们的胜利》的文章。在这篇文章中说:为什么在萨克森的选举中我们取得了胜利呢?那是因为我们的选举斗争中第一次使用了具有原则性的口号——民主、无产阶级专政、资本主义和社会主义。由于这一估计能争取群众的原则立场,我们在选举中取得了胜利。但是,同志们,难道德国的反对派不也这样坚决主张吗?难道我们没有说过我们是靠原则性的政策去争取群众吗?这里得到证实,取得胜利是由于这次选举运动是在坚决实行共产主义原则的基础上进行的。结果,德国极左派又受到了不应有的打击。要知道,这实际上也证实了德国极左派所提出的看法。

在萨克森,我们在成立政府的前夕,我想,不仅是韦丁的同志们,而且其他同志也认为,中央在萨克森的新政府问题上的这一立场同1923年的方针有相当大的相似之处。共产党人提出了社会民主党政府总理应当完成的要求。我们很清楚,这些要求不会实现,而这位总理同样会实行我们在梅克伦堡所看到的和社会民主党人布朗所推行的反对无产阶级的政策。因此,就不得不投票赞成社会民主党的总理。这位总理可以全然不顾他人的意见,按照自己的意图擅自组阁,而承蒙共产党人,在萨克森成立了显然完全是反动的政府。我们预先警告中央,我们警告他们,不要实际上又把我们拉回到1923年的那种政策上去。如果我们想要教育群众,那么我们就没有权利说社会民主党人是反革命分子,并且立即投票赞成这些反革命分子,承认他们能实现工人的要求。这就是我作为一个无产者的观点。

(有人喊道:"您有什么建议?")

我现在谈另一个问题。如果因为社会民主党的总理是反革命分子,我们要投票反对他，那么群众是否明白我们的步骤。我认为，这个问题在萨克森的政治中将没有决定性的意义。

现在我谈谈党内方针，这个方针在我们德国表现得特别突出，而且它既不能称作是布尔什维克的方针，也不能称为共产主义方针。

同志们，我不知道俄国党内在什么情况下组织讨论。但是，台尔曼同志，我知道，迄今您所实行的方针——这是一条不能加强共产党的基础的方针，而是使它的十分薄弱的基础遭到破坏的方针。（笑声）同志们，如果你们不了解情况，就不要笑。

我举一个例子。近来，我们党在社会民主党叛变时期开展了征集党员的运动，社会民主党的叛变使得1450万人投票赞成无偿归公的影响化为乌有，而完全公开投票赞成赔偿王室的损失，这甚至在普通的社会民主党人中间引起了极大的愤慨。这个时候恰好是征集周开始。

在我所在的企业里，大约有40名工人社会民主党人。有一半人把自己的党证撕了，叫它们见鬼去吧。但是，你们是怎么想的，这20位社会民主党人是否转入共产党，或者完全脱离政治了呢？我们是在客观上对于共产党这么有利的情况下开始征集运动的，而社会民主党人不顾自己对无产阶级利益的前所未闻的背叛，也举办了征集周，并且我认为，社会民主党置自己的令人发指的叛变于不顾，发展的党员竟不比共产党少。我是柏林行政区中最大的一个区的政治领导人，并且我知道，在其他区结果都一样。我在工厂常常同社会民主党工人交往，同他们一道上机器工作，他们向我表示，他们无论在思想上还是在组织上都要同社会民主党彻底划清界限。但是，当他们看了《红旗报》，并看到德共中央党内方针，每天都有同志从党内被开除出去的时候，他们得到证实，在共产党里他们找不到自己的理想。如果在座的有上机器干活的同志，他们会证实我的话。我还知道，不在工厂工作和不同社会民主党工人一道上机床干活的其他同志对问题的理解是不一样的。

德国共产党的方针可以称为绝对失败的方针。我想指出，在柏林就第六次扩大的全会进行讨论的时候（应当提醒一句，我是韦丁的政治领导人，而且在政治上对许多支部负责），我（和其他同志一样）只能在我被指定在那里过组织生活的支部参加讨论，而绝不能在我对其在政治上负责的其他支部发言。我们曾要求给我们在其他支部发表自己看法的权利。但我们遭到禁止。在关于扩大的中央全会的讨论以后，又过了三个星期，取消了禁令。我可以证明，我们所实行的是真正错误的党内方针。例如，我们看到，柏林组织的负责人皮克同志在最近的工作计划中指出，不仅禁止派别活动，而且共产党的路线是正确的，因为它是"正确的"，所以不允许作任何其他解释。总之，禁止的不是派别的观点，而是与皮克所想的多少有些不同的想法的权利。我可以把这个工作计划给大家看看。

这就是我们要举的几个明显的例子。

还有一点。台尔曼同志在他的讨论中的发言里说，如果德国的极左派胜利，那么苏联就失去了德国党。

（台尔曼在座位上说："因而，你就再次强调这一点。"）

你说过：如果德国极左派胜利，德国党就成了苏联的敌人。

（喊声："当然啦！"）

让台尔曼同志试试看，在最近一次柏林工人代表会议上解释一下这句话，韦丁分子定会向他说清楚，他们对苏联的态度如何。

（有人喊道："可以想象得到，否则，他们在韦丁派的声明里用什么来表达这一点。"）

因为我们的观点，中央的同志们曾企图把我们打成反革命分子、反列宁主义分子，等等。

（台尔曼："希万就是这种人。"）

您不要把现在已经不是党员的同志的言行责任推到我身上。

（有人喊到："为什么他们不是党员啦？"）

我绝对不是为希万同志的观点作辩护，而是……

（埃贝莱因在座位上说："……我要求恢复他的党籍。"）

我们在韦丁通过了决议，其中宣布，希万同志的观点是错误的，而且我们谴责了他。还没有一个同志谈到关于重新接纳希万入党的问题。

（有人喊道："要知道，关于这个问题你们还通过了决议呀！"）

关于希万重新回到党里来的要求，是希万本人主动提出来的。我们只是反对开除他，因为我们知道，不能用机械的方法和组织手段来处理原则上持不同意见的人。从开除同志并在他们被开除出党时，就说他们犯有这样或那样的过失，然后痛斥他们是反革命分子，我们看出，情况更加严重。

至于谈到由被开除的党员组建国会新党团，那么我谴责这种说法；这类行动不符合我们共产主义原则……但是，我是根据实质来分析问题，不能立即表态，说那些半年前还被称为最忠实的列宁主义者，如今成了反革命分子。如果台尔曼同志说，战胜极左派是今年的工作成果的话，那么我要问：我们是怎样评价公开信的呢？我们反对过它，因为我们觉得，这封公开信是右派分子同德国全体左派作斗争的行动纲领。这一点也为曾说过由于近年来的工作已经取得了对极左派的胜利的台尔曼同志的话所证实。近年来的工作归根到底就是贯彻公开信的原则。总之，这个贯彻落实公开信的原则仅仅被看做是为了粉碎左派分子。

（有人喊道："左派的表现在哪里？"）

关于德国工会工作做得不好的问题，这里已经谈过了。我也了解这一点，但是，现在的中央在自己的旗帜上已写上"工会工作占75%"的口号，把在过去的时间里不能取得巨大成就，既归咎于过去的中央，也归罪于变动了的中央委员会，说它把工会问题完全搁置下来，不研究工会运动问题，等等。

台尔曼同志今天声称,现在的中央在这方面也没有作为,而只是把这项工作当作最近时期的主要任务。总的来说应当指出,在工会工作的某个领域里出现了右的危险,台尔曼同志也谈到了这些危险,他完全公开声称,存在右的倾向和危险,而且认识到,在个别的情况下,例如,这种危险在吕贝克真正出现了,这种右的危险是由于只打击了左的而忘却了同右倾作斗争而发生的。我想,我们的同志们十分注意党的政策,留心它是否符合共产主义原则。我们看到,在1923年脱离职务的同志们现在又代表德国党中央,也是这些同志在1923年曾是布兰德勒政策最忠实的代表,曾赞成过他的机会主义观点。所有这些证明,德国党站在机会主义立场上。如果他们在这里谈论的只是俄国问题是抱有敌对情绪的主要因素,那是不对的。我们应当讨论一系列德国问题,并且我们将继续进行这场关于德国的基本问题的讨论。

(有人喊道:"那你们的工会工作呢?")

你们不要说,好像我们没做工会工作。恰恰是在韦丁,工会工作被看做是最重要的头等任务之一,正像世界工会第五次代表大会提纲要求的那样,必须对这项任务给予加倍重视。

我就结束我的发言。在我们德国有这样一种气氛,向同志们提出了投降的条件。对他们提出要求,让他们放弃自己的观点。关于这一点我谈几句。在我们看来,德国共产党里产生了派别,是因为中央的党内方针不正确。如果中央打算用暴力手段和"粉碎"运动来压制对立情绪,那么必然形成派别。我知道,在共产党的机关报里,从来没有发表过阐述反对派观点的文章……是的,发表过个别的决议,但是我们就全民投票问题所写的文章,一篇都没有发表过。

在真正采取布尔什维克式的党内方针的时候。在支部,以及总之在党内给每个同志提供发表自己观点的机会,发表不是反对共产党的、不是反对布尔什维克的观点,而是相反,发表包括要求切实贯彻共产党的原则、共产国际的原则内容的观点的时候，只有在这个时刻，派别才不复存在。

许勒尔（青年共产国际）：

同志们！首先，就里泽同志的发言说几句。他在这里向你们报告了德国共产党里所不存在的极左思潮的提法。这一极左思潮的"专刊号"，是唯一的一份，对于共产国际扩大的全体会议具有特殊的用途。在柏林和在德国，一般来说，事情说明完全是另一种情况。我不需要详细陈述里泽同志的发言，因为其他同志也要答复他。我只谈几个问题。

首先，应当指出，里泽同志在前景问题上的概念是最混乱的。里泽同志的讲话再一次证实，反对派对于稳定问题一窍不通。里泽同志发表了荒谬的意见，似乎德国的稳定是英国罢工的直接后果。的确，只是从英国罢工时才开始呈现出稳定的！马斯洛夫还在一两年前就反复强调过德国的稳定问题。里泽同志忘记了这一点。详详细细地谈论这一点没有必要。里泽同志需要认真读一读布哈林的书，书中用数字证明了稳定的存在。里泽同志对资本主义加强的任何迹象都加以否定——这是一种十足的糊涂观念，或是对瞎子都清楚的事实视而不见。这种政策会把无产阶级引上危险的道路。从里泽同志关于德国政治问题的个别意见中可以看到这一点。我们，汉堡方面，如何评价这个发言，这个短时间的、但证明德国无产阶级产生了积极性的发言呢？关于《红旗报》里泽同志说得很尖刻，并且在把汉堡同英国矿工罢工相提并论的同时，竭力贬低汉堡的作用。他说：我们把汉堡方面的发言的意义吹得天花乱坠，而对于英国矿工做得不够。我不去争辩，无论是德国党，还是我们大家，整个来说对于英国矿工罢工支持得太差了。但是，这丝毫也不能改变我们对汉堡的评价。从事情的本质来说，罢工是我们党领导的。通过我们党，共产国际对罢工施加了影响，而我们应当指出，共产国际曾采取了一系列措施。但是，要知道，左派对于罢工却什么事也没有做。他们甚至连鲁尔矿工宣布同情罢工的事也没有认真谈论过。

认为似乎党员分成两类人——有工作的和失业者，这是完全不正确的。

然而，必须首先在企业，也就是在工会里开展工作，这是任何人都不会争辩的，只有左派分子全然不懂这一点。党开始在失业者中间开展工作稍迟了一点，是可能的，但它是全力以赴地进行这项工作的，而且这一点任何人都是无可争辩的。

同志们！极左派进行蛊惑宣传，他们同失业者勾勾搭搭，他们企图唆使失业者去攻击在业工人，攻击党，使他们反对我们的路线。

这是极左派的主要错误。与此同时，他们追求自己派别的利益，并且采取了背离工人阶级利益的行动。

至于谈到萨克森州，那么里泽同志所叙述的情况完全不正确。其他同志还要更详细地谈到这一点。

左派分子在对待计件工资制的态度也很典型。不言而喻，我们，共产党人，在原则上是反对计件工资制的，但是因为在这个或那个企业实行计件工资制，而我们除了一般的宣传以外，在反对其他方面不可能做什么，然而至少也应当要求提高计件工资额。这同要求提高工资，作用是一样的。像里泽同志所做的那样，关于这个问题的口号，也就是不善于把我们的口号同实现局部要求的斗争和反对合理化的后果结合起来。

里泽同志在谈到德共的征集运动时，强调指出，这不是所有脱离了自己的党的工人社会民主党人都加入了共产党。人们马上说，如果不是所有的人都参加了（事实上是许多人加入了），那也不是极左派的过失，他是完全正确的。当人们对一个同里泽同志一起在企业里工作或是同他持有相同意见的社会民主党人不断地反复说，苏联不是一个无产阶级国家，苏联已经富农化了，那里开始实行"农民的国王"斯大林专政的时候，他怎么能够转到共产党人方面来呢？有充分的理由认为，极左派利用他们的宣传，削弱了我们党在工人社会民主党人眼里的吸引力。

既然里泽同志同议论苏联资产阶级复辟、鼓吹暴动和第二次革命反对苏联的无产阶级政府的分子勾结起来，那么他那个关于不许别人把他说成是苏联的敌人的打动人心的声明就一钱不值了。里泽说，他不赞成鼓吹这种第二次革命的吉万的说法，但同时他表示反对开除吉万，而且坚决反对开除这类分子，这证明，里泽同志仍然与敌视苏联的分子勾结在一起。但是，我们知道并相信，到现在还跟着里泽同志走的工人们大多数只是被弄糊涂了，他们内心深处是同情苏联的，并且准备为苏联去战斗，而我们的任务是使他们从思想上转过来，揭露搞蛊惑宣传的两面派领导人。他们一方面声称自己是苏联的捍卫者，事实上他们是苏联的最凶恶的敌人。

关于里泽就说这些，因为我想谈谈其他问题，首先想谈合理化问题。

我强调，在这方面必须：

1. 尽可能更充分地介绍合理化的实质和意义。

2. 尽可能提出与合理化的口号相对抗的、内容更加丰富的口号。

制定这种口号的时候，应当遵循下列两点：

（1）口号的原则基础应同布哈林同志提出的——与资本主义稳定作斗争的口号的原则基础一样；

（2）这正像布哈林同志曾经说过的那样，口号的主要实质是同合理化的后果作斗争。

3. 在原则上提出问题和重心转移到反对合理化后果的同时，应当摸索出这样一条总的口号，这一口号要说明在合理化的口号下资本进攻的实质。

什么促使我提出这些建议呢？

第一，就是甚至在我们中间还存在着对合理化的实质理解上的意见分歧。第二是，我们应当考虑到一定的右的倾向，而且也可能是左的性质，像对待社会民主党的观点一样，因为这些倾向表现得既清楚又明显。

现在关于对合理化理解的问题谈几句。应当说，在布哈林同志的小册子的英译本中，"合理化"一词被表达为"科学的劳动组织"的术语。十分清楚，把合理化同科学的劳动组织混为一谈是同我们的整个讨论相矛盾的。这只是一个小例子。关于合理化问题还有更大的分歧。

有一种从采用完善的技术方法的角度，即从工程师的观点来对待合理化的倾向。这是不对的。必须坚持布哈林同志所做的分析，他把合理化分为四种情况。

在"资本主义合理化的方法"一章里，布哈林同志说：

1. "资本主义合理化的政策，初期表现为对工人阶级的直接压迫、增加劳动日、降低工资、提高苛捐杂税和有关的价格政策。"

2. "资本主义合理化道路上的进一步的措施是改组劳动和所谓的生产过程的福特制。"

3. "合理化的下一种方法是工业企业的集中，最近几年这种集中形成了非常特殊的规模。"

4. "最后，必须指出，许多大型的新的技术设施在相当大的程度上使生产过程的技术基础发生了质的变化。"

总之，同志们，合理化，这不仅仅是采用新的技术方法，在"合理化"的概念里，还必须包括布哈林同志所列举的所有的其余方面。

我想在这里再援引昨天《真理报》社论中的一段话。在这篇社论中，合理化的概念被揭露得也很清楚。

"不过,社会民主党,当然闭口不谈关于在这种条件下资本主义合理化就意味着对工人阶级进行空前的压迫,大大加紧对他们的剥削,榨尽他们最后的力量,资本对无产者进行新的攻击和把最广大的失业者抛到街头。"

同志们!必须认识清楚,绝对不能从工程师的角度来看待合理化。

有些同志仅仅从技术方面来对待合理化是错误的,况且他们把技术方面想象得十分抽象,根据完全正确的马克思主义观点,一般来说,我们不是技术进步的敌人,这些同志倾向于接受这种观点并竭力追求这种技术进步。我认为这是不正确的。在《资本论》第一卷第十三章,马克思在谈到工人对机器的关系和生产过程的经济学(现在人们把这称为合理化)时指出,要把一般地对待机器和在资本主义制度下机器的具体使用区别开来。他同那些由于机器的好处竭力证明在资本主义条件下使用机器反对工人的具体办法的资本主义辩护士们进行论战,并且把那些不是批判机器本身,而是批判在资本主义社会里使用机器的具体方法的人叫做"机器的破坏者"。

马克思在批判抽象地解决问题的资产阶级经济学者的方法的时候,建议提出问题要联系阶级关系和具体形势。在这样提出问题的情况下,技术进步具有资本主义性质并为资本主义剥削的目的服务,就逐渐清楚了。总之,我们应当把问题的技术方面同阶级关系问题结合起来,而且我说过,甚至要同当前的政治形势结合起来,我们的德国同志没有做到这一点。

同样应当考虑到各个时期的某些差别。遗憾的是,经常听到指责我们是机器的破坏者。这种指责要么是荒谬的,要么是机会主义的,因为情况发生了根本变化,人们表示对它不理解。过去,机器的破坏者维护了与那时是先进的资本主义相对抗的落后制度,这是在资本主义初期。在我们的时代,我们在同资本主义稳定作斗争中,捍卫了先进制度、社会主义制度，而且我们生活在已经存在社会主义制度的苏联和其他国家为之奋斗已经提上日程的时代。在这种情况下，我们应当提出共同的政治口号来同资本主义合理化政策相对抗，我建议你们看看布哈林同志的使用"资本主义合理化政策"这个术语的报告。我绝不是准备收回我完全同意的论点和表示我们原则上不是技术进步的敌人的论点，但是我想提醒要防止走向极端。仅仅从技术进步的观点并且抽象地来看待合理化，同时也没有把它同阶级形势和当前时期结合起来，忘记了不能把该时期同破坏机器的时期混为一谈，这就是错误之所在。最后，为了提出一个与资本主义合理化相对抗的总口号，我再举出一条有利的理由。当然，在当前面临着合理化的每个企业的范围内，我们首先应当提出同合理化的后果作斗争的口号并且把我们的工作重心转移到这方面来。但是，必须把合理化的问题不仅仅看做是一个企业范围内的事，而且在这个范围之外，并且提出总的口号，把它同政府问题、政权问题和作为普遍现象的失业问题等联系起来。因此，我认为，必须把讨论中发言的同志们提出的各种说法统一成共同的表达方式，因为在我看来，我们大家基本上都接受了布哈林同志所奠定的共同的基础——同资本主义稳定作斗争并把重心转移到同合理化的后果作斗争上来。提出了各种说法，例如，社会主义合理化反对资本主义合理化。在我看来，这种说法基本上是正确的，并应当采纳它，但应当把它同政权问题结合起来，因为社会主义合理化只有在夺取政权的条件下才可能实现。依靠资产阶级的合理化，同样可以说是一个口号。在现有的条件下，这个口号不仅失去了政治意义，而且也失去了经济意义，因为它是不能实现的。但是，这个口号基本上是正确的，其原因是，我们在想到在苏联发生的类似社会主义合理化的时候，在提出社会主义合理化口号的同时，把这个口号同夺取政权的问题联系在一起。我不准备提出同合理化作斗争的某种特定的公式，但我想强调指出，我们应当根据布哈林同志提出的原则基础，把重心转向同资本主义合理化的后果作斗争上来，摸索出一种正确的说法。然而，除此之外，我们应当找到一个把局部斗争的形式联合和结合起来的共同的口号，这样才能赋予同资本主义合理化的斗争以具体的性质。

因此，我想谈一谈资本向青年进攻的问题。有人在座位上向我喊道，要我说清楚，我为反对谁而进行论战。举例来说，我是同斯莫良斯基同志论战，他在《真理报》上发表的论述稳定的文章在我看来是错误的，这篇文章只从技术观点出发，没有把稳定同阶级形势结合起来。

我再详细谈谈资本向青年进攻的问题。

1. 完全清楚，合理化使青年在生产过程中的作用得到加强，因为给采用技术不熟练的劳动力其中包括青年，创造了新的可能性。另一方面，合理化使青年中的失业女工大量增加。不言而喻，青年中的失业女工比例增加比在成年工人中的失业女工比例增加得少，但是如果取绝对值的话，那么它达到了空前的数字。根据青年共产国际执行委员会的材料，现在在欧洲至少有100万失业青年。这个数字计算得非常谨慎，可是它也足以清楚地反映出合理化给青年带来的后果。

归根到底，合理化就等于使青年工人的状况全面恶化。由此可见，共产国际和青年共产国际的任务是，同资本主义合理化及其对青年造成的后果进行具体斗争的任务和把这一斗争同成年工人的斗争结合起来。这就是在我们当前的工作中争取实现青年的经济要求的这一斗争要提到首位的原因。

2. 军国主义和战争危险对青年的直接影响具有重要意义。这种势头在关于同战争危险作斗争问题上的实际结论中没有得到十分明显的反映。

在强调战争危险的同时，我们应当强调，各国存在着一系列军事改组计划。以英国和德国为例，目前到处都在建立干部组织，减少军队的编制，而且有时也缩短服兵役的时间，可是在技术方面这些军队装备得非常好。除此以外，实行了青年应征前培训的办法。他们想以此来干扰军队与无产阶级的沟通，破坏青年队伍中的反对军国主义的宣传。因此，我们的共青团和党面临着在军队中进行实际工作的迫切任务。我提请你们注意塞马尔同志提到的法国共青团的经验。我们在军队和前线取得的成绩证明，共青团工作得很出色。

现在，就库西宁同志的补充意见谈几句。（我本人没有亲自听到他的报告的这一部分，但我看过记录，了解它的内容。）库西宁同志说，虽然共青团实行了正确的政治路线，然而它的征集力量增长得不够。

同志们！可以肯定地说，像青年共产国际这样大型的组织，在我们的困难时期——在各个党内产生各种各样的动摇时期，实行正确的政治路线，这将起很大作用。在分析由于俄国反对派使共产党和青年团都陷入困境的时候，我们看到，在各个共青团里没有重大的反对派。当然，在德国曾出现过极左思潮，但我们能够用思想工作的方法消除它，几乎没有采取开除的办法，然而假如说也使用了开除的办法，那只是因为破坏纪律。

在法国，我们没有碰到这一类的困难，在同反对派的危险作斗争中，法国共青团完全支持我们，并且同我们一起坚决给予反对派以更有力的还击。

在其他国家也出现了同样情景：我们同反对派的斗争到处都取得了胜利。

至于谈到青年共产国际执委会本身的动摇，那么在这方面只能指出两个事件（魏奥维奇和米哈列茨同志），而我们全都彻底地消除了这两个事件。在这方面我可以向你们保证。这只是无关紧要的事。执行委员会始终坚持完全正确的列宁主义路线。

我不准备按照库西宁同志那样去做，把政治路线同征集工作的不够令人满意的结果联系起来。我知道，库西宁同志不是有意这样做的，但是这两个东西不应当搅在一起。我们共青团没有宗派主义立场,我们把自己的力量主要集中在群众工作上面。我们要靠正确的政治路线才能工作得很顺利。说青年共产国际和共青团同资产阶级组织相比,而在某种程度上也同社会民主党的组织相比,具有不大的征集力量,我是同意的,但是在这样的情况下,共青团和共产党一样犯有同样的缺点:我们的影响比它在组上的固定化的力量大得多。例如,现在我们英国共青团有2000名团员(1年前它只有500名),它办了一份发行量达7000份的周报。我们曾组织过有1万名采矿工业青年工人参加的示威游行,在柏林举行过青年工人代表会议,广大青年工人的代表出席了这次大会。我们的影响面很广,而组织上的固定化影响则大大落后。我们同意这种观点,今后我们将对此更加重视。

3. 我们的征集力量也增长起来了。在从最近一次全会召开后的8个月时间里,我们青年共产国际大约增加了40%(俄国共青团不计在内),这不管怎样也证明具有某种征集力量。如果我们今后在这方面进一步开展工作的话,那么我们的征集力量还会增长。因此,可以认为,在同资产阶级和社会民主党的青年群众性组织相比,我们的共青团在组织上还很弱,这绝不意味着可以确认,我们的情况不妙。我们已经具有一定的征集能力。社会主义青年组织不断退化,而我们的共青团则不断进步。因此,我们在不久的将来能赶上社会主义青年组织(不言而喻,我这么说,并没有把俄国共青团考虑在内;如果也考虑到它的话,那么青年共产国际的人数要比社会主义青年国际的人数多得多)。

我还想指出,在我们的全会上,我们具体拟定了今后的群众工作的路线。我们把自己的注意力集中在以下几点上面:

1. 积极开展经济方面的工会工作。我们在工会工作方面还很薄弱,但已经积极参加工人阶级和青年工人的斗争(英国工人总罢工和矿业工人罢工)。

2. 反对军国主义的实际工作。

3. 具体采取统一战线策略，建立统一战线的群众性机关。派代表团到苏联去，等等。

4. 同敌人的组织开展有计划的斗争，在社会主义青年组织中发展反对派。

5. 对各殖民地的工作，首先是对东亚的工作加以重视。

6. 使内部工作和宣传的方式活跃起来，换句话说，把我们的工作大大搞活，我们的行话叫做"新工作方法"。

我现在谈谈最后一点：与各党的相互关系。

同志们！我拥护台尔曼同志的讲话。他指出，党也要对共青团的缺点负责任。我提请你们注意共产国际主席团今年夏天作出的关于各国共产党支持共青团问题的一个非常好的决议。我拟请库西宁同志在闭幕词中提请全会必须对各国共产党发出号召，指示它们通过的决议和决定不仅仅是为了阅读，而是要执行，这也涉及到共产党支持共青团的决议。（鼓掌）

克拉拉·蔡特金（会场响起热烈的掌声）：

毫无疑问，共产国际各支部将拥护从对世界形势的一般性分析转到对个别国家和国家集团的政治经济因素、现象和事件具体而详细的分析和说明，转到对时而平行的、时而相互作用的、时而又相互交叉的因素进行具体而详细的分析和说明上来的尝试。这样一来，整个共产国际作为领导革命的世界无产阶级的组织和它的各个支部给自己的工作和斗争奠定了坚实的基础。

我们研究的中心是资本主义的稳定问题，换句话说，是资产阶级的阶级统治的稳固问题。不言而喻，我们作为马克思主义者，正在经济中探索社会发展的基本的和起决定性作用的动力。因此，我们正在寻找解释资本主义稳定的存在、力量和速度的锁钥,非常认真地研究工业、商业和汇价的涨落,数字资料和经济生活的其他因素。这不仅是非常宝贵的,而且是研究资本主义稳定问题时必需的资料。我认为,我们仍然要研究经济生活以外所发生的事情和及其在政治中的反映,应当研究在政治以外的——发生在资产阶级社会的上层建筑里的事件和现象。资本主义是有机的社会整体,不能机械地把经济基础和上层建筑分离开来。我提请你们注意我们的导师恩格斯就历史唯物主义问题给布洛赫的信。在这封信中说,在最后的具有决定性作用的一级机关里,经济因素还不是历史上唯一的决定性的因素。我们知道,在经济基础和社会上层建筑之间经常发生交互作用。为了取得对资本主义稳定的情况清楚而详尽的答案,除了政治事件外,我们应当分析在社会的意识形态和上层建筑方面发生的事情。我们在那里看到了什么?整个资本主义经济的上层建筑正受到深刻的、持久的和日益强烈的激荡。资产阶级社会的意识形态和上层建筑这种自发的动摇性清楚地表明,资本主义的稳定是暂时和十分软弱的现象。难道还能是别的现象吗?资本主义的对抗与矛盾不仅在稳定的经济外壳上,而且还表现在生产的最深处,到处破绽百出。事情不限于资产阶级社会的各个社会阶层及其力量对比的进展和变化,还在于各个强国的相互关系和利益角逐的进展和变化;整个上层建筑也经受了震荡,它同时也影响到经济基础。资本主义上层建筑的支柱和骨架开始动摇,出现裂缝,迅猛前进的大众像炽热的火山熔岩流和热火山灰,大雨毁灭和搅乱了曾繁花似锦的旧社会的资产阶级意识形态和资产阶级世界观的花园。按照马克思的说法,发展逐步接近于只能用盗窃来保障财产,只能用杀人和违反誓约来保障法律。假如我不逐字逐句地引证马克思,而只是转述他所说的意思,只好请我们尊敬的朋友、精通马克思的大行家梁赞诺夫原谅了。我举几个马克思的预言证明为完全正确的例子:财产只能用掠夺来保障。

同志们！难道在我们今天，我们不是霍亨索伦王朝用空前骇人听闻的掠夺人民财富来努力确保财产的见证人吗？无论你用国会制公式使它圣洁，还是你社会民主党在普鲁士地方自治代表机关帮助它，掠夺总是掠夺。在公民投票时提出要求无偿地没收过去王室财产的1450万男女居民的眼里，所谓赔款不是别的正是掠夺。掠夺也是另外一种社会现象的实质：通货膨胀的巨浪席卷了德国、波兰、奥地利和其他国家。这股巨浪刚刚开始席卷法国，而我们的朋友塞马尔在这里十分正确地指出，事实上，与暗中隐蔽的通货膨胀同时发生的是，现在官方的通货紧缩。

什么是通货膨胀呢？这是极少数大工厂主、大商业资本寡头、大地主和金融资本的代表人物靠掠夺小财主，靠从在这时被降低实际工资的无产阶级嘴里夺去的一块面包，来巩固和增加财富。什么是通货膨胀，它不是掠夺是什么？在资本主义稳定同时伴生的另一种现象是资产阶级社会的法律解体，法律退化为杀人和违背誓约。值得回顾一下德国法西斯的杀人过程。这不是使杀人和违背誓约合法化，又是什么？这也关系到意大利马泰奥蒂的屠杀过程，一系列其他国家的大量法西斯暴行和白卫军的法庭判决。国际革命战士救济会作为无党派的群众性组织的巨大贡献在于：依靠大量丰富的材料，即描写劳动人民群众奋起反对靠私有制奴役他们的地方，到处充满对白色司法恐怖义愤填膺的材料，明显地揭露了资产阶级社会里称之为法律的瓦解。

资产阶级社会的最神圣不可侵犯的、资本主义合理化和稳定的资本主义上层建筑的另一个领域是私有制为基础的家庭，买卖婚姻是这种家庭的基础，而卖淫是其补充。这种家庭有法律承认的性生活形式，并负有向社会保障后代身心健康的使命。在革命化的经济关系的冲击下，资产阶级家庭正在衰落，而新的性生活形式正在努力为自己铺平道路。只不过，一种残余的资产阶级家庭逐渐丧失了确保后代——年轻一代的出生和发展健康的能力，而健康的后代是社会的最宝贵的财富。与此同时，存在两种普遍的现象：一种是争取废除堕胎惩罚条文的运动，另一种是所谓调整出生率的运动即避孕运动。在这方面产生的影响是，性生活与母性的分离，母性作为一种社会功能的贬值和社会在物质层面杜绝新生活的无能为力。各种运动和在性关系和家庭性生活方面的宣传证明，与经济的稳定相反，旧制度衰落是无法遏止的。所有这些现象证明，在资本主义范围内不可能解决根本问题，腐化的资产阶级家庭散发着臭味。

宗教已经丧失其控制生活的能力和它的调节力量，它已无助于建设社会，用卡尔·马克思的话来说，宗教只是毒害人民的鸦片。受过教育的阶级需要更讲究的麻醉剂，他们把教会的教义变成了神秘主义、菩萨等陈腐思想。在我们今天，资产阶级科学地丧失了自己的建设社会的力量，它已不能证实生活。的确，在个别领域，例如在自然科学领域，有巨大进步，但自然科学和哲学已经不兼有统一的严整而明确的世界观。既在文学，也在艺术的各个领域，缺乏这种世界观。在我们时代的整个文化生活中都打上了资产阶级制度日益衰落和崩溃的烙印。这在所谓的国民教育领域，从国民学校到出版都能看得特别清晰，出版界的退化和营私舞弊——对于任何人都不是秘密。

各个国家的国民学校发展的情况如何？共和制的法国和民主制的德国在迫害人民教师的事情上真正开展了争夺冠军的竞赛，这些老师敢于奋起反对把国民学校变成资产阶级思想的繁殖场，反对滥用国民学校来培养忠实的炮灰和机器的奴隶。资产阶级文化的日暮途穷明显地表现在德国政府有意把国民学校出卖给牧师的学校法草案上。把德国文化落后的原因仅仅看做是战败国的经济灾祸，是完全错误的。请您看一看，在资本主义正在上升的、生命的乳汁旺盛的国度——美国，发生了什么事情。辛克莱在《铜马克》中清楚地描写了美国报刊营私舞弊散发着令人作呕的臭气。辛克莱在他的《群鹅》中痛斥了最高国民教育机关和由这些机关所管辖的设施对资本巨头的完全的依赖关系。这个资产阶级自由国家的精神面貌打上了丑恶而贪婪的烙印，即一切都建筑在冷酷无情的事务主义和温情主义地高谈阔论的宗教伪善的计算上。"猿猴诉讼案"对于这个最稳定的和最合理化的资本主义文化是非常典型的。总之，在资本主义的上层建筑里，到处都可以看到证明资本主义不牢固性和相对稳定性的衰落和解体的表现。

苏联年轻的革命建设，在无产阶级专政条件下苏联的社会主义建设形成了截然相反的情景。在这里，事情不受社会主义经济外形的限制：在社会的上层建筑里建立起从受奴役的所有制政权下解放出来的新型关系。在苏联、在社会上层建筑的各个部门都可以看到，建立在社会主义经济基础上的生活丰富多彩的繁荣景象。社会经济制度确保男女有完全平等的权利。母性被认为是社会职能，社会则尽力保障儿童有受照顾和受教育的权利。人们正在探索着家庭和教育孩子的新形式，在权利方面发生了变革。不仅在科学，而且在艺术，还在文化的一切领域中，新的内容寻求着新的形式。同志们，在无产阶级专政下，创造性的新生活到处都萌发出茁壮的幼芽。新生活鲜花还没有盛开，它还只是刚刚破土而出的幼芽，然而它们的力量是行将呈现的完全繁荣和成熟的保障。在与资本主义稳定坚决斗争和相信资本主义衰落及无产阶级即将解放的时候，不顾及稳定，不管合理化，也不管一切其他力量，我们不仅要把自己的眼光深入到经济的深处，而且要深入到社会的意识形态上层建筑中去。在资产阶级社会生活的一切领域里，我们看到了死亡、崩溃和腐朽，而在无产阶级推翻了资产阶级政治和经济统治，消灭了资本主义，并在社会主义经济基础上也建立起新的社会上层建筑的地方，我们看到了强大的、富有创造性的和卓有成效的新生活。对资产阶级社会的上层建筑衰落现象的分析和在讨论资本主义稳定时对这一因素的估计，在我们的斗争中是根本必要的，这不是空洞的抽象议论。不应忘记，资本主义不仅用经济和政治途径建立自己的统治，而且还靠意识形态和它在上层建筑派生出来的思想建立自己的统治。资产阶级世界观还在影响广大劳动群众对资本主义的态度，它妨碍着人们认清资本主义灭亡的历史必然性和共产主义建设在历史上"一定来到"。意识形态上层建筑的整个大楼是资产阶级的阶级统治的堡垒和资产阶级压迫的支柱。资产阶级意识形态是资产阶级同无产阶级斗争的武器。我们对资本主义的意识形态上层建筑认识得越清楚越深刻，我们越是勇敢地冲进资产阶级社会已经打开的缺口，那么，我们就越毫不留情地把资产阶级的思想武器搞钝和弄得满是缺口，而群众在同资本主义、同它的稳定及其剥削和奴役的一切方法作斗争中越坚决、越顺利地猛冲猛打。应当牢记的还有一点，在我们充分认清正在进行中的发展和巧妙而有效地利用这种发展的条件下，资产阶级社会的意识形态上层建筑的崩溃和衰落，使正在斗争的革命无产阶级阵营得到新盟友和新战友。

数十万乃至数百万人不但在资本主义制度的经济压迫下呻吟，而且生活中还缺少精神内容并缺少把他们同社会联系起来的道德义务。资产阶级意识形态已经不是团结社会的因素，它并不指明摆脱贫困和痛苦的出路。数十万人，不，数百万人像其他人一样没有面包，无家可归，正痛苦地感受着资本主义意识形态上层建筑的衰落和腐败。我们不但在无产阶级中间，而且在小资产阶级中间，甚至还在中等资产阶级阶层中间，有为自己征集战友的可能性。

在分析资产阶级社会意识形态衰落现象、揭露其原因并指明摆脱这些灾难的唯一可能的出路的时候，我们建议，我们动员新的战斗队伍，加强同稳定的资本主义作斗争的统一战线。引导和教育这些群众的必要性，要求清晰而彻底地把我们的具有原则性的世界观和我们的意识形态的立场观点同用社会民主党的改良主义外衣掩盖的资产阶级意识形态划清界限。把对资产阶级社会的意识形态上层建筑衰落的事实进行社会批判和革命斗争作为出发点，使得我们同改良主义和社会民主党人明显地区分开来。这促使我们在以原则对抗无原则性的同时，最明确地使我们的共产主义意识形态定型化。无论社会民主党跑到哪里去求助，以便得到对它的支持和赞助，但腐败的资产阶级意识形态上层建筑都没有这样的思想阵地。我们的努力方向是：推翻资本主义并开辟通向新社会的道路。没有意识形态方面的斗争是不可能的，为此在同社会民主党进行坚决斗争的过程中，要千方百计地利用衰落的一切因素。还有一点：没有任何怀疑，资本主义意识形态上层建筑的崩溃和衰落这场戏的演出，是由正在斗争的无产阶级和劳动人民群众满怀战斗决心、战斗勇气和必胜信心来完成的，而这是斗争和胜利的重要因素。

我认为，库西宁同志在他的报告里指出了我们所确定的局部的、目前大家所关心的要求为一方，与伟大的历史目标——夺取政权为另一方之间的联系过分表面化和机械化的性质，是完全正确的。如何帮助这一点呢？不但要把我们的全部要求在政治上一环扣一环地都联系起来，即从与稳定的资本主义造成的生活和劳动条件不断下降和恶化作斗争，到为夺取政权的革命斗争，在逻辑上连接成一条连续不断的链条，而且要把我们的全部要求和目标从内部有机地结合起来。为此，要最大限度地把革命的共产主义理论灌输到我们当前的整个斗争中去。反对延长工作时间的斗争，反对提高劳动强度和对无产阶级在整个肉体和全部精力上的残酷剥削的斗争，反对尽管是降低一分尼工资的斗争，都应当急切地充实着我们的、同资本主义相敌对的、同资产阶级制度相敌对的、具有原则意义的革命方针。对整个目前大众所关心的斗争和争取实现最迫切要求的斗争要有清醒的认识并反映无产阶级和劳动群众的意志。

打倒并消灭声名狼藉的资本主义制度！

同志们，卡尔·马克思在有关费尔巴哈的一本书中说过：

"……理论一经掌握群众，也会变成物质力量。"①

苏联及其社会主义建设是这一真理的生动体现。在红十月的日子里，被群众所掌握的思想变成了革命的和具有破坏力的力量。布尔什维克党能够把群众团结在必须夺取政权的周围。在国内战争和同资本主义各国的武装干涉和经济封锁斗争的时代里，在同饥饿与寒冷作斗争中，它能够使革命思想变为自卫的意志和群众的战斗决心。思想变成了战胜无产阶级专政的一切敌人所需要的力量。布尔什维克党把自己的思想灌输到千百万劳动群众的意识中去，而思想具有一种力量，具有无法遏制的保证党取得胜利和进行社会主义建设的力量。

同志们，我们要以俄国革命及其领袖——联共（布）为榜样。向他们学习，组织好我们的斗争。在地球上，在资本主义还统治着的和实现着稳定及合理化的地方，到处都发生被压迫群众的风潮和运动。我们要为奋起反抗的群众输送革命的共产主义思想，帮助他们认识到资本主义必然灭亡。被千百万群众所掌握的思想必将成为一种力量。因为我们能够锻炼这些力量，把它投到日常的斗争中去，甚至在平日的细小的工作中发现这种力量；因为我们能够引导所有群众参加充满革命思想的运动，所以我们不惧怕资本主义的稳定。

这时我们才能大胆地说：不管资本主义的稳定，也不管它的合理化，世界终究是我们的。被群众掌握的革命思想的不可战胜的力量和世界无产阶级革命的发展具有同样的意义，和世界无产阶级革命的必然胜利具有同样的意义。

（热烈鼓掌，经久不息。）

---

① 《马克思恩格斯文集》第1卷第11页。——编者注

韦舍（德国开姆尼茨）：

除有些情况外，讨论过程表明，在关于国际形势和共产国际最迫切的任务的提纲中所拟定的路线赢得了一致赞同。

然而，我试图反驳发表过反对这条路线意见的里泽同志的论点。里泽同志在他的讲话中一开始就谈到了稳定的问题。许勒尔同志已经批驳了他的一些观点，我想简略地谈谈里泽同志几乎到处都在自己反驳自己的问题。里泽同志的批评首先涉及的是失业问题，照他来看，这个问题德国党解决得不好。他把反对派首先提出要联合失业者并调动他们的积极性作为反对派的特殊贡献。里泽同志是大错特错了。我只举一些材料，来作证明。中央委员会不仅在几个月以前，而且是在去年，特别是在1926年初，实际上就提出了联合失业者的问题。在1925年，在萨克森，曾有许多场合都证明，失业者与工会合作绝不是消极地对待失业者。在那些工会已承认无法应付的地方，在我们的领导下进行了独立地而且是成功地发动。因此，我提请大家注意，全萨克森的代表会议；因为我知道，这样的代表会议在德国的其他地区也召开过；所以我提请大家注意地方自治代表会议的代表团。这些代表团的成员不仅有共产党人，而且还有社会民主党人和非党人士；代表团中不但有男代表，而且也有妇女代表。失业者的这种日益增长的积极性表现在波及到国会中去，至于在议会上的发言、组织游行和集会就更不必说了。如果里泽同志认为对联合失业者和调动其积极性的必要性认识不足是工人共产党影响的结果的话，那么我要反驳这一点。我不知道里泽同志的这些论调是从哪里得出来的。不过我认为，未必一定要谈工人共产党的影响。恰恰相反，在那些企图要灌输这种情绪的地方，党把这种企图消灭在萌芽当中。因此，在这种情况下，必须反驳里泽同志所提出的论点。

其次，里泽同志认为，举梅克伦堡事件为例是必要的，当时不是由于中央的政策不好，而是因为梅克伦堡的同志们，使我们有丧失群众影响的危险。当然，对我们的策略运用得不好，对党的作用估计错误，是常有的事，这给我们的同志和整个运动造成了危险。但是，即使在这种情况下，中央也采取了根本措施。因为我知道，有关的同志被撤职，而议会党团在受到严重威胁的情况下被迫改变方针。中央只是在发现了明显错误的时候才采取措施，这可能是缺点。我们缺少有先见之明的人，而这样的错误任何一个同志都会犯。直到现在我们也没交到好运，还没找到这种有先见之明的人。

我也不能同意里泽同志关于党在矿工罢工时期实际上没有力量的论点。为了唤起矿工一致行动，我们做过相当彻底的尝试。例如，在鲁尔州，我们的同志们提出了关于同情罢工（在"贝克尔维尔科"地区）的问题；30%的职员在我们的口号影响下丢开工作。但是，工会官僚的影响还非常强大，而且它能够阻止住矿工们的声援行动。这更促使我们有义务把工会工作提到首位，我们的职责不仅是加入工会，而且是在工会里使共产主义精神产生效果。特别重要的是，现在改良主义者们还占据着工会的最重要岗位，因为根据矿工联合会的决定，以前的北爱尔兰统一党党员都是要经过预备期，这就使我们的同志丧失了现在就在工会中占据重要岗位的可能性。在这方面很快就会发生对我们有利的变化。

在里泽同志的讲话中特别值得引起注意的是萨克森问题。他认为，制定口号和《红旗报》的问题讨论证明，现在的中央终于向具有原则意义的重要政策方面靠拢，换一个说法，就是直到今天以前还没有这种原则政策。而在此处，他的论据是不对的。应当从头开始证明，党在这种或那种进攻的情况下，忽视了原则方面。如果我们能指出在萨克森选举或地方政府的选举中所取得的一系列成绩，要知道，在这两次选举运动的间隔时间里，我们曾以十分尖锐的形式提出工人面临着建立政府的原则问题，那么，毫无疑问，这证明，现在的中央和下级委员会的政策是明确的。里泽同志的整个论据使人担心，仿佛我们又不得不回到

1923年。可以满怀信心地说，1923年一去不复返了。经验特别是萨克森的经验得出了党员批判地评价每一个措施的结论，然而，假如萨克森的中央委员会提出的口号能为萨克森各州一致赞同的话，那么这证明，中央在自己的政策上是可以依靠州的。

共产党人提出的关于国务总理和选举的问题的提法本身，在里泽同志的论据和他对退回到1923年的恐惧心理中起着重要作用，这种提法在某种程度上造成了一种印象，似乎共产党人可以同社会民主党人一起，包括在萨克森的地方自治代表会议上一道，实行工人政策。然而，正确的做法则恰恰相反。至于谈到梅克伦堡，那已经作了纠正。我们在德国社会党和成立政府的问题上的立场是完全清楚的。我认为，为了使同志们能够了解情况，详述中央在成立萨克森政府问题上的态度是必要的。

"共产党在一定的条件下，即在它提出参加竞选斗争的条件下，以及在缺乏群众动员、靠议会道路不可能实现的情况下，则投总理的赞成票。在社会民主党政府不履行这些条件的情况下，共产党就要动员工人群众反对这个政府并推翻它"。

这是十分清楚的立场。对于我们来说，问题的实质是加强在萨克森德国社会党上层的地位，萨克森德国社会党的上层具有特殊的性质并与在口头上是左的、而在实际上实行社会民主党官方政策的所谓的奥地利马克思主义者相似。这个在萨克森叫做"左派的"集团在群众中还有影响。社会民主党人得到75万张选票，共产党人只得了35万张选票。这证明，我们应当全力以赴地使群众摆脱社会民主党漂亮空话的影响。问题就在于此，而不在于要成立社会民主党的政府，这种政府可能会实行反对无产阶级的政策，就像梅克伦堡已经发生的那样。我们觉得，这样解决问题的办法能使全体党员团结一致。

里泽同志无论是在第一个问题上还是在第二个问题上都没有指出其

他途径。假如他指出另一条具体的途径，尤其是在对萨克森、对整个德国乃至对整个共产国际有意义的萨克森问题上指出其他具体途径，那倒是很有趣的。除了共产国际指出的可能性外，但愿里泽同志能给我们指明其他可能性；但是里泽同志并没有这样做，他局限于纯粹否定的批评，而这种批评完全是徒劳的，而且只能产生消极作用，这在我们的党面临着巨大任务的时期是毫无益处的。

接着，里泽同志指出了党的不能令人满意的征集力量。他指责我们，在许多人退出社会民主党的情况下，我们没能把退出来的人吸收到我们党里来。

同志们，必须认真指出，除了少数人以外，一两年前就退党的社会民主党人直到现在还没有找到加入我们党的途径。对他们来说，跳到在组织上对他们完全是新的共产党里来，目前还是非常艰巨的。

里泽同志对德国党中央其他措施的批评也是没有说服力的，例如，开除机会主义集团和个别党员。我断言，在这几个月当中，中央在对待许多同志的问题上表现出极大的耐心。一些同志要求的派别自由是坚决不能允许的。在我们面临艰巨任务的情况下，应当否决这种要求，因为派别纠纷只能妨碍党取得成就。

关于合理化和具体化再说几句。十分清楚，工人们不明白什么叫"合理化"。人们要对它作出科学分析，那就需要以俄国同志做榜样，对问题作出明确的解释。我们看到，这里有许多机关能够出色地做到这一点。鉴于为合理化而斗争，在提出八小时劳动日问题的同时，我们要这样做：我们提出八小时劳动日的要求，并且我们说：德国有2000万工人按照工资合同一周每人要工作52个小时。实际上他们一天工作超过了8小时。这2000万工人争取一周工作48个小时，这样每个工人每周赢得了4个小时，对于2000万工人来说就是8000万个小时。这8000万个工时就给180万个失业者创造了参加生产过程的条件。我觉得，用这样的宣传方法，我们能够影响任何一个普通工人，无论他想得多么简单，他明白，共产党人这里真正提出了切实可行的口号。这与斗争具有同样的意义，但群众懂得，为什么需要这种斗争。下列情况是值得指出的：有许多日常生活和斗争的问题，我们可能随意把它们解释为纯粹的党的问题，不应当通过党而应当通过我们拥有的其他渠道把它们带到群众中去。一系列这样的问题不仅对党重要，而且对整个工人阶级都重要，如果我们通过我们的这类组织（工厂委员会、红色战士联盟等）把这些问题带到群众中去的话，那么任何一个工人都会正确地接受我们的要求。假如我们以同样的方法对待工会，并且在那里提出实现这些工人所采纳的要求的问题的话，那么，这就能调动群众的积极性。

在这次会议上说明我们实行统一战线的策略是否正确，同样是重要的。毫无疑问，我们可以对这个问题作出肯定的回答。从选举开始到劳动者代表大会为止，党所实行的各项措施都产生了良好的结果。我想顺便提请大家注意，在开姆尼茨州，除了企业和工会以外，有13个市政局，在那里，迄今为止我们还没有取得共产党的多数，提出派代表作为正式代表参加劳动者代表大会。共产党真正能领导群众的坚定信念到处都为自己铺平道路。我谈到，由于工人代表团而兴起的运动和反对赔偿旧王公财产的运动，正是由于我们的统一战线的策略，我们到处取得了胜利。我们没有同社会民主党的工人和无党派工人失去接触，并且（尤其是在萨克森）揭露了左派领袖。我们工作的结果是萨克森党的分裂。毫无疑问，我们应该把这些归功于正确运用统一战线的策略。所有这些使我们得出结论，只有当我们坚决而明确地、毫无动摇地执行今后拟定的路线的时候，工人阶级寄托在我们身上的希望将被我们证明是正确的。只有在最近的执委会的全体会议上我们能判断今后的成绩时，才能相信，我们为自己提出的任务就是这样的，并且我希望，里泽同志将放弃对这些任务的否定态度，齐心协力地促进这些任务的实现。

基尔布姆（瑞典）：

上个斯堪的纳维亚的代表团全都同意库西宁同志的观点，斯堪的纳维亚的各共产党应当努力为争取群众而斗争。我们完全认识到，首先必须加速有利于工运统一和工会组织革命化工作的发展。

然而，在评价斯堪的纳维亚的形势时，不要忘记，相对来说这里阶级矛盾还不太显著。首先，在瑞典，工人们没有像许多其他国家的工人那样，由于最残酷的资本主义压迫和十分明显的剥削而感到非常困苦。不言而喻，这种情况有助于保持对改良主义者和对他们的策略的信赖。并且应当记住，特别是在瑞典和丹麦，社会民主党非常强大。这两个党都是第二国际的最大的和举足轻重的党。例如，瑞典社会民主党已经三次把政府的权力掌握在自己手中。不错，在工人们能够从对社会民主党政权优越性抱有的幻想中摆脱出来以前，资产阶级就把它从这个位置上赶下了台。瑞典社会民主党人估计在1928年要取得下议院的多数并在国会的基础上建立社会民主党的政府。他们已经答应给工人各种各样的"社会主义的"福利。但是，他们只有靠共产党人的帮助才能取得多数。因此，我们在资产阶级和社会民主党之间的议会的斗争中肩负着起决定性作用的使命。不过，丹麦社会民主党的政府不久前也曾被迫向选民们发出过呼吁。

然而，对于斯堪的纳维亚来说，和平主义时代已成为过去的发展时期。在瑞典，资本主义稳定获得了相当大的，甚至可以说是非常大的发展。阶级矛盾越来越尖锐。资产阶级正在**竭力加强同工人阶级斗争**的口号下向前挺进。

资产阶级建立起工贼的武装队伍，这支队伍时刻准备着在企业主同工人的斗争中来帮助厂主。建立了法西斯组织，这些组织已经开始采取反对工人运动的各种行动，不错，目前还局限于散发传单和同时进行其他无罪的活动。但是，工人们公开同法西斯分子作斗争。有一次，工人们打败了他们并迫使他们向警察寻求保护。警察是靠秘密基金用技术完善的机枪武装起来的。同时，它利用资产阶级社会的大力支持，这个社会完全公开地、明显地表现出要利用受它支配的一切手段来消灭共产党人。

与此同时，向议会请愿，其目的是减轻资本家的课税并把它们转嫁到劳动人民身上。瑞典的整个资产阶级世界在必须禁止一切形式的罢工的问题上是一致的。因此，在最近几个月里，需要等待政府在议会通过相应的法律草案。特别值得注意的事实是，瑞典社会民主党的领袖们违背工人们的意志，完全公开表示自己在原则上赞同资产阶级的要求。

从以上所说的可以看出，现在，在整个斯堪的纳维亚，无论在政治生活中，还是在经济生活中，反动势力都在发展。但是，这在工人群众的心理上还没有引起明显的向左转的变化。

英国人早就竭力想把斯堪的纳维亚拴在英帝国主义的战车上。英国反动政府不仅仅利用邻国孤立苏联，它同样也竭力使斯堪的纳维亚服从于自己的利益。例如，我们可以根据我们所掌握的材料详细谈谈，不久前在芬兰，在英国军官的协助下，制定了军事防御新法令草案。草案规定特别要加强武装，当然也要增加军事预算。看来，对下面的事实也是很难提出异议的：英国政府作为"顾问"参加了丹麦国会通过的"裁军草案"的起草工作。从各方面来看，十分明显，英国政府计划建立一个在瑞典领导下、以斯堪的纳维亚集团为代表的保护英国在波罗的海利益的前哨，在必要的时候，可以利用它来反对苏联。为了实现这一任务，英国政府获得来自斯堪的纳维亚各国反动分子方面的大力支持。在这种情况下，芬兰白卫军最卖劲。很明显，芬兰白卫军分子认为自己在这种把戏中能起到领导作用。因此，斯堪的纳维亚各国彼此间加强联系"增进友谊"的紧张工作已经延续了几年。组织了军舰分舰队的互访，芬兰总统出访斯堪的纳维亚各国的首都，而斯堪的纳维亚各国国王的互访是**在社会民主党的部长们的陪同和协助下**进行的。但是，各国**武装法西斯组织**的频繁来往，最清楚地证明了存在这类计划。每个人都十分清楚，芬兰白卫军分子在同其他斯堪的纳维亚各国在信仰上志同道合者的帮助下，在建立**反对工人阶级的白卫军**方面进行了紧张的工作。如果再把斯堪的纳维亚企业家们的相互间的紧密合作加到这方面来，并经常组织会议，又在一些情况下共同行动的话，那么比较起来，这张图画将是一张全图。因此我们看到，一方面它积极准备直接参与斯堪的纳维亚与苏联为敌的政策（它能否成功是另一个问题），而另一方面，它在组织反动武装向工人进攻方面进行了目标明确而系统的工作。

与此同时，可以确认，第二国际在争取斯堪的纳维亚工人群众的事业中积极性提高了。库西宁同志对《前进报》作为世界上最出色的反革命机关报的分析，毫无疑问，是正确的。不过，假如库西宁同志有时间浏览斯堪的纳维亚社会民主党的报刊的话，那么他会发现，《前进报》产生出该刊可以引为自豪的反革命后代。斯堪的纳维亚社会民主党的报刊对于散布关于苏联的种种谣言并不感到难堪。这些报刊在思想上无时无刻不为资产阶级社会效力。不久前，一家瑞典社会民主党领导的报纸谈到中国的斗争时曾写道："如果英国在世界上的统治崩溃的话，那就是灾难。"前不久，也是这家报纸曾写道，自耶稣降生时才开始有文化。因此，不仅有耶稣，而且它的教义是文化的起源。社会民主党的各家报纸还就这一题目开展了好几天的热闹辩论。

现在，社会民主党人主要是在瑞典和芬兰就把工人群众争取到他们党方面来进行着坚决而有意识的工作。在瑞典，这是用整个的工会组织集体入党的办法来实现的。对那些加入工会组织而又不愿意服从社会民主党领袖们的政策的工人们使用了恐怖手段。假如他们有足够勇气站到共产主义方面来，那就向他们工作单位告密，并且社会民主党人帮助解雇他们。甚至连反动的社会民主青年联盟中央委员会也对共产党人毫不留情。它领导着反对共产党人的和反对苏联的所有运动。每一个反革命的阵地都被这些先生们用来为他们制造诬蔑诽谤和造谣中伤的政策服务。应当指出,斯堪的纳维亚的尤其是瑞典的社会民主青年,近几年来开展了非常积极的征集运动,而瑞典社会民主青年联盟已经有 29000 名团员。这些青年联盟是社会民主党的领袖们在他们同我们——共产党人作斗争的突击队。他们在与我们的关系方面的行为中发现了自己的近乎法西斯主义的思想。他们是派头最恶劣的反革命分子。

在所有这一切之后,第二国际和阿姆斯特丹国际拥有以斯堪的纳维亚社会民主党领袖们为代表的分裂工会运动的顺从工具,就完全不足为怪了。其实,由阿姆斯特丹国际支付工钱的和由芬兰社会民主党所推行的分裂芬兰工会联合会的企图并没有得逞,但是这种企图要在将面临工会联合会合并到阿姆斯特丹国际的危险的挪威重新出现,而参加工会组织的工人队伍将四分五裂。在瑞典,社会民主党力求完全麻痹参加工会组织的工人向往统一的意志。为了这个目的,他们采取了种种挑拨离间的措施。值得注意的是,的确,社会民主党人在瑞典工会联合会最近一次代表大会上取得刚刚超过半数的多数,通过了一项由工会资助办一份社会民主党报纸的决定,虽然这家报纸完全公开发表了赞成分裂加入该工会联合会的工会组织的言论,阅读这份报纸的多数工人都是工会运动的激进的一翼。

在第二国际分裂政策和企图孤立苏联无产阶级的情况下,在 12 月 6 日,在斯德哥尔摩又成功地召开了**斯堪的纳维亚—波罗的海代表会议**。在非常活跃而热烈的讨论(有关这个问题在斯堪的纳维亚进行过讨论)过程中,十分清楚地揭露了代表会议的性质。策略手段的目的归根到底是为了把芬兰和挪威的工会联合会塞进阿姆斯特丹国际。如果这办不到的话,那么就会产生工会运动被这些国家的社会民主党的领袖们分裂的危险。芬兰社会民主党人曾不止一次地发表过存在着这种危险性的意见。在丹麦,因为近几天拥有9万人的职工联合会①被挑动起来表示要退出工会联合会,由于改良主义首领们的努力,工会联合会已经分裂。

但是,除了所有这些以外,工人运动正在朝着有利于团结统一的方向发展。芬兰和挪威工会联合会已经邀请全苏工会中央理事会参加斯堪的纳维亚—波罗的海代表会议。在同社会民主党人和改良主义领袖们不断的残酷的斗争中,10万瑞典工人向他们的工会联合会提出了完全相同的要求。

不过,一般来说也可以明确指出,由于失业者日趋增加和资本主义剥削日益加强,工人们逐渐把社会民主党的领袖们鼓吹的资产阶级思想看成是没落的。在反对正在酝酿的禁止罢工的法令的斗争中,工会组织一个接着一个清楚地、毫无三心二意地同社会民主党的领袖们划清界限。

斯堪的纳维亚各国共产党的工作前景在客观上是很好的,无论是在瑞典和挪威,还是在芬兰,在农民中间也在明显的向左转。例如,不久前在瑞典召开过两次农民代表会议,在这两次会议上讨论了农民的共同要求。当然,社会民主党人召开的一次代表会议只研究了改善农民状况的简单要求。另一次是由激进的、共产主义情绪很高的农民组织的会议对保护农村居民劳动群众的利益的鲜明的战斗立场给予了注意。瑞典共产党已经在几年以前,就在国会以及数百次公开的会议上,提出要求无偿地**剥夺大公司、转分遗产者和大土地占有者的土地所有权**,以便把土地分给财力薄弱的农民,以及农业工人和林业工人。第二次农民代表会议也通过了农民组织的根本纲领,这个纲领不但以联合农业劳动居民,而且还以在同剥削者作斗争中建立他们与工业无产阶级之间的更加紧密

---

① 即 Verband d. Arbeitsmanner。

的联系作为本身的目的。农民和农业工人建立了一个在林场工作和从事流放木材的农民的工会联合会能够集体加入的组织。相反，社会民主党人曾不止一次地反对我们没收土地的要求。因此，我们在农民中间的工作具有同上面一位发言人所谈的不同的性质。

共产国际斯堪的纳维亚各支部完完全全认识到，全力以赴地把工农群众争取到革命运动方面来，是自己的天职。但是，我们希望，共产国际、红色工会国际和各兄弟党帮助我们并给我们出主意，对我们的努力更加重视，特别是当斯堪的纳维亚各党在反对包围苏联的反动企图、反对孤立我们俄国阶级兄弟的社会沙文主义的企图为方向时，使这些党的斗争和努力具有更大的意义。

我们在赞同布哈林同志的关于共产国际任务的决议草案的同时，还想强调指出下列特别重要的任务。

必须加强活动和深入斗争：

1. 把参加工会组织的工人争取到革命运动方面来，而且也把他们争取到民族的和国际的统一工会运动方面来（我们完全同意台尔曼同志关于工会工作经验的说明，在我们瑞典也同样发现了在德国发现的毛病）；

2. 争取和组织劳动农民和雇农阶级；

3. 把劳动青年争取到应给予最大注意的共产主义青年运动方面来。

我们真诚地欢迎库西宁同志所阐述的论点，在这次全会以后将详细研究青年共产国际的论点。我们希望，一定要找到把青年工人争取到共产主义运动方面来的途径。各国共产党应当认识到，如果我们不能把青年工人吸收到自己方面来，那么我们争取群众到共产主义旗帜下的工作将更加困难。

尼古拉耶维奇（南斯拉夫）：

布哈林同志在他的书面报告和口头报告里都没有谈到巴尔干。毫无疑问，这在他来说是一个失误，而原因不仅是，巴尔干仍是帝国主义国际政策的一个十分重要的对象，而且是因为巴尔干多年来已经是最凶恶的反动势力的堡垒，在那里，所有的共产党都处于非法地位。曾经有过巴尔干革命运动的时期，看来我至少是作了过高的估计。但是，对巴尔干估计不足那是更大的错误。

　　首先，我想谈谈巴尔干稳定的一般性问题。在巴尔干半岛是否存在某种资本主义的稳定呢？我们应当明确和开诚布公地回答这个问题，因为我们只有在正确估计具体情况的条件下，才能实行正确的政策。我们的党所犯的许多错误恰恰是由于不正确的估计或对局势不及时作出正确估计而产生的。

　　在巴尔干，好像有几位左派同志，这些同志试图完全否认存在稳定现象。然而遗憾的是，在巴尔干分明是有明显的稳定现象，如果你不想实行鸵鸟政策的话，那么这种稳定现象是不能否认的。资本主义稳定的总的主要特征是怎样的呢？提高生产、发展对外贸易和改善外汇牌价。所有这些资本主义稳定的征候在我们巴尔干也都有。然而，巴尔干的稳定过程和中欧和西欧的稳定过程之间是有差别的，尽管不是原则上的，也是发展程度上的不同，即巴尔干的稳定发展程度不如中欧稳定发展程度高。差别还在于，巴尔干总的形势比中部俄罗斯更千头万绪、更错综复杂。巴尔干形势的这种复杂性表现在哪里呢？

　　首先，巴尔干的资产阶级民主主义革命还没有进行到底。封建主义残余还没有消灭净。资产阶级完全没有能力把资产阶级民主主义革命进行到底。只有战无不胜的无产阶级与广大农民群众结成紧密联盟才能完成巴尔干的资产阶级民主主义革命。应当十分清楚地了解事物的这种情况，以便正确地对待巴尔干问题。由于对巴尔干形势的这种估计，在对待巴尔干的各种各样的农民运动表现形式的主张上，对于各国共产党来说，是一个至关重要的问题。在制定对待农民运动的这些表现形式方面的正确主张中，农民国际和莫斯科农业研究院要给予各国共产党以帮助。

昨天，柯拉罗夫同志在他的讲话中曾谈到巴尔干的稳定现象。他正确地阐述了一般问题，但同时他又提出了我不能同意的论点。柯拉罗夫同志断言，似乎巴尔干各国的稳定和它们的殖民化后果是一样的。照我看，这样表达这个论点是不正确的。这种说法过于笼统，也过于简单。柯拉罗夫同志是以整个巴尔干半岛的未来为反衬来说明保加利亚的未来的。他把整个半岛"保加利亚化"了。（笑声）我认为，这是不对的，布哈林同志在他的口头报告和书面报告中十分正确地指出，恰恰是在目前形势下，我们必须具体而清楚地、有区别地提出资本主义稳定问题。例如，在保加利亚和南斯拉夫之间有相当大的差别，而这原因是完全清楚的。保加利亚是个战败国，它应当支付赔款，然而南斯拉夫却属于那种不仅从保加利亚而且还从其他国家接受赔款的所谓的战胜国。就这一事实已经足以说明，保加利亚的稳定过程与南斯拉夫同样的过程之间在规模和速度方面是有差别的。实际上，南斯拉夫也是一个农业国，但同战前的情况相比，南斯拉夫在相当大的程度上工业化了，而保加利亚还谈不上。例如，1924年的对外贸易平衡表明，工业品占整个外贸出口的40%。这已经证明，南斯拉夫工业化过程多少向前发展了。这样使问题简化的过程包含很大的危险性：它使柯拉罗夫同志得出另一个不正确的结论。

柯拉罗夫同志说，巴尔干各国的殖民化说明，巴尔干没有外国帮助，稳定是根本不可能的。的确，巴尔干半岛资本主义各国缺少外国援助是不能达到稳定的。但我要问：德国、奥地利或者其他任何一个资本主义国家没有外国援助，无论什么样的稳定能够达到吗？毫无疑问是不能的。总之，靠外国资本家援助的稳定不是巴尔干稳定的突出特点。一般来说，这是稳定的唯一可能的方法。只有一个国家——无产阶级专政的国家、世界上第一个无产阶级国家——苏联才能靠自己的力量达到稳定。任何一个资本主义国家都不能做到这一点。

把稳定同殖民化混淆起来使得柯拉罗夫同志又得出另一个不正确的结论。柯拉罗夫同志从我刚才所说的错误前提出发肯定地说，没有外国援助，巴尔干的无产阶级自己不能推翻和战胜自己的资产阶级。当然这是一种错误的理论，甚至是有些危险的理论，它之所以危险，是因为它能够得出冒险的实际政治结论。可以说，这是一种消极的理论。

巴尔干稳定的不平衡性，实质上不是别的，正是列宁的资本主义发展不平衡的普遍规律在起作用。南斯拉夫在工业化道路上取得了一些无可争辩的成就。社会民主党人、改良主义者和资本家们在他们的报刊上像谈论一个完全巩固的国家一样来谈论南斯拉夫。社会党人断言，似乎南斯拉夫已经进入资本主义正常发展的时期。当然，这是无稽之谈。社会民主党人和资本家们之所以这样看待南斯拉夫的稳定，是因为他们不是辩证地看待稳定过程。社会民主党人和改良主义者只看到稳定过程的一个方面，从资本主义角度出发，只看到稳定过程肯定的、建设性的因素，但对这一过程的另一面、否定的一面，却视而不见。南斯拉夫面临着产量增加、对外贸易得到发展和外汇状况大大改善。所有这些都是肯定的因素，是稳定过程的一个方面。社会民主党人和资本家们什么都不希望知道的另一个方面在于：第一，南斯拉夫还没有解决农业问题；第二，南斯拉夫还没有解决民族问题；第三，300多亿第纳尔的战争债务还没有调整好；第四，国家预算不平衡；以及第五，外汇问题没有解决，货币改革命还没有实行。总之，我们看到，否定的、从资本主义角度来看是破坏性的因素对肯定的、建设性的因素多少占点优势。因此我们说，南斯拉夫根本谈不上社会民主党建立的资本主义的巩固。所以，问题不在于南斯拉夫资本主义的巩固，而在于相对的稳定，局部的、摇摆不定的稳定。

通货膨胀时期的工业高涨在南斯拉夫变成了工业的严重危机。在这场危机时,也出现了对农业化的一些向往。这种对农业化的向往,不仅仅在于,像瓦尔加同志所想的那样,精简构成工业生产机构的多余的部分,而首先在于,把资本投放到提高农产品产量和扩大所谓的农业工业化方面来。值得注意的是,在这种农业化趋势加强的同时,加强了英帝国主义在南斯拉夫的影响。

遗憾的是,关于帝国主义列强在巴尔干有趣的表演、这场表演对南斯拉夫内部政治生活影响如何,我什么都不可能谈了,因为给我的时间已经过了。

最后,关于南斯拉夫共产党,我想再说几句。南斯拉夫共产党经受白色恐怖的严重打击已整整6年了。现在施加到我们的意大利同志们身上的一切,我们早在6年前在南斯拉夫就已经受过了。我无意贬低意大利"领袖"的"光荣",但我应当指出,墨索里尼在同共产党人作斗争中,并没想出什么新鲜花招。为了同意大利共产党作斗争,他从南斯拉夫白色恐怖的武库中借用了武器。取消对共产党的委任,扩大警察局的权力,通过保护国家法——所有这些在我们南斯拉夫已经有6年了。

因此,我必须强调指出,国际革命战士救济会在巴尔干完成了出色的工作。然而,在注意到巴尔干反动势力增强的时候,就更要加强这项活动。各国共产党要置自己的非法性于不顾,学会动员群众同白色恐怖作斗争。为此,必须有相应的组织形式。在南斯拉夫,我们在这方面也成功地取得了一些成绩。

在结束讲话时,我以为可以再提下面一点意见。我认为,秘密党的数量在增多,而且还要增多,这就促使共产国际比迄今为止更加注意秘密党并研究秘密党的特殊工作方式方法。

每个地下共产党都面临着两项主要任务,归纳如下:第一,建立强有力的和健全的秘密机关,这个机关始终要成为秘密党的全部活动的基地；第二，寻求合法的工作形式，这种工作形式不仅为我们同广大工人保持联系，而且为我们与更困难的广大农民群众保持联系提供了可能。这是每一个秘密共产党在现阶段的主要任务。照我看来，这是无产阶级革命准备工作的重心。

布兰德（波兰）：

同志们！我想请大家注意布哈林同志在报告中已经指出的世界经济形势的一些特点。我愿意详细谈谈这些特征。我指的是世界经济基础的质的变化和世界经济尤其是欧洲经济的生产机构的技术变化问题。从质量的角度来分析研究生产机构，和在数量上分析的情况一样，对于讨论战后危机的原因和性质来说，也是有意义的。战后已经过去整整8年了，时间不算短了。甚至在缺乏资本积累的简单再生产的情况下，在技术迅速进步的条件下，这与工业机构生产能力的增长具有同样的作用。的确，在最近8年来，有重大的技术发明和改进。当然，分析技术基础的变化对于评价整个形势来说是不够的，但是，因为这里对于社会和政治方面阐述得比较详细，所以我就只限于谈谈这一领域。总之，我肯定地说，在某种程度上由于战争在这8年当中出现了重大的技术改造和变化。这下面就是它们的简单项目：经济的动力基础——电气化，不仅在欧洲以外，而且在欧洲各国都取得了巨大成就，电站的生产率提高了1到3倍，恰恰是在那些吃到缺煤苦头的国家（在法国、意大利、瑞士、挪威、瑞典，以及在贫困的奥地利），已经开始利用国际联盟的经费大规模兴修水利。法国、意大利和挪威在利用水利的基础上，已经产生了电机工业，铁道开始电气化；在瑞典等国也有同样情况。一部分原因是德国失去了几个省，一部分原因是它要付出赔款，它已逐渐成为缺少原煤的国家，它开始加紧大量使用褐煤，而德国的整个中部在战时和战后时期被中心电站的密集的网络所笼罩。高压线网的增加是发展的新特点，中心电站靠高压电干线向各个地区供电。技术改进促使电站联合成为完整的体系和集中管理这些电站的联合企业。这仍然是迫使供电趋于集中化和托拉斯化。我们在意大利看到了这种情况。在意大利，集中化是在爱迪生公司领导下进行的，在德国的托拉斯化过程中，国家起了巨大的作用。英国也发生了同样的情况。在英国，鲍德温政府被迫提出了一项载有最有力的集中化和有计划地扩展电气化，以及强制收归国有的法令草案。是的，法令还没有通过，因为它与部分企业主的私人经济利益相矛盾，但是生产的技术发展不断地向计划经济的方向发展，最终导致生产资料社会化的生产过程的加速社会化正在发生。

在运输方面，内燃发动机获得了胜利。

众所周知，只是在近几年才被提到首位的载重汽车的作用日益提高。在英国总罢工期间，虽然铁路停运，载重汽车在很大程度上保证了货物运输量。

在最近5年，机动船开始排斥轮船。几乎有一半的船队都装上了柴油机。航运业发生了一系列革命。当初轮船排斥了帆船，现在机动船排斥了轮船。这与老舰队和老资本贬值具有同样的意义。我们把英国舰队同德国舰队作个比较。英国舰队在过去是世界上第一，现在它已经有些衰老了，而德国舰队现在有60%的船拥有现代化装备。

化学工业取得了巨大成就。在战争期间，人们为了制造爆炸物品，特别是在德国，学会了从空气中提取氮气。亚硝酸化合物一部分从氨气形式中获得，一部分从氨基氰的形式中提取。战后，生产爆炸物品改装为生产肥料；这使智利硝石失去了垄断地位：这样一来，世界消耗氮气已达到70%（战前是10%）。

在战争期间和战后的头几年，英国、法国和美国出现了独立的染料生产，以致现在在这些国家包括德国，生产机构的能力已大大超过对染料的需要量。虽然英国建立了保护关税政策，这几乎使英国染料生产破产。

近两年来，德国在综合开采脱水二甲氧基甲烷和醋酸的成就给加拿大的木材干馏工业带来了严重打击，这又引起了陈旧资本的贬值和毁灭。

我还要指出人造丝的生产，7年当中增长了9倍。

这一发展的主要因素之一是，由于生产过程的技术特点，它要求资本集中化。这里产生了强大的托拉斯化和联合成为卡特尔。拥有资本11亿[①]马克的德国化工托拉斯已经超过了钢铁托拉斯，在英国也有拥有6200万英镑资本的新的化工托拉斯（布鲁纳—蒙德—诺布尔—阿克尔）。

我不准备展开谈冶金工业，只指出，对轻金属和高级钢材的使用，实行大量节约，大量减少钢的消耗。这里可以看出，出现了较好地利用原料的趋势。可以金属加工为例。这里，战争大量需要军需品，引起了生产方法的一系列变革——造成了大批量生产。这对大批量生产在机器制造工业的新部门——在汽车制造业和电机工业中的意义特别大，它使整个机器制造业革命化了。

但是，这种向大批量生产的过渡要求定型化、标准化、扩大市场、资本大大集中。除此之外，这种过渡要求生产生产工具的专用机床，即引起老资本的毁灭。这些新技术设备以前也采用过，或者由于竞争而使用过，这种生产能力的扩大使生产机构的能力与利用生产机构的能力之间的矛盾尖锐了。正是现在，当成功地克服货币领域混乱现象的时候，这种矛盾越来越突出，逐渐成为当前危机时期的基本矛盾。

与此同时，由于战争和通货膨胀发生非常严重的大众贫困化。这里是这种矛盾的第二个环节。

---

① 原文如此。——译者注

近八年来是什么为生产机构这样迅猛的发展创造了条件？

1. 技术进步。

2. 促进资本迅猛地集中以对广大群众进行掠夺。布哈林同志正确地指出，小资产阶级的衣服和鞋子都变成了车床。

因此，就整体和总体来说，生产能力大大加强，是与国内市场窄小相矛盾的。

也应当考虑到其他因素。在战争期间，大工业在欧洲以外——在美国、日本和各殖民地发展起来。另一方面，我们有限制外国资本扩张政策的苏联，土耳其和中国是这种扩张政策的障碍；因此，市场大大缩小了。

从以上所说只能得出什么样的发展趋势呢？

第一，新技术大大促进了托拉斯化，但托拉斯，在关闭职能发挥得不好的企业的同时，使被关闭的企业资本摊还的负担由工作得好的企业担负起来；陈旧的、死的资本继续以虚拟形式存在，托拉斯承担很高的摊还费用并在争夺垄断的斗争中经受危机；然而我们的市场没有增加，新市场没有获得，矛盾没有克服掉。

第二，老资本贬值在老牌帝国主义国家，首先是在英国特别厉害。老资本企图用政治方法来保护，落后的英国生产资本变成了最强大的社会反动势力的因素，并且美国矿工为反对这种反动资本而斗争。

第三，在老资本贬值的情况下，只有一部分新兴的资本主义国家占了便宜，而那些虽然在通货膨胀时期也发展了自己的工业，然而没有足够资本的国家没有得到好处。居于列强领导地位的金融资本迫使波兰和南斯拉夫这些国家，在某种程度上也迫使意大利缩小它们的工业，开放它们的市场，并且企图用信用冻结来达到这个目的（它在波兰方面就是这样干的）。这种发展趋势在银行家宣言中得到体现。这些国家不想农业化，并且有时用政治方法（军事冒险意图），有时靠加紧对本国的无产阶级剥削的办法试图进行斗争。强制性的经济改造和农业化使最软弱的国家的社会危机更尖锐了，一方面，它们迫使资产阶级采取法西斯主义的方法；另一方面，它们使人民群众与统治阶级之间的阶级矛盾尖锐化。

第四，对粗放式的扩大市场的需要能引起帝国主义国家内部和与其他国家之间的战争和冲突。现在对于土耳其、苏联和中国正在加紧施加压力，不久可能爆发意大利和土耳其之间的战争，而且，如果英国资本主义在矿工罢工以后只要得到一点喘息机会的话，就有可能首先对苏联发动外交攻势。由于上面所描述的基本矛盾，几个大的帝国主义强国之间的冲突正在加强。

第五，由于新的技术方法和市场容量不够，这种设备的生产能力的加强和生产率的增长必然造成源源不断的失业者后备大军。在欧洲造成了数百万人的新的后备军，而我们十分清楚地看到，在资本主义垄断的现阶段，技术进步成为失业、极端贫困和资本主义制度反动和衰落的因素。我想指出，遗憾的是，我们的同志中有人不正确评价这些事实。

1925年1月，托洛茨基在一次演讲中曾断言，战后在欧洲看不到生产力的发展，并说，局势动荡都是在传统的固定资本的基础上发生的。这里不仅仅是数量上估计的错误。显著的特点是，不变资本的变化、技术进步、旧的生产设备贬值和新的更强大的设备的使用。有趣的是，洛米纳泽同志也得出同样结论，但他走得更远，并且断言，只是靠目前的生产设备才能悄悄爬上战前水平。这种情况更是错误的。改革的确出现过剧痛，但是根本谈不上爬行。数量上的估计也不正确，实际上，生产设备已经超过战前水平。这时洛米纳泽同志引用布哈林同志的报告，认为自己是正确的。他没有这个权利。布哈林同志在他的报告里证明了相反的情况。假如整个问题是对事实认识不足，这还不那么要紧。支持错误是危险的。这种态度反映出一种扼杀产生危机的主要矛盾的客观倾向，执迷不悟地坚持这种观点有可能成为危险人物。

当前形势下的主要矛盾是由两种因素不相适应而造成的：

1. 群众的购买力；
2. 生产设备的能力。

假如生产设备确实缩减了，那就意味着，生产能力与实现产品销售之间的比例失调缩小。认为提高生产能力与人民普遍富裕和增加资本积累具有同样的意义，这种看法是荒谬的。问题在于，生产设备的增加是靠人民大众的贫困化和掠夺群众取得的，因此，这种不相适应的情况变得更加严重，阶级矛盾日趋尖锐，更加无法克服。

最后，我还要讲几句话。战后危机，也像一切存在的东西一样，用列宁的话来说，它有自己的昨天和自己的明天。昨天，这一危机还没引起世界范围内的革命胜利，但已经建立了苏联和欧洲各国的强大的共产党。明天，这一危机预示着社会矛盾和政治矛盾的新冲突。为了使这个**明天**给无产阶级革命带来胜利，我们应当正视今天的事实，我们应当认清它们，以便为工人阶级指明正确的前途并从中作出符合实际的正确结论。

（会议休会）

第九次会议

(1926 年 11 月 27 日)

主席：加拉赫

讨论布哈林的报告和库西宁的补充报告（续）

菲亚拉（奥地利）：

同志们！我要谈的一个问题，也正是合理化问题。我同意提纲的其他几点，也赞同布哈林和库西宁同志的报告。

谈到合理化的问题，我认为，布哈林同志提出的说法是不充分的。这里指的是那种声称我们仅仅应当与合理化的后果作斗争的说法。我的看法是，在这个问题上我们大致应当采用下列明确的说法：同一切资本主义合理化作斗争。我反对布哈林同志的说法，是反对他说得不够充分，也就是关于同合理化后果作斗争只适用于一定的条件下。这种说法适用于何时何地呢？我认为，只适用于政权已经掌握在工人手中的地方。在现在的具体形势下，这适用于苏联。在这里，在苏联我们应保卫而且正在捍卫合理化，实行合理化就意味着提高产量和加强工人阶级的经济实力。但是，就是在这种情况下，在实行合理化的条件下，就像工人阶级夺取政权后一样，会发现许多需要与之斗争的不正常现象，党在同国家机关中的这些毛病进行十分积极的斗争，同官僚主义作斗争，取得了巨大成就。这里，同合理化后果作斗争的说法才比较充分。

资本主义各国在这方面的情况怎样呢？我的意见是，我们应当直截了当地提出这个问题，因为合理化是资产阶级为了实现稳定和为进一步加强稳定的主要方法之一。因此，我觉得，在资本主义各国不仅必须同合理化的后果作斗争，而且要同合理化本身作斗争，合理化不仅仅是技术完善的过程，而且布哈林同志在他的报告中对合理化阐明的特征是完全正确的。在这个说明中，技术完善过程是合理化的最后一点。资产阶级企图首先靠工人阶级来实现合理化，它企图把劳动组织得更好些，也就是，它想利用每一分钟和每个工人的体力，用这种办法使工人在工作过程中没有一点喘息的时间。我的看法是，不能像库西宁同志所提出的说法那样来表达：我们反对合理化的后果，但是如果资本家要采用新机器，那么这就与我们无关了。根据下列性质的原因，实际上这种态度可能导致我们对资本家的策略上的一系列偏差。采用机器对于在企业中就业的工人来说，是非常重要的事实。随着新机器的投入，工资就会减少。例如，如果机器每分钟旋转100转，那么一个工人也应当敲打这么多下。这同样是加重剥削，严重损害工人的健康。我们应当自卫并反对这样做。我们不能说，我们仅仅反对合理化的后果。我们反对合理化本身，同时也不作机器的破坏者。

实际上，我们应当怎样同合理化作斗争，关于这一点我还要谈一谈，请允许我一开始只谈谈社会民主党和它同合理化的关系的一些事例。我想主要谈谈奥地利社会民主党，这个党大概是第二国际最狡猾、最机灵的党，正像你们从过去的事所了解到的那样，这个社会民主党善于用类似口头号召的口号与共产国际的每一次举动和共产党的每次运动相抗衡。我举例说明奥地利社会民主党在工人代表团问题上是何等的狡猾吧。在开始组织派工人代表团到苏联去的时候，奥地利社会民主党也开始组建工人代表团。第一个奥地利的工人代表团还没从苏联回来，奥地利社会民主党已经开始组织赴捷克的代表团和匈牙利议员去维也纳的代表团,以便在维也纳举行示威,显示其所谓的社会民主党在市政政策方面的成就。我指出这一点是因为,必须承认,社会民主党也没有大喊大叫赞成合理化。奥地利社会民主党在合理化问题上的论据,实质上是这样的:我们赞成福特制、集约化和合理化,但所有这些都要同社会的合理性配合起来,于是他们就呼吁资产阶级的社会合理性。不言而喻,他们到工人中去,却不对工人们讲,合理化如何促进资本主义经济建设,他们说的完全是另一套。他们说,由于实行机械化、合理化,就会使工资提高;由于采用新技术成就(他们把后者提到首位),你们就会获得最好的生活条件。他们说,这些技术成就能简化工作过程,随着资本主义发展,社会主义将比较容易实现。他们不反对合理化,而且也不可能反对合理化,因为他们赞成恢复资本主义。所以,站在这种不直接表示反对合理化,只反对合理化后果的立场上是非常危险的。我的意见是,社会民主党人的论据(是一个使工人上当受骗的圈套),在近期也会相当顺利地在其他国家里被采用,外国的社会民主党人也不会这样大喊大叫赞成合理化。

我们看到了奥地利马克思主义者开始有人拥护的证据。在捷克斯洛伐克,捷克社会民主党在同政府的关系上采取了与奥地利社会民主党人相类似的立场。我们看到,奥地利社会民主党对德国社会民主党的政策影响越来越大。在工人阶级中找到留心的听众、很快在全世界获得追随者的奥地利社会民主党的蛊惑性论据变得越来越清楚。

请允许我对社会民主党人的问题的这个提法加以回答。

在合理化的条件下既提高工资也提高工人的生活条件,对吗?我认为,无论如何也不对。如果由于合理化甚至连工人也获得较高的工资,那么,他的劳动力的价值却是降低了。如果合理化措施带来30%利润的话,那么工人所得到的份额才有1%—2%。利润被装进了资本家的腰包,促进了资本主义的稳定。工人工作得比较多,应当生产得比较多，拿到的工资却不多。合理化，这是最好的减少工资的隐蔽方法。

我们应当把我们的主要注意力集中到这里：随着合理化的发展，成为过剩的和要失去工作的工人的人数越来越多。在自己的、全世界都存在失业的论据中，我只谈谈奥地利。我们有25万失业者。一位资产阶级记者说，现在，在奥地利，在一个拥有700万人口的国家，失业者人数、半失业者人数和由他们养活的人，以及所有被排除于生产过程之外的人，几乎达到100万人，而且这个数字还在增长。出现这种情况的原因，也是因为奥地利实现合理化的后果，虽然不像在德国或其他国家那样明显的形式。这种倾向主要表现在开除工人，改组劳动过程，建立包工制和提高劳动强度等方面。

我觉得，在同资本家们不仅为了贯彻合理化本身而且为了更快地实现资本主义稳定的合理化进行斗争的时候，我们不应当仅仅同它的后果而且应同整个合理化作斗争。

我认为，我们应当具体地根据以下的路线进行斗争。

首先，必须大大加强对生产进行监督的斗争，以使资产阶级不能把合理化的全部费用压到工人身上。

其次，我认为要特别及时提出缩短劳动日的问题。近几年来，进行了许多机械改进，采用了一系列使数十万工人的劳动成为过剩劳动的创造发明。为了同失业作斗争，采取了各种各样的措施。我认为，同失业作斗争和同合理化作斗争最重要的措施之一，就是要求缩短劳动日。我认为，最后时刻已经到来，即我们也要把要求六小时工作制同要求合理化对立起来。我相信，人们会提出同反对最先提出八小时劳动制的人所提出的一样的理由来反对我们。但是，要知道，这个口号是可以实现的……在很多国家都实行八小时工作制。在失业不断增加的情况下，在工业合理化过程中，具体提出这个口号并开始为它而斗争正是最好的时刻。如果它或许现在还不迫切，那么毫无疑问，它在最近几年将变得迫切。

同志们，总之，我的结论是：加强对生产进行监督的斗争，缩短劳动日并同资产阶级的合理化要求而斗争。

为了避免误会，我建议，提出以下非常确定的说法：

"同资本主义合理化的一切要求和加大劳动强度的种种手段作最坚决的斗争"。

我们应当做这项工作，不是为了同社会民主党人区别开来，主要是因为，合理化首先意味着无产阶级大众的贫困化，其次是因为，合理化促进资产阶级的稳定。从这两个理由出发，我们不仅要同合理化的后果作斗争，而且应同合理化本身作斗争，因为我们反对任何的资本主义稳定。

赫塔·施图尔姆[①]（共产国际执行委员会妇女部）：

我只想谈谈库西宁同志在报告里提到的一个问题，也就是谈谈妇女工作。库西宁同志十分公正地指出，党还没有完全认识到妇女工作的全部重要性，也没有给予这项工作以应有的关注。我们已从多年的经验中体会到了这一点，在第五次代表大会和今年五月召开的国际妇女工作问题代表会议上。我们非常坚决地强调指出，这是我们工作最薄弱的方面之一。妇女部最近时期的主要任务之一，应当而且仍然是争取全党对妇女工作给予应有的重视。

直到现在，妇女部主要靠自己的力量进行工作，而且还可以指出妇女工作取得了显著成绩。近来妇女群众积极参加各种革命活动就是这一点的证明。我们已经跨过了只要妇女参加活动就认为是成绩的工作阶

---

① 俄国和国际工人运动女活动家叶·德·斯塔索娃（1873—1966）的笔名。——编者注

段。现在，我们已经给自己提出了在群众性妇女运动中起领导作用和有组织地加强共产党人影响的任务。

我从这个角度向你们介绍我们在美国和德国这两个大国的经验。在这两个国家，我们的尝试和我们的成绩具有国际意义。

在美国，党动员妇女参加矿工罢工取得了巨大成绩。我们应当把这一点归功于共产党在无产阶级群众性组织中的长期的有计划的日常工作。英国共产党由于本身数量上的弱点，在濒于完全脱离群众的威胁下，不得不在这些组织里更加努力地进行工作。女共产党员主要是在工人党的各个妇女支部和妇女合作同业公会工作，在各工会中工作有些薄弱。这项坚忍不拔的细致的工作在罢工期间产生了效果。共产党在组织上领导了妇女群众运动上，还在3月矿工罢工开始以前，党在曼斯菲尔德召开了来自55个组织、有300名女代表参加的妇女代表会议。会议表示积极支持行将到来的罢工，并且把党的口号带到妇女群众中去。3月份，当资产阶级利用帝国全国妇女同业公会企图鼓吹"经济和平"，企图从后方破坏矿工斗争的时候，女共产党员们没让这个小工贼组织得到一点儿安宁，在各种会议上揭露这个同业公会的反革命性质，为了向少数被蒙骗、追随这一资产阶级组织的矿工妻室说明罢工的意义和她们在这次罢工中的任务，4月17日在伦敦全帝国妇女同业公会举行游行示威时散发了传单。

英国共产党妇女部在罢工期间不仅积极参加建立已参加罢工的各个区的行动委员会，还在其中工作，并且善于把广大妇女群众动员起来。在行动委员会下，多次组建清一色由妇女领导的执行特殊任务的委员会分会。这些委员会完成了在工人妻室中间进行宣传的巨大工作，她们收集情报，在公共食堂为罢工者提供给养，组织募捐，使矿工联合会给予妇女和孩子们援助，支援同工贼组织的斗争，帮助革命领袖免遭警察局的迫害，参加反抗政府当局的示威游行，提出给罢工者发工资，增加救济金。

　　这一运动不会随罢工停止而停止。各行动委员会应当寻求继续存在的组织形式，以便巩固在群众中已经取得的影响。在属于工会管辖的妇女同业公会中已经找到了这种形式，还是五月份，我们在国际代表会议上讨论了成立这种组织的问题。生活本身回答了这个问题。在各个罢工地区，最先在诺丁汉，矿工的妻室联合组成了妇女同业工会，女共产党员们立即领导了这场运动，并且为了把这次运动在政治上和组织上引导到总的运动的广泛轨道和工会工作的轨道上来，根据共产党的倡议，把同业公会合并到工会领导的同类组织中去，我们比较详细地谈一谈工会委员会的这项工作。

　　从罢工期间妇女党员人数由 600 人增加到 2000 多人这一点中看出，群众对共产党作为矿工罢工领导者作用的理解。不仅是非党人士入党，还发生过工人党的整个妇女支部全部转入共产党里来的事情。这说明，共产党把阵地从改良主义者手中夺回来了。

　　但是，这些成绩也有危险的一面：由于大批新党员入党（大多数是工人的妻室而不是女工），党的方针可能偏转，然而，没有党的方针就不能充分而坚定地把握自己对各企业和工会女工的影响。为了教育妇女新党员，使她们积极工作需要花很大气力，但注意力仍然主要是集中在工人党的妇女支部、合作社同业公会和妇女同行业工会。同时，英国党的工作重心和妇女群众工作的重心应当转移到工会上面来。

　　根据皮尤在伯恩茅思工会代表大会上的报告，在英国工业中有 550 万女工工作，然而参加工会组织的只有 30 万妇女。这给我们提出一项重大任务：扩大这支女工大军的工会组织影响范围的任务，英国共产党的一个妇女部是不可能完成的，况且在这个党的队伍里女工又比较少。在这方面库西宁同志是对的，他曾经指出，为了同各企业和工会的女工建立生气勃勃的紧密联系，全党应当认真支持妇女部的工作并给这项工作添砖加瓦。

斯卡伯勒和伯恩茅斯的代表大会在它们关于在女工中间开展征集运动问题的决议中拟定了一条路线，但工会机关贯彻这些决议很不顺利。改良主义者们十分清楚，任何稳定，任何使女工卷入政治生活的活动，最后都必将反对他们。因此，共产党人必须自己掌握主动权，把少数派的运动中的党团动员起来，领导调动女工积极性的运动，并且把妇女群众的领导权掌握在自己手中。各生产支部的妇女代表会议的工作应当是工会工作的有效的加强和补充。

德国，这里在取得非常重大的成绩的同时，也存在不利的方面。这同德国共产党独特的发展有密切联系。在多年来的斗争中获得丰富经验的相当成熟而有力量的党取得了显著成绩，但在极左路线时期在运动中多少有些退步。尽管自从共产国际执委会的信以来，党实行正确策略并能够看到新成绩，然而过去错误的后果还没有彻底根除。

德共妇女部在认识到合理化问题在德国已经很尖锐的同时，给自己提出了一项把女工吸收到工人运动左翼来的任务，而大概或迟或早在其他国家也要发生，在提高非熟练技能的劳动力的需求的同时，加紧使妇女参加到生产过程中来。如果由于普遍的失业，靠自己工资生活的妇女人数**绝对值**也没有增加，但不管怎样在**比例关系**上她们的人数增加了。因此，妇女在工人运动中的作用不断增大。德国党试图用三种方法使自己的影响扩大到女工的左翼中去。

1. 借助于妇女代表会议；
2. 工会工作；以及
3. 红色妇女和女青年联合会。

妇女代表会议是一种新的独特的工作方法，最近一次国际代表会议（在5月）对它作了详尽而仔细的说明，证明是党的一项最重要的成就。最近3个月来，我们已经开了7个这样的妇女代表会议，它们主要是在许多妇女在工业中就业的地方,其中包括柏林、下莱茵河州、科隆、斯图加特、开姆尼兹和汉堡。这些妇女代表会议显露出十分有意思的情况,关于这些我会谈到。

这些妇女代表会议为**吸收更广大妇女群众参加党的运动**创造了条件。例如,现在党把妇女代表会议同劳动者代表会议联系起来。这些妇女代表会议本着共产党的纲领中广大妇女群众所要完成任务的精神来解释德国无产阶级的任务,选举出席劳动者代表大会的代表,提出在劳动者代表大会后重新集会,听取关于大会的总结,然后着手完成劳动者代表大会向群众提出的实际任务的决定,以此来帮助把共产党的口号带到群众中去,带到企业和工会里去,带到从事家务劳动的人和无产阶级家庭主妇中去。总之,为了无产阶级的共同行动帮助动员劳动妇女群众。

妇女代表会议的第二个重要情况是:我们首次利用它们**有计划地、大规模地深入到企业中去**。我们有详细的关于柏林和斯图加特妇女代表会议组成的统计材料。柏林259名代表中,有来自企业的119名女工和7名工人,失业女工26人,无产阶级的家庭主妇106人,所以绝大多数是女工。在斯图加特,94名代表中有43名女工,接近半数。女工是由工厂会议选出或代表了工厂委员会。因此,在各企业同女工建立了经常的紧密联系,我们则获得了同工厂的女工群众保持经常接触的可能。第三点值得注意的情况是,**各个工会对这些妇女代表会议的态度**。斯图加特纺织工人联合会的董事会向各工厂委员会发出了公函,信中说:"对于我们的同伴来说,没有任何理由接受选举代表的邀请或者照着这种建议去做。"从这当中看出,工会官僚机构为了使这些方法不损害它的影响,是何等恐惧,我们可以指出这样一个事实:各个妇女代表会议都作出了决议,那些在工会里顺从地跟随改良主义领导的女工们一致同意通过了共产党的行动纲领。这对于我们来说应是一个教训:妇女代表会议应当被我们用来当作打入改良主义势力范围的缺口。

现在，我谈谈**工会工作**。不久前在格拉召开的全德纺织女工代表大会是一个值得注意的例子。出席这次大会的有280位女代表，其中有12位是反对派的女工代表，这里是我们工作的最薄弱之处。这一点许多发言人都已指出过，其中也包括德国同志，尤其是台尔曼同志也指出了这一点。在工会工作中还需要做大量工作。在格拉，改良主义工会官僚机构提出了一项从共产主义的观点来看完全不能接受的决议。这里，我想举出一处，这一处是改良主义的共同劳动活动政策的典型表现。在包含着纺织女工要求的决议的序言部分说：

"为了我们德意志祖国的健康发展，为了它的纺织工业和整个国民经济，以及为了正在成长的一代和后代，代表大会要求妇女们……"

当然，共产党党团的女代表反对这项决议，提出了自己建议。有趣的是，在对董事会决议进行表决时，只有1位女代表反对这个决议，甚至连12位反对派的女工（更不必说某个较大的少数派了），即使在表决时在反击工会官僚机构的问题上，也没有表现出足够的政治上的理解和坚决立场。这虽然在反对派和公开的女共产党员们的讲话期间也能够看出来，尽管在讨论中许多女工的发言与董事会的报告相比完全是另一种调子，可是女工们的情绪对我们是有利的。这表明，我们的工会工作是不够主动和认真的，甚至在有计划地筹备代表大会的时候，几周的时间弥补不了疏忽过去的几年时间。我们同工会有组织的女工在基层缺乏内部联系。

但是，把女工们吸收以工会里来的任务，不仅对德国，而且在国际范围内也是非常重要的。现在我们已经看到，在工会内部日益发展的同反对派的斗争中，工会官僚机构是怎样有计划地努力把政治上不成熟的女工变成自己的支柱的。在这方面，德国工会实行同阿姆斯特丹国际一样的政治路线，阿姆斯特丹国际下设有女工委员会，近来它开始对女工们极其注意。这是为了转移女工们的视线的措施。改良主义者们竭力把女工们的注意力和产生的积极性集中到社会政治问题,集中到保护母性、保健等方面,有意识地回避,由于残酷的合理化所导致的斗争的根本问题、工资问题、工作时间和失业问题。无论是格拉市的代表大会,还是阿姆斯特丹国际筹备在7月召开的国际女工代表会议所拟定的日程都证明这一点。在这一基础上,我们应当打败改良主义者们。

现在,就德共工作的最后一点说几句。**红色妇女和女青年联盟**是吸收广大妇女群众参加阶级斗争的杰出形式。红色妇女和女青年联盟的发展很惊人。去年11月成立的时候,总共才只有几百名成员,今年5月已经有9000人,现在已有1.8万人缴纳会费,2万到2.5万人登记入会。这证明,我们在德国妇女无产者中间的工作条件确实是很好的:在妇女群众中出现了参加组织的愿望,产生了政治积极性。只是要把它引导到正确的轨道上来。在中央的积极参加下,德共依靠自己在红色妇女和女青年联盟里有计划的工作,毫无疑问取得了显著的成就。它能够征集部分红色妇女和女青年联盟的盟员参加工会,而吸收最先进的分子入党。

但是,在看到发展的光明面的同时,也不应当忘记危险的一面。党的各界人士对红色妇女和女青年联盟只是在劳动妇女落后阶层中工作的各种方式*之一*,也可以说,是这些群众加入一般的阶级组织特别是工会,最终加入共产党道路上的一个中间阶段的这种情况,没有足够清楚的理解。与这种情况相反,认为红色妇女和女青年联盟似乎是党在广大妇女群众中工作的唯一的根本形式,这是一种普遍的意见。一部分党员还不了解妇女部作为负责领导妇女无产者工作的党的机关的意义。一方面,是对红色妇女和女青年联盟的作用理解得不清楚。另一方面也说明,从红色妇女和女青年联盟自诞生时起就占统治地位。在党内极左路线时期,直到发表共产国际执委会的公开信为止,在妇女群众中的工作实际上没有开展。党不善于接近群众，它不懂得提出局部要求的必要性和积极开展工会工作的必要性。因此，无产阶级，当然首先是政治上落后的妇女群众，同党疏远了，这同党的妇女工作机构处于混乱状态和迷失方向的境地是相吻合的。相当一部分妇女部完全瓦解，其余的妇女部被没有经验的和政治上没有修养的、很容易倾向极左路线的力量所左右。在这方面我们遇到怎样的困难，按照党的柏林勃兰登堡州委妇女部书记的说法，从不久前国内半数的妇女部，柏林州甚至是半数以上的妇女部还在女反对派手中就可以看出来。1925年秋，红色妇女和女青年联盟产生了。看来当时任何妇女运动都已停顿下来。红色妇女和女青年联盟是积极性新觉醒的第一个征兆。

当时，共产国际执委会发出了公开信，但对妇女工作没有阐述清楚。这封关于在群众组织中开展工作问题的信谈到：

"党必须迅速确定适合在这样的组织（体育组织、居委会、自由思想组织和红色妇女联盟等）中工作的方针，并且利用它们来加强工会工作。"

不言而喻，这种情况是毋庸置疑的。的确，需要在这样的组织中开展工作，并且应该认为，这项工作首先要为加强工会工作服务的说法是完全正确的。但是，既然除了这种观点以外，信中关于妇女工作问题什么也没谈，又没有把这项工作去掉，所以只能更加混乱。这在实践上造成什么后果，你们可以从三个例子中作出判断：

斯图加特向我们报告说，那里的妇女同志退了党，以便加入红色妇女和女青年联盟。

在科隆，一位女党员建议，党委会组建直到目前还没成立的妇女部。她得到的答复是，可以在红色妇女和女青年联盟中工作。

我举出一位汉堡女工在今年五月写给中央妇女部的一封信，作为第三个例子：

"至于谈到我本人,那么我要对你说,区妇女部绝不能使我满意。全党还不懂得动员妇女的必要性和很愿意把这项任务推到红色妇女和女青年联盟身上。我认为,红色妇女和女青年联盟只是一种形式。没有共产主义内容,它对我们来说孕育着危险。不言而喻,我只能从一个区的范围作出判断。有可能在整个德国的范围内情况不同和可能好些。忽视妇女的过失带来了沉痛的后果。在不了解红色妇女和女青年联盟的作用的意义和那依冈斯特尔人的询问是很能说明问题的,因为他们组织了红色妇女和女青年联盟,他们是否需要解散妇女委员会。"

同志们,必须十分清楚地表达出,党要求什么。克拉拉·蔡特金同志在主席团会议上及时指出,这是公开信的缺点,大家都同意她的意见。必须坚决指出,妇女工作属于党的主要任务,而且党应当利用自己的全部威望同忽视妇女工作的现象作斗争。要强调妇女工作的必要性。在党委的领导和监督下,妇女部应当在一切主要领域并首先在企业和工会,组织和开展妇女工作,应当强调,党的妇女部——这是按照统一的计划,把整个妇女工作联合起来的机构。直到现在,在建立这种机构方面,还没有非常严肃认真的措施。要进行研讨,把过去失去的好时光补回来。

我可以举出许多例子来说明,在这方面做得很落后。当然,党的领导机关十分了解党内有一些不清楚的问题,我们丝毫不怀疑,领导机关在上述情况下会出来干预。但这是不够的。在党的眼里,应当对妇女工作给予应有的重视,应当坚决而具有权威性地指出,妇女工作是整个党的工作的不可分割的组成部分,是我们在争取劳动群众的斗争方面最迫切任务的有机部分。我可以举出几个例子说明,这种认识在党内还没有深深扎根:**党向劳动者代表大会发出宣言。**为了写进宣言,妇女部提出了明确的要求。关于这一点进行了谈判,而且妇女部和中央达成了协议。所有这些都提交给了政治局。然而宣言里没有看到这些要求,所以党这次在自己的宣言里完全忽视了妇女群众。

第二个例子是为**妇女出版杂志**，台尔曼同志十分清楚，德国党应当有妇女的报纸，因为甚至连瑞士和奥地利这样的小党都为妇女出版了报纸。我比哈伯同志还要早些到了莫斯科，出席5月召开的国际代表会议，人们毫不含糊地向她宣布，党已经深刻认识到这种报纸的必要性。但是，在这种报纸已经开始发行6个月了，我们还不知道它办了多久。

照我们来看，**党的机关报《红旗报》**，对妇女工作的必要性还没有足够的认识，《红旗报》完全没有利用派遣**德国女工代表团**到苏联去这个事件，为了在各企业和工会展开广泛的群众性女工运动，应当把这件事作为出发点。关于这个代表团，《红旗报》的读者只是在它出发前3天才知道的，同时邀请她们参加柏林举行临行前的示威游行。女代表们在俄国逗留的6周里，女工们寄了2封信，柏林的《红旗报》只刊登了1封，后来，在代表团回来的一个月当中又刊登了2封，还是在7月份开始筹备**劳动者代表大会**的过程中，《红旗报》一直到11月关于动员妇女只字未提：库西宁同志指出的这一点是完全正确的。党应当通过对所有机关进行严格监督的方法，通过严肃批评的方法，以及对工作积极支持的办法，在争取小部分群众的情况下争取妇女群众，从非常有利的状况中创造条件，给予帮助。

我们的**国际会议**认真而有根据地分析了我们工作薄弱方面和缺点，并且得出了一致的结论：尽管困难重重，缺乏全党的积极支持，但我们向前迈出了一大步。我们相信，本着埃尔科利同志以共产国际执委会代表的身份在国际妇女代表会议开幕时的讲话精神，以及根据格施克同志以及共产国际执委的代表身份在会议结束词中发出号召的精神，各党认清了它们在妇女工作上所担负的重大责任。如果各党响应库西宁同志在这个讲台上发出的号召，如果我们在补充妇女部的力量上预先得到全党支持的话，我们在最近的一次全会上可以告诉大家我们的妇女工作取得更大的成就。

希尔特（挪威）：

挪威代表团声明，无论在国际形势问题上还是在各国共产党的任务问题上，我们同布哈林同志报告的论点是完全一致的。

但是，我们想就挪威的形势问题补充说几句。

1. 当前，斯堪的纳维亚国家是欧洲工人运动相当重要的战略要点，因此我们希望，在布哈林同志的报告及报告提纲的草稿中，在库西宁同志的报告里，都能更详尽地阐明斯堪的纳维亚问题。的确，现在第二国际正竭尽全力在自己的领导下把斯堪的纳维亚的工人政治运动、工人的工会运动联合起来。

同时，社会民主党人也力求使挪威和芬兰的工会联合会与阿姆斯特丹国际合并，挪威社会民主党与挪威工人党合并，阿姆斯特丹国际书记乌德格斯特已经访问了斯堪的纳维亚各国，并组织召开了斯堪的纳维亚代表会议，这次会议决定，12月6—7日在斯德哥尔摩召开新的斯堪的纳维亚—波罗的海扩大代表会议。

11月底，第二国际书记弗里茨·阿德勒也要去挪威参加社会民主党扩大的中央全会。在这次全会上将解决社会民主党与挪威工人党合并的问题。

因此，改良主义总部为了加强和扩大自己在斯堪的纳维亚的阵地，也在竭尽全力。

2. 这些问题布哈林同志的报告和库西宁同志的报告都提到，库西宁同志只提到，在挪威和瑞典，我们的工会工作进展得非常缓慢，我们的挪威党由于内部斗争被削弱了。

挪威代表团应当承认，党在工会方面的工作能够开始是更好些。但是，我们应当注意到，挪威的工会运动无论在斯堪的纳维亚，还是在西欧范围内都处于特殊的地位。众所周知，挪威的工会联合组织既没有加入阿姆斯特丹国际，也没有参加红色工会国际。然而，领导多半是改良主义分子。尽管这样，主要是由于掌握主动，我们党能够击退改良主义分子要把工会与阿姆斯特丹归并到一起的企图。1925年，在工会代表大会上一致通过了一项决议，其中决定参加英俄委员会，断绝同日内瓦国际联盟劳动局的联系。在要合并到阿姆斯特丹国际的企图重新抬头的时候，挪威工会联合组织书记处根据我们同志的建议，通过了一项关于邀请俄国工会参加斯堪的纳维亚—波罗的海的工会代表会议建议的决议。不言而喻，我国的改良主义工会领袖没有放弃他们关于工会加入阿姆斯特丹国际的计划，但是我们深信，这对于他们来说将是一件非常困难的任务，我们要使这项任务难于实现。

挪威党准备听取批评意见。但是，我们应当指出这个事实：恰恰是在工会方面，党成功地开展了工作并取得了相当好的成绩。

春天，在某种程度上说，与英国罢工最初几个月同时发生的经济冲突，引起了改良主义领导的失败主义情绪，他们千方百计地、尽可能地扑灭斗争。相反，工人们要斗争，我们党也勇敢地站到运动的前头。与此同时，我们成功揭穿了改良主义领袖们的真面目，同时，在广大的组织起来的工人阶层中赢得了对我们党的好感和信任。党为了装备我们中央机关报的新印刷厂，组织征集捐款的结果就是这一点的证明。尽管大规模失业，这次捐了3万多克朗；这笔钱相当大的一部分是非常人士和同情者捐的。

因此，必须提出我们党参加农业工人和小农的斗争的问题。这里，挪威共产党党员在领导农业罢工的事业中，在组织农业工人为缓期付款组织群众性运动的事业中，都站到了运动前列，领导着运动。

在这方面，实践已经表明，我们找到了联系群众的途径。也可以这样说，在联合由工人多数管理的公社方面同样找到了方法，为了保护工人利益、反对国家专政和金融资本已经实现了公社的这种联合。我们的党能够迫使挪威工人党的领袖们在这方面同挪威共产党在各地建立统一战线。

谈到组织工会左翼联盟的事情，可能不如想象的那么快，但是在这里，我们要提醒大家，挪威的正式工会组织（最低限度是形式上的）站到那么左的立场上，以至很难找到建立左翼联盟的广泛基础。然而，我们党在奥斯陆工业工会理事会代表大会上提出的组织工会反对派的建议，成功地获得多数通过。在奥斯陆的110个地方工会理事会的工会支部当中，我们估计有40—50个参加了工会反对派的组织，或是通过工会支部集体加入的，或是作为少数参加的。其次，我们估计，奥斯陆的工会反对派自己会发起在全国范围内组织工会反对派。遗憾的是，我们还不知道11月20—21日在奥斯陆召开的工会反对派成立大会的结果。

3. 谈到库西宁同志批评的第二部分即内部矛盾问题，那么这个意见是有充分根据的。也就是说，工会斗争、对改良主义领袖们的批判、改良主义分子使党通过议会联合的企图，这些无疑会在党的一些右翼团体中导致党的战斗力的削弱。然而，我们应当指出，虽然近年来党的内部存在分歧，但由于直接参加了工农为争取自己生存的艰苦斗争，党能够加强自己的队伍，巩固自己在群众中的影响。

4. 我们党在社会民主党联合趋势面前不是无所作为的。我们党依靠参加工农的日常斗争，试图实现阶级力量的真正融合。中央委员会作出了为地方统一战线作斗争的指示。9月7日，我们的党中央向书记处提出把工会联合起来，建议由自己发起召开讨论统一问题的联合工人代表大会。书记处没有接受这项建议，指示要联合社会民主党人一道工作。然而，为了使工人群众服从统一的意志，服从党的领导，我们党在继续工作。在10月15日到11月15日这段时间里，我们党在"联合阶级力量，而不联合社会民主党"的口号下全国掀起了一场运动。

5. 我们的联合阶级力量的工作也体现在海德马克组织召开的市政机关代表大会上。在其他郡也决定举行这样的代表会议。我们党关于召开共同的工人代表大会的建议，得到了我国各个部门许多工会的响应。

在支持英国矿工的工作中，我们的同志在各个工会中起了领导作用，虽然同盟歇业和失业，挪威工会还是募集了10万克朗的捐款。此外，10月我们党自己发起组织了为英国矿工们的孩子捐献衣物和食品的委员会。追随社会民主党和挪威工人党的工会工作人员参加了这个委员会。尽管特兰美尔①激烈反对，委员会开足马力进行工作，委员会计划组织全国性的救援运动。

党今后工作的客观条件是非常有利的。社会民主党用联合策略孤立和消灭共产党的企图，是永远也不会得逞的。可以断定，有过深刻教训的党，为完成自己的历史性任务，现在比任何时候都武装得更好。

最后，我们想强调指出，斯堪的纳维亚各国必须合作。应当以什么方式体现这种合作，必须在这里尽可能比较详细地加以讨论；斯堪的纳维亚的改良主义者的合作也引起了在我们党里建立经常的、真正的合作的迫切必要性。

罗易（印度）：

同志们！除了苏联，美国工人运动和中国革命，还有其他阻碍资本主义稳定计划实现的因素。我想着重谈谈这些因素中的几个因素，但我首先要对"稳定"术语本身谈点意见。我认为，这个说法有些不妥。实际上，甚至连"相对稳定"都不完全适用于当前形势。对于形势的估计要指出，在一些国家里，资本主义在危机过后有了一定程度的恢复，但这种恢复只是衰落图形中一条上升的曲线，这是正确的。由于当

---

① 马丁·奥尔森·特兰美尔，挪威工党主席。——编者注

前的危机不是资本主义周期性危机，我们只能够指出，现在，资本主义经过局部的恢复时期，正处在经常不断的危机状态之中。

把这称为"稳定时期"看来是不正确的。但目前就这个问题展开辩论已经为时太晚了，因为"稳定"的说法是我们书籍文献中公认的，我们应尽量在避免发生误解的条件下来使用这个说法。

除了布哈林同志在报告中指出的三个主要因素以外，我现在对妨碍稳定的一些因素作些分析。

这些因素当中的第一个因素是英美的竞争，与第一个因素紧密联系的第二个因素是英帝国的衰落。在目前的国际形势下，这些因素具有最大的意义。如果我们想对英美的竞争给予正确评价，作出正确的政治结论的话，那么必须避免任何仓促下结论的做法。简单地指出，世界霸权已从英帝国主义手中转到了美国，那是错误的。断言英帝国和从前一样强大，又说它衰落就意味着怀有幻想，也同样是不对的。我们要把英美之间的这场争夺世界霸权的斗争作为一个过程来加以研究，由这种竞争所造成的形势正在不断变化。为了解这一过程的真正性质，必须对斗争的双方作比较性研究的评价。

首先，我们要从英帝国的形势入手。不列颠帝国正趋于衰落，这是不争的事实。我们知道，不列颠帝国本国的某些思想家惊慌失措达到了什么样的地步。我们知道，近年来出版了《失去的自治领》、《帝国末日》等轰动一时的书，这些书大都出自著名的帝国主义政论家之手。当然，我们不应对这种有意作出的轰动一时的宣传赋予太大的意义。但另一方面，我们同样也不能对它的意义估计不足。

世界上没有哪个国家能像英帝国主义的衰落过程这样剧烈，"稳定"这个词对这个国家关系最小。没有任何一个国家的资本主义危机如此难以克服。当我们指出这样两个事实，说英国甚至连暂时的稳定都不存在的时候，当我们指出，英国资本主义几乎没有力量克服危机，即使是局部地战胜危机的时候,那么我们必然得出结论:不列颠帝国趋于衰落。不列颠帝国主义的基础是什么呢?资本主义帝国制度的实力。① 英国资本主义制度同样在很大程度上依靠对殖民地的剥削,向国外输出资本,等等。然而,向国外输出资本取决于殖民地宗主国的工业繁荣。因此,如果英国的工业真正处在无法克服的危机状态之中的话,那么我们必然在逻辑上得出结论:整个帝国的结构处于崩溃的过程之中。

在这里,我不想列举证明英国工业处于严重状况的统计数字。这些数字列举得已经够多的了,我认为,你们大家都已经读过非常详细地引用这些数字的布哈林同志的书面报告。此外,在短短的讲话里引用大量的数字,是很难让人记住的。

我只想列举一两件事实。典型的帝国主义时代应当永远一去不复返了。依靠向宗主国输出资本的帝国主义已经成为过去。现在英国没有力量向国外投资,直到那里的资本积累恢复正常为止。

由于重工业危机,英国的资本积累正在减少。因此,它不能把资本用到国外,由于后面一点,英帝国主义的政治基础也在削弱。不久前,非常著名的资产阶级经济学家凯恩斯在《民族》周刊上发表文章,这篇文章几乎可以被称为是轰动一时的。这篇文章说,在没有禁止输出资本以前,英国的经济是不可能获得恢复的。凯恩斯断言,英国没有足够的资本来同时稳定本国工业,继续在原来范围内进行国外投资。换句话说就是,不放弃这里,就要放弃那里,从资本主义的观点来看,凯恩斯是完全正确的,他拥护英国缩减资本输出,利用他的全部积蓄来稳定工业和恢复国内经济。英国的这种财政状况证明,说英国虽然在国际市场上失去了优势,但在长时期内仍然是食利国的理论是不正确的。这种理

---

① 殖民地的扩张政策是本国工业发展的结果。帝国是殖民地的宗主国生产的商品市场和形成资本积累的地方。

论是不对的。英国为了保持哪怕是世界第二流的金融中心的地位，也要利用自己积蓄的大部分钱，然而，它要稳定本国工业同样需要这笔钱。不顾及基础的状况，就要建筑新楼房是毫无意义的企图。我们不能指望英国资本主义会自杀。凯恩斯说，为了缓和当前国内工业危机的尖锐程度和局部消灭失业，每年大概需要1亿英镑的新资本。他断言，这笔资本可以从当前国家积蓄的钱中得到。但是，正像凯恩斯所指出的那样，现在出现了这笔资本输出到国外去的趋势，并且这样一来，国内工业仍然缺乏必不可少的货币资金。他建议，靠颁布禁令的办法使这种资本外流状况暂时停止下来。他列举了英国贸易的统计数字，这些数字证明，从无形输出所得的全部利润绝大部分是用去补偿日益增长的有形逆差。凯恩斯的结论是：英国没有剩余款项向国外投资。让我们举他的几个数字。在支付"有形"输入的余额以后，可以被用作国外资本分配的差额从1924年的12300万下降到1925年的8800万，今年的1—9月份又减少到3800万。然而，同期国外资本投入伦敦市场的实际数额也相应是13400万、8800万和7200万。根据这些统计数字，凯恩斯作出了以下结论："现在，我们没有余额向国外输出资本，而且近来提供给我们的借款，几乎有一半不得不被我们以伦敦外国银行汇票和短期票据的形式用在借款本身上面。"这席话是揭开英国财政秘密的一个谜底。在伦敦的外国资本发行的数目还不大的时候，这种资本的发行就是很靠不住的。归根到底，这已经不是英国资本的发行，而是外国的、美国的资本的发行。美国在英国银行里有2亿贷款，而归根到底伦敦交易所的国外资本发行的大部分是靠美国的这些贷款而来的。

为了健全本国工业，英国应当停止资本输出。英帝国主义的基础就这样崩溃了。

为了从这种无望的状态中走出来，英国资产阶级采取了各种各样的办法。在这种情况下，他们把很大的希望寄托在所谓的帝国联盟身上。

不仅是英国资产阶级抱着使这种计划成功的希望,甚至在我们的一些同志中间也散布了一种说法,认为英国资本主义靠调动帝国的资金,就真正能够重新在相当长的时期里加强自己的地位。英国没有能力输出资本,不能满足各殖民地和自治领对资本的日益增长的需求,这个事实充分说明,英国资产阶级动员殖民地的资金来稳定自己地位的企图注定要失败。不久前,在伦敦召开了帝国代表会议。在上一周公布了它的结果的报告。这个报告是重要的历史文件,它标志着向英帝国解体又迈出了新的一步。在代表会议上讨论了许多有争论的问题。在所有这些问题上都出现了分歧。代表会议的工作是秘密进行的,并且有关它的消息发表得很少。但是,尽管编写得非常巧妙,从已发表的报告中完全清楚地看出,帝国代表会议的结果是:英帝国各个地区的代表最后表示同意,分歧是不可调和的。

当我们谈论英国资产阶级企图动用帝国的资金来摆脱英国资本主义目前困境的时候,我们不要忘记,英帝国不是铁板一块。至少可以把它分为两个主要集团,即所谓的自治领或叫作白种人殖民地,以及殖民地本身。在第一个集团的各国里,英国实际上不具有任何政治权力。英国和帝国的这些自治部分之间的主要联系是由英国拨款。因为英国能够给自治领拨款,也就是给它们提供对于发展工业化必不可少的资本,所以英国能够保持对它们的一定的监督。至于谈到另一个集团的国家,那么,这里的形势对于英国来说有些指望,因为这些国家政权掌握在英国资产阶级手里。它利用这种政权,可以使帝国的这些地区的经济发展和工业发展朝着对于英国资本主义有利的方向发展。

现在我要说的是,甚至在政权绝对掌握在英国手中的帝国的这些地区,那里的事件的发展也对它不利。英国准备如何来调整自己同自治领的关系呢?大致上提出的主要意见是:帝国内部的特殊优惠的税率和帝国内部的移民。帝国的优惠规划在一定程度上实现了,但是在同英国的关系上，自治领的反对立场一天比一天加强。帝国的移民计划一败涂地。在帝国代表会议的最近一次会议上，成立了研究这个问题的分委员会。分委员会的报告中指出，帝国的移民计划没有实现。报告指出，不只是在繁荣时期和拥有充足的闲置资本的时期，英国向殖民地的大量移民在任何时候都是不可能的。自治领向英国表示："我们不希望把你们的失业人口转移到我们这儿来。如果你们不能向我们提供资本，我们也不愿意做你们的失业者。"

另一方面，我不完全相信，英国资产阶级想这样移民。3年以前就已经提出了详细计划。曾经担任过麦克唐纳政府殖民地部部长约翰·托马斯先生，企图以他特有的毅力让这个计划付诸实施，但没能奏效。为什么？当英国资本纷纷流入帝国各地的时候，帝国各地满是英国的侨民。因此，向殖民地输送的不仅是英国资本，而且还有英国的劳动力，所以殖民地的发展过去是、现在仍然是在英国资本主义范围内进行的。但是，现在英国已经无力输出资本。例如，在加拿大，对整个自治领的经济监督都掌握在美国资本手中，如果现在允许从英国向殖民地无限制的移民的话，那么这会使英国资本主义失去一定数量的劳动力，这是英国资产阶级所不情愿的，所以，只能去阻止这种做法。总之，虽然英国的资产阶级也谈帝国的移民，但事实上它是在暗中破坏这个计划。

现在谈谈殖民地本身。这里我们又遇上了同样的困难。假如英国想要利用帝国的这些地区和自然资源的话，那么它也要有能力输出资本。这里，英国企图用另一种办法，用在最近时期就能成功、同时制造一系列新的矛盾的办法来绕过这种困难。在最发达的殖民地，像在印度，英国的新政策使得当地资本金得到发展。英国希望，它在保持伦敦对这些国家的整个资本主义结构的财政霸权的同时，能够利用它们可能的资金来支持英国资本主义。

在印度，这一政策取得了一些成绩。但是，同志们，例如在印度，我们知道，资本的巨大增长采取了储蓄的方式。如果这些资金变成货币并成为资本的话，那么印度就获得了资本输出的可能。已经有从印度输出资本的指示。这种英国为了自己的利益培养起来的产物可能不再服从它了。我不能在由我支配的这样短的时间里详细阐述这个道理。

同志们，我们看到，那个准备同现在正处于实力极盛时期的美帝国主义竞争的强国处在怎么样的困难的状况。我们的一些美国同志认为，它还没有达到自己的极盛。我不同意这种说法。假如真是这样的话，那情况就是没有指望的了，也就根本谈不上竞争，因为一个竞争者已经被消灭了。但是，我也不认为，美国的状况也不如想象中那样美好。尽管美国资本主义明显繁荣和日益上升，我们可以指出证明美国不完全是景气的一些征兆。美国资本主义不能完全避免当前使整个资本主义遭受损失的震荡。这不是说像有些同志在同战争危险作斗争的委员会的会议上所指出的那样，我们应当等待帝国主义大战；前景并非如此，在每个国家里，我们都同革命力量并肩站在帝国主义势力今后发展的面前。国内战争的力量与帝国主义战争势力同时发展。共产国际的任务和共产党的策略不应当是指望这种帝国主义战争，而应当是支持国内战争力量的发展。国内战争比帝国主义战争早些到来是完全可能的。洛夫斯顿同志给我们描绘了比较悲观的情景。他曾经说过，在今后的5到10年，我们不能指望美国发生任何革命事件，然而，洛夫斯顿同志在他关于党的活动的报告本身，描写了多少有些不同的情景。

共产国际里形成的关于美国共产党作用的普遍意见是不完全正确的。美国共产党已经不是那种可以忽视的因素了，而且，它在最近6个月取得了显著成绩。美国资本主义削弱的迹象越来越明显。现在我没有足够的时间来论证我的论点。我只能指出，在美国，革命力量也在发展。美国党已经学会如何在适当的时机起到那些日益发展和壮大的革命力量的自觉的先锋队的作用。

在当前的国际形势下，英美竞争是一场斗争。这场斗争已经过了许多阶段：国际联盟、洛迦诺会议、图瓦里协定。今天的《真理报》社论说到图瓦里协定的不牢固性。这样一来，关于霸权掌握在谁手中的问题尚未解决。这也是公开的问题。

（主席摇铃，时间已到，发言人停止发言。）

主席：

我提议：由没列入发言名单的叶菲莫夫同志代表"射击"军事学校致贺词。

（全体起立，热烈鼓掌欢迎叶菲莫夫同志。唱《国际歌》。）

工农红军指挥员进修班致贺词

同志们，工农红军指挥员进修班怀着莫大的荣幸来向工人唯一真正的领袖——国际工人阶级及其领导者共产国际祝贺。"射击"进修班对近年来的国际形势非常关心。"射击"学校学员领导班子密切注视着整个国际事态，并且知道，只有经验丰富的共产国际和我们苏联共产党的领导，才能够及时把苏联从国际资产阶级的武装干涉中拯救出来。"射击"军校的学员是红军战士和正规军——这大家都十分清楚，我们向共产国际保证，向欧洲和美洲各国先进工人保证，如果资产阶级今后企图向苏联施加压力，也就是说对我们进行新的武装干涉的话，那么，全体红军就会齐心协力地对敌人的进攻给予有力的还击。

工人阶级唯一真正的领袖——共产国际万岁！（热烈鼓掌，经久不息。）

"射击"军事学校致贺词

奥尔洛夫（"射击"学校）：

同志们，台尔曼同志是我们"射击"学校步兵独立教导营的荣誉红军战士。（鼓掌）这个营是经过4年国内战争的全部仇恨磨炼的、纪律严明的钢铁红军的一支小分队。台尔曼同志是我们的荣誉红军战士，这有助于他更好地、更坚决地领会红军给提出的目标和任务。

今天，我们把我们苏联已获解放的工人制作的军服献给我们的荣誉红军战士台尔曼同志。（鼓掌。高呼"乌拉！"）

同志们，很遗憾，台尔曼同志不能总在我们那里，在我们苏联，但这还不要紧。我们希望，既是我们荣誉红军战士，在自己祖国又是红色战士联盟的代表和领导人的台尔曼同志，在得到我们的军服，荣获我们英勇红军荣誉战士称号以后，我们希望他，根据我们的原则，按照我们的方式方法，在不久的将来，在自己国家建立起德国红军（热烈鼓掌），这支红军能以不同寻常的速度，在台尔曼同志机智的领导下，去推翻它所仇恨的资产阶级，并且将成为我们在消灭整个资产阶级事业中的助手。同志们，没有任何疑问，台尔曼同志在成为我们的荣誉红军战士的时候，会清楚地知道。我们有一条道路——这就是列宁的道路。沿着这条道路我们去斗争，并且如果需要的话，那我们就为之去牺牲。台尔曼同志是我们的荣誉红军战士，他将牢记，红军给自己提出的那些任务和目标将永远同他在一起。他是不会忘记这一点的。

（热烈鼓掌。全体起立。）

德国共产党向"射击"军事学校致答谢词

台尔曼（德国）：

同志们，我觉得，我可以代表德国共产党和代表红色战士联盟宣布，"射击"学校指挥员进修班的教导营通过自己的首长，选举我为荣誉红军战士，这体现了战斗的德国工人阶级同苏联工农的深刻的革命团结。在俄国，无产阶级和俄国农民在世界历史上第一次对沙皇的堡垒猛烈进攻的那些日子里，德国工人阶级已经懂得，俄国革命胜利、建立红军、布尔什维主义的伟大思想，是世界革命的工人运动中具有何等历史意义的行动。每当在西欧无产阶级中间，特别是在德国工人阶级中间谈到红军，它的英勇斗争、它的胜利和它现在苏联社会主义建设中所完成的任务的时候，就备受鼓舞。请你们回忆一下自己的战斗口号，那你们就会清楚地认识到俄国革命作为世界革命一个阶段的意义。在德国，在广大工人中间，在各个工厂和各个工会里，我们到处都看到，红军是一支什么样的巨大力量，它不仅对苏联而且对全世界的无产阶级是一种什么样的鼓舞因素。红军、德国工人阶级和国际无产阶级从来没有像现在这样牢固地团结在一起。今天，共产国际执委会第七次扩大的全体会议有幸从两位红军战士的口中听到鼓舞着红军的是什么样的精神。我们看到了他们怀着怎样的刚毅精神和希望期待着某一个资本主义国家的无产阶级依照俄国革命的榜样去做的那一天的到来。我认为，我们给红军战士同志们，特别是教导营的代表们的最好的回答是，一旦我们担负起用我们的全部力量和全部精力继续走他们指给我们的道路的义务（这条道路在苏联社会主义建设中表现出来），那么就把我们的全部力量贡献给资本主义各国无产阶级革命的胜利，我想正是这一点，也仅仅是在这个意义上教导营的学员们才选我做荣誉红军战士。我作为德国共产党和红色战士联盟的代表保证向各种组织的工人们讲述苏联的工人和农民充满着什么样的革命精神、什么样的巨大同情心和兄弟般的团结一致的感情和怎样的战斗的刚毅精神。例如我们也把这样的斗争意志带到德国工人组织中去,而首先是带进共产党里来,那么我们就会建立起革命斗争的基础并斩断资本主义的锁链。

我愿意代表主席团和执委会表示,我们大家完全有决心走俄国工人和农民所走过的道路,并且我们在这条道路上将遵循我们从俄国无产阶级那里学到的战斗经验,一支红军已经披挂上阵,第二支红军——世界范围的军队正在诞生。当我们摧毁资产阶级战壕和堡垒并当世界上建立起第二支红军的时候,那时全世界无产阶级在革命中就战胜了国际资本主义。

同共产党各国支部休戚相关的共产国际在自己的旗帜上写上了,也在自己的纲领中写进了这些口号和这一条策略路线。因此,我向"射击"学校的指挥员和教导营的学员们保证,共产国际执委会的这次扩大全会将锤炼出完成革命的任务和为了率领我们——革命士兵去斗争和去推翻世界资本主义的武器。(热烈鼓掌)

维托夫(德国):

在我们刚刚感受到的、永远留在每个同志记忆中的热情以后,谈到同里泽同志昨天的发言有关的一些问题不会是特别愉快的。

我试图从绝大多数党员的观点出发来阐明里泽同志的声明。我认为,里泽昨天试图证明没有相对稳定,这百分之百是不成功的,所有听到他的发言的同志都会同意我的这个意见。里泽同志没有能够用自己的论据,驳倒大多数党和共产国际提出的、认为资本主义相对稳定是正确的观点。

在这个开场白以后,我想谈谈里泽同志发言的以下几点:如果里泽同志说，由于他对德国局势明显错误的估计是正确的话，如果德国不正确地估计形势，保护机会主义方针是正确的话，那么，这恰好说明，里泽同志指责德国党99%的党员是机会主义，德国党在斗争中积累了一些经验这一事实是不可否定的。认为德国党99%的党员支持中央委员会虚假的机会主义方针的论点纯属诬蔑，没有一个严肃认真的同志能相信这种诬蔑不实之词。

我也想谈谈一些个别的因素，里泽同志想把这些因素描写成韦丁反对派的看法。下面一句是最有趣的。

里泽同志说："台尔曼同志断言，似乎由于大多数党战胜了极左派和敌视党的情绪，在党的内部成功地制止了部分德国工人参加旨在反对苏维埃俄国的战线。"台尔曼同志的这一句话不仅需要强调，而且需要向每个工人清楚而明确地证明它的绝对正确性。假如里泽同志昨天向台尔曼同志说"请把这句话告诉韦丁工人"的话，那么很显然，无论是党中央，还是台尔曼同志本人，随时都准备在昨天里泽同志在会上发言后证明这个观点的正确性。难道里泽同志不知道这样一些文件吗？例如，韦丁反对派表明自己对俄国党内辩论的态度的备忘录，备忘录完全是对苏联的诬蔑。难道他不知道700号声明吗？你们知道，马斯洛夫、鲁特·费舍等政客就俄国问题发表了里泽同志和70位党的工作者签名的声明，在这个声明中明确表达了对苏联绝对敌视的政策。其次，我们这里有一份韦丁派在我们出发到莫斯科去的前几天发表的文件。文件说：

"反对派的意见是由于斯大林实行冒进的新经济政策方针而引起的，这必然引起工人和贫农增加不满情绪，这一方针是靠牺牲他们的利益向耐普曼分子让步来实现的。"

这意味着什么呢？假如这是承认革命因素作用的政策的话，那么，它对于苏联工人运动究竟是怎样的呢？或者说，这是对俄国革命的诬蔑？只要他赞同我们的意见，无论谁都不能否认有诬蔑的成分。基于这一点，我和德国党的绝大多数党员，我们应当声明：我们认为，里泽同志在全会上所说的完全是蛊惑宣传，这里是需要提出自己真实论点的地方，里泽同志这样做，表现出可耻的畏怯。

一开始我说过，所谓韦丁反对派，他们缺少真正的政治观点，采取搞派别活动的战略手段，因为提不出任何好的政治建议来同中央和党内多数人的建议相抗衡，于是陷入了派性的泥潭。如果昨天里泽同志声明，他也好，韦丁反对派也好，都是最坚决地反对把他们列为俄国的敌人的，那么他就应当声明，他是否还赞同反对派发表的有他的签名的3个文件，甚至我们把这作为参考，并认为，这一事实对于在德国消除反对派的观点是非常可喜可贺的。

在党内方针方面，里泽同志曾说，他反对机械地压制持不同看法的同志的任何意见，并且警告中央，要防止动摇共产党最根本的基础。照他看来，共产党的根本基础是什么呢？显然，他认为，韦丁反对派是党的唯一的基础。我们千万不要这样的基础。我们没有任何理由把里泽同志看做是党的基础的拯救者。

里泽同志断言，似乎党内方针造成了压制反对派，这是完全错误的。实际参加过斗争的所有同志都可以证实这一点。在每次会议上，反对派都有机会发表自己的意见，无论是德共的柏林组织，还是在德共的任何其他组织，反对派的同志们从来都没有放弃过阐明自己观点的权利。因此，里泽同志所要求的恰恰是派别的合法化。这就是为什么他说，因为反对派不能发表自己的意见，所以它要给自己制造一个安全阀。这个安全阀就是派别活动，换句话说，就是党内之党的活动。

还有第三点。

（多姆斯基在座位上喊道："梅克伦堡。"）

德国党有足够的勇气，承认在它的实际工作中所犯的每一个错误，并能改正其中最重要的错误。我们不需要多姆斯基出主意。

接着，里泽同志抱怨说我们的党开除了人，还要求恢复所有的因严重违反纪律和从事敌视党的活动而被开除的党员的党籍。按照里泽同志的说法，他们是党的"左派"分子。我曾问过他，他所说的"左派"指的是什么，但毫无结果。我认为，可以毫不夸张地说，反对派的观点在原则性和策略性问题上同左派的观点毫无共同之处，相反，恰恰是孟什维主义的一个方面。（鼓掌）我觉得，事实上每个同志都已经清楚这一点。里泽同志要求恢复所有这些被开除党员的党籍。但是，我要问，是否要给共产党开除党员的权利呢？党能否容忍科尔施那样的人公开谴责苏联的国内战争？党能否容忍党员长期同这样的敌人保持接触？它能否容忍空前的破坏纪律的行为？不能。绝对不能。对于一个纪律性强的共产党员来说，没有比造成亡党而不反击的犯罪行为更大的罪过了。我们党的绝大多数党员从来不会参加这种勾当，在这方面党是非常有力量的，在这方面在党的建设下同志们做出了很大的牺牲。他们不能容忍少数几个发狂的政客。

（里泽在座位上喊道："难道西萨克森、萨尔河地区和柏林是发狂的政客吗？"）

（台尔曼在座位上说道："鲁特·费舍和马斯洛夫……"）

我再说一遍。无论是柏林的党员，还是所有其他州的党员，为了不妨碍这种破坏党的小资产阶级集团的轻举妄动的勾当，付出了非常大的牺牲。但是，我觉得，在这个问题上足够了。

接着，里泽同志又说，共产党号召力下降与党的政治方针有关，他在这里暗指共产党滑向社会民主党的路线。在此我只举一个柏林反对派的实例作证明，反对派在实际活动中企图争取工人中的中间尽力来破坏党的威信。柏林支部的一个党的工作者公开说："当然，我们号召入党的，不只是不赞成中央委员会路线的工人"。（喊声："听我说，听我说！"）

（里泽在座位上喊道："这是谁说的？在哪个支部？"）

柏林第二区莫阿比特电力总公司涡轮机厂支部。

（里泽在座位上喊道："涡轮机厂支部没有左派多数。"）

为了使党的工作者当着自己同志的面声明，他们只号召反对中央路线的工人，本来就是前所未闻的事，这怎么能与真正诚心诚意的党的工作一致呢？要知道，这是内部的二元论，在这种情况下，一心为党工作的同志就要经受严重的内部冲突，因为，假如他们那里没有这种冲突的话，那他们就成了党的可耻的敌人。

关于反对派所说的党好像堕落到社会民主党的论调，再说几句。堕落到社会民主党的党能在萨克森的社会民主党的选举中（它能不知不觉地很快地出现在社会民主党的队伍中）取得7万张工人的选票吗？我认为，萨克森选举的事实是这种共产党堕落到社会民主党理论的最好证明。

德国党的大多数党员绝对相信，我们没有再犯过去犯过的错误。

里泽同志对于那些现在支持现中央，1923年党犯错误时曾经是中央委员会委员的同志提出了一条重要意见。但是，里泽同志忘记了，现在不是1923年，是1926年，而且党从十月失败中得出了两条重要结论：

第一，党纠正了当时多数人在国家理论问题上的错误观点；第二，弄清了当时没搞明白的党的作用问题。换句话说，我们铲除了布兰德勒和塔尔海默的那种理论，按照这一理论，社会民主党正在进化，正在从资产阶级左翼转变为工人阶级的右翼。现在我们知道，由于正确的列宁主义的政策，我们能够使社会民主党的反革命首领同真诚的社会民主党的工人区别开来。问题就在这里。这就是德国党所面临的困难。因此，认为共产党好像堕落到社会民主党的论点，是前所未闻的蛮横无理的结论。这种思想方法导致共产党被公开消灭，因为，如果一个共产党员心中确信，共产党正在走向社会民主党的话，他还能把社会民主党的工人争取到共产党方面来吗？当然，这是绝对不可能的。

因此，必须十分严肃地对里泽同志说，以便他考虑一下在我们所处的时期，这样的情绪对于整个工人阶级来说是危险的。因此，必须对里泽同志和韦丁所有的工人说清楚，使他们放弃自己的反动立场，不要被那些别有用心的恶意煽动家们所利用，他们利用反对派工人的革命信念，怀疑党的正确观点，目的是把反对党、反对共产国际和反对苏的派别活动绑到战车上。我确信，韦丁反对派中诚实工人们，很快会在实际工作中找到遵循党的路线的道路。

同志们！必须对反对派说：不要用你们那些苏联变为富农、德共堕落到社会民主党和机会主义等口号来妨碍德国党的实际工作，你们是在用这个来干扰党完成重要的任务。

绝大多数跟随中央委员会的党员的观点就是这样的。我们知道，在目前复杂的形势下，执行正确的政策总不是件易事，还有可能犯我们犯过的错误。然而，遵循德国社会民主党道路、成为机会主义的中央委员，离德国党员更远了。绝大多数党员的观点是这样的，并且很久都没有动摇，希望尽快在党内消灭反对派的非共产主义思想残余。

洛米纳泽（苏联）：

同志们！我想谈谈两个相互联系的问题：第一，对资本主义欧洲当前形势的估计问题；第二，合理化问题。

我认为，第一个问题需要谈，因为在我看来，布兰德在这里提出的这个问题完全是不对的。昨天，在结束当天的会议时，布兰德同志发言并向我们证实说，欧洲资本主义的技术近几年发生了相当巨大的变化，在一系列工业部门，至少是在各主要的工业部门，发生了技术革命。在布兰德同志援引具体事实来论证他的这个论点以后，反过来攻击我，让人感到吊诡的是，为了描绘欧洲资本主义技术革命却攻击我，还使用了长篇大论的开场白。一个问题就出现了：布兰德同志与它有什么关系？对我这个人哪儿来的这么大的尊敬和重视呢？我觉得，问题不在于我这个人，我不是决策或制造共产国际理论的人物。照我看来，这里问题不在我这个人，而在于把我选为评论员时，布兰德同志找到了为自己的既在对欧洲资本主义估计的问题上又在波兰党的问题上的十分错误的总的路线辩护的理由，因为这里一个与另一个联系得很密切。

首先，这里说的什么呢？我在一篇文章中曾写道。欧洲的、资本主义欧洲的生产机构只接近战前水平。无疑，我这是笔误。在说这些话的上下文中，说的是资本主义欧洲的生产力，布兰德同志非常清楚地知道，我指的就是这一点。然而，他利用这一笔误指责我，说我在资本主义社会矛盾减少问题上有不正确的思想倾向。他发起突然袭击，目的是要证明布兰德和科斯切娃同志所维护的背离共产国际路线的不良倾向是正确的。

首先，在我的文章中说的是什么呢？我不想引证自己的话，我只读一读布兰德同志略掉的地方。问题在于下列一点：有这样一位著名的波兰女共产党员科斯切娃，她同布兰德一起领导着一个流派，或是更确切地说，领导着波兰党里的一个派别。科斯切娃在《布尔什维克》杂志上发表文章，断然提出下列论点：

"无法摆脱生产力虚假发展和消费市场萎缩的资本主义，除了发动战争、大肆屠杀以外，还能找到怎样的摆脱窘境的出路呢。"

生产力虚假的发展（这不是一般地谈论资本主义，不是谈论在时间与空间以外的资本主义），这是正确的，这里讲的是欧洲资本主义，讲的是欧洲资本主义的实际状况。生产力虚假的发展！我要针对这一点说，而且我针对当代欧洲生产力的说法有可能并不十分准确。假如以欧洲的现实表现为例，应当说，欧洲生产力仅接近战前水平。但是，布兰德抓住了我的不够准确的说法，以此来掩盖科斯切娃同志的错误观点。这里我们指的是关于欧洲生产力虚假发展的明确论点。布兰德同志关于这个论点只字没提，也没说科斯切娃同志对问题的提法是不正确的。布兰德在这里发言，因为他赞同科斯切娃同志的观点，但他没有足够勇气直接捍卫科斯切娃同志的立场，不敢直接和公开提出问题。但布兰德还是站在科斯切娃同志的立场上。他不仅用自己对于科斯切娃这一完全不适用的论点表示沉默来证明这一点是正确的，他在对欧洲资本主义估计的基本问题上也赞同科斯切娃的意见，而且用他的全部论据证明它是正确的。实际上，你们在这里已经听到布兰德同志讲了很多，如工业领域发生了哪些巨大的变化，有哪些为生产力发展开辟新道路的技术创新。布兰德一一列举了全部主要的工业部门。但是，他只对我们说了这些，并且详细地谈了这一点。不过，乍一看不十分清楚，布兰德同志谈了生产机构的变化和改善，但他在谈这些时却把生产机构和生产力混为一谈了。看似混为一谈，布兰德同志的通篇讲话都意在于此，这篇讲话也只有这个意思。但是，他只看到现代资本主义的一面，他只注重近八年资本主义发展的好的方面。如果按照布兰德同志的观点，那么，必定会得出下列结论：生产机构大发展，布兰德同志这样声称，资本主义欧洲的生产力正在发展，所以，我们看到资本主义的进步运动。是的，布兰德同志，您说不出别的什么。您援引了资本主义矛盾，正像您对它们理解的那样，关于这些矛盾，我后边再说几句，现在我想谈谈，可否把生产力同生产机构混为一谈的问题。布兰德在他的发言里，没有把一个问题同另一个问题区分开来。难道可以把生产力发展水平同生产机构的状况混为一谈吗？我认为，这是不允许的。这根本是不正确的。实际上，我们能用什么来衡量现在的生产力水平呢？对待这个问题可以有不同的观点，从现代技术的生产能力来看，这是一种观点；另一种观点是，可以从固定资本的价值和固定资本与可变资本的比例看来。众所周知，在资本主义发展的条件下，固定资本与可变资本相比，能较快地、成比例地增长。但是，对我们来说，这是不能令人满意的和不正确的观点。在我看来，可以用这种观点来衡量生产力水平。应当这么办，如果谈到对生产力的数量上的估计，生产的数量多少，并且从这个观点来看，应当把现代资本主义同战前的资本主义加以比较。这里我不去引证布哈林同志的报告，但所有同志都记得和知道，在主要生产部门里，如果拿生产并不比战前时期生产得多这个数量的度量单位来衡量，的确，在个别生产部门，而且不是最重要的生产部门里，产品产量比战前时期高。主要是，如果以工业生产，也不仅是工业，而且还有欧洲农业为例，那么，我们甚至可能比欧洲战前水平要落后一些，统计是不够准确的。但布兰德同志本人也知道，未必能更准确地把现在的产品产量同战前时期的产品产量加以比较。布哈林同志在他的报告里是怎么办的呢？他拿了主要生产部门所生产的商品数量，把这些数字同战前的数字加以比较。布哈林同志是这样提出生产力水平的问题的，然而，可以说：对不起！生产力必须由机器的生产能力和现代的技术组织等决定。但是，同志们，生产力不仅是由机器和原料构成的，而且还由工人阶级构成。但是，现在大家可以给自己提个问题。近来，工人后备军急剧增长，现在，我们全欧洲的失业人数大大超过了以往最严重的危机时期失业人数的水平。现在人们要问，脱离生产资料的工人，没有把自己的劳动用在工业上的工人，是否要把他们当作生产力的积极指标呢？是否可以说，生产力的巨大增长，是由于我们有550万超过了工业就业工人人数的失业大军？这是不正确的。是否可以说完全停产的工厂应当算作生产力？人们可以说：工厂今天停工，明天就会开工，这是潜在的生产力。但是，同志们，问题不在于潜在的生产力。深藏在地下和还没有加工的原料也可以算作潜在的生产力。问题不在于潜在的生产力，在于实际现在的生产力。工厂停工，这是什么呢？这个工厂破产了，它的价值被消灭了。这是生产力的减少，而不是增加。就是这样。因此，我认为，当我们谈论生产机构发展的时候，不要把它同生产力的提高混为一谈。生产力是劳动过程中工人、机器、原料和各种辅助材料的总和，但在数量方面，是用生产的多少来衡量生产力的水平的。当然，从质量的角度来看，情况多少有些不同，但问题在于从数量上比较的角度来提出问题的。布兰德同志所犯的这个错误，恰恰是由于他只看技术发展，而且是个别工业部门的技术发展，并把这作为生产力的发展，否则他不会为科斯切娃同志作辩护。

布兰德同志在他的讲话中谈了资本主义发展的各种矛盾。他谈了资本主义在任何时候都很突出的这样一些矛盾：市场容量与生产力增长之间的矛盾，尔后是生产的增长和劳动后备军的增长，在任何一个资本主义社会里劳动后备军始终都在增长。资本主义总感到市场严重不足，而争夺市场的斗争是由整个世界历史来决定的。布兰德同志看到了这些矛盾，然而恰恰像资本主义腐朽这样的现象，他没有看到，在这里，布兰德同志是以一个为资本主义进步歌功颂德的人的身份出现的。他津津乐道、情绪高昂地讲述了在发动机的问题上、在用电和造船业等方面发生了什么样的巨大变革。布兰德同志只看到了资本主义美好的方面，从技术进步的角度也应当提出资本主义腐朽的问题，布兰德同志却以沉默来回避。关于资本主义腐朽，他只字没提。然而，资本主义腐朽有这样一种背景，在这种背景下，我们有现代技术的发展和资本主义生产力局部增长。资本主义腐朽不排除个别地区乃至个别国家的生产力的增长，但它决定着现代资本主义的总的发展趋势。关于这一基本趋势、关于现代资本主义的这一特点，不仅是现代的——战后的，而且是整个帝国主义时期，布兰德同志只字没谈。这不是偶然的沉默。布兰德同志对待问题不像是一个政治家，倒像是一位工程师。然而，同志们，当然，一位工程师应当向现代资本主义学习许多东西。但布兰德同志不像一位政治家，像一位工程师，给我们讲怎样利用电能、怎样输送高压电等。但是，这里，在共产国际的全体会议上，对待资本主义发展问题，不仅要从工程师的角度来看，而且要从无产阶级批判这种发展的角度出发。这一点布兰德同志，您没有做到。您企图用几个关于资本主义一般矛盾（只要资本主义存在，这些矛盾过去有、现在有、将来也有）的一般词句代替对现代资本主义的批判。看来，您在为科斯切娃辩护时比她走得更远。

布兰德同志在这里讲了倾向，讲了我的问题提法的倾向的危险性。我认为，应当读一读布兰德同志讲话中的这个地方。他是用德语讲的：我把它译成俄语。布兰德同志说"洛米纳泽的错误是危险的，不是因为这是在这个问题上的具体错误，而是因为它反映了一种可怕的倾向"。（布兰德在座位上喊道："我说过，如果是一种倾向，那是危险的。"）在速记记录里没说这一点。要想证明生产机构比战前的少，那么，要以此证明有支付能力的需求和生产之间的矛盾正在减少，这是导致资本主义矛盾减少的一种倾向，也就是说，在速记记录中没有完全写准确，布兰德同志说了什么，他的意思是清楚的：我的倾向是要把资本主义的矛盾说得比实际上存在的矛盾少。结果是，这种倾向是从生产力在战前水平上下波动和接近战前水平的论点产生的。布兰德同志认为，这是不正确的倾向，是危险的倾向，它会使生产力遭到破坏，或者使生产力落后于战前水平。这意味着实际矛盾减少。这就是说陷入了机会主义。这大概就是布兰德同志整个讲话的意思。我认为，布兰德所说的这些都是不对的，并且认为，这个论点不是我臆造的，而是人人懂的和完全正确的论点：资本主义欧洲的生产力水平在战前水平上下波动；在战后时期，出现了阻碍生产力发展的最大的制动器。这种论点完全符合马克思和恩格斯对目前欧洲所经受的这种危机的评价。我试图证明这一点，我引用马克思《资本论》的一小段引文，这段引文是众所周知和永志不忘的，但即使是布兰德同志也不妨时常仔细想想这段引文。马克思说：

"……贫困、压迫、奴役、退化和剥削的程度不断加深，而日益壮大的、由资本主义生产过程本身的机制所训练、联合和组织起来的工人阶级的反抗也不断增长。资本的垄断成了与这种垄断一起并在这种垄断之下繁盛起来的生产方式的桎梏。生产资料的集中和劳动的社会化，达到了同它们的资本主义外壳不能相容的地步。这个外壳就要炸毁了。资本主义私有制的丧钟就要响了。剥夺者就要被剥夺了。"①

对于我们来说，这里最重要的是什么呢？下面是这里最重要的：资本的垄断成了与这种垄断一起并在这种垄断之下繁盛起来的生产方式的桎梏。这似乎是通用的原理，这个原理是众所周知的。但是，我断言，您揭发我的不正确倾向的企图，首先是与马克思的这一原理相矛盾的。我们现在的情况是，资本主义的外壳即资本主义所有制关系，阻碍和制约着生产力的发展。我们现在的情况是，科学像从前一样，使技术的内容丰富起来，科学像从前一样，使工业的内容丰富起来，现在科学与技术为发展工业特别是发展农业和生产力开辟了巨大的可能性。然而，为提高生产力开辟最广阔天地的所有这一切科学技术成果受到资本主义外壳的限制而得不到发展。因此，尽管有巨大的可能性，我们甚至没有像战前时期那样迅速发展生产力。这就是问题之所在。情况就是这样的。

如果赞成你们关于生产机构大发展的观点（这仍然有些争论，因为要使这个问题离开生产力的总的问题是困难的），如果采纳你们的论点，那意味着什么呢？其实，您本人说，这个机构远远没有被充分利用。这

---

① 《马克思恩格斯文集》第5卷第874页。——编者注

就是说，尽管资本主义通过在资本主义条件下继续发展的技术和科学获得了一切可能，生产力的进一步发展或者变为不可能的，或是在最大限度上成为技术和科学的障碍。这里绝对的不可能是没有的，但生产力发展会受到阻碍。您的论据首先痛击了科斯切娃同志，也打击了您，您为科斯切娃辩护，我却宁愿在这个问题上赞成马克思的论点。照我看来，当人们确认生产机构被破坏的时候，这决不能使矛盾减少或矛盾停止。这是无稽之谈。说什么在生产力遇到破坏时，矛盾似乎减少，这就意味着脱离了任何阶级斗争，离开了工人阶级的存在，赞成空洞的图表和公式的观点。假如生产机构遇到破坏，供应减少，需求与供给之间的差别逐渐缩小，那么，布兰德同志是在这方面看到资本主义社会基本矛盾的缓和。供求关系存在基本矛盾吗？在布兰德同志的眼里，根本没有工人阶级。这才真正是一种"倾向"。

我不准备在这里援引恩格斯的话，但我要讲讲下列问题：在布兰德同志看来，恩格斯对问题的那种提法是完全不能同意的，也可以说是使资本主义矛盾逐渐减缓，因此，是个有点机会主义成分的提法。有趣的是，拉宾斯基同志在他的文章中（在这篇文章中有许多很值得争论的东西，甚至有许多错误论点）援引了我们当中很少有人知道的恩格斯信中的一段引文。布兰德知道这段引文。恩格斯说，将要爆发一场有1500—2000万人参加的战争，要么革命很快胜利，要么欧洲陷入混乱，导致生产力下降和破坏，尽管会使无产阶级革命胜利推迟10到15年，但革命必定胜利。

这就是生产力下降和破坏的状况，照布兰德同志看来，这必然使矛盾缓和。由此得出结论是，恩格斯有我所拥有的那种最危险的倾向，而且我是从恩格斯那里借用来的，而不是相反。

无论这种倾向有多么危险，我宁愿站在恩格斯一边，而不是站在布兰德同志一边。应当援引同一个拉宾斯基同志的话，他在分析欧洲战后势态时完全正确地说，我们要同欧洲资本主义不安定的停滞状态打交道。拉宾斯基同志所说的是现代欧洲。当拉宾斯基谈到战后时代的时候，他不是从一个工程师的立场，而是从一个政治家和社会学家的立场出发的，并且说，战后的最初几年，是生产力下降和遭受破坏的几年。这就是拉宾斯基说的。布兰德同志，这与您的公式有些不符。（拉宾斯基在座位上喊道："科斯切娃也是这样说的。"）我不知道您同科斯切娃有什么关系，但这里在你们之间有很大矛盾。当然，可以说，后来自己也不知道说了什么，但科斯切娃说得一清二楚，我们看到的是生产力的虚假的发展。而拉宾斯基认为是下降和遭到破坏。我们看到，布兰德同志认为生产机构的巨大发展，并把它同生产力的提高混为一谈，我们从拉宾斯基那里看到了不安定的停滞状态。如果这里没有矛盾，那么，那时你们怎样证实你们自己的逻辑都可以。在这里，布兰德同志差一点儿没把我指责为托洛茨基主义。真是无稽之谈。不过，我觉得，布兰德同志在这个问题上的错误不是偶然的，它反映了一定的倾向，这种倾向十分充分地体现在论点中，体现在布兰德同志和科斯切娃同志今年7月在波兰委员会上提出的那些论点中。我没有时间去仔细分析这些论点，但我还是应当把这些论点的一些段落谈一谈。

布兰德同志与科斯切娃一起谈了下面的话：

"皮尔苏茨基是以波兰振兴规划执行者的身份掌握政权的，这个规划在目前情况下极有可能得到外国资本的支持。没有这样的支持，进行独立调整的任何企图都注定会破产。

然而，这个计划意味着振兴，意味着政治和经济的混乱，意味着波兰的稳定要服从英美推行的欧洲稳定总规划，就是不与德国抗衡，部分地成为德国稳定的补充。

这表明，在达成交易的情况下，**要大量向国外借债**，但要完全丧失经济独立性来换取工业开工，要以牺牲大部分工业为代价：这表明波兰作为反苏战线的积极一员将受英国的摆布。"

　　同志们，这里有几个似乎能降低主要论点意义的句子："丧失独立性"、"牺牲大部分工业"等等。但是，依靠向美国借债维持的波兰稳定，是被当作**最大可能性**提出来的。波兰得到借款，大量的金钱纷纷流入波兰，这会使波兰丧失独立性，会导致工业缩减，但是在此基础上也达到了稳定。接下来说，这个计划将通过使波兰工人运动美国化的途径来实现。（有人在座位上喊道："有这种计划，但没有实现。"）但是，你们认为它有最大的可能性。（有人在座位上喊道："是与民族—民主主义计划相比。"）不是的，同志们，你们认为，它不仅与民族—民主主义计划相比，有最大的可能性，而且，还像这里所说的那样，这纯粹是胡说八道，我现在就给读一读布兰德和科斯切娃同志所描绘的波兰无产阶级的美国化。

　　"随着部分工业开始运转，对工人阶级采取了瓦解、收买和扩大工资级差分化工人阶级的办法，这些办法在西方进行过试验，皮尔苏茨基在1919—1921年期间也非常熟识，还使用了分化和收买工人组织的各级机构（工会、合作社、工人银行和国外代表机构）的办法。"

　　结果，在所有的稳定计划中，最有希望实现的、具有最大可能性的计划就是波兰工人运动的美国化。然而，为此需要"没有多大价值的人"，以使皮尔苏茨基转向洛克菲勒，或者使大量的金钱源源不断地从摩根和洛克菲勒流入波兰。我认为，同任何其他资产阶级计划相比，这个计划是完全不可能的，而关于"黄金雨露"和波兰无产阶级美国化的说法只是暴露了作者论点的机会主义倾向。同样，这种倾向也表现在欧洲生产力问题的提法上，同志们，我觉得，这种东西不是偶然的，在这里，布兰德的观点是彼此有关联的。如果布兰德认为，需要把我指责为托洛茨基主义（其实，我并不害怕说，我在这个或那个问题上同意托洛茨基同志的观点，尽管在有关欧洲生产力的问题上，我不完全赞成托洛茨基同志的看法）。那么我的意见是，在这里，布兰德同志是不正确的。我同托洛茨基的联系没有什么规律可循，但您的错误的规律性是显而易见的。这里随便举出几个年代和阶段，像1920年、1922年、1923年和1926年，您在波兰问题上的论点，您在这里的发言，所有这些都贯穿着**一条线**。

我在生产力问题方面就谈到这里吧。需要**全面**观察现代欧洲资本主义，甚至从生产机构的角度来看，它也不是到处在发展。在许多国家，实际上，我们看到的是生产资料遭到破坏，在那里，企业倒闭，工人阶级大众必然遭到灭顶之灾。布兰德同志也没有看到这一方面。

我想详细谈谈第二个问题：关于合理化。

同志们，必须详细谈谈这个问题，是因为：这是在全会上展开十分有意思的讨论的问题之一，而另一方面，现在在我们的报刊上在这个问题上反映出一系列十分不正确的看法。首先，我想指出，列宁同志是怎样提出我们对待托拉斯的态度的问题的，因为我认为，谈论列宁在这个问题上的立场观点不会妨碍我们，而新的观点还没有想出来。1916年列宁在《论"废除武装"口号》一文中曾说过下列的话：

"资产阶级的事业就是发展托拉斯，把儿童和妇女赶进工厂，在那里折磨他们，腐蚀他们，使他们过着极端贫困的生活。我们不'要求'这种发展，不'支持'这种发展，我们反对这种发展。但是**怎样**反对呢？我们知道，托拉斯和妇女从事工厂劳动是进步的。我们不愿意倒退到手工业，倒退到垄断前的资本主义和妇女从事家庭劳动。要通过托拉斯等等前进，并且要超过它们走向社会主义！"①

---

① 《列宁全集》中文第2版第28卷第174—175页。——编者注

这里提出了一个口号"要通过托拉斯，继续前进——走向社会主义"。我们**反对这种发展**，但我们不要求倒退到垄断前资本主义，用我们的社会主义口号来对抗这种发展。但是，我们仍然反对这种发展。我认为。列宁同志的这一指示极端重要和及时。

在我看来。在我们的报刊上经常碰到完全不能接受的腔调。在今天的《共青团真理报》上有这样一段话：

"共产党员们正在同合理化后果进行斗争。我们不反对生产的合理化。也就是说不反对新机器投产、技术完善，但我们反对耗费活劳动力，反对靠牺牲工人利益的合理性。"

列宁说，我们反对类似现代合理化的这种发展。《共青团真理报》说：我们不反对合理化并且解释说：就是不反对使用新机器、完善技术等等。这个"等等"也暴露了这一观点的虚假性。当然，合理化中有"合理的"成分，这是使用新机器和科学的劳动组织。当然，如果抛开了残酷剥削的话，《共青团真理报》也企图用自己的"等等"来抛开这种成分，并把整个合理化完全仅仅归结为技术。在这里，许勒尔同志指责斯莫良斯基，说他也把合理化归结为技术。这样说斯莫良斯基同志，也是不完全正确的。《共青团真理报》就是这样提出问题的。这家报纸在提出"等等"的时候，对于不可避免地伴随着合理化的论调却避而不谈。"我们不反对生产的合理化，不仅是针对使用新机器，但我们反对浪费劳动力。"就是说，必须实行不耗费活的劳动的、没有剥削的合理化。要知道，这也是无稽之谈，这是糊涂透顶。

更使人感到奇怪的是，清楚地懂得合理化远非只是技术完善的斯莫良斯基同志也和《共青团真理报》一样，证实了这一点。他比《共青团真理报》更严肃、更务实地提出了问题，但实质上说的是一样的："不能走'接受'合理化的路线是一回事，共产党的策略不可能建筑在反对合理化本身的口号基础上，是另一回事"。

这是斯莫良斯基同志的最大的错误。无产阶级恰恰是反对而且也应当反对合理化"本身"，因为合理化首先是资本主义赖以支撑的最大赌注，同时也是对**工人阶级**的最大**压迫**。这里资本主义是用大幅度降低工人阶级生活水平，通过殖民地的浴血战争来取得成就的。我们反对这样的合理化的"本身"，我们反对是对工人阶级及疯狂进攻的合理化"本身"。

斯克雷普尼克（苏联）：

您反对布哈林同志的论点。

洛米纳泽（苏联）：

布哈林同志说，我们不可能反对技术进步本身，斯莫良斯基说：我们不能反对合理化本身。合理化，这不仅仅是技术进步，这是大家都清楚的。斯莫良斯基也知道。斯莫良斯基说："工人阶级绝不可能既不赞成也不反对合理化。"请您指出布哈林在什么地方说过这样的话。工人阶级不可能反对技术完善，不可能赞成资本主义社会的技术完善。尽管斯莫良斯基同志本人清楚地懂得，合理化不能归结为技术因素，但他所说的就是合理化。何况他在这里犯了极大的政治错误，接着，斯莫良斯基同志谈到共产党人头脑里的糊涂观念，并引证德国共产党人路德维希的话。路德维希说：无产阶级对合理化的回答应当是"为实现社会主义，为金融资本使生产资料托拉斯化的合理化，为夺取国家政权，为实现无产阶级专政而斗争"。

路德维希同志把无产阶级专政、夺取政权等与合理化对立起来。布哈林同志也是这样做的。他说，我们用反对资本主义稳定的斗争来回答合理化，而斯莫良斯基正是因为这个指责路德维希。他说："很明显，口号是好的,但在现阶段,这些口号未必能够动员德国广大的无产阶级群众,起来进行反对失业和合理化其他社会后果的具体斗争。"

就在**这里**,是谁在反对布哈林?我看,十分清楚。不是我反对布哈林,是斯莫良斯基同志,布哈林赞成路德维希的说法。当然,不能用一个总的口号与合理化相抗衡,使事业受到限制。为实现局部要求,反对合理化每一种表现的斗争是必要的。这种斗争是绝对需要的,但是把一切仅仅归结为实现局部要求的斗争,这就意味着走工联主义道路。反对资本主义的最后挣扎,反对这种对工人阶级的极度压迫,我们也应当用一个把我们的局部要求联结成一条政治路线的总口号来回答。

在反对资本主义稳定的同时,我认为这样的口号也就是"反对资本主义合理化"的口号。我和布哈林的论点没有任何矛盾。我维护这些论点,我坚持这些论点。这里甚至连与布哈林在原则上的意见分歧的细微差别都没有,这里有的是,反对《共青团真理报》和斯莫良斯基同志在这个问题上的曲解所进行的论战。(有人在座位上喊道:"对无产阶级的恐怖手段呢?")当然,不对。斯莫良斯基同志从另一位德国共产党人身上找到了其他错误,这个人说,企业的恐怖手段作为与国有化相抗衡的措施是必要的。这是一个严重的错误,因为"恐怖手段"是一种不合理的斗争手段,因为这种手段不能动员工人阶级,而"企业的恐怖"能确保资本主义轻而易举地战胜工人阶级,削弱工人阶级的反抗。但这并不是德国党的策略。德国党的策略恰恰是在路德维希的这些话中体现出来。我也肯定地说,不仅列宁说"我们反对托拉斯的发展",把它同社会主义对立起来,而且德国党的实际经验也证明,这些口号是正确的。

现在,关于进步的资本主义再说上两句。列宁说,资本主义在我们通过托拉斯走向社会主义这个意义上讲是进步的。同志们,当我们除了资本主义社会以外没有其他社会主义劳动组织的时候,这是正确的。我认为，现在根本谈不上进步的资本主义。现在无论在任何一个领域里任何对资本主义的加强都具有反动作用。整个资本主义是反动的，因为我们有高级的劳动组织形式——社会主义劳动组织形式。因此，如果说列宁在1916年对问题的提法是正确的，那么现在这个提法更是正确的。**我们反对合理化、反对资本主义发展，**现在我们有必要强调几点，因为除了资本主义，现在有更高的社会主义制度。资本主义在各个方面都变成了反动的，于是今天在社会主义口号下比以往任何时候都更需要反对合理化。

同志们，我就说到这里。

墨菲（英国）：

同志们！首先我想做一点更正。我认为，全会上所作的报告，以及会上的一两位同志的发言，给人这样一种印象，似乎不久前开始的、正在进行对采煤工人的进攻是某种新的东西。报告中指出，英国资产阶级想迫使自己的工人阶级，在较短时间里完成在德国延续了数年的过程："在几十年过程中没有经受过这种进攻和生活水平不断提高的英国无产阶级，用采煤工人总罢工回答了资本家的进攻。"同志们，我认为，这句话有些夸大。我以为，数字能推翻在1925年进攻前英国工人生活水平不断提高的概念。事实上，统计资料表明，1900年英国工人实际工资最高，只是从今年起，实际工资迅速下降。工资曲线有时上下波动，尽管这样，这条线基本是下降的。假如1900年的工资水平是百分之百，1920年接近1900年工资的最高水平，然而，在这种情况下，它也没超过94%。许多严禁降低生活水平或夺回成果的工业冲突的资料表明，这些冲突是相当多的和接连不断的。例如，谈到1926年的斗争，我们不应当忘记1921年的斗争。在1921年，发生了对采煤工人的大进攻，爆发了一系列其他工业冲突，这些冲突造成8600万个劳动日的损失。

1922年，斗争仍在继续。煤炭工业、机械工业及其他工业部门，在冲突中损失了大约400万个劳动日。

虽然进行了斗争，但从1921年到1923年，英国工人阶级的工资每星期减少1000万英镑。从1923年到1925年，工人阶级的情绪悲观。在这一年里开始恢复斗争，直到发展成为1926年的大冲突。我认为，假如你们注意这些资料和意见的话，那么，你们就会得到对于英国现状的正确认识，就会把注意力主要集中在辩论这种基本情况上，也就是现在英国资产阶级企图尽可能快地完成同德国已经存在的那种过程。我以为，这是对的，但这一过程的延续时间比这在报告中指出的更长。

我还想就阶级分化问题对报告再作一点修正。报告中谈到自由党转向保守方面。这是对的，但必须再补充一点，自由党力量的大多数转到了工党方面来。忽略这一事实就意味着，忽视对工人运动发展转折期具有非常重要意义的现象。当我们转而讨论有关英国状况的专门报告时，我更详细地谈谈这个转折期，我现在只限于指出上述情况。

现在我着重谈谈整个报告。与过去分析国际形势的方法相比，布哈林同志的报告前进了一大步。他指出了我们时代的许多特点。首先，在地球的六分之一的土地上，我们拥有无产阶级专政。其余的六分之五则正感受着分化过程的一切后果，互相竞争使人痛心，人民群众正遭受着剥削，且日益贫困。

这种外部世界力量分化的过程发展得很不平衡。然而，首先，我们可以指出无产阶级革命工作的客观基础大大增强。第二，我们看到，民族革命运动的力量大大发展，这意味着无产阶级革命潜力的觉醒。第三，无产阶级团结显著加强，而且我认为，最近6个月的英国罢工，作为这一团结发展道路上的最重要阶段将载入史册。第四，我们看到共产国际的力量在数量上和质量上大大增加。从布哈林同志所提供的情况中最清楚地分析出来的几个因素就是这样。在不忽略这些因素的同时，我想详细分析各种不同的资本主义集团之间产生的摩擦，并把注意力集中到共产国际和整个工人阶级所面临的、在我看来没有充分强调过的一些重要问题上。

在最近几年，特别是近几个月我们看到，欧洲形势有显著变化。首先，我们是凡尔赛和约瓦解的见证人，这个条约是具有战胜德国的目的的英法联盟的结果。我们看到，由于洛迦诺条约，整个政治方向全部改变了。我们看到，由于美国的干涉，洛迦诺条约在日内瓦被撕毁。其次，在建立法德联盟时，我们出席了。这些变化发生得如此之快，在不同阶段数量又如此之多，并且它们的表现形式非常复杂，使得在我们队伍里、在反对苏联和美国的欧洲统一联盟的前途问题上出现了某些混乱状态。

当其他人坚决认为，欧洲各列强之间的斗争具有重要意义的时候，一些同志看到了建立欧洲统一联盟的可能性。但是，无论从什么角度来分析业已形成的局势：我们是否把注意力集中在英国与意大利的接近上面，或者是集中到德法之间的关系上面，我们是否认为英国会找到与这些大国联合的途径，或者认为美国现在在欧洲起着英国在战前时期已起过的同样的作用，在这一切情况下，竞争的各国之间的摩擦加强的事实是毫无疑义的。当然很清楚，远东事件加深了摩擦。但是我怀疑，远东事件对于英帝国主义的意义是否给予了充分评价。在我看来，世界贸易向太平洋转移，由于中国革命给英国带来的直接后果，列强对中国的注意力加强了，所有这些都是决定英帝国命运的最重要的和决定性的因素，而且这些因素在很大程度上使帝国主义列强之间的摩擦加剧。在远东，英国的竞争者正在利用在各方面对英国的巨大优势。我们举出英国和中国之间的巨大距离作为例子。无论英国商品用什么方法运往这个遥远的国家，是通过巴拿马运河或是通过苏伊士运河，反正美国和日本同英国相比还要近几千海里。在这种情况下，运输商品的优越性也就是海军的优越性。此外，必须注意英国自治领在这些太平洋问题上的地位的重要性。我们不应忘记，美国对加拿大的压力造成了英日联盟的破裂，加拿大的政治活动家发表声明说，加拿大绝不会在任何能给美国带来损失的条约上签字。

由于中国革命力量的节节胜利，帝国主义列强对待中国的态度以及列强之间的态度已经发生明显的变化。帝国主义列强之间的摩擦也消除他们共同对中国进行武装干涉的可能性。现在，所有这些大国都只想着为自己从已有地位中获得最大利益，这时，它们相互间的关系变得更加紧张。同时，我们应当注意到，由于不列颠帝国会议而出现的值得注意的事实，这些事实清楚地表明，斗争的任何一次延期都增加了失败的危险，其结果是使英帝国更加成问题。我觉得，在对这些基本因素进行简短分析的时候，也可能不会造成战争危险日益加剧的印象。很可能，英国感到事件发展不顺利以后，可能得出结论：斗争的任何延期都会增加失败的危险，同时决定让自己的舰队朝某个方向发起某种勇敢而出其不意的进攻。绝不能排除向地中海进发的可能性。我们知道，法西斯意大利的帝国主义野心正在增长。我们知道，英国与德国调停以后，英国舰队已从北海开到地中海。我们知道，太平洋建立了新的海军基地，英国向它的自治领发出直接号召，对军事设施给予更加务实且经常不断的支持。

我列举所有这些事实，目的是指明危险性增加的严重性，提出我们应当履行自己的义务的问题，以及为了同这种危险作斗争，自己做好准备，也准备好工人阶级的全部力量，我知道，我们进行共同的反对帝国主义的宣传，我知道，在提交给我们的报告中指出，我们应当向工人们说明战争的危险性，指明我在上面已经说过的、帝国主义各国之间的竞争正在加剧。指明增加军备和化学战的可怕，等等。但是我要问，这是否足够了呢？我认为，在这些建议中所谈到的一切，和平主义者也能够做到。他们也可以提出"消灭战争灾祸"、"战争力量在增长"等口号。但是，这够不够呢？我认为，这是不够的，并且认为，如果我们仔细分析一下共产国际和各党近6个月的活动以及我们的反战宣传，那么，我们在冥思苦想：这方面我们是不是忽略了什么。

同志们，我认为，我们还没有十分深刻、仔细地研究与战争有关问题。我们是否扪心自问过，工联在战争期间起着什么作用？为了起到这种作用，我们应当怎样做好准备？我们是否研究过，在宣战的情况下，把工联吸收到革命方面来的意义？我们是否研究过战争的战略问题和如何吸收工联来完成战略任务？在工联成员应征入伍时我们是否一同去，或者我们仅仅是等他们回来过普通公民生活时，再重新向他们宣传阶级声援呢？我提出这些问题，为的是把它们同在战争危险迫近时我们所面临的一个主要问题联系起来，也是同工人阶级和革命政党准备完成国内战争任务的问题联系起来。我们在理论上同意，必须把帝国主义战争变为国内战争。但我声明，假如我们不充分为国内战争积蓄力量，那么这就是说，我们没有完全履行自己的革命义务。在布哈林同志的报告里，不仅没有充分强调我们工作的这个方面，也没有充分重视我们反帝国主义的民族解放斗争中的任务。在报告专门谈德国的那一部分我们看到，1923年共产党人没能参加反对帝国主义的民族斗争。这一年，当德国成了帝国主义剥削的对象时，德国无助的局面与其现在帝国主义复活的局面形成鲜明的对比。这种对比是完全正确的，对于解释清楚战争期间我们不能支持德国资产阶级是特别有利有。但我担心，问题的第一部分的提法仍然没有讲清楚共产党和工人阶级在前几年的民族斗争中的作用。我们要十分明确地指出，我们参加资产阶级政权和政府机关，要与为无产阶级专政斗争的手段联系在一起。我们要努力这样进行斗争，以证明无产阶级是民族解放的唯一的捍卫者。总之，在把这个问题提到首位时，我想再次强调，必须深入研究所有与战争和应对国内战争集中力量的问题,国内战争是对帝国主义野心的唯一的真正回答。

波德沃伊斯基(体育国际执行委员会):

在开始发言之前,请允许我履行红色体育国际执委会委托给我的任务,代表两百多万参加红色体育国际的工人和农民运动员,以及与红色体育国际组织有联系的国家中一部分少先队,向共产国际执委会第七次扩大全会致敬!

红色体育国际向全会表示祝贺,并感谢各国共产党在 6 年多的时间里,也就是从 1920 年 8 月苏维埃国家工农体育组织同共产国际第二次代表大会的代表一起成立红色体育国际时起,对共产国际支部红色体育国际给予的政治上和组织上的支援,以及一些国家所提供的物资援助。

红色体育国际相信,这种援助将一天比一天越来越大。这种信心的根据是:1. 资产阶级越来越多地利用体育运动来加强它对无产阶级进攻;2. 无产阶级越来越意识到利用自己的体育战线向资产阶级反击的可能性;3. 苏维埃国家开始利用体育运动来组织培养生产力,建设社会主义经济和社会。保卫它们不受敌人侵犯;4. 工人体育运动日益成为欧洲无产阶级同苏联接近的一种因素。

同志们,请允许我在祝贺之后,把话题转到我的发言上来。我同意布哈林同志对于资本主义稳定所提出的判断和预测,并且拥护他所捍卫的共产国际今后工作的路线和任务,因此这些我就不准备谈了。

鉴于我本人目前担任红色体育国际的主席,也由于布哈林同志(正如他对我说的由于时间不够)在报告里没有来得及讲,所以我要谈谈共产国际各支部在体育—体操运动方面的工作,请允许我从布哈林同志对国际形势所作的全面分析出发,来分析一下体育战线上的形势,说明当前各国共产党在这条战线上的工作任务。在我的讲话展开以前,我想首先讲一个总的论点,就是:各国共产党平时积极参加体育战线的工作决定着：1. 活跃、加强和深入开展工会，共青团和少先队组织的组织和教育工作；2. 加强群众的组织和教育工作的手段、方式和方法；3. 加强群众的革命军事化；4. 扩大对资产阶级军队影响的手段；5. 扩大建立无产阶级自卫组织的可能性。

体育—体操的战场方面的特点是工人体育运动与资产阶级体育运动之间的斗争和它们中间的每一个的内部斗争日益尖锐。这种尖锐是无产阶级政党和资产阶级政党对体育运动在争取群众的斗争中、在组织和教育群众中的作用，以及它在形成战斗力量中的作用加深理解的结果。

现在，在体育—体操战场存在着三条战线：资产阶级战线、工人革命战线和工人改良主义的战线。这个场地聚集了近3300万人。

工人的革命体育战线是由红色体育国际有组织的国际体——体操组织体育联合会组成的：有苏联的、挪威红色体育国际独立支部、捷克斯洛伐克的和法国的。现在这条战线就最低估数少说有200多万人。在苏维埃国家里，这条战线在各大小工厂和机关的自己的组织已经发展成网络，并且已经深入到农村。这条战线的领导建立在民主集中制的原则基础上。这条战线在不同程度上都与每个国家的革命组织、政治和工会组织有联系。只有这些组织才在物质上支持这条战线。除了苏维埃国家的政府以外，任何地方的政府都不支持它。工人的改良主义体育战线主要是以德国工人体育—体操运动为基础，有近150万人，它是由体育—体操运动有几十年历史的这些国家：奥地利、芬兰、法国和瑞士的工人体育组织组成的。现在，这条战线也有着和革命的体育战线一样多的人。这条战线的领导是建立在官僚主义"民主制"原则基础上的，这条战线的组织网络没有与地方的大小工厂和机关有联系，也没有组织上联系。这个网络没有扩展到农村。改良主义战线同积极领导它的社会民主党有联系。它接受这些组织，资产阶级的政府和市政机关物质上的资助。

资产阶级战线的组成是：1. 通过专门组织或机关建立、联合和有资产阶级领导的自愿的体育体操组织网；这些体育组织在不同程度上接受资产阶级政府、市政机关和各种各样的资产阶级组织的资助；2. 建立、联合和由国家组织和机关（各学校、军队、警察、邮电和铁路部门等）领导的，靠国家资助的体育组织网；3. 近几年来在各大小工厂、工商企业里扩展的体育体操组织网；这些组织完全由企业主用剩余价值开支。这条战线三分之二以上的人是工人及其子女。资产阶级体育战线是由在"广泛民主"基础上选举的机关来领导。近来，资产阶级体育战线把自己的网络扩展到了农村。

请允许我简短地描述这三条战线的情况，并且描述它们在无产阶级同资产阶级的阶级斗争中的作用。

当然，我要从自己的工人革命体育战线开始，简单介绍这些战线。

工人的革命体育战线

工人的革命体育战线的先锋队是苏联的体育运动。正像我在贺词中谈到的，苏联体育—体操运动成为苏联社会主义建设因素之一。它促进的任务有：1. 组织群众；2. 为苏联国防培训力量；3. 为建设社会主义经济和社会准备生产力。当然，联共（布）、工会、共青团、少先队组织和国家机关赋予这项运动以巨大意义并给予它巨大的政治上的、组织上的和物质上的帮助。苏联体育—体操运动作为工农群众性的运动是在6年前诞生的。它从来就不是不问政治的运动。恰恰相反，它始终是鲜明的革命运动。这种运动证明上面所说的是正确的，它的简短历史就是这样。

体育运动作为工人阶级和农民的群众性革命体育运动是1920年在苏维埃国家里由应征前普遍军训部组织的，其目的是帮助国内战争。

这个时期，在城市和乡村的运动场和广场上，它为国内战争培训了青年，把青年直接从运动场上派到国内战争的前线去。

正是在这个时期，在国内战争时期，在任务和要求的压力下，奠定了苏联体育运动下列这些原则：第一，把这项运动发展成无产阶级和农民的群众性革命运动。第二，确定了它在苏维埃国家在今后整个时期的道路。

这是共产国际第二次代表大会的代表一致公认的、对于其他国家工人体育运动也是唯一正确的原则，而且在这些原则的基础上，他们决定同苏维埃国家的革命的工人运动员一道，在1920年组建红色体育国际。这个体育国际也把从国内战争需要中产生的革命体育运动的原则传达给其他国家的工人体育运动。因此，红色体育国际在其他国家组织的革命工人体育运动带有苏联国内战争的特点，其中也体现了它的精神。

随着国内战争的结束，随着转入经济建设，除了完成给苏联国防培养孩子和青年的任务以外，当然，为社会主义经济培训生产力的任务也落在体育—体操运动上。运动、竞技和体操以其特殊形式、方法和技术引人入胜，还因为它对孩子和成人都易于接受，它有助于组织、教育和培养孩子和青年，以使他们更好地履行苏联公民在经济和国防上的义务。

苏联体育—体操运动的这一方针在政治、策略、组织和工作方法方面决定着整个国际革命工人体育—体操战线的方针和工作。部分有觉悟的工人体育—体操群众开始承认苏联的方针是唯一正确的方针。在这一方针的基础上组织各国工人体育—体操运动的红色体育国际是国际工人体育战线的领导者。

苏联体育运动方针彻底改变工人和农民特别是青年对体育，对游戏、娱乐、休息和保健的看法。在苏联方针的影响下，欧洲各国的工人阶级和农民把体育当做一种组织和教育群众消灭资本主义严肃事业的看法正在确立。各国工人阶级开始懂得,如果在苏联当时体育—体操运动被用在国内战争上,那么它也完全可以在其他国家用在阶级斗争、同法西斯斗争的目的和组织无产阶级的阶级自卫上。一些国家的工人阶级如德国工人阶级,已经找到工人运动同建立广泛的自卫组织的红色战士组织接近的途径。承认依靠体育运动建立无产阶级和农民的自卫组织是适宜的,其他国家的工作实践也在沿着这个方向走。

因此,红色体育国际在把千百万工人运动员集中到由共产国际、工会国际和农民国际开展反对资产阶级的广泛战线上的同时,在业已谈到的组织的大力协助下,不仅在这些群众与这些组织接近的意义上,而且在它们准备无产阶级和农民的自卫和同资本主义进行坚决斗争的意义上,都开始起着极其重要的作用。

欧洲各国有觉悟的工人体育先锋队,无论是革命的还是改良主义的体育战线,在近几年不止一次地表示,它特别希望理解工人体育—体操战线的目标和任务。他们积极而有组织地支持红色体育国际近两年建立统一的工人体育组织的活动,就特别突出地证明了这一点。由于青年联盟和卢塞恩体育运动国际的友好支援,红色体育国际才能在几个转折关头在建立苏联体育运动的基础上在国际统一工人体育战线上迈好了头几步。第一个这样的转折关头是,工人体育先锋队支持的红色体育国际争取红色体育国际组织参加法兰克福改良主义奥林匹克运动会权利的运动。这次运动在体育运动的改良主义首领和由他们领导的群众间的关系上克服了最严重的障碍,并且为红色体育国际在巴黎召开的国际改良主义体育代表大会上取得第一次胜利作了准备。法兰克福运动会是在1925年夏举行的。巴黎的代表大会是在同一年年底召开的。这次代表大会是工人体育战线团结统一的第二个转折点,它使得红色体育国际提出的红色体育国际和卢塞恩体育运动国际的工人体育组织有必要举行国际会晤的想法占了上风。

卢塞恩体育运动国际的领袖们被迫向自己的群众投降,并接受了红色体育国际的建议。第三次转折是,刚刚结束的苏联体育组织与卢塞恩体育运动国际最大的工人体育—体操协会——德国体协关于共同举办运动会的合同的签订。

鉴于资本主义不牢固的稳定出现的群众革命化的情况,苏联的方针对各国工人体育运动影响的结果是:1. 加强红色体育国际支部的领导机关;2. 活跃这些支部的工作并使它们发展;3. 加强由红色体育国际在工人和资产阶级的体育运动组织的党团的影响;4. 发展和加强改良主义体育运动中的反对派。

红色体育国际决定:1928年在莫斯科举办十月革命运动会,以此把革命体育战线的发展和加强固定下来。这个十月革命运动会应当是国际无产阶级团结的一次示威和培养十月战士的一次检阅。出于政治目的而组织的十月革命运动会在目前尚未联合成为国际工人战线的各个地区引起了极大热情。红色体育国际不仅相信它的组织,而且还相信,不仅要吸收工人体育组织参加,而且要吸收与资产阶级进行阶级斗争的所有工人组织参加。红色体育国际希望十月革命运动会得到政治上、组织上和物质上的支持,并寄希望于世界无产阶级的阶级组织,因为十月革命运动会将是体育战线的工农群众兄弟紧密团结的第一次国际性示威。红色体育国际也寄希望于工人阶级帮助十月革命运动会建成红色国际体育场,这个体育场是由共产国际二大的代表、英国工人阶级代表团、全俄共青团三大的代表、苏维埃国家的青年和苏联的体育组织一起,1920年在莫斯科列宁山上奠基的。红色体育场工程的迅速竣工将有助于十月革命运动会作最好的准备,并顺利举行。

革命工人体育战线的发展和加强,把广大的工人体育群众的好感和注意力吸引到这方面来,把建立革命工人体育运动机制的问题提上日程。

上面描述的革命体育运动的作用同样坚决要求每个国家建立工人体育—体操运动的组织者、领队和教练员的革命干部队伍，以及为这项运动服务的理论工作者和掌握科学教学方法的工作人员的核心。

红色体育国际的主要组织是苏联体育组织，它把体育体操运动变成社会主义建设因素，当然，应当是第一个给自己提出这一任务。它清楚地懂得，只有为这项运动选拔和培养组织者、领队和教练员等革命干部，他们同时也是政治上的、组织和技术的领导，给苏维埃政权提供了充分利用体育运动达到上述目的的可能。苏联体育运动希望从联共（布）和全苏列宁共青团的基本群众中得到这样的干部。

当然，如果没有共产党、共青团，而在一些国家还有工会和工厂委员会对红色体育国际的帮助的话，那么取得上述一切巨大成绩是不可能的。不言而喻，那些在共产党领导下建立了体育委员会的国家对红色体育国际的帮助最大，而尤其是那些不仅在中央，而且在州、区委员会，各大企业和农村的共产党支部建立这些委员会的国家帮助最大，那些有共产党、工会和共青团的报刊，以及党的理论家、宣传家、鼓动家、组织家加强了红色体育国际支部的工作，以及加强了体育—体操运动其他战线的党团和反对派的工作的国家给予了帮助。

革命的工人体育战线工作的主要结果表明：1. 苏联的工人体育战线的方针使得无产阶级对体育—体操运动的阶级利益更敏锐。2. 无产阶级开始越来越懂得：（1）工人运动的目的和任务只能是革命的具有阶级性的；（2）现在掌握在革命组织手里的这一运动是广大工农群众组织和革命军事化的良好形式；（3）它是争取农民青年和东方与殖民地各族人民青年参加斗争的非常适用的形式；（4）革命的体育运动具有在广泛组织无产阶级和农民自卫的基础上成为有益运动的一切条件。

根据这些结果得出的具体任务是：1. 在最广大无产阶级和农民群众中宣传工农体育运动，把它看做是一种仅仅以革命为目的的运动；2.

利用革命体育组织使群众革命军事化；3. 通过军事化的工人体育组织来扩大对资产阶级军队的影响；4. 制定使现有的和刚组成的自卫组织同工人革命体育运动接近的组织形式，并使红色战士组织与工人革命体育运动相结合；5. 在上述任务的基础上，进一步发展和加强建立统一战线的工作；6. 尽可能多地吸收广大工农群众参加1928年在莫斯科举办工农十月革命运动会；7. 莫斯科列宁山上的红色国际体育场尽快竣工；8. 客观上具备有利条件的英国、美国和瑞典建立独立的工人体育联合会；9. 将站在革命民族解放斗争最前线的中国的体育组织联合起来；10. 建立属于共产党各级机关领导的中央和地方的体育委员会；11. 选拔和培养工人体育运动的革命的组织者、领队和教练员的干部队伍；12. 对于在工人体育—体操运动中工作的共产党员的工作，共产党方面要给予更系统的政治和组织领导；13. 共产党的报刊要更全面地照顾工人体育战线；14. 对确立工人体育运动的革命体制的原则给予理论工作和规划—教学法工作上的帮助；15. 建立革命工人体育运动今后发展的物质基础。

工人改良主义的体育战线

近来，工人改良主义的体育战线的形势发生了巨大变化。目前，在这条战线上充满紧张与慌乱。在不久以前，这条战线还是相当稳定的。它满怀信心地宣传工人体育运动的非政治化。它的领袖们不久前甚至还以为，可以向红色体育国际提出解散的建议，但在最近两年，在资产阶级向无产阶级进攻的压力下，在工人阶级状况不稳定的压力下，在红色体育国际教育无产阶级和农民群众同资产阶级战斗的组织经验的影响下，这条战线的群众明显地向左转，并督促他们的领导人也向左转，参加反对资产阶级的真正的阶级斗争。由于阶级斗争的激化，改良主义体育战线的群众在支持红色体育国际把整个国际体育运动联合运动的同时，开始从脱离自己领袖的领导，投奔红色体育国际。

在这场同自己领导人的政治斗争中，被红色体育国际、各国共产党、共青团和革命的工厂委员会说服的改良主义群众永远牢记苏联革命体育建设的卓越经验，他们意识到自己受了自己领导的骗，他们开始懂得，千百万工人运动员只有在这样的组织里，以这样的方法接受教育，坚持正确的方向，有群众的积极参与，才能够吸收最广大的无产阶级和农民群众在各方面去同资本作斗争。改良主义群众越来越关心莫斯科的（正如他们所表示的）体育运动内容、规划和方法。各国工人体育群众最美好的愿望是到莫斯科去，到那里看看，苏联的体育运动是什么样的。

卢塞恩体育运动国际的领导人感觉到并看到群众正在离开他们，他们不得不放弃工人体育运动"不问政治"的理论与实践，并在其他国家解除了对苏联体育运动和红色体育国际组织的封锁。近来，这些领袖们很害怕群众不听自己的话，在工人体育战线联合的问题上的态度变好了。这为红色体育国际促使群众尽到最起码的阶级义务，支配群众并把群众争取过来创造了条件。迫于群众的压力，卢塞恩体育运动国际的领导人不得不放弃过去的原则，放弃自己的立场，为了不失去队伍，签署了由红色体育国际发起、但他们不愿意的条约。这一切都给过去那些不愿意无条件服群众意愿、有影响的改良主义领导人唱了挽歌。这本身标志着卢塞恩体育运动国际的领袖向红色体育国际投降，放弃了重要立场，这也证明了有组织的统一战线的主动精神。红色体育国际只有靠卢塞恩体育运动国际队伍，才能从卢塞恩体育运动国际手中夺取这种主动性。现在已经十分明显，卢塞恩体育运动国际的领导人1928年是被迫到莫斯科参加由红色体育国际组织、群众和卢塞恩体育运动国际的群众参加的十月革命运动会。他们被迫跟着自己的、已经开始耐心细致地准备参加这个十月革命运动会的队伍到那里去，并且被迫在莫斯科在红色体育国际和卢塞恩体育运动国际的工人体育—体操组织的联合代表大会上签署全世界统一的革命工人和农民体育队伍的全面条约。如果他们不这样做，他们就会变成光杆司令。

提高体育群众的积极性，改良主义战线向左转到红色体育国际方面来，卢塞恩体育运动国际同苏联体育运动接近，使这条战线出现了新貌并得到加强，同时把资产阶级体育组织的运动员以及青年工人新成员吸收到这方面来。

改良主义战线的主要结果是：1. 发展革命阶级斗争的良好的客观条件，红色体育国际在有各革命无产阶级组织支持的体育战线的党团工作以及反对派工作这些良好的客观条件，推动了有200万无产者运动员的改良主义战线向左转。2. 向左转使得工人体育运动同资产阶级的体育运动的斗争激化，并加速了由三条战线变成两条敌对阶级的体育运动的战线——革命工人的和反革命资产阶级的体育运动战线。3. 就总体和整体来说，以自己最有觉悟的队伍为代表的改良主义战线的群众开始跟着红色体育国际走，因为后者向群众揭示了由它组织的工人体育运动的革命的阶级性质。4. 改良主义群众根据苏联体育运动的经验看到，在阶级关系上方针正确和被充分利用的工人体育运动，提高了无产阶级政治和技术上的战斗能力，开始相信红色体育国际。体育群众渴望抓紧建立能加强工人阶级同资产阶级斗争的统一战线。他们期待红色体育国际在莫斯科举行的十月革命运动会能成为给十月的、同资产阶级进行最后搏斗培养锻炼群众事业的总结性示威，并为组织统一的工人体育战线增加无产阶级战胜资产阶级的可能性。

这些结果对红色体育国际各支部和其他革命的工人阶级的政治和工会组织提出了下列具体任务：1. 加强和加紧在没有加入红色体育国际的各个体育组织中的我们的党团工作；2. 扩大和加强工人体育运动的

反对改良主义路线的力量；3. 使国际体育比赛和节日服从于政治目的和任务；4. 组织各种运动，以便把最广大的工人群众最广泛地吸收来参加十月革命运动会，使改良主义体育组织尽可能多地参加进来，以及参加莫斯科列宁山红色国际体育场建筑工程的竣工事宜。

资产阶级的体育战线

近两年来，资产阶级体育战线的工作非常活跃。它活跃起来主要是靠有效地，我说是，急风骤雨般地在广大工厂、工商机关建立体育—体操组织。

资产阶级在体育—体操舞台上的工作计划和规划表明，任何人都没有像资产阶级所做的这样，全面、细致和熟练地把体育运动利用到他们自己各种各样的阶级利益当中去。资产阶级在战后立即对居民广泛实行军事化，对那些即将服兵役的青年实行军事训练，对体育运动设施研究了数年。各国最优秀的军事教育权威人士在各种委员会研究多年，研究如何最妥善地对群众隐瞒真实目的，如何使这项运动适用于居民军事化，为建立**资产阶级**军队，如何把青少年训练成尽善尽美的最合格的材料这些问题。由于这些工作，在许多国家出现了军事监督组织和为了军事目的对体育—体操运动实行军事领导的组织。在这个时期还出现了一系列制度、周密思考的教学大纲和教学法，可以说，体育运动为资产阶级军国主义做了大量工作。

当十月革命在许多国家引起了革命运动的时候，资产阶级灵活而机智地在更大程度上把工人体育运动用来为其反革命的目的服务。

更有甚者，资产阶级在此基础上把体育运动用在了法西斯运动上。由于资产阶级使用灵活的策略，使得法西斯主义有了现成的半军事联合的群众组织形式和现在的领导机关，就其结构而言，很容易用于军事目的的现成的领导机关。法西斯主义只剩下提供经费并向它提出反革命的战斗任务。

当被革命运动激发起来的无产阶级甚至在自己的工会战线上使斗争激化的时候，资产阶级用非常灵活的策略，把过去曾是中立的体育—体操运动同革命化的工会运动对立起来，并把这项运动控制在自己的思想影响下，同时用这一中立的、带引号的中立组织来扼杀群众日益增长的积极性和他们组织起来的愿望。资产阶级把那些通过组织的形式体现积极性的广大群众吸引到体育组织中来，同时在那里向他们灌输沙文主义及其他反革命思想。这种方法打动了通过体育运动组织起来的大量工人群众，这是资产阶级反对革命工会运动的武器，这些组织就成了把工人体育组织转变为直接同工人阶级斗争的工贼组织。

迫于必须把农民争取到自己方面来的形势需要，资产阶级面临着开展争取农民青年的斗争问题。在这场斗争中，资产阶级的行动非常灵活，及时在农村撒开了自己的组织网络，农民青年一网打尽。

资产阶级在学校和营房里特别巧妙而灵活地利用体育—体操运动，在青少年、应征入伍青年、工人和农民中间传播沙文主义和军国主义情绪。

近几年来，资产阶级把体育—体操运动当作稳定资本主义的支柱之一。它把体育—体操运动作为工人劳动合理化的重要因素之一。为了这一目的，资产阶级组织体育运动的理论家、教学法专家和技师认真研究大纲、计划、方法和技巧，吸引工人参加体操训练和体育比赛，以达到预期的稳定效果，但企业的体育—体操组织的真正目工人并不清楚。在专门制定的制度、大纲和方法的基础上，资产阶级匆忙地在大小工厂、工商机关建立起体育—体操组织网络。为此，资产阶级舍得花钱为这些组织修建体育—体操厅、俱乐部、操场和游泳池，也愿意向最好的教练支付劳动报酬。例如，在德国，工程师的月工资为350马克，而体育教练的工作则一般每月付给1000马克。资产阶级舍得花钱，因为它以此可以同时一箭双雕：第一，使工人们在工余时间待在自己控制下的工厂的体育厅，第二，实际上把工厂的体育组织变成工人自愿训练成能很好完成专门工作的学校，用这种办法从他们中间选拔最优秀者，而被选中的人作为生产者，能充分地把自己的力量用在工作上。因此，看来，体育—体操运动与资本主义稳定毫无共同之处，它正在被资产阶级出色地利用来为这种稳定服务，用来最完善地对工人劳动进行剥削。

因此，资产阶级在利用体育—体操运动作为一种组织和说服最广大的群众，并为了自己的军事、经济和政治目的而利用这些群众形式的同时，借助于它自己的种种策略，用体育运动不参与政治的理论来掩盖这一切。资产阶级体育运动的组织家的毅力和本领，加上理论和建设俱乐部、体操厅和体育场的钱，以及教练员的高工资，给资产阶级做了好事。

资产阶级在体育战线上的工作的主要结果是：1. 近几年来，资产阶级除为了军事目的和发展法西斯主义组织教育群众的手段以外，在体育运动中也找到了一种稳定资本主义的手段。2. 资产阶级把它用于这些目的以后，不吝惜金钱来发展体育运动。3. 它在考虑到工农群众提高了的积极性和他们组织起来的愿望的同时，使自己的组织网络距离这些群众越来越近，并使群众在这个网络中迷失方向。

资产阶级在体育战线特别加紧活动给我们提出下列任务：1. 要从资产阶级手中夺回阶级斗争的最锐利的工具，这种工具就是体育组织，所以必须：（1）发展使工人群众脱离资产阶级体育组织的最有效的斗争；（2）夺得由资产阶级建立的工厂体育—体操组织网。2. 要破坏资产阶级在争取农民青年参加体育运动方面的计划，必须在红色体育国际各支部的帮助下，集中共青团和农民国际的精力用红色体育国际来争夺这些青年，并把红色体育国际的组织网发展到各农村去。3. 指导少先队运动的工作，以便使它能利用体操、比赛、游戏和娱乐来争夺学校的孩子们。

同志们！请允许我用以下的主要结论和任务的总结来结束我的发言，这些结论和任务是从布哈林同志所捍卫的路线和我所阐明的三条体育战线的形势中得出的。

这三条战线的形势使我们得出的主要结论是：

1. 近来，欧洲各国和美国的资产阶级经济斗争和政治斗争异常紧张，这就使资产阶级把注意力集中到利用体育运动来加紧对无产阶级剥削，对无产阶级发动反革命进攻上。

2. 为了反映资产阶级的这些进攻，为了使所有的工人体育组织转向反对资产阶级，为了准备同资本主义作最后的斗争，无产阶级用联合起来的工人体育运动来加强在这条战线上动员和组织自己的力量，并出于这一目的在红色体育国际组织统一的工人体育战线的坚持不懈的运动中，越来越明确地支持红色体育国际。

3. 为了更充分地利用体育运动来活跃、激化和深化阶级斗争，工人革命组织加强自己对红色体育国际的帮助；为此，共产党着手在自己的组织下设立体育委员会。

4. 体育委员会的工作是帮助红色体育国际：（1）扩大和加强为组织统一的工人体育战线而斗争；（2）为无产阶级和农民革命军事化，为了通过它使资产阶级军队革命化，为了扩大无产阶级自卫组织，开展不断利用体育运动的运动。

5. 在上述所有原因的影响下，一方面，工人体育战线同资产阶级体育战线的斗争激化，另一方面，中间的改良主义工人体育战线分化过程发展的结果，使得世界体育运动形成两条明显敌对的阶级战线：工人革命体育战线和资产阶级反革命的体育战线代替了三条战线。

6. 在这些运动的发展过程中，共产党、革命工会组织、共青团在多数国家都参加得不够,而在一些国家它们根本就没有参加。

7. 发展和加速中间战线分化的过程,进一步扩大和加强革命工人体育战线方面十分成功地反对资产阶级取决于:(1)共产国际执委会下属的体育委员会组织,使由共产党建立的属于自己组织的体育委员会的工作活跃起来,并在还没有这些组织的国家里建立这种委员会;(2)为工人体育运动选拔和培养革命的教练干部;(3)为理论工作和教学大纲和教学法工作建立工作人员的核心。

为了工人阶级同资产阶级胜利斗争,体育战线应当完成下列任务:1. 通过系统的、坚持不懈的、耐心细致的工作,在最广大的群众中创办革命报刊和培养革命的鼓动员,解释工人体育运动的革命战斗目的和任务。2. 充分利用革命的工人体育运动:(1)要夺取企业主在他企业里已经建立和正在建立的体育—体操组织网络;(2)要使工人体育群众离开资产阶级的体育组织,并使这些群众参加工人革命体育运动;(3)要把工农青少年组织起来并进行革命军事教育;(4)给资产阶级军队以革命影响;(5)要建立无产阶级自卫组织,而首先要扩大红色战士运动。3. 进一步发展和加强在红色体育国际领导下建立统一的工人体育运动的工作。4. 给国际工人体育比赛、节目和表演规定政治目的。5. 为了给无产阶级和农民的体育运动建立革命制度的原则,研究工人体育—体操运动和资产阶级体育运动的经验,发展理论工作和教学大纲——教学法的工作。6. 在英国、美国和瑞典建立独立的工人体育—体操联合会。7. 使站在革命的民族解放斗争立场上的中国的体育—体操力量联合起来。8. 在共产国际执委会下设立体育委员会,活跃各共产党组织领导的现有的体育委员会的工作,在那些没有体育委员会的国家里,由各国共产党在属于自己的各个上级和下级机关里建立这种委员会。9. 选拔和培养工人体育战线的革命的无产阶级的组织者、领队和教练员的干部队伍,以及建立为这条战线服务的理论家和科学教学法工作者的核心。大力开展吸收各国的无产阶级和农民参加1928年在莫斯科由红色国际举办的十月革命运动会的活动并吸收他们参加这次国际无产阶级团结的示威。10. 帮助莫斯科列宁山国际红色体育场的建筑工程竣工。

为了审核由我代表红色体育国际执行会提出的建议，我请求全会从自己的成员中推选出体育委员会。

请允许我以书面形式把这些建议提交给主席团。

主席：

请允许我宣读波兰共产党中央少数派代表连斯基的声明。

波兰共产党中央少数派代表连斯基同志的声明

"致共产国际执委会第七次扩大的全体会议主席团

在阐明波兰共产党中央少数派观点的时候，我完全同意布哈林同志报告中的论点。

与此同时，我声明，在波兰共产党的领导中，在党的活动的基本问题上存在着分歧。

然而，在注意到这些分歧要求仔细而全面审查的时候，我放弃就我们党内形势问题在全会上发言的权利，而把它提交给委员会来审查。

Ю. 连斯基"

（会议休会）

第十次会议

(1926年11月27日)

主席：马吉

讨论布哈林的报告和库西宁的补充报告（续）

埃尔科利（意大利）：

同志们，我的发言尽量简明扼要，主要是阐明意大利代表团根据意大利积累的经验对布哈林同志的提纲中所拟定的总路线方面的观点。

据我们看来，我们在提纲中必须特别指出，自共产国际初次谈到稳定的时候起，已经自觉地付出了很大的努力，我们分析稳定这个说法，分析资本主义体系相对稳定的实质本身。最初试图对形成稳定的那些现象进行质量和数量的估计，以便确定这种相对稳定的各种因素的比重如何。

实际上，在布哈林同志的报告和提纲中能够看出这方面取得的具体成果。这些不仅从科学观点看是重要的，而且对共产国际及其各支部在制定策略上也有重大的意义。

我们不能沾沾自得于这样的词令："稳定是存在的"，随后又给它添加上一些定语、限定我们的组织之类的形容词，这样沾沾自喜的做法，势必为犯重大的政治错误提供温床。如果我们不明确地看到实际上存在着的"稳定"状况，往往可能导致在新的国际事件面前（例如英国罢工），或者对这一事件的估计，或者在制定相应的策略时，偏离正确的路线，这种情况已经不止一次地出现过。

我愿意就关于这种分析的后果和我们看来是本质性的那些论点讲几句话。存在着一系列可以帮助我们阐明现今的形势和判断资本主义制度危机的因素。所有这些因素相互之间是密切联系和犬牙交错的，但仍旧存在着一条主线，应当找出和揭示它，它在确定我们策略时将有决定性的意义。据我们看来，局限于进行学术分析，不去作任何尝试以揭示那些对于拟定现时期无产阶级先锋队的策略有着根本性意义的因素，是错误的。

这些基本因素是什么呢？我以为，它们是显而易见的，而这次全会必须强调某些问题。也许，这些主要现象是我们以前的共产国际会议就已注意到的。不过我们既然聚集在这里，为了研究我们过去的策略是否正确，它在最近的将来应当是怎样的，我们就应当再次强调这些主要的现象。

同志们，我试想从各种不同角度来分析它们、揭示它们。

我们在这里听取了各国代表的许多报告。我注意地倾听了所有的报告，在这些报告中没有一个报告不强调，资本主义制度稳定的前提之一、在多数情况下它的主要前提是，资本主义对工人阶级的胜利和资产阶级在一定的历史时刻打败了工人阶级。我们听到的报告，没有一个不强调资本战胜工人阶级这样一个事实，它是构成各国形势的基本因素。这一情况即是我们的各个报告的出发点。

为了达到最广泛意义上的稳定，资本主义采取了一切办法，这里包括一系列经济和技术措施，当然也包括政治措施，它们有何意义呢？它们的经济和社会内容是什么？我以为，瓦尔加在他的主要涉及经济问题的报告中提出这方面的论断具有非常重大的意义。瓦尔加同志说：现时资本家想达到什么目的呢？稳定是巩固资本主义制度的方法之一，资产阶级力求通过稳定增加国民收入中落入资本家腰包中的份额，而减少留给工人和劳动人民的份额。我们应当说的也正是关于"稳定"的其他方法。它不仅具有技术内容，而且具有经济和一般政治内容。布哈林同志在他的报告中得出这样的结论："资产阶级力图嘉奖自己，采用了削减工人阶级在国民收入中应得份额并攫取劳动群众的收入部分以肥己的办法"。我们在这里看到，各国同志的所有报告都确认了这个见解。

因此，这种论断就成为我们判断现时期和确定我们策略的出发点。因此，我希望简略地分析一下洛米纳泽同志在今天上午会议上所作的有趣的发言中的一些见解。

他以如下方式提出资本主义制度相对稳定的问题。一方面，存在客观现象，生产力和所有的生产机构。洛米纳泽同志说过，这里出现增长、扩大和完全"积极"的成果。但对资本家来说，与这种积极成果相联系的又是一系列的消极成果；如果注意到——洛米纳泽同志说——社会生产力的总和，就是说，不仅注意到生产的物质基础，还须注意到生产的主观因素（工人阶级），那就应当承认，看不到有任何进步。

同志们，我认为，问题的这种提法含有不完全正确的、不完全可靠的成分。毫无疑问，我们不能局限于指明技术进步。毫无疑问，我们应当强调指出与这个技术进步相联系的全部矛盾，指出这些矛盾的意义、重要性和尖锐性。我们不能认为，如果有技术进步，那它就能成为资本主义新的繁荣时期的基础。这是非常严重的错误。我们不应当无视资本家在主观因素方面也取得某些成就的情况。我们不能不看到这样的事实，即战后至今的时期中资本家在一定程度上挫败了工人阶级。共产国际从第三次代表大会开始注意到这个情况，自那时起我们总是承认，我们正在经历资本主义相对稳定时期，并谋求制定相应的策略。现在改变这个估计是错误的。然而在今天上午的会议上我要指出，洛米纳泽同志演说正是有这种倾向。

同样，我们也来谈谈共产国际第四次代表大会在考察资本进攻的形式和意义问题时所作的估计。我读一下第四次代表大会记录："给资本主义留下的唯一出路：强迫工人群众为恢复付出费用……资本主义的恢复只有依靠损害工人阶级的利益才有可能。"同志们，我重复一遍，在我们的分析之后得出的结论，正是在制定我们的策略时应当强调的。

正是这个结论确定了我们的政策和我们的基本口号：到群众中去，组织他们去和资本的进攻进行斗争。它确定了这样的方法，即我们应当利用它来争取群众，我们应当动员群众去争取他们刻不容缓的需求；我们应当在这个斗争中使他们联合起来，对他们进行改组，使他们成为对抗资本并能制止资本主义稳定的力量。

我们应当根据这个基本形势为出发点，以便揭穿、暴露和无情地反对已在我们党的活动中出现的所有的偏差和所有的错误。

在争取群众的道路上我们已经取得了巨大的成就，我们不能也不应当低估这些成就。我们应当采取这样的方法，即借助它达到这样的结果，以便在我们施展策略和进行斗争时制定我们应当遵循的路线。我愿意谈谈这个问题，但是很可能，它将是其他机构讨论的题目。重要的是要注意到，通过经常运用统一战线策略和争取工会国际联合的斗争，我们才能恢复工人阶级的实力和对自己力量的信念以及在各个国家取得较大的政治成就。这个事实在一般讨论时应予以强调，因为其中包含了解决所有局部性问题的指示。

同志们，在当前形势下，与制定我们的策略总路线问题相联系的另一个更为局部的问题，请允许我对这个再说几句，因为其他同志已经讲了，我们代表团也就这个问题进行了讨论。这个问题就是合理化问题。

首先，出现了我认为是危险的趋势。这就是把问题看得过于狭窄，仅仅从技术观点上，不是从整体上把合理化看做是资本主义制度稳定的方法之一。这样对问题过于狭窄的提法，会导致我们在讨论中不能完全相互理解，不能确定在这个问题上我们应持的立场。我以为，在这个问题上提纲所拟定的路线是正确的。我们的立足点应当是同合理化不良后果作斗争。提纲中对这个问题的回答，紧密地联系着我们现时期的全部策略，这些策略包括我们向共产主义先锋队提出团结群众去和资本进攻作斗争并实现无产阶级的直接要求。我的主要看法就是这样。

现在再来谈谈某些局部问题。有人曾对我们说，我们不能局限于同合理化的不良后果进行斗争，我们应当提出更具有共同性的口号。他们也给我们提出了许多这样的口号。我们同时认为，共同性的口号是需要的，但应当顾及到这个口号对于许多国家在大多数情况下将只具有宣传意义，而且对日常的斗争不能具有特殊的价值。只有在客观形势发生变化时，我们才能团结群众并吸引他们为直接的要求进行斗争，这样口号对于日常的斗争就具有了意义。

这样，这个问题就与这个或那个国家的进一步发展的前景联系起来。我多少记得，在共产国际第四次代表大会上已提出了某种类似的东西。这个时刻快要到来即工人将要挨饿而你不能只是对他们说"夺取企业"，而应当动员他们去向企业主手中夺取面包。这样许多国家都是同样地正确的。我们不应当以纯粹宣传性的口号去替代为实现直接要求而进行的斗争，我们借助斗争一定能动员群众去和资本的进攻作斗争并抵制稳定化的各种企图。

我现在谈第二点。我们是否应当提出一个总的口号"打倒合理化"？我们对此应当给予特别注意，因为在日常斗争中运用这个口号的任何企图都可能招致无政府主义倾向，因为这是号召群众去对生产机构怠工，亦即引诱我们以小组方式参加斗争而不是反对资本进攻的群众性斗争。

同时必须十分明确地强调指出第三点。我们应该预先警告我们的党，要提防讨论技术合理化的内容本身的危险。我们根据在意大利企业斗争时期积累的经验，在意大利代表团中讨论了这方面的问题。这个斗争是在1920年进行的，也就是在那个时刻，"工人监督"口号不仅是作为宣传鼓动，而且有着轰动一时的政治意义。可是，所有赞同在这个方面进行讨论的"工厂委员会"，仍然从事改善技术的实际研究。甚至这些工厂委员会的成员同工程师和老板也坐在一张桌上说："我们来看一看，什么样的机器可以运转。能够做些什么样的改进，等等"。迫于工人群众的愤怒情绪，这些工人和工厂委员会不得不在几个星期后被迫提出辞职。因为如果按这条道路走下去，那么事实上就是走向各地方的阶级合作。

现在，从这样的观点看，我们处于极端危险的形势下，因为绝大部分工业家在工会官僚的帮助下，会提出各地方阶级合作的口号。

这是最大的危险，这种危险在所有推行合理化意图的地方都会发生。这样，例如，在德国，企业主提出把"工会会员"、工会工人积极分子，"工厂委员会委员"与在企业里和自己老板合作的工人相对立的口号。社会民主党接受了这个口号，其实这个口号同样能够迷惑住工人阶级的个别集团。

如果我们本来就没有相当的能耐，那么社会民主党恰好在这方面定能挫败我们并为资本向工人阶级进攻造成有利的环境。

同志们，在考察了提纲的总路线和某些具有特殊意义的问题以后，对我们的经验，对与资本主义制度稳定企图有关的意大利工人阶级的经验，我还要讲几句话。

我们在昨天晚上的会议上听到一位同志说，法西斯主义制度在意大利所干的，是在其他一系列国家老早就干过的事。一个不争的事实是，许多国家恐怖的肆虐有时比意大利还严重。但是这里讲的不是数量，是质量，也就是意大利法西斯主义的本质特征，讲那些不同于欧洲的资本主义稳定方法的特征。

共产国际对这个问题已作过考察，也就是在第四次代表大会上对法西斯主义作为资本进攻的一种形式进行了研究。那时我们就明确地强调指出，法西斯主义的特征是稳定的一种方法，正是这些特征成为稳定过程中法西斯主义全部矛盾的根源。

在法西斯主义的帮助下，资产阶级力求为实现自己的稳定企图打下一个以群众运动为形式的基础，并动员小资产阶级、农民，以及受蒙蔽的落后工人。以便利用他们作为反对工人阶级的机动部队，作为稳定的基石。

当我们在共产国际第四次代表大会上分析法西斯主义时，曾作出下述结论：

"法西斯主义的方针在于，变为小资产阶级政党之后，它就有能力在广泛的战线上开展斗争，热情奋发地同它们一道厮杀。"

然而在这个分析中也指出了：

"正因为它自己的主要部分是小资产阶级的，法西斯主义就不能执行意大利资本主义的特殊政策，才不致在阵营本身引起愤激情绪。"

这个分析是完全正确的。我们的经验，以往3年的经验，全面地证实了这一点。

法西斯主义上台，在一定程度上动员了中产阶级，并灌输给他们一种完全特殊的思想意识：中产阶级应当夺取政权，他们已达到了这样的发展程度，他们能够为自己的利益左右国家的武装。但是，在夺取政权后，法西斯主义执行的是大资产阶级、大银行家、大土地所有者的政策。

他们是否取得了显著的结果呢？

毫无疑义，已取得了成果。但是，是在怎样的基础上取得的呢？

就是在其他资本主义国家已经取得成就的那个基础上,就是说,一方面是在工人阶级的失败以及缩减工资的基础上,另一方面是在通货膨胀造成的经济基础之上。在昨天晚上的会议上,克拉拉·蔡特金完全正确地指明了财政通货膨胀的特征:富者更富,穷者更穷。这样一来,通货膨胀就导致对无产阶级和中产阶级的剥夺,而有利于大资产阶级和大资本。

依靠这个基础,即依靠给资本提供压榨多数居民来保卫自己利益的"自由"的基础,意大利的生产技术基础获得了妙不可言的扩大。然而正是在这个时候,这种生产基础的扩大成为新的危机的根源,这种危机差不多表现为和其他国家中一样的形式——市场危机,由国内市场的贫困化和国外市场的萎缩引起的市场危机。法西斯主义自己用对付无产阶级的措施和使农民和中等资产阶级破产的国库政策,促使国内市场购买力急剧缩减,但在国外市场上,他们日益感到其他国家和自己的竞争。

我不坚持这些看法。更重要的是现在,法西斯主义希望并在寻求克服这个危机的途径,他们使用的全部方法客观上导致农民和城市小资产阶级的中间阶层的经济斗争越来越尖锐化,但这些阶层又是法西斯主义的社会基础。

在"法西斯主义的"稳定意图实现之后,资本主义危机的性质就是这样。经济危机出现的同时,开始了社会危机。这个危机的根源是法西斯主义基础的瓦解,即修复资本主义大厦的企图赖以进行的基础的瓦解。

和意大利形势这些特点相联系的。一方面是恐怖,另一方面是法西斯主义的帝国主义政策。

据我们看来,法西斯主义的帝国主义政策的意义在于——正因为如此,它是特别危险的——它不仅仅是意大利经济危机的后果,也不仅仅由争夺市场的必要性所引起,而且也迎合了那些被法西斯主义动员起来，需要给它们以某种补偿而不致使它们瓦解的小资产阶级的奢望。法西斯主义奉行的和能够实行的只能是这样的政策，即敌视这些阶级的利益的政策，但却对他们说："你们能够夺得整个世界，拥有殖民地，借助殖民地能够建立'帝国'。"法西斯主义煽动起他们的民族主义狂热情绪，并企图利用这种狂热的民族主义来巩固它赖以生存的基础。

经济因素和这样的社会和政治因素的结合，使意大利帝国主义不同于所有其他欧洲列强的帝国主义，并导致了它成为今天最严重的军事威胁。

法西斯主义的第二个组成部分是恐怖。我不打算在考察这个问题上耽搁时间。但要强调指出的是，法西斯主义不得不加强恐怖行动，是因为它感觉到群众反抗的增长，是因为它不能用压迫政策一劳永逸地消除无产阶级起义的前景，恰恰相反，因为这种政策导致了工人和农民群众的激进化。尤其是共产党的成就，我们的宣传，我们的企业会议的成就，无产阶级共产主义先锋队在团结群众和领导他们的斗争中取得的这些成就——正是这些成就使法西斯主义特别担心，正是这些成就迫使法西斯主义对自身表示怀疑，并使他们掀起新的恐怖浪潮。

例如，就以最近时期那些在意大利发生的冲突的统计材料来说，很容易看出，在最近三四个月，面对新的恐怖浪潮，法西斯分子被杀比无产阶级中遭受牺牲的情况更加频繁。这样，在人民群众中出现了一种积极反抗的倾向。人们重新拿起武器，为了自卫而抵抗法西斯分子。这是法西斯主义实施恐怖统治四年后下场的最富有代表性的征兆之一。

谈到最近的事件，我不能向你们再讲出什么东西，因为我的时间快到了。我们几十个同志，几百个工人被杀害，几千个人被投进监狱和流放。我不能避而不谈对于我们恰恰是最重要的，即我们党在新的恐怖面前始终站在自己的岗位上，在发生了谋刺事件之后几天，当法西斯分子的狂暴达到了最大限度时，在俄国革命九周年纪念日，在意大利大工业

中心共产党组织散发了自己的出版物并提醒工人阶级想到十月革命节，这也就是再一次号召工人群众去进行斗争。（鼓掌）

无产阶级先锋队仍坚守在自己的岗位，它没有陷入悲观失望，他们清楚自己所面临的任务。

同志们，意大利的试验有着国际意义。它表明，企图达到资本主义稳定，要动员某些中间阶层作为同工人阶级斗争的支柱和新制度的基石，这种企图是非常不经济的方法。也许在这个试验之后，如果其他国家也处于意大利类似的形势下，那么资产阶级就不会欣然采用这个方法。这种试验造成的矛盾要比它的长处严重得多。

必须同时指出，资本主义为了达到稳定不得不施行的这种压迫，不仅仅向工人群众施高压，而且向中产阶级和小资产阶级施高压，所以这些阶层就不会轻而易举地被动员起来反对无产阶级。相反，对于我们，对于无产阶级先锋队，倒是可能回到1919—1920年的形势，那时工人阶级具有决定性的影响，并能够把所有敌视资本主义制度的社会力量吸引到斗争中来。

是否有可能回到这种形势的前景呢？我以为，是可能。我们现在处在两次革命浪潮之间，我们大家都懂得，在革命运动中起作用的不仅仅是客观的、机械的因素，而且还有主观的因素。我们参与了这样的事件，比如英国的罢工。它向我们表明，主观力量是如此巨大，以致它能起到决定性的作用。它提醒我们，工人阶级还存在，不能轻易把它处置掉，而且工人阶级的抵抗能够导致资本主义制度稳定的全部企图破产。

同志们，我以为，这种见解决定了当前形势下无产阶级先锋队的任务。

我以为，如果我们党清楚这些任务，那么，事件的发展就不会像社会民主党叛徒预言的那样，进行得如此地顺畅，因为这些叛徒是梦想恢

复资本主义制度并积极地为之效劳的。(鼓掌)

主席:

请塞马尔同志就反对波兰和巴尔干各国白色恐怖的抗议书发言。

反对波兰和巴尔干各国白色恐怖的决议案

塞马尔(法国):

我代表主席团提出抗议书的决议案:

反对波兰和巴尔干各国白色恐怖的抗议书

白色恐怖浪潮不断在欧洲农业国家狂暴施虐。如果它在什么地方暂时停息,那也只是为了此后掀起更加狂暴的新浪潮。最近几月里,波兰和巴尔干国家经受着白色恐怖的一场新的疯狂发作。

在白色地主老爷的波兰共和国监狱里,成千的共产党员、共青团员、工人和农民在受折磨。皮尔苏茨基的暗探局以诡谲的精细性和冷酷的严谨性来完善他们的奸细制度,只要加入共产党,就要判处最重的苦役。几天以前,波兰塔尔诺法庭判决农民别洛伊死刑,仅仅因为他是西乌克兰共产党员。当前,在卢茨克和里沃夫,对乌克兰工人和农民的大批诉讼案正在进行。他们的"罪行"就是有共产党党籍。在白俄罗斯,正酝酿着类似的大规模诉讼。在罗兹,为了对付要求人道待遇的被监禁的工人,派遣了骑兵警察并向监狱使用了机关枪。在华沙,伤病互助会选举期间有300多人被捕。波兰当局没收政府不喜欢的一切印刷品;合法刊物的编辑被处以2至3年的苦役。

在罗马尼亚,阿维列斯库将军继续了布拉蒂亚努的恐怖制度。几个月前，国际无产阶级为共产主义活动家特卡坚柯在典型的"企图逃跑"的借口下被卑鄙龌龊地杀害的消息而愤慨不已。只是这一谋杀事件激起的公愤，拯救了另一位工人阶级斗士鲍里斯·斯特凡诺夫的生命。在这1年间，上百个工人和农民因政治罪而判处重刑。贵族和资产阶级专政的无数受害者在城堡里、在盐场上、在不堪忍受的条件下，活活地遭受着长期监禁而失去了理性，他们中的许多人不经法庭侦查和审讯就被监禁起来。

法庭甚至对持有战前社会主义读物的工人也要判处几年的监禁，声名狼藉的"锡古拉察"（暗探局）继续大肆从事着残忍的刑讯勾当。阿维列斯库将军的统治意味着残酷迫害工会运动，强化比萨拉比亚和多布罗加的特殊制度。这些省份的恐怖简直令人发指。今年7月，当局残暴虐杀了旧镇的40个村民，今天，在多布罗加，还没收了保加利亚农民的产业。

在南斯拉夫，统治阶级根据残暴的保卫国家法靠恐怖活动来维持自己的统治，这个法令规定：凡从事共产主义宣传的任何革命工作者都要处以死刑或者20年监禁。在1925年、1926年选举期间，南斯拉夫政权采取了异常残酷的恐怖手段，特别是少数民族占多数的省份（马其顿、伏伊伏丁那、黑山、克罗地亚）。南斯拉夫政府猛烈攻击工人阶级的工会和工会的工作人员。在伏伊伏丁那、达尔马提亚和马其顿的恐怖气氛特别厉害。仅仅最近1年内在达尔马提亚一处就因政治罪而拘捕了557人。

在保加利亚，尽管发生了政府更替，依旧残暴推行血腥的白色恐怖，灿科夫逃走了，但灿科夫分子依旧存在。在利亚普捷夫的招牌下，军事银行家集团更为专横。它越是疯狂地采用恐怖手段、拷打和杀戮，就越是感到自己地位不稳。经过几次"赦免"之后，在保加利亚的监狱中成千上万被判处长期监禁的战士至今仍在忍受折磨，另一些同志被判处死刑，反动势力还给他们打上"强盗"的烙印。不久以前，三个县宣布了特别戒严，政府匪帮对劳动民众实行了骇人听闻的蹂躏。

在博利马和热烈兹那村落旁边，狗在翻动啃食百余具"失踪"居民的尸体。近来，以有共产主义青年团团籍、共产党党籍或者仅仅是接受过国际革命战士救济会援助之类的罪名，已拘捕了一千多工人。农民和劳动知识分子的代表人物，在暗探局里被捕者依旧遭受着残忍的拷打刑讯。他们中的许多人"无影无踪地消失"，或者被公然杀害和折磨致死。共青团员杜多夫从暗探局的四层楼上跳下来，以摆脱忍无可忍的拷打折磨。被捕的政治家托多尔·巴甫洛夫已经两度自杀。教师皮尔多普斯基在弗拉查市警察局里被发现"自缢身亡"。从1926年1月起，法庭判处了60人死刑，还有更多的无期徒刑。现在全国各地出现大批诉讼案，对工人阶级工会的迫害变本加厉。在雅姆波尔城和旧扎哥拉城被政府处死的人的罪名仅仅是散发职工工会报纸《统一报》，工会活动家被捕并受到拷打刑讯。

在所有的国家里，白色恐怖主要是用来反对无产阶级和贫苦农民的革命先锋队、反对共产党，他们处处被宣布为非法。统治集团实行恐怖手段不仅是为了维护他们自身的阶级统治而且是为了实现帝国主义列强的反革命事业。通过扼杀革命运动，通过消灭共产党，国际帝国主义分子力图在波兰和巴尔干尽可能自由地支配这些国家的人民，畅行无阻地调动他们去反对苏联。因此，他们鼓励白色恐怖，并给予实行白色恐怖的政府以财政上和政治上的援助。

在这个时候，资本肆无忌惮地进攻，引起了所有这些国家的经济危机的加剧，群众生活状况的极度恶化，加深了作为资产阶级和工人与贫苦农民之间的鸿沟。城乡劳动者对统治阶级的仇恨越来越不可遏止，任何恐怖手段都不能使他们和资本主义制度调和。共产党在他们的无比愤激和斗争决心中吸取了自己的力量和热情。尽管在每一次进军之后，资产阶级都以根本消灭共产党而自慰。但共产党还活着，有如从恐怖破坏的灰烬瓦砾中复活的费尼克斯。① 尽管有非常法，尽管有重大牺牲和骇人听闻的拷打，人民群众仍然在共产党的领导下，毫不懈怠地长期进行着顽强的斗争，这最好地证明，资产阶级企图通过白色恐怖巩固自己统治的努力是徒劳的。现在，在波兰和巴尔干国家里广泛地开展着斗争以反对非常制度、要求完全和无条件地赦免白色恐怖的蒙难者，要求集会和工人结社的自由，要求共产党的合法化等等。

共产国际执委会第七次扩大全会痛斥恐怖制度，在这种制度的重压之下，工人、贫苦农民和少数民族在呻吟。谨向资本主义专政的所有蒙难者致以热情的问候，向共产党奋不顾身的斗争致以敬意。

共产国际确信，不管斗争多么残酷，英雄的支部将不屈不挠地坚守在自己的领导岗位上指导群众斗争，直到最终的胜利。

共产国际保证，在他们完成繁重的任务时，将给予国际无产阶级无条件的援助。与此同时，共产国际执委会这次全会号召所有国家共产党，立即以全部力量和任何方式支援波兰和巴尔干国家共产党人的斗争，首先号召帝国主义各国的共产党（英国、法国、意大利和德国），建议他们坚定地揭穿国际资产阶级的反革命和反苏政策，并采取一切必要的办法阻止他们国家的政府支持东欧和东南欧的恐怖制度。

打倒波兰和巴尔干工人和农民的刽子手！

打倒他们的支持者——国际帝国主义者！

在英勇的共产党领导下，劳动群众冲破白色恐怖战线，和自己的战友——其他国家的工人和农民——一起满怀信心地向——迈向世界革命

---

① 费尼克斯，希腊神话中的不死鸟。据说每六百年即自行烧死，后再由其自灰烬中复苏生长，周而复始，连绵不断。——译者注

的胜利。

共产国际会第七次扩大全会

主席：

我们进行表决。一致通过。由**库西宁**同志作声明。

库西宁的声明

为了节省时间，我取消了结论演说，因为在我的报告中要涉及对我们实际工作有重要意义的问题，没有经过集体充分讨论。我想，我们应当一开始就在委员会里更详细地研究这些问题，然后——如果表明有这个必要——再把这些问题提到全会来讨论。据我看来，这才是正确的方法。

不过，我希望现在就来对我的报告中关于共产国际执行委员会致英国共产党代表大会的贺电没有发表一事进行必要的修改。我不知道，这个电报不久已在英国共产党的中央机关报上全文刊印，不是在第一期，是在后一期上。如果我早知道了，就不会提出没有刊印的问题。在这种情况下发生的错误被解释为一个编辑的偶然的疏忽大意。这就是事情的全部。

主席：

由**布哈林**同志发言。

布哈林作总结发言

同志们！讨论表明，我们整个说来是站在坚实的基础之上的。许多同志在这里作了各类的补充，但在讨论基本原则问题时我们的思想完全一致。补充的意见中，许多东西是完全正确的和可行的，但如果将所有的补充都加入提纲，那提纲的篇幅就要扩大很多。这个问题首先应由政治委员会决定，然后由政治委员会向全体会议提出建设。我不能在这里分析**所有**提到的补充意见，我尽量在总结里从批判的角度来阐明讨论中的某些**主要观点**。

关于英美矛盾和欧洲内部矛盾

首先，谈谈国际形势和对它总的估价。这里首先要对特兰同志提出反对意见，尽管其他人也提出了反对意见。

我首先要谈谈特兰同志所说的筹备炮兵问题。他断言，提纲草案用沉默回避了一个根本性问题，按照特兰同志意见，是**最根本的**问题，恰恰就是关于欧洲和美国的关系问题。他在演说中声称，我"差不多没有提到"美国的事。在我的分析中，据他说，"没有给世界上最强大、最有实力的帝国主义以应有的地位"。

当然，如果确如所云，那么我的提纲就完全要不得了。但是在这种情况下我应当请求特兰同志做到他要求我要做到的，就是**引证**我的话时不要歪曲。在我的提纲的序论部分，你们可以看到两个论点：其中第一个论点是，在世界经济中，经济**垄断**地位属于美国。难道这是琐事吗？难道这就是说，我谈论美国问题是"sous silence"（"保持缄默"）吗？

我不认为是这样的。如果特兰同志这样来理解它，那就意味着，他的理解能力是完全与众不同的。

然后在我的提纲中有**第二段**论美国资本的**"完全特殊的"**作用。难道确认**这个**事实也是什么也没有讲到吗？当然，事实不是这样。

还有**第三条**或大或小带有正式性质的意见，特兰同志是在我的口头报告之后发表的。我在报告中谈到世界形势中存在着"**两极**"：一极是美国，另一极是苏联。我谈到了两个"联盟"，这是所有同志都听到的。但在这之后特兰同志还敢于断言，我在美国问题上差不多是缄默不语。他在谈到这个两极问题时，俨然认为他是首先揭示了这个"两极"，这一点，委婉地说，"并不符合实际"。

现在根据问题的实质，谈谈特兰同志演说的具体内容。特兰同志充满——如果能这样表述的话——"理智的冲动"（élan）。（座位上有人喊道："élan vital!①"）。

这就是他非常"**冲动地**"**夸大**现实中极端重要的趋向：他喜欢"耸人听闻"的辞藻和那种毅然决然的说法。我只好认真地反复琢磨全部演说，所以我要**引证**它。这就是他的基本论断中的某些说法：

"客观上存在着以对抗美国而建立团结一致的资本主义欧洲的巨大基础。"

因此特兰同志断言，在美国和欧洲之间的**主要**矛盾的面前，西欧内部矛盾已经退居**次要地位**。在一定程度上，特兰同志已把这个矛盾提到了首位。这里，正如在任何错误中一样，有着自己的真理内核。从本质上说，特兰同志的错误何在呢？应当很好弄清楚这一点，以确保我们不至重复特兰同志在最近扩大全会上所讲的，也是他整整半年来反复向我们强调的内容。

我认为，特兰同志的分析中有**两个**基本错误。其中一个错误是，特兰把拟议中的**趋向**认作**已经完成的事实**。他的另一个错误是，把"**重大矛盾**"概念和"**尖锐矛盾**"概念等同起来。当谈到帝国主义列强之间的矛盾时，这些概念应当分清。我援引两个实例来向你们说明这一点。

---

① 即"生命的冲动"。——译者注

就以法国帝国主义占领的鲁尔区来说吧。难道——就其**规模**来说——美国和欧洲之间的矛盾在当时不是主要矛盾吗？当然是。不过美国没有和欧洲打仗。反过来说，欧洲也没有和美国打仗。至于说到法德矛盾，那么它导致了占领鲁尔。法德之间的矛盾带有更大的**尖锐**性，比美国和欧洲之间的矛盾**还要大**。规模和尖锐性——完全不是一回事，还有一个有助于阐明我的意见的实例。就以世界最大的矛盾——资本主义国家和苏联之间的矛盾作为例子来说，资本主义国家之间的矛盾，资本主义国家和苏联之间的矛盾，哪一个更大呢？归根到底。在最终的层次上，恰恰是**后一个矛盾**的解决，才能保证资本主义或者社会主义的胜利。占领鲁尔区是反对德国的战争的继续或重新开始。在这个时候，无论是法国，还是欧洲其他国家，都没有和苏联进行战争。这样，矛盾的深度和规模是一回事，而尖锐的程度则完全是另一回事。这两个概念是不能互相抵消的。特兰同志做的分析之中，仅有的一点儿真理在于他了解这个事实，即在世界范围内，在世界经济领域中，美国和欧洲之间的矛盾表现为真正巨大的规模。而他把**这个**问题和另一个问题混淆起来，因为他把矛盾的**范围**和矛盾的**尖锐**程度混在一起，他把这两个概念等同起来。他的全部分析的根本错误就在于此。我重述一下：鲁尔**已被**占领，而反苏战争或者欧洲和美国之间的战争却没有发生……那我就要问您：难道在最近时期内不会出现这样的局势，假如说，意大利和法国之间或者法国和英国之间将爆发战争？应当这样提出问题。但特兰同志却完全用另一种方式提出问题。按照他的意见，这样的前景就被排除了。在他眼里，美国和泛欧同盟之间的矛盾掩盖了所有其他的东西，在他看来，所有的猫都是灰色的，而其他色调他却不能觉察。但是，政治家兼实践家是不能这样提出问题的。在这种情况下，**理论**的错误会变为**实际**的错误，会引起极大的**政治**错误，因为在现今欧洲国家之间恰恰存在着很**尖锐**的矛盾。我们都知道，恰恰是现在，**在意大利**，极端好战的情绪居于支配地位。在**法国**，某些共产党基层组织甚至作出拥护同墨索里尼政府作战的决议；当然不用说，这等于支持法国政府；当然不用说，这应当坚决予以谴责。但是毋庸置疑，这是在所谓的"社会舆论"中存在的好战情绪的反应。难道这个问题还不够尖锐吗？

特兰同志是法国共产党党员，法国共产党和意大利共产党共同发出了专门的宣言，尖锐地反对**法意战争的危险**。为什么这两个党，以及其他欧洲各国党不发表反对美国和泛欧同盟之间战争的宣言呢？为什么特兰同志没有立刻提出反对似乎直接威胁着美国和泛欧同盟之间战争的宣言呢？顺便说说，是否因为迄今为止泛欧同盟并不存在呢？泛欧同盟仅仅暂时存在于特兰同志的想象之中，它和美国之间的战争也还没有发生。要知道，如果不存在两个战争中的一个，要打起来是非常困难的。特兰同志在美欧之间的矛盾中看出最尖锐的威胁。当然我不愿说，在美国和欧洲之间发生战争的情况下，这个战争将不比，假定说，意大利和法国之间（提出这种情况仅仅作为比方）可能发生的战争更坏、规模更大、更具有毁灭性。而这是**另一个**问题，关于规模问题，关于未来战争中所有可能的深远后果问题，而不是关于迫切的、最近的战争的可能性和战争危险的问题。

从以上得出的结论是：据我看，欧洲国家之间爆发战争在最近的将来是可能的，美国和欧洲之间的战争只能在**更晚些时候**发生。欧洲内部爆发战争的前景**近于**欧美之间发生战争的前景。（座位上有人高喊："欧洲内部战争的前景！"）

我再重复一遍：欧洲列强之间的战争或者欧洲列强和苏联之间战争的前景，要比全欧和美国之间或者美国和全欧之间战争的前景要近些。

关于"泛欧同盟"和"超帝国主义"

问题的**一般**性提法是这样。现在我来谈谈关于像泛欧同盟这个问题。泛欧同盟，也就是说，把欧洲帝国主义列强**一般**地联合成这种或那种类型的联盟，是不是可能？据我看来，在某种意义上是可能的，我在下面还要说这个问题。而我们的任务绝对不是问题的一般提法，而是在**分析具体的形势**。对于我们来说，问题只能是这样：最近的将来是否有可能实现欧洲资本主义列强的统一，或者，不可能实现统一？这个问题应当提得非常具体，而对问题的**这种**提法，我们应当给予否定的回答。特兰同志援引列宁的话，这一般是我们常有的习惯，无论在泛欧同盟中，无论在美国，都没有人去援引列宁的什么话。但要知道，凡是读过列宁《论欧洲联邦》那篇文章的人都很清楚，里面讲的是什么。列宁讲了欧洲帝国主义者联合的可能性，这种联合作为**临时性**的结合，甚至首先旨在反对社会主义革命。

试问：在和苏联战争的情况下，是否可能建立欧洲资本主义列强的这种联合呢？据我看来，是可能的。类似的现象以前有过。不妨来看看所谓欧洲对中国的远征。远征是以威廉二世的将军们为首，这次进军是欧洲"文明传播者"**共同**反对中国的"野蛮人——义和团"而发动的。是否可能在不久的将来，"文明的"各国政府采取一致行动反对布尔什维克"安琪儿"的行动呢？是有可能的。但问题不仅于此。特兰同志提出的问题不止局限在反对苏联的暂时联合的范围。他提出了全部范围内泛欧团结的问题，也就是建立全欧国家同盟和他们的经济联合。这就是泛欧同盟"思想"的预言家们所鼓吹的。在我看来，在现在的条件下，这样的同盟是不可能的。"一般说来"、"纯粹经济上"的同盟是可能的，在各个欧洲帝国主义强国之间发生战争的情况下，在这场战争中将有战争的胜利者。很可能是，这个胜利者吞并了某些国家，建立起胜利者强国的明显霸权。如果允许一系列战争并经过斗争和一系列妥协，达到强国集中化，那么**终究会**导致"泛欧同盟"。但只有在根本没有**革命的工人阶级**、没有他们的起义之类的先决条件的情况下，所有这一切才成为可能。全部进程一定会类似这样的进程。它发生在工业改组的条件下，那时大型组织将吞并较小的组织。问题的**这种**提法，特别是在我们这个时代，在第一次世界大战以后，的确是一个根本的错误。再来两三次战争——资本主义强国也许就不能存在了。所以，真正的泛欧同盟的前景是不可能的，因为泛欧同盟成立前，我们就已取得无产阶级的胜利。战争需要无产阶级付出可怕的牺牲，而他们的政治水平在我们的时代已完全不同于1914年的水平。这就是资产阶级所以不能轻易进行战争的一个重要原因。要知道，在第一次帝国主义大战以后，我们有了苏联。在第二次帝国主义大战之后，可能会出现更多这样的国家。但是资本主义强国之间的矛盾是如此的深刻，以致战争终归要发生。

特兰同志收集了非常多的材料。他给我们举出政治领导人的报刊文章和银行家、大政治家、制造"社会舆论"的知识分子等等的意见，可他为什么不去分析现在就要坚决预先提出的**十分具体的**"计划"呢？不妨来看看维也纳泛欧同盟代表大会的计划。为什么代表大会提出从泛欧同盟中排除**英国**这样的计划？为什么意大利成了国际联盟的反对者？为什么国际联盟是这样的孱弱？为什么"大协约国"分崩离析？等等。这些应该加以强调。特兰同志声称，欧洲资本家有强有力的组织思想，而这种思想在不断地发展着。任何人都没有否定存在着相应的**趋势**。但也存在着某种其他的东西，即存在着反趋势，存在着特兰同志不希望看见的**矛盾**。特兰同志赞同我们的意见，即认为稳定是相对的，但是，既然他忘记了矛盾，他就赋予了这种稳定以完全另一种性质。这样"组织的"、"结构的"以及诸如此类的思想的是"鲜明的"表现是什么呢？

是**国际联盟**。因此，所有国家的社会民主党都大肆吹嘘这件事，希望都寄托在国际联盟上。然而，更要知道，恰恰是**现在**，这个希望失去了自己的基础，哪怕是相对的基础。应不应当分析这个事实呢？据我看，是**应当的**。

特兰同志同我争论，反对我的关于现代国际集团特别的不稳固性的结论。特兰同志认为，这是无须证明的老生常谈。（虽说这种"老生常谈"根本上与特兰同志自己的观念相矛盾。）

哪怕就最近的事实为例：德国和法国之间的《图瓦里协议》。现在报刊已在鼓噪说，事情**远不会这样顺利**。我在自己的提纲中指出，法德的团结乃是这样的轴心，围绕它进行着大规模的力量重新配置。还要补充说，这种团结是具有充分的相对性质的。最近一段时间的**事实**证实了我们分析的正确性，确认了这种重新配置的不稳固性。为什么特兰同志完全忘记了所有这一切呢？

顺便再提一个意见，特兰同志和我在关于欧洲和美国之间相互关系问题上辩论时声称，福特制不仅仅是合理化，而且是高工资和其他的好东西。这未免过于夸大其词了。其实这里说的是另一回事。在美国，已经整整两年**没有**提高工资，而这两年恰恰是美国合理化增长的年份。所有的人都在吹嘘美国的高工资政策，而美国工资的高水平是先前全部历史发展的结果。美国几乎没有过封建制度，美国的发展根本不同于其他国家的发展。在劳动市场上形成的劳动力的供求关系与欧洲不同，因此高工资是被迫采用的，它绝不是美国资本主义的美德。这是一回事。第二，难道在分析类似的事情时，能够用缄默来绕过美国有比欧洲不可比拟地巨大的劳动**强度**吗？难道可以对美国工人衰老速度较之欧洲要**快得多**保持缄默吗？在这样"充分地使用"劳动力的情况下，决不会执行提高工资和降低物价的政策。美国化拥护者的所有高谈阔论，其目的都在诱导工人，使他们相信美国的情况美妙极了，而这些美国化的拥护者对上述情况却保持沉默。特兰同志就是用沉默不语来绕开这一点的。

"泛欧同盟"的问题是和**超帝国主义**问题联系在一起的。这个问题应提到这样的范围来看：能否建立所有资本主义国家的世界托拉斯？我再一次地在这里重复我已部分地谈到泛欧同盟的内容。"一般地说来"，**如果**抛开无产阶级这样的因素，那么建立这样的托拉斯归根到底是可能的。一些国家吃掉另一些国家，也许美国一定能胜过其他国家，其他国家则相互间订立联盟，等等。如果展望一下今后一百年，同时不考虑到无产阶级这个因素，那么归根到底这是会实现的。这样的资本集中必在世界经济范围内会变为事实。

问题的这种"一般的"提法"只"有一点罪过：即没有给予工人阶级和无产阶级革命以一席之地、这种观点"只"具有这个缺陷。

发展的进程是非常自相矛盾的：它预示着一系列巨大的危机。在这样的条件下，作为马克思主义者，**无论如何**也不能忽视无产阶级这样的因素。客观地说，欧洲的战争甚至会导致大规模的无产阶级革命，会改变世界形势，由于革命的结果，无产阶级专政的建立将不会只在苏联。**所以，建立无论怎样的超帝国主义都是不可能的，哪怕是经过一百年也不可能。所以，只有无产阶级专政，只有这一种专政才能率领世界经济组织**。特兰同志既没有看出这个矛盾，也未看出其他的矛盾。他没有看见，欧洲孕育着内部战争，对他来说欧洲和美国的矛盾掩盖了所有的其他东西。我绝不是详尽阐明美国问题的反对者，即使在提纲中也是那样。在这个情况下，我们应当略为详尽地谈谈**欧洲内部矛盾**问题，并将某些补充东西写进提纲，例如，柯拉罗夫关于巴尔干矛盾的补充，或者关于地中海地区矛盾的发展问题，等等。

我反驳特兰同志的发言到此为止。应当补充的是，特兰同志的演说一般给我们的印象是好的，他对上面的所有一切问题都经过深思熟虑，虽说解决问题的方法并不正确，但在我们今天这是——美德。

试论当代资本主义危机的性质问题

现在来说说目前的危机。我们和社会民主党对资本主义当前危机的评价的主要分歧何在呢？在我看来，分歧在于社会民主党人蓄意把这个危机描绘成为**正常的**"生产过剩危机"。我们则强调指出，在这个危机和动荡中，起着最强有力作用的是战争和战后时期的毁灭性后果。我们的主要分歧就在这里。难道这意味着否认生产机构扩大的事实吗？我认为，不是。否认生产机构的扩大是错误的。这是**事实**。在我们中间存在着对生产机构增长数量的估计上的各种细微差别。在我看来，不能把那些过高估计形势的同志当作社会民主党人和考茨基分子。这是不恰当的。实际上，估计生产机构的增长，可能产生各种不同的细微差别，我已经在书面报告中提到了这一点。现在我希望同志们集中注意到下列问题。

我们谈谈生产机构问题，但是"生产机构"是什么呢？可能对某些同志来说，这个问题似乎是可笑的，但我们用以考虑生产机构的角度却是具有重要意义的。可以从**价值**估价的角度来谈论生产机构。具体地说，从货币估价观点。可以不同企业的平衡表为例，查看计算折旧栏，查看新资本投资栏，并根据这些做出关于生产机构的结论，这里讲的是生产机构的**价值**问题。

从物的观点，从机器、纱锭**数量**的观点以及其他的观点来估计生产机构，则完全是另一回事。

最后，问题的**第三种**提法，是从**生产实力**的观点来看待生产机构问题。

这些看法不是等同的，应当看到这个不同，因为某些人把机构的生产实力指数的提高和积累，即和现有价值总额的增长混为一谈，这是不正确的。把机器、各种工具和其他物品的数量与生产能力混淆起来，也是不正确的。在具备大规模技术改造条件下，机器和工具的数量甚至可以减少，而生产能力也可显著提高。

同样，**生产实力和购买力**之间的矛盾可能显著地扩大。因此，关于生产机构问题完全不是一看见就能轻而易举地解决的。我以为，这种复杂性会给问题的提法造成混乱，因为理解"生产机构"只在概念上打圈子。关于我们从什么角度来估价机构的问题被"缄默不语"回避过去了。

然而，在解释危机时应当指出，各种类型的技术改善在生产和有支付能力的需求之间矛盾的加剧中起着极大的作用，因为在数量的规模和价值方面来说，机构的增长不能像生产能力的增长那样快。

指出这一点是必要的。

我的第二个意见涉及这里发生的争论。在谈到生产机构和生产能力时，洛米纳泽同志提出了这样的问题："不工作"的机器，没有可能作为生产力来加以估计，等等。这里有正确的内核，但一半的真理等于假话。对这样的情况，马克思曾做过分析。洛米纳泽同志在问题的提法上运用了些什么呢？他把根本没有机器和有机器而不工作这两种情况等同起来。任何人都知道，这是不同的事情。谁也不能说，自己拥有机器，哪怕是不工作的机器，或者根本没有任何机器，反正都一样。要知道，在后一种情况下，我应当制造或者购买机器，为此我需要花钱，另一种情况下我不需要花钱。这个无关紧要的区别不应该忘记，而且在这里我们不禁要问：在洛米纳泽同志这种问题的提法下，他如何表述主要问题，即生产力和消费能力之间的矛盾问题呢？按他的观点，这里没有任何矛盾。既然机器摆着，又不工作，那么在不工作的机器和购买力之间就没有任何矛盾。与其说，他一般地把所有不工作的机器都认为是不存在的机器，不如说，他一下子使我们问题的最主要的提法也化为乌有了。如果听任他的意思，那就会导致这样的局面，生产实力和居民购买力之间形成矛盾，一般是不会存在的。这就是洛米纳泽同志的"合理化后果"！

按我的观点，他的概念中有一点点真理："工作着的"机器和没有开动的机器**不是**一样的。但是根据这一点得出洛米纳泽同志那样的结论，意味着陷入仿佛一种"左的"、"中派的"或者"右的"——我实在不知道是什么样的"倾向"。

我认为，在我们今天，资本主义已不起进步作用的论断是正确的，当我们全体会议的某个委员会上，南美的某个同志试图谈论资本主义在哪个殖民地区的进步作用时，我没有赞同这个意见。我认为，在我们今天不应当谈论作为一种制度的资本主义的进步作用，因为今天的重心在于**资本主义和社会主义之间的斗争**。我们已经有了社会主义国家，造成了完全崭**新的**形势，在这样情况下，共产党人或者共产主义组织正在进行反对资本家和资本主义的斗争，以影响那些尚未陷入资本主义范畴或者陷入不深的地区。例如，就拿中国及其发展前途问题的提法来说，在这样的环境下，谈论资本主义一般的进步作用尤其是在殖民地地区的进步作用，是不能允许的。现在，已经存着社会主义和资本主义生产方式之间的**竞争**，过去存在过封建主义和资本主义生产方式之间的竞争，现在主要是社会主义和资本主义生产的竞争。但是那种断言是完全不正确的，即认为资本主义似乎不可能有任何技术上的改善，断言不可能对机器进行技术改善，因为它们服务于腐朽的资本主义，这种论断是荒诞的。类似的断言都是荒谬的，应当在资本主义的世界历史作用和估价某些技术因素之间加以区分。当然，资本主义还能继续实现技术改进。在这个问题上，托洛茨基同志犯有错误。他说，如果资本主义整体上腐朽了，那么，它就**绝对**不能发展生产力。不能这样提出问题，但机器和生产组织方法的技术性完善也没有赋予谈论资本主义进步作用的权利。

论稳定以及里泽同志的错误

我现在讲稳定问题。在这里我首先应当肯定,所有的同志也会同意我的意见:在现今的条件下,在我们工作的现阶段,在关于稳定问题的提法方面应当进行细致的分析。当然,在这种细致的基础上必须随后作出一般结论。

我还要对比特同志和里泽同志的发言讲两句话。我认为,无论他们是谁,都决不要为我把他们一起提出而生气,我这样做仅仅是出于爱惜时间,而绝不是因为他们的立场有"亲缘关系",那种"新缘关系",当然是没有的。

比特同志声明,我引证的数字中有些地方不正确,其中就有关于世界贸易的材料。由此他作出了确定的结论。至于数字材料,我应当指出,它们一般是不够准确的。瓦尔加同志能够向你们证明这一点。这里产生的困难,哪怕是由于不得不把多种多样的货币转换为一类,这也是非常复杂的事。

由不同来源获得的材料,彼此各有出入。来源不同,得到的数字则不同。这使比特同志有根据断言,我们引用的数字材料是错误的。像比特同志提出的那样,我引用的数字材料在一定程度上是不够正确的,我可以作这一点让步,但我仍旧认为,这决不足以推翻我的提纲;数字可能被缩小了,但有一点**不容争辩**:**最近几年发展曲线是向上的**。通过**任何来源的材料**,你们都能够断定这一点。这一点起着**决定性的**作用。在这些数字材料的数量估计方面我们可能有错误,某些错误是很可能的,但曲线的上升运动是无可辩驳的,而这一点恰恰是有决定性的意义。

现在谈谈关于里泽同志的批评意见。他喜欢"遵守原则",而他的"原则性"竟达到如此地步,即他干脆否认稳定。他认为,稳定是右倾分子的"捏造",是德国右派的臆造。假如说,真是这样,如果稳定是彻头彻尾的捏造,那么,在那个时候,白里安又何苦要慢慢地倒向斯特来斯曼呢?难道,法兰西共和国内阁从属于哪怕是"右翼"共产党人的一级组织不成?我不认为是这样。"他们"没有强大到能够迫使资本主义强国服从自己的意志的地步。像钢铁卡特尔之类的事实是从哪里产生的呢?在你们提出问题的情况下,**不可能**解决这一切。你们的一切依旧如故,而同时一切都在变化。各国的改组有着物质的内幕,毋庸争辩,现在德国在欧洲国家中,在所谓的"欧洲强国的共同行动"中,起着比以前更大的作用。难道能够否认这一点吗?既然这是事实,毫无疑义,这是事实——就必须阐明,它有着怎样的**经济**基础。如果经济基础依旧是先前的,那么在这种情况下,国家之间这样大规模的改组怎样产生的呢?难道可以全盘否定技术的更新、生产的托拉斯化、货币稳定等吗?如果没有所有这些情况,我们在德国便具有了直接革命的形势。然而在德国,很遗憾**没有**这样的形势。我们热情地大声疾呼地欢迎它,但遗憾的是,这种形势**暂时**大约只能按照特兰同志的泛欧同盟的步调来实现。以前的"同志"马斯洛夫谈道,德国不具有革命的前景已整整几十年。我们不赞同他的观点,但奇怪的是,靠近马斯洛夫一伙的里泽同志**只字未提**这些观点。可能因为他自己的非共产主义的"奇怪想法"和他的"实践"而被开除出党的"领袖",确实庄重地宣布过整整几十年不可能有革命的伟大真理。我们希望从里泽同志口中听到,他是赞成还是反对这种前景。如果他不赞同,就**应当指明这一点**。在这些问题的提法方面不能沉默不语。如果人们对这些问题什么也不说,那就可以得到所需要的一切,但绝对不是原则的争论。

我在党代表会议上的演说中指出,世界革命以三路纵队行进:**在苏联**是一种情况,那是在胜利了的无产阶级专政的情况,**在中国和在英国**。这决不意味着,中欧没有孕育着革命。它孕育着,德国孕育着革命,但这与**相对稳定背景下矛盾的增长**有着密切的联系。

当前形势的基本特征就是这样,它说明,无论国际舞台上的巨大变化,还是阶级力量的内部关系,其中包括我们无产阶级自身队伍中的巨大变化,在里泽同志的问题提法中所有这些基本论点同样没有给以任何解释。

我们对资本主义合理化的态度

现在来谈另一个问题,**合理化**问题。首先我要声明:"**中性的**"**合理化并不存在**。合理化是在完全确定的条件下的具体进程:抑或在资本主义制度下,抑或在社会主义制度条件下,抑或在某种混合制度的条件下。**离开具体条件之外**的合理化,作为某种中性物的合理化根本就不存在,例如,正像技术完善(我谈的暂且只是问题的这个方面)总是产生在这个或那个社会环境之中,而不会在真空里面。任何时候机器不会在没有任何条件的情况下得到应用:应用机器或者在资本主义条件下,或者在社会主义条件下。机器是**社会组织**的技术基础,没有人,机器就不能起作用,它只能闲置起来,像僵死的东西一样。例如,假设里泽同志把某种机器抛掷到月球上去,那么,它将不是作为机器,而是作为任何其他的物体躺在那里,机器只能在它置身于任何一个社会组织之中的时候才起作用。

现在,首先谈谈关于不同的技术完善。我应当比较详细地谈谈这方面的问题,许勒尔同志援引马克思的话说,应当将资本主义条件下的机器和社会主义条件下的机器之间加以区别。不言而喻,马克思是完全正确的。既然许勒尔同志重述了马克思所说的话,那他也是完全正确的了。但是共产党人或者布尔什维克在什么时候讲过,他们要**否定地**对待机器的使用呢?没有,**任何时候**他们也没有写过任何类似的东西。而他们是否写过，**拥护**资本主义的技术完善的文章？仍然也是任何时候都没有写过。但现在却存在这样的思潮，它们具有**资产阶级**的性质，它们从资本主义进步作用中引出支持资本家的政策，**关心**资本主义"进步"的政策。这不是革命的观点，恰恰相反，是**资产阶级**的观点。我们不能在资本主义条件下**拥护**采用机器，也不能反对采用机器。在雅克莫特同志的演说中，关于支持采用机器等等必要性的可能的结论中有着某些缺陷，虽说他谈的是资本主义的以往阶段。但在资本主义条件下，我们无论怎样也不能，过去不能，现在也不能这样做。我们**任何时候**都不应站在这个问题的肯定立场上。这是关心**资本家**，不是关心**工人**。资本主义经济比封建制度"更好"，但这不能因此成为资本主义**辩护士**的论据。俄国的民粹主义者对我们、马克思主义者说过，说我们必然应当起到这样的作用。我们呢，恰恰相反，总是说，各种技术完善、进步的经济形式等等——所有这一切都不是我们急于要办的事，这与我们无产阶级革命者无关。我们的任务在于，为了**组织、团结工人阶级去推翻整个资本主义秩序**。我们过去的立场就是这样。在以往的年代里，我们坚持变革的必要性，并使其他所有活动都服从于这个基本目的。因此我们的路线十分清楚：发展资本主义是资本家的事情。我们的任务是组织无产阶级并**充分利用**摆在资本家面前的**全部困难**，以便和他们进行斗争。我们就是这样提出问题的。有人可能反驳我们，说那是旧的资本主义时代，而现在是资本主义衰落时代。对这个问题我可以援引列宁的话来作回答。他在1916年写道，我们**不能反对机器**，所以资本主义"衰落"的论据在这里是不恰当的。他们可以说，在我们的时代，采用机器有着以前没有过的特别严重的后果。

但是这不合乎真理。在早期资本主义时代，机器刚刚开始采用，它们使居民多数阶层完全破产。霍普特曼笔下的纺织工人就是这个进程的标准例证。如果我们在宣传中要为我们现在有着更为严重的后果这样的论题作辩护,那么这就是对资本主义全部历史的渲染。

另一方面,不待说,在合理化的**现行**进程和以前状况之间有很大的差别。但这里差别不在于存在什么崭新的东西,进程的整个组成部分差不多都是以前有过的:采用新机器,自动传递系统,泰罗制,劳动的强化——所有这些都有过,而现在没有采用任何**崭新**的东西。新的东西是,所有这些方法的应用是在**特殊**的**条件下**,在**资本主义自身**的特殊形势下,在**阶级斗争**的特殊条件下。**新**东西就是社会环境,就是资本主义和各阶级的具体状态。而那种情况,就是现在所说的反对资本主义的直接斗争,就是大量失业群众的存在,就是在合理化口号掩饰下资本的进攻。所有这些也就是某种新的东西,这是从资本主义独特形势、从社会力量实际存在的具体斗争中产生的东西。在这样的条件下必须提出如下问题:**怎样表述我们的任务和我们的口号,以便更可靠地吸引群众到我们方面来?** 这是**决定性的**,所有其他的是绝对次要的。我们的总路线是争取群众,这个总的方针在各个局部的口号中都有效,首先应当**以这个观点来估价本问题**。

整个说来,可以指出合理化**统一**过程的两个方面(我要强调的是合理化的**统一**过程):

1. 产生经济后果的技术和组织方面;
2. **社会**方面。

这是同一过程的两个方面。

技术和技术组织方面表现为应用某些发明、机器、设备、应用新的方法(我没有说它们是好或是不好)组织劳动。应用工人之间和一般参加生产过程的人们之间的新的关系。所有这一切构成了技术方面和技术组织方面。

然后是社会方面。它在实际上,在生活中与技术组织方面汇合为一个综合体。社会方面包括提高劳动强度,增大剩余价值的份额(也就是加强剥削工人阶级），解雇工人，改变在业工人和失业者数量之间的比例以及诸如此类的事情。

所有这一切都体现为统一过程的两个方面，我们没有权利不去分辨机器和活人之间，合理化的技术组织方面和社会方面的差别。

我这样提出问题：**对于共产党**，对于资本主义社会这个主要革命力量，**在这个问题上的重心在哪里**？据我看，重心是在该过程的社会方面。菲亚拉同志在他的演说中说过，我的问题的提法对于社会主义国家是正确的。恰恰相反，在社会主义苏维埃国家，重心是在**技术组织方面**。我们在技术方面为合理化而斗争，我们实行各种完善措施从而**提高工人阶级的状况**。我们基本上**不存在**合理化的技术组织方面和工人阶级状况之间的矛盾。我们搞合理化是为了工人，不是为了资本家的利润，是**为了提高群众的生活水平**。在资本主义国家，共产党的重心是在**社会**问题方面。菲亚拉同志完全错了，他把事实弄颠倒了，我愿意把它再颠倒过来。如果**所有的人**赞同资本主义国家的重心在于**社会方面**的问题，那么我再提出下一步问题：**这个基本事实是否应当以相应的口号表现出来呢**？当然应当。如果我们看到重心在社会问题方面，而不在技术组织方面，那么这个情况应该在我们的**口号**中以某种形式反映出来。

现在讲社会民主党的战略问题。社会民主党的观点是怎样的呢？社会民主党的目的是怎样的呢？社会民主党人的观点可归纳如下：他们拥护资本主义稳定，他们完全拥护资本主义合理化，拥护把工人运动机关变为**整个资本主义经济机构的辅助机关**（在"经济民主"的口号下）。社会民主党的战略就是这样，它在这个问题上的观点就是这样。社会民主党**利用**什么**投机**呢？它的打算绝对不是糊涂的。社会民主党说：我们不是野蛮人——俄国工人，而是社会民主党的工人，是技术熟练、技术懂行、习惯爱护新的机器和优良工具，等等。社会民主党和它普遍承认合理化的口号的重心在于，着重指出和突出合理化的技术组织方面之后，以便利用无产阶级的劳动力去充当合理化的辅助力量。这就意味着，他们在工厂委员会，在工会等组织内提出这样的问题：技术新设施，良好的组织等等，原来是工人注意的中心，这样就可以巧妙地欺骗人们。于是有人向工人们说，你们现在还应当容忍暂时的解雇，经过若干时间之后你们将得到工作，如此等等。

假如我们在工厂委员会和类似的组织中进行**这个**技术组织方面的讨论，这时社会民主党就会在"经济民主"口号下正好利用这个技术组织方面，这对于我们将是危险的。我们应当警惕，**不要堕入**陷阱。我们应当一次又一次地强调问题的**社会**方面，哪怕只有两个工人因为**资本家的利润**而从企业里被辞退，他们也应当提出抗议；如果提高了劳动强度而没有相应的提高工资，那我们就应当声明对此表示反对；如果工人的状况恶化，那我们就应当为反对这种状况而斗争。总而言之，我们应当把我们的全部注意力集中到问题的社会方面来，而不是在技术问题上。后者不是对我们，而是对社会民主党非常有利，因为它在极力实现资本主义制度内部的"经济民主"，也就是说，它在关心着自己的**资本主义秩序支柱**的作用问题。我就是这样提出问题的。我只能承认"反对合理化**后果**的斗争"的说法可能遭到不正确的解释。恰恰在这方面，存在着**两个**进程：一方面，合理化"自身"，另一方面是经过一段时间之后，——它的社会后果。我和德国领导同志专门讨论了这个问题，我们提出了以下5点共同建议，这几点建议应当对我们起到口号的作用：

1. 反对资本主义稳定！
2. 反对由于合理化骗局造成的一切工人阶级状况的恶化！
3. 提高工人阶级生产水平！
4. 建立社会主义经济组织！
5. 不要资本主义的合理化，而要社会主义的合理化！

最后一个口号具有宣传性质，它直接来自社会主义经济组织的口号，这是很清楚的。

在我们的说法中，"反对因合理化骗局造成的工人阶级状况的任何恶化"，我们用"骗局"这个词，整体上败坏了全过程的名誉，可是避免了我上面谈到的那些困难。我们采用这个说法，是希望各国共产党把重心放在社会问题方面。我认为，这个措辞是完全可以接受的，这是所有我们找到的措辞中最合适的。这个问题就到此为止。

现在请允许我就某些其他问题再讲两句。

关于法国共产党的策略

中国问题，关于中国党和英国党的问题，我们将在会议的相应日程上单独加以考察。但我愿意现在就某些共产党的策略问题提出几点意见，是我们法国同志的演说促使我这样做的。塞马尔同志说，他将驳斥我的报告中某些"不正确的说法"。要驳斥的主要之点如下：提纲中白纸黑字清楚地写着，在紧急形势下党没有全部做到，党在一定程度上**忽略**了这种形势。塞马尔同志就此从几个方面反驳我，而我愿意谈谈这个问题。

首先，塞马尔同志援引提纲，其中说道，工人阶级未能动员起来。塞马尔同志因此说道，这句话本身是荒诞不经的，因为工人阶级根本不能动员起来。动员的主体据说是党，**党应**当动员工人阶级。据我看，这是——吹毛求疵。

为了阐明这一点，不妨以夺取政权问题为例。我们说：**无产阶级**夺取了政权（当然是在共产党的领导下，因为没有党通常就不可能夺取政权）。然而，塞马尔同志的论证是反对这个公式的，因为不动员工人阶级力量，怎么能够夺取政权呢？可见，提纲中没有任何有罪过的东西。现在谈谈问题的实质。这里我可以向我们的朋友塞马尔指出，我讲的不多也不少，正是**塞马尔自己**承认的。实际上，事情就是这样的，塞马尔同志，一方面批驳我，另一方面，只是用其他的词，说了我已经说过的。例如，他说：

> "我们党在这个时刻（指最关键时刻。尼·布合林），在这48小时内，在两个危机之间……处于某种犹豫不决的状态。我没有说，它陷入了惊慌失措的状态，它的确是不善于充分地、迅速地分析形势，也没有及时地提出应有的口号。"

难道这不是承认我的观点吗？塞马尔同志亲自说，他们少许"忽略"了形势，他们没有及时作必要的分析，因此没有提出相应的口号。还有什么可讲的呢？我也只讲了这一点。

恰恰还有其他几处，塞马尔同志讲了同样的话。例如，我引证如下：

> "毫无疑义，由于我们党在法国某些大区干部结构存在某些缺陷，由于我们领导机构存在某些缺点，我们动员工人群众的速度迟缓了……而我们党的这些缺点，只有通过改善我们的干部状况才能改正……"

这完全正确。要知道，提纲责备的恰恰是党，而不是其他任何人。

因此我完全满意的是，塞马尔同志在这里所说的，除了塞马尔同志自己承认的以外，我没有讲过任何别的东西，尽管他批驳了我的意见。

我们所讲的当时形势怎样呢？在国内有着普遍愤激情绪，是这样吗？毫无疑问是对的。**党忽略了**这种形势，在一定的时刻没有做到必须做到的事情。这已是错误。我们谈到它，不是因为愿意揭露错误，而是因为需要从这些错误中吸取点教训，需要在错误中学习。

这就是摆在我面前的法国共产党中央的宣言，从宣言中可以看出中央是**怎样**估量形势和**怎样**给自己进行辩护的。

在这个宣言里讲道：

"张皇失措之风在国家上空轻轻刮起"。

开头就是这样写的，下面讲什么呢？下面说：

"劳动群众……大惊失色；他们依旧犹豫不决，他们表现出无所作为，他们听凭法西斯任意杀戮宰割……"

我要问您：难道这里不正是谈党的状况，不是谈工人阶级状况吗？要知道，这叫做诿过于人。工人**已经**上街，工人**愤慨不已**。决不能想象这样的形势，当小资产阶级已经极度不满，工人阶级却侍立等待。我以为，宣言写得不正确，问题的类似提法是削弱无产阶级，而不是号召无产阶级力量动员起来。

同志们，这个小小的特征被塞马尔同志自己说的话所证实。错误应当公开承认、公开说明。

关于德国极左派和里泽同志的发言

现在请允许我就里泽同志讲几句话。我把它放在最后，是为了作为一种美味来品尝。

严肃地说来，我不能理解，为什么里泽同志把自己的纲领藏在口袋里不向我们宣布。在这个大厅里的每个人都知道，你在稳定问题上有确定的观点，哪怕是马斯洛夫发表过的也好。其次，你对所谓的"俄国问题"有十分准确的评价，由此你在相当长的时间里试图把它当做你手中的"王牌"。随后你提出了对德国共产党的总的评价。举例说，我就拿对中央委员会的最后通牒的答复来说，在通牒中，德国党被视为非布尔什维克党。在通牒中，您发表了您在党内斗争方法问题上的观点。诚然，您现在对这个问题也讲过某些观点，但都不是很清楚，也不详尽。要知道，俄国问题在德国共产党党内斗争中起着很大的作用。如同估价德国共产党自身问题一样。而您谈论琐事却又完全隐瞒了这些**最重要的**问题，如同讳言什么神秘病症一样。难道这是问题的**原则的**提法吗？其实，我们并不打算惩戒你，我们是谦逊的。我们只希望了解你现在坚持的观点是怎样的，这对我们和你都是有益的。

在整个德国党内就俄国问题举行全面讨论之后，不能像里泽同志所做的那样，他说，我们"不知道"俄国的情况怎样，"不知道"**这里**的讨论进行得怎样。对此，任何人也不会相信。我们准备开诚布公地讨论这里的每一种倾向，讨论任何倾向中的每一个细微差别，讨论每一个重大问题，不管它提得如何尖锐。可能你将返回德国并且说，你看，他们不允许我讲话，我们甚至**恳求**你这样做。而你讲到的只是些细枝末节，你可以反驳我们，认为我们想在以后去讨论俄国问题。而我们在报告中已谈到了这个问题，在讨论的发言和提纲中已提出这个问题。每个共产党在自己的政策中应当以评价共产国际的共同活动为出发点。对每个支部都很清楚的是，对苏联估计不足即意味着转变到完全另一种立场，要知道，最重要的事情都决定于这个估价怎样。举例说，如果我们看到有人在准备反苏战争，如果这种准备实际上已在进行，同时你又把我们国家看做资本主义国家，或者和资本主义国家差不多的国家；如果同时你对我们的专政不是作为无产阶级专政，而是作为富农或者半富农专政来估价——那么无论在怎样的场合下你也**不能保卫我们**。因为你那时不得不——如果你希望对自己的态度是诚实的——表示**反对**援助苏联。科尔施的立场始终是一贯的，而且他说过：如果德国共产党将在战争中保卫苏联，那将类似德国社会民主党在1914年保卫可爱的帝国主义祖国那样，科尔施的这种立场是一贯的，这是**可以理解的**。

在这样的问题上不能保持**缄默**：可以犯错误，但不能保持缄默。这里根本排除了"中立的"立场，因为每一个国际政策问题，顺便说说，也包括德国的国际政策问题，都完全以这种立场而定。

为什么在谈到德国亲西方的新方针时，你认为这是**原则性**的转变？这是绝对没有必要的：假如东方是资本主义国家而西方也是资本主义国家，那意味着，没有任何原则性的转变，并且总的形势也没有改变。这是对共产国际有着普遍意义的根本问题之一。假如联共（布）是富农或者半富农的党，那就**不能**允许这个党领导共产国际。在这种情况下，应当**炸毁**国际并公开宣布："我们赞成炸毁国际，因为这个国际受苏联共产党的影响和腐化"。这是合情合理的，**假如**关于富农化和蜕化的前提是正确的，那么这个结论就是绝妙的和百分之百地正确的，是否可以对这样的问题隐瞒不讲，是否可以**不谈**它们而谈论图林根和计件工资问题的宣传画，并对这个最重要的事情缄默无语呢？这对不对呢？这是对的。举例说，今天有人给我最近一期《普鲁士报》。我在报纸里看到了关于卡茨拥护者的代表会议的文章，在这个会议上竟有社会主义者发了言！他们谈道，苏维埃俄国不如资本主义国家好，它已变为资本主义国家，在这个会议上的社会主义者革命家经过若干时间之后，想必会成为孟什维克，这意味着什么呢？本来就很清楚，这些人按不同的方式得出了**同样的结论**。当然，这些人没有形成一股力量，只是一些纠集在一起的可怜的单干户，客观上起着反革命走卒的作用。他们将要讲述关于我们的监狱、我们的国家政治保安局之类的童话——这是所有的反革命政党的旧有的习俗。他们编造这些以取得资产阶级赐予一点可怜的面包。他们的道路是很清楚的。

我们再看看乌尔班斯和其他人，他们对德国共产党中央最后通牒的回答说道：

"是的，派别——对**布尔什维克化的**党是非常不好的事情，但在非**布尔什维克化**的党内是好事。"

彻底分析这些言词，你们会得出蓄意实行**分裂**德国共产党的路线——这个党按极右派的意见，"不是"布尔什维克化的党。要知道，我们力争工会的统一，但无论怎样也不能和非布尔什维克化的党搞团结。我们可以在反动的工会中坐下来工作，但要成为政党，就可能成为欧洲的社会民主党、非布尔什维克化的党——我们决不能这样做。我们只有一个例外——英国，那里的工党有着完全独特的结构。它是党和工会之间的中介性环节，但我们不能是任何一个社会民主党。因此，如果你们**这样**评价德国党，那么你们，如果你们还有一点点逻辑性，那就**应该自己离开党**，所有这些问题，里泽同志却没有提出过，这是非常可悲的，假如他对所谓极左派工人心中的疑点都解释清楚了，那就要合理得多，我们赞成邀请极左派同志来**澄清**问题。我们准备甚至谈谈引起他们疑虑的每一个单独的问题。但这里无论谈到的什么事，就是没有谈到主要的问题和决定性的问题。

关于德国党的组织方法问题我还讲几句话。里泽同志说：开除，没完没了的开除——这不是按布尔什维克方式行事。里泽同志顺便向我们讲到，鼓吹在苏联"革命的"起义必要性的希万被开除了，尽管他有权在党内为自己的观点辩护。那好，但是为什么这个时候竟没有把考茨基拉进我们的党来呢？要知道，考茨基和希万之间在这个世界最重要的问题上没有任何差别！如果我们将所有的败类都收罗到党内来，那我们是否还能成为真正的布尔什维克党？当然，在这样的党内存在着普遍的和最广泛的"自由"是非常伟大的，而要说，这就是**布尔什维克化的**党。那就太抱歉了！这将是**任何其他的党**，唯独不是布尔什维克化的党，据我看，——我十分坦率地说——现在要"科尔施分子"留在我

们党内是**不可能的**。因为我们是真正的革命党。因而我们要把反革命分子驱逐出去。(鼓掌)

用"意见自由"的口号作掩饰的企图经常是工人阶级最坏的敌人的做法。我参加过许多年以前的德国社会民主党开姆尼茨代表大会。——克拉拉·蔡特金同志也参加了大会——当时开除了希尔德布兰德(向着特兰)。他写过第一本关于欧洲和美国之间相互关系的书。(笑声)希尔德布兰德为殖民政策辩护,他为此被开除。所有的修正主义的狐群狗党们都在**悲痛哀号**:这叫什么"意见自由"?意见自由——是对的,但意见自由应**在一定的范围之内**,要不然,党就不成其为党了,成了某种形形色色的观点的收集站。意见自由意味着在党的**范围内**的意见自由,而党是**志同道合者**的组织,所有置身于这个范围之外的东西,是不属于党的。凡不涉及党的根本原则的倾向,比之思想体系**根本问题**上的分歧,则是另外一回事,对这些"同志"我们将运用所有的组织手段来加以抑制。

为希万可怜地被开除而哀号——是绝对不恰当的。党如果把希万留在自己队伍中间,党就是可怜的党。

我对里泽同志演说的意见就这些。

争取共产国际磐石般的列宁主义团结

我的发言就要结束了。

说到我们讨论的意义,那么这次讨论达到的水平不错,许多相当重要的问题都已涉及。

列入我们全体会议日程的第一项任务是,确定在资本主义稳定过程问题上所应采取的**具体**立场。在以往的全体会议上,我们从一般特征上谈论过这件事情，现在我们要具体说明我们的一般形势，就需要有**分寸地**分析世界形势。谈到我们主要的**任务**，那么，我们同样要区别对待它们，首先要提出革命形势严峻的国家。西欧国家的任务在于仍然将我们以前通过的一般口号**具体化**，例如统一战线口号等。我们现在**弄清楚了**这些一般性口号。我同样认为，我们这里应当使党的布尔什维克化问题具体化，党的布尔什维克化和巩固是我们的主要任务。因此首先我们应当声明，我们现在没有可能容忍共产党内有任何派别组织。（鼓掌）

过去各个共产党内存在派别组织，这是这些共产党**羸弱**的表现，而不是他们的特别美德或者他们眼界开阔的表现，现在我们党壮大了、巩固了，这也应当在**组织**问题上有所反映。我们对这个问题的回答应归结为，我们现在决不能容忍我们党内有任何派别组织，我们能够准许派别存在的时间已经过去。我们需要的是巩固的、机动灵活的党，它在基本观点的统一上坚强有力，为争取群众而充分团结一致。我说过，总的形势对我们党是很有利的。最不景气的时候已经过去了。在许多方面我们正在前进。现有的世界形势是相当好的，我们有中国革命，我们有苏维埃俄国的建设工作和英国的罢工，假如说英国罢工甚至以失败告终，——这一点并不能排除，由于领袖们的行径是可能的——那么它仍然意味着英国工人阶级化的巨大进展过程。这个进展不可避免地应当导致更进一步的战斗，导致欧洲这个部分工人阶级的革命化，这部分以往是最保守的。

在中欧，我们将看到越来越尖锐的形势，现在已经表现出工人阶级向左转的情况。工人阶级向左转是我们未来胜利的征兆。从这个观点出发，从加强革命力量的观点出发，我们需要我们党内的完全团结一致，共产国际范围内也需要这样的团结一致。

因此，我们的口号是：打倒分裂企图！指引全体工人阶级走向世界

革命的真正团结一致的共产国际万岁！（热烈鼓掌）

主席：

同志们，请允许我宣读代表波兰共产党中央少数派的声明以及波兰共产党代表团的声明。

I
"波兰共产党中央少数派的声明

我代表波兰共产党中央少数派完全同意布哈林同志的提纲。

同时我认为有义务向共产国际执委会扩大会议通报，我们党内正在进行着关于布哈林同志在提纲和演说中提出的主要问题的争论。不过，我们党内存在的分歧具有如此复杂和独特的性质，它们与组织因素有着如此紧密的联系，以致根据这些理由和其他理由，我放弃了关于我们党内形势问题的发言，我将以最适当的方式把这个需要全面详细讨论的问题提交给专门委员会分析研究。

关于作为我们代表团成员的布兰德同志的演说，我应当作如下声明：

布兰德同志和科谢娃同志、P. Ж.① 同志、瓦尔斯基同志以及其他人一起，代表了我们党的一个派别，这个集团对波兰形势和我党任务的观点的出发点是对稳定问题的机会主义提法。布兰德同志在昨天的演说中表述了他对这个问题的不正确的看法，经过科谢娃和布兰德的提纲而加以传播。这个提纲已于7月提交共产国际执委会主席团波兰委员会，

---

① 未查到具体姓名。——编者注

并成为波共中央领导集团估计形势和确定策略的基础。

我们党内在稳定问题上有三种观点：右的、极左的、中央少数派的观点。

1. 前者是对稳定问题的托洛茨基观点的变种。借助于外国贷款的'黄金雨露'直至工人运动的美国化来推行波兰的稳定，是与托洛茨基的超帝国主义概念——把欧洲转变为领取美国份粮——沆瀣一气的。在洛米纳泽同志的演说中遭到正确批评的这种机会主义观点，是与共产国际执委会在给波兰共产党的信中所描述的革命前景相对立的。我们在这个集团的提纲中看到的不是革命的前景，而是劳动群众消极灭亡的前景。

2. 多姆斯基的观点在于超革命地、机械地否定稳定的企图的严肃性，在于指望它们自然而然地崩溃的资产阶级自身的内部斗争。这同样把党引向政治上的消极。

3. 中央少数派的观点与布哈林同志的观点完全吻合，即认为稳定不仅仅是客观的过程，而且是阶级斗争的对象。在我们提交给波共中央九月全会的提纲草案中说：

'在波兰的资本主义稳定企图将会被国内的和阶级的矛盾所击破，将会被波兰生产力发展的利益从属于资本主义列强的利益粉碎，最终应当被这些矛盾激起的革命力量所粉碎。'

依据这个前景，中央少数派把工农群众反对资产阶级稳定企图的斗争，反对皮尔苏斯基法西斯专政的斗争，以及在这场斗争中共产党作为最主要的反稳定因素的积极作用提到了首要地位。

对稳定的机会主义估价体现了我们历史上形成的，迄今党尚未克服的，由瓦尔斯基、科谢娃、布兰德等同志组成的集团和右倾路线。它对估计革命的动力、对强加给小资产阶级在第一阶段的独立作用（两个阶段的理论）、与不相信无产阶级的革命力量和无产阶级率领小资产阶级跟着自己走的能力，以及一系列我要提交委员会审议的策略问题都有着紧密的联系。

Ю. 连斯基
莫斯科，1926年11月27日"

II
波兰共产党代表团的声明

"致共产国际执委会第七次扩大全会主席团

波兰代表团鉴于连斯基同志的宣言声明如下：

1. 这个宣言完全以歪曲形式表达了波共中央对一般的稳定问题包括对波兰前景问题的看法。我们代表团在它的代表普罗赫尼亚克同志的发言中已表明了对布哈林同志和库西宁同志报告的态度并完全赞同他们的论断。

2. 连斯基同志在这个问题上的立场偏向于极左地否定一切稳定，这清楚地表现在他发表在《新评论》（1926年1—2月）和《共产国际》（同年4月）上的文章和他的一系列发言中。

连斯基同志从这个观点出发估价共产国际波兰委员会6月提出的科谢娃和布兰德同志的提纲草案，并歪曲他们的意思。

3. 连斯基同志所有的其他不正确的论断，我们将在委员会中说明。

受波共中央代表团委托　维索茨基
莫斯科，1926年11月27日"

（会议休会）

第十一次会议

（1926 年 11 月 29 日）

主席：罗易

谭平山作关于中国问题的报告

我已经向全会提交了书面报告，没有必要再重复它。但是，另一方面，由于中国问题总的说来阐述得太少，我认为有必要粗略地介绍一下中国的局势，而且我们在这里只打算涉及最主要的问题。

简单介绍一下中国革命运动的状况和发展，从去年 5 月发生上海事件开始。到现在为止，整个时期可分为三个阶段。

第一阶段延续到郭松龄反对张作霖的起义为止，它的特征是革命力量帝国主义者发动了猛烈进攻。

第二阶段从郭松龄失败到广州军北伐为止。这一阶段的标志是帝国主义者向革命反攻。

第三阶段从广州军北伐开始一直延续到现在。这是革命力量向帝国主义者发起新的进攻的阶段。

关于第一阶段和第二阶段，没有必要细谈了，因为已经作了充分的说明。

在中国革命转入第三阶段时，革命发展的新时期也随之开始了，需要指出，形势确实发生了许多重要的变化。其中应当提到：

1. 广州军占领武昌和汉口，革命势力扩展到华中；

2. 国民党左翼的团结——在群众的压力下，国民党中央委员会通过了汪精卫重任原职的决议；

3. 国民党中间派向左转，因此创造了中间派与左翼合作的可能性；

4. 过去被开除的党员，去年在北京附近的西山，建立了一个特别派别组织，他们恢复了党籍；

5. 冯玉祥的国民军和广州政府之间建立了正式的组织联系；

6. 国民革命军第二、第三和第五军群情振奋，占领了陕西省和省会西安；

7. 中国共产党的组织影响在扩大；

8. 汉口工人运动出现新高潮，上海发生新罢工等；

9. 广东、湖南和农民运动迅速发展；

10. 河南、山东和直隶发生红枪会起义；

11. 上海、广州、汉口和其他城市出现中小商贩的组织；

12. 上海资产阶级倾向广州革命政府；

13. 四川、贵州、河南、浙江等地军阀集团的队伍发生分化；

14. 民族主义者和所谓孙中山主义者的队伍发生分化，产生这些现象的原因是革命的高涨和广州军的军事胜利。

总括起来可以这样说：首先，群众越来越支持和信任革命运动；其次，革命力量逐渐集中。如果革命力量进一步扩大、加深和集中，那么我们就可以说，中国革命斗争将顺利地发展下去。但是我们知道，中国革命运动还处在萌芽状态，还谈不到革命已经完成。断言中国革命似乎已经实现了，其使命在1911年已经完成了，那根本不对。现在我们只能说，做好团结革命力量的工作，就有希望获得成功。

中国的另一个阵营——我们敌人的阵营情况怎么样呢？这里我们可以指出下列事实：

1. 英美、英日、日美帝国主义之间存在矛盾；

2. 半封建军阀阵营发生分化：吴佩孚军队的分化，孙传芳军队的溃败，最近还有奉系阵营中张作霖和张宗昌之间的矛盾；

3. 夏超反对孙传芳的起义；

4. 豫系和皖系军阀队伍开始崩溃；

5. 上海督军①组织反对孙传芳运动；

6. 北京、天津和其他城市的商人，由于无法忍受苛捐杂税而掀起反军阀运动；

7. 哈尔滨反对外币的措施；

8. 反对军阀盘踞地区的红枪会起义。

这些事实表明，一方面，军阀的军队处于分化瓦解过程，帝国主义者的地位已被动摇和削弱了；另一方面，被压迫和被剥削阶层人民正不断提高阶级觉悟，走上革命道路。因此，断定中国革命有很大希望取得胜利并非夸大其词。

列宁曾经说过，一切革命的经验，尤其是20世纪3次俄国革命的经验所证实了的革命基本准则，可以归结为以下几点：对革命来说，被剥削和被奴役的群众意识到不能按老办法生活下去而要求变革，这是不够的；对于革命来说，还需要使剥削者不敢再按老办法统治下去。"只有当'下层'**不愿意要老办法**，'上层'**不能够按老办法**，只有这时，革命才能取得胜利。"

这个论点的正确性，也被中国革命的实例所证实。事实上，被压迫的中国群众已意识到，他们不能再像以前那样生活下去。与此同时，统治阶层之间的矛盾和分歧开始尖锐化到这种程度，以致统治者已经不能再按老办法统治了。

---

① 原文如此。

中国革命一定会胜利，它已经取得了部分胜利。但我们不能忘记：首先，革命者不论胜败，都要保持清醒的头脑；其次，革命者应该巩固已经取得的胜利，以建立自己的政权；第三，应该消灭敌人，因为敌人只是被打败了，绝对不是被歼灭了。这是列宁同志1907年在伦敦代表大会上说的。我觉得，这些话对于过分乐观估计中国革命的同志，应当有所帮助。中国革命只迈出了第一步，敌人还未被击溃，而且不管怎么说都还未被消灭。在这种情况下怎么能过于乐观呢？中国古代一位兵法家说过，知己知彼，百战不殆。为了利用我们的胜利，并为了今后的胜利，我们应该看清楚自己的弱点，应该善于巩固已赢得的阵地。

我们有许多弱点：

1. 我们的军事力量还没有完全集中；

2. 我们的军事力量的发展没有与人民群众力量的发展步调一致，而是超过了它；

3. 我们的物质资源不足；

4. 群众组织还很脆弱，军阀统治下的群众还不可能系统地建立起义组织；

5. 广州政府的现行政策，尚不符合群众的要求和利益。

还有不少危险威胁着中国的革命运动：

1. 帝国主义者的军事干涉和阴谋，例如去年日本向奉天和大沽出兵，英国在太平洋集结军舰。这类现象证明，帝国主义者希望保持其在华特权；

2. 担心革命力量会发生某种退化，革命阵营中会发生纠纷；

3. 今后的危险是，帝国主义和军阀力量有可能重新联合起来对付广州军。

为巩固胜利，我们必须：

1. 广泛开展农民运动，并吸收农民公开参加武装斗争；

2. 组织各阶级——无产阶级，农民和城市中小资产阶级的统一战线，为民族革命事业而斗争；在具备一定条件时，我们也可以同大资产阶级中那些尚未与帝国主义分子相勾结的阶层合作，但同时我们必须毫不留情地揭露其叛卖性和妥协性；

3. 事先取得西欧无产阶级的支持，他们应该同旨在摧毁中国革命的帝国主义分子作斗争。没有最先进国家无产阶级的积极支持，没有无产阶级反对帝国主义的斗争，革命统一战线是注定要失败的。这是列宁主义关于民族问题的原理教导我们的，这是巩固中国革命胜利的唯一条件。

现在我来谈谈中国革命最重要的任务和中国革命与资本主义稳定之间的关系。现在，中国革命应当给自己提出如下任务：

1. 彻底摆脱帝国主义；
2. 完全消灭半封建的军阀制度，建立统一的革命政权；
3. 政治民主化。

我们应该在自己的斗争中提出以下切合实际的口号：

1. 开展废除不平等条约的运动。

去年上海事件以后，这个运动甚至在穷乡僻壤也具有了群众性。我们应该要求：中国关税自主，外国军队撤出中国，收回租界和取消治外法权。

2. 我们应该为召开国民会议而斗争，这个口号能具体地体现所谓的政治民主化。支持和促进这一运动的组织已遍及全国。群众不仅要求召开有全国代表参加的统一的国民会议，而且还要求地方政权实行民主化。他们要求建立省、区议会。我们首先应当用废除不平等条约来动摇外国人的威望，当我们牢固地站稳了脚跟以后，我们就能彻底撕毁这些条约。帝国主义者，尤其是英帝国主义者已经部分地丧失了威信。主要在广东、广州政府实施了新的关税制度，北京也一样，虽然政府处在反动军阀的统治之下，但是在群众的压力下，它被迫宣布中英条约无效。这些事实吓坏了帝国主义者，特别是英帝国主义者。英国人甚至认为，中国追随布什维克要取消一切外债和奴役性条约。

我们可以断言，中国革命沉重地打击了帝国主义，缩小了中国市场对他们的商品的容量，因而在一定程度上影响了资本主义的稳定。

革命使帝国主义集团之间的矛盾更加尖锐，激起并加强了殖民地国家——印度尼西亚、印度、朝鲜等国的解放斗争，这一切无疑使资本主义的并不牢固的稳定性变得更加不可靠了，我们知道，当前中国的革命具有两种可能性：要么中国无产阶级和世界无产阶级一起完成彻底的革命；要么中国新兴的资产阶级从无产阶级手中夺去革命领导权，并在帝国主义者的帮助下建立中国的资本主义，或者用妥协的办法一点一点地消灭中国革命。上海事件之后，中国无产阶级已经证明了自己的政治作用。特别是上海罢工和省港大罢工（后者至今仍在进行）掀起了波澜壮阔的反帝运动，巩固了广州政府的地位。广东省的农民群众纷纷响应了中国共产党的宣传和号召。由于中国共产党的工作，其他省的农民运动也在广泛开展，并在我党的领导下日益发展壮大。

这些事实证明，中国无产阶级的确有实力在民族革命中赢得领导权。中国资产阶级，由于遭受帝国主义的经济和政治压迫，也受到普遍的革命情绪的感染，开始逐渐地参加民族革命运动。中国资产阶级已经并且继续企图掌握革命领导权。去年5月，上海资产阶级不同意工商学联合会提出的17条要求，自己又提出了与他们截然不同的13条要求。戴季陶主义的形成和今年3月右翼在广州的行动，表明资产阶级企图从无产阶级手中夺取领导权。因此，中国革命面临两种可能性、两种趋势。中国无产阶级在中国革命中的领导权还没有得到充分的保证。中国无产阶级还处于必须与资产阶级争夺民族革命的领导权的阶段。为了掌握领导权，无产阶级应该：

1. 争取广大农民群众，取得城市小资产阶级的支持，阻止整个资产阶级的右倾。只有那时，无产阶级才能组织由自己领导的统一战线。

2. 无产阶级必须巩固和发展工会运动，首先把一切产业工人、农业工人和手工业者组织起来。共产党应该尽一切可能，引导这些人直接参加革命斗争。最后，中国无产阶级必须取得整个国际无产阶级的支持。

国民党是各阶级革命力量的联合组织。我们应该促进国民党的进一步发展，并借助它来坚持不懈地进行民族革命。一些同志要求共产党员退出国民党，另一些人说，我们应该建立第三党来代替国民党。然而，这只能意味着瓦解统一战线。我们应该主动地扩大和加强国民党的左翼，同时不能忘记阻止国民党右翼进一步右倾。

中国军阀制度的基础是大地主阶级。为了彻底消灭半封建的军阀制度，我们必须解决土地问题。这样，我们就能打碎军阀的基础。在广州政府新管辖的地区内，我们应该争取广大农民群众的支持和同情，以便巩固我们取得的成就，我们应该吸引农民参加革命统一战线的行列。

现在谈谈中国工人运动和中国共产党的发展及其重要性的问题，中国无产阶级不仅在未来的无产阶级革命中将起推动作用，而且也是当今民族革命的动力。没有强大的工人运动，民族斗争就不可能得到发展。中国工人运动的起落，也意味着整个民族运动的兴衰。在中国工人运动的3个发展阶段中，即从1922年的海员罢工到1923年的铁路工人罢工，从铁路工人罢工到上海事件，从上海事件至今，中国工人阶级在革命先进队伍斗争中表现了自己的战斗力和勇敢精神。整个运动是以上海和汉口的罢工为中心。广州政府只是在取得了工农群众的支持才得以消灭反革命军队。现在，在占领了汉口和武昌之后，只有巩固和加强工人运动，广州军才能巩固这个胜利。

还要阻止改良主义者在中国工人群众中散布其影响。改良主义运动在中国无产阶级队伍里不会有立足之地，因为中国无产阶级既受国内资本，又受外国资本的压迫和剥削。去年召开的泛亚劳动者大会已经表明，国际改良主义者、阿姆斯特丹分子企图把自己的影响扩大到中国工人群众中去。不错，中国工人阶级处于较低的发展水平上，但它是世界无产阶级中革命性最强的队伍之一。

中国共产党还很弱，但是最近它是显著地壮大和巩固了，1年之内党员人数增加了3倍。广州、上海和武汉地区的共产党组织，已经成为人数众多的组织。中国共产党是民族革命的攻坚力量。

在广东省联合时期，在打奉系和吴佩孚时期，以及现今广东军北伐时期，共产党更加扩大了对群众的影响，做了大量工作。工人阶级对我党的信任在增长。跟随我党走的，还有一部分农民、小资产阶级和知识分子。

我们的组织也有一些明显的缺点：党组织远没有遍及全国；基层干部太弱；组织还不太健全；虽然成立了工厂支部，但其成员没有受过充分的训练，缺乏必要的经验，支部本身也不够坚强有力，党的思想修养较差，也没有国际经验。

最近我重复一遍。我们应该集中全部工作和一切力量，来巩固已经取得的成绩。我们应该进一步推动民族革命，并帮助国民党扩大统一战线，以完成中国的民族革命。（热烈鼓掌）

谭平山提交的关于中国问题的书面报告

一、中国革命发展的新阶段和阶级分化的过程。

二、国民党问题。

三、工会运动。

四、农民问题。

五、城市中、小商人问题。

六、青年运动。

七、妇女运动。

八、关于党的地位和活动的问题。

一、中国革命发展的新阶段和阶级分化的过程

从中华民国宣布成立起，直到现在，帝国主义者和封建军阀共同统治着中国。虽然中国的辛亥革命推翻了清王朝的专制制度，但是，由于国家经济落后和群众落后，国民党内的资产阶级分子联合买办官僚、政客等，并以其为桥梁联系当政的军界要人，不仅得以毁坏革命，而且清除了革命党。孙中山虽多次组织起来反对军阀，但由于没有统一的经济基础，他仍然遭到了失败。只是最近四五年来，随着中国工人运动的发展，共产党员加入国民党，并提出改组要求，中国革命运动才得以振兴。现在显然进入了新阶段——实现革命统一的新阶段。我们知道，现今的革命运动，一方面应该完成辛亥革命，另一方面它包含有新的因素。现在存在两种可能性，一种是资产阶级可能试图夺回从前在1911年到1914年革命中的领导权，并在一定条件下重新和帝国主义列强勾结，以建立资产阶级专政。第二种是无产阶级得以确保在上海事件时已经掌握了的革命领导权。在这场与帝国主义的斗争中，中国工人阶级的影响将巩固地确立下来，并与资产阶级的影响相抗衡。中国革命运动将成为世界革命不可分割的一部分。经过一段时间，这个政府不得不同帝国主义进行的那场斗争，势必导致无产阶级革命。现在面临两种趋势，可以作一个比喻：在中国革命中有两驾马车在竞赛，一架由资产阶级驾驭，另一架由无产阶级驾驭。在这场竞赛中谁超过了对方，谁就第一个到达目标。无产阶级与资产阶级之间争夺革命领导权的这场竞赛早已开

始，只是现在到了决定性关头。在辛亥革命中，起纲领作用的是资产阶级，但后来它与敌人和解了，并让帝国主义者和军阀把整个政权攫为己有。

1919年资产阶级运动有了新的发展。这一发展表现在拒绝在《凡尔赛和约》上签字。的确，军阀们本来是准备在这个和约上签字的，由于北京学生发动的大规模的"五四运动"席卷全国，迫使他们拒绝签字。在广大群众眼里，这次行动具有如此巨大的政治意义，以致产生了反对购买洋货的运动，并且发展成为抵制洋货的振兴本国工业的运动。这一措施完全是资产阶级性质的。它引起了资产阶级运动的新高涨。其原因如下：

1. 帝国主义的殖民政策。一向是尽可能有效地防止殖民地的工业发展，然而本地资产阶级则竭力积累自己的商业资本，以便将来建立本国的工业。于是在殖民地、本地资产阶级与帝国主义利益之间就发生了矛盾。在中国也是如此。

2. 在爆发战争、帝国主义列强改组了本国工业，并首先生产军事装备之后，中国商业资产阶级和买办就有可能利用自己积累起来的资本建立民族工业。这就产生了资产阶级反帝运动的经济基础。

3. 还有一个重要因素：受1917年俄国革命影响的先进的知识分子，唤醒民众，组织了"五四运动"。这一运动应当看做是中国民族革命运动的起点。

在这个时期，资产阶级、无产阶级和小资产阶级各阶层建立了反封建、反军阀的共同战线。但是，在中国资产阶级发展的同时，以更快速度发展的是无产阶级，民族运动越来越壮大，阶级斗争日益激烈。1921年广州建筑工人罢工，1922年香港海员的罢工，1923年华北铁路工人和矿工的罢工，都证明了这一点。1925年5月的上海事件，标志着无产阶级运动发展到了高峰。在阶级斗争中，无产阶级站了起来，更坚强了，它有力地推动了民族革命运动，并从资产阶级手中夺得了运动的领导权，能说明这一过程的某些具有重大意义的事实是：

1. 模糊不清的、自发的、原始的各阶级的统一战线，逐渐发展成为清楚的、目标明确的阶级阵线。

2. 资产阶级的爱国主义发展为无产阶级的革命精神。

3. 联合美帝国主义，反对日本帝国主义的纯资产阶级运动，发展成联合世界无产阶级反对帝国主义的民族革命运动。

4. 最近六七年来，资产阶级寄希望于凡尔赛和约和华盛顿会议，但这些希望落空了。然而第一个无产阶级国家苏联，实际上已废除了不平等条约。

5. （1）最近六七年来，中国的无产阶级有了很大发展。最近几年的罢工运动大大加强了无产阶级的各种组织，中华全国总工会、铁路工人工会和海员工会已发展到全国各地。到处成立了农会，农村开始发生明显的阶级分化，阶级斗争日益明显地表现出来。在每一次民族革命的战斗中都显示出工农群众的巨大威力。在所有这些战斗中无产阶级都是运动的主要因素和主要力量。

（2）后来国民党改组了。清除了许多买办和官僚分子，并且给广东的买办组织（商团）和地主组织（民团）以致命的打击。国民党逐渐变成了左派分子的政党。

（3）城市中小商人反对大资产阶级和抗捐抗税的运动不断出现。在这方面，上海和广州中小商人的联合商业组织反对商会的行动是有特别意义的。

（4）革命小资产阶级和知识分子的日益左倾。

所有这些阶级分化的现象一直在持续着。甚至趋于尖锐化、无产阶级在民族革命运动中争得了领导地位。我们已经说过。无产阶级通过广州政府和上海工商学联合会领导的统一战线，在上海事件时发展到了顶点。

当资产阶级看到无产阶级将"亲手"取得民族革命的胜利，而这场革命又将威胁到它的利益时，它就企图夺回自己的领导地位。以便在客观上消灭革命。资产阶级为自己创立了特殊的思想体系，并且鼓吹没有阶级斗争的民族主义。另一方面，帝国主义担心中国革命持续地发展，于是组成了国民党右翼、中国资产阶级、买办、大地主和帝国主义的统一战线，开展反革命、反苏维埃的运动。

上海事件之后的斗争阶段表现出现两个特点：

1. 资产阶级和无产阶级互相争夺革命的领导权，各种反动派别在思想上和策略上围绕这场争夺集聚起来。在思想体系上表现为戴季陶主义、民族主义和孙文主义学会（国民党极右派）。实际上我们亲眼看到，张作霖根据上海总商会的要求解散了上海总工会，上海总商会在上海事件时镇压了工人罢工和商人罢市，国民党右翼勾结香港政府破坏了香港罢工，以及广州的五卅运动。

2. 一方面，在华的帝国主义有着共同的利益；另一方面，外国资本家之间又存在着利益上的矛盾（事实有：去年6月，在上海由八国成立了反革命的、反苏维埃的同盟；英国与日本之间的关系暧昧；美国新闻界公开攻击英帝国主义，并鼓励中国的资产阶级；八国政府先是讨好广州政府，尔后又因大沽事件发出最后通牒；吴佩孚和张作霖联合对付国民军；张作霖在中东铁路的挑衅行动，等等）。

二、国民党问题

有关国民党的问题，我们所指的是统一战线的组织形式问题。在民族革命的过程中，为了集中全部力量和确立统一的斗争目标，需要有这样的战线。

至于组织形式，我们面临一个问题，是否应该利用党派形式或超党派形式？如果后一种形式更好些，那我们就可以不要国民党，而是在共产党的直接领导下建立各种联业团体（农、工、商、学，等等）的代表联合会。如果我们应该采用党派的组织形式，那我们的任务就在于：要么在现在的国民党内建立起无产阶级的领导和控制，消除国民党与帝国主义的联系；要么建立第三个新的政党来取代国民党，例如工农党或者联合党。

超党派的（无党派的）组织形式是不合适的。为了解决第三党的问题，我们首先应当研究以下的问题：

1. 现在的国民党是不是已经同某一个帝国主义国家抱在了一起；
2. 它是不是已经放弃了执行自己的反帝使命；
3. 它是否已经丧失了所有各阶级对它的信任；
4. 能否保证国民党的革命分子转入新的第三党。

第1和第2两点已被事实所推翻；第3点——在当前顽强的反军阀斗争中，革命阶级对国民党尚未感到失望。在回答第4点之前，我们还应该弄清另外两个问题：

第一，国民党是否已经与准备妥协的资产阶级结成联盟。它是否阻碍了工农运动，是否在军事专制的条件下限制过人民的政治自由，是否妨害过共产党人进行宣传，鼓动和组织工作，是否完全抹杀了群众在共产主义旗帜下的团结以及共产党人为深入开展革命所做的全部工作？

第二，国民党和国民革命政府中居多数的中间派，是否还继续搞军事独裁，也就是说，国民党的分裂是否已经不可避免，因而革命的小资产阶级分子感到需要有一个新的第三政党？

上述各点先决条件，目前只不过是一种尚未形成的倾向。

我们能否做到使无产阶级对国民党实行领导和控制？要回答这个问题，首先应当弄清楚：国民党的左翼是否仍然是国民党力量的基础？我们已在前面讲过，上海事件之后，在资产阶级和无产阶级之间发生了争夺革命领导权的斗争，也就是开始为争取小资产阶级和中产阶级，特别是革命的小资产阶级而斗争。这个问题不仅在国民党外，而且在其内部也起了很大的作用。因此，在回答无产阶级能否做到对国民党的领导和控制这一问题之前，我们应当分析一下国民党的社会成分。按国民党党员的社会成分，可以分为反映着复杂的中国社会结构的五种类型。

极右派

这个集团代表买办和大地主（伍朝枢、古应芬）的利益。

广东省的整个权力都掌握在这个集团手中。它利用国民党这块招牌与帝国主义分子和军阀相勾结。这个集团的人数不多，但它的作用很大。它得到右翼的支持，并利用中间派为自己的利益服务。它挑起三月事件，并在5月15日国民党扩大中央全会之后，串通香港政府企图攫取政府的权力，把共产党人消除出国民党。

右翼

右翼是由大资产阶级、富裕农民和富裕侨商组成。后者在右翼中特别多。他们受到外国帝国主义的压迫，因而倾向革命，但是常常被极右翼当做工具使用。他们没有老练的领袖和独立的政治立场。我们可以称他们为极右翼的信徒，如果可以这样说的话，他们是极右翼的群众。

中间派

它代表想要摆脱帝国主义、渴望独立的新生的工业资产阶级。当然，这一派的拥护者在国民党内为数不多，但它现在独揽军权，我们对它应该特别注意。它的经济基础不是最强大的工业资产阶级。因此它必须在军队中建立自己的权力。在理论上和实践上它完全维护资产阶级的利益，可以把它看做是半殖民地国家资产阶级的武装保卫者。

这一派的领袖是戴季陶和蒋介石，应当说后者受前者的影响，并在某种程度上贯彻执行前者的思想。事实上戴季陶是三月事件的发难者。而蒋介石只是他的工具。

让我们粗略地分析一下戴季陶的思想体系。

他反对阶级斗争，否认社会划分为阶级，用社会分为自觉和非自觉分子的理论来对抗阶级理论。自觉的执政的分子能够维护非自觉的、被管理分子的利益（因而，自觉的资本家能够维护劳动阶级的利益，自觉的地主能够维护贫农的利益，等等）。他进一步断言，社会的阶级性可以化为乌有，代之以所谓的民族性。

他用革命的专政来对抗阶级专政，他认为孙中山的社会主义根本不同于共产主义。共产主义需要采取直接的革命行动才能实现，因此共产党人断言，通过阶级专政才能消灭阶级社会，而采用"国民革命"形式的孙文学说（孙中山的社会主义）。在政治建设中则利用国家政权来实现自己的目的，因为一切阶级的革命力量都趋向"革命专政"，其目的在于缩小阶级的权力，通过国家政权来建设社会的共同的经济机构，从而逐步消灭阶级。

戴季陶轻视作为世界革命中心的共产国际，想建立被压迫民族的"民族"国际，作为"国民革命"的中心。

他在国际政治方面采取名副其实的消极立场，拒绝合作，他只同意与英帝国主义作斗争。至于日本帝国主义者，在一定的条件下，他还准备与之妥协。

他承认他的正统的思想体系是古老传统（儒教等）的继续。实际上，他的思想体系是古代封建思想体系的继续。

我赞成国民革命，但称它为资产阶级民族革命。

孙文主义学会支持他的思想体系，而国民党右翼与民族主义者一样是他的盟友。

总的来说，戴季陶的思想体系可以归结为中国的历史传统、封建思想体系和符合半殖民地国家资产阶级的独立发展所需要的理论。

左　翼

它代表中小资产阶级的利益。国民党员的大多数都属于左翼。它联合城市的中小商人，中小农民和佃农以及知识界、左翼的主要领袖是汪精卫。

约十分之九的国民党地方组织处于左翼和共产党人的领导之下。左翼的政治路线的基础是国民党第一次和第二次代表大会的宣言和决议。国民党左翼要求建立民主政府。它的政治口号是：召开立宪会议，废除同帝国主义签订的不平等条约。它反对一切帝国主义者和军阀，主张联合苏联并赞成同共产党人合作。

然而，左翼有许多弱点：组织涣散，优柔寡断，易于冲动，缺乏基本的革命理论，计较小事，胆小怕事，缺乏魄力和能力，等等。有时因胜利而横冲直撞，有时又陷于消沉，等等。因此，如果共产党人不给他们以帮助，左翼恐怕难以独立行动。

共产主义派

属于这一派的是在国民党里工作的全部共产党人、城市无产者和加入了国民党的部分少地农民。所有这些人都是在共产党人的直接领导下，按着共产主义思想进行着工作。狭义地说，他们是左翼的同盟者。

从对国民党社会成分的分析中我们看出，国民党的大多数党员是跟随左翼的，党权主要掌握在左翼手中。

1. 出席今年 1 月国民党第二次代表大会的 278 名代表中，左翼和共产党人的代表 168 人，中间派代表 65 人，右翼代表 45 人。

2. 根据今年 5 月国民党全会发表的材料。党员数目为 31.6 万人，但是按党的组织部的精确统计，党员人数只有 25 万人，如果不算国民党的 7 万名士兵党员，那么左翼和共产主义派就有 15 万人，而中间派、右翼和极右翼总共不超过 3 万人。

3. 9/10 的地方党组织处于共产主义派和左翼的领导之下。

4. 在今年 10 月 1 日国民党最近的一次全会上通过决议，拥护汪精卫重返国民政府任职。

目前共产党和国民党的相互关系

1. 共产党对国民党各派系的态度。

（1）国民党内的共产主义派拥护无产阶级的利益，不用说，它对那些保护买办、地主、资产阶级和富农利益的极右翼和右翼是怀有敌意的。

（2）国民党中间派的社会基础相当薄弱。每一分钟都有被左翼①推翻的危险。因此它需要党内共产主义派的支持。国民党中间派和共产主义派一道工作，并且彼此相互利用。如果国民党中间派想要更多地扩充自己的军事势力。毫无疑问，它应当同没有追随国民党的资产阶级分子共同行动，以便打垮共产主义派，巩固其军事独裁。

（3）左翼和共产党的相互关系日益改善，因为左翼从自己的失败中认识到，如果把共产党人排除出国民党，左翼就无法独立工作。因此，左翼的大、小领袖们以及群众都意识到，只有党内的共产主义派才

---

① 原文如此。——译者注

能是、也真正是他们的同盟者。

2. 国民党与共产党在组织上的相互关系。

（1）两党联合全会决定了国共两党相互关系的性质，组织这次联合会，对中国革命，甚至对整个无产阶级运动，都非常重要。我们的任务在于扩大和加深从中央委员会到地方基层组织的这种联系。这项任务不仅从消极方面来说可以消除两党之间的冲突，而且从积极方面来说，还能同国民党一起制定中国革命的具体策略和方法。此外，这次联合全会使共产党在权利上与国民党处于平等地位。因此共产党能够争得合法地位。

（2）如上所述，9/10 的国民党地方组织受左翼和共产主义派的影响。

（3）至于一般性的社会机构和组织中的工作，除了共产党人独立地在其中工作的那些无产阶级组织外，都是由国民党和共产党共同进行的。在农民运动的队伍里，我们也采取与国民党一致的策略。

3. 能否消除帝国主义者与国民党的联系？

国民党极右翼和右翼同帝国主义者保持着联系，然而这两翼在国民党内都没有多大势力。国民党内掌握军事力量的中间派是否已联合帝国主义，还没有完全证实。但是为了巩固自己的军事独裁地位，中间派不得不联合极右翼和右翼来打击左翼和共产主义派，并同不追随国民党的资产阶级联合起来，以阻止无产阶级运动的进一步发展。至于左翼，由于它依靠的是小资产阶级的广大群众，所以不可能同帝国主义结成一伙。

如果把国民党看做一个整体，就应该断言，如果中间派与帝国主义结成联盟，国民党内就会发生巨大的变化，左翼将坚决地与它划清界限，它必将遭到彻底的崩溃。正如我们所看到的，国民党力量的基础仍然掌握在左翼的手中。因此，无产阶级有可能主持党的领导，并杜绝其同帝国主义的联系。有鉴于此，共产党能够并应该本着以下条件与国民党进行合作：

（1）共产党的宣传鼓动工作，以及在它的旗帜下团结群众的活动不应受到阻挠，以便无产阶级能够领导中国革命。

（2）共产党人与国民党的合作，不应支持和加强军事独裁，以确保整个运动不致落入资产阶级手里。

在这样的条件下，作为国民各阶层统一战线中心的国民党，对于我们的斗争不仅是有益的，而且是必需的。

4. 我们对国民党的策略。

为了达到目的，我们应该采取正确的策略，过去我们没有这种策略。鉴于我们的理论太抽象，我们犯了很多错误，应当详细地谈一谈下面一些具体的策略措施：

第一，总的策略。

在对国民党的总策略上，我们还没有犯过严重错误。这个策略首先是加强左翼，其次是同右翼斗争，第三是孤立党的中间派，并使之向左转。

这三点是紧密相连的。如果不同右翼进行不妥协的斗争，我们就不能巩固左翼，孤立中间派并使之向左转。换句话说，同右翼斗争同时也就意味着加强左翼，孤立中间派并使其向左转。但是直到现在，我们还没有采取任何具体措施贯彻这一策略。有些同志认为，把左派领袖争取到我们一边，可以加强左翼，另一些人则认为，要想加强左翼，必须把许多共产党人作为国民党员输送进去。无论是第一种意见，还是第二种意见，显然都是荒谬的。

第二，实际执行这一策略的方法。

（1）**思想斗争**。国民党内现今掌握军权的中间派的一切行动。都是在戴季陶思想体系的直接影响下实现的。我们应当同这一思想体系进行最严肃的斗争，而且这一斗争在我们对国民党的工作中，应当占据应有的地位。我们只有驳倒戴季陶主义，才能取得对中间派的思想领导，瓦解它同极右翼、右翼以及国民党外的资产阶级的联盟。

为了进行这一思想斗争，必须提高中国共产党员的理论修养，并培养宣传干部，共产国际应当尽可能利用国际经验和策略来帮助中国支部。必须把无产阶级运动的理论、策略和历史方面的书籍及小册子等翻译成中文。

（2）**关于国民党内的组织变化问题**。国民党的组织章程几乎和共产党党章一样，有严格和硬性的规定。这不符合中国情况的需要。这种严格的章程不仅不会带来好处，相反，甚至是有害的。因为其一，有了它，国民党就不能成为一个能把一切阶级联合到自己队伍中来的真正群众性的党；其二，原意为国民革命利益工作的进步的资产阶级分子和许多小资产阶级分子，由于国民党党章的严格要求，而不愿参加国民党；其三，准备作任何妥协的资产阶级有可能建立独立的政党，并把那些中、小资产阶级分子拉过去；其四，已参加国民党的工农群众，受党章的制约，有逐渐被国民党同化的危险，开始对自己的阶级利益漠不关心。

总之，为了使国民党成为一个广泛的组织，为了使每个愿为国民革命和国民党纲领奋斗的阶级都有可能参加国民党，它的组织章程应该从根本上加以修订。党章应该改成类似英国工党的党章，使那些不属于其他组织的个别人士或团体有可能参加国民党。这种组织形式有以下优点：

（1）国民党会变成一个联合一切阶级的真正群众性的党，从而能够结束军事独裁并阻止产生新的独裁政体；

（2）一切中、小资产阶级分子和进步资产阶级分子可以无顾虑地加入国民党，而工人和农民也能以整个组织的形式参加党（例如工会、农会等等就可以参加国民党）。这样一来，这些人脱离本阶级的危险性就不存在了；

(3) 属于这个或那个阶级的个别成员或整个组织，除了国民党的总纲外，还有自己单独的阶级纲领。一方面，可以缓和，甚至也许可以避免由于国民党党员的各种成分的利益不同而产生的冲突和矛盾；另一方面，工人和农民，尤其是无产者，能以统一战线的形式为全民族的利益而斗争。同时还能维护自己的特殊的阶级利益，不至受到国民党组织形式的阻碍。党章的修改可以巩固各阶级的统一战线。

第三，为国民党左翼制定基本理论。

虽然有广大群众跟随着左翼，但它还是缺乏基本理论，因而群众不能以那种足以保证取得实际政权的毅力去为共同的目标斗争。因此，必须向左翼提供民族斗争的理论，列宁关于民族问题的著作可以作为这种理论的基础。实际上，我们应当把有关民族问题的一些最重要的书籍和小册子译成中文，在中山大学培养左翼干部，与国民党左翼合办杂志。去年5月，我们已经出版了这种杂志，取得了一些有益的成果。然而廖仲恺去世后，杂志停刊了，我们应当恢复这项工作。一方面，我们可以向左翼提供民族斗争的基本理论，另一方面，还可以在国民党内同戴季陶主义、在党外同妥协的资产阶级思想体系作斗争。这样，也就可以避免共产主义派与非共产主义派之间的争执，并可以支持左翼。而左翼为了不投降中间派，也是需要这种支持的。

第四，关于领导国民党左翼的问题。

自三月事件后汪精卫离开广州时起，左翼失掉了领袖，是要投降中间派了，近来，在10月1日国民党最近一次全会上，在群众的压力下，提出了恢复汪精卫左翼领袖地位和参加政府的要求。如果他能够作为中国的代表先参加计划召开殖民地大会，然后再恢复职务，那就太好了。

第五，关于参加国民革命政府的问题。

去年7月广州成立了国民政府，这是一个徒有虚名的左翼政府。从成立之时起，政权实际掌握在右翼手中。有一事例可以证明：在6名政府委员中有5人属于右翼。工农运动由于种种阻碍不能全面展开，三月事件之后确立了中间派独揽军权。但政权仍和过去一样，为右翼所掌握，实际上本应属于左翼的整个政权彻底丧失了。原因如下：

（1）左派领袖不善于利用政治权力巩固和扩大自己的影响；

（2）右翼势力其实并没有彻底瘫痪，因此它能够进行活动，其之所以如此，部分原因是我们的策略错误。主要军权掌握在中间派手中，其影响由于戴季陶主义而更加扩大。

工人代表未参加国民政府，这是一个重要的情况，他们若是参加了，定能加强左翼的影响。我们知道，保护中、小资产阶级利益的国民党左翼，如果得不到无产阶级的支持，就没有独立行动的能力。有鉴于此，我们的任务就在于支持并领导国民党左翼。如果我们不参加国民党，我们对左翼的领导就不会给我们带来好处。因此，共产党人不参加国民政府，也是导致左翼政权垮台的原因之一。参加政府的问题，现在性质更为严重。由于广州军队的胜利，产生了改组国民政府的问题，我们应当在这个问题提出之前，就采取正确的立场。如果我们认为必须参加政府，那可以采取下述两种形式：

（1）国民政府应该由立宪会议委任，我们则可在立宪会议上推举自己的候选人担任政府委员；

（2）如果在召开立宪会议之前成立政府，我们应当通过国民党推荐自己的候选人，即共产党人应以国民党的名义参加政府。

组成政府的这两种形式都是可能的。不过，按目前情况判断，按第二种方式产生政府的可能性更大些。不应忘记去年的痛苦教训。那时我们没有参加政府，虽然这被认为是我方的高尚行为，但实际上我们牺牲了工人和农民的利益。去年下半年，广州政府只是名义上的左翼政府，它本来是应该保护群众利益的。这个政府在与我们长期谈判后，甚至连工会法都没有颁布。此外，政府也没有接受（消极地否决了）我们以各社会组织名义提出的农民的要求。当大地主与贫苦农民之间发生冲突时，政府总是站在大地主一边。我们不应忘记这些事实。

改组政府的问题已经提出来了。右翼竭尽全力保住手中的政权。如果我们不参加政府，我们不仅要重犯过去的错误，而且也将因此使右翼政权日益巩固和扩大，以致恢复左翼的权力将成为不可能，整个政府也就最终成为纯资产阶级的反动独裁。

第六，群众参加政权的问题。

分析下列各点，可以清楚地说明这个问题：

（1）工农群众通过参加地方管理，可以在国民党内奠定左翼政权的基础；

（2）这样做，工农群众有可能为掌握政治权力和行政权力做好准备；

（3）这样做，可以铲除军阀的政治基础。中国军阀的势力仰仗着买办和地主的影响。群众参加政权，至少可以从资产阶级手里夺回部分权力，从而消除资产阶级专政的可能性；

（4）在群众参加下，把政府改造成为工农政府；

（5）我们提出了"全部政权归群众"的口号。我们所说的群众，当然是指工人和农民，中、小商人和知识分子，职员及一切真正与帝国主义进行斗争的资产阶级分子；

（6）应当通过农村国民会议、区和省国民会议以及最后一级——立宪会议来实行必要的措施。

第七，铲除军事独裁和防止其再现。

这里我们的意思是要克服以前的错误观点，即把蒋介石看成是南方最有号召力的人物，把冯玉祥看成是北方最有号召力的人物。我们应该在道义上和物质上给予一切进步的中国军界首脑人物以支持，同时要培养自己的军事干部,以准备新的起义。

第八,我们与国民党的相互关系。

(1) 我们应当制定独立的政治路线,以便向群众显示出我们的真实面目,使我们不至于把我们的政治路线与国民党的路线混同起来。

(2) 我们应当与国民党建立比过去更加广泛的正式的合法关系,例如,更经常地举行两党的联合全会等。此外,我们应当一方面在群众中进行宣传,另一方面,向国民党提出我们的要求和政治主张。这两种办法应该看做是我们在广州政府军占领区内争取合法地位的一种准备。

(3) 我们应该在中、小资产阶级中间,尤其是在农民中间开始进行直接的组织工作,以便把这些阶层组织起来,并根据需要把这些组织整个地转入国民党的行列。

三、工会运动

中国党的中央委员会已经作了关于中国工会工作的详细报告,而我只能谈谈最重要的几点。上海事件之后,工会运动在两个方面取得了很大进展:

1. 在组织方面,我们已经建立了有120余万工人参加的中华全国总工会。此外,还建立了全国性的海员工会和铁路工人工会;

2. 工人在每次全民行动中都显示出巨大的威力。

但是运动本身有一定的弱点:一是组织不够巩固,二是缺乏经济斗争的完整纲领。

这方面的建议是:

1. 制定一项经济斗争纲领;

2. 巩固现有组织,并把没有组织起来的工人组织起来;

3. 培养工会干部;与红色工会国际建立直接联系,并由它直接领导工会运动。

四、农民问题

军阀的支柱是大地主阶级。为了推翻中国的军阀政权，占中国人口大多数的农民的政治斗争，应当在无产阶级领导下进行。只有在这种情况下，农民的组织才能加强，才能完成自己的任务。现今的农民运动已经在无产阶级领导下进行了，农民热情奋发地参加了民族运动（甚至是武装斗争）。现在我们还要讨论下列设想：

1. 关于组织农民运动的问题。

只有广东省有农会，此外，只在七八个省里有农民组织。最近期间，我们应当在全国范围内组建农会，关于是否要在农会中设立农村工人部以维护其个人利益的问题。还有待于进一步讨论。

2. 土地问题。

在国民党最近一次宣言中，有一个"只有进行革命，土地才能归农民"的口号，这是一句空话。我们这方面应当进行广泛的宣传，争取无条件地实现农民的要求。

3. 实行最低的土地税。

农民至今还要交纳高达其收入70%的重税。国民政府应当限制税额最多不得超过50%。

4. 禁止农村高利贷。

在中国农村，放高利贷并不是合法的行业，但每次高利贷者与农民之间发生冲突时，当局总是站在高利贷者一边。

5. 取消各种苛捐杂税。

这些税捐本来是应向有产业的农民征收的，但实际上地主把这些过重的负担都推到佃农和少地的农民身上。

6. 关于农村的统一战线的问题。

除了富裕农民以外，农村居民的各阶层在经济上都依赖于高利贷者和地主，受他们的剥削和压迫。必须把所有中农和所有贫农以及农村工人组织起来，成立一个统一战线。以便与大地主、高利贷者进行斗争。

7. 关于武装农民的问题。

中国的地主特别是广东的地主，为了压迫农民而拥有庞大的武装力量。因此，武装农民是农民运动最重要的课题之一。

(一) 中央委员会关于农民问题的决议

1. 经济方面：

(1) 政府应限制土地税数额，农民至少应留下一半收成。

(2) 限制高利贷，利率不得超过年利30%。

(3) 取消任何预征捐税的办法。

(4) 应根据市场价格计算捐税。

(5) 实行统一的度量衡。

(6) 禁止囤积粮食和商品，鼓励成立合作社。

2. 政治方面：

(1) 争取农民集会和结社的自由。

(2) 区政权应由居民选举产生。

(3) 乡村自治机构应由村民选举产生。

(4) 争取公布预算。

(5) 取消民团捕人和讯问的权利。

(二) 中央委员会关于广东农民运动问题的决议

1. 经济方面：

(1) 佃农减少租金的要求，在广东省已经激起相当强大的农民运动。我们为佃农的利益提出的口号，应切合实际并通俗易懂。例如，我们应当要求减租25%，也就是说，如果从前地主拿收成的60%、佃农拿40%的话，从现在起要从60%中减去它的1/4，这样地主就拿45%，而佃农拿55%。

（2）小农和小土地所有者最重的负担是苛捐杂税，为了满足这些阶层的要求，应当提出一个口号："取消一切苛捐杂税（不论是全国性的，还是地方性的），取消非政府机关征收的一切非正式捐税（例如民团捐），实行统一的所得税。"

（3）利率不得超过年息30%。任何超过这一规定的，均被认为违法。国家应成立农民银行，向少地的农民按最低利率发放贷款。

（4）政府应促进农村合作化的发展，应该严禁粮食和商品的囤积居奇。

（5）建造大规模的灌溉和排涝水渠网，救济饥荒。

（6）实行统一的度量衡。

（7）地主与佃农间的不平等契约和各种习惯上的协议，如佃农向地主以实物交付租金等等，都应废除。政府应颁布有关土地的特别法令，并组织人民法庭。农民应选派代表参加。若出租土地的地主拒不服从政府的法令，人民法庭有权审判破坏法令者。地主与佃农之间的冲突，也应由这种人民法庭来调解。这种机构是非常必要的，因为应当估计到，有许多地主会拒绝执行政府的法令。

（8）改善农村中的工人、劳动儿童和妇女的经济状况。

2. **政治方面：**

（1）统一民间的武装组织，每一区只应存在一个民间武装自卫组织，其成员应是该区的常住居民（在当地出生的）；领导人由该组织的成员推举。

（2）乡自治会应由全乡居民选举。

（3）乡自治会的预算应当公布，会计及其助手应在乡村大会上选举产生。

（4）乡村法院应由全体居民或居民代表会同地方政权代表组成。

（5）区应该实行苏维埃制度（由5名成员组成），而且应由全区居民领导。在过渡时期，比较妥善的办法是由政府任命苏维埃的领导人，但在这种情况下，居民应有上告的权利。

（6）农村的自卫武装组织，应当合并成为区的统一组织。区的武装组织不应由区自治会领导，而应由省政府机关的自卫部门领导。

五、关于城市中、小商人的问题

上海事件后分化过程也冲击了城市商界。群众的压力起初曾迫使大批发商参加运动，但后来当他们看到工人运动的发展与他们的利益相矛盾时，他们便同军阀取得协议，以期阻止整个革命运动的发展。根据他们的建议，上海总工会被解散了，许多工人领袖被捕，部分人遭到枪杀。

中、小商人在运动初期站在工人一边，可是后来与他们疏远了，开始对民族运动抱消极的态度。一小部分人甚至受到大商人的影响，并跟着他们走了。最近几个月，中、小商人反对大商人的运动又重新抬头。在上海发生了一系列反对军阀苛捐杂税的示威游行，以及抗拒交纳大商人征收的自卫团捐的行动。广州的小商人退出了大批发商的商会，成立了独立的组织。

因此，我们应当特别注意城市统一战线问题，即应当尽可能地、更广泛地扩大无产阶级对中、小商人阶层的影响，把他们争取到民族斗争方面来，不让他们跟大资产阶级走。

六、青年运动

中国青年运动是由青年学生运动发展起来的，然后转变为工农青年运动，由于革命运动的高涨。青年学生的分化过程现在具有更清晰的形式。在革命发源地——广州，工农青年运动发展得特别快，而学生运动则落后了。在上海和北京，革命知识分子逐渐转到帝国主义分子和军阀方面，转到国民党右翼方面去了。知识分子和国民党右翼共同组成了反革命战线，但在这两个城市里，仍有一些知识分子的团体和派别仍然坚持革命的立场。

七、妇女运动

中国妇女运动有以下两个特点：

1. 从争取政治解放的资产阶级运动，转变为提出经济任务的无产阶级妇女运动。
2. 从个别省份的地方性运动，转变为全国范围的整体运动。

在上海和广州有女工组织。广东省农会有许多农村妇女积极热情地参加反对大地主的斗争，在这场斗争中显示出了她们的重要作用。"妇女解放协会"已经在3个省份建立了组织。今年6月本应在广州召开全国妇女代表大会，但因某些情况未能召开，延期到明年。几乎所有的中国妇女都不识字，没有独立的职业，依靠丈夫和亲属过活。因此，极需组织一种社会活动，以利于向妇女提供从事公益劳动的机会，并开展扫除文盲的运动。

八、关于党的地位和活动的问题

1. 中国共产党在民族革命时期的策略

（1）中国资本主义发展的第一个时期，正是世界帝国主义实行对华扩张政策的时期，从而也是世界无产阶级革命的时期。中国的无产阶级、小资产阶级、农民和资产阶级受帝国主义者和军阀的双重压迫。因此，中国无产阶级应当参加民族革命，并应领导群众进行这场民族解放斗争。中国的民族革命是世界社会革命的一部分，因为中国民族解放斗争的胜利，等于削弱国际帝国主义的力量。

（2）在民族革命的过程中，工人和农民应当把改善自己的经济状况和争取政治自由作为自己的目的。只有广大劳动群众得到解放，民族才能有真正的自由。

（3）要与一切阻挠劳动群众进行斗争、损害劳动群众利益的人进行不妥协的斗争，直到他们彻底垮台。如果中国的资产阶级压迫和剥削群众——实际情况正是如此——那么阶级斗争即使在民族革命的背景下，也是不可避免的。为了压迫和剥削群众，中国的资产阶级不得不与军阀和帝国主义分子携起手来。由此可见，劳动人民与本国资产阶级的阶级斗争，不仅符合劳动人民本身的利益，而且也是整个民族利益的需要。

（4）为了取得革命胜利，中国人民应当与世界无产阶级和一切被压迫民族紧密团结起来。因为只有这样，才能把外国帝国主义从中国驱逐出去。由于帝国主义国家的无产阶级同本国资产阶级的斗争，由于殖民地人民的民族解放运动，帝国主义终将被打倒。

（5）在帝国主义国家的资本主义被推翻、开始进行社会主义建设的时期，殖民地和半殖民地国家新生的私人资本的发展，不仅不是必要的，而且也是不可能的。那时，这些国家的劳动者一定能组织自己的国家机器，以便有计划地发展国民经济，并逐渐地将其转移到社会主义和共产主义的轨道上去。

依据这个理论原则，中国共产党决定同国民党合作。

最近五六年中国社会关系的发展，总的革命运动的发展，迫使全国工、农、小商人积极参加政治运动的上海事件，甚至穷乡僻壤都响应废除不平等条约的斗争。这些都证明了我们与国民党合作的决定是正确的。在广州成立国民政府以后，工人、农民开始享有较大的自由，因此竭力支持政府。工农与买办、地主的进一步斗争巩固了革命政府的基础。广东省人民群众免除了各种各样的官方和非官方的苛捐杂税，从反动军阀的压迫中解放了出来。这个事实就是阶级斗争为基础的民族革命的成果。苏联对广州政府的支持，蒙古、土耳其、叙利亚、摩洛哥的革命运动，法国、英国、德国等的革命工人阶级，是中国革命运动在反帝斗争中的支柱。

一方面是，广州军队最近的胜利，革命力量的集中，工农群众组织的加强与扩大；而另一方面是，军阀的士气沮丧，帝国主义列强的利益矛盾重重，等等。这一切证明中国的革命统一在最近的将来定会实现。中国无产阶级的政党，面临这一伟大使命，应当具备健全的组织，实行正确的策略，以便把中国的革命事业始终不渝、勇往直前地进行到底。

2. 对党的评价

由于革命浪潮的高涨和上海事件后明显的分化过程，中国共产党的党员人数增加了。根据今年5月的资料，现有党员12000名。其中工人占66%，农民占5%，其他各阶层出身的人占29%。

让我概略地提一下党的成绩和缺点：

（1）党的成绩：

1）党员工作积极；

2）党员群众遵守纪律；

3）大多数党员在争取群众的思想斗争中发挥了领导作用；

4）党员在群众中的工作相当不错，并能领导群众。

（2）党的弱点：

1）同志们工作积极，但理论工作出现一些缺点；

2）他们遵守纪律，但对纪律的理解却很机械，缺乏政治生活上的教养；

3）他们在思想上能够领导群众，但有时不善于保持已赢得的地位；他们不善于集中自己的力量向敌人发动总攻；

4）他们能够引导群众，但因缺乏必要的力量，使党不能完成全部必要的工作；

5）党在组织方面，从下到上都存在着严重的缺点；

6）领导机构不统一，它们在思想方面确实是集中统一的。但实际上，由于一系列的各种原因，在北京、上海和广州有三个几乎是各自为政的领导机构；

7）党没有实行统一的政策，这对于中国共产党这样年轻的政党来说，当然是不可避免的。例如，在对国民党的政策上，共产党执行的策略不是没有矛盾的，如共产党对孙中山北上问题的态度，以及对国共两党联合全会的态度，就是证明，我们对国民党的让步也可证明这一点；

8）党员人数还不多；

9）中国共产党与共产国际的联系不够密切：中国支部向共产国际汇报情况不够，另一方面，共产国际对中国支部也缺乏应有的具体领导。

在中国革命迅速发展的时期，应当尽快地消除这些错误，否则我们的工作将遇到很大的危险。

对于中国目前局势下提出的实际要求，应当考虑采取如下具体措施。

九、对党的工作问题的建议

1. 统一领导机关，由于缺乏统一的领导，党的活动能力减弱了，可能发生党落后于事态发展的情况。因此，统一领导是极其必要的。在这方面的实际措施如下：

（1）中央委员会应当尽快地迁往全国的政治中心；

（2）必须派遣有经验的同志到上海、北京、汉口、广州等最重要的城市去。

2. 建立健全领导机关，从地方基层到中央委员会，一切组织特别是中央领导机关，都应该健全起来，中央委员会应当扩大，最有经验的同志应当尽可能地集中在中央委员会的周围。

3. 扩大党的队伍，既然中国领土如此辽阔，人口如此众多，革命发展如此迅速，变动如此频繁。就应当认为，中国共产党的党员人数少得不成比例了。不过，中国实际上只有170万真正的产业工人。客观地讲，庞大的群众性的共产党，不可能迅速地产生出来。同时，中国有一千多万手工业者和三千多万少地的农民。在一定的前提下，我们党可以从这两个阶层的队伍中吸收新的力量。这个问题应当由在这方面具有丰富经验的共产国际来解决。

4. 提高中国支部的思想修养。党的干部的思想修养应当提到应有的高度。由于中国经济和文化落后，对理论修养应当特别注意，因为只有这样，才能保证革命的胜利。

曼努伊尔斯基作关于太平洋矛盾与中国的报告

太平洋问题的意义

我想请大家注意太平洋问题，就是说，我想谈谈在地球的这一地区积累起来的矛盾。三个帝国主义强国——美国、日本和英国，在这里相互对峙。若干年后这里将要爆发的武装冲突，其破坏力将是空前的，其后果也将是严重的。如果在这个不祥的时刻到来之前，无产阶级不与英、美资产阶级决战。如果所向无敌的中国民族革命不改变对太平洋国际关系的看法，我们就会再次看到一场战争，其剧烈程度以及所造成的损失，会超过 1914 至 1918 年的帝国主义大战。英国军事作家拜沃特是这样评判太平洋在未来帝国主义争夺战中的作用的："1918 年 11 月 21 日，当德国军舰无条件投降时，争夺海路（指是英、德海军在北海的战斗）的这一短促而后患无穷的历史篇章结束了。下一章的开端是，1919 年 8 月，美国新建的太平洋舰队通过巴拿马运河，向自己的基地——旧金山移动。"不仅是拜沃特一个人，而且一大批美、日、英的军事作家都认为，正是在大伤欧洲元气的世界大战之后，在 1914 年开放巴拿马运河之后，开始了帝国主义在太平洋地区的斗争。美国颁布了禁止日本移民的法律，引起日本居民各阶层的极大愤慨。只要留心一下所有日本报纸是如何报道这件事的，倾听一下日本军界的呼声，就会感觉到太平洋战争的现实性。说明这一点的，还有去年在桑威奇群岛附近举行的大规模的海上演习。它说明，美国的这个基地在争夺太平洋的战斗中有可能被日本人占领。美国和英国密切关注着日本在太平洋实行殖民政策的种种做法。日本有 6000 万人口拥挤在本州、四国、九洲几个岛屿上。

很自然地，它向往着菲律宾群岛、奥斯丁群岛和散布在浩瀚无际的太平洋上的无数小岛。英国的自治领澳大利亚，通过它的资本主义报刊，力图点燃白种人对"黄褐"威胁的民族主义情绪。英国报纸为了给在新加坡修建军事工事找借口，也照样利用日本海军的备战活动，详细地描述了日本大炮远射能力的细节，指出每艘新舰和下水的鱼雷艇，都是日本准备向旧的资本主义文明国家进攻的征兆。的确，应在1928年实现的1923年海军计划是会造成某种惶恐不安的。虽然有华盛顿会议规定的限制，日本还是可以建立一支由25艘轻巡洋舰、90艘驱逐舰和70艘潜水艇组成的新舰队。日本国内正在积极进行民族主义的宣传鼓动。首先反对美国，因为它阻碍日本民族的进一步扩展，并使其遭受殖民奴役。日本已公开谈论未来的太平洋战争了，以战争为题作报告、著书、制定在日本被封锁时的原料供应计划，等等。的确，现代的商业关系即金融制度的关系，有时会掩盖这种军事因素，而以经济合作的"和平"外壳表现出来。例如大家知道的，日本对于向美国市场出口自己的丝绸和茶叶是多么感兴趣。此外，日本在1923年9月地震时遭受了严重损失，于是需要美国的贷款。而美国利用这种情况，开始加紧向日本本土渗透，甚至抛开军国主义宣传中夸大了的部分。太平洋问题具有重大意义这一事实，也仍然是不容争辩的。但直到现在，共产国际仍然不太注意太平洋问题，我们的国际过分地偏重**欧洲**。我们习惯于从欧洲的角度来观察世界政治、世界工运的一切问题。与太平洋问题关系最为密切的那些党（英、美的党），也没有充分注意太平洋问题。只是在中国民族革命爆发之后，关于远东矛盾的问题才引起人们的注意，我们大家才略微仔细地观察太平洋上各种势力所形成的局面。但直到现在，我们对中国革命仍然是从它的内部发展的前景上进行观察，对其意义估计不足，没有把它看做是促使太平洋关系革命化的一个重要因素。在1914年到1918年的世界大战之间，围绕中国延续了几十年的斗争，是瓜分亚洲的斗争。在这里,沙皇俄国、日本和英国的种种帝国主义企图互相交错。1904—1905年,这里爆发了沙皇俄国和日本之间的战争。通过这次战争,日本巩固了自己的地位。直到最近时期,中国仍然是太平洋斗争中最主要的对象之一。中国作为亚洲积极的民族革命运动的主体的出现,彻底推翻了太平洋问题的军事专家和行家们迄今对各集团势力所作的一切"分析"和预言。

所有这些作者在自己的分析中是从这样的前提出发的,即中国已被内战搞得四分五裂、软弱无力,理应在中国划分势力范围。他们没有考虑中国政治在今后发展前景中的新的强大因素,而把华盛顿会议后形成并确定下来的美、日、英之间的关系作为出发点。在某种条件下,中国革命首先可能加速大国之间在太平洋上的武装冲突,资产阶级的太平洋问题专家们的这种"观点"已存在许多年了;其次,对整个亚洲,特别是对最近几年民族革命运动似乎处于低潮的印度,将会产生革命化的影响。这也是促使太平洋矛盾尖锐化的因素之一。关于中国革命的作用的这种论点,是有确实可靠的根据的,印度尼西亚的起义就是证明。这次起义与中国革命一样,也提出了太平洋问题。菲律宾群岛上也不安宁。今年夏天,在菲律宾人民中间展开了围绕美国在菲律宾群岛开采橡胶计划的宣传鼓动,因而美国总统柯立芝派出了一名叫汤姆森的上校去了解菲律宾的情况。可敬的上校带回一份极其乐观的报告,断言菲律宾人民并不渴望独立,而是热情希望为福特先生生产橡胶。同时他也不得不承认,"某些政治活动家赞成菲律宾独立的宣传鼓动,在文化较低的阶层中得到了响应"。现在不可能有任何一次大规模的殖民地运动,不受最大的资本主义强盗们的整个国际外交关系的束缚。殖民地运动彻底改变大国之间的力量对比,使它们的斗争尖锐化,激起新的欲望。中国革命和殖民地革命运动之所以有胜利的可能,就是因为,它们不是在太平洋上的矛盾**日益减少**,而是**日益增加**的形势下进行的。在太平洋竞争尖锐化中也起一定作用的第三种情况，是英国自治领的问题。英美之间围绕加拿大和澳大利亚等自治领而进行的斗争是众所周知的，英国在经济和政治方面所遇到的巨大困难，迫使它越来越多地寄希望于殖民地和自治领。英国有些地方的报纸上已经发出呼声说，英国还不如干脆"从欧洲退出"，集中全力来同分散在各大洋上的帝国各部分保持、整顿和建立更密切的经济联系。如果英国真的走了这条道路，那么，这在某种意义上意味着它的面向太平洋的政策占了上风。

最后，世界经济中发生的变化也强调说明了太平洋问题的迫切性，战后的整个发展的特点是，世界经济的轴心逐渐而顽强地向大洋彼岸的国家转移，美国资本主义的蓬勃发展，带动着阿根廷、巴西、加拿大、澳大利亚等一系列"处女"国家的迅速发展。如果不是有什么大的经济危机先引起这里经济的崩溃，那么只有太平洋上的武装斗争才能在这里，在这些大洋彼岸的国家，创造直接革命的局面。

还必须注意，太平洋上的亚洲殖民地，在世界经济中所占的比重很大，试比较一下亚洲和欧洲在世界对外贸易中的份额，就可以看到，从世界大战前夕到1923年这一段期间亚洲贸易的比重有了极大的增长，1913年在世界对外贸易中，欧洲占64.2%，亚洲仅占10.1%，而1923年，欧洲占51.9%，亚洲占14.2%。所有这一切，促使我们必需详细地谈谈太平洋的矛盾。我要预先说明，应该用双重观点来探讨这些矛盾：第一，把它作为资本主义阵线在远离欧洲的这一地区将来可能发生的战争的研究对象；第二，从太平洋矛盾的角度研究中国革命的前途。我想稍微提前说明的，正是这后一个问题，即恰恰是太平洋上整个力量的布局，首先是美日力量的布局，才使我们有一定把握预言广州政府的胜利。我们没有任何理由悲观。如果广州政府通过联合农民来巩固自己的内部状况，并能巧妙地利用这些矛盾，肯定会在目前中国劳动群众争取民族解放的英勇斗争中成为胜利者。

争夺太平洋斗争中的美帝国主义

在太平洋上起**客观进攻**作用的是美国，起**客观防御**作用的是日本和英国。美帝国主义是全世界劳动群众最危险的敌人，这是和争夺世界霸权有关联的帝国主义。如果在未来的世界大战爆发之前，人类的命运还未被无产阶级革命改变的话，那么，在战争中占主导地位的将是美帝国主义。美国现在已经在准备这场太平洋战争了。已经有大量文献非常详细地研究这场战争的问题，指出战争的爆发时期（1931 至 1933 年间）和军事行动的大略发展趋势。换言之，也就是在战前几年欧洲有过的那种景象的再现。正是在 1914—1918 年的世界大战之前，军事文献中详细地提出了德国人进攻比利时的方案。这些方案后来在 1914 年 8 月初被准确地加以实施了。最近 20—25 年来美帝国主义的整个发展，证明争夺太平洋的这场必将来临的大战绝不是虚构的。统治阶级本身也了解这一点。例如，著名的太平洋问题专家、悉尼大学教授霍尔，对太平洋的情况是这样估计的：

"在分析太平洋上已经形成的局势时，" 3 个月以前他曾说过，"总是摆脱不了一种深深不安的感觉。对于太平洋必将代替大西洋而成为世界中心的这种说法，不能掉以轻心。正是在太平洋上，和平调解国际冲突的机构，比任何地方都软弱。"

接着，这位霍尔哀叹太平洋上甚至连国际联盟那样的机构都没有。

"尽管国际联盟缺点很多，"他继续说："总还算是一个能解决国际问题的有用机构（！！！）。但在太平洋上发生任何较大冲突时，都不可能求助于国际联盟，因为美国不是它的成员国。"

国际联盟能在多大程度上成为"调解世界性的国际冲突"的工具，这点当然争论很大。但是对整个国际形势深具象征意义的却是这样的事实，即连欧洲的国联这样虚弱的机构也丝毫影响不了太平洋。

1921年召开的臭名远扬的华盛顿会议，暂时中止了各国海上武装力量的增长，从而制造了某种和平主义的错觉。它既没有铲除发生冲突的原因，也未消除冲突的可能性，它只不过是推迟了冲突。在这次会议召开之前，美国帝国主义系统地、顽强地巩固了它在争夺太平洋和远东市场斗争中的军事战略阵地。

作为1898年美西战争的结局，美国从西班牙人手中夺走了古巴岛——它位于中美洲海岸，并且是从大西洋通向未来的巴拿马运河的要冲；美国还一起吞并了对保卫巴拿马运河入口有重大军事战略意义的另一岛屿——波多黎各。

还是那次美西战争的结果，美国抢占了靠近太平洋亚洲海岸的、中国南海入口处的菲律宾群岛。菲律宾的意义好比一支瞄准日本方向的手枪。的确，这支手枪是危险的，因为在军事行动一开始的时候，就有可能被日本夺去，因为菲律宾的对面是日本的海军基地福摩萨。菲律宾对美国还有重大的经济意义。众所周知，在橡胶消费方面，美国完全依赖英国。不久前进行的调查表明。菲律宾南部的气候和土壤条件很适合于生产橡胶。

还是在1898年，位于从太平洋美国海岸到菲律宾的**桑威奇**群岛爆发革命，美国趁机占领了这些岛屿，在这里建立了太平洋一系列海军基地的中枢核心——珍珠港。为了了解桑威奇群岛在争夺太平洋斗争中的意义，应当注意这一事实，即世界上还没有一艘海船能够一次也不靠岸地往返太平洋。

除夏威夷之外，在整个太平洋上无法找到另外一个供应淡水和煤的地方。夏威夷的这一地理地位，使它有理由被认为是太平洋上的直布罗陀。美国海军部把拥有150架飞机的航空大队集中在这些海岛上的珍珠港基地上，潜水艇队和鱼雷驱逐舰队轮流驻港。巨大的混凝土船坞可以同时容纳主力舰和巡洋舰。夏威夷无线电通讯站的有效区域，可达到中国、澳大利亚和纽约。用混凝土修筑的兵营里驻有配备着进行毒气战争装备和迫击炮等的步兵。太平洋上未来战争的中枢神经就是这样。就在不久之前，美国拨出2000万美元进一步加强夏威夷。所有这些掠夺，只不过是美国对太平洋的帝国主义进攻不断升级中的一个最重要的步骤——打通巴拿马运河前的一段序曲。巴拿马运河的修建工程，在1914年8月已经竣工。这一事件表明了美国对外政策的新的太平洋阶段，它在帝国主义战争的喧嚣声和大炮声中并没有引起人们足够的注意。

罗斯福说，"在人类历史中开始了太平洋纪元"，"太平洋上的统治权应该属于美国"。可是只有在巴拿马运河开通之后，他的话才能够真正成为美帝国主义的纲领。因为巴拿马运河给美国舰队缩短8000至1万海里的海路，使其不必再通过火地岛旁的水势湍急而危险的麦哲伦海峡。

但同时必须指出，就是华盛顿会议本身也是被美国用来实施其集中渗入太平洋的计划的，而天真的、具有和平主义情绪的空谈家却认为，华盛顿会议是太平洋关系发展中的"和平"时期的开端。问题在于，正是在这个会议上美国得以孤立日本，破坏了它同英国的同盟。美国对英日联合舰队作战，是个极端困难的任务。日本依靠其军事战略地位和建有海岸防御体系，几乎不怕来自海上的攻击。只有连续多年的长期封锁，才能攻下它。而进行这样的封锁，从美国海军方面来说，是不可思议的。因为它同时要与英国海军作战，而后者在亚洲海岸拥有两个装备良好的海军基地——香港和新加坡。正因为如此，加强了美国外交地位的华盛顿会议，不仅未消除美日之间发生战争的可能性，而且使这种可能性变得更加明显。美帝国主义的经济扩张政策，也是适应于这种军事战略准备的需要的。

美国"和平主义"的实质

美帝国主义在推行经济扩张政策的纲领中，经历了三个阶段：

1. 首先是门罗主义，它宣布"美洲是美洲人的"口号。当时美国资产阶级正对南、北美的市场垂涎三尺。门罗主义的统治与美国经济发展的这个时期相吻合。

2. 19世纪末，当美国资本主义蓬勃发展，使它感到受这些框框的限制时，当美国资产阶级开始转而注视太平洋和广大的中国市场时，美帝国主义便又打出一面新的旗帜，上面写着"门户开放"的纲领。"门户开放"政策是每一个年轻的、正在兴起的帝国主义的政策，美帝国主义进入历史舞台较晚，那时世界已经被其他资本主义竞争者瓜分完毕。当美国出现在中国的时候，英国和日本已经联合起来统治这里了。由于1842年签订了强盗式的《南京条约》，英国攫夺了香港。它通过远东这个有经济影响的前哨，成了头一个在中国站稳脚跟的资本主义强国，经过几十年的过程，它在这里巩固了自己的阵地。但另一方面，日本的地理位置，使这个20世纪初新兴的日本资本主义轻易地渗入中国。年轻而胆大的日本帝国主义，一步一步地把英国从它占有的阵地上排挤出去。日本资本，还不顾它在日本国内的虚弱地位，竟在中国渗入到工业和铁路股份公司中去，成为银行最主要的股东。只要看一看中国从日本和英国的进口曲线图，就可以确信，日本资本是多么有力地扎根于中国。例如，1870年从英国进口占87%，从日本进口约占2%；1923年从英国进口占13%，从日本进口占23%。美国在中国出现之前，情况一直是这样。1910年中国从美国的进口总共约占5%，而1923年美国已经超过了从英国的进口，达到16%。今年税率会议的垮台，表明美英利益截然不同。例如，美国对亚洲大陆的出口，从战前占美国全部出口的4.6%增长到12%，这种激烈的竞争威胁着因商品遭到抵制已经蒙受严重损失的英国的贸易。在这种情况下，除了让美帝国主义在中国实行"门户开放"的政策外，还能有什么别的办法呢？

  3. 最后，美帝国主义发展的第三个阶段。是从1914年至1918年世界大战结束后，即在大战给欧洲带来经济崩溃之后开始的。道威斯计划是强大的美国资本主义奴役欧洲工业国的纲领。美帝国主义不再满足于亚洲国家了，它已经在向欧洲推进。除德国外，它在使奥地利"恢复元气"，制订计划"改善"法国的财政，并悄悄地接近意大利，等等。

  美帝国主义发展的所有这三个阶段，都反映在美国的对外政策中。这个政策，由于美国有三条扩张路线——美洲、亚洲、欧洲，而极端复杂起来。在争夺美洲大陆的斗争中，美国同英帝国主义的掠夺计划发生了尖锐的矛盾。在加拿大、墨西哥、巴西、智利以及美洲大陆其他较小的国家里，多年以来，美英之间一直为争夺势力范围而进行着顽强的斗争。这些矛盾，由于这两个最强大的帝国主义国家争夺石油橡胶产地而极端复杂化了（美国开采全部石油的70%以上，英国几乎垄断了橡胶的开采权）。一年多以前我们所看到的"橡胶"战，再次提醒我们这些矛盾将向何处发展。英美这些矛盾在亚洲大陆上也显得相当激烈。在那里，美国帝国主义不得不在中国市场上同英国进行一对一的经济斗争，这也是决定美帝国主义政策的首要因素。这个因素驱使美国将来在太平洋上走向与英国的武装冲突。可以断言，就像1914年世界大战是由英德竞争所引起的那样，未来的世界大战必不可避免地将因美英争夺世界霸权而爆发。这种前景在下述两种条件下才是不现实的：如果这两个国家的无产阶级革命发生在两国武装冲突爆发之前；如果大英帝国瓦解的过程比以前快得多，同时英国退居次要地位，让位于另一个新兴的欧洲强国，或者苟延残喘，徒具虚名。

美帝国主义的"欧洲"政策要复杂得多。美国离欧洲太远,以致在现阶段不能妄想直接干涉欧洲事务。甚至在亚洲与日本的角逐中,它还要力求借助第三国来采取行动,在欧洲就更是如此了。在对待欧洲方面,美帝国主义在本世纪内,愿意而且将要起英国在19世纪对欧洲大陆所起过的那种作用。美国将利用欧洲的矛盾,轮流地使这个或那个资产阶级国家或集团成为它的政策的工具。至今,英国在一定程度上就是美国政策的工具,但不排除美国利用现在的法德接近来反对英国的可能性。美国需要在欧洲寻找第三大国来推行自己的计划,这种必要性恰恰是至今"英美合作"的原因。这是美帝国主义政策的第二副"欧洲"面目。那些把英美关系的这个方面过分突出的同志,像拉狄克同志那样,犯了把这些关系过分"欧洲化"的错误。毫无疑问,英美资本在欧洲的"合作",不能不影响英美两国在世界其他各地的关系。但据此作出结论,说这种合作是长期性的,并认为合作是英美相互关系的决定性因素,那就意味着迷失方向,走上庸俗的和平主义道路。美国的"欧洲和平主义"是一种临时性的政策,它是由于美国还没有准备好直接干预欧洲事务而决定的。这种"和平主义"只是暂时局限于经济扩张,它并不是什么新奇的东西,因为在外交史上这种"爱好和平"的例子是屡见不鲜的。

美国的对华政策

美帝国主义准备在太平洋上进行争夺的全部历史证明,它绝不是爱好和平的。然而,即便在这里,美帝国主义的进攻也是采取特殊的形式的。它的海军力量和海岸工事的军事战略状况,使它暂且只能进行防御战。在它的太平洋沿岸,从最重要的海军基地帕吉特海峡到边界要塞圣地亚哥,集结了一系列海军基地,其中有最主要的港口旧金山。这些工事和基地保护美国免遭来自太平洋的攻击。然而美国海军的进攻能力却差得多。现代的海战,为了顺利地展开海上行动,要求作战舰队的海军基地彼此相距不得超过500里。虽然美国在太平洋上拥有菲律宾、珍珠港这样一些海军基地,可是这些基地彼此相距甚远,不能保证美国舰队的战斗力。只要指出菲律宾离旧金山7000海里;珍珠港离旧金山2100海里,离菲律宾4800海里,就足够清楚了。更何况军事行动一开始,日本就将迅速占领邻近亚洲大陆的菲律宾,这已是人所共知的了。而且人们还都知道,这种占领将是日本海军的第一个战斗任务,在这个问题上,就是美国本身也不存任何幻想。况且,从日本海的北部入口直到中国东海南部这一海上战略战线上,日本的力量几乎是无比强大的。但是日本的侧翼防御却差得多。美国参谋部正在制定一个在进行海战的同时借用陆军从陆地进攻日本的方案。这种在陆地战队协助下的进攻,在理论上可以沿两个方向进行:1. 沿北线——从阿拉斯加经堪察加到鄂霍茨克海南部,直到阿穆尔河口,再推进到阿穆尔省和北满;2. 沿南线——陆战队在中国南海沿岸(法属印度支那)登陆,然后推进到华南和华中。但这两种计划都有巨大的困难,运兵的船要冒着被击沉的巨大危险,等等。正是美帝国主义经济上的侵略角色同其军事战略手段之间的矛盾,决定了美国对中国的立场。美国感兴趣的是,在东亚建立一个比较强大的国家,使它能与日本争夺远东亚洲民族的统治权。这个国家应当强大到足以从后方威胁日本,同时又应该软弱到亦步趋地追随美帝国主义。美国在今日中国军事斗争中的"中立"观望态度就是由此产生的。万不得已时,美国甚至准备容忍广州政府的胜利,因为讲究实际的美国佬纯粹从实用的观点来估价中国革命的前景。当武装斗争结束后,中国将统一起来,并进入建设时期。那时唯一能真诚帮助中国复兴经济的国家,就是苏联。但美国人预计,苏联在很长一段时间内,还没有力量在经济领域给中国的劳动群众以有效的帮助。美帝国主义者认为,那时候才是他们真正的好时机。工农中国因迫于形势,将不得不实行"美国的新经济政策",这样就可以徒手拿下中国了。美帝国主义从经济上在中国站稳脚跟之后,就比较容易摧毁日本的霸权和它控制太平洋远东沿岸的野心。只有在这种经济控制之下,中国才能成为美国对日战争中的战略基地。

因此,与英国人粗野僵硬的政策相反,现在美帝国主义宁愿在中国表现出文雅的姿态。不错,它宁愿把美国因义和团起义而获得的那部分数量不多的赔款用于中国本身的"文化教育"工作。它把美国的教会团体当做宣传和传播自己的影响的大军。它努力吸引中国资产阶级青年到美国大学学习,因为它知道,这些人将来可以被用作美国对华扩张的代理人。凡此种种,不过是为一桩有利可图的生意预付的资本,其利息以后要由劳动群众来偿还。美国政策的目的就在于此。就这个问题同美国侵略主义者进行辩论,未必是适当的。列宁曾经为俄国革命提出"谁战胜谁"的问题,这对于中国的劳动群众并非无益的空话。中国革命胜利后的第二天,就会被人暗算,这个危险是很大的,就像目前中国在错综复杂的国际困境中所面临的危险一样。美帝国主义是中国劳动群众最凶恶、最狡猾、最强大的敌人。如果中国革命沿着资产阶级道路发展,那么民族革命的结果,中国也会出现那种与美帝国主义相联系的"资产阶级民主"。但是,美帝国主义推算了,也不能不失算,因为它看不到中国在亚洲和太平洋地区必然要起的那种历史性的作用。迄今为止,日本一直企图把一个模糊不清的泛亚洲运动抓在手中,使它具有狭隘的种族性质,成为日本帝国主义的工具。但是在中国革命沿工农路线取得胜利之后,这个运动就必定要改变自己的面貌,它将转变为受世界帝国主义压迫的亚洲各国摆脱帝国主义枷锁的伟大运动。这一任务,不是那个与白种人的帝国主义分子一道积极参加镇压1900年中国义和团运动的日本所能承担的。这个任务,只有革命的中国才能担当起来。亚洲各国人民的这一运动，同样也是反对英、美、日帝国主义的。与此同时，解放了的中国将成为一个中立、吸引着居住在菲律宾、印度尼西亚和太平洋上无数岛屿上的所有黄种人民族。中国将成为伟大的太平洋强国，威胁着三大洲的资本主义世界。它的道路将不可避免地要与美帝国主义的道路发生冲突，因为中国向太平洋大量移民的问题，比日本还尖锐。但中国并不使用剑与火在太平洋的岛民中间实现这个任务。这个任务同时也将是当地人民革命化的过程。但是当前的主要关键问题不在这里。国民党面临的主要任务是，如何利用列强围绕中国所产生的矛盾，以推进中国的革命事业，而美国的立场使我们有更大的机动性，美帝国主义的计划在经济上和军事战略上对日本是极大的威胁。

日本的对华政策

美国渗入中国，这是日本帝国主义能否继续生存的问题，是它的生死攸关的问题。正是这种威胁能够加速美日之间在太平洋上的军事冲突。对日本来说，中国是提供丰富原料的巨大宝库，是日本资本输出的场所。满洲对日本尤为重要，因为它是日本资本渗透的主要舞台。日本自己没有铁矿，它的全部军火工业在很大程度上依赖中国。日本的铁矿开采量只占全世界的0.1%，它从中国运进所需铁的40%左右，其余部分从美国和英国进口。它有一支强大的舰队、优越的帝国主义陆军，然而若把它与中国切断，这就是使它失掉了一个钢铁供应来源，使它更加依赖那些它将不得不与之作战的资本主义国家，这将意味着夺去日本帝国主义的钢铁支柱。因此，在从中国输入铁的同时，日本资本竭力加紧向中国冶金工业中心山东省，部分地也向汉口渗透，把绝大部分钢铁企业据为己有。今年夏天，美国报纸《纽约美国人日报》公布了一份轰动一时的文件。这是日本参谋本部关于日本在美国对日宣战时所采取的准备措施问题的秘密报告。这份文件是6月6日登在美国报纸上的，如果我们的报告不受篇幅的限制，是值得将这个文件全文转述的。这份文件清晰地揭示出，中国特别是满洲作为战时日本供应基地的重要意义。它的实质可以归结为以下四点：1. 单是榨取满洲和一部分朝鲜的丰富的天然资源（铁、煤、石油、食品），就能使日本以适当方式组织防御；2. 为了运输这些原料，必须修建贯穿满洲和朝鲜的广大的铁路网；3. 确保朝鲜海峡和日本海的航行自由；4. 日本推行对华"亲善政策"是合理的，以便于实行日本的开发计划。中国在输出煤炭方面所起的作用，对日本也很重要。例如从中国和关东州运进的煤炭，占日本全部进口煤炭的80%。棉花也是一样，因为日本想使纺织工业摆脱对美国的依赖。日本集中掌握了中国全部纺织工业的1/3以上，而英国资本只掌握纺织工厂的5%。然而这些数字还不能表示全部情况，因为日本趁中国纺织工业发生危机，收买了很大一部分纺织企业，表面上打着"中国"公司的字号。日本的铁路投资，现在占第一位。在银行业，日本虽然没有像汇丰银行那样能够解决一切货币问题的大银行，但是日本资本仍可依靠31家较小银行的支持。最近几年，特别在香港事件之后，日本对中国的渗透更加增强了。只需指出下面一点就够了：1926年头4个月，日本同中国的贸易顺差，与上一年同期相比增长了一倍。由于中国的廉价劳动力，在华日本纺织工业企业家的利润，达到了简直是骇人听闻的数目。例如，有些日本在华的纺织企业付给股东150%的红利。日本在中国的军事战略利益和经济利益太大了，它不能允许美国计划的实现。因此，对于中国劳动群众来说，可以得出三个结论：第一，现在就要考虑到，如果美国人进一步渗入中国，日本可能发动先发制人的战争，时间要比日本和美国军事文献中一般指出的早得多，尤其是如果日本能保证英国在战争中保持中立的话；第二，如果这场太平洋战争爆发在中国统一之前，日本帝国主义就将凶残地试图占领中国，以便维护本国最紧要的国防和工业的命脉；第三，日本预见到未来的太平洋战争，很关心同中国保持友好关系，这对国民党当前的对外政策具有最现实的意义。可以预言，如果广州政府借助于北伐不仅能扩大，而且能够巩固自己的影响，那么日本将转而采取仿佛是"防御"性的对华政策。它宁肯利用张作霖控制华北，也不愿冒风险引起愈来愈广泛的中国民众的反对。这种前景是决不能排除的，前不久日本政府照会广州政府提出了众所周知的4个问题，至少可以证明这一点。日本询问广州政府是否打算将革命输出到其他国家，是否打算在中国建立共产主义制度等等。这一类问题，如果不是为了掩盖日本已放弃旧的对华政策，那至少也证明日本外交太幼稚了。自从香港罢工之后，日本人实际上已经与英国对华的粗暴的掠夺政策分道扬镳了，让英国人去独自遭受中国民族革命运动的打击。日本在国民党右翼中希望利用种族的接近得到同情，以利于更紧密的联合，这种情况在促使日本"**事实上**"承认广州政府方面也起了作用。别外，日本人不会不明白这种情况，即中国的经济复兴，将在若干年内为日本工业开辟推销商品的广泛可能性。第一，中国市场离日本最近；第二，日本商人比其他人更熟悉中国市场；第三，日本商品价格低廉，最适合购买力较低的中国居民。

  日本政策的这种重新调整对英帝国主义是什么预兆呢？预示它将完全陷于孤立。不久前，在万县惨案之后，英国人纠集3个太平洋强国进行共同干涉的企图，遭到了失败。这次失败提醒英帝国主义，镇压义和团的时代已经一去不复返了。不可一世的英国殖民主义者统治中国的那些办法和那些不平等条约，如1856年《南京条约》、《天津条约》和1860年《北京条约》——英国借助于这些条约取得了一系列特权，用以代替向中国索取的赔款——都应送到大英博物馆的档案室了。如果英国不想丢掉它在远东占领的阵地，它就得跟上时代的步伐。甚至连《晨邮报》这类保守党的报纸，似乎也都开始了解这一点了。最近一个时期,在英国越来越频繁地发出了必须改变对华政策的方针的呼声。英帝国主义在中国已经是只落水狗了;它夹着尾巴,东张西望,看能否在退却时把偷得的那一块肉带走。中国革命的任务,就是痛打这只奸狡作恶的狗。英帝国主义是中国革命不共戴天的死敌。美国和日本还没有统治过亚洲,它们只是出示了帝国主义统治权证件的两个强国。英国已经是应当从亚洲大陆上它所建立的堡垒中被逐出去的"亚洲"国家了。亚洲劳动群众反对英国强盗的这场斗争,也是能够加速太平洋上发生流血结局的因素之一。资本主义的英国,今天在中国已经受到美国和日本的排斥,忐忑不安地注视着美国可能在明天把势力扩展到印度,因此,它可能慌忙地借别人之手试图挑起战争。英国签订华盛顿协议以后,紧接着就建立并巩固了新加坡基地,这证明,英国海军总部决不排除目前争夺亚洲、中国和太平洋这种斗争结局。英国政府打算花费大约950万英镑来建立这个基地。据《泰晤士报》报道,这个基地现在正在加紧施工中,掘土机正在工作,楼房雨后春笋般地建起来,铁路网在铺设中,巨大的石油站已经建成。这个基地的大炮炮口对准何处呢?首先是对准日本,但我们感到更为关切的,是指向革命的中国。我们承认,我们对这一事实的意义估计不足。不然,所有国家的共产党报刊,首先是英国的同志们,就该对这一事件敲起警钟。而我们直到现在,仿佛还没有看到这一点,但是英国的海军部并不满足于一个新加坡基地,英国海军部早就醉心于在澳大利亚北部沿岸达尔文港建立海军基地这样一个计划,以便保卫澳大利亚和新西兰。后来,由于1914年至1918年大战的结果,英国人抢占了德国殖民地俾斯麦群岛之后,又提出在德国人已经建成的拉包尔城和布兰奇海湾建立新的海军基地的问题。这个基地所处的要冲地位,不论是达尔文港,还是其他任何一个澳大利亚的基地,都是无法与之相比的。布兰奇海湾的基地有可能成为太平洋心脏地区的新马耳他岛。华盛顿会议禁止英国人修建这个最新的基地,可是华盛顿协议到1931年即将期满。将来会证明，太平洋上这些有系统的作战准备将是怎样的结局。这是很难预言的，尤其是在太平洋沿岸存在着这种盘根错节关系的时候。不过，可以有相当把握地预见到太平洋冲突发展中的两个阶段。第一个阶段是美国反对日本的斗争，英国在华盛顿会议上虽然断绝了与日本的同盟关系，但它并未与美国结成联盟，它没有束缚自己的手脚，只是约定在太平洋出现麻烦时，召开签订华盛顿协议的四大国的预备会议，以调解冲突。英国的这一立场，使它在发生战争时有可能根据情况运用和选择自己的方针。一方面，这是高价出卖中立地位的仲裁者的角色；另一方面，这是挑唆他人投入战争的挑拨者的角色，以便在敌对双方精疲力竭时坐享胜利的果实。而华盛顿协议又使英国在美日爆发战争时，既有可能保持中立，也有可能站在美国一边或日本一边，参加战争，从现在的力量部署来看，第三种可能性最小。现在很清楚，英国如果参加到日本这一边，第一个后果就是加拿大、澳大利亚和新西兰脱离出去。对于这些自治领来说，日本在太平洋上的霸权意味着使它们经常受到日本进攻的威胁。如果说加拿大、澳大利亚和新西兰现在觉得自己和宗主国息息相关，那只是因为英国能保护他们免受外来的侵犯。因此，在太平洋矛盾的现阶段，自治领问题是一个重要因素，一旦美日开战，它将把英国推到与美国实行军事合作的方面。

因此，实行英美共同攻击日本的政策，可能性最大。英国对于排除日本在远东、首先在中国的竞争，其关心程度并不亚于美国。只有一种情况能使英国与日本结成军事同盟，共同进行斗争，那就是，如果自治领脱离的过程走得太远，以致威胁到英帝国的生存。那时，英帝国主义没有别的办法，只好孤注一掷，以求继续生存了。美国对英国的这种处境，是了如指掌的。美国把新加坡基地看做是英美舰队来反对日本的共同行动的基地。另一个使英国不大可能站在日本方面的原因是，英国有保卫太平洋上的自己领地的战略需要。任何冲突，甚至日本同法国或荷兰的冲突,都会对英国的太平洋领地造成威胁。英国需要使南中国海到印度洋这条大航道自由通航。为此目的,英国对婆罗洲的西北部建立了保护制度。任何时候英国都不会容忍日本人在菲律宾或印度支那扎下根,因为这对它的新加坡基地是个致命的威胁。其次,英国极欲控制巽他海,因为它是连接澳大利亚的新西兰两岛之间的走廊。日本在这里的扩张,构成了对澳大利亚、新西兰和大洋洲各群岛的直接威胁。英国有可能被赶出太平洋,但在太平洋冲突的第一阶段,尤其在整个战役的开端,英国保持中立的可能性更大。英国不会在战争的第一天就参战,它觊觎美国在1914年至1918年的世界大战中的地位。英国政府的内部困难决定了英国要采取这种立场,英国是个正在遭受社会革命打击的国家,因而在投入军事冒险之前,英国统治阶级不能不思虑再三。

武装冲突的第二阶段,将围绕着瓜分日本遗留财产以及美英在亚洲划分势力范围和争夺自治领的斗争而激烈起来。资本主义世界敢不敢冒险投入这场新的血战?劳动群众对帝国主义大战的灾难还记忆犹新,资本主义世界面对劳动群众的情绪,是否会止步不前?毫无疑问,对革命震动的恐惧心,束缚着现今的资本主义政府,但是太平洋的冲突,尤其在第一阶段,对于我们共产党人来说更为危险,因为它将在远离欧洲的地区激烈地展开。参战者将是1914年至1918年帝国主义搏斗中受害最小的国家。死在法国战场上的5万名美国士兵,与欧洲各国人民遭受的那些牺牲相比,简直是个微不足道的数字。战争只是从远处触及了美国和日本,它们参战的时候,战争已接近胜利了。共产国际是世界性的党,它既不无视自己的弱点,也不无视自己的错误,它应该事先预见到这种危险并发出警告。英国的罢工已经暴露了我们的弱点。如果欧洲无产阶级对于像英国总罢工或矿工罢工这样的事件都缺乏强烈的反应,那么试问,一旦发生新的战争,当群众的行动环境变得复杂得多和困难得多的时候,我们是否已做好准备去进行广泛的群众性的反击呢?在这时候，一项责任特别重大的任务，将落在我们远东的年轻的共产党，特别是中国同志身上。现在他们就应该清楚地预料到太平洋的帝国主义集团在中国革命胜利前进的道路上设下的那些圈套。同志们，你们一定会胜利，整个国际形势证明了这一点。但是，即使你们统一了中国之后，你们也应该知道，帝国主义匪帮将通知他们安插在你们国土内和你们边境上的人来进行太平洋斗争的排练，或者更确切些说，进行一系列的这种排练。资本主义世界在投入太平洋的无底深渊之前，显然企图要与中国较量一番。已取得胜利的广州政府，由于有农民群众的支持而坚强有力，在将来也一定能够挫败这种企图。

革命的中国已成为远东政治的积极因素，在与苏联的联合中，能够成为远东最大的和平因素。在太平洋战争中有40000万人民做后盾的中国，它在这场战争中的立场，是帝国主义政府无法消除的重大障碍，尽管它们已考虑到武装冲突的各种可能性。第二国际在1914年帝国主义战争时未能做到的事情，组成工农国家的中国劳动群众却有可能做到。中国革命的伟大意义，就在于觉醒了的、站起来了的中国所起的这种历史作用。它有我们苏联做的苏维埃后方，把自己的命运与我国劳动群众的十月革命联系起来，沿着工农道路前进。革命的中国，与世界无产阶级及其先锋队——世界共产党联合起来，能够而且必定成为和平的哨兵和反对太平洋上帝国主义战争的斗士。

（会议休会）

第十二次会议

（1927年11月30日）

主席：贝尔奇

主席贝尔奇：

由军事工程学校的拉兹贡同志致贺词。

军事工程学校的贺词

同志们，当我们红军在前线作战的时候，就听到其他国家工人同情我们的斗争，支援我们的斗争的消息。这使我们的战斗队伍更加巩固和团结，并帮助我们去夺取胜利。红军从建军的第一天起，就认为自己是世界无产阶级的军队，红军认为自己是全世界战斗的无产者的武装部队。同志们，我们红军的每一个战士、每一个指挥官、每一个政工干部，都具有这种精神和这种观点的素养。

我所代表的学校，特别同共产国际密切相关。共产国际的光荣称号就是我们学校的崇高的校名。我受学校的委托，代表全校所有人员：400名学员，200名红军战士和200名长期工作人员，向我们思想上的名誉领导——共产国际致以热烈的红军的敬礼。（鼓掌）

共产国际万岁！

世界革命万岁！

共产国际的首脑，共产国际执行委员会万岁！（鼓掌）

主席：

由福尼科夫同志宣读祝词。

福尼科夫（苏联）：

我们学校的学员、战士和指挥官等全校人员委托我们代表团，向共产主义运动的参谋部、世界革命的参谋部、共产国际的全体会议表示祝贺。请允许我向全会致以学员的敬礼，并预祝共产国际全体会议的工作取得成果。不久前，我们度过了十月革命的九周年。在十月革命的烈火与风暴中，同我们一起欢度节日的还有世界的工人和农民。在这个十月革命的烈火与风暴中，诞生了强大的红军。它经受了国内战争极其艰巨的战斗。我们的学校是红军总链条中的一个环节，我们的学校是一个战斗单位，为工农红军培养指挥官。我们时刻都不会忘记我们的基本任务——就像过去至今红军的任务一样，要永远成为全世界工人阶级和农民的红色军队。过去我们靠它取得了胜利，将来我们还靠它夺取新的胜利。红军年年都吸收新的后备指挥官，这些指挥官都是工农红军完全可以信赖的领导人和战士，因为有我们党的坚强的思想领导和共产国际的思想领导，请共产国际全会相信，我们将一如既往地顽强地工作，扎实地工作，巩固红军的战斗威力，年复一年地给红军队伍输送优秀的战士、优秀的领导人。

世界革命的参谋部共产国际万岁！

世界革命万岁！（鼓掌）

主席： 由**塞马尔**同志致答谢词。

向军事工程学校致答谢词

同志们！共产国际执委会向共产国际军事工程学校的代表们表示欢迎。我们请学校的代表们向学员们转致共产国际各个支部代表们的共产主义敬礼。

在俄国推翻了资本主义之后，最重要的任务就是保卫革命不受一切敌人的侵害。

巩固红军的工作，就属于这样的任务。我们向工程师同志们致敬，他们为了加强红军的事业，用保卫无产阶级革命及其最后的胜利而贡献出了自己全部的才华。

同志们，我们知道，军队、军事工程师以及苏联的民用工程师和工人群众，有能力发展经济，并在苏联建成社会主义。

我们认为，只能靠工程师和军事工程师、工人、农民和全体劳动群众的通力合作才能取得胜利。我们相信红军将是保卫革命成果的先锋队。

执委会向你们致以兄弟般的敬礼同时高呼：

工人和农民万岁！

为革命胜利而斗争的共产国际学校的军事工程师们万岁！

国际革命的胜利万岁！

主席：

现在讨论中国问题。第一个发言的是邓肯同志。

讨论中国问题

邓肯（美国）：

同志们，列宁曾教导工人阶级的革命先锋队说，世界并不只限于一个西欧，它还包括广大的亚洲和非洲大陆。叛徒考茨基把共产国际称做"亚洲的"社会主义国际，这不是偶然的。共产国际是全世界和各大洲的革命工人党的联合组织。

中国最近的事态向我们证明，列宁的学说具有多么伟大的意义。他曾提请欧洲的工人注意这种情况，即在不久的将来，亚洲在工人革命运动中将起到举足轻重的作用。我们回顾一下过去，想一想3/4世纪以前的情况。1849年，在美国太平洋沿岸的加利福尼亚州发现大金矿以后，卡尔·马克思曾经指出，这不可避免地将把美国的目标引向太平洋，并导致争夺太平洋霸权的大规模斗争。当时还不可能准确地预见到这场斗争的起始点。但是现在，我们是这些事件的见证人，并且看到资本主义国家的国际斗争正在转移到太平洋沿岸。

现在，当中国革命的事态展现在我们面前时，甚至很难看清楚，国际革命在这方面怎么发展得如此迅速，随着革命事态的发展。美国竭力摆出一副中国人民和中国人民革命的朋友的姿态。同志们，在这次全会上，针对美国政府这个全世界的庞然大物力图装扮成中国革命的朋友这种情况，我们美国代表团一再提醒大家注意它的虚伪性和危险性。我们这样提醒你们，也许是有点过分主观，但我们相信你们对此是会持宽容态度的。我们美国代表请你们永远不要忘记，美国政府、美国资本主义是中国革命和世界革命的所有敌人中最残暴、最危险、最强大、最毒辣和狡猾的敌人。我们要提醒你们，推翻美国政府，归根结底将成为无产阶级和殖民地人民世界革命的主要任务。

我想强调的是，美国特别适合于扮演最可怕的怪物的角色。扮演用剑与火镇压革命，尤其是镇压中国革命的最强有力的压迫者的角色。我之所以要强调指出这一点，是因为你们这些同志们，不像我们生活在这个庞大的资产阶级共和国，所谓的共和国内的人，是非常清楚地了解美国的作用的。我要向你们指出，美国有一种独特的文化，如同美国有人说的，它帮助政府扮演"白人文明冠军"的角色。在拥有 1200 万黑人的美国，存在着一种所谓"白人优越"论。当然，我们大家都知道，基本的问题不在种族差别方面。我们知道还有其他问题，还有更重要的问题。不过，培养种族"优越"感毕竟是帝国主义的最强有力的武器，尤其是当亚洲各国人民与所谓白种人的国家之间，更准确地说，与帝国主义国家和资本主义国家之间发生冲突的时候。

美国有一家好战的资本主义报纸，天天公开谈论美国资本主义征服亚洲的问题。这家报纸公开宣传来自"黑种人、黄种人和红种人"的危险。当然，他们把"黄种人"（他们这样称呼东亚的人民）同"红色分子"即全世界革命的工人阶级联系在一起。这也完全合乎逻辑，如果我们真的能把这两种力量联合起来，那我们将可以引为自豪。美国自以为有高度发达的文化，可以在亚洲特别是在中国的血腥战争中起领导作用，我们在美国还看到，高度发达的文化与精神领域和社会领域中的最低级文化混杂在一起。我们观察到美国民主的最伪善形式，它在一切重要问题上为资产阶级专政提供了充分的行动自由，我们那里的民主，比任何一个资本主义专政的国家更徒有虚名，更卑鄙可耻。而且，与此同时，美国工人运动怀有最反动的帝国主义心理，美国的工会官僚们是为美帝国主义效劳的最忠实的奴仆，他们往往比资产阶级许多卧底还反动，尤其是在有关帝国主义的问题上。所有这一切表明，美国是最危险的敌人。我们和你们应当在解放工人和殖民地人民的过程中消灭它。

中国革命的发展速度如此之快，因此我们应当集中全部力量为中国共产主义运动制定正确的策略和斗争形式,我们认为,中国共产党的基本的、最大的任务,无疑是保证无产阶级分子在中国革命中掌握领导权。我们认为,中国党必须遵循的策略是,确保在斗争中把一切反抗帝国主义势力的革命力量团结在一起。我们认为,中国共产党人,我们共产国际的同志们,在过去犯了很大的错误。所以,我们应该公开谈谈我们在农民问题上的错误。从整个讨论中看得很清楚,中国同志过去总是对于组织大规模强有力的农民运动支持当前中国革命的必要性估计不足。改正这些错误的根本办法——我完全相信你们,中国同志们,在全会之后一定能运用它——就是回到中国以后,要大力加强你们在农民中间的活动。因为,你们如果能把广大群众团结在自己的周围,你们就一定能够把帝国主义分子赶出亚洲。同志们,在你们与帝国主义列强的斗争中,你们应当记住,同帝国主义分子谈话只能用两种语言:一种是美元,另一种是利刃。美元引诱他们去中国,利刃则把他们从那儿赶走。中国同志时刻不要忘记我们俄国同志在自己的斗争中已完全揭示出其意义的那种事实,即共产党人的主要活动领域是掌握武装力量,而武装力量必须服从革命领袖的领导,军队就是用枪支武装起来的人们。他们所执行的是关系到革命命运的任务,在革命尚未掌握武装力量之前,其他一切领域的任何工作都是毫无意义的。中国共产党应该尽一切力量,把中国的大量武装力量吸引到自己一边来。要采取宣传鼓动形式进行基本的共产主义革命教育,以此来影响武装力量,使其自觉地站到革命方面来。同志们,正如我们共产国际在斗争的其他成千上万条教训一样,由此势必得出一个结论:必须进行青年工作,因为军队就意味着青年,青年也意味着军队。中国同志不应忘记本国的青年,他们一定能使中国革命军无往而不胜,消灭其敌人美帝国主义者;他们定将把美国国旗、英国国旗和其他帝国主义列强的国旗踩在脚下,把这些国旗从中国扔出去;他们定会把这个伟大的国家与苏联这个先锋队和争取国际革命胜利的共同领导者联合起来。

片山潜（日本）：

我们很有兴趣地听取了谭平山同志的报告，并且阅读了他的书面报告。现在中国革命已经是强大的力量，它在农民起义中显示了奇迹。现在中国人民充满了革命精神，中国人民的革命情绪十分高涨。

听了谭平山同志的报告，我们确信，纵有千难万险，中国革命最终一定胜利。我们亲眼看到，从去年5月30日起中国革命已有多大的进展，几个月以前，广州军出师北伐时，许多人还怀疑它的力量，但现在，它几乎经济控制了中国华中各省。广州军已成长为一支强大的力量，军阀一个接着一个地从四面八方向它靠拢。它成功的原因就在于它是仿效苏联红军组建起来的，它是一支劲旅，甚至赢得了它的敌人的尊敬，敌人害怕广州军，因为中国的革命军根本不同于反动军阀的军队。

从谭平山同志的报告中我们看到，广州军在国内外有那么多的敌人。

虽然英帝国主义在中国顽强挣扎，但是现在，英国要组织武装干涉，几乎没有任何希望了。英国在中国的实力正在走下坡路，英帝国主义在中国急剧衰弱。但是日本帝国主义却对中国步步紧逼，日本对满蒙野心勃勃，现在甚至企图加强它在这两个地区的经济基地。日本资本家在满洲刚刚建立了一个资金为一亿日元的银行，由于对中国的经济渗透，日本不会不战而退出中国。这对中国的革命运动来说，是个重大的因素，也是个严重的威胁。

美国的情况也是这样。美国资本主义对待中国多少总有些善意，但是万能的金元政策对中国的革命运动却不可能是善意的。

中国共产党的任务是艰巨的，它应当渗透到国民党中去，以便把它转变为真正群众性的革命政党，它应该自下而上地影响国民党，始终保持同国民党的统一战线，组成一个革命的政府。国民党，即广州革命军，不难往前推进，并在北京建立革命政府。然而，为此目的，它首先必须在华中、在长江流域巩固下来。

此外，活动遍及全国的中国共产党，应当到处组织革命力量。在中国，各种人物和势力相互敌对。当然，小资产阶级、工人和农民各有各的利益，而民族革命则必须进行到底。为此，中国共产党应该把小资产阶级跟工农团结在一起，应当在打倒军阀和打倒帝国主义的口号下，把这些革命力量吸引过去，参加反对军阀和外国帝国主义分子的斗争，为了完成民族革命的事业，我们绝对需要联合并巩固这些革命力量。外国资本家将来一定会试图与中国革命公开较量，现在他们依靠的是反动军阀，他们已经看到自己在中国各地受到革命力量的反对，因而正在制定反对革命的统一进攻计划，共产党应当做好准备对付这种进攻。这是一项巨大而艰难的任务，为此，必须加强中国人民的一切革命力量。

我来举几个事实。诸位知道，中国农民很穷，没有知识，他们像千百万中国工人和手工业者一样，备受压迫和剥削。所有这些居民阶层之所以受压迫受剥削，是因为工业大革命，造成国内各地洋货泛滥，因为中国被当作倾销市场了。不过，同志们，中国的工农虽受压迫，但他们在历史悠久的工业部门和手工业中有组织良好的行会。欧洲在中世纪也有过这种行会组织，它们受国王和公爵的保护，势力很大。但中国的行会却有更大的作用，因为它们是民主的，常常与官府进行斗争。中国有许多行会是秘密组织，其成员要遵守极为严格的纪律。在北京，这种行会很多，就连送水工人也有强大的行会。会员们很有组织，也很有纪律。正因为有这些组织，中国工人才能够顽强地与外国帝国主义分子进行斗争，他们已经进行过一系列大规模的罢工。1922年香港海员罢工，1923年京汉铁路罢工，去年上海罢工，给香港商业以致命打击的省港大罢工。中国人民甚至连苦力都经过长期斗争的严格训练。中国工人，由于分散在各个不同的行会组织中,所以力量薄弱,但是只要中国共产党训练和培养他们,在与帝国主义和外国资本主义的斗争中,他们就将成为强大的革命力量。到那时,我们的未来便有了保证。新工业部门的工人,在同上海、广州、香港的外国资本主义的斗争中获得了经验,也加强了自己的力量。中国共产党应该充分地利用他们,为了与外国资本主义作斗争,应该巩固和组织中国的革命力量,并在共产国际各支部的支援下进行这一工作。列宁同志说过,已经获得解放的和正在进行革命的工人,应该大力支援其他国家的革命运动。共产国际各支部将遵循列宁的遗训,竭尽全力帮助中国共产党在反对剥削者的斗争中加强自己。俄国的工人和农民目前正同在中国、英国和其他各国的帝国主义作斗争。共产国际面临着光辉的未来。在共产国际和列宁主义的旗帜下,我们将从胜利走向胜利。

埃贝莱因(德国):

德国共产党,还有同它在一起的全体德国工人,怀着极大的兴趣,欢欣鼓舞地注视着中国革命的发展进程。虽然我们现在讨论的是中国革命问题,我们认为,在详细讨论中国形势和中国共产党的任务之后,我们还应当考虑各国工人面临的任务。由于帝国主义的发展及其组织干涉中国的种种企图,这些任务可能在这个国家的事态中起重要的作用。我的任务是,简单谈谈德国对中国人民和中国革命的态度。应该说,最后两年,德帝国主义、德国政府对中国的态度发生了很大的变化。在世界大战中败北、身负凡尔赛和约重累的德国资产阶级,过去曾试图采取亲东方的政策,那时它对中国所持的态度也与现今不同。但在德国资产阶级放弃了所谓亲东方方针之后,它向西来了一个一百八十度的大转弯。现在,在转向西方后,加入了国际联盟,用签订各种条约的办法归附于协约国,受协约国摆布。于是,德国政府对中国采取了和以前不同的态度。我们应当把这种态度同德国资产阶级的全部现行对外政策联系起来。我说过，态度的变化表现在加入国际联盟这件事上。表现在同帝国主义国家建立更紧密接触的实际情况上，同时也表现在由此而产生的德国资产阶级对占有殖民地或对殖民地统治的向往上——这种变化产生了对东方的新态度，这种态度是怎样的呢？

  我们怀疑，中国人民对德国资产阶级和德国政府会有多少的好感。中国人民至今大概还记得，半疯的威廉二世镇压义和团时那番不可饶恕"中国匈奴"的讲话。中国人民还没有忘记这段历史。正是那个时候，帝国主义国家用一切正当和不正当的手段，获取了各种特权和专利，根据凡尔赛和约，德国不得不放弃一些特权。在凡尔赛和约之后，当1924年德国与中国签订协约时，由于缔约双方形式上是平等的，德国又放弃了其余特权，如领事裁判权等，即凡尔赛和约没有废除的那些特权。这种立场是由德国政府当时的处境，德国资产阶级没有可能、也没有打算与帝国主义列强联合，因而也不能指望实现其帝国主义的野心这一事实所决定的。但是，在德国政府的外交地位改变之后，特别是在华盛顿召开的讨论中国问题的协约国会议之后，德国政府——未被允许出席会议，**只是事后承认了华盛顿协议**——就把签订协议时**对中国人许下的诺言一笔勾销**，重新攫取了镇压义和团以后所获得的特权，只是凡尔赛和约被取消的特权除外。这样，德国政府的政策就彻底转变，调整同中国勉强过得去的相互关系的念头也打消了。自从德国资产阶级再次实行明显的帝国主义意图时起，德国政府对华政策的这种转变就越来越明显了。当时值得注意的是，德国政府的有关声明，德国社会民主党既未抵抗，也没有对德国攫取已放弃的在华特权表示谴责。相反，德国社会民主党千方百计地支持德国政府在这些措施中所体现的德国资产阶级的帝国主义野心。它非但没有同全体工人阶级一起反对这些做法，反而纵容帝国主义的欲望，把自己的全部仇恨和敌意都转向苏维埃政权这个自愿放弃在义和团起义后在中国获得一切特权的世界上第一个工农国家。

中国立即对德国政府这种背信弃义的行为表示抗议,但德国政府的所作所为,从那时起越来越清楚地表明,德国资产阶级旧帝国主义意图愈来愈强烈。当然,帝国主义分子的对华措施已不同于义和团起义时期。如果说,帝国主义列强武装干涉中国的可能性尚未排除,那种可能性至少已经很小了。其实,帝国主义也无需这样做,他们在中国的活动已完全改为新的方式。首先是极力支持中国本国资产阶级的资本主义倾向和资本主义利益,他们支持大资产阶级和大地主,尤其是支持中国军阀,给他们武器和装备,提供教官和物质援助。在这方面,德国也不例外。

这就是帝国主义者现在所采取的新方法。在这方面,德国资产阶级其他国家的资本家和帝国主义分子,不管是英国的、美国的或法国的,都没有丝毫差别。我要强调指出这一点,因为我们看见德国商人,帝国主义者的代理人,潮水般涌入中国。这些德国帝国主义者的代表,从中国回来后在德国报纸上声称,中国伸开两臂欢迎他们,任何国家的商人都没有像德国商人那样,受到中国人的爱戴。

我们应当告诉中国同志们,如果中国的居民对德国商人真的有好感,那就大错特错,而且是很危险的。我们可以向中国兄弟保证,德国主义分子和德国商人,跟英、法、美之流一样,都是骗子,他们也完全像其他人一样,会活剥中国人的皮。

这里又发现了他们玩弄的新招术。几天以前,《法兰克福报》写道,德国政府的任务是与广州政府维持和平关系,德国政府应采取与英美政府不同的立场。因为通过和平谈判与和平关系,它更能保障德国商人向中国输出商品,并通过这种方法,从英国人和美国人手中夺得中国市场。

这就是德国资产阶级对中国的意图和谋略。毫无疑问,如果德国资产阶级能在中国站稳脚跟,扩大和加强其在华的帝国主义意图,它将和其他国家的资产阶级一样,残酷而粗暴地剥削、压迫和虐待中国人。我已经说过,问题在于德国商人像英国、法国和美国的商人一样,都是骗子。德国商人供给中国药品,但同时也供给英国毒气,英国用这些毒气对付中国居民,过两天,他们又准备向中国资产阶级提供武器、装备和化工产品,以便在国内进行内战,因为唯利是图就是唯利是图。

我们面临的问题是:在这种形势下,我们的任务是什么?德国工人关注着中国事态的发展,我们的报纸经常讨论中国革命的事态和问题。这一事实还不足以证明这种关切,最近一年来,我们共产党为了支援中国革命,举行过一些大规模的群众集会和示威游行。

但我们认为,对战斗中的中国无产阶级所能给予的最有效的支持,是我们德国共产党将一如既往地组织和领导工人去同本国资产阶级进行斗争。我们认为,通过我们准备夜以继日地组织和进行的反对本国资产阶级的斗争,就能够更好地帮助处境十分困难的中国无产阶级。

彼得罗夫(苏联)(鼓掌欢迎):

同志们,中国民族革命有其独特的发展条件,完全不同于上一世纪西欧国家的典型的资产阶级革命,也完全不同于1905年的俄国革命。当前的中国革命正向两个基本方向发展:第一个方向,是社会力量的革命的运动,这是工农运动的发展。总之,是民族解放运动的发展;第二个方向,是广州军和国民革命军的直接进攻。这样,除了政治性的群众运动外,中国民族革命还直接地以军事力量为自己开辟道路,中国革命掌握着现成的军队,这种情况使中国共产党人有可能直接对有组织的军事力量施加影响。

中国革命军的力量,不仅表现在士兵人数的优势上,更重要的它是中国的革命军队,它是要为中国人民争取民族解放,在与敌军作战时,能使敌军闻风丧胆,把敌人相当一部分力量转到中国革命这方面来。在这方面,中国革命与我国红军有很多相似的地方,我们红军在同白卫军和帝国主义干涉军在俄国斗争时,也都采用过那种特殊的政治影响和感化的方法。

革命军队是中国革命的最重要因素之一,它使中国革命别具一格,因为在其他国家,要瓦解军队,就不得不深入敌军内部去着手工作。这不是轻而易举就能做到的,因为资产阶级的军队通常是围墙高筑的,并实行与外界完全隔绝的兵营制度,我们必须通过宣传鼓动工作,来促使军队痛恨现有的政治制度,并转到革命方面来。中国的情况就不是这样,中国已经有很大一部分军事力量处于中国革命的旗帜下,当前,中国共产党必须加强在广州军和国民党军中的工作,要极其重视这件事,并加强自己在那里的影响,必须使这些军队提高政治觉悟防止这些军队成为个别军阀手中的工具,必须巩固共产党和国民党在广州军和国民军中的影响。

中国的半殖民地状况是中国革命的一个非常重要的特征。近几十年来,帝国主义者的整个政策,不外乎在经济上不断地奴役中国,在政治上不断地肢解中国。帝国主义分子在中国享有种种特权,外国人居住区即所谓的租界,实质上是国中之国。

中国革命另一个非常重要的特点,就是中国辛亥革命失败后,国家政权的中央机构瓦解,军阀制度加强。实际上,从辛亥革命时起,已不是统一的中国了。因为事实上,现代的中国已被分割,已被肢解为许多个组成部分。中国军阀的军事国家体系,至今仍统治着大半个中国。中国军阀制度的特点是,它既是一种军事组织,同时又是原始资本主义积累的渠道之一,并且依赖着一整套半封建制度的国家机构。同时,一个个军阀派系只不过是各帝国主义集团的工具而已,世界帝国主义使用行之有效的"分而治之"的老办法,实际上把中国分割为一个个独立的省,其中每一个省都有独立存在的政治中心,那里的每一个督军、每一个省长,都是无须服从中央政权的独立长官。

这样,帝国主义一方面霸占租界,攫取各种特权和帝国主义专利权,如帝国主义分子一手控制的海关税收、食盐专卖等等,换言之,采用经济压迫的手段,另一方面支持中国的军阀制度,这实质上意味着帝国主义列强力图在政治上分裂中国,因为他们害怕出现统一的革命的中国,因为他们需要一个四分五裂的中国,以便实现其对中国劳动群众的统治,各国的帝国主义分子像害怕烈火一样,害怕中国出现革命的统一,因为这意味着建立全国性的反帝政府,意味着借助于国家机构继续同国际帝国主义进行坚决的斗争。

现在,革命的广州在建立中国的革命统一的事业中,已经做出了很大的成绩。鉴于帝国主义的政策随机应变的特点,可以设想,当他们面对中国大部分地区实现了统一的事实,他们一定会采取另外的办法,以代替政治上分裂中国的老办法。极其可能的是,日本、美国、英国和其他国家事实上承认广州政府,从四面八方同它纠缠,力图在广州政府的周围蒙上一层帝国主义的迷雾,以便把它拉到自己政策的轨道上来,迫使其背离反帝的革命道路,这种危险是存在的。但是,我们认为,中国不会走上资产阶级的资本主义发展道路,必然会走上非资本主义道路,实现在中国建立社会主义的最终目标。

保持民族革命统一战线,是实现这一目标的手段之一。在这个问题上,在共产国际有理由引以为豪的优秀支部之一——中国共产党内,却存在着一些错误观念。有些同志过分夸大民族革命统一战线的作用,总以为,有了统一战线,工人阶级就可以放弃独立的要求、独立的任务和独立的行动。这些同志害怕把中、小资产阶级吓跑,力图阻止工人运动的发展,他们天真地以为,他们能够阻挡历史发展的客观进程,这样提出问题无疑有损于共产党。另一方面,中国共产党内的一些同志错误地认为，中国民族革命已经完成，国民党已经完成它的历史作用，现在唯一的革命因素是中国共产党，它应该担当、而且也只有它才能够担当起工农劳动群众的统一大业，不用说，这种观点也是不正确的。这显然是对民族革命运动估计不足，对共产党在当前历史时刻的力量又估计过高，由此便产生了华北北京委员会要求共产党人退出国民党的这样一种情绪。遗憾的是，这种错误的建议，不仅在中国境内，而且在我们联共（布）党的队伍中，也得了同情的反应，这是一种极其有害的、错误的、投降主义的观点，这是一种必须彻底批判的失败主义思想，如果共产党人离开国民党，事实上将会带来怎样的后果？国民党不仅是工人阶级、农民和商业—手工业资产阶级的联盟，同时也是中国共产党人、中国工人阶级对小资产阶级施加影响的一种形式。中国的小资产阶级和其他各国的小资产阶级一样，其特点在于它不能起独立的历史作用，小资产阶级不是追随大资产阶级，就是接受工人阶级的领导，国民党内部左右翼之间的斗争，反映着国民党范围以外的阶级力量的对比，反映着工人阶级同大资产阶级之间争夺领导权的斗争。力图使资产阶级掌握领导权的右翼国民党人，赞成同帝国主义妥协，并同共产党人决裂，假定中国共产党采纳了俄国反对派关于共产党人退出国民党的建议，恰好符合国民党右翼分子及其背后的帝国主义者的愿望。共产党人退出国民党，对进一步发展中国革命将是个最沉重的打击，这将削弱中国共产党的领导作用，把国民党的政治舞台奉献给赞成同世界帝国主义妥协的国民党右翼分子。

可见，中国共产党中央委员会拒绝这个投降的、失败主义的建议是完全正确的。在中国革命历史发展的现阶段，保持民族革命统一战线是绝对必要的，但必须对这个民族阵线有个正确的理解，中国民族阵地能不能团结各阶级的人呢？换句话说，能否团结整个民族呢？我的回答是否定的。虽然中国的阶级分化发展得不够明显，然而在中国资产阶级的内部已经发生了分化，相当一部分大工商业资产阶级，以及与外国资本勾结的大多数买办资产阶级，由于害怕本国革命运动的兴起，实际上已经转到帝国主义者方面去了。因此，在中国和经济不发达的国家和摩洛哥、叙利亚、阿比西尼亚、阿富汗等国不一样，并非全民族都起来参加反对帝国主义的斗争。

法国大革命时，西哀士神甫在回答什么是第三等级的问题时说过："第三等级就是除了极少数特权者之外的整个民族"。也就是说，第三等级是不包括特权阶级在内的整个民族。对于中国，可以说，民族革命运动要团结整个民族，但不包括大买办资产阶级、军阀和大地主，因为他们实际上已经投靠反革命阵营，扮演着帝国主义直接或间接的极其反动的帮凶角色。因此，提出农村统一战线的口号是绝对错误的。在中国农村，农民与地主之间的残酷的阶级斗争是历史的必然，仅就这一点来说，统一战线也是不可能的，由此可见，把城市或农村中的所有阶级联合为统一战线的想法，必须坚决予以驳斥，借用俄国著名诗人的话来说："不可把烈马和胆怯的牡鹿套到一辆车上。"因此，我们不去追求一切阶级的统一战线，对我们来说极为重要的是，在中国建立一个包括所有反帝力量的民族革命联盟，也就是中国人民当中那些坚决反对帝国主义奴役和中国军阀压迫的社会力量和阶级集团的联盟。这个反帝的民族革命联盟，能保证中国继续沿着非资本主义道路发展，并在中国建立一个能够实现全国革命大联合的国民政府。在这方面，中国革命的前景非常有利。这不仅是因为中国革命运动在自发地发展，它拥有数十万强大的军队，而且还因为，发展中的中国民族革命所处的国际环境特别有利。在地理上，中国近靠苏联，远离帝国主义列强（日本除外）的军事与政治实力的主要中心，这是中国革命顺利发展的首要条件。其次，世界大战后出现的世界资本主义危机，西方工人运动的发展，其中包括英国采煤工人英勇顽强的罢工，以及殖民地、半殖民地国家被压迫民族的斗争的加强。例如,印度尼西亚、叙利亚、摩洛哥和其他国家中的起义,所有这一切,都极其有利于中国革命。毫无疑问,中国民族革命在最后几个月内所取得的成就,将在更大的程度上推动东方被压迫国家革命运动的高涨。中国革命的英雄榜样及其胜利进军,必将极大的鼓舞处于帝国主义铁蹄下的印度尼西亚、印度、朝鲜和其他东方国家的被压迫群众。

中国革命的最重要任务之一是保证无产阶级的领导权。中国工人阶级在中国革命运动中愈来愈发挥出卓越的、可以说是领导的作用。去年的上海大罢工,不久前刚刚结束的、持续16个月的香港大罢工,这些事实表明,工人阶级不仅意识到自己是一支独立的政治力量,而且已经在小资产阶级群众和农民中树立起威信,并成为中国革命的真正领导者,中国无产阶级,有组织严密的中国共产党来领导革命运动,一定能带领几万万广大的中国农民群众和城市小资产阶级前进。中国共产党最近获得了巨大的成就,它已经有了自己的领袖,造就出一大批党的工作干部,真正把群众带动起来了。共产党的工作已发展到相当大的规模,它的人数固然还不太多,总共约有13000名党员,但它在国民党内和在全国范围内的政治影响,却大大超过了它的人数。在这方面,同我们的英国共产党也许有某种程度的相似之处,它的实际影响也是大大超过了它的人数,中国共产党正在农民中间开展工作。最后,共产党在组织共青团方面也做了大量的工作。中国的共青团在数量上和质量上都有很大提高,并在许多行业中是一支积极的力量,中国共产党应当注意这方面的工作。必须提高青年的政治水平,团结青年工人,把大学生组织起来,他们能够起到沙俄时代革命大学生所起到的作用,中国共产党必须更加果断地吸收中国工人参加党的领导工作。在这方面,中国共产党也是可以自夸的,在它的成员中,约60%是真正的中国产业工人。

中国革命的前途将会怎样呢?中国革命的道路可能有两条:第一

条,是典型的资产阶级的资本主义发展道路,这种危险还不能排除有可能,在广州政府胜利以后,其中的右翼势力增强起来,容易同帝国主义者妥协的资产阶级将在其中起更大的作用。在这方面,中国有走上土耳其的凯末尔发展道路的危险。但更大的可能是,中国革命走非资本主义的发展道路,直接走上在中国建立社会主义制度的道路。这种乐观的估计有什么根据呢?请看事实,中国民族革命的锋芒首先指向帝国主义,指向国际资本主义压迫,在中国资产阶级软弱的情况下,这就为在中国确立工人阶级、农民和城市小资产阶级的革命民主专政创造了先决条件。在这方面,中国革命前景是广阔的、大有希望的,但中国革命胜利的基本条件是,无产阶级必须取得民族革命运动的领导权,如果说无产阶级目前已经掌握了领导权,那就是骇人听闻的夸张了。不,它只是逐渐地成为民族解放运动的领导者,在这一运动中越来越发挥着显著的作用。不过,目前无产阶级尚未赢得这个领导权。因此,我们必须坚持确立无产阶级领导权的方针,创造条件以使无产阶级有可能成为运动的真正领导者,并带领农民和城市小资产阶级广大群众前进,一旦工人阶级取得了这种领导权,中国革命就不仅能够推翻帝国主义的奴役和中国封建主义的压迫,而且将能建立起革命中国的反帝国民政府,这个政府将同西方工人阶级日益壮大的革命运动结成同盟,同我们的苏联携手向着自己的最终目标——社会主义迈进。(鼓掌)

多里奥(法国):

同志们,我要向全会证明,法国工人对中国革命极为关切。近几个月来,随着国民革命的节节胜利,这种关切之情更为强烈。

我们可以肯定地说,法国工人阶级以极大的热忱注视着我们的革命同志在中国取得的成就。

在马赛,在一次专为讨论法国问题而召开的群众大会上,工人们要求发言人组织集会，介绍在中国发生的事件。这件小事表明，大家都十分关注中国革命的进程和革命军的胜利。

我们同意布哈林同志在报告中所指出的那种前景，我们很清楚，中国革命的发展方向有两种可能，要么具有资产阶级性质，要么就是在中国无产阶级领导下，沿着我们在这里作为第二种可能性加以探讨的那条道路发展。我们认为，中国无产阶级一定能够走上这条道路，同时我们也相信共产国际必将竭尽全力促使中国革命走上第二条道路。

我们知道，共产国际将集中一切力量促使中国革命进行到底，胜利地完成反对帝国主义者掠夺中国的斗争，我们也同样知道，战争的目的是要摧毁中国封建制度的基础和打垮军阀资产阶级集团。

同志们，为此，共产国际需要克服一系列困难，其中有些困难已被战胜。

共产国际最大任务，就是要防止一些革命力量过早地被排斥在斗争之外，因为这些力量能够为中国革命走上我刚才所说的第二条道路而斗争。我们也很清楚，无产阶级还需要各种各样的同盟者。

对于中国来说，最重要的任务，就要能够保留住那些能够进行反帝、反军阀斗争和摧毁封建基础的人。

正当共产国际内部在这个问题上出现意见分歧时，就是说，在有些人提出要中国共产党人退出国民党时，上述观点便决定了法国共产党的态度。我们中央委员会在这个问题上丝毫没有动摇过，大家都懂得。在目前的局势下，让中国共产党脱离国民党，就意味着放弃工作和行动的机会，其结果将是把中国革命推上资产阶级的道路，而不是推上我们想让它走的那条道路。这就是我们坚决不能接受反对派同志所提出的论点的原因。

但是，同志们，如果中国共产党能像最近几年所做过的那样，依旧把无产阶级组织起来，那么中国革命的任务就会容易解决了。

我们清楚地知道，几年来，中国工会运动做出了很大的成绩，但我们要说，工会运动还不够强大。它的集中性和组织性还没有达到足以使无产阶级能够在革命运动中真正掌握领导权的程度。

此外，我们认为，中国共产党的力量目前还十分薄弱，因而应当设法加强它的队伍。

刚才已经指出，中国共产党有着光荣的传统，有自己的干部和自己的领袖。这一切都很好，还需要有广泛的群众。

的确，如果我们研究中国革命和中国共产党的任务，我们就会明白，这些任务是十分艰巨的：要组织工人阶级，组织军队，还要组织农民。所有这些艰巨的任务，一个党员数量不到1万人的党是无法实现的。

我们的中国同志会同意这一点的。他们知道，共产国际会来帮助他们。

我想谈一谈武装干涉的危险性问题，我和所有法国同志都十分感兴趣地听取了昨天晚上曼努伊尔斯基同志关于太平洋问题的拥有充分数据的发言。

曼努伊尔斯基同志对武装干涉中国的可能性估计过低，对此我们是不同意的。

如果他认为，局势不利于帝国主义对中国进行干涉，那么看来，他是过于乐观了。

首先，现在英、美、日帝国主义已经在进行干涉了，虽然是间接的，但却相当积极，他们不仅用金钱，而且用武器和装备来支持反动军阀。

当中国革命所面临的是一些能够提供武器和军事装备的敌人的时候，那就不应当低估他们的力量。

（喊声："说得对！"）

实际上，帝国主义列强的干涉是既成事实。

甚至还有直接的干涉，英国的一支舰队已逼近长江，这件事的意义是不能低估的。

法国过去没有参与过中国内部的斗争，现在也开始仿效英帝国主义。这件事再次证明，存在着外国帝国主义者的干涉。

印度支那的统治者瓦林，这个以前的社会党人宣称，他已批准把7000支步枪从印度支那转交给云南省长。我认为所有这些事实证明，帝国主义者并没有放弃对中国进行武装干涉的念头。

问题应当从两种角度进行探讨，首先，如果中国革命走资产阶级的道路，那么帝国主义列强武装干涉的可能性就会减少，为什么呢？因为资产阶级将着重注意于政治干涉和财政干涉，而资产革命又不会给自己提出把同帝国主义的斗争进行到底的任务，帝国主义分子在这里还是可以捞到好处的。

但是，如果中国革命走我们所希望的那条道路，如果帝国主义者在中国被打败，那就不能指望他们不经反抗就把刚刚到手的财富交出来，就会放弃霸占了一百来年的租界。我不认为，事情会这样简单地了结：日、英、美之间的矛盾也不会妨碍这3个强国在中国采取行动，即使中国一开始就把他们打败了。

我们有俄国革命的经验，帝国主义者用了10年工夫才相信，武装干涉是不可能成功的。我想，对于中国革命，情况也是这样的。

下面，我要在这里指出，对帝国主义列强在中国的作用估计不足，是危险的，如果我们在全会的这个讲台上说"中国不会有问题了，那里不可能发生武装干涉，帝国主义列强之间的矛盾很深，它们不等分赃就会吵起来，这种争吵必然束缚住它们的手脚"，那么，这种危险就必然会产生。

同志们，情况真是这样，那当然好了，但是目前，英国军舰停泊在中国境内，这种估计不足对西方的工人将产生怎样的后果呢？他们会说："中国革命本身已足够强大了，它能够应付任何的干涉，而且帝国主义者也不敢贸然进行干涉，我们何必要跟我们政府作斗争来阻止干涉呢？"我认为，明智的做法是，指出存在干涉的危险性，指出整个西方无产阶级对这种危险性进行斗争的必要性，这样一来，同志们，就得把西方无产阶级的全部力量动员起来，以阻止对中国的武装干涉。我还认为，我们应该重新提出"不许干涉中国"的口号。

我想在这里说一下，在我看来，什么样的口号才能在当前动员工人并激发他们团结一致地去支持中国革命，我想这是一个重要的问题，但同志们对它却有所忽略，会上谈了中国共产党的任务，谈了共产国际在中国的任务，但也应该指出共产国际在中国之外，在西方国家的任务，我们应该在怎样的口号下进行斗争呢？我认为，我们应该提出以下的口号："不许干涉中国！""反对干涉中国！""撤出停泊在中国的军舰！"这些口号应当由法国和英国的党提出来。

最后，还有一个我们应当争取实现的口号，这就是争取帝国主义列强承认革命政府，我知道，有些帝国主义政府已经表示要承认革命政府了，但是我认为，我们还是应当坚持这种要求，同志们，俄国革命在多年之后，才得到承认，而要求承认苏维埃政府的口号，在法国和其他国家的工人群众当中，尤其是在英国的工人群众当中，曾经是最普遍的口号之一。我想，为了中国，这是最能动员群众、最能激发他们团结一致地去支持中国革命的口号之一。

在那些不能阻止帝国主义政府对中国进行干涉的国家中，党的任务有所不同。彼得罗夫曾强调指出，在中国应当进行瓦解反动军阀军队的工作，我再补充一点：目前，必须对驻扎在中国和殖民地的英国和法国的陆海军进行系统的宣传和工作。同志们，我要提示大家回忆法国无产阶级历史的一页。那是在1919年，当时还没有共产党，但是法国水兵

在里海已经同俄国革命工人团结起来了。（鼓掌）

现在，我们有了共产党，我认为，我们应当联系中国的事态，在英法海军中进行系统的工作，应当派我们的鼓动员到战场去，迫使帝国主义列强从中国召回自己的军舰。我想，如果我们做到了这一点，我们就帮了中国工人的大忙。

最后，在与中国相邻的地方拥有殖民地的那些国家中，党还有另外一项任务，刚才我引用过印度支那的例子，你们看到，法帝国主义想利用印度支那向中国国内的反动军阀提供武器。我还认为，我们应该同我们的中国同志建立联系，因为他们做这项工作更为方便，我们应该直接在印度支那工作，以利于中国群众与印度支那群众之间的合作，我们应当开展宣传鼓动工作，并采取行动，以支援中国革命，不使法国殖民地成为法帝国主义干涉中国的基地。这对英国党以及对荷兰党来说，同样具有意义。在这方面，我们有大量的工作要做。

同志们，我希望共产国际所有的党都来进行这项工作，为的是阻止各国的帝国主义分子打击中国革命，为的是使中国革命取得胜利。

罗易（印度）：

同志们，中国问题，无疑是全会所讨论的所有问题中最重要的问题，联系中国问题，我们就必须解决一系列非常重要而复杂的课题，关于这些课题，在中国委员会里曾经做过十分仔细的研究和讨论，我们不准备再详细谈了，我只想就国际上对中国事态的看法提出几点意见。从1925年5月，即上海事件爆发时起，中国革命进入了最剧烈的，也是蓬勃发展的阶段，辛亥革命推翻了封建君主制，奠定了建设新中国的基础。1911年开始的革命并不是一帆风顺的，领导辛亥革命的民族资产阶级，由于软弱无力而未能掌握住政权，虽然封建君主制被摧毁，民主共和国在名义上建立起来了，但真正的民主在国内未能实行，政权仍然掌握在封建军阀手里，外国帝国主义仍然是国家生活中起支配作用的政治因素。虽然辛亥革命的成果有限，可是在世界大战时，仍然出现过消灭辛亥革命成果的企图，这就是在日本帝国主义支持下复辟君主政体的尝试，这一尝试失败了，一部分原因是国内革命运动的兴起，另一部分原因是英美帝国主义的阻挠。英美帝国主义当然不会允许在中国建立一个日本帝国主义庇护下的君主政体，在这个可以称为亲日时期的阶段以后，接着是亲美时期，在世界大战最后几年和签订和约后最初几年的革命发展阶段中，中国民族主义者处于美国人的强烈影响之下。那时，美国资产阶级在太平洋推行的帝国主义，很明显地巩固了它在中国的地位。

昨天，曼努伊尔斯基同志在讲话中指出，虽然我们觉得英帝国主义好像是中国民族革命的最凶恶、最残暴的敌人，但我们不应该忘记，中国革命最危险的敌人可能是美帝国主义。同志们，美国资产阶级借助于各式各样的和平主义的和人道主义的机构。在中国人民先进分子的思想上深深地扎了根，正是在这些年代里，这个敌人才在中国站稳了脚跟，在亲美时期，中国的民族主义者把美国看做是希望中国获得解放的朋友，这种希望因凡尔赛和约和华盛顿会议而破灭。

对美国的希望破灭之后曾有一段时期的消沉，持续的时间不长，代之而来的是中国民族运动的革命时期，这个时候是以1920年波澜壮阔的抵制洋货运动开始的，它使以上海事件为开端的群众革命运动受到了深刻的影响，从1925年5月上海罢工起，中国革命可以说进展得很顺利。当然，在这期间，革命力量的发展不是没有遇到障碍，也不是直线上升的。但是，革命尽管有曲折，终归是前进，克服了前进道路上无数的艰难险阻。

我不想列举中国革命的一些最重大的事件来说明革命是怎样发展的，因为大家对中国革命的历史都很熟悉，中国革命的胜利进军在广州军队势如破竹的北伐中达到了顶点。革命迫使帝国主义分子改变自己的政策，研究中国形势时，我们不应忽略帝国主义分子政策中的这种变化，正如大家所知道的那样，说日本、英国和美国甚至要承认广州政府。美国的新帝国主义政策表现出极不寻常的形式，这种形式表明美帝国主义对中国革命具有多么大的危险性，美帝国主义努力恢复它在中国民族运动亲美时期在中国所享有的那种道义上的威望。请看，这张报纸上刊登着参议员博拉的讲话，他说中国民族主义者的反帝斗争是一项神圣的事业，美国应该支持这一神圣事业，帝国主义倒说起神圣事业来了，这可不妙，在这种情况下，必须加倍提高警惕，这位参议员在他的讲话中非常卖力地谴责了美国代表塞勒斯·斯特朗在海关会议上阐述的观点。塞勒斯·斯特朗说，中国的灾难不是帝国主义、不平等条约、治外法权等等造成的，而是国内军阀统治的结果，参议员博拉坚决地谴责这种观点，他说中国的一切灾祸，都是由于帝国主义列强的干涉而造成的。他说，贪得无厌的帝国主义者过去推行的残酷无情的政策，不仅易于引起世界大战，而且无疑地在挑起世界大战，由此可见，美国想在自由的、人道的帝国主义招牌下，取代残酷、贪婪的老牌帝国主义钻进中国，换句话说，美国不想用炸弹和机枪，想用甜言蜜语来残杀中国。我们知道，跟这种"朋友"打交道，要非常小心。

但是，同志们，这种按新方针行事的帝国主义，与中国民族运动中的某些人有着十分密切而又危险的联系，从这样的角度来观察形势，我们才能够解决中国革命的动力问题，关于反帝统一战线的问题。我们有过不同的意见……我们争论过，哪些社会阶级才能参加这个反帝统一战线。显而易见，美帝国主义的这个新的战略不正是要破坏反帝战线的统一吗？中国人民哪一个阶层会陷入这个新的陷阱呢？帝国主义剥削的重担并不是完全一样地落在各居民阶层的肩上，对于某些人来说，这种剥削有百害而无一利，对另一些人来说，则是有利的，帝国主义的政策在于阻挠中国开发全国的经济资源，使本国的资产阶级无法剥削当地的劳动力，从这个观点出发，本国资产阶级是敌视帝国主义的。另一方面，谁在身受这种剥削之害呢？工人阶级、进行生产的群众，也就是为帝国主义创造财富的群众。显然，由此可以看出，帝国主义与大多数人民之间的对立是不可调和的，无论如何也要导致最后的决战。然而，与那些没有受剥削之苦的人的对立，并不是不可调和的，帝国主义当前在中国的政策，就是要寻求同中国资产阶级的某些阶层媾和的可能性。如果民族资产阶级得以决定革命的发展和策略，那么，帝国主义的这种新政策就能阻止革命，削弱革命了。因此，非常明显，在谈反帝统一战线时，我们连想都不要想大资产阶级参加这个战线的问题。

还可以从另外的角度去探讨这个问题，外国帝国主义如果不依靠当地某个居民阶层，就不能保住在国外的阵地。换句话说，帝国主义必须在殖民地拥有社会基础。当还没有发生十分广泛的群众革命运动时，也就没有对帝国主义的有组织的、强有力的反抗，帝国主义也就可以满足于狭小的基础了，就像封建军阀阶级成为帝国主义在当地的社会基础之前在中国有过的情形那样。美帝国主义把自己的影响扩散到先进分子中间后，扩大了这个基础。现在，中国革命运动的基础已发展到巨大的范围，因而帝国主义为了保持住在中国的阵地，也要相应地扩大自己的基础。当然，它就不得不去求助那个同帝国主义对立并非完全不可调和的阶级。这就是说，帝国主义者通过同资产阶级某些阶层结成联盟，来努力扩大自己的社会基础，在革命显然地有所发展的这个时期，在民族主义者阵营中，也发生了这样的过程，资产阶级中的一部分人越来越与革命相脱离，并随着革命力量，即无产阶级、农民和小资产阶级越来越革命化，资产阶级上层分子离开革命也就越来越远。最后，他们将同帝国主义分子结成统一战线，来反对革命的中国。

形势就是这样，因此，我们应当解决反帝统一战线的问题。

但是，同志们，还有一点，也是中国革命提出的非常重要的问题，这次我不准备详细地谈它，只提点意见，我指的是土地问题，大家都承认，土地问题是目前中国革命最迫切需要解决的问题，中国人民的绝大多数是农民，因而反对帝国主义的革命斗争，以及争取国家民主化的革命斗争，都取决于农民是否参加。中国革命在其发展的初期阶段，首先应该是土地革命，这用不着我来作什么证明，在这一点上是没有任何分歧的。关于中国革命是不是资产阶级革命的问题，或者说在不久的将来它将转变为社会革命的问题，已经得到证明，并且不管有无分歧，都可以非常清楚地指出，中国革命在其发展的初期阶段，就是土地革命，大家也都十分清楚，为了动员农民并吸引他们参加反帝统一战线，共产党和国民党应该有一个土地纲领。然而，在已经拟定的土地纲领中，一种日常要求的纲领，为了在农民中间进行工作，为了把农民争取到革命方面来，必须有土地纲领。但是，同志们，对于这个事实，大家都也是熟悉的，好运就是当纲领制定得不够明确或模棱两可时，最重要的细节没有写出来时，就会有机会主义倾向的危险性，因此，现在我要指出，在制定中国革命的土地纲领时，我们不应忘记，必须尽量明确地提出土地革命问题，我们这里所指的，是土地国有化问题，即没收大面积的私有土地问题，这个问题是不能回避的、应当毫不含糊地提出这一问题，并给予肯定的或否定的回答。对于中国的局势和民族革命力量的阶级成分的正确估计，清楚地证明，对于这一极为重要的问题应当给予肯定的问题，土地国有化应当成为中国革命的土地纲领的基础。

如果说，中国的反帝运动要在无产阶级领导下才能组织起来，如果说无产阶级的这种领导应当加以巩固，如果说中国革命胜利要取决于无产阶级实现这种领导的能力。那么，我们就不能不同意，无产阶级应当对农民实行领导。共产党作为无产阶级的政党，应当成为实行这种领导的工具，这里我不谈策略上处理问题的方法。为了首先确立这种领导，进而在实际上实行这种领导，可以寻求各式各样的过渡的组织形式。然而，领导问题本身，也需要加以阐明，必须要证明，中国农民在其发展的现阶段，只有在无产阶级的领导下，才能够而且应当投身到反对帝国主义的革命斗争。在中国，不存在立即进行社会主义革命，或者无产阶级专政问题，而只存在这样的问题：以建立民主政府为其直接目的的革命，是否总是应该沿着始终不变的路线发展下去，而不管它是在怎样的历史时期进行的？

1926年在中国发生的资产阶级民主革命，不会沿着19世纪中叶欧洲各国民主革命的路线发展，以国家民主化为目的中国革命，是在资产阶级民主革命的衰落时期，即资本主义衰落时期进行的。现在，资本主义是世界范围内的反革命因素，帝国主义企图在殖民地和半殖民地国家中建立新的基地，以巩固自己的地位，中国革命作为世界革命的一部分，对于保持资本主义稳定的意图，乃是一种威胁。

由此可见，那种认为中国革命既是民主革命，似乎就应该在资产阶级领导下，或者部分地由资产阶级领导的理论，就大错特错了。在这种情况下，构成民族力量绝大多数的农民，应当在工人阶级领导下进行斗争。如果说，共产党由于现在人数太少——这是和中国的众多人口比较而言的——还不能够完全胜任这方面的工作的话，那也没有根据认为我们应该给中国农民寻求其他的领袖。中国无产阶级在中国共产党领导下，将能学会领导农民去同帝国主义作斗争，以争取国家民主化。中国无产阶级在共产党领导下，在西方各国革命无产阶级的合作下，在争取民族解放的斗争中，必将成为居于主导地位的因素，一定能推翻帝国主义，实现国家民主化，确立工人阶级和农民的民主专政，而这一专政将在中国直接导致反对资本主义和建立社会主义的斗争。

邵力子（中国）①：

同志们，当代中国革命问题如此重要，中国革命运动在世界革命中的作用和意义如此巨大，以致它在共产国际执委会全会上引起各国共产党代表们极为认真的关切，诚然，我还不知道谭平山同志书面报告的整个内容，但我同意谭平山同志昨晚所谈的意见，我只是强调一下谭平山同志报告的正确见解，他昨天在发言最后指出，共产党人应该对中国民族解放革命斗争给予真诚的支援，我代表国民党来回答谭平山同志，国民党和中国共产党的真诚友好合作是民族革命胜利的保证（鼓掌）。不仅如此，由于胜利的中国民族革命能够巩固和发展世界无产阶级的革命阵线，所以国民党也就应该不仅同中国共产党，而且同一切被压迫人民和全世界的革命工人携手前进。

布哈林同志在他的报告中指出，中国可能有两种发展前景，一种前景是，在民族革命成功的情况下，中国的发展道路可以不经过资本主义发展阶段，这个论点同国民党领袖孙中山博士的思想是一致的。孙中山考虑到中国如果走资本主义的发展道路，劳动群众就不可避免地要贫困、破产，因而认为中国的发展必须越过资本主义道路，走革命的道路。同志们，这就是孙中山博士的社会主义，或者说，这就是孙中山认为必须指出的那条原则性的道路，以便中国人民夺取政权后去解决经济建设问题。为了发展工业，一般需要有两个条件：一是国内市场，二是原料，这两个条件在中国都具备，在中国争取民族解放的革命取得胜利，摆脱了帝国主义压迫和军阀制度残余势力以后，毫无疑问，工业将高速向前发展。那时，中国面临的主要困难是生产工具不发达，另一方面，人民的购买力不足。因此，改善工人和农民的经济生活条件，不仅是为了工人和农民的利益，而且也是为了发展国家工业的需要，中国有

---

① 国民党代表。

3亿农民和3000万工人若能相应地提高购买力和相应地增强技术力量，毫无疑问，中国的社会主义建设是可能的，也是必需的。孙中山博士的基本原则还指出，随着历史形势的发展，必须开始社会主义建设。孙中山的民族主义是，在革命的现阶段，首先把中国从清政权和帝国主义压迫下解放出来，然后建立独立自主的国家，同时承认少数民族的自决权；孙中山的民权主义是，竭力消除一切政治压迫，实行民主改革。最后，要求将国家权力移交给人民，孙中山认为，西方资产阶级打着民主的口号，伪善地在人民面前掩饰着自己的压迫政策，因而坚决主张，中国应该由能够团结所有被压迫阶层的革命党来管理。只有这样，从前被奴役的群众才能享有完全的自由。孙中山博士的最后一项原则——民生主义，是消灭中国人民各阶级之间经济上的一切不平等关系，这就是平均地权、节制资本，孙中山说过，他的社会主义就是共产主义，他不仅不满意第一次中国大革命，因为那只是政权的更迭，而且也不满意西方的资产阶级革命，因为这些革命是不彻底的，而且也没有进行到底。

同志们，众所周知，辛亥革命后，中国清王朝专制政体被推翻，国民党力求在中国在民族革命后，不要像在西方那样，不要像我们目前除苏联之外在一切国家所看到的那样，在中国确立资产阶级统治。国民党联合一切革命力量去进行反帝斗争，它的社会基础永远是被压迫的群众。如果说，国民党从前经历了所谓秘密结社时期，竭力保护农民的利益，那么现在，在1923年改组之后，国民党就正在成为群众的党了，国民党在其发展和成长的过程中，逐渐地根除偏重官僚和知识分子的一切倾向，以及徘徊于革命和反革命之间的摇摆分子的影响。国民党现在公开地切实保护工农的利益，因为它认识到，只有在工农群众积极参加下，中国民族革命才能成功，国民党宣言中已经表明，改善工人状况，实行土地改革，是国民党的主要任务之一。现在，在广州的国民党组织中，农民党员占80%，湖南省的情况也大致如此，这一事实说明，国民党确实已经在为工农利益而斗争。孙中山博士在其论述社会主义一书中提出耕者有其田,蒋介石同志在其对国民党党员的讲话中指出,如果不能正确解决农民的土地问题,那中国革命是不可想象的。由此可见,同志们,国民党对土地问题是极为重视的。怎样在中国实现土地改革呢?我认为,全会将就这一问题给我们以指示并确定总的路线,但必须注意,任何有关土地改革问题的建议,都应符合现实的实际,改善农民生活条件,吸收广大群众参加革命斗争,参加政治管理,这是需要的,也是必须实行的,这些都明确地列入我们的土地纲领,国民党为此采取了哪些具体的措施呢?在国民党最近一次全会上清楚而又明确地指出,要实行减租25%,立即成立农村委员会(农民委员会),以保护广大农民群众的利益,等等。

最近之所以能够取得胜利,就是因为得到农民群众的同情和支持,如果农民的实际要求得不到满足,如果不像孙中山所说的那样,武装力量要为人民而战、要成为人民的力量,即由人民来掌握军队,那么要保住这些胜利也是不可能的,国民党在30年的斗争期间,总是努力依靠军事力量,我们毫不怀疑,没有武装力量,任何革命都是不可能取得胜利的,中国的情况特别明显地说明了这个论断,辛亥革命能推翻满清政权,主要是依靠军事力量。国民党特别依靠军事力量这种情况,我觉得并没有错,但与此同时应当指出,以往实行这一政策的方法不对,这种错误的方法在1924年没有使用。如果说我们现在,在中国革命中取得了某些成就的话,那正是由于我们改进了革命军队中的工作,使武装力量不再脱离人民,而成为人民本身的真正力量。在国民革命军驻扎的地方,人民为自身利益而进行的斗争会得到保障。同样,人民也给军队以影响,推动他们在革命的道路上继续前进,国民党应当实现自己的领袖孙中山博士的遗训,就是要使军队成为人民的武装力量,为了顺利推行革命政策,国民党既要利用帝国主义各个集团之间的矛盾,也要利用中国国内军阀集团之间的矛盾，与此同时，不就忘记彻底摧毁帝国主义和军阀制度这一基本任务，我可以向你们保证，国民党一定能够完成这一任务，所有被压迫阶层的统一战线，是中国民族革命运动取得胜利的基本条件。我认为，这一点不仅对于国民党，而且对于其他国家的民族革命政党都很重要，因为它们也肩负着把受压迫人民从帝国主义压迫下解放出来的使命。受压迫阶层的统一战线，不仅对中国革命，而且对全世界的革命党都是重要的。中国革命，作为一切革命阶层的统一战线，定将取得胜利，即或根本不能胜利，我们大家也都相信，在共产国际各国共产党的领导下，国民党一定能够完成自己的历史使命。

太洪（朝鲜）：

我想在我的发言中提请全会特别是中国同志注意的是，日本帝国主义是中国革命最危险的敌人之一，也许是最最危险的敌人。世界大战期间，日本帝国主义者利用帝国主义列强之间的钩心斗角，开始实现其吞并中国和称霸整个远东的计划，这是他们多年来梦寐以求的。

众所周知，1915年5月7日这一天是中国的国耻日，是日本帝国主义者向中国提出了臭名昭著的最后通牒，要求中国整个政治和经济生活屈从于日本帝国主义。但是，日本帝国主义对此仍不知足，俄国革命以及十月革命后最初几年俄国还很弱，这使日本帝国主义有了可乘之机，它开始实行其包括侵占西伯利亚在内的最高纲领，这是日本帝国主义侵略意图的最高峰。日本帝国主义虽然得到高尔察克和日本所有反革命军阀的大力支持，但没过多久，就在英勇的游击队员和红军的打击下，被迫退出已经建立了苏维埃政权的远东。

华盛顿会议从另一方面打击了日本帝国主义，美国在这次会议上采取了极度敌对日本的立场，迫使英国撕毁了英日联盟，从而大大节制了日本在中国的贪欲。

可是，日本帝国主义尽管遭到挫折，却仍在继续加强它在华北和满洲的经济地位，特别是政治地位，张作霖变成日本帝国主义最忠实的工具，任何一个帝国主义强国的忠实工具，不论是英国的吴佩孚，还是美国的孙传芳，都不像他那样忠实效命。

由于日本方面的积极干涉，郭松龄在奉天附近遭到失败，这一失败导致国民党的节节败退，虽然郭松龄竭力向日本保证，决不损害它在满洲的利益，可是日本帝国主义者为了保住张作霖在北满的统治，仍然没有停止使用武力进行干涉。

日本只要自己力所能及，是不能允许、也绝不会允许革命在华北取得胜利，因为这一胜利会给日本帝国主义带来巨大的严重后果。

不应当忘记，朝鲜是日本帝国主义势力最薄弱的地方。1919年3月1日，朝鲜人民群众不分哪个阶级，都表示了对日本帝国主义的仇恨，因为日本帝国主义对朝鲜的压迫，正如列宁在一次著名的演讲中所说的那样，具有难以想象的残酷性和亚洲式的野蛮性。

多年以来，朝鲜劳动群众一直在同日本帝国主义者进行顽强的殊死斗争，日本帝国主义者在朝鲜实行空前残酷的恐怖手段，以策反、拷问和暗杀等阴险毒辣的办法来对付革命运动。

朝鲜的六月事件表明，年轻的朝鲜共产党和共青团，虽然处于极端艰难的环境中，却能够领导群众性的革命运动，朝鲜革命运动得到了中国革命运动最广泛、最积极的支持，中国革命军对中国反动军阀所取得的胜利，对于朝鲜民族革命运动的高涨，具有特别重大的意义，中国人民反对帝国主义者的斗争，尤其是反对日本帝国主义者的斗争，在朝鲜广大人民群众中，激起了强烈的同情，并使他们受到鼓舞。

日本帝国主义者清楚地知道，革命在华北特别是在满洲的胜利，意味着他们在朝鲜的统治已开始完蛋，这就是为什么日本要竭尽全力地阻止中国革命在华北取胜的缘故。目前，日本帝国主义力图利用吴佩孚的崩溃和英帝国主义在华势力的显著衰弱,来加强自己在华北甚至在华中的地位,在中国日益明显地出现了两种基本力量:以广州为代表的革命力量和以奉天为代表的反动力量。广州对奉天的胜利,意味着日本帝国主义的失败,而且有使日本丧失朝鲜的危险。同时,在日本国内,广泛的工农革命运动也在兴起,因此可以认为,奉天的丧失和张作霖的失败,对日本帝国主义来说,是生死攸关的问题,中国革应该认真准备同张作霖作斗争,同时要考虑到在他背后有不惜公开干涉中国革命的日本。

在反对日本帝国主义的斗争中,中国革命不仅可以指望得到日本革命运动的积极支持,也可以指望得到朝鲜人民,首先是朝鲜共产党和共青团的最积极的援助,它们可以领导朝鲜民族革命运动从后方打击日本帝国主义,这样就能使中国革命易于取得胜利。(鼓掌)

(会议休会)

第十三次会议

（1926年12月2日）

主席：柯拉罗夫

谭平山作总结发言

同志们！在关于中国问题的一系列发言之后，我在总结中只能谈一些重点，概括一下发言同志的意见。据我看来，现在我们的主要任务在于巩固我们已取得的胜利和争取进一步的成就。由于广州军队在军事上的胜利，中国革命力量正在日益地聚集起来，而反动力量则越来越涣散。为了保障我们的胜利，我们应该在中国更加大力发展工农运动，争取世界无产阶级的援助。因此，我认为法国多里奥同志提出的意见是正确的，他提出必须组织群众对帝国主义施加压力，反对他们进行武装干涉，以利于废除不平等条约和正式承认广州国民政府。在当前形势下，威胁着中国的是帝国主义者的武装干涉，为了不断进行阴谋活动，为了进行干涉，帝国主义分子可能或是组织直接的军事行动，或是支持军阀和所有其他一切反动分子（1924年叫做纸老虎的商团）以及全国各地的土匪活动，这样一来不仅可以阻止中国革命的进展，而且会挑起新的帝国主义战争。

谈到中国革命的趋势，那么我们知道，存在着两种可能性，能够领导革命的，或者是资产阶级，或者是无产阶级。无产阶级和资产阶级争夺国民革命的领导权的时刻已经到来，为了证实这个趋势的存在并对它作出正确的估量，我们首先应当正确地估量资产阶级的实力和我们自己的力量。但资本主义在中国已达到了一定的发展程度，尽管资产阶级还很羸弱，它在广州军队占领了汉口和武昌以后参加了国民政府，为什么资产阶级恰恰在这个时候参加民族运动呢？这是因为，一方面，它迄今为止一直受到外国资本的压制；另一方面，中国军阀集团之间连绵不断的战争在客观上阻碍着中国资本主义的发展，在客观上抑制着中国资产阶级的发展。而如今，国民革命的方针就是打倒帝国主义分子和半封建军阀，资产阶级最近开始体验到阶级意识，因为它看到了工人运动迅速发展，看到了无产阶级有取得民族斗争领导权的可能性。后一种情况促使资产阶级参加民族斗争，并企图控制领导权，但是资产阶级还是羸弱的，至今还没有集结起自己的力量。还可以用下列原因来解释：

1. 首先，在中国资本和外国资本之间存在着对抗，而后者还居于优势地位；其次，中国资产阶级的各集团之间，亦即中国的工业资本家和商业资本的代表人物之间存在着矛盾；第三，许多外国资本家之间即美国、英国和日本的资本家之间存在着矛盾，因为每个国家都想独占中国市场。这些矛盾非常之大，从而客观上阻碍了中国资产阶级力量的集中。

2. 资产阶级之所以羸弱，还在于它的政治立场不能始终如一，因此它得不到人民群众的支持和信任，在上海事件以后，工人、商人和大学生提出了反对帝国主义的十七条要求。代表大资产阶级利益的上海商会却提出了维护其自身阶级利益的十二条，背叛了整个民族的利益。因此，中国资产阶级也就失去了已参加革命斗争的群众对它的信赖。

3. 中国资产阶级不能把广大农民群众争取到自己一边来，这是因为，中国资产阶级主要出身于地主阶层并与地主保持着直接或间接的联系。农村中地主和农民群众之间的阶级斗争依然十分尖锐，由此我们可以看到农民和资产阶级之间的矛盾,这也是为什么资产阶级不能把农民吸引到自己方面来的原因。

然而,资产阶级仍然不失为民族革命中的一个重要因素,因为首先,在经济上它与小资产阶级和中等资产阶级有联系,只要对这些阶层作出某些让步,就能把它们争取到资产阶级方面来,其次,它能够把军队吸引过去,军队也可能跟着资产阶级走,也可能跟着无产阶级和农民走,也就是说,归根结底,它可能成为革命的军队,也可能成为反革命的军队。而现在,中国资产阶级有可能利用主要从失业工人和贫困农民中招募而来的军队。

在中国资本主义缓慢发展的条件下,中国的无产阶级自然也是不够强大的,但力量是集中和统一的,它有着团结一致的坚强组织,中国无产阶级提出的政治口号,不仅仅反映了它自身的阶级利益,而且总是反映了民族革命的利益,因此中国无产阶级得到了人民群众的全力支持和完全信任,中国无产阶级能够率领农民跟着自己干革命。在广东进行的斗争中,工人总是和农民走在一起,肩并肩地和它们一起与反革命势力作斗争。

毫无疑问,中国民族革命只能在中国无产阶级的领导下,才能取得彻底的胜利。但是如果说,无产阶级已经在革命中起到领导作用,已经在革命中拥有了领导权,那就是夸大了它的成就,它们还必须去争取革命领导权,办法是和农民、和一切革命者以及小资产阶级分子建立统一战线,以便通过这一途径来建立一个反对军阀制度的革命政府,即维护整个民族利益,坚决打击帝国主义的政府,这个政府应当置于无产阶级的领导之下,应当善于发挥广大群众的威力,它应当以极其坚毅的努力来保卫广大农民群众的利益。而且这样还不够,除此之外,它还应当比现今更为密切地同工农国家——苏联以及同世界无产阶级联合起来,从而参加到反帝统一战线中去,只有这样,才能保证中国革命的胜利。

用不着多费口舌来阐明在现时中国形势下农民问题所具有的全部重要性，只有指出一些"小事"就足以说明广大农民的威力了。在广东，在国民政府和反动军阀的斗争中，农民站在斗争的前列，在广州国家政府同军阀陈炯明作战时，农民群众在广州军队开到之前就已经从后方反动军队发动了袭击，从广州军队驻地到陈炯明军队布防阵地有一条公路，从这里调动军队要用3天的时间，而另外有一条人们不大知道的山间小路，从那儿通到陈炯明的布防阵地只要1天时间，农民领导着广州军队走了这条路，当广州军队迫近陈炯明的阵地时，陈炯明的军队才发现对手的到来，于是他们除了立即溃退，别无他策。

对所谓的红枪会议论纷纭，有人认为他们是土匪，这是不正确的，这是武装起来的有组织的农民，他们为反对当地的军阀战斗在中国的北部，特别是在河南、山东和直隶等省份。例如，在山东，军阀张宗昌用大炮和机枪屠杀了3000名红枪会会员。在河南，吴佩孚先是利用红枪会消灭了第二国民军，随后又消灭了红枪会的1万多人的队伍，红枪会曾在这个省的一个县城固守了整整一个星期，也没有引起群众的不满。

可以说，红枪会是农民自己组织起来的武装力量，中国共产党应当极其关注这个组织，并在政治和组织上领导他们，把它作为消灭军阀的一个重要因素。显然，中国的农民同其他国家农民一样，饱尝土地匮乏之苦。但是许多中国同志认为，研究中国土地问题，至少是在目前没有什么必要。应当指出，中国存在着大量地主，只有不到10亩（1亩等于1/16俄亩）土地的少地农民，约占全国农村人口的40%，他们仅占有全国可耕地的6%，但是，拥有100亩以上到1000亩，乃至10000亩以上的土地占有者，仅占农村人口的5%，却拥有全部可耕地的43%。由此可见，少地农民和富裕农民之间的差别是非常大的。

怎么能够说，中国土地问题排不到议事日程上去呢？土地问题是今天中国较之以往任何一个时期更为尖锐突出的问题，如果这个问题不能及时地解决，就不能保证民族革命的胜利，我们必须为农民制订一个政治纲领，现在我们应当提出明确的要求并促使其实现，在政治上我们应当提出农民参加地方管理、武装农民等要求，在中国的北方和南方，地方执掌政权的贪官污吏是土皇帝，他们总是伙同地主一道来欺压农民，我们应当武装农民，因为不武装起来，农民就不能做任何事情，就不能参与政权。

在经济方面，我们应当如同我在报告中已谈到那样，尽力去解决捐税问题，制止高利贷者对农民的盘剥等，在广州军队占领的地方，我们现在能够要求没收寺庙的土地，没收那些公开反对革命政权的买办、军阀和大地主的财产。

无论如何我们应当实现无产阶级对农民运动的领导权，同样地关于组织工人运动的问题也始终是我们党的最重要的问题，应当全面地扩大和深化中国的工会运动。中国共产党应当领导工人进行政治斗争和经济斗争，并维护他们的利益，必须制订工人运动的统一的经济纲领，以联合中国各个地区的无产阶级运动。必须尽快地争取实行工厂法，要求按法律程序改善劳动条件，争取实行八小时工作制。

青年运动在现今斗争中起着重要的作用，在1919年"五四运动"中，大学生在反帝斗争中已经起到了民族革命先锋队的作用，大多数出身于中小资产阶级的中学生也起到民族革命先锋队的作用，他们的这种表现，客观上推动着农民运动向前发展，同样也使青年运动具有特别重要的作用。青年们既参加了本阶级的政治斗争和经济斗争，也参加了民族革命。

在目前广州军队讨伐吴佩孚和其他军阀的战争中，军队工作问题日益具有极大的尖锐性。广州军队虽然占领了几个省，但如果我们不在广州军队的队伍里进行正确的政治工作，那他们的胜利还是不巩固的，我们应当竭尽全力使军事胜利和人民群众运动步调一致起来，在上次发言中，我没有谈及青年运动问题和军队工作问题,所以今天我讲了这些问题。

据我看来,主要的问题在于革命统一战线问题和共产党同国民党的相互关系问题,邵力子同志在他的演说中指出,国民党将同中国共产党、同苏联、同在民族大家庭中平等对待中国的所有民族共同工作,国民党今后也将领导反对帝国主义的斗争和保卫工人阶级与农民的利益的斗争,我们当然很高兴地听到这些话,而且我们也希望国民党同共产党、同苏联、同全世界无产阶级以及一切被压迫民族的合作,将比现在更为紧密,我们希望能够尽快地满足农民的要求。这必将能巩固国民党,使国民党政府的立场统一起来,巩固已经取得的胜利。也只有这样,我们才能取得新的胜利,才能完成民族革命。我们中国共产党人将竭尽全力去组织中国的民族革命统一战线并领导统一战线去进行革命斗争。布哈林同志所阐述的共产国际的任务,即把中国人民和苏联以及西欧无产阶级团结起来的任务,是一项伟大的任务,我们中国共产党人将不遗余力地为完成这个任务而勤奋地工作。

主席:

转入下一项议程,由墨菲同志发言。

墨菲作关于英国问题的报告

同志们!在作报告之前,我要先谈谈矿工同盟歇业是怎样结束的。我坚信,你们在座的各位,在充分了解到英勇的矿工斗争后结束这场冲突的各种条件后,定会和我们一起开诚布公地声明,一些矿区缔结的协议只能看做是迫不得已的,到现在为止,在矿工们没有力量撕毁协议以前,协议仍然有效。在英国的当前形势下,这些协议应当尽快废除。我深信,我们对参加这场如此英勇斗争的矿工及其妻室的赞颂,会激励我们给予他们以力所能及的援助。我们要帮助他们反对矿主强加给他们的奴隶般的条件，我们一定能帮助他们打破新的奴隶制的枷锁。

现在我的任务是，阐明英国的形势，特别要着重谈谈总罢工和矿业同盟歇业问题，因为这是近百年来英国历史上最有意义的和最重要的两件事。今年5月3日，400万工人齐心协力地给予世界上最古老的帝国基础以毁灭性打击，在9天紧张的日子里，他们的队伍始终不屈不挠，其他没有参加罢工的工人们也热情高涨、斗志昂扬，要求扩大斗争。由于工会和工人运动领袖的背叛，这次罢工出其不意地停止，百万矿工处于听凭命运摆布的地步。他们不顾国家运用所有可能动用的暴力，也不顾为反对工人而动用的所有阶级压迫工具，孤军奋战了7个月之久。

除了这个阶级力量的巨大冲突以外，我们看到了在苏联工人领导下的国际声援活动大规模的高涨，我们是英帝国主义体系中经济一片衰败景象、一片混乱状况的目击者，我们是国际范围内阶级相互关系深刻变动的目击者，这个重大事件的意义非常重大，它对英国的形势的影响已是如此地深刻，以致我们可以毫不犹豫地指出：英国工人阶级最终将走上社会革命的道路，这个事件是世界规模的事件，需要全神贯注地加以研究。

在以我们中央委员会向你们作报告时，我没有打算详尽论述中央六月全会对英国形势的总结，以及发生在5月3日至12日的英国总罢工的教训，在向扩大全会提出的提纲中，我们尽可能地只对我们六月提纲作一点补充，力求不重复阐明我们的工作，因此，我引证六月提纲，只限于我们的目标的需要，限于研究开始于5月12日总罢工被破坏后的7个月矿工斗争的需要。

考察英国国民经济及其与世界经济联系中的总状况时，我们要首先确认它处于不断衰落的阶段。作为帝国主义国家的英国总的情况就是这样，英帝国总的衰落最重要的组成部分也就是英国矿业的尖锐危机，我要指出这些为一系列事件所佐证的形势。事实上，矿工罢工的一个最重要的方面就是这样一个事实：罢工发生在英帝国衰落的阶段——衰落到了如此地步，以致英国资本家已经再无力向工人让步。而每一次冲突，甚至连那些被最起码的要求激起的冲突，也会很快具有严重的政治斗争性质。

请允许我谈谈罢工和同盟歇业的后果对英国整个国民经济的影响。

布哈林同志在他的报告中引用的许多统计材料指出，英国已失去了世界贸易中的垄断地位，英国很快把自己的位置让给了美国。此外，数字还表明，这样的变动不仅出现在整个英帝国范围内，而且它已扩散到整个世界贸易之中。在英帝国本身，对它极不利的所谓离心倾向、离心因素的增长过程大大加剧。我想指出，我们看到了英帝国的分崩离析的因素，殖民地和自治领急欲脱离英国，矿工罢工对英国重工业产生了极大的影响，损伤了英国的财政状况，埋下了大规模阶级冲突的导火索。我愿意再补充一些布哈林同志在他的报告中已提到的以外的情况，以使大家对英国衰落的程度有一个更为充分的概念。

首先谈谈1914年国家预算以及它与随后几年的比较。1914年，国家预算总数达到了1.98亿英镑，战争结束时增至10亿英镑以上，1926年经多方顽强努力缩减预算以后还是达到了8.24亿英镑，市政预算在1913年总数达7100万英镑，而1925年这个总数增加到1.6亿英镑。我希望你们注意这些数字。这些数字表明，进入国家金库和市政机关钱柜的国民收入的百分比已由18%增至40%。那么，英国最大的竞争对手——美国这方面的情况怎样呢？通常以为，美国国库所收的税金总额不大于国民收入的10.5%，但在此期间，美国已能做到在最近的将来使自己的预算收支平衡，而英国由于连续7个月的同盟歇业已经出现财政赤字。仅上半年就达6200万镑，虽说下半年收入还会增长，但所有迹象均表明，今年年底国家预算将有可能出现巨大赤字。

从资产阶级观点来看，各市政局的形势也相当令人沮丧，不少于60个地方政权机构，由于经济的需要被迫采取借贷方式以发放津贴补助。几天以前，金斯利·武德爵士在议会里已指出了这一点，他说："财政统计数字展示了令人沮丧的情景。由于财政支出负担过重，地方政权机关的借贷总额将达到517.5万英镑，才能支付因矿工罢工而导致的难以预料的津贴补助。到1926年9月30日为止的半年内，支付的津贴补助总额达1300万英镑，去年同期为700万镑，同时，在这个数字中还包括每周2.5万英镑用于支付矿工家属。"在考察工人运动的发展和资产阶级其与无产阶级斗争中的立场问题时，必须记得这样的事实。

英国工业家协会领袖之一罗伯特·霍恩爵士，在他鼓吹紧缩津贴补助的演说中，从国家和各市的财政谈到矿工罢工对财政的影响，进而谈到英国的工业，特别是受到危机的重大打击的工业，比如说重工业，他说，仅克莱德的11家造船厂1913年支付了1.7万英镑的贫困津贴补助，1925年的总数达到6.1万英镑，1926年大概还要有较大幅度的增长。如果现在的经济局势持续下去的话，22家造船厂要增加多少付款是可以想见的。罗伯特·霍恩爵士在他的演说中还指出，设菲尔德1913年对贫困者的津贴率为每英镑2便士，1926年已达到5先令1便士，这等于钢的成本提高。他援引格拉斯哥区的情况举例说明了这一点，那里每个炼钢厂每吨钢提价1先令，同时，还有来自外国钢铁供应者变本加厉的竞争。

再谈谈进出口的情况。这里我们一定会看到，进口增长，出口缩减，即使将由航运及外国存款收入构成的再出口和潜在出口全部计算在内，也仍然是入超。我们确信，《银行家杂志》对形势的分析是正确的，在谈到潜在出口时，该杂志认为，罢工5个月产生的逆差总计为4450万镑，从而得出如下结论："我们作为一个国家来说已经是入不敷出，不得不靠别的国家来满足我们的需求。付款期限一到，无论是全国范围内，还是每一个局部地区，都只能动用储存了。"针对《银行家杂志》的这种分析，对这些数字，我们断定，今年9月以后的逆差会增到3.19亿英镑，而去年同期则是2.69亿英镑，不应由此认为，困难局势只限于这部分为出口而生产的英国工业，矿工罢工的严重打击已波及到"受保护的"工业部门，特别是铁路和交通运输部门。例如，今年铁路收入要比去年少2500万英镑，在此期间，铁路职工工会确认失业工人已达5万人，而交通运输工人工会的失业人数已达10万人。

我们再接着看。近几个月以来，英国已由煤炭出口国变为进口国，航运业已经崩溃，以往利用船舶运出煤炭，运出煤炭的船只再运进谷物和食品。现在，船舶离开英国是空载，返回时运的是煤炭，这样就造成了额外的开支，使以往英国在海外运输调度事业方面拥有的一切优势化为乌有，英国没有能够使运进的粮食达到先前那样的规模，与此同时，航运业方面发生了载运吨位不足的情况，致使运货价达到空前未有的高度。

要是把所有这些事实和失业状况以及工业冲突中已被消耗掉的时间相比较，可以毫不夸大地说，总罢工和煤炭工业中的斗争加剧了衰退，而且衰退还会进一步加深。同志们，不要以为，同盟歇业结束，市场、贸易和工业就会迅速恢复正常，不要忘了，正如约翰逊·希克斯本周所指出的，矿井哪怕是开足马力工作，煤炭订货的考虑也将是长期的。英国还要进口煤炭，至少在2月份以前是这样。那么，从这一事实就可以看到，矿工斗争对英国工业产生了怎样的毁灭性影响。现在工业界已经在说，英国需要消耗太多的煤炭，就是矿井全部开工，进口规模不缩减，几个月后煤炭市场上也还会出现新的危机。

现在让我们看一看同盟歇业对劳动市场和失业状况的影响。用数字来说明。1921年，在最近的一次大型同盟歇业时，采矿工业有150万失业工人，从那时候起，失业工人数字在实际规模上没有减少，始终保持在 100 万人左右。现在，不算矿工，已经有 150 万工人登记失业，把这个数字和工业停滞引起的衰落相比较，就可以明白，是什么样的力量在破坏着英国经济。1921 年工业冲突耗损了 8600 万个劳动日，1926 年同盟歇业结束以前已损失 1.65—1.7 亿个劳动日，这也是同盟歇业和总罢工造成的。

在评价逐年下降的英国农业状况时，不能忽视所有这些数字，这同样是英国经济总危机的特征。在研究对外贸易逆差时与农业经济的衰落相比较，与国家财政后备的枯竭相比较，我们就可以知道，现今英国的国民经济处于怎样的困境。

危机的核心因素是煤炭工业危机。从 1921 年起爆发了煤矿危机，并演变为长达 3 个月的同盟歇业，当时，能避免矿工和矿主之间的公开冲突纯属偶然。始终作为英国出口贸易的主要部分的煤炭出口，在其他国家工业发展的这些年里一直呈下降趋势，这加剧了英国与竞争对手在国际市场上的竞争。在这个时期，石油作为燃料的作用提高了，说明这一情况的数字已人所尽知，我就不在这个问题上浪费时间，只是要指出，在同盟歇业之前，英国已在一系列市场上被排挤出来，现在，由于最近的同盟歇业，英国几乎完全失去了南美市场，相当大的一部分欧洲市场也被德国占领。说明局势严重性的还有这样的事实，罢工发生之前的 12 个月里，只有一个国家扩大了对英国煤炭的订货，所有的欧洲国家已经加大了采掘规模，某些国家甚至已达到出口极限，这样一来，就得对某些国家出口煤炭加以禁止，美国的煤炭产量相当大，美国非常谨慎从事，只接受长期订货，从而确保下一年度向英国出口煤炭，同时把英国从南美的煤炭市场排挤出去。

然而，其他国家在这方面的所有成就不能补偿原属英国出口煤炭的份额，现在，世界市场的煤炭已出现一定程度的短缺，由于这个原因，燃料价格和运输普遍上涨，不待说，所有这一切不仅影响到英国，而且影响到其他国家的经济生活。法国煤炭价格暴涨，鲁尔的无烟煤价格上涨100%；比利时煤炭在国内市场销售价格提高了120%；在波兰，由于运输工具严重不足，报界甚至以为波兰快完蛋了；在意大利，转运工具的不足引起了许多工业部门的巨大困难；美国煤炭的价格则一路飙升。

在对矿工罢工造成的经济形势进行分析时，就连资产阶级经济学家都认为，罢工至少使英国付出了高达5亿英镑的代价，我们可以发现，英国资本主义不得不动用不能随意动用的储备，其实，他们已经没有用于输出的多余资本，英国在各种赋税的重压之下疲于奔命，它的债务随着外国竞争的增长而增长。

但是，在仔细考察这些重要因素时，我们不禁要问：是否存在由当前局势引起的某些其他因素？为了回答这个问题，我们应当考虑到某些因素，资本家不拼死挽救败局，是不会撤出阵地的。严重危机的直接后果之——托拉斯化的扩大就证明了这一点。托拉斯化甚至以极快的速度在矿业中展开。我们看到，约克郡建立了矿主和工厂主的大型组织，即拥有资本数百万英镑的联合工厂。我在今天的报纸上看到了一则有关另一个联合工厂组织的消息："昨天加的夫商品交易报道称，奥申·科尔与威尔逊有限公司和国家联合煤矿有限公司达成协议，国家联合煤矿有限公司以200万英镑被收购。"这样，拥有850万英镑资本的煤炭联合企业产生了，这些公司在其他康采恩中所拥有的财政监督权则完全被忽视。这显示了矿工罢工在矿业托拉斯化方面的直接后果，关于托拉斯化问题的磋商是罢工之前的事情，从煤炭委员会的工作报告中可以清楚地看到这一点。由于局势越来越不妙，大工业早就盘算着围困小企业，并把它们吞并掉了。

还应当指出的是，化学工业也成立了大型联合企业，其中包括资本为3000万英镑的托拉斯，接下来我们还会看到，拥有约8600万英镑资本的所谓肝脏保健品联合公司；康采恩托拉斯化过程也在机器制造等工业部门中展开。这样，我们看到，资产阶级拼命以托拉斯化的方式集结自己的力量，矿工罢工的直接经济后果就是这样。

不过，我们在看到资产阶级所做的这些努力的同时，还是得出这样的结论，危机不仅推动了英国在资本主义衰落的道路上走得更远，而且加剧了英国与其他国家关系上的困难。与此同时，大国之间的竞争也加剧了，可以很有把握地说，连续7个月的同盟歇业的直接后果就是，全欧资本主义势力的斗争进一步尖锐化。

现在再看看，罢工对政治局势产生的影响。在仔细考察我们研究的时期所发生的变动时，我们确信，无论英国外交采取什么花招，英国的国内形势也不会使它顺利完成自己的外交计划。正如我们所看到的，英国外交因此在许多方面遭到了重大挫折，这方面首先要指出的是，建立反美的欧洲联盟计划以及包围苏联的计划，英国外交家的这些意图从来没有如愿以偿。毫无疑问，英国政府把自己的方案和泛洛迦诺计划联系起来，这种企图已在日内瓦化为泡影，这一方面是，巴西在美国的高压下，要求在国际联盟会议上获得席位；另一方面是，图瓦里谈判和钢铁托拉斯协议而导致法国和德国的接近。

从许多资产阶级的声明中可以看出，英国并不是特别欢迎法德亲近的企图。例如，《经济学家》杂志说，英国的炼钢工业太糟糕，这样他们才打算参加法德托拉斯，同时，英国的炼钢业过于薄弱，也无法同法德托拉斯竞争。《经济学家》并未夸大其词。矿工罢工沉重打击了英国的炼钢业，在最近7个月内，几百个熔铁炉只有四五个开工，显然，如果说，钢产量达到这样的水平，那么，炼钢工业的形势就相当严峻了。不言而喻，炼钢工业生产的这种状况在很大程度上妨碍了英国和欧洲大陆的竞争对手进行洽商的想法，同时，欧洲大陆的重工业由于英国罢工和同盟歇业获得了巨大动力。因此，如果我们说，罢工打掉了英国建立欧洲联盟的念头，那绝非夸大其词。各大国相互关系上的这种变动，使英国包围苏联的计划化为泡影，苏联才有可能与邻国缔结有效的单边协议。如果英国被迫改变它对欧洲的计划，并力求在意大利的协助下寻求新的阵地，那么它在远东也遭到了同样严重的失败。

前不久，英国还在千方百计地对中国进行军事干涉，只要浏览一下英国报刊的文章就会相信这个事实。显而易见的是，在谈到军事干涉问题时，我们不能忽略日本、美国和英国之间的对抗矛盾。正是考虑到这种状况，我们将得出这样的结论：英国满怀着征服者的欲望，要实现这个欲望，就必须倚重舰队，当然要倚重重工业。但是在国内目前状况下，英国很难投入战争，因为英国的炼钢工业正停滞不前，煤矿工业遭到严重破坏，运输业也处于崩溃状态，所以我们就会明白，英国根本不可能将武装干涉政策进行到底。因此，虽说形势可能再次迅速改变，但我们却可以有把握地说，矿工的伟大斗争给了中国革命以巨大支援，从历史的观点看，我们可以得出结论：总罢工和矿业同盟歇业起到了中国革命的同盟军的作用。

但这不是英帝国主义在最近几月里遭到的唯一失败，它同澳大利亚、南非以及加拿大之间的猜疑更使它的处境雪上加霜。

英国的羸弱表现在各个方面，我们从煤矿冲突紧张时刻在伦敦召开的英帝国会议上就看到了这一点。这个会议上有两个不速之客，矿工和美国，与会的部长们非常清楚，罢工坚持越久，英国的财政状况就会更坏，它不得不赶快求助于美国，既然英国的财政已出现赤字，它怎么能够输出资本呢？为了证明我不能夸大其词，请允许我援引一下凯恩斯的话。他认为，英国近年来在国外的投资总额，1924年为1.23亿英镑，1925年为8500万镑，而1926年1月至9月仅有3800万镑，他补充说道：

"现在我们不能在国外安排多余的大量投资,而且我们应当……考虑到今年年底会有2100万镑的赤字。"

这种形势对殖民地不是什么好兆头。澳大利亚总理布鲁斯说,如果英国不能向现有的国外市场投资,那就让它自己去寻找新的市场吧。谈到财政状况,我们知道,是什么使英国寝食难安。我们知道,英国看着美国的黄金储备眼红。我们也知道,去年它不得不宣布,禁止向殖民地输出资本。这样一来,澳大利亚就不得不转向向美国请求贷款。我们还知道,今年英国也不能在加拿大投资。有人指出,现在英国在加拿大的投资还没有达到战前的水平。为了应付现在的局面,英国正采取从它在澳大利亚的基金中输出黄金的办法,而且黄金是输向美国,只要这个过程继续下去,很难说把帝国各个部分联合成一个整体的关系能有多么的牢固,我们的印象是,美国似乎正在一步一步地削弱这种关系。

我愿意提请你们注意英国今天形势中一个极为有趣的方面。从我们讨论的问题的角度来看,它是一个极为重要的方面,不管有关英国经济的复杂情况的大量事实如何,我们都是这个非常引人入胜的矛盾现象的目击者,那就是银行金融和某些加工部门(主要是奢侈品生产部门)的繁荣,和处于极端萧条的主要工业部门(例如:煤矿业、炼钢业、纺织业)这两者之间的矛盾。《泰晤士报》6月21日指出了这个事实,这家报纸写道:

"整个说来,今年重工业企业的情况,是自缔结和约以来繁荣局面结束后最糟糕的,甚至在许多方面比许多年以来的情况还要糟糕,然而其他工业部门则呈现出相当显著的高涨,其中某些部门甚至处于繁荣状态。"

斯诺博士在统计学会就这个题目作演说时,对上述现象进行了极为有趣的解释。他对形势作了如下分析:1913年对我国进口的75%由出口来补偿，1926年，英国的出口只能抵偿进口的66%，对外贸平衡也有影响的是潜在的出口，即来自外国投资的收入、航运的收入、各类代售收入，等等。这类收入与进口相比已明显增加，事实上绝对数也确实增加了。1913年，进口收入达到3.39亿英镑，1923年达到3.73亿英镑，1924—1925年为4.29亿英镑。斯诺博士说，那时，战前作为补偿进口手段的出口增长了，现在却存在相反的趋向，这种变动具有威胁性，不能不估计到这一点，这就是说，银行和某些奢侈品的生产之所以繁荣，是因为有来自外国投资的收入，来自自治领和殖民地等处的收入。我们所指出的这种增长是绝对的，它在一定程度上揭示了英国经济形势的复杂性，这种复杂性可用下面的事实来证明：几年以前，这些投资完全没有全部收回，现在才开始有收入。因此，英国在殖民地、自治领等处投资的收入额绝对地增长了。假设我们考虑到所有这一切，势必应当得出这样的结论，那就是：今年的同盟歇业将造成国家财政的巨额赤字，甚至从金融观点看，英国将不能保持它以前在殖民地特别是在自治领的作用，这是因为，英国已没有能力向帝国的这些地方投资了。

我认为应当强调这一点，因为某些同志认为，英国目前的这种状况表明，英国资本主义的寄生性已达到如此的地步，以致可以完全忽视本国工业的利益，而且英国正走上向金融中心发展的道路，也只能走这条道路。不过，从贸易状况、出口和国外投资收入的分析来看，如果考虑到所有这些情况，就应当承认，英国急转直下的状况比理论上的推断更为可怕。当然，人们还说，如果这一进程继续下去，也会加剧英国的阶级斗争。但如果以为，当英国资本主义开始依靠自己的储备全面输出资本，从而资本完全丧失自己的国内市场的时候，这种状况会继续发展和深化，这纯粹是在想象一种不能被事实证明的东西。对于资产阶级来说，这种局势是不能令人宽慰的，因为这意味着，英国国民经济不断地破产已到了这样的地步，在拿不出钱来帮助百姓的时候，居民将陷入英国资本主义基础动摇的险恶困境。正如帝国会议上所说的,认为英国将失业工人送往自治领,就能够多少摆脱一下危机以恢复元气的看法,也是错误的,把广大失业群众送往自治领以解决危机的思想应当予以充分的关注。要充分考虑到我说出的事实,把它与长达7个月的斗争以及这场斗争对国家经济生活的毁灭性影响相比较时,马上就可以看出,在这个问题上,工党领袖们的全部论断和全部宣传是毫无根据的。例如,金杰森正在澳大利亚旅行游历和宣传鼓吹,说什么,澳大利亚不应当变成工业国,只要求搞好农业就足够了,不然的话,英国的工业就会被毁灭掉,这种说法是全然无可救药的,解决移民问题也是这样。解决问题的办法没有明显的效果,要自治领干什么?自治领不希望像英国那样存在大批失业者,因而有意规定,迁入侨民至少要拥有400英镑的资本方可入境,我不知道,哪个失业者会拥有这样的资本。

让我们来考察一下自治领的情况,举新西兰为例来说。"在所有的城市,可以说除了正在迅速地建设的惠灵顿以外,失业都比1921—1922年有显著的增长。在这个时期,来自英国的每一条轮船都运来大批移民,诚然,最近迁来的这些人中,绝大部分是为农业区所吸收,但来到新西兰的英国人都不愿意到农场去,他们取代了当地的工业工人。"无疑,这已在新西兰人中引起了不满,这样一来,这里就出现了敌视英国的情绪,因为英国企图把失业工人派到新西兰,不言而喻,类似的情况也出现在澳大利亚。因此,把失业者派到自治领以减轻英国大批失业的压力,减轻近200万乞丐的压力,显然并非如此简单,这不是解决英国面临的经济困难的出路。

这个问题的奇怪之处还在于其他方面。这种解决办法从移民计划以及与该计划相联系的政策略角度来看,都是不宜采用的。

问题在于自治领有正在发展着的、渴望确立自己地位的资产阶级。战前仅有13%的澳大利亚内债要由澳大利亚人偿付,而今年澳大利亚的资本已具有相当显著的民族性,即澳大利亚债务额的55%是内债,同样,澳大利亚欠英国的债务则相应地缩减,所以不足为奇的是,布鲁斯在谈论澳大利亚的财政和政治前景时坚定而非常露骨地发表意见,11月11日,他在伦敦发表演说时谈到澳大利亚对英帝国和美国关系的态度时指出:"对我们澳大利亚来说,这种友谊(与美国的)有着至关重要的意义,我们深切关注同我们伟大邻邦的民主制度的良好关系,我们制定的宪法俨如美国的宪法一样,我们的国家发展经历着同样的道路,我们同美国存在同样的问题。美国不干涉欧洲事务的传统政策在我国得到了反响,我们认为,在18世纪末争取自由的斗争中给予英国的打击,是美国为所有英国自治领所做的好事。"……是啊,把帝国各个部分联系在一起的纽带是紧密的!……当宾勋爵在加拿大遭到失败之后,新总督宣布不干涉加拿大的内部政策,可过了一周。加拿大委派大使去了华盛顿,鉴于这一系列事变,只要回顾一下几天前公布的帝国会议的公报和决议就够了,在公报和决议中确切地表明了我以前已经指出的那种分化过程。

因此,总括总罢工和煤矿业同盟歇业的结果,总括它们对英帝国的影响,我们可以指出:罢工的结果和影响加紧了离心倾向,破坏了财政统一,加剧了帝国国家经济的矛盾,也增强了自治领寻求帝国范围以外援助的政治倾向,这一斗争同样加强了英国工人阶级同自治领的无产阶级以及殖民地和其他国家(英国对他们怀有帝国主义欲望的国家)被压迫人民团结的基础。

现在请允许我来考察一下这场斗争对各阶级的影响,总罢工和矿工同盟歇业对世界资产阶级的影响可以概括如下:首先,在反对总罢工斗争问题上,世界资产阶级有反映并且明确进行相互支援。但是,其他国家的资产阶级,当看到英国资产阶级并没有立刻破产之后,便开始利用这种形势,在英国的这场斗争对于其他国家的资产阶级是有利的,他们毫不迟延地利用了这个有利时机。谈到英国资产阶级，我们看到，工会刚刚决定宣布总罢工，它就扔掉了民主的假面具，由国王签署了非常状态法，议会和它所控制的一切机构都成了专政的工具，所有向国王和国家发出的呼吁，实际上目的都在于要求保障私有财产，陆军、舰队、空军、警察、教会和报界都起来支持非常状态法，反对工人的广大小资产阶层也加入了这支队伍，宣布总罢工时的阶级关系的特点就是这样。

我们在中央委员会六月提纲中已经详尽地考察了所有这一切，所以现在我们没有必要对那些问题再作详细的论述。自由党成员和保守党政府团结合作，这种合作关系在总罢工被破坏以后的几个星期之内就已存在，工党首领、总委员会、工党议会党团站在罢工者一边，为的是随后背叛和出卖罢工者，他们已使自己的全部议会活动服从于资产阶级利益，假如工人阶级信任共产党并希望迫使政府辞职，从而规定新的议会选举，就会形成一个与工人团结合作而斗争的广泛的阶级阵线。在这种情况下，敌对阶级的团结合作就会被打破，被政府编造的国内战争威胁吓倒的中产阶级，认为国内战争确已迫在眉睫，就会在恐惧中迟疑不定而倒向政府。假如工人运动通过罢工达到了普选的目的，那么它就能够使形势不仅有利于自己，而且可能迫使许多小资产阶级分子从政府阵营转到工人阵营中来。

总罢工的结束既不意味着非常状态的终止，也不意味着专制的终止，托马斯、珀塞尔之流的投降不是政府的投降，在矿工整个斗争期间施行的非常状态法，使本来就伪善十足的工党议会党团的反对派完全消声匿迹，而且驳倒了关于"阶级之间良好的相互关系"之类的一切空谈。政府开始失去支持，产生这种变化的原因是政府对待教会人士的立场。英国小资产阶级，无论怎么说，他们终究是非常崇拜教会的，当自由党人阶层支持教会人士的时候，这个过程走得还更远些，它影响到罢工之后直接举行的增补选举的结果，离开政府的过程因为通过了8小时工作日法而达到最高点。这个事实引起了支持政府的各阶级的变动，处在麦克唐纳领导之下的工人阶级各阶层迄今还是与政府一起反对总罢工的合作者，现在，他们应当不再争论总罢工的问题，而要转向行动了。随着8小时工作制的施行，他们又一次成为矿工的同盟者，他们不得不出来反对这个新的法令，以劳合-乔治为首的自由党人也呈现这种状态。现在，工人官僚、小资产阶级和自由党人不是团结在保守党人政府周围，而是重新反对政府。自由党队伍中的争论，领袖中的意见分歧使党脱离政府阵营的现象具有日益明显的性质，自由党人中的某些阶层，小资产阶级和知识分子中的贫困阶层开始转向工党，其中就有大资产阶级的代表人物，例如蒙德就声明，当前刻不容缓的问题是保持现有秩序。所以，保守党政府是国家最好的政府，加入工党的自由党人当时并没有承认工党的社会主义纲领，指出这一点是颇有趣的。例如，所有自由党人中最有名气的肯沃西，前不久加入了工党。他公开声称，他参加这个党，因为他是自由党人，不是因为承认社会主义，而工党才是他赖以实现自由主义的唯一阵地。尽管小资产阶级队伍的这个变动很快得到加强，然而整个保守党同样迅速地受到所谓死硬派的影响，保守党的代表会议回答了矿工。在那个会上，党的领袖鲍德温比较了英国形势和战前欧洲的形势，他把资产阶级和无产阶级作为两大武装阵营等量齐观。代表会议声明，会议纲领在不久的将来要加入扩大上院权力、实行反工会非常法、规定惩处标准、建立政府对选举和工会的会计制度等等的监督，以及取消失业者选举权、限制市政局权力等条例。请不要忘记，我们有200万领取失业救济金的穷人，可保守党人却企图用政治挺胸来对付工人阶级，打算剥夺失业者的选举权，以此来破坏议会体制的正常运动。

当然，前不久的市政局选举使资产阶级有理由感到惊惶不安，选举表明，群众政治意识正有相当大的提高，工党在市政局选举中的胜利对它有着重大的意义，但应当同时指出这个进程的结果。让我们看看，《每日邮报》对市政选举中工人运动成就的描述：

"首要的和最明显的措施之一就是，剥夺贫民和享受社会救济金的人的选举权。在我们大城市中，领取退休金、救济金的人和其他依靠纳税人生活的人的数目在增长。战前，为了获得选举权，人们必须能够自食其力，不要依靠别人，无数的贫民和半贫民按照社会主义行动纲领组织起来，并成为能够决定选举结果的因素。只要社会主义者要求靠纳税人的捐税来承担提高救济金的定额，他就会蛮有把握地指望得到这些贫民的支持。这是最恬不知耻的掠夺行为。"

如果这个抨击具有典型意义，那么这份报纸对拥有工人多数的市政局机关的攻讦也同样是典型的，这家报纸声称：

"非常重要的是第二点，赋予内务大臣在管辖地方警察方面以更大的权限。如果头头们或者那些自认为有权解雇警察的人向某个警察下命令时，这个警察不应当去考虑，他是否应当拒绝采取某些必要措施来保护居民。"

这一声明以及内务大臣前不久的旨在维护秩序的命令都表明，英国资产阶级不打算放弃手中对警察的监督权力。

因此，请你们注意英国资产阶级在煤矿业同盟歇业期间策略的两个要点。首先，我们看看警察起了怎样的作用，其次，看看运输业在总罢工期间以及矿工同盟歇业期间的作用到底如何。先谈谈警察的作用。在罢工前以及在罢工进行过程中，政府开始招募"维持供应组织"的成员，我们看到了淘汰的过程，这部分是由于罢工对中产阶级的影响，部分是由于内务大臣相应的宣传。迄今为止没有起到显著作用的法西斯分子全都加入了"维持供应组织"。警察局的长官公开邀请法西斯分子参加警察队伍，这支队伍在1919年警察罢工以后，内部进行了清洗并解雇了所有的不满分子。警察已军国主义化，并通过吸收以前士兵加入警察队伍的办法，预先防止了内部宣传的危险。资产阶级非常感谢警察在总罢工期间的作用，通过《泰晤士报》为警察募集捐款达2.5万镑，在总罢工和矿工同盟歇业期间，警察起着最积极的镇压者的作用，警察名副其实地成为资产阶级的军队和资产阶级武装力量的先锋队，浸透了法西斯主义思想并服从于军事监督和纪律的警察，是英国工人运动面临的较之陆军和海军更为重要的复杂问题。

谈到第二个要点，以往我们对运输业的实力和意义估计不足，而运输业和它的作用在罢工期间的确非常重要。在一个叫什么什么格拉斯哥的人写的书中饶有兴味地描绘了资产阶级怎样通过组织公路运输同总罢工作斗争的情况。劳合-乔治在这本书的序言中写道："公路运输发展得如此有计划，同时又如此迅速，以至我们当中不多的人认为，如此迅速地利用运输业，只有罢工时期才有可能。"但是工联代表大会估计到，或者说，至少应当估计到，政府利用公路运输的可能性，这样利用公路运输的计划早在战争时期就已制定和准备好了。1910年，联合政府不仅制订而且巧妙地利用了这个计划。1919年铁路工人罢工期间，为了防止饥饿执行了这个计划。从那个时候起，一个又一个的政府继承了这个计划，并使之更加完善。拉姆齐·麦克唐纳和他的内阁不仅从自己的前辈那里学得了这个计划，而且还像作者所说的，在1924年曾两度予以实施。"我们的内阁在工业危机时刻，在战争还未结束以前，就预备利用这个计划，以便阻止国家粮食供应的紊乱状况。"1919年9月26日，准备工作已由从这天开始直到10月6日的铁路工人罢工作了检验，格拉斯哥先生断言，英国在1926年5月的经验证实了政治哲学的一个新的真理，那就是公路运输能够有效地服务于国家在发生某种危险或发生饥荒时的紧迫需要。"这一真理绝不是轻视铁路运输的作用，铁路是最轻便、最廉价的，或者说是运输重型机械这样的庞然大物的唯一工具。"该书作者格拉斯哥说："罢工的最大教训之一是，要促进公路运输在当今的，以满足刻不容缓的需要，**因为工会不能利用它**。"我想，应该对这个问题予以最密切的注意。这是英国近百年来的第一次总罢工，但它将不是最后一次。

总结长期斗争对英国资产阶级的影响时，我们可以说，在保守党人队伍中，死硬分子占了优势，自由党彻底瓦解了。国家机构和警察已受到法西斯主义思想的熏染而军国主义化了，小资产阶级包括它的底层，都倾向于工党，工党很快把自由党的以往成员吸引到自己队伍中来，而且剩下的那些最有资产的人则转入了保守党人的阵营。

现在看一看，这次巨大冲突对工人运动的影响如何，无产阶级对近来7个月事件的反应如何。没有必要重复6月份我们在研究总罢工经验时已经讲过的东西，你们都已知道，总委员会出卖了罢工，但我们来看看，它在矿工同盟歇业期都干了什么。德国改良主义报刊写道："从英国资本手中夺取它的市场，就是我们能够给予英国矿工斗争的最好支援，只有这样，英国矿工才能赢得罢工的胜利。如果我们不去剥夺英国资本家的市场，那么煤炭大王就不会惧怕罢工并会让罢工没完没了地拖延下去"。难道不对吗？真是妙极了……这说明，从5月到9月期间向英国输入1100万吨破坏罢工的煤炭。现在听一听《前进报》以怎样友好的词调向矿工领袖库克讲话的：

"库克由于他的'要么全部，要么全不'的政策把自己送进了死胡同，他拿着莫斯科的钱，就得依附莫斯科，听从莫斯科的摆布……英国矿工要库克给他们搞来的俄国卢布付出极为昂贵的利息，因此每一个懂得并看到事物真相的人应当有勇气促使罢工尽快结束，在任何情况面前都不作让步。"

毫无疑义，阿姆斯特丹国际可以夸耀它对工人充当了第一个高利贷者的角色。他们曾说："假如我们向矿工贷款的话，也就只要一点点利息。"矿工国际领袖办事也许更差。这个国际为首的是反动分子霍奇斯，他要求降低英国矿工工资，延长其劳动日，并且极其厚颜无耻地诬蔑诽谤这场运动，以反对英国矿工领袖。矿工国际是英国矿工失败的工具，国际的这些行为可与工联代表大会总委员会的行为媲美。那个总委员会对卑鄙地出卖矿工事业负有全部责任，它在整整7个月矿工斗争期间一直破坏罢工斗争，我们都知道，总委员会在英俄委员会巴黎会议和柏林会议上是怎样表演的。我们都知道，它是怎样执行鲍德温的政策的，它连手指头也没有动一动去帮助矿工，我们都知道，它是怎样对待俄国的建议的，现在他召回了英俄委员会的书记和主席。这意味着什么呢？这说明：它在破坏英俄委员会并力图逃避它的工作责任。它采取有利于矿井主和鲍德温政府的步骤行事，同时却违反了英国工人阶级的利益，这就是现在改良主义者的活动。

其次，我想请你们注意国际合作社同盟的作用，国际合作社同盟收到俄国同志请求援助矿工的请求，可连续几个月他们都没讨论俄国同志的来信，后来我们才明白，英国合作社组织的首领们和总委员会成员是一丘之貉，他们在合作社同盟会议上故意捣乱，反对援助英国矿工，还找借口说，如果英国合作组织认为矿工需要援助，他们自己就会去援助。他们说，俄国人应当停止干预英国内部事务并让英国人去解决他们担心的问题，这就是国际合作社同盟的所作所为。

不过，如果说各组织首领是这样做的，那么决不能说合作社成员的广大阶层和合作社的基层组织也是这样做的，许多地方组织通过他们的领袖、通过各种组织去帮助矿工，还有一些人则通过国际工人救济会，某些人则采取直接给予矿工以援助。在某些情况下，他们甚至强迫自己的中央机构给予矿工援助，甚至连反动的美国劳联也在这个组织的革命工人的压力下参加了给予英国矿工以物质援助的行列。但是在统计全部援助时，我们应当指出，合作组织对矿工的援助是微不足道的，而它的首领们却虔诚地起着资产阶级和忠实盟友的作用。

不管共产国际有怎样的弱点，全世界工人都清楚地知道，在阶级声援事业中各国共产党是绝对一致的："帮助矿工"，这是各国共产党提出的第一个口号。中国和印度的革命工人拿出自己本来就少得可怜的几文钱来充作援助英国矿工的基金，囚禁在波兰监狱里的政治犯也挤出了自己的几文钱来援助矿工，而他们这几文钱还是从国际革命战士救济会以及其他类似组织中得到的。美国塞伊克的罢工参加者，也同样省下钱来帮助矿工，以证明他们与矿工心连心。而最大的援助是来自世界第一个无产阶级共和国的工人，历史上还未有过这样的阶级声援的范例，俄国工人对英国矿工这种声援和帮助是各条战线无产阶级最终胜利的范例。俄国工人对英国矿工这种声援和帮助是各条战线无产阶级最终胜利的保障。同志们，我们和所有国家的广大无产阶级群众非常清楚，不管资产阶级通过狂暴的野兽约翰逊·希克斯、伯肯黑德或者冒险家邱吉尔之口进行任何造谣中伤，苏联工人对英国矿工和工人阶级的伟大援助过去是，现在仍旧是工人阶级以革命声援的名义提供的自愿帮助。

苏联工会开展这种援助运动不仅与世界工人更加亲近，而且推进了他们拥护的红色工会国际的事业，红色工会国际也开展了援助运动，这就在极大程度上巩固了加入阿姆斯特丹国际的工人对红色工会国际的同情。

不过，如果将这一切同改良主义工会所取得的成绩相比较，我们还要认清自己的缺点，尽管我们国际的各支部在有关罢工和同盟歇业问题上进行了有力的宣传，我们还是必须考虑到这样的事实，那就是，没有能够在更广大的范围内动员工会去宣布同情罢工，类似法国运输工人的独立罢工和汉堡港口工人的独立罢工这样的事例。我们应当公开承认这些失误，我们国际的各国党还没有在工会中深深扎根。我们有一些党，党员人数已达7—10万，但我怀疑，他们是否在工会组织中进行了切实的工作，否则，他们怎会在我们面临考验前表现得如此消极被动？我们怎么会看到工会完全处于社会民主党的控制之下？

在我们各国党明显面临着两项任务，我们应当学会理解每一个国家范围内发生的每一次冲突都是今天国际规模的重大事件，我们应当使每一个国家的斗争国际化，我们应当扩大、全面展开和加强我们的工会工作，并在运输工人工会和重工业工人工会组织中树立自己的威信。回想起在同盟歇业期间向英国输入了 1100 万吨破坏罢工的煤炭一事，我们就会清楚，这些任务是何等的重要。联系国际的活动来概括我们的观察，我们可以谈谈各国党和革命工会为了英国矿工和工人阶级的利益所作过的工作。我们可以声明，我们有权为他们感到自豪，当第二国际改良主义领袖成了资本家手中的傀儡和资产阶级的走卒为使矿工失利的时候，各国资产阶级的竞争也进一步加剧，群众性的阶级声援也在增强，因此共产党人成了决心和企业主作斗争的唯一群众领袖。

现在来谈英国形势，主要谈罢工和同盟歇业对英国工人运动的影响。在紧随总罢工后出现的阶级分化过程中，可以清楚地区分为三个重要阶段。总委员会投降、左派变成右派，构成阶级分化的第一阶段。矿工联盟，少数派运动和共产党留在左翼阵营，其他力量转向了资产阶级方面。下一个重要变动是通过八小时工作制引起的，随后工党和自由党公然出来与左翼力量一起反对政府。第三阶段是随着矿工联盟中间分化的加深而变得十分明显起来，它表现在：第一，拒绝采纳宗教信徒的建议，而拥护这个建议的有矿工联盟领袖，甚至包括库克。第二，矿工代表会议接受了政府的条件。第三，矿工比库克和宗教信徒表现得更先进。第四，胜过了政府和国民会议的社会各基层，否决了他们的提案，并团结在共产党和少数派周围，当然不用说，共产党和少数派运动的迅速发展不是孤立的现象，矿工需要的帮助越多，工会官僚就越是残酷无情地反对群众，反对罢工。

这一情况促进了自 1920 年以来在几年经常性危机期间发生的深刻

变化，这些危机年代动摇了工人贵族的主要阶层，矿工罢工更为加深了某些被称做"受保护"的生产部门的这个进程，重工业的萧条在铁路事业上留下了不可磨灭的痕迹。据英国四大铁路公司的通告，1925年比1924年减少收入400万镑以上，今年由于罢工，铁路收入减少2500万镑，现在共有5万名失业铁路工人，在近几年内，铁路工人工资总共减少不低于5500万镑。显然，搬运工人的情况也是这样，在所有的主要生产部门，改良主义的经济基础正在迅速地遭到败坏。

被迫投入斗争的群众越多，在防止或出卖群众斗争的事业中充当资产阶级公开同盟者的官僚首领们就会更紧密地抱成一团，我们是这伙官僚队伍发展的崭新的见证人。我这里有许多工人首领们写的宣传文章，文章相当清楚地披露了这一过程。例如，他们首先建议我们倒向美国，并相信美国已达到了何等程度的高工资和劳动生产率。第二，他们号召工业家"记住老天爷"。皮尤在总罢工时期以他的"领导"而著称，现在已成为国际联盟的拥护者，他致力于工会和合作社的团结的各种计划，而工会和合作社就是确立工业和平的工具。斯诺登和罗伯特·威廉斯向我们说，社会主义只有通过发展资本主义才能达到，我们知道，谈到这些事情时，他们执行的是大资产阶级的计划，大资产阶级也在"祈求"工业和平，也在致力于发展技术，也在追求大规模地托拉斯化。这些工人首领的所有口号都是企业主的口号，因此我们甚至已不能再把这些领袖看做资产阶级激进派，应当把他们看做是大资产阶级的积极走卒。

然而，在观察这一过程时，同样不能忽视另一方面发生的过程。我们同样看到，随着群众运动的扩大，少数派运动在迅速扩大，工党中有组织的左翼在扩大，这首先表现在工党最近的代表会议上出现的有组织的联盟形式。同时，我们也是共产党及其盟友——共产主义青年联盟成员数量迅速扩大的见证者。工党左翼的发展也是要求我们必须予以严重关注的现象，因为我们不仅看到共产党人被开除出工党，而且，工党的一些地方组织也被整个地赶出工党，这些同情共产党人、接受共产党的决议并充满左派情绪的地方组织，现在被从工党队伍中赶出来了，从工党中被开除的地方组织至少有 13 个，而工党企图在这些地区建立新的组织以对抗被开除的组织。这个旨在分裂工人阶级队伍的运动，越来越加大无产阶级道路上的困难，从采取统一战线政策的角度看，它是一个极其异乎寻常的问题，除了要求把共产党并入工党外，我们还应当坚持把"左翼"分子组织成一个统一的集团，而且还要对留在工党队伍中和已被开除出党的人一视同仁，我们应当要求他们，在共产党的领导和指导下，为在工党队伍中恢复被开除的组织而斗争，这是广泛的群众运动，是共产党本身应当进行并应尽可能更加广泛地开展的运动。

在工党推行分裂无产阶级队伍的企图时，自由党人涌进了工党队伍。既然自由党瓦解了，工党渴望变成不仅具有工人纲领的工人党，而且成为全国"人民的"党，它将奉行除了有利于无产阶级的明确的阶级政策以外的任何政策，要实现这个过程对工人官僚是有困难的，困难来自工会，工会迄今仍然是工党收入的源泉，也是党员群众的基础，而工会则不得不为满足自己最起码的需求进行顽强斗争。然而在发展的现阶段中，工会官僚们抱团使工党有可能扩大自己的影响，并反对使群众组织起来进行斗争的一切努力。在这一过程中起重要作用的是独立工党，这个党不断重申要为"保证生存的工资"而斗争，说什么"我们时代的社会主义"啦，等等，以此来确保无产阶级对追随独立工党的工党领袖的忠诚，事实上，独立工党扮演了反革命的角色，而且是资产阶级的走卒，它制订了广泛的工业和平纲领，这个纲领包括作为向社会主义和平过渡的工具的合作社工作，这是玩弄革命辞藻的危险把戏，因为独立工党队伍中的许多工人认真接受了这些革命词句，并认为所有这些词句都是真正的战斗口号。因此我已谈到的向左转的情况，在独立工党队伍中，像我以前说的，在工党之内已出现更为明确的形式。

因此可以确定许多说明工人运动分裂过程的重要事实，第一，前不久的市政局选举结果说明了倒向工党的群众运动和群众政治意识的觉醒。第二，改良主义者在这个运动中占有优势地位。第三，无论在工会内部还是在工党内部出现了群众向左转的趋势。第四，在群众特别是在接近矿工联盟的群众中，革命自觉性显著提高。第五，共产党对左翼群众的领导权日益加强，阶级力量的变动和工人运动队伍分化这一过程，严重破坏了我已讲到的保守党政府的侵略性政策，而保守党政府越是凶猛地攻击左翼工人，就越有把握确信，政府的迫害将使这个过程无论从质的方面还是量的方面都更为加剧，并且为它开辟了广阔的前景。我们不仅仅看到工党和独立工党中左翼的发展，而且也看到工会中少数派运动实力的增长，没有任何力量像少数派运动在总罢工和矿业同盟歇业中起到的作用那样，击败了资产阶级和工人官僚。首先，工人进行总罢工的准备工作使资产阶级和工人官僚惊讶不已，他们认为，在群众遭到残酷失败的总罢工之后，少数派运动将难于召开富有成效的代表会议。与这个预期全然相反，他们不得不确信，出席少数派运动年会的代表仍像总罢工以前召开的那次非常代表会议一样多，这就清楚地表明，少数派运动并不是昙花一现的，它已在群众中深深地扎下根，并在工会发展中起着越来越显著的作用。

在我们面前直接展现的前景又怎样呢？不能有丝毫的怀疑，群众对保守党政府的仇视并不亚于对1922年的联合政府，而普选可能导致工人政府上台，或者至少在自由党人帮助下使工人在议会中取得多数。我们每一个人都很清楚，我们有的是这样的一个前景，但也还有另一种以前就可能出现的前景。约翰逊·希克斯在他代表政府的一次演说中指出：

"选举将在3年后举行,我认为没有任何根据决定现在进行选举,我们决不会呈请辞职,也不会仅仅因为某些不满分子的要求而决定新的普选。"

威胁迫在眉睫。矿工的失败无疑导致了工人阶级所有阶层的失败,政府很可能会匆忙实行保守党斯卡伯勒代表会议责成它施行的政策,即对工会的政策、禁止工人扣款用作政治目的、剥夺失业工人选举权、加强上议院,以及迫使群众互相间发生冲突,使他们的状况恶化,这大概是最可能的前景,我们知道,铁路协会将铁路员工工会已经同意的降低工资的决定被搁置了好几个月,直到矿工斗争结束,我们相信,既然企业主在总罢工之后没有立即进一步降低工资并使劳动条件恶化,我们仍然同样是他们向工人阶级其余阶层进攻的见证人,斗争同时存在着很大的困难,工会受到各种协议的约束,矿工同盟由于不久前各区的"妥协条件"而被彻底粉碎了。

因此,事件在未来怎样发展,在很大程度上决定于,我们英国党和共产国际怎样对待与这一情况有关的刻不容缓的任务,我们不会迷失方向,共产党和共产国际今天在英国是有一定政治影响的因素,因为客观条件越来越有利于他们的实力和影响的增长,而这种有利的环境并没有解除我们应当非常重视现时期英国的工作的责任。

我们英国党光荣地经受住了总罢工的考验。共产国际和英国工人广大阶层都承认这一点,自总罢工以来,党取得了许多巨大的成就,在受迫害时期,党员数目成倍增长,那时至少有1200名党员被判处不同期限的监禁。党可以坚信,在它的党员中,只有极少数不坚定的分子。党在竭尽全力吸收新的党员,这些新党员是无产阶级最优秀的分子。

有一个事实值得大书特书——入党的工人大多数不是工人运动中的新手,但却在工会中、在工党和合作社中积极工作。此外,党还吸收了大约2000名女工参加自己的队伍,她们在矿工斗争过程中、在女工群众性运动期间起了非同小可的作用,这为在工党中发展左翼奠定了基础,在各条战线上,在任何需要党的帮助的地方,无论个别的帮助还是有组织的帮助,党都完全彻底地揭穿了独立工党的两面性,我们有权利说,党完全成功地做到了这一点,而它的这些伟大成就乃至它在矿工同盟队伍中的成就,任何人都不能否认。前不久,矿工坚定地拒绝接受投降条件一事说明,共产党和少数派运动之所以强而有力,甚至连资产阶级报刊也声称,如果没有我们在矿工同盟中的工作,资产阶级要赢得胜利将是易如反掌,所有这一切都是英国党的胜利,我们为此而感到自豪。然而,在当前环境极为特殊的条件下迅速发展和工作的党,就必定会犯错误。事实上,在这7个月时间内犯错误要比总罢工前容易得多,总罢工前工会运动总是发展的。而总罢工之后条件迅速转变,使我们面临极为困难的局势,在此期间我们党犯了一系列的错误,许多错误已经得到纠正,另一些错误我们正在改正。例如我们党(其中包括我自己,我在主席团会议上已经承认)在看待俄国工会关于呼吁总罢工问题上犯了错误,我们认为应进行另一种斗争,即苏联工会不应当这样有力地批评英国改良主义的工联,以便保存英俄委员会,这是我们这方面的错误。令人高兴的是,我们党一致地认识到这一点,我们同样也犯了错误(也及时认识了错误)。那就是,在总罢工的头几天拒绝揭穿左翼投降分子的作用。我不准备详尽地讲述这一点,你们可以在中央委员会的报告和提纲中看到这些错误,我希望你们注意某些尚未彻底清除的突出的弱点。我认为,我们党在估计政治形势的变化上,在把斗争引上政治轨道上都比它应当做到的更缓慢、更迟缓。例如,我已经指出过,由于通过8小时工作制法案引起的社会力量的改组,可是在我们提出相应的口号并开始展开运动以前,几个星期,甚至一个多月过去了,而这种运动在新的形势前面是很必要的。在推行八小时工作制法案的时候,这种政治力量的发展要求我们马上提出政府辞职、解散议会和废除八小时工作制法案的口号，这个口号提得并不坚决，放弃后又重新提出，其实它不仅仅应当作为要求提出来，而且应当作为运动的基本口号。当然，党不会把这种要求与拥护禁运和扣款运动相对立，这些口号服务于工人运动的发展，同时它们又是由政府直接采取新的行动路线进而引起斗争的政治目的。后来党又开展了这个运动。虽然如此，我还是请同志们注意，党没有能够迅速适应政治形势的条件，因此我以为，共产国际有责任密切关注这些弱点，并使我们党的队伍意识到斗争的全部政治意义的重要性，而且要预先警告党应防止使斗争只局限于工会范围内进行的危险。尽管如此，在提出这些错误时，我们还是可以满怀信心地说，我们英国党总的说来坚持了正确路线，因此它能够把工人群众吸引到自己方面来。

谈到少数派运动，我已经强调了它的重要性及其所起的作用，不过由于它的重要性，我想补充说明，我们必须充分注意少数派运动、政党及工联代表大会之间的相互关系。少数派运动的根本弱点何在呢？我以为可以完全肯定地指出，少数派运动现在的弱点在于它的影响没有具体的组织体现形式。少数派运动与其称作影响（如果可以这样形容的话），不如称作反对改良主义领袖的有组织的活动。少数派运动还不是以革命领袖来代替改良主义首领的定型的机构。我们必须克服这种缺点，这应当被看做是我们要千方百计地提到首位的一项最主要的任务。只要我们还没有通过宣传、鼓动、分析等，集中全部力量来揭露工会领袖，只要我们还没有组织开展运动来达到最终清除这些背叛和出卖工人的"领袖"，我们就不能根除在矿工同盟歇业时发现的那些缺点，在罢工过程中我们不止一次地确信，在提高阶级觉悟方面，群众超过了领袖。然而，领袖却没有更换。你们会问：为什么？那只不过是因为，我们的影响和少数派运动的影响没有从组织上以建立少数派运动机构的形式得到表现，通过这种机构，少数派运动就能够进行有条不紊的斗争以清除不中用的领袖。

现在让我来总括一下已讲过的东西。我们的结论怎样呢？我们的主要任务何在呢？我们可以得出下述的结论：资本主义国家发展不平衡性具有越来越明显的性质，作为世界强国的英国的衰落日益加剧，而英国竞争对手的实力和威望却在扩大，这加剧了强国之间的斗争。我们也已看到，英国和国际范围内的工人官僚和工会官僚越来越团结。他们作为资产阶级的积极走卒，坚决拥护英国和欧洲美国化，并拥护坚决抵抗工人向左转的斗争。其次，我们是资产阶级认真致力工业集中化的目击者，可以预见到，他们会在这方面作出更大的努力，会更加倾心于工业合理化，当然还有对工人阶级长期的进攻，其目的不仅在于延长矿工的，而且延长所有工人群众的劳动日，降低他们的工资，使他们的劳动条件恶化。因此，我们应当首先指出在这样的情况下，根据对国际形势的分析，我们的任务可简单地归结为加强工会运动的国际团结而斗争，把在一国范围内进行的斗争国际化，我们各国党要集中精力于工会内部的工作，以便对工会进行正确的政治领导。

在英国我们能够看到压迫工人运动的这样一些后果：第一，迫使群众和小资产阶级广大阶层向工党接近；第二，加深工人运动队伍的分化过程并促使工人群众向左转，把他们推向共产党。

共产党当前的任务是领导群众斗争，训练工人进一步和工会官僚进行斗争，实行无情地揭露反动的工人首领的政策，揭穿他们作为工人运动队伍中资产阶级走卒的本质，并且集中全力去解决摆在工人阶级面前的政治任务。

我们的结论，我们的前景和我们的任务就是这样。

我们向资产阶级宣布：丧心病狂去吧，矛盾会使你们痛心疾首的。

我们向资产阶级的奴仆——麦克唐纳、托马斯、珀塞尔以及阿姆斯特丹的领袖们宣布：继续从事你们的叛变勾当吧，尽管你们厚颜无耻，叛变，群众却通过 7 个月的不懈努力证明，你们的日子像你们主子的日子一样屈指可数了。

我们要向英国的矿工说，你们的失败并不是失败，是在更为强大的敌人面前的暂时退却，你们和全体工人阶级一道集聚自己的力量，要首先取得革命的领导权，再一次行动起来去夺取胜利吧。

我们也要向全世界工人说，头号老牌帝国工人的 7 个月斗争激起了空前未有的工人阶级的相互声援：它显示了资本主义的不稳定性，改良主义是完全微不足道的。工人阶级实现他们肩负的革命任务是不可避免的，这些最明显不过地说明：俄国十月革命是第一个，而不是最后一个十月。

宣布德国问题委员会组成人员名单

主席：

因时间已晚，主席团建议结束会议，但事先我们请求指定委员会来审核德国问题。该委员会由下列同志组成：

主　席	**布哈林**
副主席	**库西宁**
秘　书	**多里奥**
委　员	**加拉赫**
	克雷姆
	翁德拉契克
	基尔布姆
	斯大林
	博古茨基
	埃尔科利

佩珀

尼古拉耶维奇

罗易

沙茨金

结束会议之前,应当向你们通报主席团的提议。

(**海莫**同志宣读主席团最近几天的工作计划)

(会议休会)

第十四次会议

(1926年12月8日)

主席：雷梅尔

讨论墨菲关于英国问题的报告

洛佐夫斯基（苏联）：

同志们！近半年来的英国问题，在国际工人运动中占有非常重要的地位，当然，这不是偶然的。今年5月开始在英国爆发的事件，不仅对该国工人运动未来的命运有重大意义，而且对所有国家的工人阶级都有极其重要的意义，共产国际及其所有支部的任务就在于：相当充分地研究英国事件的教训，研究历次冲突的全部细节。必须以马克思主义作为进行精确衡量的尺度，来估计这个国家的阶级力量对比，确定现在英国工人运动所处的发展阶段，并高度重视以各种国际组织——改良主义的国际组织和革命的国际组织——为代表的国际工人运动对事件的反映，只有重视发生的这些事件，才能使整个共产国际、各国共产党，首先是英国共产党，对今后在英国本国或在其他国家发生类似事件时如何行动的问题，制定正确的路线和正确的方针。

英帝国主义的状况

英国事件的国际意义，首先是由大不列颠和英帝国主义在世界的政治和经济中所起的作用决定的，所有能震撼这个强大帝国的事件，对我们——国际帝国主义不共戴天的敌人来说，都有极其重要的意义，这是不言自明的。这些事件之所以很有意义，还因为，由于这些事件的发生，在英国本国和其他国家，出现了新的阶级力量的对比。因此，对事件的这一方面也应深入考察和仔细研究。英国事件的意义在于，英帝国主义从此以后比过去更为削弱。这样一来，在各种势力互相较量的舞台上，在世界列强斗争的舞台上，发生了**不利于英帝国主义的变动**：在这个舞台上起着绝对主导作用的英帝国主义，此后不得不让位给美帝国主义了。在这几个月之内我们看到，英帝国主义不仅在东方的政策上多次发生十分严重的动摇，而且在欧洲政策上也有多次动摇，这些情况都是英国事件带来的直接后果。

战后英国的削弱

自然，这里首先会产生一个问题：经过战后相当长时间的间隔，这些巨大的震动是怎样在英国发生的呢？英国与欧洲其他列强相比，最经得住战争，英国善于借战争把无产阶级及其一切组织拴在资产阶级的战车上。就是这样一个英国，在战争结束8年后，却进入如此严重的社会震荡时期，英国资本主义因此也将开始它崭新的一页。这是因为，战后每一年，无论是英国本国的政策，还是其他国家消除战争重负和创伤的做法，都把英国推到无法起到战前所能起到的作用的地步。战争结束时，英国仍是世界霸主。现在，**在世界列强中，它已让位于美国，屈居**

第二把交椅了。英国之所以被推到第二位。一方面是因为美国的快速发展，另一方面是因为殖民地资本主义在增长，殖民地出现经济独立的趋势，殖民地争取自身政治解放的斗争的尖锐化，英国市场的缩小，英国资产阶级又不可能恢复过去的市场，英国被推到第二位，则使英国的社会冲突日益尖锐，近期内这些社会冲突无疑将愈演愈烈。

对英国工人阶级的进攻

如果我们粗线条地，或者说，大致地描述一下英国所发生的一切，可以这样说：英国资产阶级由于其市场的缩小和经济影响的丧失，已不能向工人阶级提供战前所能提供的那种生活条件。为夺回世界市场，收复原有的阵地，或者至少要向这方面发展，英国资产阶级就必须扫清这条道路上的主要障碍，而英国无产阶级的生活水平居全欧洲工人冠军，这就是进行竞争而降低商品成本的主要障碍。于是，英国资产阶级进行了有计划、有预谋的一击，其他的打击自然也就接踵而来。

英国事件的性质

目光短浅的英国工联主义认为，这场斗争仅仅是一次普通的经济冲突，如果从这一观点来看英国事件的话，就绝对弄不清楚，为什么英国资产阶级在这场普通的工业冲突中作出如此巨大的牺牲是为了把战争进行到底，也完全弄不清楚，精于算计、目光远大、聪明绝顶、才高傲世的英国资产阶级会挑起使英国国民经济蒙受60亿多金卢布损失的战争。从目光短浅的英国工联主义的观点来看，这也完全搞不明白。但假如我们超出这种局限性，超出狭隘的经济冲突标准的话，我们就会看到，这**场斗争本身其实是一场深刻的政治斗争**。问题在于，英国资产阶级是否能够向本国无产阶级和其他国家的无产阶级证明，它在结束本国混乱状态、打击和反击各种外敌的斗争中是否足够强大。英国资产阶级只有比工会运动领袖更清楚，在这场政治搏斗中的失败不但意味着国内政策的失败，意味着国外政策的失败，而且还意味着，英国资产阶级将来地位的下降，才能说明自己的顽强、自律和坚忍不拔。英国资产阶级不但在国内，而且在国际政治舞台都要向后退。正因为这场斗争是一场重要的政治斗争，资产阶级在斗争中必须时刻具备坚忍不拔、始终如一和深谋远虑的品质，才能最终取得一时的胜利。

英国阶级斗争的新条件和新问题

英国斗争的结局说明，英国的阶级斗争已进入新的发展时期，对英国工会运动先进队伍的打击，对矿工的打击，只是一个开端，或者不妨说，只是初次接火，对工人运动其他队伍的各种打击，必将随之而来，矿工7个月的罢工失败了，与其说它是败在资产阶级手中，不如说败在英国工人的政治运动和经济运动的领导人手中。这就对**英国工人阶级提出了一系列前所未有的问题**，对英国工人运动提出了一系列连先进的英国工人都未曾想过的问题，这次失败向整个英国无产阶级提出以下的问题：与欧洲其他国家的工人相比，英国工人仿佛是贵族的日子结束了；英国资产阶级可以从掠夺殖民地得来的财富中分一杯羹给工人阶级的上层，从而腐蚀英国无产阶级某些阶层的日子结束了；英国资产阶级在保持工人高水平生活的同时，仍能攫取巨额利润的日子结束了。这样的日子没有了，有着较高的生活水平、具有一定的修养（此刻我不是指政治修养）和生活技能的英国无产阶级看到，这一切快要完了，同时也看到，对矿工的打击不仅意味着生活水平的普遍下降，而且表明，英国无产阶级已处于新的法律地位和政治地位。

英国资产阶级的方针不限于经济进攻，只有目光短浅的工联主义者皮尤、托马斯之流，即所谓左派才能把英国发生的事件想象成纯粹的经济斗争，英国资产阶级倒很明白这种"经济"冲突究竟意味着什么，因而早在斗争当中，在英国资产阶级玩弄手腕的风云迭起的时期，他们就有足够的力量在政治上和法律上对工人进行打击。近期内英国工人阶级无疑将遇到资产阶级层出不穷的新花招，这不仅是要剥夺工人斗争几十年来赢得的物质生活水平，而且在法律意义上要使工人倒退几十年。

英国资产阶级把经济进攻和政治进攻结合起来，这种在各方面对工人阶级进行打击的做法，造成了英国社会斗争的新局面和阶级力量的新变动，为群众的真正革命化、为共产国际实现其面临的任务和目标，打下了新的基础。

反对工人阶级的统一战线

同志们，我们大家充分研究了英国事件，并非常关注斗争的全部细节。英国矿工的失败是彻底的，可以说不仅是失败了，简直就是溃败。如果我们对自己提出一个问题：为什么矿工进行了英勇斗争，却遭到前所未有的失败，这种溃败的原因何在？我们应当承认，原因首先在于，英国资产阶级比英国无产阶级组织得更好，它有目光更为远大的领导人，清楚自己的目标，而且能够付诸实现。对英国工人运动的领导人，无论是经济组织工联的领导人，还是主要的政治组织工党的领导人，就不能这么说了。现在，英国的整个工人阶级，不只是矿工都遭到了惨败，这正是因为英国资产阶级善于在全国建立起资产阶级的统一战线，而且善于把工党和工会运动的领导人吸引到这个统一战线中来，英国资产阶级有本事把右翼领袖和所谓左翼领袖统统吸收进来，英国资产阶级真是手腕高明，左右逢源。如果我们不去研究资产阶级在这次罢工期间，在各个方面，也就是说，无论在事务安排方面，还是在政治方面，无论在动员舆论方面，还是在收买工人领袖方面，如何巧妙地玩弄手腕，那我们就大错特错了。应当承认，英国资产阶级的策略是高明的。英国资产阶级的策略有多么高明，工党和总委员会领导人的策略就有多么拙劣，英国**反对工人阶级的统一战线**——这正是资产阶级力量之所在——**深入到工人组织的心脏里来了**。英国资产阶级建立的统一战线延伸得很远，把许多工人领导人和部分工人都卷了进来。毫无疑问，这不仅说明英国资产阶级玩弄手腕的本领十分高超，而且也说明工会运动和工党被帝国主义腐蚀了。

因此，英国工人阶级的失败同时也是资产阶级力量的强大和无产阶级政治软弱的结果，工人阶级不能忽视这个极端深刻的教训，我们现在已经可以说，英国工人运动进入了新阶段，我们面临着新局面：各阶级之间以及工人阶级内部的力量在重新组合。

阶级力量的重新组合

首先，阶级之间力量对比发生了什么变化？人们可以得出结论说，英国无产阶级遭到失败，因此力量对比向有利于英国资产阶级方面变化，这个结论对当时说来或许是对的——正是对当时说来或许如此，因为当无产阶级遭到溃败时，表面看来力量对比对资产阶级有利。但是，同志们，阶级力量对比不只是从当时来衡量，尽管无产阶级失败了，英国的力量对比现在却朝着不利于资产阶级的方向变动。为什么呢？因为我们第一次在英国历史上看到，不管领袖们的意愿如何，一个阶级是怎样反抗另一个阶级的，英国民主和英国宪法的一切装饰品，在英国历史上第一次暴露在光天化日之下。我们在英国阶级搏斗的历史上第一次看到这样的情况：工人阶级，即使那些最落后的阶层也本能地感到，必须向本阶级最先进的阶层靠拢时，这种阶级仇恨就在一切方面都鲜明地表现出来，我们可以看到英国国内的阶级力量在重新组合，而且我们不仅从左翼派别的发展上，从左派组织的壮大上也看到了这种情况。

斗争已经结束，但是，它向工人阶级提出了一系列新问题，它迫使千百万工人进行思考，工人阶级第一次看到了阶级界限，这是意义深远的，在资产阶级与工人阶级之间出现了前所未有的裂缝，如此重大的裂缝在英国社会史上还没有过，工人阶级的阶级界限已经形成，并且已经定型，这也是有利于工人阶级的因素。总之，由于上述种种因素，虽然工人阶级遭到失败，资产阶级与工人阶级之间的力量对比却是朝着有利于工人阶级的方向变动的。

工人阶级内部的变动

其次，我们应当考虑的一个极其重要的因素，就是工人阶级内部的变动。事实上这方面已经谈到，我们看到了共产党影响的增长，少数派运动的发展，等等。同志们，这是在工人群众中进行着的过程的一个方面，而且看来，还不是最典型的方面，在英国有过几十次改选，工人都选举了工党的代表。当然可以这样说：得了吧！如果工人选举英国工党的右翼领袖，这算什么向左转？不过，同志们，应当看到英国工人阶级的本来面目，如果这样做，就会发现，千千万万的工人原来是选举保守党人，自由党人的变动在于，原来选举保守党人的，现在选举工党的右翼分子了。因此，变动在于，一部分无产阶级转向工党右翼，原来那些跟工党右翼走的分子，却变得比较左倾了，如此等等。因此我们才有权利说这是变动，说整个工人阶级的力量在重新组合，这是7个月以来斗争的结果，这是最近事件的结果，这是对英国本国及其他国家的阶级斗争都具有极为重要意义的一个事实。

罢工时期的第二国际和第三国际

英国事件还有一个方面是非常典型的，需要深入研究，尤其需要共产国际和各国共产党来研究，英国事件不仅是英国无产阶级同英国资产阶级的较量，而且也是第二国际同第三国际的较量，是共产党和革命工会同社会民主党和改良主义工会双方之间的较量，必须注意到这一点。只要我们从这个观点来看英国事件，就会发现许多对全世界工人运动极其重要的新现象。第二国际和阿姆斯特丹国际在罢工期间干了些什么，或者说得更确切些，它们什么也没有干，这你们是知道的，你们知道，阿姆斯特丹国际和第二国际在这次罢工中所起到的工贼的作用，现在这大概不值得再提了。但是，还应当提它们活动中的一个小小的典型特征——这便是阿姆斯特丹国际为英国工会筹集有息国际贷款一事，英国人为利息的高低与德国人长时间地讨价还价，经过好长一段时间的争吵之后，才按4.5%的利息拿到钱。为了回应全德工会联合会机构中共产党员的愤怒情绪，还发出了一个正式的说明，内容是：

"在德国银行可以得到比4.5%高得多的利息。因此，即使我们以4.5%的利息贷款给英国人，我们在这方面仍然是吃亏的。"

这已是尽人皆知的事了，但是我们只了解这些事实很不够，我们应当注意到：我们各国共产党并没有充分利用阿姆斯特丹分子的这一行为来揭露他们，这方面做得是不够的。不过，这倒还算不得什么大祸，严重得多的问题在于：共产国际和红色工会国际未能组织国际性的罢工来支援英国矿工，我们没有能力做这件事，然而对这个事件一味地加以渲染，那也是毫无意义和极不合理的，事实证明我们的力量不足，不能粉碎阿姆斯特丹分子的工贼行为，不能吸引工人来支援罢工，并使工人们确实地真正团结起来，甚至在我们的组织与改良主义组织之间的力量对比中我们占上风的那些国家里，我们的力量也很不足，就是在这些国家中，我们也不能组织罢工来给以支援，因为破坏罢工比组织罢工费的力气要小得多，破坏罢工，而且是破坏声援性的罢工，这是轻而易举的事，应当说，各国的社会民主党人对此十分擅长，非常熟练，我们处于无能为力的地位，不能组织禁运和国际性的罢工，这无疑也部分地影响了斗争的结局。但是，同志们，承认我们相对弱小，绝不是说共产国际和工会国际同阿姆斯特丹分子和社会民主党人力图在他们的报刊上宣扬的那样。不，绝对不是这样，我们的力量本来不足以粉碎阿姆斯特丹分子的工贼行为，但是在许多国家里，我们是竭尽所能以实际行动进行支援，在力所能及的范围内援助了罢工的。不错，也许应该做更多的工作，因为对斗争有多大援助是由这次斗争的结果来衡量的。然而，终究不能把革命工会和共产党同阿姆斯特丹分子混为一谈。**但是，我们自己应当吸取教训**。我们要吸取这样的教训：今后应当怎样组织工人反对一个国家的和国际上的工贼行为，这样的教训是必须要吸取的，应当弄清我们共产党的弱点，应当说明干扰我们的原因何在，应当掂量掂量，扪心自问：我们是否竭尽了全力，以便在今后类似事件重演时，能够前进得更远，做更多的工作以保证国际声援。

英国工会运动的危机

我想谈谈在我看来对整个共产国际十分重要的两个问题：第一个是英国工人运动的现状。第二是，针对新的任务和新的力量对比，我们共产党员在英国所负担的任务。

首先必须指出，英国整个工会运动面临着极为严重的危机，对矿工的打击，也就是对英国整个工会运动的打击，对此必须特别注意，而且思想上要明确，英国现在的危机不单是每次罢工之后通常发生的那种危机。不，英国现在的危机是工会运动的总危机，这是因为，在英国，工人阶级内部，工会内部有了变动，不仅是向左转，而且也是向右转，这两方面现在都已经定型了。引起危机的原因在于，原来英国工会运动的全部骨干不仅是反动的、保守的，而且显然都是工贼，原来他们没有足够的力量来阻止工人发动，但却有足够的力量在工人发动时摧垮工人。在英国工会运动中，我们看到，它的整个上层，全部官僚，处于思想上和政治上的解体状态，这种思想上和政治上的危机，由于资产阶级的进攻而复杂化了。

资产阶级进攻的方针，不仅是要恶化工人的经济状况和法律地位，而且是要夺取工人运动内部的阵地，他们力图建立"公司工会"，建立"工业同盟"，这是什么意思？我们从英国资产阶级报刊上看到皮尤、托马斯、麦克唐纳之流有关"工业和平"、"工业中的平衡"等等的叫嚣，这又是什么意思？所有这种无非是想把英国工会运动美国化，无非是资本家要在英国工会内部建立起自己的据点，这种活动是在不同的方面分别进行的：一方面是建立公司工会，另一方面就是通常的收买工会领袖，腐蚀工会官僚中的个别集团、个别人和个别阶层，让他们尝到资产阶级所给予的甜头，如此等等。

原来工会领袖没有足够的力量去防止斗争的发生，他们被群众的压力拖进了斗争，而他们是不希望斗争的，由此便产生了危机，形成数十年之久的英国工会官僚，习惯于和平地调解冲突。但是，现在是另一个时代了，就连皮尤之流那种最愿作让步、最爱好和平的领袖都不可能和平调解冲突了。

英国工会运动当前经历的危机在于，这一运动是适应和平斗争条件、适应世界市场霸主的作用而培育和成长起来的，是在有可能从掠夺殖民地的财富中分到一杯残羹的条件下培育和成长起来的，然而现在到了另一个时期，要求采取另外的斗争方式和斗争方法，英国工会运动历史上形成的一切——既然所说的是它的传统、工会上层、工党机构、工会运动的组织形式等等——就只不过是阻止事态发展的障碍物和绊脚石了。

英国共产党的前景

英国工人运动在经历的危机会有什么后果呢？它会使英国工会一部分上层领导向右转，**而上下层之间的裂缝就会扩大**，现在英工会上层正对日益高涨的社会冲突寻求和平的解决办法，而且向建立工业和平之类的各种制度前进，它准备采取一切手段，但求能摆脱必须领导日益发展的运动和冲突的状态，而客观形势却迫使它走向斗争，经过接二连三的失败——我不知道将会有多少次——我们当然会取得胜利，现在英国工人运动正在经历的危机就是从这些矛盾中产生的。

英国工人运动的向左转，就是在工人阶级内部大量重新组合的基础上，在工会运动内部变动的基础上产生的，英国共产党及其领导的英国工会少数派运动，也只有在这个基础上才能发展壮大。

如果我们把英国共产党员的绝对数字摆出来，我们会感到很可怜的，英共党员只有1.1万名，这个队伍要反抗英帝国主义，确实是太小了，但是，这1.1万人的共产党，在群众中却有很大的政治影响。从绝对数字看，我们的道路还刚刚开始。而从英国特殊的形势，从工会运动中已形成的力量对比，再从工人阶级内部迅速酝酿成熟的新的变动和过程——从这一切来看，那么我们就可以感觉到，而且可以看到英国共产党迅速发展的前进道路了。

英国共产党参加罢工仅有6000名党员，罢工后党的干部增加了一倍，这当然不多，但是英国共产党的力量在哪里？英国共产党的力量就在于，它是整个斗争过程中真正站在正确立场上的唯一组织，英国共产党虽然也犯了不少局部性错误，但它采取了正确的路线，英国无产阶级群众——不是共产党员，而是英国无产阶级群众——不得不承认，而且也确实承认，英共和少数派运动是真正站在斗争的前列的。因此，英国共产党经受住了第一次历史性考验，不知道其他国家共产党能不能经受住这种考验，这我们就不去猜测了。既然现在谈的是英国共产党，我们就可以说，英国共产党在一向具有古老的和传统的不大列颠土地上，光荣地经受住了这第一次大规模的社会冲突的考验，这是共产国际承认的，也是受到群众赞扬的。

英国共产党面临的危险

承认这一点，绝不是要我们不去指出英国共产党现在面临的巨大危险。相反，我们非得指出这种危险不可，英国现在到底发生了什么情况？英国资产阶级的打击力量指向了共产党，另一方面，英国资产阶级无疑要集中火力对准英国工人运动的左翼，而且不仅直接地全力以赴地打击（它是会这样干的）共产党，还会通过自己的代理人打击整个工人运动，总委员会、工会官僚、工党——它们都将实现资产阶级的指令，离间共产党党员与工人群众，工人中最积极的部分脱离少数派运动，英国资产阶级首先要打击的就是少数派运动中最积极的那部分工人，站在前列的英国矿工已经遭到了攻击。然后，英国共产党和少数派运动就首当其冲了。

英国共产党的优点和缺点

我们已经看到，美国资产阶级能够打垮矿工，近期内我们还将看到，它会打击其他工人，而且会通过总委员会、工会官僚和工党，着手对付共产党，自然我们得问问自己，美国共产党够不够坚强有力？就在近期内，它的坚强是否足以使它经受得住这种打击并进行反击？我回答说，**它是足够坚强的**。那么，它的力量又在哪里呢？英国共产党有1.1万名党员，它的政治影响又扩展到100多万工人身上。不妨这样来表述：每个共产党员发出大量的共产主义光芒，周围群众受到共产主义的影响，两者的比例约为1∶100。德国共产党拥有12万党员，要是也能产生这种影响，那么这种影响就会扩大展到1200万工人身上。在捷克斯洛伐克，如果按这种比例计算，那就连所有的婴儿都会受到共产党的政治影响了，因为那里一共只有1300万人口。

英国共产党组织的骨干队伍不大，产生的政治影响如此巨大，这是党的重大功绩。可是，近期内它又面临很危险的局面。如果近期内我们不竭尽全力从组织方面扩大党，吸收百万工人入党；如果近几年内我们不能把英国共产党扩大1倍，然后再扩大1倍，并照此发展下去；如果英国共产党今后仍然沿着罢工前的发展道路走下去。那么，它就面临危险的局面：资产阶级的镇压以及工党和工会官僚的镇压，就会使现在参加少数派运动并跟共产党走的一部分人脱离运动。

英国共产党的当前任务

因此，可以得出首要的、基本的、最为重要的结论：英国共产党近期内应当向自己提出的最重要的经常性任务，就是使党员人数增加一倍，扩大组织的数量，以便在即将来临的艰难时期变得更坚强、更有力，而且更多地联系群众，等等。

第二个极其重要的任务就是，从组织上巩固少数派运动。英国的少数派运动是政治上与我们有联系、政治上靠近工会国际、处于共产党的政治领导下的运动,这都是共产党的伟大功劳。但是,少数派运动的缺点在于:它的政治影响还没有完全巩固起来,因此有可能在许多地方被突破,哪里的联系是紧密的、政治影响是明显的,哪里的组织就容易击退资产阶级的进攻;哪里只要存在不设防的界线,只有同情而没有广泛的有组织的坚强团结,哪里就可能产生动摇、退却和脱离组织等情况。因此,我再重复一遍,英国共产党的第二位极其重要的任务是,从组织上巩固少数派运动……共产党的政治影响和组织影响之间的不相称,这是英国党的主要弱点,现在英国共产党应当注意问题的这个非常重要的方面了。

"特别要从失败中学习!"

一开头我就指出,所有的共产党都应当仔细研究英国事件,许多国家即将到来的时期也许会使我们共产党推向比英国共产党更加困难的境地。在许多地方,我们已经不得不,而且将不得不进行斗争,既反对资产阶级,又反对整个工会的和社会民主党的机构。社会民主党和阿姆斯特丹工会的领导人同企业主之间建立起来的统一战线是巩固的,他们之间的结合越来越全面,因而近期内作为工人阶级先锋队的共产党肩负着越来越困难的任务,承担着越来越复杂的义务。我们只有对英国工作的缺点和成绩加以研究,加以了解,我们只有了解斗争是怎样进行的,资产阶级的策略是什么,总委员会的"策略"又是什么,英国和其他国家的一些组织对罢工起了怎样的破坏作用——我们只有全面仔细的研究了英国事件,才能从中吸取真正的教训。对我国1905年的教训和1905年进行的斗争,我们用了直到二月革命结束的12年时间来加以研究,列宁教导我们说:"特别要从失败中学习,特别要研究群众运动,特别要注意群众运动时期所发生的一切。"只有在我们——指共产国际和共产党——用多年时间来研究英国事件的情况下，我们才能为英国工人运动和国际工人运动吸取宝贵的和有益的教训！

佩珀（共产国际执行委员会）：

同志们！我们谈论了近年来国际工人运动最重要的事件，即英国矿工的罢工。我认为，在这方面最为重要的任务就是说明这次罢工的全部特点。

这次罢工极其重要的、**主要的特点**究竟是什么呢？

首先，我要指出一个情况：矿工的罢工是在**垂死的大英帝国这个舞台上爆发的**，换句话说，矿工罢工是在这样的环境中发生的：那里的资产阶级已经不能对无产阶级作出重大让步了，因而大规模的经济斗争必然应当转变为政治斗争。

形势的第二个特点是，群众性的罢工是在**英国采煤工业处于危急状态**时发生的，英国资产阶级进退两难：它要摆脱什么？——摆脱"多余的"煤炭，还是摆脱"多余的"矿工？其实——英国采煤业危机在英国范围内和资本主义的基础上是无法解决的，只有在国际范围内和社会主义的基础上，这一危机才能得到解决。

矿工的罢工与这个西欧国家发生的**第一次大规模的总罢工有最为紧密的联系**，这也是它的重要特点之一。

罢工是**阶级反对阶级的斗争**，而且煤矿工巨头如此坚决地与矿工们斗争，在近期英国工人运动的任何一次经济斗争中，都还没有发生过这种情况，这应当被看做是罢工的另一个特点，以英国资产阶级为首的经济喉舌《经济学家》，对这一形势的评价非常突出，它把矿工对矿主的斗争比作是，不可遏制的力量打在一动不动的躯体上，矿工的斗争确实是一种不可遏制的力量，没有整个资产阶级的帮助，不开动整个国家机器，不动用教会、报刊以及英国和其他国家改良主义工人领袖来帮忙，矿工们是永远也不会被战胜的，无产阶级和资产阶级一样，都把正常时期社会生活不太活跃的庞大后备军——妇女动员出来投入斗争，这个事实最好不过地说明矿工斗争所激起的社会的愤怒情绪。

矿工罢工的另一个特点是这样的：

7个月的斗争是在**非常气氛中**、在全部强力机关都动员起来的环境中进行的，伟大的战略理论家克劳塞维茨有一次曾这样写道："如果不理解战争是在危险的气氛中进行的，那就无法理解战争。"同样，如果不理解持续7个月之久的英国矿工的罢工是在非常环境中进行的，就无法理解这次罢工。

矿工罢工还有一个特点：这次罢工与英国资产阶级对英国工会运动发起的总攻同时发生，这绝不是偶然的。

除了最后提到的那个特点以外，我还想指出一点：罢工的领导权已经不像1921年时那样，掌握在右翼领袖**霍奇斯**手中，而是掌握在"左翼"领袖手中了。

根据以上对英国矿工罢工的说明，我们可以把这次斗争分为四个发展阶段。

第一阶段大体上与总罢工阶段相一致，这时，矿工罢工得到整个英国工人运动的支持，甚至总委员会的领袖们也不得不装出一副领导运动的样子，在这个阶段，矿工罢工的战斗力还不强，这是不言而喻的。

在第二阶段，矿工已经被孤立，当总罢工遭到破坏之后，矿工联合会便孤军奋战。但是，它仍然是一支强大的队伍，仍有获胜的一切客观可能性，100万有组织的工人，在一致的口号下和同心同德的领导下，毫无疑问是会胜利的。

当矿工联合会的领袖（除少数例外）逐渐转到敌人方面时，就开始了**第三阶段**，他们的动摇迅速转为叛变，他们接受了东正教徒的建议，希望以此对小资产阶级舆论施加压力，实际上只起到在矿工群众中混淆视听的作用，第一批工贼在历史舞台上的出现，是与矿工领袖们最初的动摇联系在一起的。

然后就是**第四阶段**。这时，不仅第一流的领袖动摇了，第二流的领袖、联合会的代表也动摇了，他们惊惶失措，临阵逃脱，统一的阵线土崩瓦解，于是大规模斗争分散为游击式的小冲突，并以失败而告终。

对英国矿工的罢工可以从三个方面来分析。首先，这是一次群众性斗争，在长达7个月的时间里，矿工们忍饥挨饿，遭到孤立，受到摧残，与全世界对抗。其次是从改良主义领袖的行为方面来分析，如果从这个观点出发来分析这次罢工，我们就会看到，矿工罢工的历史就是改良主义领袖叛变的历史。最后，还可以从新领导逐渐出现、共产党和少数派运动的影响增长这个角度来考察这次罢工。

在对这次大斗争作了一般说明之后，我还想就共产国际为支持矿工罢工而开展的国际性运动谈几点批评性意见。

事实证明，**共产国际执行委员会正确地领导了运动**，在这次扩大工会召开之前，我再次仔细地查看了全部材料。我认为，我们可以问心无愧地确认，执行委员会对无产阶级和共产国际各支部发出的指示是正确的，这里我提醒大家：4月23日，也就是总罢工开始前的一周内，共产国际就发出了第一份号召书，其中不仅正确分析了客观形势，而且对7个月斗争的全过程事先作了正确指示，也作出了全部重要的结论。当时已经明确提出了基本问题，指出阶级将与阶级对抗，素享盛名的英国民主将转变为资产阶级的公开专政，而经济斗争将转变为政治斗争，号召书中也指出了右翼和左翼领袖的作用，它给无产阶级和各国共产党的劝告也是正确的和切实可行的。

另一方面的情况就没有这么乐观了，**共产国际各支部对声援矿工的运动的领导，是令人极不满意的**。

在这里，我只谈谈这个运动最重要的几个缺点。

9天的总罢工使各国党受到极大的鼓舞,但当总罢工遭到破坏时,各国共产党领导的运动也就无法继续进行,它们没有考虑到百万工人还在罢工,没有考虑到英国矿工的罢工不仅对英国的局势,而且对整个国际形势都有影响,当大多数党在总罢工遭到破坏时,甚至在此之前,对英国工人运动右翼领袖的力量便估计不足,也没有立即估计到左翼领袖会扮演投降者的角色,各国党没有弄明白总罢工的政治性,它们对矿工罢工的政治性考虑得就更少了。

各国党机械地领导运动,运动往往只是起到传递消息的性质,只有极少数的共产党能够把共产国际最初发动的规模极大的运动同本国的各种运动结合起来。研究实际结果时,我们看到,筹集到的款项不多,也没有对煤炭的调运进行有组织的阻挠,各国支部甚至对联共(布)发动的确实十分出色的运动,对苏联各工会捐献的巨额款项等事实,都没有充分地加以利用,进行宣传。

对罢工的前景看得很狭窄,**我们各国共产党对矿工斗争的形势估计得太悲观,因而只准备进行短期的斗争**,正像在世界大战开始后最初几周内那样的一种情绪占了上风,开始人们都认为,战争只会进行一个月,后来认为会延长到圣诞节,再后来又认为会延长到复活节,只是过了很长一段时间之后,人们才默认了这次国际性大屠杀的持久性。我们许多同志在对待矿工罢工上,也持有类似立场,罢工竟然持续这么久——整整7个月,这是人们难以相信的。

在我看来,这是我们运动之所以软弱的一个极其重要的原因,对运动一作分析——我们已经极为仔细地分析过了,你就会看到,各国党在整整一周之内使运动进行得可以说是文质彬彬,写文章、发号召书等,然后不知怎的,一下子又全忘记了。两周之内,没有发表一个字,也没有做出一个姿态,甚至对我们一些最坚强的党的优秀的中央机关,都可以这样说,大多数党发动的运动,给人感觉好像一架有点儿毛病的发动机，一直是走走停停，停停走走，我们在扩大全会上谈了很多资本主义发展不平衡的规律，恐怕这个规律对我们这次运动也是适用的吧！

我希望归纳一下这个运动的主要缺点，我认为，我们有权利进行自我批评，因为共产党和革命工会的立场是建立在国际团结基础上的真正革命的立场，这是不同于第二国际和阿姆斯特丹国际的，这样一来，我们看到：

1. 在开展声援运动时，几乎所有的党都暴露出某种**消极性**。

2. **都没有意识到英国矿工罢工的伟大意义**，在这方面，特别是在我们党的刊物上，表现出有点儿**不大开通**，英国工人与该国工人利益的一致性，并不总是明确地放在突出的地位上，国际性运动并没有同本国运动结合起来，后者把国际性运动排挤到后面去了。

3. 各地的运动（或许捷克斯洛伐克除外）都没有实现真正的统一战线，我们发出了号召书，批评了改良主义的领袖，但是并没有深入到工厂和工会的工人群众中去。

4. **各国共产党工会的影响不够，这是我们运动的主要缺点**，各国共产党在工会中的工作薄弱，最大的过错在于容许德国、波兰、美国和捷克斯洛伐克把煤炭运进英国。

5. **声援总罢工和英国矿工的运动缺乏思想深度**，大多数党不善于从这次大斗争中提炼出理论上的结论，甚至连一些极为重要的问题都没有提出来。例如：经济斗争与政治斗争的关系问题，臭名昭著的资产阶级民主在英国转变公开的资产阶级专政的问题，一般群众性罢工是无产阶级武库中的武器问题，对俄国1905年的总罢工和宪章运动时期的总罢工的比较研究问题，以及英国煤矿工人的罢工和总罢工对资本主义的稳定问题的影响，等等。这些基本问题主要是由共产国际执行委员会发表的文件提出来的。

在我看来，在进行自我批评时，这些就是我们能从这个运动中得出的极其重要的结论,现在我要接触到**前景问题**了,墨菲同志的报告正确地、以马克思主义的方式分析了政治和经济形势以及将来发展的前景。但是有一个问题我还想谈谈,我们谈到了大英帝国的衰落,托拉斯化的过程,阶级斗争的尖锐化,工人运动的分化——这些问题我们都谈到了,却没有十分突出地强调一个问题,这就是**英国工人运动中左翼的作用问题**,我指的是工会的少数派运动和工党的左翼(除这一主要运动外,还有同样性质的许多次要现象)。如果概括地来考察,那么,这个左翼就是估计英国形势时要注意的重要和**要点**,这个左翼运动与右翼的关系以及左翼运动与共产党的关系是英国共产党面临的**中心问题**,当我们考察具有目前这种新形式的这个左翼运动时,我们看到,这一运动本身标志着在英国的政治和社会生活中发生了,不妨说,更为深刻和确实最为重要的变动,过去所谓"正式的"左翼在总罢工和矿工罢工以前是什么样的呢?它是一种含混不清的派别,政治上和组织上都是不明确的,也是微不足道的,它是群众普遍不满的表现,但是这种表现又是隐隐约约、模模糊糊的,它的领袖们又怎样呢?每个"工人领袖"、工党中每个对麦克唐纳不满——由于他多次受到国王接见而不满的知识分子,每个反对杀生的人,每个倾向于素食的人,每个对反对强迫注射天花疫苗而斗争的人,每个对卖淫现象在道义上表示愤慨的人,都认为自己是工人运动左翼当之无愧的领袖,总罢工和普通工人的罢工改变了这个左翼的面貌,现在左翼人数较前略有减少,但是实际上更加精干,具有鲜明的界限,并且由于在这次具有世界历史性规模的事件中受到沉重的打击而更加紧密地团结,领袖的面貌也焕然一新,从少数派和共产党的运动中涌现出了新领袖。在我看来,这是最近7个月以来斗争的最为重大的成就,这是英国阶级斗争的**极其重要的长处**,因而仅就这点而言,也不能说什么斗争是徒劳的,是应当避免的,像改良主义者如今还在到处大书特书的那样,这是一切国家改良主义者的老调重弹,普列汉诺夫对第一次俄国革命早就说过类似的话：本来就不应当拿起武器。改良主义者满口谎言，因为从英国工人方面来说，要求矿工拿起武器英勇斗争并没有错。对英国斗争得出的最重要结论向我们表明，这一斗争并不是徒劳的，它给予国际无产阶级许多极其重要的教训。

国际工人阶级和共产国际从英国矿工的罢工中应当学到些什么呢？

1. 矿工的罢工表明，资产阶级企图**稳定**资本主义，这就必然引起**坚决的大规模的斗争**，而这一斗争又不可避免地威胁到资本主义的稳定。

2. 在目前形势下，**一个**国家的工人运动的每一重大事件都具有**国际规模**的意义。

3. 在资本主义衰落的背景下，每一个重大的**经济**斗争都应当转变为**政治斗争**。

4. 英国的伟大战斗表明，英国的无产阶级——恩格斯当年完全有权称之为**资产阶级化的无产阶级**，经过战斗的洗礼，不仅在生活方式方面，而且更重要的是在思想和行动方面，如今是如何实现**无产阶级化**的。

总罢工和矿工罢工已经证明，**工人在老的、改良主义领袖的领导下，是不能在任何真正重大的战斗中赢得胜利的**，这个结论对我们共产党人来说是早就弄清楚了的。但是，对世界无产阶级来说，还不甚清楚，只有在**亲身体验**的基础上，工人们才会了解这个真理，而英国矿工的罢工在这方面为国际无产阶级上了极其重要的一课，在不久的将来，英国煤矿工人的罢工将使英国和全世界成千上万的新战士加入到公社社员的行列中来。

正是在这个意义上才说，英国矿工的罢工是近年来共产主义运动中最重要的事件。（掌声）

什麦拉尔（捷克斯洛伐克）：

同志们，在讨论会议日程上的这一议题时我们不应当自吹自擂，应当作自我批评，以便为将来积累经验，吸取教训。英国同志是直接从战场上来到我们这里的，我们都十分清楚，对刚从战场归来的同志们，必须非常严肃地进行批评，而且要有分寸，也就是说，要友好地和——请允许我用这样一个词——满腔热情地进行批评，全会批评的目的，不是要削弱刚刚经受过一场战斗的党，不是要瓦解它，不是要骂得它暴跳如雷，而是要加强它，使它受到锻炼，之所以要进行批评，正是为了使我们全体，我们所有的支部，在诚挚地分析了最近英国的阶级斗争的全过程之后，能了解到这次斗争的优缺点，从中吸取教训。

在委员会里，我们几乎对英国斗争发展中的每一比较重要的细节都进行了考察，并在决议中作了更加清楚的说明，我们分析了党在斗争的各个阶段提出的口号的正确性，党的发动的正确性，它所采取的措施的及时性，它对右翼和左翼领袖的错误和责任问题的态度以及对群众所作的说明，而开诚布公的布尔什维克式的批评并不妨碍我们清楚地了解：我们的英国党工作得很出色，在工作中取得了成绩，我们希望全会在通过的决议中强调：为了加强斗争，争取援助，克服失败主义倾向和加强党本身（有6000名新党员），党做了些什么工作。我认为，委员会对进行批评、对说明英国党工作中的优点和成绩都给予了应有的重视，这一切在决议中都有反映，这里我不再重复。我认为，除了批评英国党外，也必须适当地进行自我批评，批评我们所有的支部。因此，应当对自己提个问题：在罢工时我们是怎样行动的？共产国际各支部的表现如何？

必须开诚布公和毫不夸张地说，除联共（布）外的所有支部，在自己的工作中都暴露出不少缺点。现在，存在着可能爆发新的资本主义世界大战的前景，在此情况下，我们应当动员整个共产国际尽快地和切实地克服这些缺点。最近7个月以来暴露出来的消极现象，一旦战争爆发将出现的最危险现象，简短地说就是，资产阶级反革命不仅在地域上使欧洲巴尔干化，而且也使工人阶级的思维巴尔干化。这半年来国际资产阶级在这方面的成就可以说是成绩斐然。最近6个月发生的种种事件表明，必须做大量严肃认真的工作，把工人阶级是一个国际性的、统一整体的思想更好地灌输到无产阶级思想中去，要消除行会主义的局限性，同时，工人阶级必须根除自己思想中巴尔干化的东西，这里我指的是：工人应当不只是以个人利益或狭隘的领土利益来指导自己的行动和斗争，而是要胸怀总目标，准备为本阶级这个国际性的统一整体的利益作出最大的牺牲，这就是苏联工人在英国罢工问题上表现出的这种成熟性。遗憾的是，其他国家的工人并非如此。

现在开始批评我的国家，**海斯**同志在工会委员会上向我指出，在我们捷克斯洛伐克落后到了什么程度，即使是在我们认为已经做了很多工作的地方——在对群众进行共产主义宣传和教育方面，也是大大落后的。这里的问题是，要捷克斯洛伐克的无产阶级实际支持英国矿工的罢工。捷克斯洛伐克有坚强的共产党，捷克斯洛伐克在援助英国矿工罢工方面并不落后，那里组织过多次大的发动，党和革命工会都真心诚意地想切实组织好对英国矿工的援助。我不谈海斯同志称之为共产党还没有很好地扎根的那些地区。可是，我们来看看，比方说，我们力量最强的革命的克拉德诺煤矿区的情况。克拉德诺矿工为帮助英国罢工工人筹集款项，组织有英国代表出席的广大群众集会，党中央和革命工会中央理事会采取了强有力的措施，以便使克拉德诺矿工在英国罢工期间不增加工作班次，为此召开了不少次会议，也派出了一些有威望的宣传员到这个地区来。结果如何？海斯同志十分激动地指出，这件事我们不可能做到，因为这个地区矿工每周超过三四天不工作已整整两年了，他们的家人忍饥挨饿，衣衫褴褛，负债累累，强迫他们每周工作3次，而不是5次，是很困难的，我们也只有两次成功地让他们拒绝在星期六晚上上班，极少数改良主义者（80%的工人在我们的组织里）的叛变破坏了情绪，工人们又开始每周工作6天了。海斯同志在工会委员会上质问：我们同志中的优秀分子表现得怎样？这是完全正当的，他们为英国矿工筹集款项，他们精神奋发，在群众大会上慷慨激昂。然而，为了捐钱，他们每周得多工作一至两天，这无疑是破坏罢工，虽然这不是存心的，我们党所处的地位却无力同这种现象作斗争。

克拉德诺的情况说明，工人们具有民族局限性，还没有意识到自己是一个统一的阶级，这是多么悲惨啊！这种现象在国际范围内重复的发生，这是欧洲资本主义部分的特点，克拉德诺事件证明，欧洲的共产主义的无产阶级不够布尔什维克化，不仅对西欧的无产阶级灌输布尔什维克的意识形态不够，而且使经受布尔什维克式的锻炼也不够。可是，那里的资产阶级却是强大的、力量集中的、组织得很好的，它从俄国革命中学到了很多东西，现在又在从英国罢工中学习，为了击败这样的资产阶级，必须把无产阶级的主要部分提高到具有阶级意识、阶级团结感和自我牺牲精神的水平，就像俄国工人在十月革命的日子里表现出来的那样，我们应当以十倍的努力来进行斗争，至少要让信仰共产主义的工人能把总的大目标放在自己行会主义的、地方的和民族的利益之上，并忍受重大牺牲。但是，到现在为止，情况还不是如此，这是世界大战以来我们历次失败的主要原因，各国资本家把工人一个个地赶上战场，就像赶绵羊一样，在战后爆发最初几次矿工的罢工（在鲁尔区，在比利时，在法国）时，英国工人群众纹丝不动，以后西里西亚又多次爆发大罢工。捷克斯洛伐克的矿工却兴高采烈，因为他们可以增加每周的工作班次，多得两个克朗了，接着在捷克斯洛伐克，资本家对矿工工资开始进攻。这时，与捷克斯洛伐克毗邻的波兰和德国西里西亚的矿井工工资猛增，鲁尔区、法国、英国矿工的工资也增加了，我非常了解克拉德诺矿工家庭艰难的处境，因为那里已有整整两年的时间矿工们每周总共只有三个班次。但是,还要忍饥挨饿,作出牺牲,而在捷克斯洛伐克,为了使我们从已进入的死胡同走出来,必须把英国工人的利益放在首位。

同志们,可以说,我故意从捷克洛伐克开始作自我批评,但这仅仅是个起点,我们应当往前走,关于英国工人,我想说两句。

同志们,这次罢工后,英国工人首先要做的事,不仅是要重新考察他们对资产阶级的态度,不仅是要消除对原来英国"民主"的幻想——英国无产阶级思想上的变动应当更大。无论如何不仅是要改变整个英国无产阶级对本国资产阶级其"民主"的态度,对欧洲改良主义的态度,而且首先是要改变对殖民地革命运动的态度。

在历史上起决定作用的不是正义,而是阶级斗争,在历史上寻找正义的空想主义者,看到其他资本主义国家的工人把英国矿工放到怎样孤立的地位时,准会大吃一惊,苏联工人表现的情况却截然不同,他们给英国工人以慷慨的援助,这是对英国工人的民族局限性及其数十年来对殖民地奴隶的命运漠不关心的历史批判。至今克拉德诺的捷克工人还不了解,要想提高工资,斗争应当不仅在克拉德诺,而且也在伦敦进行,英国工人都还不了解,与英国矿工战斗在一起的,应当不仅是英国,而且是广州、整个中国和埃及,资本主义国家的工人所处的这种状态,目前还无法摆脱。同志们,你们点点头表示确认这种情况,这是不够的,我们每个人都应当扪心自问:我究竟是否尽了一切力量呢?当然不能希望出现奇迹。但是,我们是否朝这方面做了一切努力呢?让事实来说话吧!

这几天爪哇爆发了社会大起义,在反革命获胜的爪哇的一些地区,现在可能有成千上万的人被判处死刑。全会号召帮助起义者,这证明我们认识到情况是极其严重的,我们是第二国际的敌人,因为第二国际是口头上的国际,不是事实上的国际。但是,我们看到,连我们自己的支部,我们的荷兰同志也没有完全理解自己对爪哇大革命应尽的义务,爪哇革命在东方来说，其规模不次于巴黎公社，也不次于西方英国矿工的罢工。因此，我们的任务就是要肯定荷兰党对待爪哇起义的立场不仅必须改正，而且应当受到严厉批评，以便将来在荷兰和任何地方都不再重复类似现象，来自荷兰的消息说明这样一个事实：共产党的报纸不是去支持爪哇岛的斗争而提出民族自决，直到民族分离，直到建立独立的民族国家这样的列宁主义口号，却同社会民主党人一起，提出并支持派遣调查委员会去爪哇的提案！这正是在爪哇浴血奋战的日子里发生的，这时，党本来应当向政府要求给爪哇以"自治权"。据我们收到的消息说，党内竟然谈论起什么，爪哇爆发的群众性大起义是受到挑拨的结果，云云。同志们，你们都知道，当普列汉诺夫在1905年莫斯科武装起义之后谈到挑拨时，列宁是怎样严厉地抨击他的。应当说，荷兰党已经主动改正了自己的立场。但是，同志们，出现诸如此类的错误的可能性本身，就是一种症候，它是严重危险的信号。在这里，同志们，我看到了有世界历史意义的右的危险，而共产国际的任务，就在于对此集中一切注意力。

我有这种感觉：形式上我讲的似乎有点离题。但是，我认为，爪哇起义的问题实际上与英国事件、与东方的反帝斗争和即将来临的世界帝国主义战争联系得如此紧密，以致在这个讲坛上不涉及它是不可能的。

全会联系英国事件分析了共产国际领导机构的活动，这自然是完全正确的，批评当然不应当回避我亲自参与制定的那些决议，对这些决议我要承担责任，我们的代表团责成我在这里表示意见：执行委员会应当把声援英国矿工总罢工的普遍运动问题，在全欧洲更具体更尖锐的提出来，我还想说几句话，弄清从今后世界社会革命发展的观点来看英国矿工罢工的意义是什么，首先我认为这一斗争给我们留下了遗产，它给予英国工人群众以深刻的教训，英国工人群众长期以来是国际反革命的支柱，由于他们能够从自己的奴役者压榨殖民地得来的利润中弄到一点油水，处于一种特殊的社会地位，这就决定了他们的保守情绪，他们成了民主幻想的俘虏，而这种幻想在英国要比在其他资本主义国家厉害得多。因此，反动派认为英国工人是他们力量的强大支柱。

现在，英国工人亲眼看到并确信，国家是阶级政权的工具，他们相信议会中的工党是没有力量的，事实证明的严酷真理将迫使他们放弃以自我为中心的思想，他们将认清与欧洲其他国家的无产阶级尤其是与苏联无产阶级的联系。他们将会理解，他们的自由和国家的命运是与英国殖民地亿万被压迫奴隶的命运紧密联系在一起的。在巴黎公社之后，马克思曾断言，工人运动的中心转移到了德国。在当今资本主义发展的条件下，工人运动的中心转移到英国来了。总罢工表明，将来的历史不是朝着改良主义方向，而是朝着社会革命方向发展的，总罢工是在这方面迈出的最初的重大的一步。这就是我要说的罢工对英国工人阶级的意义。

现在关于世界帝国英国再说几句话。第一次世界大战虽然有美国插了进来，而就其本质特点来说，仍是一次欧洲大战。如果社会革命的胜利不能阻止即将来临的世界大战，那么这将是一次真正的世界大战。中欧国家的同志们都知道战前，欧洲奥匈帝国内部解体的意义，在波斯尼亚和黑塞哥维那被割让之后，在阿格拉姆初步发生国家制度的改变过程之后，欧洲成了不断的动乱、危机、小规模战争的舞台。反动派在那里拼命挣扎，力图通过强力保住其政权。在第一次世界大战前夕的欧洲，当奥匈帝国的最终解体慢慢酝酿成熟的时候所完成的那种过程，如今又在更大程度和更大规模上开始了：大英帝国正在解体，客观经济条件打破了庞大帝国的平衡状态，在英国这个世界强国内部，阶级矛盾和民族矛盾酝酿成熟，这些矛盾不可避免地要导致它的崩溃。

总罢工之后，现有的一切矛盾无疑将尖锐起来，殖民地各国人民的精神重新振奋起来，欧洲工人的命运将更加不妙。在捷克斯洛伐克，资产阶级费了好大力气来保持稳定,而这种稳定还是靠不住的。资产阶级面临新情况,50万左右的捷克斯洛伐克工人将从法国被抛回捷克斯洛伐克。他们回到祖国,但是,这里找不到任何能使自己的劳动力得到利用的机会,这是第二点,它不仅涉及捷克斯洛伐克,在德国和其他国家也是如此,罢工使其他国家容易同英国进行竞争。现在,罢工之后,英国的竞争力又加强了,在捷克斯洛伐克、波兰、德国和奥地利,资本家解雇工人的花样层出不穷。欧洲群众向左转的过程也会加强,殖民地进行的斗争有力而且尖锐,同时无产阶级各阶层的思想都在更新,不仅共产党员从英国罢工中吸取着教训,而且每个社会民主党的工人,每个有守旧思想的英国工人——小市民都开始感觉到,阿姆斯特丹国际和第二国际甚至无力进行防御战。连那些了解情况不多,还缺乏足够勇气和牺牲精神去同共产党员一起为他们的最高目标而奋斗的工人阶层,也开始认识和感觉到,即使在为获取必不可少的一块面包而进行的斗争中,工人阶级的真正领导人也是共产国际。

在这种情况下,我们必须看到,面临现实威胁的资产阶级会疯狂起来,采取最后的极端手段。我们应当估计到,国际反动派会更加凶狠,白色恐怖会进一步蔓延和加强,反苏斗争会加紧准备。我不再把反苏的反革命阴谋说成是在最近的将来进行、形式特别尖锐地一次发动。反对苏联,这对资产阶级来说,是个极其困难的任务,资产阶级圈子里未必会有人认为,只消将近半年的一般战争,就能达到目的。在资产阶级看来,这种反苏的有限战争不啻一种很快会危及资产阶级的小规模叛乱,想必,我们也应当估计到世界两股力量进行相当长期而顽强搏斗的前景,一方是由英国资本家和不会白干的美国资产阶级所领导的国际反革命,另一方则是包括无产阶级专政的伟大国家在内的国际无产阶级的革命力量。英国罢工是这场大搏斗的一部分,在欧洲,巴尔干掀了白色恐怖,波兰的皮尔苏基发动了政变,捷克斯洛伐克的日耳曼资产阶级民族主义者、罗马尼亚的马扎尔人、南斯拉夫拉迪奇①的拥护者从民族革命路线转向与统治民族的资产阶级妥协的路线。欧洲发生的这一切事件与帝国主义者力图瓦解中国国民党的做法之间有着紧密的联系，在所有这些事件中，我们看到的是同样的一个体系和同样的黑手。这就是英国，而同英国勾结在一起的是全世界的资产阶级，它们组织得很好，感到自己行将灭亡，从俄国革命和英国矿工罢工中吸取了教训，这就是资本主义和反革命的国际。

同志们，对这场殊死的进攻我们唯一的回答是什么呢？我们只有一种武器——在国际范围内为取得政权而斗争，对我们每个人来说，革命就是我们伟大的天职，我们这一代人中也许有人会感到疲劳——说的是经历了4年世界大战、3年俄国内战、7年资本主义国家共产党的艰苦工作的这一代的人，这一代人当然、也只能极其严肃地来讨论革命问题。但是没有别的出路，资本主义进到了死胡同，如果我们不坚决冲击，打开死胡同，那我们自己也会堵在这里面，世界大战就会来临，就会消灭我们所有的人，消灭千百万人，消灭整个欧洲。既然我们必须这样做，既然在国界的另一方同时存在着一个具有无限美好条件的世界——依靠无产阶级专政、在红军的威力保护下开始进行社会主义建设的苏联，是这个世界的第一个迹象——那我们这一代人就应当竭尽全力，准备作出一切牺牲，快刀斩乱麻，走出死胡同，走上康庄大道。

克拉德诺的每个工人都应当认清，如果他不为英国矿工进行斗争，作出牺牲，他将连一片面包干也得不到，每个英国矿工应当理解。如果

---

① 拉迪奇，斯特凡（1871—1928年），克罗地亚农民（富农）党的组织者之一，他反对塞尔维亚资产阶级在南斯拉夫的领导权，在革命高涨时走上与大资产阶级合作的道路。——译者注

他不能越过本国资产阶级来帮助殖民地被奴役的人民,他就连一片面包也弄不到手,所有的工人都应当理解,对他们说来,只有一条胜利之路——一条在列宁的旗帜下,在共产国际旗帜下达到胜利的道路。

(会议休会)

第十五次会议

(1926年12月4日)

主席：台尔曼

主席：

我宣布今天的会议现在开始。在转入继续讨论英国问题之前，我代表主席团宣布几个通知。

大家知道，讨论韦丁反对派备忘录的德国委员会已于昨天成立，该委员会建议全会就这个政治问题和党内问题作出专门决定。

我宣布，全会收到了党外人士鲁特·费舍、马斯洛夫、施万、肖列姆和乌尔班斯等5人的信，信中仍坚持他们在党内传播的、他们起草的文件中所坚持的路线。写信人向作为上级机关的全会申诉：根据党章规定，每个被开除的共产党员都有向上级机关申诉的权利。

两天以前，主席团对这个问题已有决定。根据德国代表团的建议，主席团决定，按党章规定，要让被开除的党员有机会在专门委员会上发表意见，我们已经对申诉人发出电报，电报将交到每个写信人的手中，电文如下：

"大会主席团收到你们11月16日的来信，你们在信中向扩大全会提出申诉，反对被开除出党，此信与近数月来你们的政治态度完全一致。信中包含着对共产国际及其德国支部的十分敌视的和反共产主义的攻击，尽管如此，扩大全会主席团仍接受德国代表团的建议,决定根据党章,给予你们在第七次扩大全会上亲自申辩的机会。根据这项决定,兹邀请11月16日来信的5位署名者,立即出席在莫斯科召开的扩大全会。如果你们认为讨论你们的申请很有意义,务请在一昼夜(至多两昼夜)之内启程。否则,全会将不得不在你们缺席的情况下讨论并解决问题。**扩大全会主席团**。1926年12月2日。"

因此,根据德国代表团的建议,主席团决定,按党章规定,使这些已处于共产国际所属各党之外的人有机会在这里为自己的申诉进行辩护。

有反对意见吗?

没有反对意见,提议通过。

对主席团提出成立专门委员会的建议有没有反对意见?

没有反对意。一致通过。

其次,我宣布已接到5名被开除者同意前来出席会议的电报。

现在按日程由韦丁反对派的里泽同志发言。

里泽宣读韦丁反对派的电报

同志们!我向主席团建议,允许联共(布)反对派的同志们出席这次全会,我建议主席团邀请季诺维也夫同志来这里,对联共(布)中央委员会的政策和有争议的问题发表自己的见解。我很清楚,俄国的季诺维也夫同志和其他同志对英国、俄国和其他问题都采取另一种立场,为公正起见,我必须提出上述建议。从反对派同志们10月16日声明中可以看出,在联共(布)和在共产国际,一般都有严格的纪律,如果没有相应的决定或我们的提议,反对派的同志要在全会上发言,就很容易被说成是破坏纪律。这就是我坚持邀请这些同志对有关联共(布)中央委员会的问题发表意见的原因。我知道,俄国同志对英国问题也有自己的独特见解。我认为,他们也应该对英国问题发表意见。

因此，

"下列签名人提请全会作出下述决定：

扩大全会邀请俄国反对派的同志们在讨论英国和俄国问题时说明自己的观点，并且提请共产国际执行委员会中的联共（布）代表团对联共（布）中央委员会在这方面采取必要的步骤。

我们提出建议的理由是：

1. 共产国际是世界性政党，因此必须使其各个支部存在的分歧在各次国际会议上得到反映，以便能对这些问题提出比较明确的意见。何况，事情涉及的是共产国际的领导支部，这样做就更有必要。

2. 在国际会议上，不仅西欧支部的某一反对派可以发表自己的观点，而且联共（布）内部的分歧意见也可以进行讨论，这是迄今为止共产国际的传统，第五次代表大会就曾建议托洛茨基派的代表在会上为自己的观点辩护。

3. 由于联共（布）反对派的首脑是共产国际前主席季诺维也夫同志，所以邀请联共（布）反对派的代表来说明他们对上述问题的观点就更有必要。

正因为如此，为了适当弄清一切有争议的问题，以利于共产国际的巩固，全会必须听取季诺维也夫同志的发言。

德林·里泽同志

1926 年 12 月 2 日"

埃尔科利（意大利）：

同志们！我认为问题是很清楚的，我们应该根据台尔曼同志提出的建议，转入对议事日程的下一个问题进行表决，而不是接受里泽同志提出的建议。为什么？必须指出，俄国反对派最杰出的同志都是共产国际领导机构的成员，季诺维也夫和加米涅夫同志是共产国际执行委员会委员，而托洛茨基和索柯里尼科夫同志是共产国际执行委员会的候补委员。因此，他们有权以这样的身份参加我们所有的讨论，并就全会讨论的所有问题发言。

里泽同志是这样提出问题的：既然反对派的领袖们已经在10月16日关于停止派别活动的声明上签了字，那么，我们在这里为自己的观点进行辩护的发言就不能解释为违背他们所承担的义务。我认为，里泽同志的论据是站不住脚的，因为10月16日声明发言之后，联共（布）反对派的同志们曾在第十五次党代表会议上为自己的观点进行了申辩，这种情况并没有被解释为违背10月16日声明，从来也没有人认为，他们没有在作为党的一个最高机关的代表会议上发言的权利，现在的问题恰恰就是这样，10月16日声明之后，反对派的领袖们仍保留出席这次会议为自己的观点辩护的权利。

　　同志们，我们给反对派同志们的权利不能多于给共产国际其他成员的权利，我们也不能对他们发出特别邀请，否则就意味着，我们在共产国际内和俄国共产党内在某种意义上分裂成了两个阵营，我们不能允许出现这种情况，他们都是共产国际执行委员会的委员，完全有出席这次会议为自己的观点进行申辩的权利，我们不应该就这个问题通过任何专门决定。

主席：

　　让我们进行表决。同意按议事日程转入讨论的请举手。

　　建议一致通过。

　　现在由**登格尔**同志发表声明。

德国代表团的声明

　　我代表德国代表团发表如下声明：德国代表团一致赞同联共（布）第十四次党代表大会、中央全会和第十五次代表会议的立场（我们兄弟的俄国党有90％的党员拥护这些决议）。愤怒地否决**里泽**同志的建议，德国代表团在建议中看到了闻所未闻的挑衅。正如**埃尔科利**同志已经申明的，在全会的辩论中，俄国反对派的同志们随时都能够以共产国际执行委员会委员或候补委员的身份发言，在审查议事日程上的下一个问题时，他们也能够这样做。

我们认为，**里泽**同志并不是独立地提出这个建议的，幕后还有其他人，我们确信，这个建议是一种经过精心策划的政治示威，我们深信，如果联共（布）反对派的同志们在这里发言，那么他们同样会在政治上一败涂地、身败名裂，我们已确信，共产国际执行委员会扩大全会必将一致反对俄国反对派的政治观点。

主席：现在讨论英国问题，由**蒙穆索**同志发言。

讨论墨菲关于英国问题的报告（续）

蒙穆索（法国）：

同志们，我认为我们在会上对世界各国声援英国矿工罢工的运动问题，讨论得很不够。

当然，建立俄国无产阶级和英国无产阶级之间的联系是首要问题，而苏联无产阶级在这个问题上起着决定性的作用。但是，必须使英国工人阶级不仅仅把整个共产国际和整个革命的无产阶级的先锋队给予它的直接的不断的巨大援助看做是国际的声援，在我们看来，几个报告都只是一般地提其他国家在这方面所作的努力，这是错误的。

我认为，我们的基本任务是揭露各国社会民主党的暗中破坏行为，把它们与苏联工人阶级表现出来的无产阶级的声援，与共产国际和各国共产党对罢工的支持加以对比。无论这种支持力量多么微弱，都必须使英国矿工看到这种力量的结果，绝不能忽视这样的事情。

摆在我们面前的材料中,有在这方面说明每个国家情况的材料,比如说,在法国,就不能仅仅指出这样的事实:矿工罢工在这里没有获得真正巨大的反响,没有引起声势浩大的群众性发动。

同志们,在我看来,这样做还不够,不仅应该分析我们在罢工时期暴露出来的弱点,而且应该指出我们反对社会民主党领袖们和改良主义者领袖们暗中破坏行为所获得的积极结果,罢工期间我们在法国做了些什么呢?同志们,应该说,当英国爆发总罢工时,它使我们许多党员感到吃惊。为什么呢?因为早在煤业危机发展的过程中,早在冲突发生的前夕,右翼领袖们就与英国资产阶级谋划妥协。而矿工们毅然决定继续斗争,这完全出乎我们党的积极分子和无产阶级的意料之外。但是,我们的组织迅速作出了反映,我们立即采取措施。支持罢工者,宣布总罢工这一事实本身,使我们的干部情绪高昂,这种情绪也感染了群众,无论是引起总罢工的原因,还是总罢工的群众性都给我们留下了极为深刻的印象。大家知道,罢工必将对英国工人运动今后的发展,对正经历危机的资本主义,产生重大的政治后果。

必须强调英国、德国和比利时无产阶级利益的一致性,这三个国家是西方资产阶级的三大支柱。我们应该使英国工人注意我们在这些国家开展的波澜壮阔的运动,注意阿姆斯特丹国际改良主义领袖们一贯的暗中破坏行为,而英国工会也参加了这个国际。

罢工初期,我们就敲起了警钟。我们召开了铁路员工工会、装卸工工会和矿工工会三个最直接的工会代表会议;使我们的地区——北方省和加来海峡省作好了准备;立即开展了张贴宣传画、散发传单等鼓动活动;在矿业中心、港口和有战略意义的铁路枢纽等处组织了群众大会;设法引发动乱并准备条件,以便顺利实现我们所提出的同改良主义者的统一路线,如果向改良主义者提出的这项建议纯属形式,那么我们的运动无疑是不成功的。应该使运动开展得生气勃勃,因而我们立即在群众中进行了鼓动，促使他们对改良主义的领袖们施加压力，因为我们对改良主义者是否有决心去斗争从不抱幻想，几天以后，我们向所有改良主义领袖、法国总工会、铁路员工、装卸工和矿工工会加来海峡省和下塞纳省的改良主义省工会联合会提出了关于建立统一战线的建议，并为此目的组织了观察委员会。同志们，改良主义领袖们答复我们说，他们将遵照阿姆斯特丹国际的指示，在帮助英国矿工的问题上，他们既不需要统一工会会员的协助，也不需要莫斯科的协助。

重要的是要使英国工人阶级了解这一切细节。有一个时期，我们同勒阿弗尔海员的无政府工团主义工会结成了统一战线；他们进入了委员会并且同我们友好地合作，工会书记处书记都支持我们，听说这件事发生之后，改良主义者和社会党人对无政府工团主义者施加压力结果书记被召回，而工会决定对英国矿工保守"中立"。这样一来，进行暗中破坏的就不仅有改良主义者，而且还有无政府工团主义者了。

勒阿弗尔的装卸工人现在仍属无政府工团主义者领导的独立工会，无政府主义的勒阿弗尔工会的理事会经常破坏同我们的统一战线，他们声称："让罢工见鬼去吧。我们要工作，不管罢工对国际运动和英国矿工会造成什么后果。"

我们的行动口号是："绝不给英国一公斤煤。"这个口号没有获得重大的实际成果，而这就不是我们的过错了，在铁路工人、煤矿工人和装卸工人那里，我们都遇到了改良主义者领袖们有组织的暗中破坏活动。

英国工人还应该明了另一些令人愤怒的暗中破坏活动：

在总罢工的高潮时期，巴黎出版了大资产阶级报纸《每日邮报》。

人们一度以为，我们没有采取措施去阻止这份报纸的发行，它就以假消息在罢工队伍中制造混乱。

要让英国工人知道，我们同改良主义者是进行了坚决斗争的，而且也对那些没有英国工会的特别命令就不愿参加总罢工的英国技术专家施加了压力。

在我们这里的同一个印刷厂中，往往是一部分工人参加改良主义者工会，另一部分则参加统一工会，例如在我们许多印刷厂中，排字工人是统一工会的会员，印刷工人是改良主义工会的会员，工人分成若干团体，因此在没有统一战线的情况下，很难举行罢工。

我们每天都坚决设法争取改良主义者同我们一起，不让英国报纸发行，每次他们都答复我们说：要知道，英国技术人员都在工作。难道我们倒应当早早发动吗？

我们给英国人写信，要求他们在那里支持罢工。但是，他们不听我们的。

由于报纸要转到另一印刷厂去印刷，阻止出版就更加困难了，尽管困难重重，我们仍继续进行鼓动，反对出版报纸。

最后，在利用一切办法影响改良主义者之后，统一工会会员自己宣布罢工，以便阻止这份报刊的印刷。然而，改良主义者却继续工作并印刷报纸，必须让英国工人知道这件事。并且不要责怪我们，说我们根本没有采取行动。

我们在敦刻尔克也举行了罢工，罢工定在提出局部要求的基础上，在阻止为英国装卸煤炭的极为有利的时机爆发的。

这次罢工整整持续了4个月。因而，对这件事不应该估计不足，罢工是在违背改良主义者领袖们和改良主义的装卸工工会的意愿，在革命分子的压力下宣布和进行的，布伦装卸工统一工会为声援英国矿工举行了为时一昼夜的罢工。

开展声援运动并不容易，因为阿姆斯特丹的领导人提出了与此相反的口号。但是，我们总是做了一点工作，虽然做得还不够。

我们宣布举行矿工罢工，有人说罢工并没有取得多大成就，当然没有。然而，这次示威毕竟具有重大意义，并且应该让英国工人知道：只有法国工人举行了罢工，他们是响应革命者的号召举行罢工的，而参加了阿姆斯特国际的改良主义工会却暗中进行破坏，必须明确而坚决地强调这一点。

事实上，罢工没有取得重大实际成果。然而，资产阶级报纸却断定有40%的工人参加罢工，就是说，由于我们的宣传，我们取得了成就，并且组织了声援性罢工，其规模超过了许多次经济罢工，同志们，就在我们开展声援罢工运动的同时，改良主义者领导人却同矿业管理当局达成了妥协。罢工前夕，矿业公司就已经准备答应煤矿工人提出的多少增加一点工资的要求。在法国，我们不得不在这种情况下进行工作，改良主义者千方百计破坏我们的发动。然而，在法国，尽管改良主义者领袖们公开背叛，尽管我们背叛地同矿主进行勾结，仍有10万矿工参加了罢工。

总之，不应对我们的发动的意义估计不足。当然，我们并没有取得巨大的胜利，当然我们也未能挽救英国的罢工。但是，我们毕竟在困难重重的条件下，尽了我们最大的努力，而社会民主党人却一直对声援罢工的运动暗中进行破坏。

现在谈谈经济援助，国际工人救济协会在法国募集了30万法郎的捐款，这当然不多。但是，同志们，不应当忘记，在法国这是有史以来第一次对英吉利海峡彼岸的工人开展声援运动；另一方面，在罢工进行时，我们曾在我国各个工业部门和各个地方开展了罢工运动，虽然手中只有很少资金，在英国罢工的同时，我国雷诺堡爆发了工业罢工和冶金工人罢工，冶金工人的罢工3月份宣布开始，直到不久前才结束，持续了8个多月，为了帮助罢工工人，需要几十万法郎。此外，我国拉罗克-多尔姆纺织工人及敦基尔欣的装卸工人也都举行了罢工，我们就是在如此困难的条件下进行了工作，应该坚决地指出，改良主义者没有做任何支持罢工的事。

我不打算谈英国运动的前景问题。然而,应该指出英国的罢工定会有积极的结果,改良主义者领袖们的背叛行为对运动的影响将有利于工会的统一。有一段时间,我们害怕,在英国工人中间存在着对改良主义领袖们的不满情绪会打击工会,在我们法国不止一次出现过类似这样的事情:在社会民主党领袖们公开背叛之后,工人们对背叛者是那么愤恨,那么厌恶,致使工会开始瓦解。1918—1919年冶金工人大罢工时情况就是这样,当时工人被领袖们的背叛行为所激怒,打算分裂,或者大批地退出工会。我们向我们的英国同志建议,要为争取工会的统一而进行坚决斗争,不让统一战线破裂并反对工人退出工会,我们应该认真讨论这些问题,以便为英国的工会运动制定正确的策略。

我们应该讨论反对背叛者而把工会的领导权集中在自己手中,并同群众保持联系的方式问题。

琼斯(英国):

同志们,大会已经作了详尽的报告,总结了7个月来矿工罢工的经验,阐明了这次罢工对英国形势和国际形势的意义,我再来分析这个问题就多余了。因此,我现在只想分析罢工时期党的基本工作形式和党的发展。

我们认为,特别重要的是,我们不应该仅仅注意客观形势,在我们英国共产党的惊人发展和壮大中表现出来的那些主观因素也是很重要的,我们认为,仅从英国共产党员数量增长的角度来看这个党的发展,那是错误的。这个时期,党员人数从5000人增至1.1万人,这个事实有着重要意义。英国政府宣布紧急状态、逮捕共产党人、禁止有共产党人发表演说的群众集会等等,所有这些事件都清楚地表明,英国政府完全知道英国共产党在现时所起的极为重要的作用。矿工罢工期间,共产党虽然党员人数较少，却能起到极为重要的作用，这不仅是因为共产党表现出了巨大的毅力——这当然不必说了——而且也是因为在这段极其艰苦的长期斗争中，共产党正确地理解了这种斗争，并能在罢工委员会和行委员会中，在各个地方，在各个矿区，把细小而又艰苦的工作同总的正确的政治路线直接联系在一起，同在真正的列宁主义精神下形成的一般性的正确口号直接联系在一起。正因为如此，英国的布尔什维主义的萌芽近来正如此惊人的速度发展着。几年前，列宁同志会见《曼彻斯特卫报》记者亚瑟·伦逊时发表的著名讲话中就谈到过布尔什维主义的萌芽，并指出在英国已经有了这种萌芽。罢工期间，党组织为《工人周报》出版了附页，题为《要进行殊死斗争》，首次出版后过了几个星期已有60多个来自煤矿区的常任工人通讯员都团结在这个刊物的周围。如果能正确了解这一事实，仅仅这一事实就可以证明：党同英国工人群众是真正紧密地联系在一起的。党把工人阶级中最优秀的分子团结在自己周围，我们不仅有权谈到党员数量的增加问题，而且也有权谈到党的素质提高的问题，因为新入党的英国工人阶级最优秀的分子、最积极的工会会员和工人运动的参加者，他们帮助党加强群众工作，深入开展群众工作。

  有些同志认为，英国左翼运动的现状几乎完全是总罢工造成的结果。英国总罢工是一次历史性事件，它对本国的全部社会生活和政治生活具有重大意义，谁也不会对此提出争议。总罢工是英国工人运动发展的转折点，对此谁也不会丝毫加以否定。然而，如果有人根据这一理由做出结论说，出现有组织的左翼仅仅是总罢工的结果，像佩珀同志在自己的发言中所坚信的那样，那就不正确了。任何一个同志在研究了总罢工前夕的局势、了解了少数派运动——如果仅就左翼运动的这种形式而言——的起源和发展之后，他就只能得出以下结论：总罢工的影响表现为左翼运动的加强和这一运动的组织的巩固，而这些组织是早就存在了的。

事实上，每个英国共产党党员都清楚地知道，在1924年举行的少数派运动第一次全国代表会议上，20万有组织的工会会员派代表出席了会议。1925年举行的少数派运动第二次全国代表会议，已经代表有组织的工会会员75万人。而在总罢工前夕召开的代表会议上，出席会议的已经有95万工会会员的代表了。英国的同志们都知道，在很久以前，至少在总罢工1年以前，我们的左翼就在工党中开始采取有组织的具体形式，制定了全国性的总纲领。虽然这个纲领并非所有方面都正确，但它毕竟是一个具体的纲领，大约有工党的100个地方组织派代表出席这个左翼运动的各次会议。如果我们去参加工会的代表大会，就会看到类似情况。因此，我们应该说明，早在罢工以前，在工人运动中就已经有明确的左翼，而且有成千上万的正直和诚实的工人参加了左翼。虽然这些人不是无产阶级专政和武装起义的拥护者，但是，他们却为从工党中清洗自由派和组织工会运动进行了斗争。

同时我们也看到，力图扩大自己在群众中的影响的许多领导人，为了自己的目的而利用左翼运动，在总罢工期间我们目睹了支持托马斯等人的所谓左翼领袖彻底改变了政策。这些事实使我们得出结论，当谈到英国左翼运动的发展时，就必须首先把冒牌的左翼领袖同在我们共产党组织、领导和鼓舞之下的真正的左翼运动认真地区分开来。早在总罢工发生以前，真正的左翼运动就已经出现并且发展了，总罢工只是加强了这一运动。

现在谈谈有关英国青年组织的问题。如果我们说，在英国工人运动中发生了重大的历史性变化。那么，我们也应该指出，英国青年组织当时起了极其重大的作用，在这方面，共产党是开拓者，只是在共产党人开始把青年工人组织起来之后，独立工党以及工党才认识到，他们如果不去注意这项工作，将会受到怎样危险的威胁。我们在这方面所取得的成就是毫无疑问的，事实上，青年共产国际执行委员会全会已经指出，最近我们英国青年组织的面貌已焕然一新，这不仅是由于该组织的成员在增加，而且也因为该组织的素质和工作质量在提高。近来青年组织对工人运动的巨大影响，青年联盟同煤矿地区党组织在罢工期间所取得的实际成就以及联盟开展工作的种种形式——所有这些事实都引起了人们的巨大兴趣，并且对整个国际青年运动甚至共产国际本身都是新问题。

由于时间有限，我不可能对各个细节进行分析。但是，可以举出一些人们最感兴趣的例子。首先，联盟保证青年煤矿工人（必须提到的是，有10万多青年矿工参加了斗争）可以选派代表参加所有领导各地罢工的罢工委员会和罢工组织。除此之外，它还组织由各地煤矿工人组织选出的代表组成的青年矿工代表会议，制定纲领要求、着手在联盟的机关刊物（周刊）上开辟有关青年煤矿工人的专栏，所有这些成就对我们英国的工作都具有重大意义。

联盟的全部工作都是在党和少数派运动的支持下进行的，正是这项工作促使共产主义青年联盟增加了盟员的人数，提高了他们的素质，加强了联盟的战斗争精神。

我想结合英国当前形势下的军国主义和战争危险问题谈点看法，这个问题在墨菲同志的报告中和其他人的发言中已经提到了。我认为，不能只从我们所经历的资本主义没落时期资本家之间矛盾尖锐化所引起的战争危险性在增加等等观点来看待这个问题，必须不仅从这个观点来看英国军国主义的发展，尤其是海上霸权政策的发展，而且要从下列观点来看问题，即在当前工业冲突不断加剧和不断尖锐的时期，士兵和海员都已被利用来同工人作斗争，英国的士兵和海员大多数都是无产者，他们当中不少人属于工人阶级，他们懂得同本阶级父老兄弟团结的意义，在当前阶段，我们应该加强和改进在他们中间开展的工作，因为我们知道，今后的工业冲突时期会更加频繁地利用军队。

摆在我们面前的还有殖民地问题，殖民地问题不仅仅是一般的宣传鼓动问题，通过分析英国的状况，使我们得出结论：殖民地问题越来越成为每个英国工人所迫切关心的问题，我们面临的具体任务是，在对殖民地开展的实际工作中，直接运用我们的一般理论原则，并以一个个实例向英国工人解释这些原则，我们认为，当前在殖民地开展工作将成为我们党应当特别加以注意的最主要的任务之一。

埃文斯（英国）：

同志们！洛佐夫斯基同志指出了研究英国罢工的一切细节的必要性。他是完全正确的，现在只谈谈同罢工有关的英国工人运动的一些个别的具体问题，英国工人运动的一些个别现象和根据这些现象提出的共产党的任务，我认为也是正确的，特别重要的是，应当谈谈群众性的工人运动的一种极其重要的形式，而又没有得到党的工作的足够重视的这一运动的某些因素，谈谈没有得到我们充分估计的我们战线的几个方面，特别是谈谈与工人合作社运动有关的任务。我觉得必须使同志们注意这些问题的全部重要性，注意英国工人合作社运动和工会运动在罢工之后出现的一些现象以及工人合作社与工人政党之间的相互关系。

为了使你们注意到运动的这种形式的重要性，必须谈到它的规模。共产国际执委会和共产国际主席团不止一次地指出了在合作社中进行工作的重要性，因为这是群众工作的极其重要的和本质的形式之一。然而，如果这是就一般合作社工作而言，那么，对英国合作社说来，这一工作形式就是极为重要的了，英国合作社目前联合了 500 万人，其中绝大多数，至少有 90% 属于工人阶级。英国合作社拥有 10 亿卢布以上的资金，它的商业周转额等于 25 亿卢布，它有 1500 个合作社协会，数量极多的各种教育机构——俱乐部等等，合作社党大约有 200 万党员。当然，必须说明，这不是个别入党的党员数量，同大多数工党党员是经过工会加入党一样,合作社社员经过合作社组织加入合作社党。但是,无论如何,这确实是英国工人运动的重大现象。

自然会提出这样的问题:如果拥有如此雄厚力量的工人组织是工人阶级斗争中的助手。那么,在斗争尖锐时期它会有多么巨大的积极意义。相反,如果这个强大的组织反对工人阶级的斗争,或者只是站在这场斗争之外,因而在客观上反对它。那么,这种形势又会给工人阶级带来多么巨大的危害。我觉得,这样来提出合作社问题,合作社工作的重要性也就不言自明了。

英国共产党早在一年半以前就已经注意到这个问题了,在5月危机酝酿期间,英国共产党对这个问题尤其注意到,在党的决议中,在少数派会议的决议中和实际工作中,英国共产党对工人阶级指出下列问题:必须把工人阶级的强大组织——合作社运动——真正变为阶级的革命的工人运动的助手,必须使全部工会成为合作社协会的会员,必须使它们成为这些协会的积极会员,必须使工会、合作社和工党的工作密切结合起来。同时,不只是形式上如此,而且是实实在在地使合作社组织成为统一的阶级运动的一部分。英国党在这方面从事了组织工作,应当说罢工以前在许多地方,不仅在合作社组织中组织了党团,而且有一些共产党人被选为合作社理事会及其他管理机构的成员。毫无疑义,英国共产党无论如何总是做到了把工人阶级和工会的注意力吸引到合作社问题上来,把合作社问题提到了工人运动的议事日程上,共产党和少数派运动的这些尝试,自然遇到了英国合作社这个英国工人运动极右翼的堡垒的领导人的极大反抗。共产党和少数派运动的尝试得到的回答是:"不准插手合作社"。应当说明,罢工前英国合作社曾设法同工会达成协议,但是,这只是一些形式上的东西,并没有任何具体内容。罢工时期的情况是:工会同合作社之间没有任何协议,合作社不仅在组织对罢工者的援助方面根本没有为罢工做好准备,而且在自身的经济工作中也是如此。照合作社运动中央机关的说法，合作社在罢工期间是一片混乱。一方面，合作社组织没有参加斗争，没有积极援助罢工；另一方面，虽然合作社组织在许多情况下利用了一些政府组织，它们却照例不去利用政府工贼组织。有过这样的情况，当合作社协会同运输工人工会谈判以后，运输工人工会对它们说：去利用政府的工贼机构吧。罢工期间合作社运动竟是这等可悲的情景。

大家完全清楚，如果合作社组织对罢工者什么帮助也没有，相反，却向政府组织求援，那么，它就因此给运动带来莫大的危害，并且客观上反对了运动。当然，不能说所有的合作社组织都是这样。我所说的，主要指一般的大量的合作社组织，首先是中心的合作社组织。当然，在许多地方，特别是在煤矿和铁路地区，合作社运动积极帮助了罢工，我们有来自一些地方组织的消息，说它们成员的数量增加，赢得了声望，壮大了自己，它们的成员普遍都是工会会员。在极少数地区是这样的情况，至于总的情况，据工党调查部门发表的调查材料说，在罢工期间79％的合作社组织和工会之间没有任何协议。

在罢工期间共产党做了什么？它对合作社提出了怎样的任务？在合作社中工作的各共产主义小组，在罢工期间有一定的工作成绩，关于这一点我已经说过。在好些地区，合作社的地方组织积极援助了罢工，同时我们也看到一些合作社参加了行动委员会，共产党和少数派运动通过合作社开展了广泛的援助煤矿工人的捐款运动，几乎在历次所谓的合作社季度会议上，都非常坚决地提出了关于援助矿工的问题。有过这样的事情，在我们同志的建议下，全体大会通过了提高对煤矿工人捐款的决定，数目大大超过协会理事会的设想。在罢工以后立即举行的合作社代表大会上，没有提出合作社在英国罢工中的作用问题，也没有提出援助煤矿工人的问题，主席团的提案和中央协会理事会的提案3次被代表大会的成员所否决。因为这些提案没有提供任何具体内容，这些决议案在朝着实际援助煤矿工人的方向进行修改以前，3次遭到否决。在博恩默斯市工会代表大会上，至少有五六个大的工会提出，必须根据达成保证罢工和同盟歇业时期合作社方面给予帮助等等的经常性协议的精神，来重新考虑工会和合作社运动之间的相互关系，代表大会的领袖们却不顾代表大会成员的坚持，撤销了这个问题，说什么要缔结这样的协议还没有任何具体的和实际的条件。

尽管合作社和工联领袖们加以阻挠，但我们仍看到目前有这种现象：现在，在几乎所有的合作社会议上都提出罢工期间合作社的作用问题和合作社同工会之间的关系问题，在合作社党的会议上，在合作社同业公会（妇女的和男子的）会议上，在合作社协会的会议上，在所谓的夏季合作社学校等等都提出了这个问题。在英国合作社运动中，我们看到，关于这些问题目前存在三派，在合作社组织同工会之间的关系问题上有一派是最反动的，它认为，根据罢工经验，工会干涉粮食问题是有害的，必须对工会说："不准插手合作社"。另一派是共产党和少数派运动共同领导的合作社运动中的左派运动，这一派认为，罢工的教训更强烈、更尖锐地提出了一个问题：必须在发展阶段斗争的基础上，在把合作社会变为英国无产阶级斗争工具的基础上，使工会运动同合作社运动真正统一起来。现在的合作社领袖的大多数是中间派，他们这样提出问题：对现在共产党和少数派运动提出的、群众支持的关于工会同合作社的相互关系问题，不能置之不理。因此，他们以自己的方式提出问题，从口号中抽出一般的而不是具体的内容，抛掉其中所有的一切阶级的革命的内容，为了增加合作社成员的数量并使两个运动之间相互同情，工会有必要加入合作社，他们却把这个问题上的具体建议全都抛掉，就剩下关于这种必要性的一个干巴巴的口号。我们还看到目前这样的现象：工党和独立工党把合作社的工作问题看做是自己分内的任务，并且远比以往更加重视这个问题。我们看到，现在保守党就必须在合作社中加强工作的问题专门发出了号召书。我们看到，现在合作社党和工党就经常性的共同行动签订了协议草案，现在这个协议草案将提交所有合作社协会讨论，它也是我们在这个问题上进行共产主义鼓动和以共产主义精神提出这个问题的极好材料。

所有这些事实表明，工党、英国工人运动的右翼领袖们正力求密切同合作社运动的关系，而另一方面，合作社的领袖们为了动员右的力量反对左的危险，反对问题的共产主义提法，也不反对密切同工会运动的关系。在这个问题上可以看到合作社领袖和工会领袖，合作社党领袖和工党领袖互相接近的现象。我们看到，英国工人运动右翼力量在这一斗争领域也是团结的。但是我们也看到，可惜得很，共产党和少数派运动的工作在取得成绩以后，显然是削弱了。我们还看到这样的现象，共产党提出的口号被右翼分子抓了过去；共产党提出某些问题的倡议，被右翼分子从手中夺走，并按照他们的精神改头换面了。之所以发生这种现象，不仅因为提出问题的机构和机会都掌握在右翼分子手中，而且因为，应当直截了当地说，共产党在合作社运动中的工作削弱了。当然，我们不能指望英国党做它做不到的事情。但是，也应当直截了当地指出，共产党的合作社工作削弱了，这不仅由于缺乏必要的进行组织的机会，而且由于对这个问题重视不够。所以，我觉得，必须再一次地使少数派运动和共产党都把最主要的注意力集中在这一最重要的群众工作形式上。在这一方面，根本的任务是必须再次掌握提出关于合作社同工会之间的相互关系，关于合作社同政党之间的相互关系问题的主动权，必须以阶级的革命的具体内容来充实这些口号，必须具体提出各个合作社组织在罢工期间表现如何的问题，并把更换领袖的问题与此联系起来。必须把合作社协会的工作作为群众工作的最重要的形式之一，成为党的经常性工作，而不是偶然性工作，必须使合作社问题和合作社工作在英国党的生活中成为一切最为重要的部门工作的有机部分。我认为，在英国共产党取得了不少成就的条件下,经常提出这项工作对党来说不会有任何困难。在这个工作领域,与在其他领域一样,党也一定会取得它现在这样的成就。(鼓掌)

蒂姆·博克(加拿大):

同志们!我想以加拿大代表团的名义就墨菲同志关于英国形势的报告讲几句话。当然,我们同共产国际所有其他党一起为英国党在罢工期间所做的工作而非常自豪。我们认为,党所遵循的路线是正确的,墨菲同志就党的状况做了非常全面的报告。

但是,我认为,在对英国党的工作给予应有评价的同时,如果我们把组织罢工全部归功于它,这并不是帮助它,虽然党做了大量工作,我还是认为党没有足够注意英国工业内部正在发生的内在变化和这些变化同现时英国革命运动联系的问题。比如说,英国的重工业让位于奢侈品生产和加工工业的这种情况是很重要的,这是引起英国工人阶级向左转和英国工人运动普通向左转的原因之一,如果没有上述情况,我们英国的同志就不能在工作中取得这样的成绩,我们的同志应当适应这种倾向,这是一种使局势尖锐化而不是使之缓和的倾向。墨菲同志举了好多例子,说明英国工业托拉斯化的过程。但是,下列事实更具有代表性:一些生产部门如棉纺工业,严肃地讨论了组织巨大的卡特尔把整个兰开夏棉纺工人协会联合起来的可能性。这表明,英国企业主不仅在联合一个个公司方面,而且也在改组英国整个工业、整个棉纺业生产的范围内提出了托拉斯化的问题,在棉纺业这个主要生产部门中的几十万工人,现在每周只有3到4天进行生产,这种工业的托拉斯化计划,等于把生产集中到最现代化的企业中来,同时取消老企业,就是说,等于在英国实行空前规模的合理化。这样的托拉斯化计划意味着几十万工人将被抛到街头,而对整个英国工业来说,这是竞相仿效的鼓励性榜样。

这些事实使我们的英国同志面临下列任务：在少数派运动的加强和这一运动的各种组织形式的问题上必须采取更明确的立场。我认为，墨菲同志报告的最大特点是，提出党面临必须迫切地刻不容缓地加强少数派运动的任务。换句话说，党应当完成把少数派运动组织起来的工作，以使这一运动在日后的战斗中能比在最近的罢工中起到更重要的作用。我们应该考虑到像英国和其他国家的少数派运动这种反政府的机构应当前进，否则它们就会瓦解，我们应当发展，应当壮大，我们的影响应当在组织上表现出来，否则我们就会瓦解，而加入左翼的工人们就会失去对自己组织的信任。应当承认，尽管条件非常之好，我们的少数派运动也几乎没有能够做具体的工作，我认为，我们的英国同志不会否认这一点，也不会认为我的这种说法是非同志式的。在总罢工停止以后，不能让守卫矿井的工人留在矿上，只是最近才在这方面做了认真的工作，而这些工人应当在罢工一开始就停止工作，这本应是少数派运动的主要任务，如果少数派运动的影响能形成一股有组织的力量，如果它的影响能在工会中从组织上表现出来，这本来是可以做到的。

另一件应该使我们受到点教育的事情是，党没有利用机会把当地的工会组织和工会理事会变为罢工的领导中心，党提出了许多正确的口号，但是它是否有足够的组织力量，它是否有明确的纲领和计划，使我们的同志有可能完成交给他们的任务？我认为，没有，英国工人和整个英国工业正在进入尖锐的阶级斗争时期，并且我们知道，在这个时期工会的官僚们以及不久前的同盟者即总委员会的所谓左翼代表转到英国资产阶级方面去了。

我们党和少数派运动必须解决组织英国工人同英国资产主义势力作斗争的任务，因而我们也就必须使少数派运动的影响在组织上表现出来。我知道，这是困难的，我知道，这不是轻松的任务，可能在总罢工以前这样的任务我们是办不到的。而现在，党从总罢工中吸取了一点教训，党得到工人广大阶层的同情，成千上万的无产者加入它的行列，资本又在掀起新的进攻浪潮。这时候，党在全国各地不仅应该加倍努力，而且应该三倍努力地工作，党的刻不容缓的任务就在于此。

还有重要的一点墨菲同志没有涉及，这就是关于英国党对自治领宪法的态度问题，第五次代表大会上也正是这种状况。我记得，我那时也不得不埋怨我们的英国同志们对这个问题看得太轻率，不用说，不只是英国同志没有对这个问题给予应有的重视，美国同志也是如此。许多同志认为，谈论自治领可以说是学院式的争辩，这一点特别适用于加拿大。加拿大的形势大家都知道，它如果脱离英帝国，必定会成为华尔街的殖民地。但是，加拿大党不同意这一意见，它认为英国的同志们不应只限于引证所看到的英帝国的离心倾向。我们认为，我们的英国同志们应当对这个问题表明自己的态度，英国党应当对自治领的独立持明确的立场。这种立场应当在它日常的工作和宣传中体现出来，大约有10万工人每年从英国迁到加拿大的事实，是这个问题的重要因素，仅仅在1925年一年之内，就有这么多人迁往我们这里。这些移民长久以来仍然是英国的爱国者，许多激进的工人想用英国与美国之间的相互关系衡量一切。然而，由于不清楚纲领的性质，不理解问题的实质，却站到了英帝国方面。非常重要的是，要使英国党对这个问题明确地表明自己立场，对这一问题认真加以研究，对正在形成的局势作出客观的估计，它应当在口头上和在报刊上进行宣传，它应当在这方面精力充沛地工作。因为，正像我已提到的，指出殖民地存在着离心倾向还不够，必须同时指出，殖民地将走向何处。

同志们，我提醒你们，加拿大正在以很快的速度实行工业化，在世界上只有三个国家在一年内输出商品的价值比我国多。而在美国，虽说生产的集中占优势，生产的价值按人口平均计算却不如加拿大多，工人所受的剥削也不比我们这里更甚，加拿大渐渐成为很重要的投资市场，至少对美国说来是如此，而且它也是美国的粮食供应者。

现在加拿大整个工业的 1/3、加拿大全部矿井和矿场的 1/3 都属于美国。美国在加拿大占有广大的森林地区。此外，由加拿大中央政府发行的债券的 1/3 和市自治机关的债券的 1/3，都掌握在美国手中，美国对加拿大的国家财政越来越感兴趣。同志们，这种状况使我们面临这样的问题：我们是否愿意脱离英帝国而落入华尔街的魔掌？摆脱英帝国和削弱英帝国主义仅仅是为了加强美帝国主义，这简直是得不偿失！

虽然一般地、粗略地指出美国具有攫取加拿大工业和农业的趋向，就足以说明在加拿大的反英势力的规模。但是，这仍然没有向我们说明加拿大社会舆论持有什么立场，这并没有向我们提供关于本国资产阶级、本国资本扩展其力量的情况。譬如，在加拿大，本国资本控制了数量日益增多的金融债券。可以举这样一个例子：在1925年，加拿大资本家收购了投放在加拿大货币市场的52%以上的有价证券。因此，加拿大资本家手中拥有的财富比美国、英国和其他国家总共掌握的要多，加拿大资本家和英国资本家的道路分歧越来越大。再举一个例子说明这样一个问题：目前加拿大对参加英国可能发动的战争问题持有什么立场，加拿大资本家害怕卷入战争，因为伴随而来的将是沉重的负担、庞大的军事开支和巨大的风险性，因此他们为自治而进行宣传。我想给你们读一读非常著名的自由派和加拿大民族自治的拥护者克利夫德·希夫顿先生的一篇声明：

"根本的困难是战争与和平的问题，英国是好战的、帝国主义的世界强国，它在地球上拥有广大的有生产能力的领土，并打算把它们保持在自己手中。如果可能的话，就用和平的手段，如果需要的话，就用战争的办法，实行自治的自治领是庞大的、年轻的，它们追求共同体和平，不支持战争，并且只希望和平发展。"

就是这样的思想感情在支配着发展中的加拿大资产阶级。

加拿大共产党发表声明：加拿大不愿意脱离英帝国再落入美帝国主义的魔掌，通过利用美国资本主义和英国资本主义之间敌对的利益，是能够把加拿大的独立斗争进行到底的。加拿大同英国是硬捏在一起的，因而它会不由自主地被英国借助于所谓的不列颠北美法令拖入战争。为废除这一法令而斗争，也是独立斗争的一个出发点。

不列颠北美法不受加拿大政府的监督，加拿大政府既不能对它加以修正，也不能把它废除（只有英国政府拥有这样的权力）。为废除这一法令而斗争，从实质上说，就是加拿大的独立斗争，并且我认为，英国共产党在为加拿大独立，为废除不列颠北美法令以及为制定加拿大共和国宪法而开展的运动中，应当同加拿大共产党合作。英国共产党人应当同我们一起工作，而实现加拿大的独立应当成为我们和他们的共同任务。

（会议休会）

第十六次会议

(1926年12月6日)

主席：雷梅尔

主席：

在继续讨论英国问题之前，先请洛佐夫斯基同志代表工会作报告。

洛佐夫斯基作题为《托拉斯化、合理化与我们在工会运动中的任务》的报告

一、引 言

我们的策略首先和主要取决于我们进行斗争的具体环境，因而每个共产党员的首要义务，就是仔细研究资本主义社会内部发生的一切情况，特别注意研究力量的重新组合，并且天天都要研究日益削弱却力图重整旗鼓的欧洲资本主义的脉搏的跳动。如果我们不了解周围的环境，怎么能决定我们的行动路线？如果我们对资本主义社会中发生的一切新现象都漠不关心，怎能制定正确的策略？如果我们对敌人没有用马克思主义实事求是地进行研究，不了解它的优点和缺点，我们又怎么能领导工人阶级的先锋队，进而通过工人阶级来领导全体劳动人民呢？这就是

在黑暗中乱撞，这就是追求不可能实现的梦想，而这一切同马克思和列宁的学说是毫无共同之处的。我们是马克思主义者，这意味着，我们首先和主要应当了解清楚：我们周围发生了什么，我们的阶级敌人干了什么，它如何重新部署自己的力量，它采用什么方式方法来摆脱日益严重的困境，哪些它已经做到，哪些它没有做到。只有我们紧紧地注视我们的阶级敌人，同样紧紧地注视它的阶级手腕，注视它为实行自己的政策而利用它在工人阶级内部占有的据点的方法，只有这样，我们才能制定正确的路线，揭露我们的敌人，为防御战和进攻战作好妥善的准备，布尔什维主义的力量从来就在于此，而这也是共产党在任何国家、在任何条件下真正开展工作的前提。

首先应当了解本国的经济，本国在世界政治和世界经济中的地位，了解敌对阶级的力量，企业主的组织，它们资产阶级国家联系的形式和方法，它们用来腐蚀工人的方法，了解工人阶级内部各种力量的对比和自己的力量，对敌人的力量和自己的力量估计过高或估计不足，都是危险的，只有在上述基础上，才能制定出真正布尔什维克的策略，才能制定出正确的路线，更为重要的是，才能正确贯彻这条路线，这就是为什么我们要不断重复和一再提醒所有的共产党说，应当要根据具体的环境条件来制定我们的行动路线，只有这样做，才有助于我们更快、更彻底地实现我们的任务。

二、资本进攻的新形式

最近一年到一年半左右，整个欧洲掀起了一股生产托拉斯化和合理化的狂热浪潮。资本在各个国家的范围内积聚起来，建立了许多国际托拉斯，欧洲也力图使用美国的技术和剥削工人的方法——这一切都同时发生，而且以资本主义的"复兴"为其最终的决定性的任务。这里我们不想谈托拉斯化的形式、特点和范围问题，当我们就议事日程的第一项作报告和进行讨论时，已经谈到了这一点。这里使我们感兴趣的问题是：各国的和国际的托拉斯的疯狂增长以及与此同时的生产合理化究竟是怎么回事？这是社会民主党人所说的资本主义进步发展的新阶级和群众福利增长道路上的新阶段吗？或者完全是另一回事？所有这些各国的和国际的企业主的联合以及生产合理化的任务是什么？

任务在于：降低产品成本，靠工人的劳动来垄断市场，在每个国家内保持高价，同时为世界市场生产出价格低于美国竞争者的产品，既争夺旧的市场，又争夺新的市场，而在确立自己的垄断地位之后则采取进而提高价格的路线。

企业主和企业主的组织现在正以疯狂的速度进行联合，托拉斯正积累巨额的资本，而这种新的大型托拉斯吸收的资本越多，企业主压榨工人的机会也越多，工人阶级要经受住这类强大组织的打击也就越来越困难。

所谓生产合理化抱有同样目的，生产合理化的任务首先和主要在于减少劳动力的数量和提高产品的数量。我们又看到，这个或那个国家的企业都把提高竞争能力提到了首位，这一切是同一现象的不同方面，这是资本进攻的新形式。大家知道，它开始于1920年年中，我们看到，在所有国家里，正面冲锋和直接打击都对准工人已取得的成就，力图降低群众的生活水平，这一切都是为了同一目的——大大提高企业赢利，降低产品成本，提高竞争能力。在这方面，最近的英国事件尤为典型，这是典型的对工人阶级的正面冲锋。

但是，在直接进攻工人的生活水平的同时，还有一种迂回运动即间接的进攻，这一运动沿着企业主组织联合的路线，沿着经常、逐渐和每时每刻都在压榨工人的路线，即所谓合理化的路线前进。除少数例外，目前在欧洲，合理化仍是要压榨工人阶级，完善剥削形式，找到提高劳动强度的新方法，在每个单位时间从工人身上榨取比几年前更多的产品。由于欧洲缺乏资本，企业在技术方面和技术装备方面的更新和完善目前还只占次要地位，迄今为止，合理化中主要的和占优势的因素是对工人的劳动时间、工资和他的唯一资本——劳动力大肆压榨和大肆进攻。因此我们可以把所有这些现象——国内和国际范围内的托拉斯化和生产合理化——总起来看做是对工人阶级进攻的新形式和新方法。

对工人的这些新的压榨方法是非常危险和非常厉害的，摆在我们面前的就是这种早已计划好的有各种漂亮词句做幌子的压榨，而这种压榨至今尚未遇到真正的反抗，更有甚者，它还得到一部分工人组织的协助，这就为敌人的进攻大开绿灯。

资产阶级一向善于而且至今仍善于在对工人阶级采用任何一种剥削和压榨的新形式时，把为人民、为国家甚至为全人类造福作为幌子。这就是为什么，我们首先必须粉碎在这方面臆造出来的神话的缘故。资产阶级手中还掌握着社会民主党的工会，因而那样做就更有必要。在所有国家里，这些工会使出了浑身解数，来传播资产阶级本身难以传播的东西，来说明资产阶级本身不能说明的情况。因此，弄清楚社会民主党对当前出现的资本进攻的新形式和新方法作何反应，是件很有意义的事情。

三、托拉斯化和国际社会民主党

国际社会民主党和改良主义工会认为，托拉斯化是资本主义发展中前进的一步，因而表示赞成，而且国际改良主义在所有的发言中，都力图强调，现在各国的和国际的托拉斯建立得越多，各国人民之间的和平保障也就越大。

从各国改良主义分子的所有著述中，可以得出一个思想：国际托拉斯和卡特尔是反战的手段，各国人民的福利将在国际的和各国的托拉斯发展的基础上不断发展。当1925年开始商谈建立欧洲全国铁路托拉斯时，阿姆斯特丹国际就召开了由布朗、迪斯曼、茹奥、埃格特、默滕斯组成的特别委员会来制定一系列的措施，这个委员会向阿姆斯特丹国际递交了报告和与托拉斯化有关的行动纲领。这个委员会提出了些什么建议呢？这些建议可归结如下：建立大的生产联合会和协会；建立和承认工厂委员会；企业主应使用统一的簿记，并照此公布详细计划；对最主要的消费品规定最高限价；支持生产合作社和消费合作社，对银行和信贷实行社会化；对工业的一切原料产品以及整个运输业和一切电站全部实行社会化；对最主要的消费品的收购和分配机构实行社会化；实行工会向监督已定纲领执行情况的各个机构选派代表的制度，采用国际的工资标准，国际的劳动条件和工资条件；由国联对现有原料产品及其开采的可能性和经济分配进行调查；一切进行贸易谈判和签订贸易协定的代表团中必须有工会代表；对国家资源进行国际监督；建立国际劳动局，等等。

  这就是1925年制定的纲领，且不说阿姆斯特丹国际总是围着国际联盟和国际劳动局乱转，且不说阿姆斯特丹国际认为国际联盟是真正能监督托拉斯和卡特尔的强大机构——且不说这些。那个纲领也是不可思议的大杂烩，按阿姆斯特丹国际的说法，银行和信贷的社会化是什么意思？一切原料产品的社会化是什么意思？对主要消费品的收购和分配机构实行社会化又是什么意思？这一切应作何理解？要知道，所谈的是要在资产阶级国家内实行的措施，所谈的是由**现在的统治阶级实行社会化**。那么，资产阶级实行的又是什么社会主义呢？可以这样回答：这不是真正的社会化，而是改良主义的社会化，这是千真万确的，因为这与真正的社会化毫无共同之处，因为这不过是无用的空谈和无耻的蛊惑宣传，只是这一切与国际联盟挂了钩，与国际劳动局挂了钩。只要这一切措施由资产阶级国家来实现，那么，再谈什么社会化，就不过是蓄意欺骗工人阶级而已。我们看到，这个纲领无非是蛊惑宣传的手段。当然，不论在中央或在地方的阿姆斯特丹分子中，没有一个人会动一动手指头来实现这种社会化，为了实行银行和信贷的社会化，一般必须进行社会革命，必须推翻资产阶级政权，而这是任何一个阿姆斯特丹分子连做梦也不愿见到的可怕前景，所以全部纲领是不折不扣的大骗局。

在自己国家里，这些先生们要坦率得多，在国际舞台上，他们不得不勉强使用社会主义的辞藻。因此，他们有时制定出还保留一点社会主义词句的纲领。然而，在自己国家里，他们要坦率得多，也真诚得多。

在对待国际卡特尔方面，俄国社会民主党的立场是非常明确的，社会民主党的部分报刊（《前进报》、《社会主义月刊》、《工会报》）为大陆钢铁托拉斯吹嘘，全德工会联合会对国际托拉斯的观点十分明确，它的代表埃格特在关于成立国际钢铁卡特尔的报告中已加以阐述，这个不怎么受人尊敬的组织代表的中心思想就是一句话：在这里，靠阶级斗争你就会一事无成；在这里，应当靠合作去开展活动。这位可悲的代表提出的唯一具体的建议，就是要求政府派代表到这个卡特尔中来。因此，可以期望，一旦兴登堡政府派来了代表，工人的利益就有了保证！至于说到工会。那么，根据这位德国资产阶级在工人中的代理人的意见，任务是清楚的：除了促进和帮助经济发展方面的建议外，工会别无其他道路可走，这一切是十分清楚的，无需再作任何评述。

这么一来，我们就知道，阿姆斯特丹国际和社会民主党的"社会化"是什么货色了，这就是：支持托拉斯，支持企业主组织和要求资产阶级政府对其加以监督。

四、合理化和国际社会民主党

至于合理化，那么，国际社会民主党对这个问题也持有同样观点，

"合理化是前进的运动,合理化把我们引上新道路,合理化会提高广大群众的福利"。如此等等,不一而足。这种脱离现实的空谈,其真谛就在于此。我们现在有足够的材料,尤其是德国的材料,从中可以十分清楚地看出,社会民主党提出的对待合理化的策略究竟是什么内容,我们在全德工会联合会主席莱帕特主持的机关报《劳动报》上的一篇文章中,读到如下的话:"失业是资本主义复兴的前提"。这一句话就足够了,这是不言自明的,自然失业是资本主义复兴的前提,那么反对失业就毫无意义了,这一切是很清楚的。

社会民主党和改良主义工会的领导人究竟对合理化抱有什么希望,采取什么策略,可以从柏林工厂委员会的决议中看出来,这个决议仍是由全德工会联合会的代表、那个惹祸的埃格特提出的。通过的决议如此典型,以致我们不得不来研究一番:

"取决于技术发展的德国国民经济的合理化,是适应德国商品生产的需要而进行的。它应当(!)是提高全体人民福利的手段,根据总的设想(!),它应当带来一系列结果。一方面,节约劳动时间和劳动力,降低附加开支,改善产品质量,最大限度地提高生产率。另一方面,降低商品价格,提高购买力,扩大商品流转和扩大市场。"

我们看到,德国工会的领导人对合理化提出了多么巨大的任务,而他们的措辞却又如此贫乏可怜,"根据总的设想",似乎德国进行的合理化一开始就给自己提出为广大人民群众造福的任务,似乎这个埃格特不知道企业主进行合理化的唯一动力,是降低产品成本和榨取大限度的剩余价值!

我们再往下看:

"同时,"决议又说:"迄今为止,关于合理化的总结清楚地说明,在降低商品价格从而提高购买力问题的最为重要的方面,根本毫无成效,这是危险的局面，应归咎于一些企业及其卡特尔的价格政策，它们一味自私地追逐暴利，完全不顾促进民族普遍福利发展的伟大目标。"

这真是字字珠玑，到头来成了这么回事：总的设想是很好的，不过，还有自私的企业主，他们只顾追逐暴利，不关心人民的福利，不考虑这个伟大目标，这一切如此简单，就其本质而言，又具有如此浓厚的小资产阶级味道：鬼知道训练有素的社会民主党怎能了解这种现实的！让我们再来听听全德工会联合会的官方代表所说的话吧！

"实行合理化而不提高劳动人民的实际工资这种政治经济表现，国家也应以政权的各种手段与之斗争。在德国，不应当有那种自行其是、不顾人民福利而自作主张的企业。"

不要忘记，这是柏林工厂委员会大会上通过的决议，也不要忘记，这是德国最强大的工人组织的代表说的话，说这话的时候，德意志共和国正当大资产阶级执政，这是大家都清楚的。那么，要求这个政府来反对不顾人民福利的自作主张的企业，要求这个政府来反对自己和阶级，这算什么？愚昧无知还是欺骗工人？与其说是前者，不如说是后者。

接着决议话锋一转，谈到失业问题了，失业问题是那种合理化的一个后果。"根据总的设想"，它是应当促进民族普遍福利的发展的，失业是经常的——这一点连这些笨嘴笨舌的改良主义者也无法否认。下面就是根据同一个埃格特的建议通过的决议：

"柏林工厂委员会议向帝国政府呼吁，向国民经济部、劳动部、仲裁机构呼吁，坚决要求最终能说明合理化的深刻的政治经济意义，要求达到提高购买力和扩大市场，因为企业主对此未予应有的重视。"

这个决议提得很响亮："合理化的深刻的政治经济意义。"一眼就可以看出，德国的官僚们挖空心思，故弄玄虚，空话连篇，使工人不去考虑本身的实际需要，而堕入抽象的推断之中，堕入唯理论的议论之中。工厂委员会要求政府影响企业主，使他们能关心市场的扩大，这种政策真亏官僚们想得出来！德国社会民主党人和阿姆斯特丹分子既然带着这种建议参加工人的会议。他们真是完全糊涂了，不知道说什么好了。

由于所有这些哲学家似的和合理化拥护者的，但又很少有什么合理内容的思考的结果，会议提出了三点要求：第一，要求立即通过恢复8小时工作制的非常法；第二，要求提高实际工资；第三，要求通过对卡特尔和价格实行严格的国家监督以降低商品价格。

最后，这个决议以下列一段深奥的话作为结束语：

"伴随着现在的合理化而来的并不是消费者群众的工资的实际提高，这种合理化无非是一场广大人民群众贫困化的条件下，靠牺牲全体人民的利益来降低工业和商业中的工资的运动，把这种合理化变为普遍提高福利的手段，应是当前工会进行工作和斗争的目标。"

这就是全德工会联合会通过的绝妙的纲领，这不过是粉饰现实，空谈人民福利而实际支持在合理化的幌子下对广大人民群众进行肆无忌惮的剥削而已。

我们还可以引用德国资产阶级的这些走狗的法国同行、改良主义的法国总工会领导人在同一问题即福特化和合理化问题上的发言。他们比自己的德国同行更谨慎，他们更多地保留原来的词句，恪守原来的公式，但是改良主义的法国总工会的全部工作，茹奥及其同行的全部发言，不过是为在法国实行美国的剥削形式和方法扫清道路。例如，到底为什么改良主义的法国总工会在调查表中只向各个政治派别的代表提出一个这样的问题："美国福特工厂采用的原则，其任务是提高工人阶级的购买力，它们对法国的工业也许会适用，你们想过没有？"对于这个问题土耳其《黎明报》不无讥讽地说："提问题有时意味着想让别人去说出自己还不敢说出来的话。"我们同意《黎明报》的评论，法国资产阶级对自己的改良主义走狗了如指掌，而且善于在他们措辞的细微差别之中一下子就抓住他们要向广大工人群众掩盖的东西，这就是帮助资产阶级扫清道路、使资本主义能胜利前进的愿望。

五、改良主义的社会政治内容

德国改良主义分子对殖民地问题的态度，对评述国际社会民主党和改良主义工会运动的领导人有特殊的意义。在德国社会民主党内，曾有人因同情殖民统治而被开除出党，不过，这是战前很久以前的事了。现在德国的事情有很大的不同，现在德国工会的报刊特别加强了对殖民地问题的深入研究。在这方面，有个卡尔·弥勒博士发表在《工会文献报》上的文章非常有特点，大家知道，该报是德国工会运动思想领袖之一卡尔·茨温格主办的，米勒博士坦率地谈到了德国工会官僚一直梦寐以求的是什么，根据这位博士的意见，德国人民"与我们殖民地人民通过传统、通过住房方面的成就和文化的提高等纽带联系在一起"。这里特别妙的是"文化的提高"！……接着米勒博士力图用民主的词句作糖衣，把德国工会官僚的殖民野心包藏起来，因而断言："暴力政策既不应当是殖民政策的前提，也不应当是殖民政策的后果。"这么一来，奴役千百万有色人种的殖民政策竟然与暴力政策毫无共同之处了！米勒博士用下面一段话来结束他那篇具有帝国主义性质的文章：

"如果我们承认这个提纲（即承认工人阶级参加对殖民地人民的奴役是有好处的——阿·洛），那么，在大力实现殖民任务的道路上，将不会有什么道德方面的阻力,甚至有组织的工人也不会出来阻挡,而诱人的经济和政治方面的好处将会使我们变成殖民意图的坚定拥护者。"

许多文章回敬米勒博士的这篇文章,对这位博士的殖民哲学提出了异议。但是,米勒博士感到自己有工会官僚做靠山,因而对此不予理睬。而且,为了给自己的观点作辩护,他开始引证德国社会民主党和德国工会运动极其显要的领导人克诺尔的话。克诺尔声称:"从工会的观点来看,我们未必应当反对这样的殖民政策。"(克诺尔在机关报《工人报》工作)在工会报刊上发表这种意见是什么意思?米勒博士坦率地作了总结,而且说出了德国社会民主党人和德国工会领导人所操心的事,发表这种意见说明德国资产阶级的帝国主义的心愿和欲望又复活了。资产阶级感到,现在要提出殖民地问题,它的力量又是绰绰有余的了。德国社会民主党和工会官僚提出了同一个问题,不过使用了一些工会和民主的专用术语,他们谈到共管殖民地,为此他们前往国际联盟,希望通过国际联盟来达到两个目的:一是归还原有殖民地;二是参与对其他一切殖民地和半殖民地人民的掠夺。但是,这种民主的辞藻丝毫也掩饰不了改良主义赤裸裸的帝国主义面目。现在,德国工会报刊上刊登的内容都是德国、英国和法国的资产阶级殖民主义思想家早就说过的,而且他们说得好得多、清楚得多。在这一片民主的喧嚣声中没有什么新东西,不过有一点是新的:现在已经是由德国社会民主党人和工会运动领导人公开出头来谈论什么民主了。因此,他们也终于暴露了自己是德国资产阶级利益的代表。德国社会民主党究竟是什么货色?这是一个在自己的队伍中还有许多无产者的资产阶级政党。在德国,党和工会的社会内容同它们的思想意识之间的矛盾颇为引人注目,我们目睹社会民主党的政策越来越资产阶级化,虽然在其成分中还保留了不少无产者。

在工人运动尤其是工会运动出现分裂的国家里,我们看到的是另一种现象,在那里,新思想的传播与改良主义组织的社会成分改变发生的情况的法国资产阶级报刊,曾公开谈到这个问题,法国冶金工业委员会①的机关报《委员会公报》的评价尤为典型。在这一机关报中,我们可以找到改良主义的法国总工会中现在发生的那些过程的评价,在11月18日的《委员会公报》上,有关改良主义的法国总工会现今的政策和社会内容问题,我们读到如下两段话:

"法国冶金工业委员会渐渐摆脱其工团主义的亚眠宪章②所规定的对政党和代议制的独立立场,它的领导人可能由于年龄的影响,虽然仍在重复旧的公式,但在实践中却加以节制。结果,法国总工会越来越不代表工人运动了。官吏、教师、邮局职员等纷纷加入。但是,当他们从一个门进来时,工人们却从另一个门出去了。统一总工会夺走法国总工会的工人成员和在大多数工业中心对无产阶级斗争的领导。"

"如果不改变渗透了法国总工会的思想,那它的结构、气质和影响都将逐渐蜕化,它如何改变,以及它如何又不改变,这两种情况都是削弱和衰退的象征。遗憾的是,它的原封不动和变动情况都主要被共产党人利用了。"

法国资产阶级的机关报有意说过头话,说什么改良主义的总工会的领导人没有变化,虽然它又说,他们随着年龄的增长而有所变化,这就是法国工业家对改良主义的总工会新的社会内容的估计,无疑这是值得注意的。《委员会公报》完全正确地看出了法国人运动中发生的各个过程的主要实质,当官吏从一个门进来时,工人便从另一个门出去了,只有注意到现时改良主义工会运动中发生的各个过程,我们才会理解,为

---

① 领导法国重工业的委员会。
② 法国总工会1906年在亚眠市召开的代表大会所通过的纲领性宣言,其中包含无政府工团主义的基本原则。第二次世界大战后,法国总工会在共产党领导下,摒弃了其中极端违反马克思列宁主义的原则。——译者注

什么改良主义工会的领导人是合理化和托拉斯化的热烈拥护者,为什么他们不进行现实的斗争去反对资本向工人阶级其生活水平进攻的这些新形式,不提出**行动**纲领,而提出**不行动**的纲领,既然当代社会民主党和改良主义工会运动的上层领导成了资产阶级国家和企业主组织的有机组织成部分。那么,他们在一切问题上都同资产阶级国家,同企业主组织一起行动,反对工人运动中革命的一翼,反对实际的阶级斗争,就是十分自然的了。

六、共产国际对托拉斯化和合理化的态度

生产托拉斯化和合理化都是日益衰退的欧洲资本主义的一种企图:使自己保持稳定,中止下降的曲线,而且把欧洲资本主义发展的下降线变为上升线。欧洲资本主义能如愿以偿吗?欧洲资本主义能设法排除它在这条道路上的困难吗?根据现有一切材料来判断,这是欧洲资本主义不能解决的任务,由于统治阶级非常卖力,资本主义的发展或许不会直线下降,下降的速度也时有减缓。但是,要使资本主义不再下降,并且扭转现在的趋向,这是资本主义做不到的。

共产国际和共产党应当以下列观点来对待这一切新的过程:如何更好、更严密、更有目的性地组织工人群众为反对稳定资本主义的企图、反对把合理化的一切重担转嫁到工人身上的做法、反对合理化的一切严重后果而斗争。基本任务是要动员群众,齐心协力为反对社会民主党和改良主义工会而斗争,因为它们粉饰现实,把合理化和托拉斯化冒充为广大工人群众的福利。应当注意,一切剥削劳动的新形式特别是合理化,都在对工人群众尤其对工人的上层分子进行严重的腐蚀和分化。企业主在推行其合理化时,依靠德国社会民主党的哲学的贫困,依靠社会民主党对合理化计划的吹嘘,力图吸引直接在企业中的工人来改进生

产,使生产合理化。企业主企图借工人之手增加劳动强度,剥削得更巧妙,以便通过每个企业中工人的分裂使他们易于完成自己的任务。

在这种条件下,共产党的首要任务是:为使工人在企业内拒绝以任何方式参与合理化和剥削的各种新花样而斗争,为使工人团结起来,提出一系列实际的、具体的、保护工人利益的要求,去回敬那些影响到劳动力的新措施和每一种新的剥削方法而斗争。我们应当向工人群众解释资本主义合理化的含义,但是只有在具体实际的纲领的基础上才能使群众觉醒,这不是一般反对资本主义合理化的纲领,而是反对资本主义合理化对具体的这一批工人所产生的后果的行动纲领。正因为如此,在斗争的方式方法上就要极其多样化;正因为如此,就要提出我们的要求,我们的行动纲领,而它们不仅要运用于某些国家和某些生产部门,而且还要适用于某些企业,正因为如此,就要使工人集中注意该地区发生的情况,从不同生产部门的企业的经验中,得出全国性的统一纲领。

为了能制定出这个统一纲领,使它真正成为我们经验的总结,必须仔细研究现在发生的情况:合理化采取什么方式方法进行,该企业实行的合理化纯粹是"劳动的合理化",即加强剥削,采用新的方式方法更巧妙地榨取工人血汗呢?还是同时确实采用一些新的技术完善的措施。新的机器,进行新的分工……这一切只能根据材料和事实来进行研究,只有根据现实的、具体的材料和事实,我们才能真正动员群众。

但是要注意,现今的合理化把千百万工人排挤到生产之外,千百万工人组成经常的后备军。怎样才能吸引这些被排斥到生产之外的工人进行斗争呢?除非是我们提出一系列保护劳动的要求,通过实际情况向失业者表明,我们的要求才会使他们回到生产过程中来,我正是从这一点出发来制定包括缩短劳动日、提高工资、实行失业保险等等的具体行动纲领的,你们会在提纲中见到所有这些要求,这里我就不谈了。

不过,所有这些要求究竟是什么意思?它们是不是对一切国家和一切生产都是完全必要的呢？当然不是，在这方面必须有最大限度的变通做法，正因为如此，我们谈的是一般形式，例如缩短劳动日，而不预先决定劳动日应当缩短多少的问题。这是实际斗争的问题，实际经验的问题，目前只能在每个国家和每个生产部门单独解决的问题，我们想阐明我们对托拉斯化和合理化的观点时，所面临的基本的最为重要的任务该是什么？最重要的任务就是组织群众，对资本向工人阶级利益进攻的新形式和新方法进行反击，而只有在具体行动纲领的基础上我们才能动员群众，如果有人向我们提出这样的问题：为什么我们要动员群众？我们就说：第一，是为了反击资本的进攻，第二，则是为了从防御转为进攻，为了在今后不仅要反对资本进攻的这种形式，而且要反对资本一般及其国家，我们应当以此把我们的具体要求，具体行动纲领同我们的总目标、总任务和总形势联系起来。

  正是这样的新形势使我们在重新部署工人阶级力量方面面临一系的任务，如果我们真想同目前正在各国如雨后春笋般生长起来的资本主义巨大企业斗争，如果我们真想保护工人群众不受集中的资本的压榨，那我们就必须相应地重新组织工会活动，在这方面共产党是大有活动余地的，我们已经提出而且今后还应提出关于生产协会的问题，关于工厂委员会的问题，关于在同一个托拉斯内工作的工人的团结问题，等等。工人阶级在建立自己的组织方面，同企业主建立和集中自己的组织比起来，一般要落后得多，工会的组织建设和企业主组织的组织建设之间的不相称，现在比过去更加突出，把这一点向工人群众解释清楚，对一切现有的工会施加影响，在自下而上的反对暗中破坏一切运动的工会官僚的斗争中把群众团结起来——这就是共产党的任务，这就是共产国际的任务。

七、世界工人运动中的新现象

从共产国际第五次代表大会到共产国际执行委员会历届扩大全会都早已指出改良主义工会中工人群众里所发生的那些过程。这些新现象是由什么引起的？它们又有什么特点呢？这些新现象是由资本的长期进攻，工人阶级生活水平的降低，许多国家工人阶级被剥夺已赢得的基本成就等情况，尤其是所谓合理化的那种剥削劳动的新形式所引起的，我们把上述种种因素放在一起来考虑，再加上社会民主党和改良主义工会的上层人物在一切重大战斗中——既在政治战斗中，也在经济战斗中都不断地进行背叛这一点，我们就可以找到世界工人运动内部出现一系列新现象的原因。

现在工人阶级中发生的过程的特点如下：

1. 在某些国家里，固定化失业成为一种经常现象。这表明，一定比例的工人（10%—12%以上）对该国国民经济来说成为多余的了，这不能不是压在社会的一切相互关系上、压在工人阶级及其组织身上的沉重负担。

2. 合理化过程把相当一部分熟练工人推出生产之外，却又吸收一部分未经训练和稍有训练的工人到生产中来，这就使每一个企业内部形成新的力量对比，起初工人贵族还会起到一定作用，但这种作用将越来越小。

3. 起初合理化过程会削弱工人阶级及其组织，应当注意到，合理化本身就有削弱工人组织的任务，而且越来越对工人，哪怕只是对一部分工人进行腐蚀，把工人组织的上层人物吸引到有计划地实现生产的进一步合理化这一过程中来。

4. 最近以来，越来越清楚地看出，改良主义工会的上层人物与企业主组织进一步接近,甚至几乎完全合而为一了,这种政治和经济的合作使工人斗争极为困难,但另一方面却在工人群众面前揭示了改良主义的理论与实践的真正实质。

5. 在此基础上,改良主义工会中工人群众的失望和左倾情绪逐渐发展并大大增长,他们放弃了社会民主主义的思想意识,但是他们还没有接受共产主义的思想意识,这些工人不仅仍留在改主义工会中,而且往往也留在社会民主党内,他们正处在社会民主主义和共产主义之间的路途中。

6. 最近以来,工人要求统一战线,要求统一、共同行动、共同的愿望在相当程度上加强了。同时,社会民主党内的工人违背自己领导人的意志,与共产党人达成协议,以此对本组织的路线表示抗议。

7. 在国际工人运动的舞台上,出现了几支新队伍,这就是中国的工会运动,日本、澳大利亚等国的工会运动,它们已经在起着巨大的作用,而且今后将起到越来越大的作用。

如果我们将现时工人运动内部发生的这些过程总起来看,那我们就可以说,工人阶级内部的力量重新组合和变动一直就是从右向左转,而不是相反,我们不仅要从统计角度,而且还要从动态角度来看工人运动。如果我们从动态看,那我们会看到一个很有趣的现象:工人运动到处都在从右向左转,这倒不是说,工人阶级组织的上层也在这样变动。不,往往是这种情况:工会下层成员越来越革命,上层人物就越来越反动,这从英国总罢工和矿工罢工之后的情况就可以清楚地看出来,这时候群众和工会官僚之间原有的裂缝更加扩大了,这时候工会官僚的黑手伸进了形形色色的阶级合作机构,而工人群众的阶级仇恨和组织起来进行真正战斗的愿望则与日俱增。

对这一切矛盾的过程都应当加以注意,国际工人运动是形形色色,各种各样,千差万别的。因此,只有仔细研究工人运动内部所发生的一切,只有详细考察那一个个现象和政兆,我们才能对现时群众中实际发生的情况有一个明确的概念。

八、改良主义工会运动左翼的分化

我们必须从阿姆特丹国际左翼的最初活动中指出其特点和典型特征,这个左翼是在鲁尔被占领后在阿斯特丹国际内部开始形成的,当时阿姆斯特丹国际在群众面前赤裸裸地暴露了自己的软弱无力,在这期间左翼内发生了一系列极为复杂和极为重要的过程,现在这些过程已大体完成,为了不致引起误解,这里必须指出,我们说的左翼是指站在工会内部革命少数派和右翼之间的那部分人。

左翼把各种各样完全不同的人团结在一起,这种成员混杂、缺乏统一纲领以及观点不统一的情况,对我们所说的整个左翼运动是极为典型的。如果我们想找出这个左翼运动的特点,那么看来,所有的左翼分子都不会怀疑的唯一的一点,就是必须和苏联工会运动联系。国际工会运动必须统一,即使在仿佛没有误解的这一点上,左翼分子也各有不同的态度。一些人认为,与苏联工会最好的接近方法是苏联工会加入阿姆斯特丹国际。另一些人则认为最好是一般讲统一,不要对这一概念进行解释。一种人对工会国际抱敌视态度,另一种人抱消极态度,第三种人则承认工会国际及其组织,虽然有些口号对所有的人来说似乎都是相当国际化的了,然而所有的人从来没有在哪一个问题上是完全一致的。

如果我们问:现在这个左翼运动处于什么状况?我们就应当这样回答:对整个左翼运动来说,基本特点是思想政治危机,这一思想政治危机是由英国工会和苏联工会在总罢工上和总罢工期间总委员会的工贼策略上的冲突引起的。如果说,对阿姆斯特丹国际和国际社会民主党的策略不满在鲁尔被占领后已开始表现出来，那么，这种不满在相当大的范围内在政治上开始形成，则在因派遣许多工人代表团去苏联而成立英俄委员会之后，这两个方面在任何时候都是各种左派形成的动因起点。

在相当长的时间内，左翼把各种各样的不满分子都聚集起来，但由于缺乏明确的路线、明确的策略和明确的世界观，由于有形形色色的观点和情绪，英俄委员会内部在对待总罢工的态度这一极其重要的原则问题上发生了第一次大冲突，这使所有的左派分子都动摇了，而且发生了分化，一些人到现在竟然还没有对总委员会和全俄工会中央理事会究竟谁对谁不对的问题表态；另一些人则不想在原则上表态；第三种人认为总委员会的观点更正确些；第四种人却说全俄工会中央理事会的观点更正确些；第五种人则认为在这种场合下保持沉默，不置一词，观望等待，如此等等，方为上策，仅此一点就足以说明左翼成分的混杂多样和弄清楚这类混乱状况的必要。

在各个国家里，左翼有各种各样的形式，而且有各种各样的表现形式。在许多情况下是一些统一的小组，在另外的情况下，例如在英国，除少数派运动外，还有许多工人阶层和小组，既没有组织起来，也不团结。它们对珀塞尔之流感到失望，对左翼领袖也感到失望，但还没有达到参加少数派运动的地步，还处于向这个运动靠近的阶段。在另一些国家（如美国），人们希望把左翼联合起来，而忘记了首先极为必要的是，把现有的组织巩固起来，使它们向我们靠近，以便往后通过它们对左翼施加影响，左翼并没有在国际范围内联合起来，它既没有统一的纲领，也没有统一的策略，也没有组织中心。而且，尤其典型的是，左翼的许多领袖还不认为必须从组织上巩固左翼。

对共产党人来说，最危险的就是对左翼估计过高，我们还需要十分清楚地看到它的弱点。然而，另一方面，对这个左翼估计不足也是危险的，虽然左翼在思想上有弱点，有混乱之处，在某些情况下，它的政治方针显然也是不正确的，但是左翼在思想上和政治上反映了国际改良主义的解体，而这对我们有着极为重大的意义，后面我们还要研究共产国际和各国共产党对待这个左翼的态度问题，现在先来谈谈英俄委员会和我们对它的态度。

九、英俄团结委员会

你们大家都知道英俄委员会的历史和它的组成情况，也知道它现在处于危机状态，为什么会发生危机，这你们也知道。发生危机是因为谈判的一方没有履行签订的协议，总委员会与俄国工会签订了有关**反对资本进攻而进行共同斗争**的协定，这一协定也包含有互相帮助的条款和争取国际工会运动统一的条款，但是从总委员会这一方来说，上述两条都未履行。罢工开始时，总委员会忘记了英俄委员会的存在，因此当全俄工会中央理事会汇款给罢工者时，总委员会竟拒绝接受。对所有这一切，总委员会不是去领导战斗，而是叛变了，简直就是把总罢工和矿工罢工统统都出卖给了英国资产阶级。应当为英国工会运动左翼的领袖说句公道话：他们与右翼领袖是毫无区别的，他们都跟着托马斯跑，空唱高调，言不由衷。但是事实终归是事实，总委员会这个组织在神志清楚、记忆良好的情况下破坏了总罢工，是不折不扣地暗中破坏了矿工的罢工。

全俄工会中央理事会应当怎么办？这里产生了一个我们应当如何看待我们在统一战线组织中的义务问题，有三种做法：第一种，假装什么都没有发生，赞成英国人的观点：每个组织有权利愿怎么干就怎么干，其他组织无权干涉。第二种，使英俄委员会破裂，而且声明，我们不希望与背叛者和暗中破坏者有任何共同之处。第三种做法则是：不使英俄委员会破裂，但发表意见反对背叛、暗中破坏、投降等等行为，并号召英国无产阶级群众与苏联工人进一步团结起来。共产国际赞成第三种做法，当然第三种做法已证明是最正确的，这说明我们对改良主义分子是什么货色总是心中有数的，即便他们在某一委员会里同意和我们一起走。这还进一步表明，我们不能、也不应该在批评问题上作茧自缚，要是一个共产党员同社会民主党人签订了一项对右的和左的社会民主党人的政策统统放弃批评的协定，那他就够得上开除出共产国际了，我们不要求社会民主党人放弃他们批评共产党人的权利，但是我们也不能同意放弃我们神圣的批评权利，放弃对工人群众解释我们观点的正确性的权利。

现在英俄委员会就是这样一种情况，总委员会继续实行暗中破坏的政策：第一，拒绝派代表出席苏联工会第七次代表大会；第二，限制派入英俄委员会的代表的职权范围；第三，打算改变英俄委员会的结构。这一切就是总委员会的行动，要求我们给以最严厉的反击。这种严厉的反击应当包括对广大群众解释总委员会进行暗中破坏的全部罪行，应当不仅在英国，而且在所有国家都对广大群众作这种解释，广大工人群众对英俄委员会表现出极大兴趣，国际社会民主党力图破坏这个委员会，并竭尽全力在英国工会和苏联工会之间打开缺口，现在国际社会民主党力图利用英俄委员会内部的危机，开始向统一战线和统一的策略进攻，我们应当证明——我们在这方面也有足够的材料和文件——这次统一战线和统一的暗中破坏，来自总委员会方面，而总委员会在其行动中又得到阿姆斯特丹国际和第二国际的充分支持。真正愿意在行动中达到统一的工人，应当最坚决地反对总委员会及其暗中破坏的政策，这种解释工作是绝对必要的，为的是要让广大工人群众知道事情究竟怎样，在什么意义上说英俄委员会内部存在着危机。

十、共产国际与改良主义工会的左翼

我们已经不止一次地确定我们对待改良主义工人运动内左翼的原则态度和策略态度。首先，不要把工会内部的左翼与左派社会民主党混为一谈，共产国际将进行无情的斗争，反对一切所谓的左派社会民主党，因为它们实际上不过是右派社会民主党政策的遮盖布；共产国际不仅不帮助这种党的形成，而且想方设法与这种中派组织进行斗争，因为它们的任务就是要模糊劳动群众的阶级觉悟。

在工会运动内部又是另一回事，这里的分化比政治运动中的分化要慢得多，各种派别的工人都加入工会，而共产党的任务就是要对所有那些寻找出路以求摆脱已经形成的困境的人给以各种帮助。在工会中，这可以引导他们形成各种各样的左翼，或许是统一小组，或许是其他什么小组，等等。说到左翼，我的意思是，也是我们已经说定了的，我们把改良主义工会内部靠拢红色工会国际和革命的少数派运动的那部分人称为左翼，如果我们共产党和共产国际对左翼的某些领导人所犯的理论错误和政治错误漠然处之，那我们就大错特错了。良好的相互关系首先就要求鲜明性，对错误意见不加批驳，对我们绝无好处，不妨举几个例子。

在荷兰统一小组的会议上，运动的极左领袖和领导人之一费门谈了几件事，都是我们绝不能接受的。第一，他反对印度尼西亚的独立，理由是独立的印度尼西亚会落入最强大的帝国主义手中，这纯粹是社会民主主义的论调，我们应当让印度尼西亚人自己来解决这个问题，让他们为争取独立、反对更强大的帝国主义而斗争，每个工人在本国的任务就是，为反对被压迫殖民地千百万劳动群众的本国资产阶级而斗争，费门说的这种观点应当受到最坚决的反击，应当向群众解释我们的观点。

再举一个例子,在费门的机关报《统一报》刊登的一篇标题,为《共产党人与我们》的文章中,力图明确他们对待共产党人的态度。应当指出,这种企图简直就是徒劳的。从这篇文章中只能得出一点:《统一报》感到自己接近社会民主党人和老的领袖,远远超过接近共产党人,它对社会民主党人直截了当地说:"我们保护你们,使你们不受来自左的打击"。如果费门的机关报认为它的作用就是这样,那么,这是它的私事,而我们决不能同意在阿姆斯特丹工会内的左派起这样的作用。参加统一小组的工人也不想用自身来保卫叛徒,使他们不受革命工人的打击,这种观点应当受到最坚决的反击。

再往下看,英俄委员会的危机,任何一份《统一报》都没有论及,可是这些报纸似乎都有个对待英俄委员会的态度问题。应当表明究竟谁对:总委员会还是发生冲突时把头藏在翅膀下面的全俄工会中央理事会。不回答这个问题——是得不出什么好结果的,这当然是政治错误,共产党人是不能沉默的,他们不能只限于听听这件事:总委员会与全俄工会中央理事会之间发生了冲突,然后就转入下一个议程。应当让工人理解,这是什么冲突,它是怎么发生的,而且谁在这次冲突中是正确的,否则我们就一步也不能前进。

从上面的一切论述中,我们能得出什么结论呢?只能得出一个结论,我们千方百计帮助左派运动的左派小组成立起来,我们做了我们能做的一切,以便这些小组能发展自己的力量,扩大自己的影响。我们关心的是,要使这些小组开展工作,然而也要使他们在这个问题上持有非常鲜明的态度;我们关心的是不要掩盖什么,而要让工人们了解我们在最重要问题上的观点,让这些小组的成员明白在当代政治的最为重要问题上我们与右派社会民主党人、与左派社会民主党人之间的区别,这一切做起来应当是同志式的,应当友好地对待这些小组,因为它们是我们的同盟者。但是这一切是应当做的,最坏的政策是闭口不谈分歧,而且力图加以掩盖，这不会得出什么好的结果，而只会制造混乱、困难和误解。

十一、为统一而斗争

为统一而斗争的经验在许多国家都表明，第五次代表大会通过的有关这个问题的路线是多么正确，我们现在远远离开单纯为这个口号进行宣传鼓动的阶段了。在所有国家里，现在我们在正反两方面都已有丰富的经验。可以说，这是正面经验占优势，甚至可以肯定地说，由于统一战线和统一的策略，所以所有的共产党都深入到工人群众中去了，这没有什么可以大惊小怪的，随着资产阶级对工人阶级的打击，工人也就更需要统一，我们就以我们的口号和建议来适应群众的这种深切的需要。困难在于，我们每走出一步，都遇到社会民主党的阻碍和反对，社会民主党不关心统一，它不希望统一，它害怕统一，当然它希望能有**在它领导下的统一的**工会运动。但是，只要统一哪怕稍稍威胁到它的领导作用，它就绝对否定统一，以便还能对某一部分工人保持其领导权，并准备粉碎任何组织。

我们对待这个问题的态度却不同：我们给自己提出的任务是在实际工作中共同行动，共同发动和团结群众，我们不提"为统一而统一"，这不是马克思主义的态度，也不是共产主义的态度。

我们有些同志用大写字母来写"统一"这个词，认为这样一来就什么都说清楚了。而我们要的是反对资本家的斗争的统一，阶级斗争的统一，为加强工会的阶级性的统一，为建立本阶级的国际的统一，等等。必须注意这一切，这一切是最为重要的，社会民主党讲"统一"，我们也讲"统一"。但我们讲的是另外的东西，他们需要统一是为了帮助资产阶级，我们需要统一则是为了同资产阶级作斗争；他们需要统一是为了急忙来实行合理化,是为了同企业主一起来巩固资本主义;我们需要统一则是为了另外的目的,我们需要统一是为了向资本主义作斗争,向资本主义的稳定作斗争,向合理化的严重后果作斗争,等等。因此,首要的任务是我们需要向工人解释,这才是他们必须达到的统一,只是发布"统一"口号的时代已经过去,应当对工人说明,我们为什么需要这种统一,我们想达到什么目的,我们什么时候能建立起这种统一,这种统一是反对谁的,要是有爱提问题的人问我们,统一战线是不是玩弄手腕?那我们就回答:是的,这是玩弄手腕,但这是为反对资产阶级、反对剥削者、反对资本家而玩弄手腕,而社会民主党人和改良主义工会都是不想为反对资本家而玩弄手腕的,他们却总要同资本家一起为反对我们而玩弄手腕,因而他们放弃统一战线和统一,这完全是顺理成章的,这适合他们的政策。

在这方面我们做了些什么呢?不论在工会运动是统一的那些国家,还是在工会运动已分裂的那些国家,我们都可以指出一系列成就,我们看到了统一战线和统一策略在英国取得的成就,一个不大的共产党,靠它坚决做工作,具体要求把工人团结起来,就能在7个月的矿工斗争时期成为举足轻重的政治因素,最重要的口号是什么?统一斗争、统一发动和统一队伍!在法国,我们也在这方面取得了成就。在那里,靠我们的统一策略,我们在许多情况下能够建立起革命工会和改良主义工会的混合委员会,这些混合委员会进行了发动,领导了罢工,等等。要是我们能建立起领导工人发动的统一机构,这就是统一战线最好的成果。在这里,工人就会根据经验、根据实践来确认:统一战线这个问题上发生动摇,那我们就要犯极大的错误。可是,动摇是有的,我们的动摇有两种,我们之中有形而上学到对待统一的人,这是共产主义倾向的变种,我们的出发点是一种抽象的观点:用大写字母写的统一,一般的永远的、到处的、任何条件下的统一——一句话,统一就是一切!他们的缺点是我早已在上次全会上指出过的,其中最重要的缺点是——对统一急不可待,对敌人的力量估计过高,对自己的力量估计不足,对自己的力量缺乏信心。对这种取消主义的变种,我们的队伍应给以迎头痛击,他们准备放弃自己的原则,准备同意取消自己的组织———句话,他们不管付出什么代价,无论如何也要取得统一,应当与这种取消主义进行最为坚决的斗争。

另一方面,我们也有这样的共产党员,他们直到现在还不相信统一是可能的,他们认为,统一已经讲够了,要实现统一,不断为统一而斗争——这都是次要的问题,他们形式主义地对待这个口号,对它的意义考虑得不够,也不大理解,他们认为这是一个宣传鼓动的口号,不是自己实际的日常的行动纲领,这是第二种倾向,我们也必须极其坚决地与之作斗争。

我们如果从抽象的观点来对待统一,当然要犯极大的错误,在每个国家、每个工业部门都必须变换争取统一战线和统一的斗争方式。没有适用于一切国家、一切纬度、一切经度和一切条件的万能方案,斗争与德国争取统一的斗争比起来就具有另外的性质;捷克斯洛伐克争取统一的斗争,其性质也有别于巴尔干、东方等等地区的同一斗争的性质,每个国家都有自己的特点。而这些特点是必须估计到的,使统一战线和统一策略适用于一个国家的特点,不是说要改变我们的策略,或者放弃这一策略,不言而喻,应当了解——这又取决于每个国家——这个时候我们斗争的重心应当是什么,打击点是什么,我们的力量指向哪里,如何集中群众的注意力,把群众的注意力集中在何处,总之,打击任务的安排取决于我们共产党和我们革工会。

最主要的和最重要的任务在于,在工会运动分裂的地方,把最大数量的工人吸引到我们的组织中来,这对组织起来的工人占百分比很低的国家,如法国等,尤为重要,这就是为什么在统一问题上不应当有死板的公式，抽象的公式，不应当是形而上学的和纯理性主义的，而应当有计划地、经常地进行工作，首先是在下层中进行，应当有适合本国特点及其本国工人运动特点的灵活策略。

我在自己的提纲中列举了为统一而斗争的种种方式方法，这都是从不同国家的经验中归纳出来的。但是，并不是所有的形式和方式方法都适用于每一个国家，每个国家应当从中抽出当时最适用的、人人都清楚的方式方法来，实现我们总路线的绝对规则应当是，必须把我们争取统一的斗争与工人阶级的日常需要联系起来；在切实可靠的基础上提出争取统一的斗争；制定这样的行动纲领：它的实现必将导致统一战线和统一，必须使我们争取统一的斗争深深扎根于工人群众之中。只有这样，这种斗争才是不能根绝的，不论是警察的恐怖手段，还是阿姆斯特丹分子的分裂策略，都不能从工人群众手中夺走他们在团结、联合和聚集工人阶级力量的意义上所创造的一切。

十二、关于我们的弱点和错误

在每次代表大会和每个全会上我们都曾一再揭露我们的错误，这样做，不是为了要指责某一个党或是否定它的功绩，当然不是为了这一点。我们都知道，我们共产党在发展，在扩大自己的影响，虽然某一个国家的共产党可能会遇到很多困难。而现在问题不是要列举出这些国家，证明每个党都工作得很好，问题不在于此，我们聚集在一起不是为了互相吹捧一番，恭维一番，而是为了能摸到我们工作中的弱点，为了改正现有的不正确的地方，为了交流经验，为了通过自我批评和相互批评使我们能越来越前进，这也是共产国际不同于第二国际的地方。以第二国际的代表大会来说，在那里你听不到相互批评，也看不到对某一个党的错误进行评论的事，那里一切错误都是捂着盖着，毫无破绽，那里大家都客客气气，谁也不想使别人不痛快，总是力图使决议一致通过，以便让人人满意，让大家离开时胃口都很好。在阿姆斯特丹国际中，也是那样的风气。难道你们不知道这两个国际的代表大会散发着腐臭味？难道你们不知道这些代表大会的全部重点最终就在于大摆筵席，然后发表几篇官样文章？难道你们不知道，这样做无非是为了通过言之无物的决议？这一切你们都知道，你们甚至也知道，这些党面对面地犯下了极大的罪行，但在这些代表大会上却只字不提。当然，分析某一个党的错误，虽说同志式的，终究要评论一番，不是令人很愉快的，而我们共产党人都应当养成习惯，认为这样做不是恶意的，不是为了破坏某一个党的威信，也不是为了在领导机构内制造什么人事变动，目的只是一个：为这些党开展工作扫清道路，试图共同寻找办法来解决该党在前进道路上遇到的困难，我正是从这个观点出发，希望大家来注意我们工会工作中的弱点和不足之处。

1. 关于工会工作我们通过了许多好的决议，但是很少贯彻实行。我们现在有个特点，就是讲得很好听："对工会工作有50%的积极性"，"对工会工作有75%的积极性"，但实际上党对工会工作的积极性还不到10%。我希望决议和事实之间是相适应的，这个要求难道过分吗？

2. 我们共产党的中央报刊只是稍带提一提工会运动。当然，你在每期《红旗报》上或其他党的机关报上可能找到一两行是论述工会问题的，这太少了嘛！为什么不能出专刊？为什么不想巩固和扩大一些专门的机关报？这一点做得不够，做得不好，没有报刊算什么工会工作？没有出版物算什么工会工作？现在工会运动把精力都用在次要工作上，而且认为，只要再划给它几十行小号铅字的地盘，就足以实现对工会运动有"75%的积极性"的口号了，这又算什么工会工作？

3. 在各国我们还刚刚开始建立党团，而且各地的党团并不是都已经组织得很像样了，很多党团还停留在纸上，还有许多共产党员，他们认为不仅加入工会有失身份，而连加入党团也有失身份。对这种情况已经开展了斗争，但斗争得很不够。应当记住，没有党团我们就寸步难行，不处处对自己的基层组织进行教育，那么我们一切有关工会成就的议论就纯属空谈，纯属廉价的宣传。只有通过经常不断地组织党团，我们才能推动工会取得成就。

4. 我们的政治影响比我们从组织上巩固这种影响的工作要广泛得多。以英国、法国、德国、捷克斯洛伐克为例，在这些国家里，我们共产党的政治影响已普及到千百万工人身上，而组织工人的事业却进展得很不好。

这对我们的运动是极大的危险，因此，我们必须高度重视这个问题，如果我们的政治工作和组织工作之间的不相称保持目前的水平，那就预示我们将遭受许多失败。

5. 我们党特别不善于处理与统一团体以及思想和政治影响已有保证的协会的关系，共产党与统一团体之间发生了一系列的冲突，证明我们共产党的策略还不很高明，当然我们应当从思想上打击这些团体中形形色色的不正确的观点。但由此不应得出结论说，需要使冲突尖锐化，由此也不应得出结论说，我们不必采取什么组织步骤加速这些团体在政治上定型的过程。另一方面我们也看到，完全没有必要去夸耀共产党和工会非常亲近这样的事实。

共产党和工会的行动纲领没有区别，共产党与工会的分工不能令人满意，工会总以琐事来干扰——这一切证明我们必须非常注意这些事情，因为这类缺点会导致十分悲惨的后果。

6. 不善于持久地开展同一个运动，我们许多党开展工会运动时缺乏经常性和计划性，往往有些很重要的问题，我们可以利用来组织群众并把他们团结在我们的口号周围，但在我们的报刊上这些问题却只是一闪而过。应当集中地进行工作，在长达数月的时间内开展一项运动，动员一切力量来开展这项运动，使千百万工人都集中到那些能够用简短具体的口号向群众提出的问题上，集中我们的全部力量工作，刻不容缓地开展工作，善于为实现一个最为重要的任务而投入党和革命工会的全部力量——这恰恰是我们缺少的。

7. 我们的工会工作不够具体，不够实际，而且把我们的口号同改良主义者的口号机械地对立起来。我们的行动纲领应当更加多样化，更加简练，更能适应每种生产的特点。有些人认为，如果行动纲领不包含我们的一切要求，直到建立共产主义社会，那就是机会主义，这是不正确的，争取共产主义的斗争规定了我们的全部活动，其中包括我们的日常斗争，口号和要求应当最大限度地简练和明确，应当善于解释它们的意思，而且善于把局部和整体联系起来。

8. 我们的下一个缺点就是工作干部不够，培养干部的工作做得也不够，干部不是在温室里培养出来的，他们是在实际斗争中造就出来的。为了使这些干部能够胜任工作，除了他们在斗争过程中能受到日常的实际锻炼外，还必须对他们加以训练，工会学校不能代替经验，但它们应当总结工会运动工作者个人的和集体的经验。

9. 帝国主义国家的共产党到现在为止对殖民地的工人运动还注意得不够，在这方面有过几十个决议。但是，如果共产党今后仍然只是在理论上关心这个问题，那我们就会在这个问题上遭到失败，要使这些国家的共产党和革命工会，还有少数派，都把这个问题看做是宗主国无产阶级解放斗争的主要的有机组成部分，对这个问题我们必须要有所改变，不然我们就有僵化的危险。

10. 对阿姆斯特丹分子反对工人的全部肮脏勾当，我们在群众中进行宣传鼓动时利用得不够，对阿姆斯特丹分子和企业主组织之间的统一战线的实质，我们解释得不够；我们往往仅限于就这个题目写上一两篇小文章，然后就忘得干干净净了，而这类事情每一件都应当成为我们今后许多年进行宣传鼓动的材料。只有这样，我们才能向广大群众解释阿姆斯特丹分子以及其在资产阶级国家中的作用的真正意义，我们太健忘、太宽厚、太善良，而社会民主党人就利用了这一切。

总之，主要缺点就是这些，这些也是各国党在认识自己的工会工作时能检查出来的共同缺点。但这不是说，存在的缺点只有这些。我不打算在这里一个国家一个国家地来考察，列举出工作中所有的消极面，这会引起新的争论。在工会委员会内已经有争论了，在每个国家都可以举出几十条消极的东西，我们想要前进，就必须改正。如果我们试图进行总结并问道：我们各个国家在工作中的主要错误、主要弱点、主要不足之处究竟是什么？那我就再重复一遍：我们工会工作中主要的不足之处在于，我们不善于、也不够迅速、不够充分地建立工会的党团，这就使我们不能以更快的速度争取群众。

十三、革命工会和少数派的巩固

我已经讲过，共产国际及其各支部是最坚决地拥护统一的，不仅争取统一的斗争是共产国际倡议的，而且争取统一的斗争的基本动力是共产国际及其所属各支部。难道现在还有人能否认这个事实吗？但是争取统一的斗争绝不排斥争取巩固革命组织和少数派的斗争。相反，前者还以后者为前提。不要忘记，共产党员在工会运动中的影响在不同国家的表现是不同的。在工会运动仍然是统一的那些国家里，共产党员就在工会运动内部工作。在那里，基本任务是争取从组织上巩固少数派，把反对派的力量聚集起来，在反对阿姆斯特丹工会官僚而进行的阶级斗争的基础上，把一切正直的无产者联合起来。英国、美国、法国等等就是这样的国家，而在英国我们看到了少数派有组织的运动。但是还有许多国家，工会运动是分裂的。在那里，改良主义工会和革命工会并存着，在这些国家里，我们面临的任务是什么呢？在许多国家里（法国、捷克斯洛伐克等等），革命工会已经存在好几年了，似乎可以说，这个问题应当是十分清楚的了。然而，还有个别共产党员问道：我们需要巩固我们的组织吗？我们需要为这些组织征收新成员吗？因此还有弄不清的地方，提出所有这些问题，证明他们根本不理解我们在工会运动中的任务。还有一些共产党员提出这样的问题，这个事实本身就证明必须一而再、再而三地解释**巩固革命工会的必要性**。我们争取统一的斗争，绝不意味着要解散我们的组织，绝不意味着放弃为影响群众而斗争，绝对不是！相反，只有我们更加强大，争取统一的斗争才会成功。随着我们组织的发展和巩固，随着我们的组织吸收数量越来越多的工人，随着工人的又一些阶层被吸引到革命的工会运动中来，我们将走向统一。必须巩固我们的组织，把新成员吸收进我们的组织，开展这些组织的工作——这似乎都是极为基本的任务，已经无需说明了，但是，这里却还有不少弱点，我们应当用一切方式方法在法国、捷克斯洛伐克等工会运动已经分裂的国家里开展我们的工作。这难道还需要证明吗？我们说，必须再吸引几十万工人进入统一总工会。而且，法国的革命工会发展得越快，我们也就能更快地达到真正的统一，这难道要花费时间去证明吗？看起来这是不需要证明的，可是实际上必须一而再，再而三地提出这些问题，因为我们共产党对事情的这个方面注意得不够。还有这样的同志，他们认为，不论在什么地方，不论在什么条件下，改良主义工会总是我们投放力量的中心，而不问这些什么样的协会，它们有多少成员，是不是群众性组织，此外，还有没有独立的革命组织等等。应当宣布与我们策略中的纯理性主义作坚决斗争。我们的策略必须有更大的灵活性，能够更好地适应变化着的斗争条件和工人运动的特点。在工会运动已经分裂的国家里，尤应如此。有一点是毫无疑问的：必须为巩固一切独立的革命的工会联合组织，为从组织上巩固少数派，并从组织上巩固工会国际而进行十分坚决的斗争。

我们对必须巩固工会国际的问题，已多次通过决议。但是，这些决议贯彻得怎样？应当说，贯彻得够糟糕的，巩固工会国际，首先当然是巩固每个国家的革命工会运动，同时帮助工会国际开展国际运动和国际发动。最后，应当着手贯彻通过的决议，切实巩固中央和地方的革命组织和工会国际，而不是停留在决议上。只有在这种情况下，我们才能真正实现我们通过的好决议。

十四、东方的工会运动

整个共产国际、它的全体支部、红色工会国际及其一切组织的最重要任务，就是要在老牌资本主义国家的工会运动和东方的工会运动之间建立起最为紧密的联系。我们曾多次提请各国共产党注意新兴国家的工会运动。我们也曾指出，中国无产阶级的发动不仅对中国革命的命运，而且对整个世界工人运动的命运，有着极为重大的意义。对日本、印度等等国家的工人运动，也可以这样说，东方国家的工人运动积极登上国际舞台，是最近几年的最大特点。这丝毫不用怀疑。为推动东西方工人运动之间建立联系，需要做些什么？不妨先来看看下列事实，我们知道，中国的工会运动靠拢工会国际，这已再次为最近的中国工会第三次代表大会所证实。因此，中国工会运动通过工会国际同西方的工会运动联系起来了，但这还不够。必须使所有欧洲国家的革命工会和少数派都与中国的工会运动建立直接联系。为什么英国的少数派运动不与中华全国工会建立直接联系？为什么法国工会不与中华全国总工会建立这种直接联系？为什么法国、英国、捷克斯洛伐克和德国的工会和少数派不与日本、印度等国家的工会运动建立直接联系？应当花更大的力量，表现出更大的积极性。在这方面必然要稍稍越出欧洲的范围：我们的组织自行其是，常常忘记这种联系对殖民地工会运动，对老牌资本主义国家的工会运动的重要性。大家知道，共产国际冲破对殖民地工人运动的封锁，第一次向全世界的工人运动提出了殖民地和宗主国工人之间的互相接近问题。我们在这方面已经做了一些工作，但做得还太少，在这方面我们应当花出十倍的力量。而我们实际上每跨出一步都将产生重大的后果。法国工人运动与叙利亚、印度支那和北非的工会运动的联系，不仅对这些殖民地的工会运动，而且对法国本国的工会运动，都有极大意义。对英国工会运动也可以这样说。要在少数派运动与印度和英国其他殖民地的工会运动之间建立紧密的、兄弟般的联系，应当实际贯彻这个工作，应当高度重视这个问题，需要把这个工作推向前进。必须建立私人的联系，必须竭尽全力在东西方工人运动之间建立真正的、紧密的、兄弟般的联系。在这方面我们已经有一大堆的决议了，但是对所通过决议的贯彻也落后于生活的要求。

十五、太平洋工会代表大会

殖民地国家和自治领工会运动究竟已经发展到什么程度，正在筹备中的太平洋工会代表大会说明了这一点。要召开这次代表大会的思想是在工会国际中产生的。根据工会国际的倡议，1924年6月，在广州召开了太平洋搬运工人会议。这次会议表明，召开太平洋沿岸国家工会运动代表的会议，不仅有必要，而且是可能的。1926年2月，澳大利亚工会运动建议8月在悉尼召开太平洋工会代表大会。这次代表大会由于时间仓促、代表距离太远而未能召开，只召开了预备会议。会上决定，代表大会延期至1927年5月1日在广州召开。由此可以看出，召开这次代表大会的思想得到了许多组织的非常热烈的响应。到现在为止，已经有澳大利亚、中国和苏联的工会表示赞成召开这次大会。据我们所知，日本和印度尼亚的工会也将参加代表大会，我们对印度的工会运动虽然还一无所知，但从印度与澳大利亚工会组织之间信件来往中可以看出，印度的工会运动也是很关心这次大会的。无论如何，把直到目前为止还与工会的世界联合有相当距离的那部分工人运动联合起来，这是一种尝试。当然，苏联工会运动和中国工会运动现在既积极参加工会国际的工作，又积极参加争取统一斗争，等等。但是，澳大利亚、日本、印度以及整个太平洋沿岸的工会运动直到目前为止，却还是站在有组织的世界工人运动之外。这首先是由欧洲改良主义者的政策造成的。这些改良主义者把殖民地、半殖民地、自治领的工会运动看成是宗主国工会运动的附属物。只是随着共产国际和工会国际的产生，随着殖民地和半殖民地国家工会运动的发展，与这些国家的工会运动建立联系的问题才能认真地提了出来，只是随着远东帝国主义日本的工会运动的发展，太平洋沿岸各国的整个工会运动联合起来共同行动的必要性才算弄清楚了。在这里，我不准备谈论和解释即将召开的会议的全部意义，每一个共产党员都非常清楚，日本、中国、澳大利亚、印度、印度尼西亚、美国等国工会联合起来，将有多么重大的意义。这是对太平洋即将到来的冲突所作的真正无产阶级的准备。我们并不希望美国劳联会响应这次号召，美国劳联是美国政府的一部分，是美国资产阶级帝国主义政策的工会机构，因此，不能对它抱任何希望。但是在美国、在墨西哥、加拿大和南美，有大量的组织认为有义务参加这次会议。这次会议将第一次提出太平洋沿岸国家的工会运动与世界工人运动的联系问题。

各国共产党关于这次会议的任务只有一个：千方百计帮助和促进那些希望太平洋沿岸国家的工人联合起来，希望远东建立统一战线的组织，以便进一步为从远东通往西方搭桥，共产国际始终忠于自己的基本路线，并将通过自己的各个支部千方百计地促使澳大利亚和中国工会关于太平洋沿岸各国的工会运动联合起来的倡议得以实现。

十六、为争取一个统一的国际而斗争

共产国际向世界工会运动提出统一工会国际的问题已经好几年了，在共产国际第五次代表大会之后，关于这个问题已经有了一系列决议——十分正式和明确的决议。但是应当承认，我们共产党在这方面花的力气不够，主动性不够。总之我们可以这样说：我们的报刊往往敷衍了事，简单喊一声"统一的国际万岁！"的口号后就万事大吉。任务不在于喊"统一的国际万岁！"的口号，而是要向工人解释：需要什么样的国际，国际应当建立在什么样的基础上，迄今为止的国际是什么样的，谁阻挠真正国际的产生等等。这一切似乎都是很清楚的。实际上，我们必须请各国共产党高度重视关于统一的国际问题的过分抽象的提法。

阿姆斯特丹国际的特点是什么？其特点不仅在于它是改良主义的国际，而且在于，它是纯粹的欧洲的国际，它充满了帝国主义的欲望。在这个国际中，民族主义的政策都用国际主义的词句掩盖起来了，尤其是现在，在矿工罢工之后，在总委员会和阿姆斯特丹国际闻所未闻的背叛之后，可以用具体的事例来说明国际的意义了。要知道，为了用实例向工人说明我们不需要什么样的国际，只需天天注视矿工国际和阿姆斯特丹国际的行为就足够了。在我们的宣传鼓动中，没有很好利用阿姆斯特丹国际的日常政策。可是，难道还能有什么比矿工国际在矿工罢工时的行为更令人震惊，更反对国际主义的吗？难道还能有什么比阿姆斯特丹国际在英国罢工时期的所作所为更卑鄙更肮脏的勾当吗？难道还能有什么比阿姆斯特丹国际发放给英国工会利率为4.5%的贷款更反对国际主义的行为吗？看看我们的全部报刊吧，我们对这些材料的利用已经很够了吗？这个国际没有权利叫做国际的问题提出来了吗？阿姆特丹国际的一切行为不是偶然的，而是阿姆斯特丹国际所推行的政策的合乎逻辑的结果。对于具有极为严重的民族主义局限性的、与本国资产阶级有着联系的、从民族局限性和本国资产阶级政府的利益的角度来看待一切现象的人，是不可能有别样的行为的，这些都向广大群众作解释了吗？阿姆斯特丹国际只是为协约国的政策打掩护，这个事实迄今也没有得到充分利用。在阿姆斯特丹国际中，在确定国际阵线时，法国和比利时的改良主义者一直起着领导作用，而对阿姆斯特丹国际这种反国际主义的性质并没有利用，为统一鸣锣开道做得是不够的。应当指出，需要的是什么样的统一，应当向工人解释，如果统一是建立在阶级斗争基础上的，那是真正的统一；应当解释清楚，我们需要国际是为了进行阶级斗争，而不是为了互相恭维一番。在这方面，最近的英国事件可能而且应当在我们的实际宣传鼓动中具有特别重大的意义，还应当指出，对于全俄工会中央理事会和总委员会之间的冲突，也没有向广大工人群众做充分的解释，全俄工会中央理事会希望在实践中显示自己所尽的国际主义义务，而总委员会从自己的民族主义观点出发，反对这一点。这也应当向广大工人群众解释清楚。只有从这些事实出发，才能向工人证明建立真正的国际的必要性。真正的国际不只是从形式上把一切国家、各色人种和各个大洲的工人都团结起来，而且领导他们的斗争，组织不同国家的同时发动，使各民族的利益服从国际的利益。只有根据事实才能证明，阶级合作的国际与阶级斗争的国际之间的差别究竟何在。这一点做得不够，但还是应当做到的。或者，拿现在最尖锐的问题——合理化和托拉斯化问题来说，阿姆斯特丹国际是怎么想的？对这个问题阿姆斯特丹国际不理不睬，敷衍了事。恰恰是这方面给国际联合的行动提供了极其广泛的可能性。在这个问题上，像在其他问题上一样，应当向群众解释行动的国际与不行动的国际之间的区别。

需要从同样的观点来对待计划召开的太平洋工会代表大会，这不是试图建立新的国际,这是试图把那部分还没有联合起来的工人联合起来,把那部分工人与老牌资本主义国家的工人,与苏联的工人联系在一起,这是不是走向建立统一的国际的一个步骤呢?当然是,这是一个实际的步骤,这也应当成为我们宣传鼓动和向广大群众进行解释的材料,要向他们解释:我们要的是什么样的国际,这个国际与现有的形形色色的改良主义国际将有什么区别。

十七、工会运动的领导问题

我在报告一开头就指出了世界经济和世界政治中的新现象,这些新现象特别尖锐地提出了关于工会的领导问题。当然,问题的提出对工会运动已经分裂和工会运动仍然统一的国家是不一样的。在工会运动已经分裂的国家里,我们看到,改良主义工会和革命工会之间有着十分明确的"分工"。革命工会组织斗争,而改良主义工会则破坏斗争。在这些国家里,对工人经济斗争的领导问题提到了首位。拿法国日益迫近的危机、捷克斯洛伐克的形势、巴尔干的形势来说,我们看到,在那些必须组织坚决反抗行动的地方,在改良主义者不仅起到资本进攻的帮凶作用,而且还起到资本进攻的直接参与者的作用的地方,到处都是极其尖锐的社会矛盾。这里我们的领导是必不可少的,我们必须要造就新的干部,教会他们领导新的经济冲突。谁能做这件事?只有各国共产党,只有共产国际和红色工会国际,而在工会运动仍然统一的国家里(德国、英国、斯堪的纳维亚等国家里),经济斗争的领导问题更加尖锐。英国最近的事件,汉堡最近的罢工——这一切都十分鲜明地表示出,当今的工会官僚已经站到哪一边去了。工会官僚站到了企业主组织一边,就使经济斗争的领导问题变得复杂,因为工人群众必须反对整个工会机构以及它所建立的各种组织,但这是很困难的。在这种条件下,工人会遭受许许多多的十分严重的失败，共产党越不注意这个情况，工人遭受的失败也就越惨。

我们应当在撤换改良主义领袖的口号下，在形成新的革命领导的口号下在各地开展斗争，需要开始培养新人，培养新的一代，新人不是只有在实际的具体斗争过程中才能成长起来。当然，日常斗争是最好的学校。但是，如果除此之外我们还建立专门的工会学校，那我们就会收到日常的实践与革命的理论相结合的效果。各国共产党和红色工会国际必须极其注意造就新的领导干部的问题，我们在与旧领导、与改良主义叛徒、与完全彻底转到资产阶级一边的人进行斗争的同时，应当造就新干部，教育积极的无产者的新一代，教育他们反对旧的老朽腐化的改良主义领袖，领导问题就是这样，"更加注意新干部！更加注意经济斗争的领导问题！"——最近时期的实际口号就应当是这样，只有极其注意造就新的干部，我们才能不仅撤去改良主义的领袖，而且能代之以革命的领袖。

十八、结 论

正如我们已经指出的那样，现在我们跨进的这个时期的特点是，在世界经济领域内出现了许多新现象，经济问题现在很突出，已经占首位。资产阶级组织得越来越好，它正在一国之内和国际范围内集中自己的力量，一国的和国际的新托拉斯的建立，资产阶级以生产合理化为幌子的进攻，与此有联系的失业的增长——这一切综合在一起，就使共产国际和各国共产党首先面临经济问题。我们所有的组织都必须认真地研究一切经济问题，我们不能仿效国际改良主义，第二国际和阿姆特丹国际都寄希望于国际联盟，寄希望于国际联盟召开的国际经济会议，阿姆斯特丹国际在这方面甚至开始让自己的公报出专门的附刊，针对这次会议写了许多胡说八道的东西。对这些害怕群众运动的阿姆斯丹分子来说，这次国际经济会议成了用来搅乱工人思想的一个借口。如果听从了阿姆斯特丹分子，那就会造成这种印象：一切都取决于这次会议，它会安排好一切，它会解决货币单位的稳定问题，原料问题等等。这一切都明明是谎言，明显是蛊惑宣传，这样做是为了用国际会议上资产阶级的闲谈来代替群众的行动，这样做是为了使广大群众不去注意他们迫切的经济需要和经济利益。共产党人明白所有这些会议和乌德格斯特、茹奥先生之流的所有空谈的价值。同改良主义者相反，我们关心的是要广大群众思考今天所有的经济问题，我们关心的是让群众知道，失业是什么原因造成的，要让群众知道，托拉斯究竟是反对谁的，我们关心的是这些。因此必须把所有这些经济问题都广泛地拿到群众中去，提到工人面前，向工人群众解释所发生事件的意义。而且，根据这些具体问题解释我们的政策和改良主义的政策之间的差别，谈论"一般合理化"和"一般失业"，对谁都不会有什么好处。必须不仅按国家，而且按一个个生产部门和工厂对这些问题进行详细的研究，收集最大数量的材料，并使这些材料为广大群众所掌握，要尽可能使更广大的工人阶层深入到这些经济问题中去，只有这样，才能使千百万劳动者关心我们对这一切新现象和新事实作出的回答。

　　丝毫不用怀疑，我们的政策，我们的工作方向是符合工人阶级利益的，这是再清楚不过的了，我们的政策是正确的。共产国际存在的整个时期我们的路线是引导工人阶级前进的路线，为了使这个政策成为千千万万劳动者和被压迫者的政策，需要做些什么呢？**必须使我们的实践、我们的日常工作提高到我们政策的水平上来**，我们的实践落后于我们的政策，我们的日常工作总是赶不上我们良好的、正确的政治路线。这就是为什么我希望在结束我的报告时要表明我的愿望：愿我们的实践与我们的政策处于同一高度，只有我们的实践与我们的政策处于同一高度，我们才能在每次代表大会、每次执委会扩大会议上确认我们在争取广大群众方面取得了重大的胜利，必须使我们的实践包含国际工人运动的全部经验，正如共产国际的政策包含着整个国际运动的经验那样。到那时，我们就会百分之百地贯彻我们的代表大会和扩大全会所制定的行动路线。

主席：

我们接着讨论，**雷梅尔同志**发言。

讨论墨菲关于英国问题的报告（续）

雷梅尔（德国）：

同志们，关于英国今年夏季爆发的事件的政治意义和历史意义在这次全会上以及在此之前的好几个月里，已经谈得很详细了，我认为再来详谈就没有必要了，我主要想谈下列三个问题：

1. 英国事件对其余资本主义国家以及第二国际的影响。

2. 我想谈谈英国党，谈谈共产国际以及它的几个党对事件的准备情况。

3. 由于里泽同志要求反对派发言，我就稍稍涉及反对派同志在英国事件上的方针。

什麦拉尔同志在发言中指出，英国事件是如何影响了捷克斯洛伐克的。他描绘了持续数月的捷克斯洛伐克采煤工业的危机，这个危机被克服了，因而在英国罢工期间捷克斯洛伐克采煤工业甚至进入了高涨时期。对德国我们也可以这样说。很清楚，资本主义国家的资产阶级利用矿工大罢工为自己谋利。英国矿工罢工开始几周之后，德国、法国、比利时、卢森堡就把在全部原料工业中组织卡特尔的问题提上日程。这里产生了一个值得研究的问题：到今年夏季，尚未结束而且势必重复发生的英国的大危机，对其他国家产生了什么影响？我们看到了德国和其他资本主义国家钢铁产量的增长，也看到了这些国家对卡特尔化的向往。不过，这种愿望可以说早已存在，由于英国事件，它得到了有力的促动。

根据大陆上的这些现象，法国同志认为，资本主义有可能克服自己内部的矛盾，一旦英国罢工停了下来或遭到破坏，我们即可目睹竞争的迅速加强，看到资本主义国家之间的矛盾急剧尖锐起来。至于英国煤业巨头能否夺回其他国家在它罢工时期夺走的销售市场，只是以后才见分晓。

在各资本主义国家尤其在德国，在向往卡特尔化的同时，合理化就伴随而来。但是，只有当工业中有增加产量的可能性时，才能实行合理化。这种可能性是随着英国的煤炭被排挤出世界市场而产生的。现在德国实现的合理化，正是由于矿工的罢工而得到了极其强大的推动力。

只是在罢工停止以后，合理化对工业无产阶级的危害极大的影响才会表现出来，这是明显的，这也是很自然的。合理化只有在对产量的需求大为提高的情况下才能实行。

但是，罢工结束后扩大生产的可能性不可避免地消失或生产不可避免地缩减，将使其余资本主义国家的失业增长。

这些都是各国共产党尤其是欧洲大陆共产党应当研究的问题，因为在最近的将来我们就会面临这些问题。

简单谈谈阿姆斯特丹国际在英国矿工斗争时期的行为。阿姆特丹国际似乎应当在这次大斗争中维护工人的利益，实际上它只是扮演了最忠于主人的奴仆的角色，它为自己的主人，自己的统治者聚敛财富，这使他们在大陆上——在德国、法国、捷克斯洛伐克有可能扩大产量。它关心的是，工人阶级不要妨碍资本家的这种聚敛，在英国矿工罢工的好几个月内,大陆上哪里也没有为工资或缩短劳动日进行过稍具规模的斗争。这个情况是特别值得注意的。什麦拉尔同志已经在会上谈到了捷克斯洛伐克的情况。然而,不仅在捷克斯洛伐克,而且在法国和德国,在整个这段时期里,工会本来是能够做到大大改善劳动条件的。但是,改良主义者不提任何要求,也不进行斗争,恰恰是在英国罢工这段时期里,在许多国家里劳动强度大大增加了,对每个工人的剥削大大加重了,而工会却没有利用有利时机,为工人赢得任何好处。

全德工会联合会对于这次英国矿工斗争的利用,是十分独特的。黄色工会领袖的许多欺骗行为和卑鄙勾当,我们早已领教过,但我认为,这次阿姆斯特丹国际的德国支部在这方面达到了登峰造极的地步,阿姆斯特丹分子,特别是其中的德国人,不仅不组织任何声援运动,而且成为自己主人的得意门生,在国际工人运动史上,全德工会联合会竟破天荒对发放给忍饥挨饿的罢工工人的贷款索取利息、**阿姆斯特丹分子作为高利贷者载入史册了**。

在我看来,对这种事情我们应当想一切办法、用一切力量来加以强调,因为这说明了所谓工人领袖的最为卑鄙的政策和肮脏透顶的方法。我们德国代表团认为特别需要指出,我们最为重要的任务是向全世界揭露阿姆斯特丹国际队伍中最卑鄙最无耻的派别。

现在我们来谈谈与英国矿工问题有联系的、我们最感兴趣的问题。委员会揭露了我们队伍的许多缺点和错误,在这里不止一次地指出过,在这次长达数月之久的英国矿工的英勇斗争中,在这次规模巨大、形式尖锐、持续时间如此之久的斗争中,我们没有在任何一个资本主义国家中成功地组织比较重要的声援运动。俄国工人提供的范例本应激励国际无产阶级全体,然而就连这个范例也没有在广大工人群众中立即得到响应。我想,这就是我们所有资本主义国家的党所犯的一个主要错误的原因,不能说,这个国家做的多一些,那个国家做的少一些。我们应当断定，在大陆国家中，工人运动在这个问题上都遭到了失败，我们应当调查产生这种现象的各种原因，并采取措施以便加以消除。

在我看来，重要的原因在于，各共产党不善于使工会工作在本国工人运动中起决定性的作用。这是主要的原因。在法国和捷克斯洛伐克，除了阿姆斯特丹分子外，我们还有红色工会；在德国，工会运动是统一的，我们到处都可以看到同一现象：工人阶级没有能力给予斗争中的英国工人以真正的支持，检查自己的活动，特别是在工会工作中的活动，这是共产党的一个极其重要的任务，同时应当说，不仅在个别党的工作中，而且在各国党的共同工作中暴露出很大的缺点。在这个航空时代，24 小时之内就可以把世界各地的人都集合起来。可是，我们只是在几个星期之后才召开了会议，这个事实证明了我们的某些弱点，与此相反，同志们，我们看到苏维埃国家的无产阶级无疑给我们树立了无产阶级团结的光辉榜样。英国工人从俄国工会得到如此重大的帮助，从而使罢工者能如此长久地坚持英勇斗争，这个鲜明的国际声援的实例将是使英国发生革命的一个极其重要的因素。遗憾的是，大陆各国没有很广泛地起而仿效俄国无产阶级的范例。这个事实表明，掌握了政权的无产阶级拥有多么雄厚的资财和多么巨大的潜力。

同志们，欧洲资本主义国家之所以不可能给予英国矿工以重大支援，除了我已经谈到的主观原因外，还有许多客观原因，早在几十年前无产阶级就采取过声援的光辉行动，特别是在募集捐款方面，可是这次却几乎听任英国矿工受命运的摆布，其部分原因也存在于资本主义总解体的大量现象之中，工人群众长年累月没有工作做，脱离生产过程，生活费的水平降低。现在就不能像过去许多年那样采取声援的行动了。在我看来，我们现在应当把这个问题包括在我们所要研究的问题之内，因为我认为，这是共产国际和各国共产党的一个重要任务。

我现在想来谈谈我们最应当感兴趣的问题，即英国运动的主观因素，这里我必须首先讲一讲兄弟的英国共产党，关于英国共产党在它应当通过的这次大考验中的缺点和错误，在共产国际内已经讨论得够详细了，共产国际也已经对这些缺点和错误进行了公正的必要的批评。然而，我们在总罢工和矿工罢工之前给予英国共产党的评价，在第五次代表大会上报告人对这一点是这么说的：

"我们现在还不确切地知道，群众性的共产党是怎样在英国产生的，不知道它是通过斯图亚特、麦克马纳斯，还是通过其他途径。"

这段引文说了些什么？到第五次代表大会时英国只有近4000名党员，人数如此之少，这使同志们甚至不相信它能对英国原有的工人运动产生影响。当时人们认为，少数派运动是英国工人阶级走向革命的主要的、极其重要的因素，英国党被认为是次要的，不值得怎么注意的因素。现在我们看到，我们的英国党总的说来，完成了自己的任务，在各种势力的第一次大较量中起到了运动的推动因素的作用。此外，我们知道，如果没有英国党，英国的少数派运动根本不能存在，这是我们首先要掌握的情况。

我们应当知道，党的影响是使地方投入运动的因素和力量，英国党可以说是发展力量的发动机，它把这力量转到少数派运动上；而少数派运动是带动广大群众投入运动的传送带，没有革命的政党，没有英国共产党，广泛的英国无产阶级的运动不可能采取这些革命形式。因此，我们今后应当最大限度地注意英国党，全力帮助它发展和巩固。

同志们，在结束时我还想谈谈反对派是怎样评价英俄委员会的，因为里泽同志在这一点上提醒了我，不能容许直到全会结束时对委员会的未来命运也不通过任何决议，你们知道，当总罢工爆发时，在德国，反对派加强了发动，他们开始断言，由于共产党和共产国际自己不能领导斗争，它们彻底破产了。例如，德国的反对派鲁特·费舍就这么说：在这次斗争中英国共产党哪里去了？为什么英国共产党自己不领导斗争，为什么它把自己的角色让给叛变者组织——总委员会呢？

（格施克："反对派韦伯也是这么说的。"）

我认为，对这种荒谬绝伦的叫嚣、丧失理智的狂言不值一提。然而，如果里泽同志认为现在仍有必要坚持、维护当时反对派的观点，那我们愿意对这个问题再说两句，虽然每个善于思考的同志自己都会分析问题的这种荒谬提法。

关于联共（布）队伍中表现出来的对英国运动的态度问题，我再说几句。托洛茨基同志开始是这样提出问题的：似乎在英国旧的运动形式是反革命的，也是革命发展的阻碍，因此就应当为工人运动寻找新形式。在我看来，在这方面应当援引列宁甚至现在反对派的知名人士的话，他们曾不止一次地证明，随心所欲地创造工人运动的形式是完全不可能的。我们知道，必须利用工人运动内部发展起来的形式，使之有利于整个运动的革命化。我认为，无法创造新形式，正像曾经尝试过的那样，其中包括德国，德国一度出现地所谓的革命工会，一两年之后就破产了。我们共产国际的经验十分清楚地表明，那些不愿利用旧形式，认为必须发明新形式的人落个什么下场，联共党内的反对派坚持这样的意见，似乎在总罢工之后工会应当退出英俄委员会。为了什么目的？反对派答曰：为了给整个国际无产阶级一个信号。什么样的信号？我看这个问题也是容易回答的，这种做法不是标志胜利，而是标志我们自己的破产。我认为，在这次全会上也应当确认，俄国工会赞成保留英俄委员会，这样做是正确的。英俄委员会柏林会议和巴黎会议两次会议都清楚地表明，委员会的英国代表团会很高兴地断绝与俄国工会的联系，因为这种联系本来就是迫于英国工人的对立情绪才保持下来的。由于通过了保留英俄委员会的决议，俄国工会今后仍可能对英国无产阶级产生重大影响。甚至根据反对派的意见，英俄委员会也是苏联革命无产阶级的喉舌，通过它不断向英国无产阶级发出呼吁，英俄委员会的目的就是如此，它的任务就是如此。因此要解散英俄委员会是错误的，为了向英国无产阶级说明它的工会领袖扮演的是背叛者的角色，我们特别需要为保留英俄委员会而大力斗争，在这个问题上共产国际和英国党走的是一条唯一正确和可行的道路。

兄弟的英国党虽然在工作中有些缺点，但它仍然表现得如此生机勃勃，以致成了对英国工人运动有显著影响的重要因素，我们知道，我们兄弟的英国党在将来英国无产阶级的战斗中，将会更加强大，因此，我们德国共产党员向我们的英国同志说：你们干得好，作为共产党员，你们完成了应当期待真正的革命战士来完成的一切。

加拉赫（英国）：

同志们，我希望尽量少占用大家的时间，同时力图最清楚地说明英国形势的特点。我认为这些特点阐述得还不够，为了这个目的，我想稍稍回到过去，说几句关于宪章运动的问题。在 20 年之内，宪章运动遭受到或大或小的迫害，这是英国工人阶级第一次争取政权的公开斗争。当时，神圣的王权已让位给神圣的财产权，人们借助于这种权利，就可向工人阶级索取沉重的贡赋，工人因陷于绝境而激昂慷慨，进行了发动。虽然武器装备极差，但终究以"令人恐怖的愚昧无知的群众"的面貌出现在资产阶级面前，工人进行了无情的斗争，因为他们相信，可以借助于赢得的自由夺取政权，结束企业主的压迫。当时工人阶级还年轻，但是他们那种信心毕竟是有些根据的，因为资本主义的国际机构当时还不很强大。但是，资产阶级把这次造反镇压了下去，并着手巩固国家机器，集中自己的权力。只是当这个任务完成之后，当资产阶级认为自己已具备足够的力量来控制和领导议会活动时，它才会让工人参加选举，并开始维护议会民主。但是，正是当资产阶级已经取得完全胜利的时期，在它的发展中却暴露了不可避免的矛盾。

在宪章运动时，有几个人数不多的熟练工人的工会为争取自身的生存而斗争。多少年来他们受到残酷的迫害，只是经过拼命挣扎之后才维持了自身的生存。虽然这些工会的成员同情宪章派，但工会却游离于这一斗争之外，企业主认为，与这些人数不多的工会的被他们称之为"思想健康、温和而负责的领导者"的人打交道，远比与采取断然手段的宪章派打交道要容易得多。因此，工会得到了一些支持和声望。企业主根本没有想到，这些工会竟然会是以后几代工人阶级用来推翻资产阶级而斗争的新的斗争武器。在宪章运动被镇压下去之后，各国都开始准备新的搏斗，资产阶级通过国家权力的集中来进行，工人则通过工会的巩固和集中来进行。

从这时开始，我们看到罢工连绵不断，这就为总罢工扫清了道路。我们应当掌握历史给予我们的教训，历史不容置辩地证明，当资产阶级受到像宪章派发动时那样危险的威胁时，它就利用最为残酷无情的斗争手段，力图根除工人阶级的力量。总罢工表明，工人阶级恢复了为政权而进行的公开斗争，我们应当特别注意这种斗争。如今在英国为政权而进行的斗争提到了首位，只要资产阶级还没有完全被推翻，这种斗争就绝不会停止。

同志们，会议指出了英国党应当极为注意从数量上扩大自己队伍的任务。大家强调指出，现在为英国党可能成为群众性组织创造了有利的形势，我们希望能完成这个任务，我们将竭尽全力来做到这一点。同时我们不要忽视历史给予的教训，毫无疑问，我们面临的是革命政党必须进行的一场最为残酷无情的斗争。

在宪章派发动时，资产阶级看到了威胁它的危险。现在，当大罢工开展起来时，它重新看到同样的危险，托马斯之流可以说什么，总罢工是纯粹的经济罢工，但鲍德温却完全公开地指出，爆发的冲突是两个政府的斗争。全国人口的一半，即有组织的工人完全不承认鲍德温政府而执行总委员会的命令，政府看到了危险性，他们决定消灭工人组织的力量。威胁接踵而来，煤矿工人刚刚遭到失败，冶金工人、运输工人以及其他部门的工人又都将减少工资。当我们的同志谈到煤矿工人失败的后果、把工资问题提到首位时，他们与托马斯以及把当前这次斗争看成经济冲突的人站到同一立场上去了，问题不在于工资，而在于资产阶级政权力图消灭工人的组织——工联。资产阶级为了这个目的，打算实施一系列立法措施。在保守党的代表大会上，他们以坚定的语气指出，必须镇压工人阶级的革命领袖，这是很典型的。资产阶级看到了危险，将全力进行斗争，同时表现出闻所未闻的残酷性。

第二国际的代表——资本主义的奴仆、官僚、工联领袖——全都直接转到了资产阶级一边，资产阶级准备向工联进攻，而妥协分子却在这时宣布进行以"工业和平"为口号的运动。我们看到，资产阶级的一切力量都团结到国家政权的周围、反动政府的周围，而且工联中的官僚和第二国际中的走狗也是拥护这个政府的。所有这些力量的目的在于消灭工人阶级的组织，这是资产阶级的军队，而支配这支军队的统治权则集中在保守党政府中。

我们看到，站在工人一边的是工人阶级的战斗组织工联和工党，但是工联和工党的领袖转到了资产阶级一边，只有共产党才是英国工人阶级的领导者。因此，目前形成的是这样的局面：资本主义政府与共产党即工人阶级的革命领导相对峙，这两支集中的力量是要斗争到底的。

英国现在的形势就是如此，保守党政府依靠资产阶级的全部力量，并得到它的工党中的走狗的支持，力图摧毁共产党，这就是我们应当从英国当前斗争经验中得出的教训。

我们知道，我们会胜利的。但是不能忘记，我们还要经受许多沉重的打击。我们党虽然缓慢地却充满信心地理解了列宁主义的原则，它力图成为真正的布尔什维克党,为了取得胜利,我们必须掌握工会和工党的领导权。但在能够掌握工党的领导权之前,我们绝对必须要先争得工会的领导权。如果你们参加过工会或工党的会议,那你们就会相信,有几个著名的工会官僚就能够预先决定会议的全过程,有几个这样的官僚常常"代表"千百万工人讲话,官僚能够控制和领导工党的政策。因此我们认为,我们的基本任务——在我们面前有许多任务——是尽可能地深入到工会中去,并掌握其中的领导权,完成这个任务之后,我们也就能掌握工党的领导权了。到那时我们就能结束资本主义政权,建立起工人政权。为了便于我们解决这个任务,共产国际应经常不断地支持英国党,共产党必须时时向我们指出我们的错误,帮助我们制定正确的列宁主义路线,我们知道共产国际支持我们,我们就会满怀信心地工作,在这次斗争中,我们将利用我们的一切力量和影响。

德菲瑟(荷兰):

同志们,自英国煤矿工人宣布大罢工以来,我们党就开始采取一切措施来支持英国兄弟的斗争,阻挠向英国输出煤炭或途经我国把煤炭转运到英国去。

但是,由于改良主义组织的背叛和费门的右倾,我们没有能达到目的,我们做了一切能做到的工作,组织对英国矿工的声援,我们安排了许多次会议,散发了传单,等等。

但是,我发言不是为了要详细地讲这些情况,我只想回答什麦拉尔同志。他在谈到爪哇起义和煤矿罢工时涉及到了荷兰问题,什麦拉尔同志对荷兰党的评价是非常尖锐的。在我看来,是过于尖锐了。他声称,我们党似乎在爪哇起义时采取了不正确的路线,接着什麦拉尔同志又指出,我们党纠正了他所谓的错误路线,批评倒是好事。但是什麦拉尔同志走得太远了,以致超过了批评的范围。他描绘了这样一种情况,似乎我们党根本没有支持爪哇起义,这是完全不正确的。荷兰党没有立即采取明确和正确的立场,这是怎么回事?原因在于,政府和帝国主义领袖们都善于挑动党来实现这条不正确的路线。最初接到起义的消息时,党就初步认为,这场斗争是被挑起来的。同志们,党刚刚得知爪哇无产阶级进行武装起义,就采取措施,加以支持。我们的日报《论坛报》十分注意爪哇的斗争,我们与帝国主义进行了激烈的斗争,并捍卫了共产国际的正确路线。比如什麦拉尔同志在发言中谈到,我们没有提出印度尼西亚从荷兰分离出去的正确的列宁主义原则,似乎我们追随英国大资产阶级,想在爪哇实行自治。这可是什麦拉尔同志错了,我们党从来没有这样做过,它一直提出"印度尼西亚应当从荷兰分离出去"的口号,提出印度尼西亚劳动居民应享有自决权。接着什麦拉尔同志又证明,我们同社会民主党一起提出了自治的口号,我们甚至要求建立国王的侦察委员会,什麦拉尔同志已经亲口跟我说,他打过电报来纠正这一错误的声明,但这样做还不够,党和革命工会一起组织了一个委员会,并决定派出由工人代表组成的联合委员会去印度尼西亚,以便就地共同研究形势,我们从来没谈到过关于资产阶级的代表组织联合委员会的事情。相反地,我可以向你们说明我们在这个问题上提出的最低纲领。

第一,派出工人委员会去研究印度尼西亚的形势,委员会应当由各个无产阶级组织和工会的代表组成。

第二,立即大赦政治犯,并对白色恐怖的受害者所受的损失进行补偿。

(什麦拉尔:"这是什么时候的事?")

这是刚接到起义消息之后的事,我们党就立即提出了这些要求。

(什麦拉尔:"当时提出这样的最低纲领并不见得很合适。")

如果什麦拉尔同志在这个问题上指责我们,那他就和共产国际矛盾了,因为我们提出这个纲领是得到共产国际同意的,我认为这种根据不充分的情况提出的批评是不正确的。

如果什麦拉尔同志进行批评，为什么他事先不找找我们，问问情况，他没有得到正确的消息，却猛烈地抨击我们。那么，我们对这种批评提出抗议，就是完全可以理解的了，我们在荷兰要求给予印度尼西亚人——苦力等等以出版自由、集会自由、结社自由，我们要求取消对印度尼西亚的军事占领，而且提出"印度尼西亚从荷兰分离出去"的口号，我手头就有许多荷兰报纸是证实这件事情的，我同意什麦拉尔同志这个意见：我们在起义一开始就发表的第一个宣言写得不正确，但是我们立即改正了自己的错误，这是他知道的，如果党立即纠正了自己的错误，那就很清楚，谈不上有什么严重的右倾问题，而什麦拉尔同志却这样来指责我们，我们在荷兰的大城市召开了许多会议，我们发表了一系列宣言，而且提出口号，要求几位爪哇人立即来到荷兰，与我们一起按正确的轨道进行工作，为了充分证明什麦拉尔同志是不正确的，不妨从《论坛报》上援引几段话：

1926年11月26日《论坛报》：

"荷兰政府知道，起义运动是人民的运动，它也知道，共产党员站在这个运动的前列，他们代表的是整个国际无产阶级。

那里的共产党员与这里的一样，将支持反对帝国主义的任何行动，我们爪哇兄弟的斗争就是我们的斗争，我们爪哇兄弟对荷兰资本家的每一次打击都是对本国资产阶级的打击，爪哇兄弟的胜利就是我们的胜利，他们的解放也就是我们的解放。

用一切手段不断支持这一斗争，这就是荷兰工人阶级的任务，应当记住，我们只是处于这一解放斗争的开端。"

1926年11月26日《论坛报》：

告印度军队士兵书

"陆海军弟兄们！资产阶级要求你们进行兄弟之间的残杀，你们要拒绝！

爪哇人民和苏门答腊的居民为反对自己的压迫者而斗争，而他们的压迫者也就是你们的压迫者。

士兵们和水兵们，与我们的阶级团结在一起吧。

声援爪哇各地的起义者吧，印度尼西亚人正在那里反抗剥削者。"

1926年11月29日《论坛报》：

"爪哇人知道，只有当他们从荷兰人的压迫下解放出来、自己管理自己的国家时，才会开辟自由之路。

这次起义是印度尼西亚人民的意志的表现，这次起义是印度尼西亚人进行武装的解放斗争的序幕。

荷兰工人们！为印度尼西亚的解放而进行群众性鼓动的时刻到了，应当为下列要求而斗争：

立即释放一切被捕的起义者。

立即实行全国的政治大赦。

立即召回军队。

给受害的当地居民以帮助。

派遣在印度尼西亚和荷兰工人中享有威信的工人代表团去印度尼西亚，研究起义的原因。"

我还可以引出许多段落来，证明党是支持印度尼西亚的起义的。如果谁仍然要作出什麦拉尔同志那样的结论，那他所犯的错误就会比党犯的错误要大得多。我们党在这个问题上是尽了自己的责任的，我们立即纠正了起初所犯的错误，而且以后执行了正确的路线，共产党已把"印度尼西亚应当从荷兰分离出去"这一正确的口号提到工人群众中去了。我在这次全会上保证,我们回到荷兰后立即以更大的力量来捍卫印度尼西亚的事业。"

伊赫蒂亚尔(巴勒斯坦)[①]:

不涉及英国共产党在殖民地的活动是无法谈它的工作的,不知为什么报告本身和关于这个问题的讨论都忽视了这个问题:罢工对英国殖民地民族主义者的情绪有何影响?英国共产党为在罢工时获得殖民地革命民族主义者的同情,保证他们支持自己,都做了些什么?这是全会在评价英国共产党的活动时应当回答的问题。

英帝国主义者在与欧洲无产阶级进行斗争时,对殖民地意义的估计要大得多,指出这点是很有意义的。罢工一开始,英国大臣埃默里就向各殖民地发出秘密通令,命令殖民地军队高级军官全体休假,并立即动身赴英国。英帝国主义者为了与无产阶级作斗争,动员了他们在殖民地的最好、最忠实的奴仆。而英国共产党为取得殖民地各国人民的同情,又做了些什么呢?

现在大家都应当清楚,在英国,如果脱离民族革命运动而进行斗争,那就根本谈不上有什么重大的革命阶级斗争。英国罢工之所以失败,不仅是因为总委员会和阿姆斯特丹分子的背叛,不仅是因为我们共产党积极性不够,而且是因为,我们到现在为止,还不会与殖民地的民族运动建立巩固的联盟。

罢工一开始,巴勒斯坦共产党就发出告民族主义者书。在号召书中建议民族革命运动利用已经造成的形势为阿拉伯国家的解放而加强斗争。号召书中还呼吁,当前可以用较小的力量和较少的损失取得比其他

---

① 发言是以书面形式附在备忘录后面提交的。

时候通过极其艰苦的斗争取得大得多的成果。但是，英帝国主义者往往迅速改变方针，普卢默勋爵粗暴好战的调子换成了他的副手沃莱斯在社交场合的外交辞令。关于在国内建立议会的谈判开始了。英国人害怕殖民地发生骚乱，不得不让步，因为很清楚，同时在两条战线作战他们是不可能取胜的。

英国事件无疑强调指出了无产阶级的阶级斗争与殖民地各国人民的民族斗争合作的全部重要性，只要殖民地的无产阶级仍像现在那样单独行动（1922年的埃及革命和1921—1922年的美索不达米亚流血事件发生时英国无产阶级根本没有注意到；苏丹的起义，开罗的镇压，1924年的十月事件的发生则被麦克唐纳隐瞒了），它的努力是不会带来最后胜利的。只有靠殖民地和宗主国共同的力量建立统一战线，统一领导，我们才能取得一点成就。如果说，我们在此之前已经知道，每次罢工时都应当考虑无产阶级各个集团总的政治条件和经济条件，那么，我们现在应当学会不仅考虑工人的条件和状况，而且要考虑殖民地的状况，阶级斗争的战略不仅在于要应用战斗策略的科学准则，而且在于会保证后方，保证与殖民地革命运动建立联盟。

墨菲（英国）：

同志们！在结束讨论之前，我想就不久前在天津发生的事件提出一个建议。同志们，你们都知道，英国当局在天津逮捕了14名国民党员，天津位于英国控制之下的可以享受治外法权的地区。同志们，被捕者是长期作为国民党的地方组织公开合法地进行工作的，英国人突然占领了房屋，逮捕了同志们，并把他们交给了奉军的特务。这一事件使我们想起了几年以前发生的另一事件，我指的是26名巴库领导人也被英国当局逮捕并转交给白卫军的事件。他们的命运是大家都知道的，恐怕14位中国同志的被捕也是同样的性质，而且会引致同样的后果。因此我建议全会向全世界发出抗议，谴责英国当局的这样行为，并号召大家来保护被捕的中国战士。

主席：

我提议委托墨菲、彼得罗夫和谭平山三位同志组成委员会，起草呼吁书。（提议通过）

墨菲作讨论英国问题的总结发言

墨菲（英国）：

同志们，关于英国问题的讨论没有出现多大的分歧意见，我只想谈谈几个问题。

讨论英国问题弄清了几个重大因素。首先，大家一致认为，世界贸易的中心已转到太平洋地区，这一过程对与日本和美国竞争的英国是不利的，这一重要事实是根据统计资料最终确定的，因此无需赘述。

第二个有重要意义的因素是：总罢工和煤矿工业的同盟歇业使英国的总危机尖锐起来，在许多方面增加了税收的重担，因而增加了贸易方面的困难。我们是英国预算消极平衡日益发展的目击者，进口不能以出口来抵消，部分要靠国外投资的收入来支付。因此，由于总罢工，今年是英国有史以来第一次以消极平衡结束的年份，这里我不是指它的国家预算，而是指资本主义英国总的经济平衡。

我们也已查明，英国在遇到经济困难的同时，还遭受到一系列政治失败。而且帝国内部的政策碰到许多不顺心的事。在大英帝国内部，离心力量在增长，这一切事实使我们作出结论：英国的危机成为当代国际形势的基本特点，这不是暂时现象，而是资本主义的经常性危机。这说明，我们不能把1926年的总罢工和同盟歇业只看做是一个偶然事件，我们应当承认，它们标志着当代国际形势下特有的严重危机。因此，研究我们这次对国际革命运动发展极为重要的斗争的经验是很有意义的。

在这次会议上，所有关于英国问题的发言都指出，固然我们的工作取得不少成就，但仍不能认为形势是有利的，我们十分满意地听到我们的法国同志关于法国共产党进行工作的声明，我们也同样地听到了我们的捷克斯洛伐克同志工作情况的报告，同时我们也指出阿姆斯特丹国际和改良主义分子对我们的工作进行了暗中破坏和阻挠。但我们不应仅限于指出这一事实，作为革命力量先锋队的共产国际，应当仔细研究自己的经验。而且我们应当承认，与最近时期十分重要的形势相比，我们的工作是不够的。

大家在会上不止一次地指出，社会民主党已经走到对我们的工作进行暗中破坏的地步了，这说明什么？社会民主党在一定意义上控制着工人阶级的力量，因此它们能够在英国发生伟大事件时阻挠国际上的声援。同时，大家都清楚，如果共产党不让1100万吨破坏罢工的煤炭输入英国，这对我们斗争的结局该有多么重大的意义。为什么我们国际在自己队伍中拥有千百万不知疲倦地工作着的革命者，而在罢工期间却不能阻挠煤炭输入英国呢？这是因为我们未能掌握工会的领导权，我也和什麦拉尔同志一样，对事态将来的发展有点担心，他提出一个问题：如果我们不能把工会控制在手里，我们能不能为反对战争而进行决定性的斗争呢？这是一个非常严肃的问题。

我们不能孤立地来看英国的形势，英国的危机无疑是当代资本主义形势的基本特点之一。现在，英国由于总罢工和同盟歇业，发生了什么情况？我们清楚地看出，一方面资产阶级遇到许多困难，另一方面工人阶级的运动经历着分化的过程，这一过程今后还将进一步加强。英国的重工业破坏了所谓受到优惠的工业部门的繁荣局面，这就使工人贵族甚至在那些部门的势力也完全衰落了，而工人贵族势力的衰落也表明改良主义的基础遭到破坏。但同时我们却看到，与罢工作对的工人官僚加强了，工党加强了，有些势力从自由党转向工党。而且，工党的上层公然成为资产阶级了，与此同时我们又看到，在英国掀起群众的革命的工人运动，这一革命过程今后必将不断发展。

现在英国和其他资本主义国家的基本差别是什么？差别在于：英国的农业处于衰落状态，英国没有可以在资产阶级和无产阶级之间起缓冲作用的农民。虽然德国是个具有高度发达工业的国家，但它仍有相当数量的农业人口。德国资本主义有农民作为自己的同盟军，而且不那么依靠进口粮食。在法国，广大的农民群众与无产阶级力量相等。可是，英国资本主义哪有农民可以依靠呢？英国的工业基础日益瓦解，它的总的经济状况恶化了，对无产阶级群众的攻击有增无已，而资产阶级和无产阶级之间并没有缓冲地带。因此，我们必须非常严肃地来看待英国的形势，我们应当承认，英国最近发生的事件是推动英国走向革命的英国经济中极为深刻的危机的组成部分。英国革命一旦爆发，很可能就会传播到欧洲大陆，而英国的总罢工和同盟歇业无疑就预示着革命的到来。

同志们，我有权利这样说，这里展开的讨论证实了我在报告中对事件所作的说明和分析。因此，在结束时我希望指出，必须高度重视英国党的发展和英帝国主义内部正在发生的过程，主要还必须高度重视争取工会的工作，不论英国革命发展的前景如何，我们都应当掌握从总罢工的经验中得出的主要教训：不赢得工会，不可能取得胜利，英国党享有威信的唯一部门，也是它为比较老的一些党树立榜样的唯一部门，就是它在工会中的工作。如果我们在工会中有 10 万工作人员，而不是如今在那里工作的 1.2 万人，那么我们敢说，我们就能控制英国整个的工会运动了，掌握工会的领导权，也是我们大陆各国党的主要任务之一，要使我们的政策国际化，并掌握工会的领导权——这就是英国总罢工和同盟歇业的主要教训。

雷梅尔作关于韦丁反对派的通告

雷梅尔（德国）：

同志们，下面有个通知。

对被开除出党表示抗议的几名原德国党党员通知我们，他们同意来这里作解释性的发言。电报中说，除马斯洛夫外，他们都同意来，这是向你们证明过去的同志对苏联的"信任"。你们都知道，马斯洛夫是俄国公民，其他都是德国的臣民，从他们对问题的提法中可以清楚地看出，在德国政府和无产阶级国家——苏联之间，他们更信任前者。

同时，上述人员要求我们立即提供往返的护照，而且支付国会议员10天的薪金。书记处答复：他们与其他代表一样，将能享受到与参会代表相同的生活条件，不论是工人，还是国会议员，还是部长，一律如此。而且，作为无产阶级的组织，我们拒绝遵守资产阶级议会的规矩，这就是我们的答复。

（会议休会）

图书在版编目(CIP)数据

共产国际执行委员会第七次扩大全会文献(1)／邢艳琦主编.
—北京：中央编译出版社，2013.1(2019.5 重印)
(国际共产主义运动历史文献／王学东主编；43)
ISBN 978-7-5117-1605-7

Ⅰ.①共…
Ⅱ.①邢…
Ⅲ.①共产国际-扩大会议-会议文献
Ⅳ.①D165

中国版本图书馆 CIP 数据核字(2013)第 035386 号

共产国际执行委员会第七次扩大全会文献(1)

出 版 人	刘明清
出版统筹	薛晓源
责任编辑	盛菊艳　李媛媛
责任印制	尹　珺
出版发行	中央编译出版社
地　　址	北京西城区车公庄大街乙 5 号鸿儒大厦 B 座(100044)
电　　话	(010) 52612345(总编室)　　(010) 52612335(编辑室)
	(010) 52612316(发行部)　　(010) 52612346(馆配部)
传　　真	(010) 66515838
经　　销	全国新华书店
印　　刷	北京环球画中画印刷有限公司
开　　本	710 毫米×1000 毫米　1/16
字　　数	630 千字
印　　张	48.75
版　　次	2013 年 1 月第 1 版
印　　次	2019 年 5 月第 2 次印刷
定　　价	280.00 元

网　　址	www.cctphome.com　　邮　箱　cctp@cctphome.com
新浪微博	@中央编译出版社　微　信　中央编译出版社(ID：cctphome)
淘宝店铺	中央编译出版社直销店(http：//shop108367160.taobao.com)　(010)55626985

本社常年法律顾问：北京市吴栾赵阎律师事务所律师　　闫军　　梁勤
凡有印装质量问题，本社负责调换。电话：(010)55626985